Christoph Schweiger

EiwsD

Einführung ins wissenschaftlich strukturierte Denken

Christoph Schweiger

EiwsD

Einführung ins wissenschaftlich strukturierte Denken

Re Di Roma-Verlag

Bibliografische Information durch
Die Deutsche Bibliothek:
Die Deutsche Bibliothek verzeichnet diese Publikation in der Deutschen Nationalbibliografie; detaillierte bibliografische Daten sind im Internet über http://dnb.ddb.de abrufbar.

ISBN 978-3-86870-048-0

Umschlagillustration, Umschlaggestaltung, Abbildungen:
Katheder Werbeagentur GmbH

www.rediroma-verlag.de
19,95 Euro (D)

„Bloß weil ich paranoid bin, heißt das noch lange nicht, dass sie nicht hinter mir her sind."

Woody Allen

ÜBERSICHT

INHALTSVERZEICHNIS

1 Einleitung

Meiner Meinung nach ist das Wichtigste an einer Einleitung, die Frage zu beantworten, warum jemand das vor ihm liegende Buch lesen sollte. Ein Buch zu lesen bedeutet eine erhebliche Menge an Zeit zu investieren. Ein Sachbuch zu lesen kann auch Arbeit bedeuten.
Dieses Buch ist eine Art Lehrbuch. Die Absicht besteht darin, dem Leser eine bestimmte Herangehensweise an das Verständnis der Zusammenhänge in unserer Umwelt zu vermitteln. Wie diese Herangehensweise aussieht und wie sie funktioniert, soll hier dargestellt und verständlich gemacht werden.

Man kann die Welt in unterschiedlichster Weise begreifen und sich mit unterschiedlichsten Denkschemen in ihr bewegen und zurechtfinden. Jedem von uns stehen zu jedem Zeitpunkt die unterschiedlichsten Denk- und Interpretationsweisen zur Verfügung. Man erhält so die Möglichkeit, die nächsten, möglichen Handlungen mit sich selbst zu diskutieren. Sprich, man bewertet die nächstmöglichen Handlungen anhand von Auswirkungen und Umständen und eben mit Hilfe von Denkschemen, wie man sie in der eigenen Geschichte gelernt und zu verwenden gelernt hat. Um diese Denkschemen geht es hier.
Sie sind der Schlüssel zu fundierten, nachhaltigen und intelligenten Handlungen. Die Grundannahme ist, je besser diese Denkschemen, desto besser auch die Handlungen.

Das Ziel dieses Buches ist es, dem Leser einen Weg zu weisen, in wissenschaftlicher Weise über die Welt nachdenken zu lernen. Der Leser soll neue Denkschemen erwerben, oder schon vorhandene weiter ausdifferenzieren. Da Veränderungen im Denken nicht von heute auf morgen geschehen, ist es mir außerordentlich wichtig, darauf hinzuweisen, dass die Inhalte dieses Buches als Anregungen für einen Lernprozess dienen sollen. Dieses Buch beinhaltet keine Handlungsanweisungen.

Sicherlich erhebe ich den Anspruch, dieses philosophische Thema für jedermann interessant und wertvoll aufzuarbeiten. Gerichtet ist das Buch an jeden, der interessiert ist. Man muss nicht speziell ausgebildet oder hochbegabt sein, um sich mit philosophischen Themen befassen zu können. Man sollte gebildet genug sein, um Interesse zu zeigen, und bereits einen Drang nach mehr Wissen entwickelt haben.

Wissenschaft an sich ist kein verstaubter Elfenbeinturm, den nur wenige verworrene und merkwürdig anmutende Geister betreten dürfen, um ihn dann nicht mehr zu verlassen. Wissenschaft ist seit ihren Ursprüngen in der Griechischen Philosophie eine Lebensschule, eine Denkschule, die nach Vollendung strebt. Ein Streben nach Vollendung, wie wir es überall in unserer abendländischen Kultur vorfinden. Moderne Technologien aus dem Alltag sind nur möglich, weil Menschen die wissenschaftliche Methode angewendet haben. Nur durch sie können wir technische Geräte in unserem Alltag benutzen, ohne über deren Funktionsweise weiter nachzudenken. Um diese hochtechnologische Epoche zu erreichen, waren vorab philosophische Grundlagen zu klären. Erst war es nötig, ein Lebensverständnis, welches bestimmte Denkschemen beinhaltet, zu erreichen und fortzuführen.

Die wissenschaftliche Methode, Philosophie und Naturphilosophie sind keine hochtrabenden, geistig schwer zugänglichen und nur für einen kleinen Teil der Menschheit reservierten Türme. Jeder kann den Zugang zur wissenschaftlichen Denkweise finden und sie für sich nutzen.

In diesem Sinne wünsche ich dem Leser interessante Stunden, und ich hoffe, die von ihm aufgewendete Zeit wird nicht umsonst gewesen sein.

Christoph Schweiger, Samstag, 31. Januar 2009

2 Einführendes Kapitel

Im einführenden Kapitel möchte ich versuchen, dem Leser ein paar grundsätzliche Denkansätze und Fragestellungen nahe zu bringen. Wichtig ist es mir, den persönlichen Nutzen für den Leser zu nennen. Warum lohnt es sich, philosophisch nachzudenken? Was habe ich persönlich davon? Ändert sich mein Leben? Wird es besser? Und wenn, wie genau verändert es sich? Weiter werde ich in diesem ersten Kapitel ein paar fundamentale Begriffe und Regeln der wissenschaftlichen Philosophie und der Wissenschaft als solche vorstellen und anhand einiger Beispiele die ersten Denkansätze diskutieren. Wir werden sehen, wie Fledermäuse die Farbe Rot sehen und was man unter der wissenschaftlichen Methodik versteht. Ebenso halte ich die Evolution nach Darwin für ein sehr schönes Beispiel, um die Mechanismen und Dynamiken eines Umdenkens in der philosophisch-wissenschaftlichen Weltanschauung als Verdeutlichung für die Funktion von Denkschemen zu erläutern. Seitdem wir die Evolutionstheorie haben, (wohlgemerkt, Evolution ist immer noch im Status einer Theorie) kann man fast jedes medizinische, psychologische oder soziologische Phänomen auf sie zurückführen. Zuvor hatten wir Probleme, die Phänomene in diesen Bereichen klar zu erkennen und sie zu erklären. Mit dem seinerzeit neuen Denkschema der Evolutionstheorie waren dann viele Erklärungen leichter und einleuchtender.

Es geht in diesem Buch um die Macht der Denkschemen. Denn wir sehen nur, was wir schon kennen.

Warum Philosophie?

Bevor wir in Kapitel zwei zu Darstellungen aus dem Bereich der klassischen Philosophie, wie sie etwa an Hochschulen gelehrt wird, vordringen möchten, soll hier auf den persönlichen Sinn der Philosophie eingegangen werden.

Warum Philosophie? Oder anders: Warum soll man sich die Mühe machen, in philosophischer Weise über die Welt nachzudenken? Warum soll man überhaupt über die Dinge an sich (und damit ja oft über unwichtig Erscheinendes) und über vielleicht nebensächliche Zusammenhänge in der Welt diskutieren

und darüber reden und sich über den Sinn und die Bedeutung von allem und jedem den Kopf zerbrechen?
Was hätte ein solcher Aufwand für einen Sinn, wenn man doch auch ohne viel Denken recht gut durchs Leben kommen kann? Ist es denn nicht tatsächlich so, dass man oft sogar ohne viel nachzudenken glücklicher und einfacher lebt und das Denken das Leben nur beschwerlicher macht? Leben jene, die sich nicht den Kopf zerbrechen nicht vielleicht sogar besser? Wer will denn schon langweilig sein und nur reden, wenn man in der gleichen Zeit Spaß haben kann? Zum Spaß haben muss man nicht philosophieren!

Nun war der Sinn, diese Diskussion zu erwähnen, mit Sicherheit nicht, den Leser gleich am Anfang soweit zu bringen, dieses Buch sofort wieder weg zu legen, um sich mit den weniger geistreichen Freuden des Lebens die Zeit zu vertreiben. Im Gegenteil: Es ist möglich, auf all diese Fragen eine einfache und klare Antwort zu geben. Die Antwort steht in keinem Widerspruch zu den Freuden des Lebens. Ein Ziel dieses Buches ist es in seiner Gesamtheit dem Leser zu vermitteln, dass Philosophie und Wissenschaft sich rentieren. Ich hoffe, es möge mir gelingen. Deshalb bitte ich Sie weiterzulesen.

Was ist Philosophie?

Die genaue Definition des Begriffs Philosophie möchte ich Ihnen noch bis zum nächsten Kapitel vorenthalten. (Sie werden sehen, dass es in diesem Bereich mit Definitionen nicht besonders leicht ist.) An dieser Stelle möchte ich lediglich hervorheben, was der Gegenstand der Philosophie ist, und, als Folge, was man als Mensch mit ihr an praktischen und geistigen Möglichkeiten erhalten kann. Sprich, welchen Nutzen der einzelne Mensch durch die Philosophie als solche zu erzielen im Stande ist.

Wörtlich bedeutet der Begriff Philosophie etwa so viel wie „Liebe zur Weisheit". Dies heißt, dass man im Groben alles, was auf geistiger Ebene mit „Weisheit" zu tun hat, als Philosophie bezeichnen kann. Ein dehnbarer Begriff also, weniger eine Definition.

Durch die Verwendung des Wortes „Liebe" in diesem Begriff gelangt man zu einer Bedeutung, in der hervorgehoben wird, dass allein die Beschäftigung mit der „Weisheit" als Philosophie bezeichnet wird. Offensichtlich hat es den Menschen seit Urzeiten Freude bereitet, sich mit geistigen Themen auseinander zu setzen. Und so wird klar, dass eben allein die Freude an der geistigen Beschäftigung der Grundstein der Philosophie sein muss. Daraus ergibt sich, dass Philosophie sich mit den unterschiedlichsten Themenbereichen beschäftigen kann. Eben darum weil der menschliche Geist sich gern mit der „Weisheit" beschäftigt, und diese ist nicht auf Bestimmtes begrenzt.

An dieser Stelle nenne ich immer gern den folgenden Dialog:

Ich sitze mit einem Philosophen im Garten; er blickt mich an und sagt mir zum wiederholten Male: „Ich weiß, dass das ein Baum ist", wobei er mit ausgestrecktem Zeigefinger stolz und wissend auf einen Baum in der Nähe zeigt. Ein Dritter kommt hinzu und hört das, und ich sage ihm: „Dieser Mensch ist nicht verrückt: Er philosophiert nur."

So dämlich diese Geschichte auch anmutet, es steckt eine Menge an Erkenntnis in ihr. Denn angenommen, dieser Mann wäre gar nicht verrückt, sondern die triviale Aussage „Das ist ein Baum" stamme aus absolut genialen Gedankengängen, wäre er dann immer noch ein Verrückter, nur weil er sich verhält wie einer? Wann sind Gedanken sinnlos? Wo unterscheidet sich Genialität vom Irresein?
Und selbst wenn wir hierauf eine Antwort hätten, denken Sie, die Erde würde sich auf ihrer Bahn um die Sonne anders drehen, nur weil wir uns hier vernünftig verhalten? - Dem Planeten Erde sind unsere Meinung, unser Denken und unser Tun vollkommen egal. Die Erklärungen sind für die Menschen da. Wir Menschen tendieren dazu zu philosophieren und nachzudenken. Und ob das nun so besonders sinnvoll ist oder nicht, spielt dabei eine relativ untergeordnete Rolle. Wir Menschen tun es einfach gern.

In wissenschaftlicher Weise denken

Das Ziel dieses Buches ist es, den Leser anzuregen, in wissenschaftlicher Weise über die Welt nachzudenken. Natürlich geht der Anspruch aber noch weiter. Das Nachdenken soll nicht eine auf die Zeitdauer des Lesens beschränkte Angelegenheit sein, sondern der Leser soll angeregt werden, immer und zu jeder Zeit in wissenschaftlicher Weise über die Welt nachzudenken. Das ganze Denken soll sich in verändern, es soll sich erweitern. Das Hinterfragen von bestehendem Wissen und das Hinterfragen von Zusammenhängen und gewohnten Angelegenheiten sollen zur Normalität werden. Ziel ist es, den Leser anzuregen, in wissenschaftlicher Weise über die Welt nachdenken zu lernen. Es handelt sich dabei um einen Prozess, und nicht um eine einmalige Angelegenheit. – Wir Menschen wollen Antworten, Sinn und Zusammenhänge. Aber so oft ist es so schwierig, uns Fragen nach diesen Dingen zu stellen, beziehungsweise sie zu beantworten. Der wissenschaftliche Weg ist hier prädestiniert, schnell und effektiv Fragen und auch Antworten zu liefern.

Die Wissenschaft (egal, welche Disziplin) kann als ein Teilgebiet der Philosophie angesehen werden. Als Teilgebiet der Philosophie ist sie selbst nichts anderes als ein sich Beschäftigen mit der „Weisheit“, ein Folgen des philosophischen Strebens nach Erkenntnis und Erklärung. Das Interesse, das Streben nach Wissen, die Neugierde sind die grundlegenden Antriebe aller Erkenntnis. Und so ist es auch in der Wissenschaft nicht anders.

Was bedeutet es nun konkret, ein Philosoph zu sein? Oder anders: Was bedeutet es, in philosophischer Weise über die Welt nachzudenken? - Grundlegend kann man diese Frage mit einem einzigen Satz beantworten:

Indem man sich die Frage „Warum?“ stellt.

Die Frage nach dem Warum ist die allerwichtigste Frage der Philosophie überhaupt! Ich persönlich gehe sogar so weit, diese Frage generell als die wichtigste Frage unter allen nur denkbaren Fragen zu bezeichnen. Philosoph zu sein bedeutet „Warum?“ zu fragen.

Der Philosoph hinterfragt die Dinge, weil er Lücken in seinem Wissen, Lücken in seinen Antworten und Lücken in den ihm bekannten Zusammenhängen ausmacht. So folgt auf eine Frage nach „Warum?" auf eine immer unvollkommene Antwort immer die nächste Frage nach dem „Warum?". Stets lässt sich diese Kette fortsetzen bis zur letzten und nicht mehr beantwortbaren Frage. Die Kette endet dort, wo das Wissen aufhört, und das ist meist bei einer religiösen Frage.

Ebenso wie das Kind im treffenderweise als „Fragealter" bezeichneten Entwicklungsstand seine Eltern nervt und dabei nicht aufhören will, immer wieder erneut „Warum?" zu fragen, so tut im Grunde der erwachsene Philosoph auch nichts anderes, wenn auch auf einem anderen geistigen Niveau. Der Philosoph stellt (sich selbst) eine Frage und sucht nach einer Antwort. Diese Antwort wirft dann immer neue Fragen auf, welche dann erneut neue Fragen aufwerfen. Und aus dem sich ergebenden System aus Fragen und Antworten ist es möglich, ein System von Zusammenhängen und Regeln von hoher Gültigkeit abzuleiten. Dieses System kann nun als für sich allein stehend formuliert werden und bezeichnet nicht nur die dem Philosophen eigene, persönliche Philosophie, sondern erreicht auf Grund seiner logischen Konsistenz universelle Gültigkeit. In dieser Weise findet philosophische Erkenntnis statt.

Um dem Leser einen Einstieg ins wissenschaftlich strukturierte Denken zu liefern, musste ich mich für ein systematisches Vorgehen beim Schreiben und beim Aufbau der Texte entscheiden. So finden sich in diesem Buch eine Vielzahl von philosophisch-wissenschaftlichen Denkansätzen aus den unterschiedlichsten Bereichen. Am Beispiel dieser Denkansätze und am Beispiel der Diskussion derselben, hoffe ich, dem Leser die Systematik wissenschaftlicher Erkenntnis und Erkenntnisfindung zu vermitteln. Ich persönlich habe die Erfahrung gemacht, dass sich Menschen gern an Beispielen orientieren. Die Metaebene des Denkens in Zusammenhängen und Kategorien fällt den meisten Menschen schwer. Beispiele dagegen sind greifbar und schnell einsichtig und anhand eines Beispiels fällt es vielen Menschen leichter, die zugrunde liegenden Regelmäßigkeiten zu verstehen. Ich werde also versuchen, Fragen zu formulieren, Antworten zu geben und möglichst viele Beispiele zu nennen.

Und ich werde mir, was am allerwichtigsten ist, Mühe geben, immer auf die Auswirkungen des erklärten Zusammenhangs hinzuweisen.

Was man unter Deduktion versteht, werden wir im Abschnitt zur wissenschaftlichen Methodik gleich noch genauer erfahren. Kurz vorweg genommen bezeichnet Deduktion die logische Überführung des Speziellen auf das Allgemeine. Quasi vom Beispiel auf das für viele (einer gleichen Regelmäßigkeit folgenden) Beispiele Gültige. Deduktion ist eine nicht nur in der Wissenschaft sehr praktische Vorgehensweise. Deduktion komprimiert Wissen in Form von allgemeiner gültiger Gesetzmäßigkeiten. Durch die Kenntnis allgemeiner gültiger Gesetzmäßigkeiten ist es möglich, sich nicht mehr mit den einfachsten Beispielen beschäftigen zu müssen, sondern nur noch Gesetzmäßigkeiten zu diskutieren und diese Gesetzmäßigkeiten miteinander in Bezug zu setzen. Man wechselt zu einer höheren Abstraktionsebene. Man wechselt von der Handlungs- zur Metaebene des Verständnisses. Das ist dann natürlich sehr viel effektiver, schneller und umfassender, als nur über spezielle Beispiele zu sprechen.

Der Satz „Wenn man den roten Hammer nimmt und damit auf den silbernen Nagel mit dem geriffelten Kopf schlägt, dann kann man diesen Nagel mit mehreren präzisen Schlägen bis zum Kopf in das lange Holzbrett einschlagen" lässt sich entsprechend einfacher formulieren, wenn man vorher geklärt hat um was es einem geht. So könnte man, ginge es einem lediglich um die Möglichkeit mit einem Hammer Nägel in Holzbretter zu schlagen sagen: „Mit Hämmern (allgemein), kann man Nägel in Bretter schlagen." – Auf die Details aus dem Beispiel kann man verzichten solange es nur um diese Eigenschaft geht.

Ebenso ist es sehr viel leichter, vielen Köchen über lange Zeit zum Kochen einer guten Suppe zu verhelfen indem man ihnen ein Rezept in geschriebener Form zur Verfügung stellt, anstatt jedem Einzelnen durch Üben jeden kleinsten Handgriff das Kochen einzutrainieren. Die Metaebene ist immer das Mittel der Wahl zum Erhöhen der Effektivität.

Nur bleibt zu erwähnen, dass man für das Erreichen von Zielen nicht umhin kommt, tatsächlich Hand anzulegen. Pures Verständnis einer Metaebene hilft für die reale Umsetzung herzlich wenig.

Über lange Zeit des Hinterfragens und des Erkennens bildet sich mit der Zeit beim Philosophieren eine breite Basis von Wissen aus. Dieses Wissen ist in der Regel stark vernetzt, da es durch das permanente Hinterfragen der Zusammenhänge quasi aus sich selbst entstanden ist. Man bezeichnet dieses Wissen als „implizit".

Aus Beispielen lassen sich durch Nachdenken und Erkennen deduktiv Regeln ableiten. Diese Regeln gehören dann ebenfalls zur Wissensbasis. Und der nächste Schritt ist spannend: Wir Menschen besitzen die Fähigkeit, nicht nur aus einfachen Beispielen Regeln abzuleiten, sondern wir können ebenso Regelmäßigkeiten unter Regeln selbst erkennen. Wir haben also die Fähigkeit, Muster aus Mustern zu erkennen. Die Gesetzmäßigkeit der Gesetzmäßigkeit. Die Metaebene der Metaebene.

Der Logik folgend müsste es auch möglich sein, Muster aus Muster aus Muster (und so weiter) zu erkennen. Wie weit wir Menschen tatsächlich gehen können, kann man nicht exakt bestimmen. Sicher ist aber, dass es prinzipiell kein Ende einer solchen Erkenntnis gibt. Einzig die Komplexität der Umwelt und das begrenzte Fassungsvermögen unseres Geistes wirken einschränkend.

Aus Beispielen können wir Muster ableiten und aus Mustern weitere Muster. Diese Erkenntnis bringt uns einen Schritt weiter beim Verständnis der Wirkung von Denkschemen. Denkschemen sind nichts anderes als Muster. Unser Gehirn ist geschaffen, um Muster zu erkennen. Unser Gehirn formuliert jegliche Erkenntnis und jegliches Erkennen aufbauend auf Denkschemen. Ebenso wie uns vorgefertigte Denkschemen befangen in unserer Erkenntnis machen, ebenso machen uns neu erkannte Denkschemen in Form von neu gelernten Mustern effektiver und intelligenter.

Denkschemen und Paradigmen

Ein „Paradigma" ist eine Vorgehensweise, die immer gleich bleibt. Man kann sich ein Paradigma ein wenig wie ein Kochrezept vorstellen. Man nehme etwas hiervon, dann etwas davon und mache dann dieses und jenes damit. Ein Paradigma ist also ein fest vorgefertigtes Etwas, das man auf etwas anderes anwenden kann.

So bezeichnet man zum Beispiel die Vorgehensweise bei einer wissenschaftlichen Untersuchung als Paradigma. Wenn man etwa psychologische Studien an lebenden Subjekten betreibt, dann will man reproduzierbare und nachvollziehbare Ergebnisse erzielen. Dazu verwendet man ein fest definiertes Vorgehen, an das man sich während der gesamten Versuchsreihe hält. Die Vorgehensweise wird als Paradigma bezeichnet. Man verwendet etwas fest Definiertes auf etwas anderes. Darin ist dann beispielsweise festgelegt, was man mit dem Probanden tun muss und was man ihn fragen muss. Die Resultate sind dann reproduzierbar und können sinnvoll und aussagekräftig miteinander verglichen werden.
Paradigmen sind entsprechend ihrer Definitionen der Bedeutung des Begriffes „Denkschema" sehr ähnlich. Und in der Tat wird der Begriff Paradigma zum Beispiel in der modernen Managementliteratur (die oft als die postmoderne Philosophie der Neuzeit bezeichnet wird) mit dem Wort Denkschema gleichgesetzt beziehungsweise verwechselt. Interessant ist dies allein schon aus dem Grund, weil die Definitionen laut Duden ein wenig anders lautet. Dort steht, dass ein Paradigma ein Denkmuster ist, welches das wissenschaftliche Weltbild seiner Zeit prägt. Und weiter heißt es, dass ein Paradigma eine allgemeine, beispielhafte Struktur darstellt. Nun, wir werden später noch einige interessante Auswirkungen von oberflächlichen oder schlecht ausformulierten Definitionen sprachlicher Konventionen kennen lernen.

Unser menschliches Gehirn besitzt eine atemberaubende Fähigkeit, Muster zu erkennen. Ein Muster kann sehr vieles sein. Zum Beispiel eine geometrische Figur wie ein Dreieck oder eine Linie oder ein Punkt, oder etwa eine Flächeneigenschaft wie Farbe oder Struktur. Für unser Gehirn leicht erkennbare Muster sind außerdem Gesichter, menschliche Umrisse, Augen oder auch zum Beispiel alle sich bewegenden Gegenstände. Eine Bewegung vor einem still stehenden Hintergrund ist also auch ein Muster. Genauso, wie jegliche wiedererkennbare Beschaffenheit der Welt als Muster angesehen werden kann. Ein Muster ist nichts anderes als ein Zusammenschluss von einzelnen Attributen, die zusammenhängenden Regeln folgen. Wir sehen, dass ein Muster in einer Weise wieder ein Denkschema beziehungsweise ein Paradigma darstellt.

Die Fähigkeit Muster zu erkennen, und diese zu interpretieren, birgt den Lebewesen einen großen Vorteil. Dieser besteht darin, dass wir bei der Verarbeitung der Informationen aus unserer Umwelt sehr viel effizienter sind, weil wir zum Teil nur die Muster wahrnehmen und nicht alle Einzelinformationen auswerten müssen. Das Erkennen von Mustern ist bei allen Lebewesen eine fest programmierte Funktion des Nervensystems und erfordert keine aktive und zusätzliche Arbeit.
Muster sind in diesem Sinne eine Art Filter. Dieser Filter siebt die sehr großen Mengen an unnützen und irrelevanten Daten aus der Umwelt einfach heraus. Überflüssige Einzelinformationen gehen verloren. Dies kann gefährlich sein, da eventuell wichtige Informationen nicht erfasst werden. Jedoch würde ohne eine solche Filterung die Menge an Daten unser informationsverarbeitendes System überlasten und wir könnten überhaupt nicht mehr reagieren. (Beim technischen Beispiel der modernen Realisierung der optischen Bildverarbeitung ist es in der Tat so, dass es ebenfalls die Instanz des Filterns ist, die derzeit die meisten Probleme bereitet.) Die Fähigkeit, Muster zu erkennen und Daten zu filtern, ist von immenser Wichtigkeit, um eine Systemüberlastung zu vermeiden. Bei uns Menschen ist es also so, dass wir mit unseren Sinnesorganen und unserem Nervensystem zum großen Teil nur Dinge wahrnehmen, auf die die uns zur Verfügung stehenden und vorgefertigten Muster passen; alles andere wird unbewusst ignoriert oder systematisch ausgeblendet.
Und eben hier erkennt man im weiteren Sinne die Macht von Denkschemen.

Nehmen wir nämlich zum Beispiel an, ein Mensch würde (warum auch immer) das Muster eines Striches kennen, aber niemals das Muster eines Gesichtes besitzen. Dieser Mensch hätte kein Problem, Küstenlinien, Stadtmauern und den Horizont wahrzunehmen. Wohl hätte er aber Probleme, seine Mitmenschen schnell und sicher zu erkennen. Dieses Beispiel erscheint ein wenig überzogen – aber es ist nicht hypothetisch, sondern kommt tatsächlich in der Realität vor. Tatsächlich gibt es Menschen mit einer Erkrankung, die ihnen Probleme beim Erkennen und Erinnern von Gesichtern beschert. Bei diesen Menschen ist ein kleines Zentrum im Gehirn schlecht ausgebildet oder in seiner Funktionalität wenig effektiv. Diesen Menschen fehlt ein gut funktionierendes Muster zum schnellen und sicheren Wahrnehmung ihrer Umgebung. Sie blenden mehr Informationen aus, als gut für sie ist, und so erkennen sie keine Gesichter.

Gehen wir diesen Ansatz weiter und stellen wir uns die Wahrnehmung über Muster nicht nur als visuellen Akt, sondern als Eigenschaft des Gehirns ganz allgemein vor. Beispielsweise sind Symbole wie Wörter der menschlichen Sprache ebenso eine Art Muster, wie es Striche oder Linien sind. Wer gelernt hat, was das Wort Pferd bedeutet, der kann dieses Symbol, beziehungsweise dieses Muster, auf Tiere, die er sieht oder beschrieben bekommt, anwenden und erkennt so, was ein Pferd ist und was nicht. Hätte ein Mensch noch niemals ein Pferd oder ein ähnliches Tier gesehen, würde er Probleme haben, auf Anhieb in einer Welt mit Pferden diese Tiere schnell und sicher zu erkennen. Ganz banal kennen wir dieses (wieder visuelle) Problem bei Mitmenschen anderer Rassen: Für einen Europäer sehen Menschen mit schwarzer Hautfarbe anfangs alle ziemlich gleich aus. Ebenso sehen wir Europäer für Asiaten alle irgendwie gleich aus.

Wir gehen diesen Ansatz noch weiter und kommen vom visuellen Erkennen zu ganzen Denkschemen. Denn auch ein ganzes Denkschema limitiert die Wahrnehmung, erzeugt eine Art Vorfilterung und ermöglicht uns schneller und effektiver zu handeln. Auf der anderen Seite macht es uns blind für Zusammenhänge, die in keines unserer anwendbaren Denkschemen passen. Die große Aufgabe dieses Buches soll es sein, die vorgefertigten Denkschemen zu erweitern, neue hinzuzufügen und über die alten nachzudenken beziehungsweise sie in Frage zu stellen.

Damit auch wirklich klar wird, was unter Denkschemen zu verstehen ist, möchte ich noch ein paar weitere Beispiele anführen. Frauen, die ein bestimmtes, vorgefertigtes Bild von Männern haben, sind ein schönes Beispiel. Ab und zu kommt es entsprechend vor, dass eine Frau der Meinung ist, alle Männer seien Schweine und Machos und würden immerzu fremdgehen und lügen. Weiter können diese Männer nicht kochen und respektieren nur ihresgleichen. (Ich persönlich bezeichne dies als weibliche Diskriminierung und als

Superemanzipation.) Genau genommen handelt es sich dabei um eine Art zwanghaftes Schubladendenken, welches die Welt sehr viel einfacher und überschaubarer macht. Das Problem dabei aber ist, dass gleichzeitig die bereits erwähnte Blindheit erzeugt wird. (Es soll auch schon vorgekommen sein, dass eben genau dieses Denkschema verbitterte und vereinsamte Frauen, die nicht mal mehr sich selber mögen, hervorgebracht hat.) Einmal ein schlechtes Erlebnis in einer Beziehung, und schon sind die Männer nur noch Schweine und Machos. - Dieses Denkschema ist sehr mächtig und sehr weit verbreitet. Es scheint denselben Mechanismen und Dynamiken zu folgen wie beispielsweise Ausländerhass oder jegliche Art von Vorurteilen ganz allgemein.
Häufig kommt es sogar so schlimm, dass man nicht selten das Phänomen der selbsterfüllenden Prophezeiung (in Englisch: selffulfilling prophecy) beobachten kann. Dabei wird die Wahrnehmung soweit selektiert, dass dem Betroffenen nur noch auffällt, was das eigene Vorurteil sowieso bestätigt. In Folge kommt es dazu, dass sich die Vorurteile tatsächlich wiederholt bestätigen, eben weil der Betroffene dabei selbst in eine bestimmte Rolle schlüpft und die Konstellation heraufbeschwört, die seiner Zeit zum Erzeugen der Vorurteile geführt hat. Das wäre dann die Frau, die sich wieder und wieder den falschen Mann aussucht, der Ausländerfeind, der von Ausländern wieder aggressiv behandelt wird, derjenige, der im Baumarkt zum erneuten Mal auf den inkompetenten Mitarbeiter trifft. Wir selbst nehmen also im Sinne von vorgefertigten Denkschemen bestimmte Positionen ein. Oder anders ausgedrückt: Wir sind das, was wir zu sein gelernt haben.

An einem kleinen Beispiel möchte ich noch eine andere Spielart der durch Denkschemen erzeugten Blindheit darstellen. Und zwar in Form eines Rätsels. Es ist ein mathematisches Rätsel.
Wir haben einen Jäger und seinen Hund. Beide waren auf der Jagd und sind auf dem Weg zurück zum Forsthaus. Jetzt zum mathematischen Teil: Das Forsthaus befindet sich 10 Kilometer entfernt. Der Jäger bewegt sich mit 6km/h. Sein Hund bewegt sich mit der doppelten Geschwindigkeit, also mathematisch konstant mit 12km/h. Der Hund läuft voraus zum Forsthaus, kommt dort natürlich früher an als der Jäger und wartet nicht, sondern läuft

wieder zurück zum Jäger. Natürlich hat sich der Jäger in der Zwischenzeit, in der der Hund unterwegs zum Forsthaus und zurück war, weiter auf das Forsthaus zu bewegt. Kaum kommt der Hund beim Jäger an, kehrt er wieder um und läuft zurück zum Forsthaus. Dort dreht er wieder um und läuft wieder in Richtung Jäger, und so weiter. Jetzt die Frage: Welche Strecke legt der Hund zurück?

Menschen mit einer technischen oder mathematischen Ausbildung gehen nun sehr gerne so vor, dass sie sich die Sache auf einem Blatt Papier aufzeichnen. Sie haben dann auf ihrem Blatt viele Zickzacklinien, die sie dann anfangen mit mathematischen Funktionen wie dem Bilden von Reihen und Summeniterationen zu beschreiben. Sie sehen dann relativ schnell ein, dass diese Reihe nicht leicht zu iterieren ist und sagen, dass sie mehr Zeit brauchen und das Ergebnis im Moment noch nicht wissen würden.

Leute ohne technische oder mathematische Ausbildung sagen: „20 Kilometer. Klar, weil der Hund doppelt so schnell läuft wie der Jäger."

Spätestens jetzt sollte es „klick" machen im Bezug auf das, was die Mächtigkeit von Denkschemen angeht.

Ich habe noch ein weiteres Beispiel für diesen Aha-Effekt. Schauen Sie sich die folgende Zeichnung an. Die Zeichnung soll ein Grundstück darstellen. Das Grundstück gehört einem Bauern, und er vererbt es an seine vier Söhne. Sie sind jetzt der Notar und haben die Aufgabe, der Familie einen gerechten Vorschlag zu unterbreiten. Forderung: Jedes Grundstück soll absolut gleich aussehen, gleich groß sein, und auf jedem Grundstück soll ein Baum stehen. – Bitte zeichnen Sie jetzt die Grenzen zwischen den vier Grundstücken ein!

(da es bei diesem Beispiel mit dem „Spicken" ziemlich leicht ist, empfehle ich die Zeichnungen an einem Freund oder Bekannten auszuprobieren.)

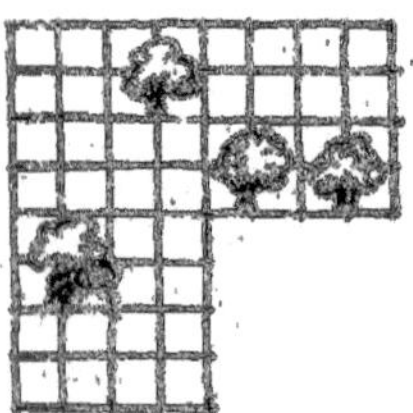

Na, geschafft? Wenn nicht, hier ist die Auflösung.

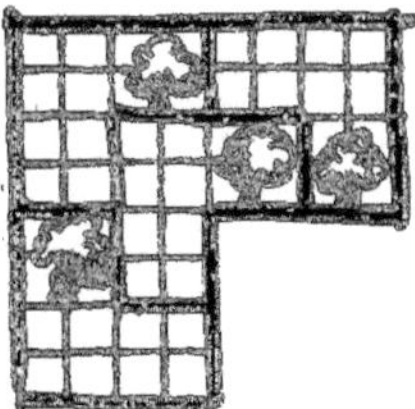

Damit das Spiel mit dem Aha-Effekt wirklich funktioniert, müssen Sie als Notar noch ein weiteres Rätsel lösen. Bitte teilen Sie nun auch folgendes Grundstück in vier gleich aussehende und gleichgroße Teile. Auf jedem neuen Grundstück muss wieder ein Baum stehen.

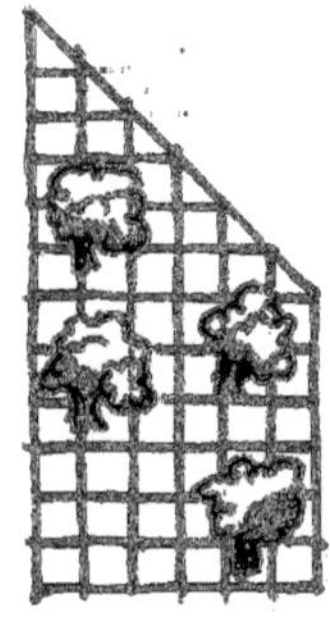

Die Lösung sieht so aus:

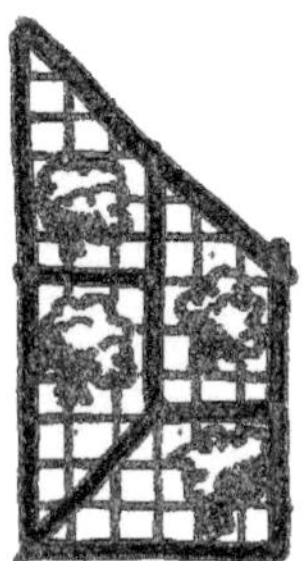

Und jetzt zum Aha-Teil des Notar-Spiels. Bitte teilen Sie nun das dritte Grundstück in fünf (!!) gleich große und gleich aussehende Teile. Auf jedem neuen Grundstück muss wieder ein Baum stehen.

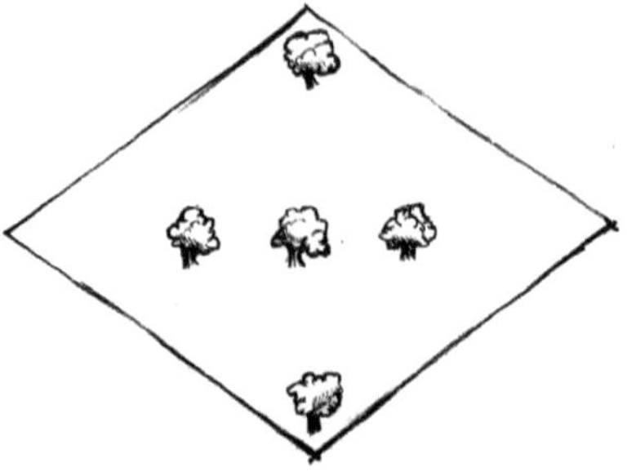

Na? Drauf gekommen? Hier die Lösung.
So einfach wäre das gewesen:

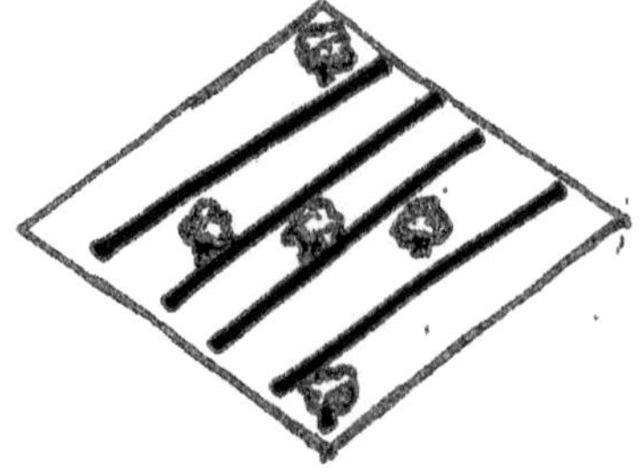

Und? Haben Sie den Aha-Effekt gespürt? Was ist jetzt hier passiert? Offensichtlich hatten Sie große Probleme, das einfache Problem zu lösen, weil sie vorher zwei kompliziertere Probleme etwas anderer Art gelöst haben. Natürlich waren es die Denkschemen, die Paradigmen, die Ihnen im Weg standen. Im ersten Fall haben Sie nach einer Lösung gesucht und einen Lösungsweg gefunden, und damit waren Sie in der Lage, das Problem zu lösen. Und dadurch, dass dieser eine Lösungsweg funktionierte, hat sich Ihr Gehirn auf diesen Lösungsweg fixiert. Im zweiten Fall passte nach ein bisschen Herumprobieren genau dasselbe Denkschema erneut. Das Problem ließ sich mit der gleichen Art von Paradigma lösen. Für Ihre Fixierung auf dieses eine spezielle Paradigma war das genau genommen fatal, denn wenn etwas schon ein zweites Mal funktioniert, dann hat unser Gehirn die Eigenart, sich derart auf die verwendete Lösungsstrategie zu fixieren, dass es unheimlich schwer wird, sich wieder von dieser Voreingenommenheit zu lösen. Das dritte Rätsel wäre offensichtlich viel leichter gewesen als die beiden Vorherigen. Dennoch war es für Sie in diesem Fall sehr schwierig, fast schon unlösbar. Und der Grund war einzig und allein der, weil Ihr Gehirn auf ein unvorteilhaftes Denkschema fixiert war. – Das ist die Macht der Denkschemen. Man hat es schwer, neue Denkschemen anwendbar zur Verfügung zu haben, weil man schon erprobte und trainierte und jederzeit anwendbare Denkschemen parat hat. Damit neue Paradigmen benutzbar werden, müssen erst die Alten ausgeblendet werden. Und das ist oft unglaublich schwer.

Schauen wir uns noch einen etwas allgemeineren Zusammenhang an. Fritz und Franz beschäftigen uns im Folgenden mit der Kritik an der Intellektualität.

Nehmen wir an, es stehen zwei Freunde namens Fritz und Franz vor einem großen Ölgemälde in einer Kunstgalerie. Fritz ist selber Künstler und hat Kunstgeschichte studiert, Franz nicht. Franz wird das Ölgemälde in der Galerie anschauen, darauf hin- und her blicken und dann irgendwann zu einem Ergebnis kommen. Er wird etwas sagen in der Art: „Das finde ich schön." Oder: „Das gefällt mir nicht!" Fritz wird sich darüber ein wenig ärgern. Fritz wird nicht recht verstehen können, wie jemand beim Anblick eines so umfassenden Werkes ein billiges Pauschalurteil wie „Das gefällt mir." abgeben kann. Denn für ihn gibt es Hunderte von Zusammenhängen in diesem Bild, tausende von Interpretationsmöglichkeiten und viele Empfindungen. Weiter wird ihn das Ölgemälde an vieles aus seiner eigenen Geschichte erinnern, er wird die Techniken erkennen und mit seinen eigenen Erfahrungen in Bezug setzen. Bei Franz passiert das alles nicht. Für ihn ist es ein Bild, mehr nicht, und das findet er schön oder eben auch nicht. Die Denkschemen für diversifizierte Details fehlen ihm – er hat sie nie gelernt.

Interessant ist nun der Umkehrschluss. Denn oft entgegnen Leute auf die Geschichte von Fritz und Franz, dass es doch gar nicht notwendig sei, immer gleich alles so intellektuell zu sehen wie Fritz. Die Welt sei doch gut, so wie sie ist, und es würde doch reichen, wenn man sie einfach nur anschaut und dabei empfindet, was man empfindet. Nun, es ist durchaus eine Bereicherung, wenn man mehr in seiner Umwelt sehen kann. Jedoch besteht an dieser Stelle ernst zu nehmendes Recht zur Kritik.

Den Umkehrschluss dieser Sichtweise kann man noch ein wenig weiter treiben. Denn auch all die intellektuellen Einsichten, wie sie Fritz hat, sind an sich wieder Denkschemen. Und Fritz wird sehr wohl ebenso gefangen sein in seinen eigenen Denkschemen, wenngleich diese auch von hoher Intellektualität und Diversität sind.

Ein wesentlicher Kritikpunkt liegt in diesem Beispiel darin, dass man Fritz eventuell so etwas wie Fachidiotenblindheit vorwerfen kann. Er blickt auf das Bild, erkennt sofort irgendwelche Farbkompositionen, schaut auf Symboliken und Perspektiven, aber vielleicht sieht er eben nicht, dass das Bild an sich einfach nur weltfremd und hässlich ist. Vielleicht ist es sogar so, dass alles am Bild trivial und dumm ist, dass nur der Künstler bekannt ist. Es kann passieren, dass Fritz das nicht sieht, weil er zu sehr auf die Details fixiert ist. (Anzumerken ist an dieser Stelle, dass dieses Argument gegen die intellektuelle Sichtweise immer von Intellektuellen stammt und wohl noch niemals von einem negativen Kritiker kam.)

Nun kann man dieses Beispiel für alle möglichen allegorischen Vergleiche heranziehen. Und man kann sich sehr wohl darüber streiten, ob dieses Beispiel gut oder schlecht gewählt ist. Eine Aussage, die besonders zutreffend und daher besonders denkwürdig ist, lautet jedoch so: „Nur das, was man schon kennt, erkennt man." – Das ist die Macht der Denkschemen.

Man könnte diese Aussage auch ein wenig umformulieren und behaupten: „Wer schon eine Erklärung hat, der braucht keine mehr." – Denn ist es denn nicht so? Wer sucht denn noch nach zusätzlichen Erklärungen, wenn er schon eine Erklärung hat? Wer von uns geht denn so weit, in einem Zwiegespräch dem Gegenüber auch gleich noch ein paar andere, alternative Erklärungen anzubieten? Nach dem Motto: „Ja, man kann das so sehen, der Meinung bin ich, aber man kann das auch so sehen, dieser Meinung bin ich nicht." – Keiner macht das! Menschen wollen immer das Einfache und Menschen tendieren immer dazu, schwarz-weiß zu denken. Denn so zu denken erleichtert den Alltag. Auch der ständige Drang nach Vereinfachung ist ein Denkschema, dessen wir uns bewusst sein müssen. Wir tendieren dazu, alles auf schwarz-weiß zu reduzieren und wir tendieren dazu, dann mit dem Denken aufzuhören, wenn wir irgendwie der Meinung sein können, dass das, was wir schon wissen, ausreichend sein könnte. Ob diese Veranlagung für die menschliche Effektivität dienlich ist, ist schwer zu beurteilen. Ich persönlich behaupte, dass kurzfristiges Denken noch niemals wirklich gut war. Das Gegenteil, die Nachhaltigkeit, wird nur über gewissenhafte und tiefer gehende Gedanken erreicht.

Bleibt die Frage offen, wie man zu neuen, zu anderen Denkschemen kommen kann, wo wir Menschen doch in der Weise programmiert sind, uns immer Arbeit ersparen zu wollen und keine neuen Erklärungen brauchen, wenn wir schon welche haben. Wie soll man sich verändern, wenn man dazu tendiert, die Welt mit dem zu begreifen, was man schon kennt? Wie gelangen neue Denkschemen in unseren Alltag? - dass man Neues lesen, sehen, hören und auch verstehen und akzeptieren und respektieren kann, steht außer Frage, aber wie schafft man es, wirklich anders zu denken? Wie soll es einem gelingen, etwas Neues, etwas Anderes, und, ganz wesentlich, etwas Besseres auch wirklich zu benutzen?

Prinzipiell bestehen hierzu zwei Möglichkeiten. Die eine ist gesund, die andere schmerzhaft und auf Dauer fast schon traurig. Die erste Möglichkeit besteht darin, einfach einmal etwas Neues auszuprobieren. Vielleicht macht die Veränderung ja Spaß. Vielleicht liegt es einem, die gewohnten Dinge heute einmal anders zu machen. Vielleicht empfindet man es als reizvoll, auch einmal eine Erklärung zu suchen, obwohl man schon eine hat. Vielleicht stellt man das Gewohnte heute einmal in Frage. Oder aber man steht vor einer Veränderung. Man erlebt eine Situation, mit der man noch nicht umgehen kann, weil es das erste Mal ist, dass sie auftritt. Spätestens dann, wenn die alten Muster nicht mehr angemessen erscheinen, wenn sie nicht mehr funktionieren, fängt man an, über neue Lösungsstrategien nachzudenken. Die neu-

en Denkschemen etablieren sich dann als benutzbare Erweiterung des Denkens, indem sie sich als hilfreich und angemessen erweisen. Später wird man sich bewusst oder unbewusst erinnern und neue Probleme mit Hilfe des neuen Wissens leichter und besser lösen.
Aber was macht man, wenn man schon eine Erklärung hat? Was macht man, wenn man schon ein Denkschema anwendet und sich dessen vielleicht gar nicht bewusst ist? Was macht man, wenn man sich des aktiven Denkmusters nicht bewusst ist, dieses aber unvorteilhaft ist? Stellen Sie sich vor, sie würden anhand von Mustern leben, die dazu führen, dass Sie unglücklich sind. Und stellen Sie sich vor, diese Muster würden unbewusst in ihrem Geist ablaufen, und sie wären unglücklich und wüssten nicht warum. Wie würden Sie ein solches Muster erkennen? Wäre es denn da nicht sinnvoll, sich eine Strategie zu überlegen, unvorteilhafte Denkmuster aufzuspüren und diese zu eliminieren?
Die einzige Möglichkeit, ein altes Denkschema auf Dauer zu vernichten ist das Scheitern. Wer einmal Unmut, Leid, Scham, Frustration oder dergleichen ertragen musste, weil er eine Sache falsch interpretiert hat, weil er falsch gedacht hat, weil er fehlerhaft gedacht hat, weil er einen Fehler gemacht hat, - der wird sich sehr schnell und sehr gewissenhaft nach einem neuen Denkschema umschauen. Traurig wird es, wenn Menschen ein Leben lang in unpraktischen oder falschen Denkschemen agieren und sich nicht davon lösen. Sie scheitern zwar, sind aber in ihrer Unfähigkeit gefangen sich neue Strategien auszudenken und diese umzusetzen. Psychologisch ist besonders interessant, dass sich viele dieser Menschen aus dem Grund nicht verändern, weil es scheint, dass sie sich an das Scheitern gewöhnt haben.
Der Trick besteht darin zu versuchen sich selbst ständig neue Denkschemen anzueignen und sich gleichzeitig anhand des Scheiterns bewusst zu machen, wo eventuell unvorteilhafte Muster aktiv sind.
Man könnte es auch so ausdrücken, dass man besser ab und zu innehalten sollte, um über das Gewohnte nachzudenken, als immer nur fraglos weiter zu machen.

Dazu eine kleine Geschichte: Es wird eine Straße durch den Urwald gebaut. Unten im Wald befinden sich die Arbeiter und schlagen mit Macheten eine

Schneise in das Dickicht. Sie haben sichtlich Spaß bei ihrer Arbeit und schlagen auf die Büsche, Bäume und Sträucher ein, dass die Fetzen nur so fliegen. Oben auf einem Aussichtsturm steht der Aufseher und Planer der Straßenbauangelegenheiten. Dieser blickt in seine Pläne, studiert und blickt auf die laufenden Arbeiten, blickt wieder in seine Pläne und dann wieder auf den Urwald. Und plötzlich zuckt er und schreit hinunter zu den Arbeitern: „Halt! Stopp! Halt! Aufhören!! - Wir sind im falschen Urwald!" Sichtlich genervt blicken einige Arbeiter nach oben und einer lässt sogar für einen Augenblick seine Machete ruhen und schreit: „Ruhe! Jetzt läuft's gerade so richtig!"
Ab und zu sollte man sich fragen, ob man nicht vielleicht gerade im falschen Urwald ist.

Philosophie im Alltagsleben

Als Autor eines philosophischen Buches muss man sich relativ häufig der Frage stellen, was denn all das viele Nachdenken eigentlich bringen würde. Die Leute erwarten eine Antwort auf die Frage, warum man denn als Philosoph immer alles so kompliziert sehen müsse, wo man sich all diese Fragen doch gar nicht stellen müsse. Sie sagen, man könne doch auch so ganz gut leben. Ohne viel zu fragen. Ohne nachzudenken? Sie fragen, was denn das ganze Philosophieren eigentlich bringen würde.
Aber kann man wirklich ganz gut durchs Leben kommen, ohne in philosophischer Weise über die Welt nachzudenken? Kann man leben, ohne sich Gedanken über das Warum oder den Sinn zu machen? Oder ist irgendwo ein Haken? Wie weit kann man kommen, ohne sich selbst Gedanken zu machen? Ist es denn nicht so, dass man sich Gedanken machen muss? Wo sind Nachdenken und Infragestellen noch sinnvoll und wo nicht? Ist es nicht zutiefst menschlich, sich Gedanken zu machen? Ist es überhaupt möglich, sich keine Gedanken zu machen? Und wenn man es sich aussuchen könnte, worüber sollte man sich Gedanken machen, und worüber sollte man sich keine Gedanken machen? Welche Art von Gedanken sind sinnvoll und welche nicht? Was ist sinnvolle Philosophie und was nur blödsinniger Elfenbeinturm?

Ich denke, als solch ein Autor eines philosophischen Buches bin ich an dieser Stelle eine Erklärung schuldig.

Zuallererst muss man, auch als vehementer Verfechter des Geistigen, so ehrlich sein zuzugeben, dass vieles des vom Menschen erzeugten Gedankengutes für das alltägliche und praktische Leben nicht notwendig ist. So ist es, zumindest in einer Art und Weise überflüssig. Überflüssig für das Leben im Speziellen, jedoch universell nicht sinnlos, wie wir im weiteren Verlauf dieses Buches noch erkennen werden.
Es stellt sich die Frage, wo die Grenze liegt, die Grenze zwischen dem für das Leben sinnvollen und notwendigen Nachdenken und dem eventuell überflüssigen Teil. Die Antwort auf diese Frage lautet, dass es keine Grenze gibt. Es ist schlichtweg nicht möglich, zu beurteilen, was in unserem Leben sinnvoll ist und was nicht. - In den folgenden Kapiteln werden wir die Auswirkungen der globalen Relativität und der damit verbundenen Veränderung des Sinnbegriffes immer wieder aufgreifen. - Jedoch gibt es durchaus Zusammenhänge, die in dieser Frage weiterhelfen. So ist es in der Tat so, dass, je tiefer wir die Dinge in unserer Umgebung verstehen, wir desto präziser und besser mit ihnen umgehen können. Es gelingt uns folglich durch Wissen und Können, uns besser in unserer Umwelt zurechtzufinden. Eben genau dieses Thema füllt ganze Bibliotheken von Philosophie- und Lebenshilfebüchern. Es wäre hier durchaus möglich, ein ganzes Buch nur über dieses eine Thema alleine zusammenzustellen. Die Konsequenzen der Fragen (und Antworten) zu diesem Thema sind weitreichend. Und es geht dabei um die verschiedensten Lebensbereiche, um die verschiedensten Themen von Politik, über Ethik und Philosophie bis hin zu fragen des Alltags. Wir gehen in diesem Rahmen aber natürlich nur auf ein paar begrenzte Gesichtspunkte ein.
Wenn man zum Beispiel als Fahranfänger das Autofahren lernt, so beschäftigt man sich in erster Linie damit, die Bedienelemente des Fahrzeuges in der Art und Weise kennen, und beherrschen zu lernen, dass das Auto tut, was man will. Beherrscht man dies in einigermaßen automatischer Weise, so geht es damit weiter, dass man übt mit dem Erlernen im Straßenverkehr zurechtzukommen. So lernt man beispielsweise etwas über Rechts-vor-Links und über das höhere Wesen des Kreisverkehrs. Was man, wenn überhaupt, nur am

Rande streift, ist die Funktionsweise des Fahrzeuges selbst. Offensichtlich ist es für die Fähigkeit, ein Auto sicher auf Straßen mit anderen Autos zu steuern nicht notwendig, detailliertes Wissen über die mechanische Funktionsweise einer Kurbelwelle oder über die genauen Abläufe einer Zündelektronik zu kennen. Und wie sieht es erst mit Autophilosophie aus? Muss man sich als Autofahrer Gedanken darüber gemacht haben, ob Autofahren an sich sinnvoll ist, wenn man nur eben die Freundin besuchen fahren möchte? - Würde es einen Unterschied machen, wenn man genau verstehen würde, was technisch in einem Auto passiert, während man es lenkt? Würde es einen Unterschied machen, wenn man Autophilosoph wäre? Würde man dann besser Auto fahren? Machen philosophische Autoreisen mehr Sinn als Unphilosophische?

Ich würde behaupten, dass es für das normale Zurechtkommen vollkommen ausreichend ist, zu wissen, wie man das Fahrzeug bedienen muss um es zu einer gewünschten Reaktion und Funktion zu bringen. Man muss wissen, nach welchen Regeln man sich im Straßenverkehr zu verhalten hat, und man darf durchaus auf kleinere Diskussionen, wie etwa der Frage, ob man der Umwelt einen Gefallen tut, für den Kauf von einen Liter Milch das Auto aus der Garage zu holen, eingehen. Das ist der normale Alltag, und diese Fragen und dieses Wissen haben praktische Bedeutung.

Was passiert aber, wenn das Fahrzeug einen Defekt hat, sprich, wenn es plötzlich nicht mehr in der gewohnten Art und Weise auf die eigenen Eingaben über die Bedienelemente wie Lenkrad oder Gaspedal reagiert. Oder, was sehr oft vorkommt, wenn die Umweltbedingungen sich verändern. Wenn man etwa nicht mehr auf trockener Straße, sondern auf Schnee oder bei starkem Wind unterwegs ist. Oder wie sieht es aus, wenn sich der Benzinpreis verändert und am Ende gar das Benzin teurer wird, und man sich überlegen muss, ob sich die Pendlerei in die Arbeit finanziell überhaupt noch lohnt. Sollte man sich nicht vielleicht doch vorher schon mit dem Thema Wirtschaftlichkeit beschäftigt haben? Ist es dann, um zurück auf das Wetter zu kommen, in solchen Fällen nicht durchaus hilfreich zu wissen, was mechanisch und geometrisch vor sich geht, wenn die Hinterräder ausbrechen und die Steuerrichtung des Fahrzeuges sich in ungewohnter Art und Weise ändert? Denn das neue Verhalten des Autos ist durchaus vorhersagbar und daher auch sicher beeinflussbar, dies jedoch auf eine andere, neue und bis dahin ungewohnte

Art und Weise. Diese ungewohnte Art und Weise kann man vorher nur schwer üben, man muss sie vorher verstanden haben, um im Ernstfall richtig reagieren zu können. Weiter kann man sehr wohl schon im weiten Vorfeld durch Denken zu der Erkenntnis gelangen, dass es sehr wahrscheinlich ist, dass sich die Spritpreise und damit die eigene Lebenssituation in Zukunft verändern werden. Auf die etwaigen Veränderungen kann man sich im Vorfeld einstellen und sich überlegen, wie im entsprechenden Fall zu handeln ist. Man kann also durch Denken ein tieferes Verständnis der eigenen Situation entwickeln, um dann angemessen, präzise und schnell zu reagieren. Ein bisschen Autophilosophie ist also gar nicht so verkehrt.

Wir werden später noch genauer sehen, was es mit dem sogenannten „intuitiven Entscheiden" auf sich hat. Intuitives, oft auch als spontanes Entscheiden bezeichnet, bezieht seine Qualität aus Erfahrung und Wissen. Erfahrung und Wissen resultieren wiederum aus dem Erkenntnisgewinn, aus Fragestellungen und Antworten im Gedächtnis des Einzelnen. Man kann Wissen leicht aufnehmen, es als Information auswendig kennen, aber, um es verwenden zu können, muss es erst durch die vielen Rädchen in unserem Geist wandern und vielfach verarbeitet, umgearbeitet und integriert werden. Erst dann ist es benutzbar. Ob diese Benutzbarkeit nun bewusst oder unbewusst ist, ob als langwierige Überlegung oder vollkommen intuitiv, macht in dieser Beziehung keinen Unterschied. Um also intuitiv, spontan, gut, treffend und sicher zu entscheiden, brauchen wir Erfahrung. Erfahrung stammt aus Fragen, die wir uns über Zusammenhänge in der Welt gestellt haben und den daraus resultierten Erkenntnissen, die wir benutzbar im Gedächtnis gespeichert haben. Die Erfahrung, das Wissen und das Können sind es also, was uns effektiv macht. Ohne über das, was wir tun, nachzudenken, gelangt man allerdings dort niemals hin.

An dieser Stelle möchte ich kurz auf zwei ganz grundsätzliche Begriffe zu sprechen kommen. Es sind die Begriffe „Information" und „Wissen".

Ganz generell muss man strikt zwischen Information und Wissen unterscheiden. „Information" ist all der redundante und für uns belanglose Wulst aus Eindrücken, die auf uns einprasseln. Ganz gleich, ob es sich um irgendein optisches Detail irgendwo in unserem Gesichtsfeld handelt, oder ob der Schullehrer irgendetwas erzählt, das uns nicht interessiert. Immer dann, wenn Eindrücke für uns nicht benutzbar sind, dann handelt es sich um reine Information. So wie Nullen und Einsen in einem PC. Schreiben wir ein DIN A 4 Blatt voller Nullen und Einsen, dann haben wir zwar eine Menge Information vor uns, aber überhaupt kein Wissen. Das ist der Unterschied zwischen den beiden Begriffen! Wir können mit den Nullen und Einsen nichts anfangen, wir können sie nicht benutzen. – Handelt es sich aber um Zusammenhänge, oder um Details, die wichtig sind für unser alltägliches Handeln, für unser alltägliches Vorankommen, dann sind sie für uns benutzbar. Das Resultat ist, dass sie uns zum einen interessieren werden, zum anderen führt ihre Relevanz dazu, dass sie in der Tat wichtig für unser praktisches Leben werden. Information unterscheidet sich also von Wissen dadurch, dass Wissen immer benutzbar ist. Information muss nicht zwingend benutzbar sein, und sie ist es meistens auch nicht.

Prinzipiell macht es den Anschein, dass es durchaus möglich ist, das Leben zu bestreiten, ohne auch nur ein kleines bisschen aktiv nachgedacht zu haben. Bei der Beobachtung der Mitmenschen scheint es tatsächlich möglich zu sein, durchs Leben zu gehen, ohne überhaupt jemals philosophisch nachgedacht zu haben. In der Tat tun viele Menschen etwas sehr Ähnliches. Sie übernehmen Denkmuster. Meist übernehmen sie diese von den Eltern, von anderen Leuten, aus dem Fernsehen oder sonst woher, und sie denken niemals wirklich gewissenhaft über die ihr Leben bestimmenden Zusammenhänge nach. Sie stellen nichts in Frage. Sie zweifeln nicht. Sie leben mit einer Philosophie, die sie sich, wenn überhaupt, in einer halben Stunde zurecht gelegt haben. Allem Anschein nach gibt es viele solcher Menschen. Menschen ohne philosophische Grundeinstellung, ohne Ideologie, ohne Begeisterung, und, daraus resultierend, auch weitgehend ohne fundierte eigene Meinungen. Diese Menschen tun, was sie tun, weil sie es tun. Wie Leoparden, die Antilopen reißen. (Dazu gleich später in diesem Kapitel noch mehr.) Sie brauchen keinen Grund, keinen tieferen Sinn. Ihnen reicht das Oberflächliche. Und wenn es Antworten sind, dann ist es übernommenes Wissen, dann sind es übernommene Einstellungen, übernommene Sichtweisen, nicht ihre eigenen. Ohne Denken hat man keine eigene Sicht der Dinge.

Diese Leute kaufen sich auf CD die Musik, die sowieso den ganzen Tag im Radio läuft, und treffen sich in ihrer Freizeit mit ihren Freunden in Einkaufszentren, weil ihnen nichts Besseres einfällt. Sie machen das nach, was andere ihnen vormachen. Nach dem Sinn fragen diese Leute nicht lange. Solche Fragestellungen sind ihnen unbekannt und falls sie mit ihnen in Kontakt kommen, dann erscheinen sie ihnen gleichermaßen überflüssig wie befremdlich. Was sie interessiert, ist der Spaß. Aber dieser Spaß führt irgendwann zu Langeweile. Sinn dagegen würde zu Zweck führen. Aber Zweck ist für diese Menschen etwas geistig nicht Erreichbares. Diese Menschen sind ständig gestresst und identifizieren sich über materielle Statussymbole und meist sehr stark über ihre oberflächlichen Kontakte zu anderen Menschen. Geht dabei irgendetwas schief, so haben sie nichts mehr und fallen in Verzweiflung. Ab und zu verändern sie in ihrem Leben etwas. Aber neu ist dann nur die immergleiche Variation von immer wieder Gleichem.

Die Überzeugung, die dieses Buch vermitteln soll, ist die, als philosophischer Mensch eben ein anderes Leben zu führen. Ein Leben mit mehr Ideen, mehr Impulsen, mehr Erfahrung und einfach mehr von allem. Denn ein Leben mit einem feineren Verständnis der Dinge führt die Frage nach Sinn zu immer präziseren Linien des Verständnisses, immer zu mehr Begeisterung noch als der der groben Schönheit des Einfachen. Man erhält so Möglichkeiten, die in einem anderen Leben gar nicht vorkommen. Erst derjenige, der sich Fragen stellt, kommt auf neue Ideen. Ohne Philosophie, und ohne das anzuzweifeln was „ist“, kann man nichts Neues ins Leben holen.

Vor 2.500 Jahren wurde als Inschrift auf dem Apollo-Tempel in Delphi formuliert: „Erkenne Dich selbst!“ - Diese Frage treibt die Menschen um, seitdem sie denken können. Und ich behaupte, dass sie ebenso jene Menschen umtreibt, die nie den Zugang zum Denken an sich gefunden haben. Auch die Nichtphilosophen. Fragen nach Sinn, nach ihrer Herkunft, Fragen nach dem Ende und nach dem, was danach kommt, stellen sich Nichtphilosophen sehr wohl, wenn auch auf eine einfache Art. Aber das tun sie nicht jeden Tag; die Zeit, als sie sich Fragen dieser Art gestellt haben, ist schon lange her. Damals waren sie noch Kinder. Denn Kinder interessieren sich für alles. Und Kinder stellen alles in ihrer kindlichen Art in Frage. Aber bei diesen Menschen war damals niemand da, der ihnen den Zugang geschaffen hätte, der ihnen gezeigt hätte, wie man in reifer Weise mit solchen Fragen umgeht, der ihnen vorgelebt hätte, was mit solchen Fragen zu tun ist. Es war niemand da, und sie selbst waren nicht in der Lage, den Zugang zu finden. Und leider haben sie so den Zugang niemals gefunden. Später dann waren sie gewohnt, nicht zu denken. Jetzt ist es überflüssig für sie, denn irgendwann haben diese Menschen aufgehört, sich zu interessieren und ihr Interesse ist nie wieder zurückgekehrt. - Und Sie, verehrter Leser, interessieren Sie sich noch? - Wir können viel von unseren Kindern lernen.

Beschäftigen wir uns als nächstes mit der menschlichen Weisheit. Philosophieren soll ja angeblich zur Weisheit führen. Dazu stellen wir uns das Bild eines alten und ergrauten Mannes vor, der nichts Großes mehr macht, aber eigentlich auf alles eine von Geduld und Wissen geprägte Antwort geben kann. Mit dieser Antwort hat er immer Recht. Er hat immer Recht weil er alles schon einmal erlebt hat, und weil er durch sein lebenslanges Denken über alles schon einmal nachgedacht hat. Er weiß alles und steht über allem. – Das ist die reine Weisheit.

Tragen wir also nun in einem Diagramm die Weisheit nach oben und die Zeit nach rechts ein, so könnte man sich den in der nächsten Abbildung folgenden Verlauf vorstellen:

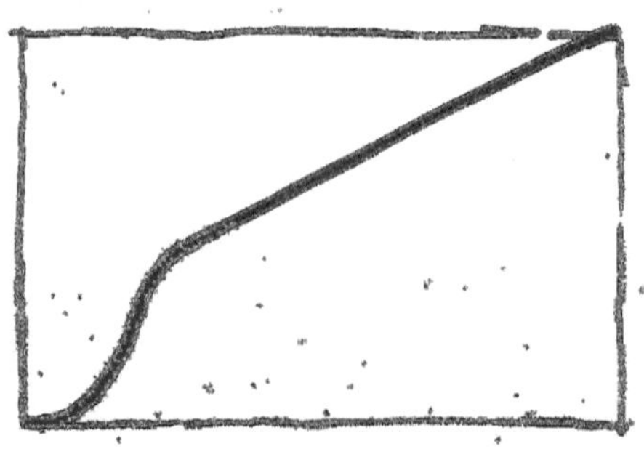

In der linken unteren Ecke wäre die Geburt. Zum Zeitpunkt der Geburt ist die Weisheit praktisch gleich null. Das bleibt dann auch noch für kurze Zeit so, bis das Kind mit hoher Geschwindigkeit anfängt, alles Wissen in sich aufzusauen und sich alle möglichen Fragen zu stellen. Säuglinge lernen zwar auch sehr viel und sehr schnell, aber dabei handelt es sich noch nicht um eine Form von Weisheit. Am meisten Fragen stellen sich junge Menschen in der Pubertät und im sehr jungen Erwachsenenalter. Das wäre dann in unserem Diagramm dort, wo die Kurve am steilsten ist. Ab dann wird sie flacher. In unserem theoretischen Diagramm verläuft sie ab dann etwa geradlinig nach oben. (In Wirklichkeit wäre ein solcher linienartiger Verlauf sehr unwahrscheinlich, da ja unterschiedliche Lebenssituationen zu unterschiedlichen Häufigkeiten und Intensitäten von Fragen und Erkenntnissen führen. Und bekannterweise ist es so, dass sich die Lebenssituationen immer mit der Zeit ändern.) Die Weisheit wird in diesem Diagramm durch die immer größer werdende Summe an gestellten Fragen und gelieferten Antworten und erlebten Erlebnissen immer größer. Sodass quasi mit unendlichem Alter auch unendlich große Weisheit erreicht wird. (Nur leider ist das zu erreichende Alter für uns Menschen begrenzt.)
Dieses hier beschriebene Modell würde bedeuten, dass wir es in unserem Umfeld mit lauter weisen Rentnern zu tun haben.

Unsere Erfahrung mit unseren Mitmenschen sieht aber eher wie im folgenden, zweiten Diagramm aus:

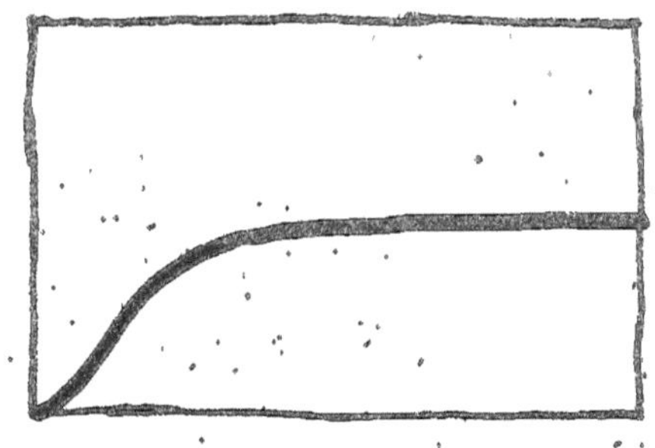

Die Weisheit steigt hier wie im ersten Szenario anfangs an, nimmt allerdings dann nicht bis in alle Ewigkeit zu, sondern bleibt irgendwann auf irgendeinem relativ konstanten Niveau stehen.

Ich gebe zu, dass dieses Bild ein wenig stereotyp-negativ gezeichnet ist. Aber haben Sie persönlich das Gefühl, dass alte Menschen wirklich weiser und klüger werden? Oder könnte es sein, dass sie nur starrsinniger und oft eben einfach nur älter und alt sind? Von wahrer Weisheit sind die meisten Alten doch genauso weit entfernt, wie die meisten Jungen es auch schon sind. Im Alter wird man vielleicht ruhiger, man hat andere Prioritäten und ist damit weniger sprunghaft wie befangen. Aber das alles sind Persönlichkeitseigenschaften und nicht Symptome von Weisheit, wie sie durch angewandtes Wissen oder durch pure Erkenntnisse resultieren würden.

Warum ist das aber so, dass man nicht bis in alle Ewigkeit weiser wird? Es scheint doch so, dass das Szenario aus dem ersten Diagramm durchaus logisch und schlüssig ist. Dort stellen sich jeden Tag Fragen, man denkt über diese nach und wird dabei schlauer. Warum sollte man also mit der Zeit nicht immer weiser werden?

Der Grund hierbei ist der, dass es eine Art Komplexitätsbarriere gibt. Zum einen sind Fragen (und Antworten) ab einem gewissen Niveau zu anstrengend, weil zu kompliziert, zum anderen tauchen Fragen ab einer gewissen Komplexität erst gar nicht in unserem Kopf auf. Sie tauchen nicht auf, eben weil sie zu kompliziert sind.

Es ist wie mit Johann Wolfgang von Goethes Satz im Faust: „Du gleichst dem Geist den Du begreifst." – Wir Menschen sind nur in der Lage, die Welt auf dem Niveau zu begreifen, das unseren geistigen Fähigkeiten entspricht. Alles, was darüber hinaus geht, ist für uns schlicht undenkbar und damit prinzipiell nicht zugänglich.
Wir begreifen die Welt nur so kompliziert, wie wir bereit und fähig sind, sie kompliziert zu begreifen. Das Resultat ist das gleiche. Ob man nun erst gar nicht fragt, oder ob man die Frage nicht kapiert – letztendlich ist in beiden Fällen keine Erkenntnis zu erreichen, und so wird man auch nicht schlauer. – Dieser Zusammenhang ist auch universell für jeden Einzelnen von uns gültig. Genauso, wie es eine Komplexitätsschwelle der Erkenntnis (der Weisheit) gibt, so gibt es auch eine persönliche Anstrengungs- oder Aufwandsschwelle. – Beide Schwellen sind prinzipiell begrenzend für die lebenslange Steigung unserer Weisheitskurve.

An diesem Punkt stellt sich die Frage, ob man an diesem scheinbar grundsätzlichen Zusammenhang etwas ändern kann. Was kann man prinzipiell unternehmen, um einer flachen Weisheitskurve entgegenzusteuern und sie vielleicht sogar weiter steigen zu lassen?
Die Antwort, die ich dem Leser hier zu geben habe, kann man vermutlich schon erraten:
Denken! Und zwar Denken mit neuen und anderen als den gewohnten Denkschemen. Denn wenn die Dinge zu komplex werden, hat man nur dann eine Chance, weiter zu machen, wenn man Werkzeuge zur Hand hat, die die Dinge einfacher erscheinen lassen. Und wenn das Nachdenken zu anstrengend wird, denkt man nur noch dann weiter, wenn man es schafft es weniger anstrengend werden zu lassen.
Daneben gibt es noch eine weitere Dynamik, die die Menschen auch über für sie eigentlich zu anstrengende Dinge nachdenken lässt. Es ist eine gesteigerte Motivation. Motivation ist also beim Erreichen von Weisheit ein wesentlicher Faktor. Motivation kann hier über unterschiedliche Arten steigen. Neben der puren Begeisterung für das Geistige (in Form eines Hobbys) gibt es noch andere Beweggründe. Schicksalsschläge, wie Krankheit oder dem Verlust eines lieben Menschen rütteln die Menschen oft auf und lassen sie sich selbst wie-

der philosophische Fragen stellen. Oft kann es auch nur eine mittelschwere Midlife-Crisis sein, die zum Nachdenken anregt. Drogenkonsum oder ein Auslandsaufenthalt können auch zu einer neuen Sicht der Dinge führen. Intensive Erlebnisse oder veränderte Situationen lassen die Menschen denken. Der gesunde Weg sieht allerdings anders aus. Gesund kann Motivation nur über eine positive Einstellung, wie sie von innen kommt, sein. Menschen mit einer solchen Menschen sind schlichtweg besonders veranlagt. Es gibt Menschen, die geborene Philosophen sind, ähnlich wie es geborene Sportler oder geborene Künstler gibt. Das Denken an sich ist für sie Erfüllung wie Hobby wie Berufung. Diese Menschen entwickeln über die Jahre Weisheit, weil sie sich nicht faul dem schon Bekannten hingeben, sondern sie hören nie auf, sich selbst und der Welt Fragen zu stellen. Diese Menschen entwickeln sich.

Mit neuen Denkschemen entwickelt man sich.

Alternative Antworten, die individuell bewertet werden

Was vor dem Hintergrund der gerade besprochenen Zusammenhänge fasziniert erscheint, ist die Beobachtung, dass auch sehr lebenserfahrene, sehr erfolgreiche und sehr gebildete und hochintelligente Menschen zu radikalen und stereotypen Ansichten wie etwa Rassismus oder ganz allgemein zu ausgeprägter, primitiv radikaler Klischeehaftigkeit neigen.

Dazu eine Geschichte, die immer wieder gut passt: Ein Kind lernt in der Schule, dass es schlecht und falsch ist, zu stehlen. Stehlen ist gegen das Gesetz, und es ist böse, wenn man jemand anderem unerlaubterweise etwas wegnimmt.
Die Eltern erzählen dem Kind von einem Mann, der ein paar Lebensmittel in einem Geschäft gestohlen hat. Das Kind sagt: „Stehlen ist schlecht, der Mann ist böse und hat Unrecht in dem, was er getan hat. Er muss bestraft werden."
In den nächsten Monaten erfährt das Kind, dass es auf der Welt hilfsbedürftige Menschen gibt, die es nicht so leicht und bequem haben wie es selbst. Es erfährt, dass viele Menschen zu wenig zu essen haben, weil sie arm sind und zu wenig Geld haben, um Lebensmittel zu kaufen. Und dann fragt das Kind

daheim wieder nach der Geschichte mit dem Mann, der gestohlen hat, und es erfährt, dass der Mann und seine Familie sehr arm sind. Es erfährt, dass diese Familie so arm ist, dass sie sich nicht einmal genügend zu Essen leisten kann und Eltern und Kinder hungern müssen.

Und so kommt das Kind zu der Ansicht, dass es in diesem Fall nicht schlecht, sondern gut war, dass der Mann die Lebensmittel gestohlen hat. Denn schließlich hat er es ja nicht für sich selbst und für seinen eigenen Luxus getan, sondern er tat es um seiner Familie zu helfen. Der Mann ist also kein böser Mensch, sondern handelte im Guten.

Und dann, einige Zeit später, kommt das Kind zu einer anderen Erkenntnis. Es sieht ein, dass man die Sache ebenso auf die eine wie auf die andere Weise sehen kann. Das Kind erkennt zum ersten Mal in seinem Leben, dass es alternative Sichtweisen gibt, von denen keine unumstößlich die richtige sein muss. Es erkennt, dass man den Mann gleichermaßen als straffähigen Täter sehen kann oder als Hilfsbedürftigen, der Unterstützung verdient hat. Das Kind erkennt also, dass die Welt nicht einfach ist, dass die Dinge kompliziert sind, weil man für sich selbst entscheiden muss, was man für wahr und was man für falsch annehmen muss. Außerdem erkennt es, dass radikal-kategorisches Schubladendenken oft unpassend ist.

Über die Jahre wird das Kind erwachsen und durch steigendes Wissen und steigende Weisheit wird es als späterer Erwachsener sehr gemäßigt und gelassen in seinen Ansichten, Handlungsweisen und Äußerungen.

So zumindest die Geschichte und die Theorie. In der wirklichen Welt habe zumindest ich persönlich etwas anderes festgestellt. In der wirklichen Welt schein es so, dass Menschen so gut wie immer eine vorgefertigte Meinung haben, von der sie überzeugt sind und von der sie nicht ablassen. Es scheint so, dass auch Erfahrung und Denken nicht zu einer Abschwächung von Meinungen im Sinne einer Weisheit führen. Fast scheint es so, dass die Meinungen von früher Kindheit an unverrückbar vorhanden sind und für immer in dieser Weise bestehen bleiben. So gibt es hochbegabte Staatsführer, die Rassen töten, weil sie sie als „schlecht" deklarieren. Es gibt Ärzte, die radikale Fans einer Fußballmannschaft sind und Ingenieure, die sich wie kleine Prinzessinnen verhalten, wenn es um den Umweltschutz geht.

Fast scheint es so, dass Erfahrung und Intelligenz meist absolut nichts mit Vernunft, Mäßigung oder Bedächtigkeit zu tun haben.

Wie kann das sein? Denn je mehr Zusammenhänge wir doch in unserem Leben erkennen, je mehr Fragestellungen uns beschäftigen, und je mehr wir Denken, desto mehr Alternativen sollten uns doch in den Sinn kommen. Wie kann man radikal eine Meinung vertreten, wenn man noch zehn andere Sichtweisen kennt, die im objektiven Licht der Vernunft nicht besser oder schlechter erscheinen als die eine erste Meinung?

Nun, eine wirklich fundierte Erklärung für dieses Phänomen gibt es nicht. In der Tat gibt es erschreckend wenig Forschung im Bereich der menschlichen Weisheit. Sicher kann man jedoch behaupten, dass irgendeine Veranlagung unseres Gehirns für dieses Phänomen verantwortlich ist. Unsere Gehirne scheinen entsprechend ihrem Aufbau eher zu Radikalismus und zu Schubladendenken zu tendieren als dazu, die bekannten alternativen Denkweisen zu benutzen.

Die Theorie, wie man Phänomene dieser Art möglicherweise verstehen könnte, ist die nun Folgende. Dazu müssen wir uns allerdings zuerst vergegenwärtigen, wie es in der Praxis abläuft, wenn wir über etwas nachdenken. Beim Nachdenken füllen wir so etwas wie das „bewusste Feld" unseres Geistes mehr oder weniger aktiv mit den Inhalten, die uns beschäftigen und versuchen (wieder mehr oder weniger aktiv) daraus und darin Zusammenhänge und weitere Vorgehensweisen zu erdenken. Die Zusammenhänge und die möglichen Vorgehensweisen sehen wir aber im Grunde nur dann, wenn wir sie bereits kennen. Denn es ist immer schwer, Muster zu erkennen, die man nicht schon irgendwo anders gesehen hat. Ebenso ist es schwer, auf neue Denkwege zu kommen, wenn diese nicht in irgendeiner Weise den schon bekannten Denkwegen ähnlich sind. Das heißt, dass wir alles, was uns in den Sinn kommt, schon von etwas Ähnlichem her kennen. Der Anteil dessen, was unser Denken als wirklich Neues hervorbringt, ist verschwindend gering.
Füllt man nun seinen Geist mit möglichen alternativen Entscheidungen, so muss man sich irgendwann für eine dieser alternativen Entscheidungen

entschließen. Obwohl diese Aussage schwer nachvollziehbar ist, so folgt sie doch einer gewissen Trivialität, denn man kann ja auf einem Weg immer nur in eine Richtung gehen und nicht in alle möglichen, unterschiedlichen Richtungen gleichzeitig. So ist es auch mit mentalen „Wegen". Wichtig ist hierbei, dass man eine einzige Möglichkeit als die beste für sich persönlich geeignete auswählt. Es handelt sich also immer um eine subjektive Entscheidung darüber, welchen mentalen „Weg" man einschlägt. Die Subjektivität ist allumfassend, denn auch eine emotionslose, als objektiv geltende Entscheidung ist immer von einem Menschen, von einem Individuum getroffen, und ein Individuum ist immer subjektiv. Das Individuum muss Stellung beziehen, und sei es nur insofern, dass die Entscheidung diejenige ist, sich nicht zu entscheiden. Auch wenn bei einer Entscheidung Objektivität herrscht, also eine Bewertung unter bewusstem Ausklammern von Emotionen, so fällt das Individuum die Entscheidung, die es für besser oder korrekter hält als andere mögliche Entscheidungen. Dieser Prozess ist immer subjektiv, auch wenn er unter Ausklammern von Emotionen stattfindet. Man kann prinzipiell nicht anders, als eine Alternative besser zu finden als die anderen.

Und hier wird es interessant. Denn wie kommt es zustande, dass man eine Alternative besser findet als eine andere? Sicherlich hat es hier nicht wesentlich mit Logik und großer Vernunft zu tun. Eher mit ganz persönlichen und einfachen Vorlieben. Diese Vorlieben entspringen unserer Veranlagung und unserer persönlichen Geschichte. Und meist ist ihre Natur wenig intellektuell und die ihnen zu Grunde liegenden Gedanken wenig differenziert. Vielmehr finden Entscheidungen über Alternativen auf dem geistigen Niveau statt, wie beispielsweise jemand von sich selbst „weiß", dass er lieber Schnitzel als Currywurst mag. Sicher ist diesem Jemand durchaus bewusst, dass man beides, Schnitzel und Currywurst, mögen kann, aber immer wird es so sein, dass dieser jemand sich für seinen persönlichen Geschmack entscheidet. Warum das so ist, kann er im Grunde nicht beantworten. Vorlieben haben wenig mit logischem Folgern zu tun und sind daher wenig vernünftig. Sie sind so, wie sie sind.

Und so kommt es, dass auch das Bewerten von jeglichen Alternativen wenig vernünftig abläuft. Auch philosophische Alternativen werden subjektiv nach persönlichen Vorlieben und Abneigungen gegeneinander abgewogen. Rein

die Argumente für die Entscheidung, die ohnehin schon feststeht, werden anhand von klarer Logik und Folgerungsfähigkeit generiert.
Die einzige Chance, die wir haben, ist es, uns nur und wirklich nur auf der Logik und dem logischen Bewerten entsprechende Entscheidungen zu verlassen. In der Mathematik ist die Zahl 5 immer größer als die Zahl 3. Es handelt sich um eine dem logischen Schlussfolgern entsprechende, eindeutige Aussage. Es müssen keine Emotionen subtrahiert werden.

Wie sieht es aber mit alternativen Denkwegen in der persönlichen Philosophie aus? In dieser Philosophie der persönlichen Sinnfindung ist es relativ selten, dass man eine Denkalternative gegenüber einer anderen anhand der Logik eindeutig verifizieren kann. Alternativen müssen deshalb immer als von relativ gleicher „Richtigkeit" angesehen werden. Und wenn es nicht möglich ist, anhand der Logik zu folgern, dann bleibt uns ja überhaupt keine Wahl als nach persönlichen Vorlieben zwischen alternativen Antworten auszuwählen und uns zu entscheiden.

Fügt man nun diese Argumentationen zusammen, so bringt einen dies auf zwei Erkenntnisse. Zum einen kann man verstehen, warum auch Philosophieren nicht unbedingt zu mehr Gelassenheit, mehr Mäßigung und zu weniger radikalen Ansichten führen muss.
Zum anderen erkennt man, dass Philosophieren immer dazu führt, dass wir uns selbst besser kennen lernen! Das jeweilige Entscheiden für eine der möglichen Denkalternativen führt dazu, dass wir uns besser kennen lernen, denn man wird aus den möglichen Alternativen immer die Erklärung auswählen, die einem persönlich am weitesten entspricht. Die Entscheidung ist also ein direkter Ausdruck dessen, was einem am meisten entspricht und damit ein Ausdruck dessen, wie es im eigenen Inneren aussieht. Wenn man sich also fragt, „Was denke ich darüber?", dann gibt die Antwort nicht nur Antwort auf die Frage selbst, sondern des weiteren gibt sie Aufschluss über das, wie es im eigenen Inneren aussieht. Vorlieben im Bereich der persönlichen Lebensphilosophie haben relativ wenig mit Logik als vielmehr mit rein subjektivem Erkennen zu tun.

Man lernt sich also durch Philosophieren selbst besser kennen. - Wo da die wirkliche Erkenntnis bleibt, ist eine andere Frage. Ebenso unklar dürfte vor diesem Hintergrund die Frage erscheinen, wo an dieser Stelle die Vernunft bleibt.

Zum Schluss wollen wir uns noch eines bewusst machen: Gebildete Menschen, die mit hinreichender Intelligenz ausgestattet sind, haben eine gewisse Macht in der Gesellschaft. Haben diese Menschen noch ausgeprägte Führungseigenschaften, dann ist ihre Macht ungleich größer.
Ist diese Macht bei einem Menschen gekoppelt mit radikalen Ansichten, so erhöht es die Wahrscheinlichkeit, dass es sich um einen sehr gefährlichen Menschen handelt. Bloße herausragende Fähigkeiten wie Können, Wissen oder Intelligenz schützen nicht vor Unvernunft oder Radikalität. Wir sollten uns immer bewusst machen, dass alle Menschen, egal ob erfolgreich oder nicht, in ihren Entscheidungen den gleichen Mechanismen unterliegen.

Der Leopard, der die Antilope reißt

Die Aussage, zu der wir gleich kommen werden, ist jene, dass die Erklärungen für die Menschen da sind. Oder anders formuliert: Wir tun das, was wir tun, weil wir es tun, die Erklärung kommt erst später, nachdem wir schon getan haben, was wir tun.

Wir stellen uns einen Leoparden in Afrika vor. Der Leopard reißt eine Antilope. Wir gehen hin und fragen den Leoparden, weshalb er die Antilope gerissen hat. Der Leopard kann an dieser Stelle in der Geschichte natürlich sprechen und sagt: „Wie? Ich bin ein Leopard!", mehr sagt er nicht. Natürlich sagt er nichts, denn er versteht nicht, was wir meinen. Der Leopard tut, wonach ihm ist, er denkt nicht vorher nach. Er tut das, was er tut und er tut, was Leoparden tun, weil er ein Leopard ist.

Wäre der Leopard ein Mensch, so würde er vermutlich etwas ganz anderes sagen. Er würde uns eine Vielzahl von Erklärungen und Rechtfertigungen anbieten. Er würde sagen, dass er Hunger habe und dass ihm auch die moralisch bedenkliche Handlung, ein anderes Tier zu erlegen, in Anbetracht seiner Ernährungssituation als legitim erschienen war. Er würde vielleicht irgendwas über seinen kulturellen Hintergrund anführen, vielleicht dass man das mit dem Erlegen von Antilopen in Afrika eben einfach so mache und dass er das auch so mache, weil alle anderen das auch so machen würden und es deswegen schon in Ordnung gehe. Vielleicht würde der Leopard auch erklären, dass die Antilopen schlechte Tiere seien und die Leoparden die Guten und dass es deswegen nur rechtens sei, wenn Leoparden Antilopen fressen würden.

Der Leopard als Mensch würde also Erklärungen parat haben. Ebenso wie wir Menschen merkwürdigerweise immer irgendwelche Erklärungen parat haben.

Anhand von noch einem weiteren Beispiel möchte ich verdeutlichen, auf was wir hier hinaus wollen: Jeder hat schon einmal von den gespenstischen Auswirkungen von Hypnose gehört. Anscheinend ist es einem Hypnotiseur möglich, jemanden, der sich gerade im hypnotisierten Zustand befindet, mehr oder weniger direkt „ins Unbewusste zu sprechen". Man bezeichnet diese Art von „jemanden ins Unbewusste sprechen" als „Suggestion". Bei einer Suggestion erhalten Hypnotisierte zum Beispiel „Befehle" und führen diese dann dem Anschein nach willenlos aus. Menschen machen dann unter Umständen merkwürdige Dinge. Hypnose beeindruckt uns allein der Tatsache wegen, weil sie funktioniert. Des Weiteren fasziniert uns das scheinbare Ausgeliefertsein der hypnotisierten Person. (In der Realität kann Hypnose nur sehr begrenzt Einfluss auf Menschen nehmen. Wirklich verändern kann man wenig, und eine wirkliche Gefahr für die sich in Hypnose Befindlichen besteht selten.)

Nun zum eigentlichen Beispiel. Ein Hypnotiseur hypnotisiert einen Mann. Er gibt dem sich unter Hypnose befindlichen Mann den Befehl, dass er nach dem Aufwachen aus seiner Hypnose Folgendes tun soll: Sobald der Hypnotiseur mit dem Finger schnippt, soll der Mann sich den Regenschirm neben der Tür schnappen, ihn hochheben und den Regenschirm begutachten. Der Hypnotiseur weckt also den Mann aus der Hypnose, und der Mann fühlt sich frisch und klar und ahnt nichts von der Suggestion. Plötzlich schnippt der Hypnotiseur mit dem Finger und der Mann geht zielstrebig zur Tür, findet den Regenschirm, hebt ihn hoch und begutachtet ihn.

Und jetzt kommt das Interessante: Fragt man nämlich nun den Mann, weshalb er den Schirm genommen habe, so erhält man eine Erklärung, aus der man viel über den menschlichen Geist lernen kann. Seine Antwort ist nämlich nicht etwa: „Ich habe keine Ahnung, warum ich den Schirm genommen habe! Aber vielleicht hat es etwas mit der Hypnose von gerade eben zu tun." Auch ein schlichtes „Ich weiß es nicht!" wird er vermutlich nicht von sich geben. Vielmehr erfindet der Mann eine Erklärung, die recht wenig mit der Realität zu tun hat. Er antwortet auf die Frage, warum er den Schirm genommen habe, in etwa in der Art, dass er der Meinung sei, dass das Wetter draußen nach Regen aussehe, oder er sagt, er habe diesen schönen Schirm gesehen, und er denke darüber nach, sich selber einen solchen zu kaufen. Was der Mann also als Erklärung ausspricht, hat absolut nichts mit der Realität zu tun. Die Erklärung des Mannes ist lediglich diejenige Erklärung, die ihm selbst als die plausibelste erscheint. Und damit ist sie vollkommener Blödsinn für denjenigen, der weiß, dass der Mann in der Hypnose eine Suggestion erhalten hat.

Der Mann tut hier etwas, das die Psychologen als Rationalisieren bezeichnen. (siehe hierzu auch Kapitel 5 - Abwehrmechanismen) Der Mann denkt sich eine Erklärung aus. Und wenn man die Aussage dieses Phänomens konsequent auf das alltägliche Leben, auf unser gesamtes Denken und all unser Erleben anwendet, so kann man sich fragen, ob wir nicht alle zu jeder Zeit in gewisser Weise rationalisieren.

Was würde es bedeuten, wenn wir annehmen, dass wir sowieso nur tun, was wir tun, ähnlich dem Leoparden, der tut, was ein Leopard tut, oder ähnlich jemanden, der aus irgendeinem Grund (hier Suggestion) handelt, sich dieses wahren Grundes aber nicht bewusst ist? Was hätte es für Auswirkungen, wenn wir annehmen müssten, dass wir immer erst tun, was wir eben tun, um uns erst später eine passende Erklärungen zurechtzulegen? Was würde es bedeuten, wenn diese Aussage nicht nur auf das Handeln, sondern auch auf das Denken zutreffen würde? – Es würde bedeuten, dass schon von vorneherein feststehen würde, wie wir uns in unserer Umwelt verhalten. Unser Denken und unsere Entwicklung wären damit festgelegt. Einzig das Finden von Erklärungen würde unsere persönliche Freiheit beschreiben.

In der Tat kann man davon ausgehen, dass wir Menschen viel mehr und viel häufiger intellektualisieren, als uns bewusst ist. Gesichert gilt auch, dass wir Menschen zu einem großen Teil entsprechend unserer Veranlagung und unserer anerzogenen Disposition entsprechend handeln. Für unser Verhalten haben wir immer irgendwelche Erklärungen und Rechtfertigungen parat. So bleibt die Frage, inwiefern wir überhaupt erkennen können, was die wirklichen Gründe unseres Handelns sind.

Denken braucht Zeit

Lähmt das Denken, weil es Zeit braucht? Wenn man, entsprechend dem Philosophen, der ständig alles und jedes mit einer Frage nach dem „Warum" mit sich selbst diskutiert, dann scheint es so, dass man in seinen Entscheidungen und Handlungen langsamer, ja schon fast gelähmt sei. Es scheint also, als habe der nachdenkliche Mensch gegenüber dem spontan-intuitiven Menschen einen direkten Nachteil im alltäglichen Leben.

Aber stimmt diese Aussage wirklich? Hat der denkende Mensch gegenüber dem spontanen einen Nachteil? – Zugegebenermaßen erscheint der Einwand plausibel, aber er ist falsch, zumindest in der allgemeinen Formulierung.

Steht man vor einem Problem, so versucht man passend dazu eine Lösung zu finden. Aus dieser erdachten Lösung wird dann irgendeine Handlung folgen. Ist dieses eine spezielle Problem einmal durchdacht und gelöst, kann man diese Lösung, ja sogar den Lösungsweg selbst, auf alle möglichen neuen Probleme anwenden. Man löst also jedes Problem jeweils nur einmal und hat dann für die Zukunft jeweils eine effektive Lösungsstrategie zusätzlich zur Verfügung. Da sich mit der Zeit die Zahl an neuen Situationen verringert, eben weil man sie schon einmal erlebt hat, wird sich der Aufwand des Findens von Lösungsstrategien ebenfalls mit der Zeit reduzieren. Wurden die jeweiligen Lösungsstrategien gewissenhaft erdacht, so ist wahrscheinlich, dass sie entsprechend effektiv sind. Man kann behaupten, dass gewissenhaft denkende Menschen unter dem Strich nicht langsamer, sondern effektiver und damit schneller in ihren Entscheidungen werden. Entscheidend in unserem Alltag sind so gut wie immer Qualität und Effektivität und nicht die pure Schnelligkeit. Der Grund dafür ist, dass wir in einer sehr komplexen Welt zu Hause sind, in der Systeme mit komplizierten und weitreichenden Verknüpfungen anzutreffen sind. Und wie immer in einem komplexen System ist es unvorteilhaft Entscheidungen mit wenig Gewissenhaftigkeit zu treffen. Reines Reagieren bringt einem vielleicht bei der Flucht vor einem gefräßigen Leoparden oder im Kampf gegen einen Rivalen einen direkten Vorteil, in der heutigen Welt mit Fahrkartenschaltern, PC-Systemen, einem Steuerrecht und global agierenden Unternehmen sind aber gewissenhafte Entscheidungen von Vorteil. Was gebraucht wird, fällt unter das Stichwort „Nachhaltigkeit". Das sind schlicht und einfach die Entscheidungen, die wir umgangssprachlich als „klug" bezeichnen.

Nicht zu verwechseln ist an dieser Stelle das Nachdenken mit krankhaften Ausprägungen wie der Melancholie und dem damit verbundenen Gefangensein in immer denselben Gedanken, der Grübelei.

Es gibt Menschen, die in einer ungesunden Weise immerzu grübeln. Sie denken dann nicht positiv und konstruktiv und effektiv über ein Problem nach, sondern sie grübeln einfach nur. In ihren Gedanken erreichen sie keinen Fortschritt. Mit Philosophie hat dies wenig zu tun, eher damit, nachts wach zu liegen und den Kopf voller sinnloser und zwanghafter Gedanken zu haben, die einen nicht schlafen lassen. Diese Menschen denken nicht nach, sie leiden an einer Eigenart ihres Gehirns.

Denken und Denken können also unterschiedlich sein. Es kommt darauf an, wie es verwendet wird. So sollte man auch gesundes Tagträumen nicht mit krankhaftem Grübeln verwechseln.

Ebenso gibt es in der Psychologie einen Effekt, den man als „Denkarbeit" bezeichnet. Denkarbeit leisten wir beispielsweise, wenn uns etwas ärgert, wenn wir ungerecht behandelt wurden oder ganz allgemein bei allen intensiven Erlebnissen, die von unserem Geist erst eingeordnet und verarbeitet werden müssen. So spricht man beim Verlust eines wichtigen Menschen beispielsweise auch von „Trauerarbeit". Die nachdenkliche Phase, wie sie auf ein solches Erlebnis folgt, ist geprägt von Grübelei. Jedoch besteht der Unterschied zur Krankhaftigkeit, dass beim Gesunden diese Phase einen bestimmten Auslöser hat und nach einiger Zeit immer von selbst endet!

Sicher ist, dass denken die Qualität von zukünftigen Entscheidungen fördert und damit zu effektiveren Entscheidungen führt. Im alltäglichen Leben müssten wir selten kämpfen oder flüchten, deswegen sind geringe Verzögerungen im Sinne einer letztendlichen Effektivitätssteigerung akzeptabel. Jedoch muss man schon allein der Vollständigkeit halber noch ein paar weitere Auswirkungen ansprechen. Denn zu viel und zu kompliziert nachzudenken verzögert die sogenannten „ad hoc – Entscheidungen".

Dazu ein Beispiel. Bei Kindern kann man entsprechend folgende Situation beobachten: In der Schule spielt die Lehrerin mit den Kindern ein Spiel, bei dem sie das passende Tier zu Geräuschen auf einem Tonband erraten müssen. Aus dem Tonbandgerät kommt ein Summen. Alle Kinder schreien: „Das ist eine Biene!" Nur dar hochbegabte Junge namens Kurti schreit nicht. Kurti überlegt erst einmal, ob es sich tatsächlich um eine Biene handelt oder ob es vielleicht auch eine große Fliege sein könnte oder vielleicht auch eine Hummel. Dazu versucht er zu erkennen wie schnell sich die Lautstärke des Geräusches ändert um damit zu rekonstruieren, wie schnell sich das Insekt bewegt, um daraus wiederum zu schließen, um was für ein Insekt es sich handeln könnte. In der Zeit, in der Kurti noch überlegt, haben seine Mitschüler längst schon die Antwort. Kurti ist ein wenig verärgert und irgendwo auch über sich selbst enttäuscht, denn offensichtlich können alle Kinder etwas, was er selber nicht kann. Er steht außen vor, und da die anderen in der Mehrzahl sind, müssen sie Recht haben.

War das auf dem Tonband aber nun eine Biene? Für die anderen Kinder war das vollkommen klar, aber woher konnten sie das mit Gewissheit sagen? – Die Kinder erhielten die Bestätigung für ihre Gewissheit, die daher rührte weil sie sich untereinander einig waren. Alle Kinder schrien „Biene", und damit war es klar, dass es sich um eine Biene handelte.

Was hier passiert, ist schwer zu beurteilen. Dass die Kinder außer Kurti innerhalb der Gruppe einen Vorteil durch ihr intuitives Entscheiden haben, ist nicht von der Hand zu weisen. Jedoch muss man dabei beachten, dass die Entscheidung Biene-oder-nicht-Biene selbst vollkommen unwichtig ist. Ob das auf dem Tonband nun eine Biene war oder irgendein anderes Tier wird im Leben der Kinder nichts Wesentliches ändern. Einzig die Einigkeit innerhalb der Gruppe ist in diesem Beispiel von Bedeutung. Kurti hat hier einen Nachteil, weil ihn die Art seines Denkens langsam macht.

Noch ein weiterer Zusammenhang ist interessant. Es ist davon auszugehen, dass die Kinder die Biene nur deshalb so schnell erkennen, weil derjenige didaktische Autor des Hörspiels sich wohl Folgendes gedacht hat: „Das Rate-Hörspiel wird von Kindern gehört. Kinder denken beim Hören eines Summens immer an Bienen. Deswegen lautet die richtige Antwort – Biene". Der Autor des Rätsels denkt also, wie er meint, dass die Kinder denken werden, und die Kinder denken so, wie sie gelernt haben, Rätsel dieser Art zu lösen. Das richtige Leben läuft allerdings anders. Denn im richtigen Leben müssen die Dinge nicht zwangsläufig so sein, wie sie zu sein scheinen. Im richtigen Leben gibt es niemanden, der sich die Sachen ausdenkt, sodass man mit dem, was man kennt, richtig liegt. Im richtigen Leben muss man selbst denken, erkennen und folgern. Und Denken braucht immer Zeit. Wer hat also jetzt Recht? Die Kinder oder Kurti?

Wir haben also in diesem Abschnitt gesehen, dass Grübeln von Vorteil sein kann, oder aber auch von Nachteil. Eindeutig wertende Argumente für oder wider gibt es nicht. Sicher gibt es aber Argumente, mit denen man die Argumente für das Für und Wider abschwächen kann. Meiner Meinung nach ist es sogar so, dass nicht mal die Notwendigkeit entsteht, sich bei dieser Fragestellung persönlich zu entscheiden. Jeder kann es mit dem Denken halten, wie er möchte. Und das entspricht eben genau dem, was jeder von uns in Wirklichkeit ohnehin schon tut.

Intuitives Entscheiden

Sich intuitiv zu entscheiden bedeutet sich nicht lange mit einem Problem zu beschäftigen und in einer Situation sehr schnell eine Entscheidung zu fällen. Entscheidungen und Handlungen liegen immer sehr nahe beieinander.

Sich zu entscheiden kann bedeuten, dass man körperlich etwas tut, oder dass man verbal etwas sagt, oder aber dass man rein auf der geistigen Ebene zu einer gewissen Einsicht gelangt.

Intuitiv sind zum Beispiel Handlungen wie das Ausstrecken der Hand nach der Pfeffermühle auf dem Esstisch oder Schlagen eines Balles beim Tennisspielen. Jedoch spricht man auch bei ganz anderen geistigen Abläufen wie dem emotionalen Bewerten eines Menschen, wenn wir ihn das erste Mal sehen, von Intuition. Kompliziert wird es, wenn man willentliche Entscheidungen unter dem Aspekt der Intuition betrachtet.

Faszinierend ist, dass, obwohl intuitive Entscheidungen so schnell getroffen werden, sie in den allermeisten Fällen jedoch alles andere als unpassend oder gar schlecht sind. Oft sind sie in der Tat sogar sehr viel präziser als Entscheidungen die aus langen Überlegungen heraus folgen.

Wie kommt das? Die Erklärung hat damit zu tun, dass es nämlich bei spontanen Entscheidungen in der Tat so ist, dass unser Gehirn mit einem großen Teil der Gesamtheit seines Gedächtnisses beim Planen und Ausführen einer jeden Aktion beteiligt ist. Eben die Tatsache, dass im Grunde permanent die Gesamtheit unseres Gehirns an jeglicher Hirnleistung beteiligt zu sein scheint, ist beim Verständnis des Verhaltens unseres Gehirns von großer Bedeutung. Das Verhalten unseres Nervensystems ist durch das permanente Zusammenwirken seiner Gesamtheit erklärbar. Unser Gehirn ist nicht einfach eine Kombination von kleinen, für sich abgeschlossenen Funktionseinheiten in Form eines großen Gesamtsystems. Unser Gehirn ist vielmehr eine Art große denkende Masse, die als sehr komplexe Einheit funktioniert und agiert. Die spezialisierten Teilregionen funktionieren nicht für sich alleine.

Man kann sich diesen Umstand anhand unserer Fähigkeit, uns „Bilder“ von Persönlichkeiten zu generieren verdeutlichen. Denn auch wenn ein uns ge-

genüber stehender Mensch viele einzelne Facetten, einzelne und unterschiedliche Persönlichkeitsmerkmale hat, so ergeben diese zusammen immer ein einheitliches „Bild" einer einzigen Persönlichkeit. Dies erlaubt uns als „Betrachter" diese Person einzuschätzen. Es gelingt uns also, uns ein Bild der Persönlichkeit zu machen. Damit dies so sein kann, muss die betrachtete Person es schaffen, sich immer wieder wie sie selbst zu verhalten! Ansonsten könnte sie ja niemals von irgendjemand eingeschätzt werden. Und offensichtlich widerspricht sich das Gesamtsystem nicht permanent selbst, sondern verhält sich in einer Art und Weise der Persönlichkeit entsprechend immer gleich. Und da jeder Entscheidungsprozess, egal ob es ein Gedanke, oder eine lange Gedankenkette sein soll, immer aus der Gesamtheit von allem, was die Persönlichkeit ausmacht, entstammt, muss jede Entscheidung immer der Gesamtheit der Persönlichkeit entsprechen. Die entsprechende Person kann durch diese so entstehende Konstanz von einem äußeren Betrachter eingeschätzt werden.
Um die Erklärung zu vervollständigen, muss man sich hinzukommend den Zusammenhang des Lernens verdeutlichen. Hätten wir es bei unserem Gehirn mit einem Zusammenschluss von stark unabhängigen Teilsystemeinheiten zu tun, so würden auch entsprechende Teilsysteme relativ unabhängig voneinander jedes für sich lernen. Das Lernen entspricht immer einem Hinzukommen von Eigenschaften. Vor diesem Hintergrund wird klar, dass eine Gesamtheit aus lernenden Teilsystemen niemals zu einem nach außen hin konstanten Verhalten in seiner Gesamtheit führen kann. Ein homogenes Verhalten würde durch ein einzelnes Teilsystem, das sich durch Lernen verändert hat, gestört. Folglich wird klar, dass eine nach außen hin konstante und verlässliche Persönlichkeit nur dann möglich ist, wenn das Gesamtsystem in einer stark vernetzten Einheit in seiner Gesamtheit an jedem Lernprozess beteiligt ist und sich somit als Ganzes verändert.

Keiner kann erklären, wie „Erfahrung" im Detail funktioniert. Man kann Erfahrung als die Gesamtheit alles schon erworbenen Wissens verstehen. Erfahrung ist es, die sehr präzise Entscheidungen zulässt. Im Folgenden wollen wir

verstehen, dass es maßgeblich die jeweilige Erfahrung ist, die für die Qualität von intuitiv getroffenen Entscheidungen verantwortlich ist.
Um den Einstieg zu erleichtern, wollen wir uns zuerst die sogenannte „weibliche Intuition“ anschauen. Die Popularität der weiblichen Intuition ist etwas Merkwürdiges. Denn es gibt sie nicht! Der einzige Unterschied zur männlichen Intuition (und zu jeglicher Intuition) ist der, dass sie von Frauen anstatt von Männern produziert wird. Und so wie Männer und Frauen unterschiedlich sind, so ist auch die jeweilige Form der Intuition unterschiedlich. Und das ist dann auch schon alles. Der Vollständigkeit halber möchte ich noch kurz auf die Begrifflichkeit eingehen. Oft bezeichnet man nämlich mit „weiblicher Intuition“ das vermeintliche Wunder, dass Frauen Dinge zu wissen scheinen, die sie gar nicht wissen können, um dann irgendwie Recht zu haben. Nun, meiner Erfahrung nach sind solche Wunder nicht real, und wenn, dann haben sie mehr mit Glück als mit irgendeiner weiblichen Eigenschaft zu tun. Fragen Sie mal eine Werbekauffrau nach einer weiblich intuitiven Entscheidung, wenn es um das Design von Turbinenblättern in einem Raketentriebwerk geht. In wie weit würden Sie hier der weiblichen Intuition vertrauen?

Die Qualität der Bauchentscheidungen hängt nicht von irgendwelchen spirituellen Fügungen oder von mystischen Geistern ab, sondern schlichtweg von der Fachkompetenz der jeweils entscheidenden Person. Wenn jemand beispielsweise viel über das Kochen in der Küche weiß und in diesem Bereich viel Erfahrung hat, dann wird seine intuitive Entscheidung, ob noch mehr oder weniger Salz in die Suppe gehört, sehr präzise sein. Jemand, der von Kochen keine Ahnung hat, wird sich hier mit Intuition schwer tun. Genauso kann ein Gärtner intuitiv entscheiden, ob ein Baum an dieser oder an jener Stelle besser wachsen wird. Die Entscheidung, wohin er den Baum setzt, wird er interessanterweise innerhalb von Bruchteilen einer Sekunde in sehr treffender Weise fällen. Er muss sich nicht erst wieder sein komplettes Wissen über Bäume, Witterung und Gärten in den Sinn rufen, um es dort zu integrieren und um zu einer Entscheidung zu kommen. Alles Wissen ist in der Gesamtheit seines immer mit seiner Gesamtheit agierenden Gehirns gespeichert. Sein Gehirn verhält sich homogen und konstant, und daher spiegelt jegliche Entscheidung jegliches gespeicherte (auch unbewusste) Wissen wider.

Intuitives Entscheiden ist also im Grunde genau das Gleiche wie jegliches anderes Entscheiden, nur dass es zum großen Teil unbewusst und sehr schnell abläuft.

Mit weiteren Dingen dieser Art werden wir uns später im Kapitel zur Psychologie und Neurologie noch beschäftigen.

Philosophieren und Glück

„Da sitzt der stille und träumerische Philosoph auf dem Absatz und blickt stumm vor sich hin, während die anderen fröhlich zusammen feiern." – Das ist das gängige Bild vom nachdenklichen Geistesmenschen. Er lebt in einer anderen Welt.

So habe auch ich, als Autor dieses Buches, mir früher des Öfteren nachsagen lassen müssen, dass all das Philosophieren unglücklich und traurig mache. Philosophen sind keine fröhlichen Menschen, so die landläufige Meinung. Nun, ich selber finde mich selbstverständlich voll OK, vielleicht oft nachdenklich und ein bisschen melancholisch, jedoch hat mich schon lange niemand mehr als langweilig bezeichnet. So weit ich es beurteilen kann, stehen Intellektualismus und ein erfülltes Leben in keinem Widerspruch zueinander. Wohl eher hängt die klischeehafte Traurigkeit der nachdenklichen Menschen vielmehr von der jeweiligen Person selbst ab als davon, was oder wie viel diese Person denkt. Es kommt also auf die Veranlagung und die jeweiligen Umstände an. Was jedoch nicht der Tatsache widersprechen muss, dass traurige Menschen eher zum Grübeln neigen als fröhliche Menschen. Das ist einleuchtend, denn jemand, der keine Probleme hat, muss auch nicht über seine Probleme nachdenken, weil er keine hat.

Trotzdem scheint es aber so, dass Philosophieren nur in den allerseltensten Momenten euphorisch-glückliche und überschwänglich gutgelaunte Philosophen hervorgebracht hat. Es scheint so, als würde sich oberflächlicher Spaß schlecht mit Philosophie kombinieren lassen. Und ebenso erscheint es

im umgekehrten Zusammenhang so, dass ein Philosoph beim Philosophieren keinen wirklichen Spaß empfindet.
Wie wir gleich im nächsten Abschnitt sehen werden, erzeugt das Nachdenken einen bestimmten Geisteszustand. Dieser wird mit Sicherheit immer ein anderer sein als der, in dem sich beispielsweise ein in Alkohollaune singender und lachender Betrunkener auf einer Party befindet. Wir erkennen also, dass man durch Philosophieren vielleicht zu einer Art inneren Ausgeglichenheit, zu einer Zufriedenheit gelangen kann, jedoch wohl eher selten zu einem euphorisch hohen Glücksgefühl.

An dieser Stelle bietet es sich an, sich kurz mit den Begrifflichkeiten „Glück" und „Zufriedenheit" zu beschäftigen. Im allgemeinen Sprachgebrauch werden Glück und Zufriedenheit oft verwechselt oder als synonym verwendet. In Wirklichkeit handelt es sich jedoch um zwei sehr unterschiedliche Dinge.
„Glück" ist etwas, das körperlich empfunden wird. Alles was körperlich und biologisch ist, stammt direkt von unserer evolutionären Geschichte aus dem Tierreich ab. Primitiv-körperlich Biologisches ist daher immer intensiv und mächtig, aber ebenso immer nur von kurzer Dauer. Im Kapitel zur Psychologie werden wir uns beispielsweise mit den menschlichen Trieben befassen. Triebe sind primitiv-biologisch und können unsere ganze Person mit ihrer Kraft einnehmen und den Betroffenen durchaus zeitweise unbewusst übermannen. Triebe streben nach direkter und unmittelbarer Befriedigung und müssen in Abständen immer wieder aufs Neue befriedigt werden. Ein erster Kuss mit einem Mädchen macht uns glücklich, Sport führt zu Glücksempfindungen, und wenn wir starken Hunger haben und etwas zu Essen bekommen, dann lächeln wir. All diese Empfindungen halten nicht besonders lange an. Hunger und Sex sind mächtige Antriebe, und ihre Befriedigung kann uns starke Glücksempfindungen bescheren. Was jedoch bei solchen Empfindungen nicht erreicht wird, sind Erkenntnisse oder Veränderungen. Nachdem wir gegessen haben, sind wir wieder derselbe wie zuvor. Um erneut eine Glücksempfindung zu haben, muss die Befriedigung wiederholt und oft auch in ihrer Intensität gesteigert werden.
Die „Zufriedenheit" ist hingegen etwas gänzlich anderes. Zufriedenheit ist etwas Geistiges, etwas Menschliches, etwas Erhabenes, etwas, zu dem nur wir

Menschen, die wir als Spitze der Evolution gelten, zu empfinden in der Lage sind. Zufriedenheit bedeutet, dass man auch nach einem schlechten Tag in der Arbeit nach Hause kommen kann, erschöpft und demotiviert, aber dennoch in der Lage ist sich hinzusetzen und mit Gewissheit sagen zu können, dass doch alles im Grunde gar nicht so schlecht läuft. Ein schlechter Tag oder eine vorübergehende Krankheit nehmen uns nicht unsere Zufriedenheit. Zufriedenheit ist eine Überzeugung, eine stetige Einstellung zu unserem Leben im Speziellen und im Allgemeinen. Zufriedenheit ist ein höheres Gefühl der Ausgeglichenheit und Sicherheit. Zufriedenheit ist etwas Spirituelles. Zufriedenheit stammt von einer umfassenden positiven Ausgeglichenheit im Sinne einer Überlegenheit. Der Zufriedene lebt in der Gewissheit, dass all die kleinen Probleme des Tages nur so schlimm sind, wie er sie schlimm zu sein zulässt.

Wir beobachten Zufriedenheit zum Beispiel bei Menschen, die ein stark einschneidendes Erlebnis positiv überstanden haben. So gelingt es Menschen, nach einer überstandenen Krankheit oder nach einem überlebten Unfall zum ersten Mal in ihrem Leben jeden Tag aufs Neue genießen zu können.

Die philosophische Seite der Zufriedenheit kann nur durch Erkenntnis erreicht werden. Über umfassende Erkenntnis in den Dingen, die das persönliche Leben selbst angehen, erkennt der Philosoph zum einen seine eigene Unwichtigkeit, zum anderen die umfassende Relativität seiner für ihn doch so wichtig erachteten Probleme. Das Erkennen der Relativität ist es, das uns zur Zufriedenheit bringt. Durchaus ist es also möglich, über das Nachdenken eine innere Gelassenheit, Ausgeglichenheit und Zufriedenheit zu erlangen.

Philosophie kann zufrieden machen, glücklich macht sie uns nicht.

Philosophie als Geisteszustand

Im antiken Griechenland (dort, wo die heutige klassische Philosophie ihren Ursprung hat) betrieb man das philosophische Denken aus zwei Motiven: Erstens, um Erkenntnisse über die Welt zu erhalten. Und zweitens, um einen besonderen Geisteszustand zu erreichen.

Das Gehirn des Menschen ist offensichtlich so konstruiert, dass wir uns gern mit intellektuellen Themen auseinander setzen. Offensichtlich macht es uns Spaß, unseren Kopf zu gebrauchen. Das Fragen nach dem Warum ist folglich eine zutiefst menschliche Eigenart. Folglich ist es naheliegend zu vermuten, dass Menschen in ihrer Entstehungsgeschichte ab dem Zeitpunkt einen Hang zur Philosophie hatten, von wo an ihr Gehirn dem unseren ähnlich entwickelt war. Und in der Tat kann man dies anhand von archäologischen Ausgrabungen eindeutig nachweisen. Urvölker betrieben mit eindeutiger Sicherheit eine Art von Philosophie, wenn sie zum Beispiel Opferstätten unterhielten. Denn das Opfern von wertvollen Dingen wie Nahrung, oder bestimmten Gegenständen, setzt einen Glauben an höhere Zusammenhänge voraus. Tiere mit Tiergehirnen opfern beispielsweise nicht. Das Opfern von Essbarem, und daher von Überlebenswichtigem, hat keinerlei praktischen Nutzen. Es kann also einzig auf höhere geistige Fähigkeiten und den daraus resultierenden Überzeugungen zurückzuführen sein. Man könnte sich die Argumentation eines Urvolkes in etwa so vorstellen: „Warum ist das so (egal was)? - Weil jemand es so gewollt hat. - Wer war das? – Es muss eine Art Gott gewesen sein. – Folglich gibt es einen Gott. – Dieser ist für alles verantwortlich, was ich nicht verstehe. - Er ist allmächtig. – Es ist sinnvoll, sich einen allmächtigen Gott wohl zu stimmen. – Wir machen ihm ein Geschenk. – Damit es ihm gefällt, muss es etwas für uns sehr Wichtiges sein."
Das Interessante an dieser Argumentationskette ist einmal mehr, dass ihr beschreibenderweise eine Warumfrage vorausgeht. Es ist immer die menschliche Neugierde, die ein Philosophieren hervorbringt. Hätten die Urmenschen nicht nach dem Warum gefragt, so würden die heutigen Archäologen keine Opferstätten frei graben können.

Kommen wir nun zur Philosophie als Geisteszustand. Ein Geisteszustand ist eine bestimmte Stimmung oder eben ganz grob ausgedrückt ein Zustand, in dem sich unser Gehirn und unser Körper befinden. Dieser Zustand entspricht im Wesentlichen dem, was wir gerade tun und/oder erleben. Zum Beispiel sind wir besonders wach und unser Körper auf eine besonders hohe Stufe der momentanen Leistungsfähigkeit eingestellt, wenn wir gerade durch den Wald joggen. Sicher würde es uns aber in diesem Zustand schwer fallen, gewissenhaft mathematische Gleichungssysteme zu lösen. Um dies zu können, würden wir mehr Ruhe und einen anderen Geisteszustand brauchen. Ein weiterer, sehr interessanter Geisteszustand ist beispielsweise der Schlaf, bei dem wiederum ganz andere Dinge in Gehirn und Körper geschehen.

Jeder Zustand unseres Gehirn-Körper-Systems entspricht also einer bestimmten Leistungsfähigkeit in bestimmten Teilbereichen unserer körperlichen und geistigen Funktionen. Folglich muss es also auch möglich sein, anhand einer (aktiven) Veränderung des Gehirn-Körper-Zustands bestimmte Fähigkeiten zu stärken und andere zu schwächen. Wir können also durch aktives Verhalten bis zu einem gewissen Grad unsere Teilfähigkeiten entsprechend unserer jeweiligen Bedürfnisse justieren. Dabei führt eine bestimmte Betätigung immer zu einem bestimmten Geisteszustand. (Rein philosophisch kann man sogar soweit gehen, zu behaupten, dass beides ein und das selbe sind.) So kann man sich zum Beispiel willentlich entschließen, mittags ein Nickerchen zu machen, und gerät unausweichlich in eine verschlafene Stimmung, bei der man etwas langsamer in den Reaktionen und in der Aufnahmefähigkeit ist. Oder aber, und das ist es, was die alten Griechen erkannt haben, man beschäftigt sich mit Philosophie und erreicht dadurch einen ganz bestimmten Geisteszustand.

Und eben diesen Geisteszustand wollen wir hier genauer betrachten. Um was für einen Zustand handelt es sich? Solange sich ein Mensch intensiv mit intellektuellen Inhalten beschäftigt, wird er vergleichsweise wenig körperliche Aktivität zeigen. Zwar kann es sein, dass auf eine geistige auch eine körperliche Anspannung folgt, jedoch ist zwanghafte Konzentration für philosophische Erkenntnisse eher ungünstig. Philosophie zu betreiben erfordert gleichermaßen hohe Konzentration sowie kreative Virtuosität, ähnlich einer Kunst. Der sich so Konzentrierende wird versuchen, möglichst wenigen äußeren Einflüssen und Ablenkungen ausgesetzt zu sein. Dieses Verlangen nach Ruhe und Schlichtheit der Umwelt ist seit den alten Griechen ein wesentliches Merkmal eines Philosophen. (Das krasse Gegenteil einer oberflächlich-naiven Generation sind zum Beispiel die schnellen Bild- und Tonfolgen der heutigen Musiksender.) Der Geisteszustand wirkt sich also gleichermaßen auf die Denkinhalte selbst aus. Nicht nur das Denken, sondern auch die Inhalte des Denkens, also das, was gedacht wird, verändern sich.

Der Philosoph tendiert dazu, seinen Geist auf ruhige Bewegungen, auf klare Strukturen und auf leise, ausgewogene und harmonische Geräusche zu lenken. Die alten Griechen behaupteten, dass intellektuelle Gedankengänge, welche über eine längere Zeit ein hohes Maß an Konzentration erfordern, erst in einem solchen Geisteszustand möglich werden.
Die Griechen gingen aber noch einen Schritt weiter: Die logisch entsprechende Fortsetzung eines solchen Zustandes ist eine vollständige, dem Philosophieren entsprechende Lebensweise. Das Ziel war es einen besonderen Zustand nicht nur möglichst oft zu erreichen, sondern ein bestimmtes Leben zu führen, um ihm immer und zu jeder Zeit möglichst nahe zu sein. Der Philosoph sollte das Leben eines Philosophen führen. - Auch wenn diese Utopie auf den ersten Blick ein wenig spirituell erscheint, ist sie doch nichts anderes als das, was jeder von uns schon kennt. Was damit gemeint ist, kann man sich verdeutlichen, indem man sich auf der einen Seite einen quirligen Italiener und auf der anderen Seite einen ruhigen Einwohner Norwegens vorstellt (Klischees ausgeklammert). Der Italiener wird beispielsweise ein anderes Lebensgefühl, ein anderes Selbstgefühl und ein anderes Erleben seiner Umwelt erfahren, als es der Norweger tut. Um dieses vorurteilbehaftete Beispiel weiter zu führen, kann man sich leicht vorstellen, dass ein quirliger Mensch weniger zu tiefen und langwierigen Gedankengängen neigt als ein ruhiger und bedachter Mensch aus dem Norden. Ist das effektive Philosophieren das Ziel, so geht es darum, Oberflächlichkeit zu vermeiden. Eine entsprechende Lebensweise war es, was die alten griechischen Philosophen zu erreichen anstrebten. Und in der Tat ergriffen die Griechen ihrer Zeit strategisch-organisatorische Maßnahmen, um den Menschen verschiedene Techniken zum Erreichen von philosophischen Zuständen zu ermöglichen. Es wurden sogenannte „Denkschulen" errichtet. Im Grunde waren dies nichts anderes als Schulen, in denen Philosophie entsprechend den Lehren der jeweiligen Gründungsväter unterrichtet wurde. Jedoch bestand zwischen den damaligen Schulen im Vergleich zu den heutigen uns allen bekannten Schulen ein wesentlicher Unterschied.

Den Griechen ging es nicht wie heute rein darum, Wissen und Können zu vermitteln, sondern es ging im Wesentlichen darum, den Schülern eine bestimmte Art des Denkens beizubringen. Erkenntnis, Wissen und Können waren quasi nur das Resultat! Neben allgemeinen Lehren aus den Bereichen Mathematik, Philosophie, Ethik, Geschichte und Politik beschäftigte man sich mit Themen wie Meditation, Rhetorik, Logik und mit Techniken, die philosophisches Denken erleichtern und verbessern sollten. Vor allem die Meditation und die Kontemplation dienten dazu, den Geist in einen für den Philosophen so wichtigen, intellektuell leistungsfähigen Zustand zu bringen und die Gedanken frei zu machen und um Ablenkung von innen und außen zu minimieren.

Im Rahmen dieses Buches erscheint diese antike Auffassung besonders reizvoll. Sie deckt sich in etwa mit dem, was ich dem Leser nahe legen möchte, wenn auch in einer weniger radikalen Weise. Wissenschaftlich über die Welt nachzudenken bedeutet, sich selbst ein Stückchen zu verändern. Und genau darum geht es. – Man kann in seinem Leben nichts verändern, wenn man auch in Zukunft alles genauso macht wie bisher! Nur indem man anders denkt, hat man die Chance, damit verbunden auf anderen Wegen zu Erkenntnissen zu kommen und somit auch zu anderen Erkenntnissen selbst zu gelangen. Damit das allerdings klappt, muss man sich verändern. Jedoch bedeutet eine Veränderung niemals zwangsläufig Altes, Gewohntes und Bewährtes aufzugeben! Die fruchtbarsten Veränderungen sind jene, bei denen man Neues hinzunimmt und in einer konstruktiven Weise mit dem Bewährten kombiniert.
Man muss nicht gleich der griechischen Utopie ein vergeistigter und weltfremder Philosoph werden, jedoch führt die Orientierung an geistigen Werten immer zu mehr Ausgeglichenheit und zu mehr Zufriedenheit. Zusätzlich behaupte ich persönlich, dass vor allem das wissenschaftliche Denken die Bewältigung der täglichen Aufgaben erleichtert und die daraus resultierende Philosophie einen gesunden und positiven Einfluss auf das eigene Lebensgefühl hat.

Was können wir wissen?

Stellen wir uns nun eine aller Erkenntnis zugrunde liegende Frage: „Was können wir wissen?" Ein ganzer Teilbereich der Philosophie, aus dem viele bekannte Persönlichkeiten hervorgingen, beschäftigt sich nur mit dieser Frage und ihren Auswirkungen. Die Rede ist von der sogenannten „Erkenntnistheorie". Erkenntnistheorie ist der Teilbereich der Philosophie, welcher sich damit beschäftigt, was wir prinzipiell wissen können. Die Erkenntnistheorie befasst sich, akademischer ausgedrückt, mit den Umständen, unter denen Beweisführungen als „sicher" gelten können. Ihre Hauptgebiete waren in der Geschichte die Disziplinen Physik sowie die Metaphysik. Aus der Physik gingen später alle jetzt unter dem Begriff Wissenschaft zusammengefassten Teildisziplinen hervor. Metaphysik ist der sehr alte Teilbereich der Philosophie, der sich mit den allgemeinsten gesetzlichen Strukturen der Wirklichkeit und deren Sinn und Zweck befasst.

Sicher sind diese Beschreibungen wieder sehr theoretisch. Und selbstverständlich enthält reines Gliedern in Kategorien noch kein Wissen an sich. (Oder relativ wenig benutzbares Wissen.) Anschaulich möchte ich also nun an einigen Beispielen erklären, was mit Erkenntnistheorie gemeint ist. - Was kann man prinzipiell wissen?

Informationen kann man über alles erhalten, das man messen, wahrnehmen oder erschließen kann. Kann man etwas weder messen, noch wahrnehmen, so kann man (wenn überhaupt) nur indirekt auf dessen Existenz schließen.

Nun kann man sich leicht vorstellen, dass es Teilbereiche der Welt gibt, die man weder messen, noch erfahren, auf die man nicht einmal schließen kann. Allegorisch gesprochen sind unerfahrbaren Bereiche weiße Flecken auf der Landkarte der Wissenschaft. Diese unbekannten Bereiche kann man in zwei Kategorien einordnen. Die, die niemals Einfluss auf unsere Realität haben werden und jene, die die noch fehlenden Erklärungen für bestimmte Phänomene in unserer Welt beinhalten. Erstere können uns prinzipiell vollkommen gleichgültig sein, denn, sogar wenn wir über sie Bescheid wüssten, wären sie für uns immer noch praktisch irrelevant. Die Letzteren sind jedoch wichtig. Denn sie haben einen noch unbekannten Einfluss auf unsere Welt. Unvorteilhaft ist die Situation, wenn diese Bereiche großen Einfluss haben, wir aber

nicht verstehen, wie dieser zustande kommt. So wäre es beispielsweise, wenn wir einer Täuschung oder einer Fehlinterpretation unterlägen.
Jedoch interessieren sich reine Erkenntnistheoretiker eher wenig über das Praktische und Unpraktische oder über Begrifflichkeiten „anwendbar" und „nichtanwendbar". Die Erkenntnistheoretiker beschäftigen sich mit der Frage nach den prinzipiellen Zusammenhängen. Die Frage geht also um das, was man prinzipiell wissen kann, und um das, was man prinzipiell erfahren kann und der Suche nach dem, was man prinzipiell nicht erfahren und nicht wissen kann.

Die einfachsten begrenzenden Faktoren hierbei sind:
Die Messmethoden. Die Informationsverarbeitung. Die Welt an sich.

Messmethoden

Nehmen wir Informationen aus unserer Umwelt auf, so stellt dies eine Messung dar. Natürlich kommt es dabei ganz wesentlich auf die verwendete Methode an. Klar ist, dass ein Messgerät zum Messen von Wasserdruck schlecht dazu verwendet werden kann, um Farben von Blumen auf einer Wiese emotional nach „schön" und „nicht-schön" zu unterteilen. Entsprechend benötigt man für die Messung jeder einzelnen Kategorie von Eigenschaften eine bestimmte Art von Messung.
Wir Menschen nehmen Informationen über unsere Umwelt durch unsere Sinnesorgane auf. Wir haben Drucksensoren auf unserer Haut, mit Hilfe derer wir Druck und Berührung wahrnehmen können, und anhand der photoaktiven Sinneszellen auf unserer Netzhaut im Auge können wir sehen. Aber dennoch besitzen wir zum Beispiel kein Sinnesorgan, um Radiowellen wahrzunehmen! Folglich sind wir ohne technische Hilfsmittel für Radiowellen blind. Entsprechend wussten Steinzeitmenschen sehr wenig über Radiowellen. (...)

Informationsverarbeitung

Die erhaltenen Messwerte müssen, um verwendet werden zu können, zuerst einmal einer Art Vorverarbeitung unterworfen werden. Die Vorverarbeitung kann im Wesentlichen als strukturierende Filterung der unüberschaubar großen Informationsflut an Sinneseindrücken angesehen werden. Als nächster

Schritt folgt in den allermeisten Fällen eine Art Integration der über die einzelnen Sinnesorgane erhaltenen Teilinformationen zu einem Gesamtbild. Offensichtlich ist es für ein agierendes Individuum von wesentlicher Bedeutung, auf die einzelnen Dinge in der Umwelt als Gesamtheit und nicht auf die, den Sinneseindrücken entsprechenden Teileindrucke zu reagieren. Unser Gehirn integriert beispielsweise Eindrücke von Ohren, Augen und Geruchssinn zu einer einheitlichen Empfindung und agiert anhand dieses Gesamteindrucks. Die Filterung und die Verarbeitung der aufgenommenen Informationen geschieht bei uns Menschen über den speziellen Aufbau, und über die Programmierung unseres Nervensystems. Durch den Aufbau und die Programmierung ist also festgelegt, was mit den jeweils eintreffenden Informationen getan werden soll. Man erkennt hierbei, dass in diesem Punkt eben kein prinzipieller Unterschied zu einem technischen Messgerät besteht. Ein technisches Messgerät filtert und verarbeitet Informationen entsprechend seiner mechanisch-elektrischen Konstruktion und Programmierung.

Wenn wir uns für die Leistungsfähigkeit von informationsverarbeitenden Systemen interessieren, so werden wir solche Systeme als besser klassifizieren, die für die jeweilige Situation die effektivsten Resultate liefern. Das bedeutet, dass mit möglichst geringem Einsatz von Material und Zeit die notwendig besten Ergebnisse erzielt werden sollen. Eine schnelle Verarbeitung ist hier wesentlich, ebenso das Produzieren von möglichst wenigen Fehlern. Die Qualität der Resultate ist entscheidend, denn sinnlose Ergebnisse, die unangebracht auf die jeweilige Situation zu keinen sinnvollen Ausgaben führen, machen auch ein schnell und sicher rechnendes System wertlos.

Welt an sich

Es ist grundsätzlich ziemlich einfach, über die Fehler und Unzulänglichkeiten der die Welt befragenden Systeme nachzudenken. Ein Messgerät kann nur das messen, wozu es konstruiert wurde und alles andere ist für dieses eine Gerät nicht messbar. Wenn wir die Messergebnisse unseres Messgerätes ü-

berprüfen und verifizieren wollen, so prüfen wir die Konstruktion und die Programmierung des Gerätes.
Ebenso ist es aber entscheidend, dass wir uns überhaupt im Klaren sind, wie die Natur selbst funktioniert. Wollen wir zum Beispiel ein Spannungsmessgerät für elektrische Stromkreise konstruieren, so ist dies so gut wie unmöglich, ohne zuvor eine Theorie über das Wesen der Elektrizität zu besitzen. Je besser wir die grundlegenden Zusammenhänge und Dynamiken der Natur verstanden haben, desto präziser wird prinzipiell auch unsere Erkenntnis sein. In der Tat ist es so, dass unsere wissenschaftliche Erkenntnis nicht nur durch die einsetzbaren Messmethoden, sondern ebenso über den grundsätzlichen Aufbau der Welt selbst limitiert ist. In letzter Konsequenz ist es also die Welt an sich, die unser Wissen begrenzt.

Dazu folgender theoretische Exkurs: Wir stellen uns ein Computerprogramm in weiter Zukunft vor. Die Künstliche Intelligenz ist in dieser Zukunft schon weit fortgeschritten und daher kann das Computerprogramm sehr effektiv und vollkommen selbständig denken. Wie alle selbständig denkenden Computerprogramme der Zukunft wurde ihm von seinen Programmierern eine Aufgabe mitgegeben. Diese Aufgabe besteht darin, vollkommen selbstständig neue und wieder denkende Computerprogramme zu erzeugen. Die Aufgabenstellung ist also: Reproduktion auf Programmebene.
Hierzu stellt sich nun die folgende philosophisch-theoretische Frage: Ist es einem von einem „Mutter"-Computerprogramm erzeugtem „Kind"-Computerprogramm prinzipiell möglich, die Programmierung des „Mutter"-Computerprogramms in seiner Vollständigkeit zu erschließen? Oder anders: Kann das vom ursprünglichen Programm erzeugte Programm die vollständige Programmierung des Ursprungsprogramms herausfinden und verstehen?
Diese Frage ist von fundamentaler Bedeutung, denn wäre dies prinzipiell nicht möglich, so könnten wir Menschen die Welt, in der wir leben, ebenso niemals in ihrer Vollständigkeit erkennen!

Wie sieht eine Fledermaus die Farbe Rot?

Seit dem Jahr 1974 lieben es Gehirnforscher, Neurophilosophen und Erkenntnistheoretiker, darüber nachzudenken, wie wohl eine Fledermaus die Farbe Rot sieht. In diesem Jahr nämlich veröffentlichte ein Amerikanischer Philosoph namens Thomas Nagel einen Aufsatz mit dem Titel: „What is it like to be a bat" – und sorgte damit für viel Aufsehen.

Die Frage hat viel damit zu tun, was Bewusstsein ist. Damit, wie ein Gehirn Bewusstsein erzeugt. Wie wir als Subjekt, als private Person, die Welt im Vergleich zu anderen Subjekten wahrnehmen. Wir kommen später noch genauer darauf zurück, was es mit dem Phänomen Bewusstsein eigentlich auf sich hat. Sehen wir uns aber nun zuerst an, wie Fledermäuse die Farbe Rot sehen. Was hat es mit der Repräsentanz einer roten Farbfläche in unserem Gehirn eigentlich auf sich?

Fangen wir ganz zu Beginn an. Zu Beginn einer Erklärung kommt meistens die Physik. Und so wollen wir auch bei der Physik (in vereinfachter Form) starten. Der Materialismus lässt grüßen. Es trifft also Licht (was auch immer das genau ist) auf eine Oberfläche. Dort werden Bereiche der Farben, die dieses auftreffende Licht „enthält", reflektiert. Andere Farben werden absorbiert und erhitzen die Oberfläche. Durch die Absorption verändert sich die Farbe des reflektierten Lichtes im Vergleich zum eingestrahlten Licht. So entsteht zum Beispiel aus eingestrahltem weißem Licht abgestrahltes rotes Licht.

Dieses Licht wird diffus (in alle Richtungen gleich) von jedem einzelnen Punkt der Oberfläche ausgestrahlt. Wir haben zum Beispiel nach den Gesetzen der Optik eine rote Fläche.

Jetzt kommt der Beobachter ins Spiel. Das Auge des Betrachters. Im Auge befindet sich ein raffiniertes System aus Linse und lichtempfindlicher Sinneshaut (der Netzhaut), mit welchem es uns Lebewesen möglich ist, diffuse Lichtquellen in ein reales Bild (auf einer Fläche abbildbar) zu verwandeln. Dieses reale Bild wird hier auf der Netzhaut abgebildet und die dortigen Stäbchenzellen und Zäpfchenzellen registrieren die Lichtinformationen. Diese

Informationen befinden sich dann in der wohl komplexesten Materie des bekannten Universums, unserem Nervensystem.
Als nächstes verrichten neuronale Verschaltungen eine Vorverarbeitung der Lichtinformationen noch sehr nahe am Auge selbst und leiten diese Informationen dann an das Gehirn weiter. Dort entsteht ein sehr komplexes Erregungsmuster welches, verteilt über weite Bereiche des Gehirns, jetzt die individuelle Empfindung der Farbe Rot repräsentiert. Wichtig ist Folgendes: Es gibt die Farbe Rot (genauso wie jede andere Empfindung in Gehirnen) immer nur in der äußerst abstrakten Form eines mehr oder weniger spezifischen Erregungsmusters des Gehirns. Es gibt keinen Schalter im Gehirn, auf dem der Aufdruck „Rot" steht. Genauso wenig ist der neuronale Erregungszustand immer wieder exakt gleich. Rot ist ein über weite Bereiche des Gehirns verbreitetes Erregungsmuster, das in einer noch weitgehend unbekannten Form eine Repräsentanz und ein Bewusstsein für den Betrachter erzeugt.
Auch wenn die Menschen untereinander relativ ähnliche Gehirne besitzen, so sind die einzelnen Gehirne alles andere als gleich. Größe, Differenzierungen und Anordnung der Verschaltungen sind unterschiedlich. In ihnen sind die gespeicherten Informationen und mit ihnen die individuellen Interpretationen der Informationen unterschiedlich. Dieser Punkt ist einleuchtend, denn wenn wir Menschen alle untereinander die absolut gleichen Gehirne hätten, dann wären wir ja alle absolut vollkommen gleich und hätten auch die gleichen Erinnerungen, Wünsche, Einstellungen und so weiter. Wir wären alle die Gleichen. Das ist ja offensichtlich nicht der Fall.
Stehen also nun zwei Menschen vor einer roten Farbfläche, so sind sich beide durch die Konvention der Namensgebung der Farbe Rot darüber einig, dass sie vor eben einer roten Farbfläche stehen. Irgendwann als Kind haben beide Menschen gelernt, dass das, was sie da jetzt an roter Fläche vor sich sehen, den Namen „Rot" hat. Das sagt aber ziemlich wenig darüber aus, was sie wirklich sehen. Es sagt lediglich aus, dass beide Menschen gelernt haben sich darüber einig zu sein, dass das, was sie sehen, immer wieder das gleiche ist und dass es einen Namen hat. – Wir haben es hier mit einer der wichtigsten Grundlagen für Kommunikation überhaupt zu tun.
An sich ist diese Konvention kein Problem. Es werden bei der Kommunikation der beiden Menschen keine Probleme auftauchen, wenn das, was sie als

Rot bezeichnen, auch wirklich immer wieder dasselbe ist. Problematisch wird es erst dann, wenn einer der beiden durch einen Fehler etwas als rot bezeichnet, das der andere als nicht-rot bezeichnen würde. Denkbar wäre so etwas wie Farbenblindheit des einen oder eine stark emotionale Prägung einer bestimmten Art von Rot des anderen. Oder vielleicht reicht die subjektive Konvention der beiden Menschen unterschiedlich weit. Problematisch wird es also, wenn wir eine rot-grau-Mischung haben, die der eine noch als rot, der andere vielleicht schon als grau bezeichnet.

An dieser Stelle kann ich mir einen kurzen Exkurs nicht verkneifen und möchte in knapper Form auf die Problematik der Sprache in der Philosophie im Allgemeinen eingehen. Symboliken und Konventionen sind irreführend, und das nicht nur in der theoretischen Philosophie. Denn zu oft geht man davon aus, dass, wenn etwas einen Namen hat, man selbst und jeder andere schon wisse, was damit gemeint sei. Denken Sie beispielsweise über Begriffe nach wie „Liebe" oder „Gott" oder „richtig" und „falsch". Wenn man ein wenig nachdenkt, dann wird man sich ziemlich schnell klar darüber, dass jeder unter diesen Begriffen etwas Unterschiedliches versteht. Das heißt, dass viele sprachliche Begriffe in ihrer kommunikativen Verwendung alles andere als eindeutig sind. - Allzu oft merken wir dies in Diskussionen erst viel zu spät. Jeder von uns hat dies schon tausendmal in Diskussionen mit unseren Mitmenschen erlebt. Wir stellen beim Diskutieren oft erst spät, erst dann, wenn die Sache aggressiv wird, fest, dass wir uns im Grunde schon die ganze Zeit einig waren, dies aber nicht bemerkt haben. Wir haben nicht bemerkt, dass wir uns schon die ganze Zeit einig waren, weil wir uns zu Beginn der Diskussion nicht die Zeit genommen haben, zu klären, was jeder Einzelne unter den für unsere Argumentation verwendeten Begriffen eigentlich versteht. Beispielsweise muss man anscheinend immer wieder neu erklären, was man unter Begriffen wie „schnell" oder „viel" oder „kalt" oder „schön" oder „Das-Ding-Da" oder unter pseudo-technischen Ausdrücken wie „Lasche" oder „Fixierung" versteht. Das Aneinander-Vorbeireden ist wohl eines der sinnlosesten und nervenaufreibendsten Phänomene der Kommunikation überhaupt. Würden sich die Menschen Zeit nehmen, ihren Gegenübern exakt und klar zu erklären, was sie erklären und wie sie es erklären wollen, um erst dann in präziser Sprache auszusprechen, was sie sagen wollen, dann würde alles Zusammenleben schöner und einfacher stattfinden. Aber Menschen sind nun einmal Menschen. Und Menschen sind emotional. Sprache und Symboliken sind emotional geprägt. Und Männer sind in emotionaler Weise anders geprägt als Frauen. Deswegen können Männer und Frauen ja auch auf so herrliche Art und Weise aneinander vorbei reden und manchmal so grandios sinnlos miteinander streiten.

Dies war der praktische Teil meines Exkurses über die prinzipielle Fehlbarkeit und die Gefahren der Sprache. Einen kurzen theoretischen Exkurs möchte ich jedoch noch vornehmen. Der Exkurs stammt aus dem antiken Griechenland, wo die Philosophen zusammen kamen und über die Dinge an sich nachdachten. Diese eine mal dachten sie über das Phänomen der physikalischen Bewegung im Zusammenhang mit der Zeit nach. Bei einer Bewegung bewegen sind Dinge von einem Ort zum anderen und benötigen dazu eine bestimmte Zeit. Beobachtet man ein sich bewegendes Ding und denkt sich die Zeit der Beobachtung als immer kürzer, so wird sich dieses Ding in der immer kürzer werdenden Beobachtungszeit eine der Zeit entsprechend immer kürzere Strecke bewegen.

Die Zeit dagegen teilen die Griechen in eine lange Vergangenheit, in eine lange Zukunft und in eine kurze Gegenwart ein. Die Gegenwart ist genau genommen nicht nur kurz, sondern sie hat keine zeitliche Ausdehnung. Sie ist ein Punkt in der Zeit. Die Gegenwart ist nicht mehr als ein Zeitpunkt.

Und jetzt kommt die sprachliche Ungenauigkeit, welche es war, die die Griechen damals zur Verzweiflung getrieben hat: Wenn die Gegenwart ein Punkt in der Zeit ist, dann ist auch die in der Gegenwart zurückgelegte Strecke nicht mehr als ein Punkt. Und ein Punkt hat keine Ausdehnung, sondern ein Punkt ist ein Punkt. Und daher legt ja der sich bewegende Gegenstand in der Gegenwart (in der wir ja nun einmal leben) keine Strecke zurück. Folglich, so die Griechen, gibt es keine Bewegung. Und das steht im krassen Gegensatz zu unserer alltäglichen Wahrnehmung!

Und so zogen sie sich in ihre Tempel zurück und behaupteten, dass alles in der Wirklichkeit gar nicht echt und alles Trug sei. Sie blieben darauf hin in ihrem Tempel und wollten nicht mehr wieder heraus kommen.

In Wirklichkeit unterlagen sich lediglich dem Trugschluss, der durch die unzweckmäßige Definition der sprachlichen Symbole folgte. Bewegung, Gegenwart Zeit und Punkte sind sprachlich definierte Begriffe. Und es sind nur sprachlich definierte Begriffe, die rein objektiv nicht existieren. Ebenso wie alle Definitionen nur Definitionen sind und objektiv nicht existieren. Definitionen tun nichts anderes, als die reale Welt zu beschreiben. Die reale Welt verändert sich deswegen noch lange nicht. Definitionen an sich sind es, die zu Problemen führen. Nicht die Zusammenhänge der realen Welt an sich. Offensichtlich gibt es ja so etwas wie Bewegung. Vielleicht war ja auch nur die Definition des sprachlichen Symbols „Bewegung“ falsch oder unvorteilhaft oder zu wenig exakt? Aber dazu mehr noch im Kapitel zur klassischen Philosophie und im Kapitel zur Psychologie und Neurologie.

Nun aber endlich zu unserer Fledermaus. Eine Fledermaus ist ein ganz anderer Organismus als ein Mensch. Folglich dürften die Eindrücke, wie sie eine Fledermaus von ihrer Umwelt aufnimmt, und die Art, wie sie diese Eindrücke wahrnimmt im Vergleich zum Menschen recht unterschiedlich sein. Die Rezeptoren, mit denen sie Informationen über die Welt erhält, sind unterschiedlich, das verarbeitende System ist physisch unterschiedlich, und die Programmierung des verarbeitenden Systems ist ebenso unterschiedlich. Sprich, eine Fledermaus funktioniert anders als ein Mensch. Macht man sich nun Gedanken darüber, wie wohl eine Fledermaus die Farbe Rot sieht, so kommt man unter Einbeziehung unserer Vorüberlegungen zur Einsicht, dass die Fledermaus „Rot“ gänzlich anders wahrnimmt als wir es tun. Aber es ist nicht nur die Tatsache, dass sie anders wahrnimmt, sondern auch die Form des Bewusstseins muss bei einer Fledermaus eine andere sein als die bei einem Menschen.

Fragt man sich also, wie wohl eine Fledermaus die Farbe Rot sieht, so muss man einsehen, dass es für einen Menschen gar nicht recht möglich ist, diese Frage zu beantworten. Eben aus dem Grund, weil wir Menschen Menschen und keine Fledermäuse sind. Nur Fledermäuse können wissen, wie Fledermäuse die Farbe Rot sehen. Fledermäuse haben Fledermausbewusstseine und Menschen haben Menschenbewusstseine. Wir können vielleicht verstehen, welche Wellenlängen des Lichts Fledermäuse wahrnehmen können oder et-

wa, wie schnell die neuronale Verarbeitung in ihren Gehirnen vor sich geht, auch können wir testen, wie sie auf Reize reagieren. Aber es wird uns niemals möglich sein, dieselbe ganzheitliche Art der Empfindung zu erkennen die in einer Fledermaus vor sich geht, wenn sie die Farbe Rot sieht. Der Grund dafür ist noch einmal, weil wir Menschen Menschen sind und keine Feldermäuse. Auch wenn wir es schaffen, auf der physikalischen Grundlage das menschliche Gehirn und im Vergleich dazu das Fledermausgehirn vollkommen und beliebig exakt zu verstehen, so wissen wir doch als Mensch niemals, wie es „ist", wenn eine Fledermaus die Farbe Rot sieht.
Das Bewusstsein einer Wahrnehmung ist etwas höchst Individuelles, etwas Privates, das immer nur demjenigen zugänglich ist, der diese Wahrnehmung hat. Wir können also prinzipiell nicht wissen, wie es für eine Fledermaus ist, die Farbe Rot zu sehen.
Das philosophische Problem ist noch erweiterbar. Was wäre, wenn wir versuchen würden, uns vorzustellen, wie es für uns ist, eine Fledermaus zu sein. Interessanter wäre es doch zu wissen, wie es für eine Fledermaus ist, eine Fledermaus zu sein. – Man erkennt, dass wir es hier mit einer prinzipiellen Unzulänglichkeit unserer Methodik zu tun haben. – Nur eine Fledermaus kann wissen, wie es ist, eine Fledermaus zu sein. Wir mit unserem menschlichen Wahrnehmungsapparat können uns prinzipiell nicht vorstellen wie es wäre einen anderen Wahrnehmungsapparat zu besitzen. Wahrnehmung ist etwas zutiefst individuelles.

Die Auswirkungen dieser Erkenntnis sind philosophisch weitreichend. Denn offensichtlich ist es ja nun so, dass jede Art von Bewusstsein vom bewusstseinserzeugenden System abhängt. Fledermäuse haben eine andere Art von Bewusstsein als wir Menschen. Und wir Menschen untereinander haben unterschiedliche Arten von Bewusstsein. Sicher variieren die unterschiedlichen Arten von Bewusstsein zwischen den einzelnen Menschen nicht so gravierend, wie sie zwischen Fledermäusen und Menschen variieren. Aber sicher ist allemal, dass keine zwei Menschen dasselbe oder die exakt selbe Art von Bewusstsein haben.
Auf die Dimensionen der Unterschiedlichkeit kommt es also an. Menschen variieren untereinander nur wenig. Fledermäuse und Menschen variieren

stark. Irgendwo dazwischen wird wohl eine Grenze sein, über die hinaus es keinem Individuum mehr möglich ist, sich in das andere Individuum „hineinzuversetzen". - Auch diese Erkenntnis ist wichtig.
Man bezeichnet die Fähigkeit des „sich in andere hineinzuversetzen" als Empathie. Menschen können sich prinzipiell sehr gut in andere Menschen hineinversetzen. In der Regel ist dies meist auch nur sehr wenig fehlerbehaftet. Jedoch gibt es auch hier eine prinzipielle Grenze, die Geisteskrankheit. Stellt man sich nämlich einen Menschen vor, dessen Regelkreise in seinem Gehirn teilweise aus dem Ruder geraten sind, sodass der Unterschied bezüglich seines Gehirns und seines Bewusstseins im Vergleich zu „normalen" Menschen eventuell so groß ist, dass es für einen „normalen" Menschen nicht mehr möglich ist, sich in den anderen Menschen hinein zu versetzen. Bei Schizophrenie ist dies beispielsweise der Fall. Ebenso kann dies bei vielen Formen von Radikalismus der Fall sein. Prinzipiell ist es dann einem Menschen, dessen Denken und dessen Wahrnehmung hinreichend anders funktionieren, nicht möglich, sich in einen solchen Menschen hineinzuversetzen. Die Betonung liegt hier aus dem Wort „prinzipiell".

Wissenschaftliche Methodik

Unter „wissenschaftlicher Methodik" versteht man das grundsätzlich einheitliche Vorgehen, mit dem Wissenschaft betrieben wird. Die wissenschaftliche Methodik ist ein weltweit einheitlich anerkanntes Paradigma für die Erforschung der Welt.

Viele Philosophen und Forscher haben sich seit jeher Gedanken darüber gemacht, wie Erkenntnis entsteht, was sie bedeutet und in wie weit man ihr vertrauen kann. Heraus gekommen ist eine bestimmte Art der Vorgehensweise, die sich als allgemein sinnvoll herausgestellt hat. Wird diese Vorgehensweise überall gleichermaßen eingehalten, so erhält man mit ihr auch überall vergleichbare und nachvollziehbare Ergebnisse.
Wichtig ist hierbei ebenso der Bezug zwischen Philosophie und Forschung. Die Philosophie beschäftigt sich mit der grundsätzlichen Erforschbarkeit und den alles übergreifenden, theoretischen Zusammenhängen, wohingegen die

Forschung selbst es ist, die die tatsächlichen Informationen und das tatsächliche Wissen über die Welt generiert. Innerhalb der Philosophie sind es die Themenbereiche „Erkenntnistheorie" und „Wissenschaftstheorie", welche versuchen, die grundsätzlichen Voraussetzungen, unter denen Wissenschaft sinnvoll betrieben werden sollte, zu formulieren.

Zu diesem Thema behauptete beispielsweise sogar Albert Einstein Folgendes: „Die gegenseitige Beziehung von Erkenntnistheorie und Wissenschaft ist von merkwürdiger Art. Sie sind aufeinander angewiesen. Erkenntnistheorie ohne den Kontakt mit Wissenschaft wird zum leeren Schema; Wissenschaft ohne Erkenntnistheorie ist soweit überhaupt denkbar primitiv und verworren."

Schauen wir uns als Nächstes ein paar Regeln, Konventionen und Begriffe an, welche man innerhalb der Wissenschaftstheorie kennen sollte. Im Folgenden wird in Form einiger Stichpunkte beschrieben, was man nach heutigem Verständnis unter Wissenschaft versteht.

Induktion und Deduktion

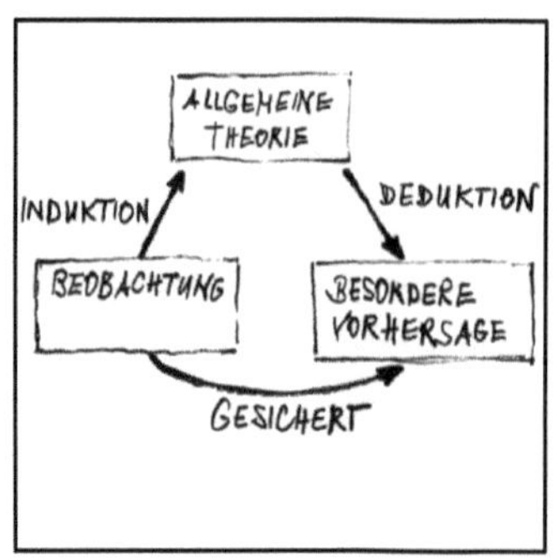

Das induktive Vorgehen ist die klassische Vorstellung des wissenschaftlichen Arbeitens. - Zuerst kommt die Beobachtung, nachfolgend wird aufbauend auf dieser Beobachtung (und anderen Beobachtungen) eine Theorie konstruiert. Induktion heißt, dass man vom Speziellen auf das Allgemeine schließt, quasi von „unten" nach „oben". Deduktion ist das genaue Gegenteil von Induktion. Man schließt vom Allgemeinen auf das Spezielle. Von „oben" nach „unten". Deduktion ist jenes Vorgehen, das vor allem von Theoretikern verwendet wird. Theoretiker konstruieren Theorien mit Hilfe anderer Theorien und versuchen dann aus diesen neuen Theorien bestimmte Aussagen abzuleiten. Diese neuen Aussagen lassen sich beispielsweise durch neue Experimente überprüfen oder widerlegen.

Wissenschaftliche Methodik und Wissenschaftstheorie

Die Wissenschaft ist, ebenso wie ihr Erfinder, der Mensch, auf der Suche nach der Wahrheit. Im Speziellen bedeutet dies, dass man bestrebt ist, eine möglichst einfache, aber möglichst korrekte Beschreibung für die Phänomene in der Umwelt zu finden. Die dazu verwendete Vorgehensweise könnte man als „schrittweise Annäherung" bezeichnen. In der Abbildung rechts kann man sehen, wie man sich per Schema an die absolute Wahrheit annähert. Eine vorläufige unpräzise oder falsche Theorie wird über die Identifikation ihrer Schwachstellen oder Fehler verbessert und führt so zu einer neuen Ausgangssituation. In dieser neuen Situation wird das ursprüngliche Problem neu bewertet und anschließend eine neue, entsprechend abermals vorläufige Theorie konstruiert. Dieser Vorgang wird ständig wiederholt, um zu einer möglichst exakten Beschreibung des Zusammenhangs zu gelangen.

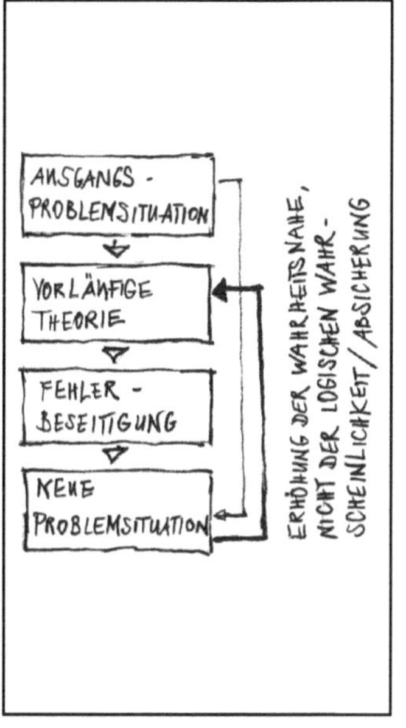

Selbstverständlich wird man prinzipielle Schwierigkeiten haben, eine oder sogar die eine absolute Wahrheit zu erreichen. Allein schon aus dem Grund, weil man sich ja niemals sicher sein kann, was man denn nun unter „absoluter Wahrheit" verstehen soll, und woher man wissen würde, wann man diese erreicht hätte. Mit Begriffen wie „absolut", „unendlich", „grundsätzlich" und dergleichen ist immer sehr sorgfältig umzugehen. Wir Menschen haben aufgrund der Konstruktionsweise unserer Gehirne immer große Probleme beim Denken in Bereichen der Unendlichkeit. Wir können uns Begriffe der Unendlichkeit mit unserem Geist einfach nicht vorstellen, sie nicht erfassen. Wir können uns zum Beispiel schlichtweg nicht vorstellen, wie ein unendliches Universum aussehen soll, ebenso wie wir nicht in der Lage sind, in mehr als 3 Dimensionen (Maximal 4 Dimensionen) zu „denken". Und genau aus diesen prinzipiellen Grenzen unserer Vorstellungskraft haben wir auch massive

Probleme mit einer letzten und einzigen Wahrheit. Was wir aber sehr wohl können, ist es, die Welt mit den uns zur Verfügung stehenden Mitteln zu beschreiben. So ist es bei mathematischen Gleichungssystemen relativ egal, ob sie in 3, 4 oder 15 Dimensionen gelöst werden. Das Ergebnis ist bei Einhaltung der Regeln immer exakt. Folglich haben wir Menschen sehr viel mehr Möglichkeiten, die Welt zu beschreiben und zu „erkennen“ als nur über die unmittelbar sehr begrenzten Fähigkeiten unseres Geistes. Ebenso wie wir uns Maschinen konstruieren, um Arbeiten verrichten zu können, die für uns selbst zu schwer wären, können wir uns wissenschaftliche Werkzeuge aneignen, die Erkenntnis dort möglich machen, wo sie uns unmittelbar nicht möglich ist.

Was bleibt, ist dennoch die Frage, was wir prinzipiell wissen können. Denn die beste Methode gelangt ebenso auch nur bis zu dem Punkt, zu dem sie prinzipiell gelangen kann. So kommt es, dass man innerhalb der wissenschaftlichen Methodik die Wissenschaftstheorie selbst als einen eigenständigen Teilbereich definiert hat. Aufgabe der Wissenschaftstheorie ist es, die grundsätzlichen Rahmenbedingungen zu diskutieren und festzulegen, unter denen Wissenschaft betrieben werden sollte. Große Wissenschaftstheoretiker waren zum Beispiel der Grieche Platon mit seiner Ideenlehre, Aristoteles, Francis Bacon mit dem Empirismus, Descartes mit dem Rationalismus und natürlich Immanuel Kant mit all seinen umfassenden Lehren (siehe dazu mehr im nächsten Kapitel). Alle die großen Erkenntnis- und Wissenschaftstheoretiker haben jeder für sich interessante und geniale Zusammenhänge und Sichtweisen formuliert und publik gemacht. Oft wurden aufbauend auf ihren geistigen Ideen ganze Kulturlandschaften mitbeeinflusst. – Einige Details folgen im nächsten Kapitel. An dieser Stelle geht es mir jedoch im Wesentlichen um einen Punkt: Das Auftreten von unterschiedlichen Theorien deutet nur auf eines hin. Nämlich darauf, dass die wissenschaftliche Methode und sämtliche Theorien der Erkenntnistheorie alles andere als eindeutig sind. Auch sie sind Deutungs- und Auslegungssache.

Forschung

Der wesentliche Teil der wissenschaftlichen Methode ist die Forschung selbst. Über die Jahrzehnte und Jahrhunderte hat sich eine ziemlich detaillierte Konvention darüber ergeben, wie genau Forschung ablaufen sollte.

In groben Zügen funktioniert dies immer so: Zuerst definiert man ein Problem und überlegt sich somit, was man eigentlich erfahren möchte. Dann überlegt man sich, wie man an die Lösung dieses Problems herangehen könnte. Dazu zerlegt man das eigentliche Gesamtproblem in kleinere und überschaubarere Teilprobleme. Sind die Teilprobleme hinreichend vereinfachend zerlegt, wird versucht, jedes für sich zu lösen. Dabei ist die verwendete Methode beliebig. Nachdem man nun Lösungen für Teilprobleme erreicht hat, geht es darum, eine Theorie über die dem Gesamtproblem zugrunde liegenden Dynamiken zu formulieren. Eine gute Theorie erklärt alle zugrunde liegenden Teilprobleme sowie sämtliche Erscheinungen des Gesamtproblems. Außerdem muss eine gute Theorie weitere nachprüfbare Aussagen machen! Jede andere Theorie wäre nur beschreibend und daher weitestgehend ohne praktischen Nutzen.

Zur Forschung gehört neben dem reinen Erforschen auch die Kommunikation zwischen den Forschern. So gilt die Konvention, dass die erarbeitete Theorie selbst oder zumindest die Lösungen der jeweiligen Teilprobleme allgemein verfügbar veröffentlicht werden. Die Veröffentlichung in Schriftform muss alle verwendeten Quellen, alle angewandten Methoden sowie genaue Beschreibungen der durchgeführten Experimente und deren detaillierte Auswertungen enthalten. Insgesamt soll die Forschungsarbeit also möglichst lückenlos dokumentiert werden. Ist die Forschungsarbeit auf diese Art anderen Forschern zugänglich, so soll dies zu einem leichten Austausch von Wissen zwischen den Forschern führen. Ebenso sollen Publikationen dazu führen, dass wissenschaftliche Erkenntnisse möglichst weiträumig Verbreitung auch in der nichtwissenschaftlichen Welt finden und so zu eine positive Entwicklung in der Gesellschaft anstoßen können.

Die Realität sieht aber in der Regel anders aus. Diese Konventionen führen genau zu dem, was jeglichem praktischen und gesellschaftlichen Nutzen entbehrt. Es wird ein Elfenbeinturm erzeugt. Als Elfenbeinturm bezeichnet man einen geistigen Ort der Abgeschiedenheit von der Welt. Man versteht darunter den weltabgeschiedenen Gelehrten, der sich in seinen geistig hochtrabenden intellektuellen Konstrukten bewegt und der mit der Welt an sich nichts mehr anfangen kann. Im Elfenbeinturm werden weltabgeschiedene Gelehrte finanziert, die sich in geistigen Sphären bewegen, die in der realen Welt vollkommen überflüssig sind. Im Elfenbeinturm beschäftigt man sich mit Problemen, von denen wir in der realen Welt nichts wissen, eben weil sie in der realen Welt keine Probleme sind.

Warm ist das so? Der wichtigste Grund ist wohl die allgemeine Zielsetzung, dass Forschung in möglichst hohem Maße zwangfrei und unabhängig ablaufen solle. Die ursprüngliche Überzeugung war, dass nur so gänzlich neue Wege gefunden werden können. Sogar in unserem Grundgesetz, Artikel 5, Absatz 3 steht, dass die Wissenschaft autonom und die Forschung frei zu sein hat. Laut den Machern des Grundgesetztes steht diese Regel in dieser Weise so formuliert, weil ihrer Meinung nach nur so und in diesen Rahmenbedingungen gesichertes Wissen entstehen kann. Jeglicher gesellschaftlicher Fortschritt ist abhängig von gesichertem Wissen. Wissenschaft solle ihrem Wesen nach unpolitisch sein und dürfe nicht durch die Politik beeinflusst werden. Ebenso sollte es für die universitäre Forschung für den Kapitalismus gelten, so die Macher des Grundgesetzes. - Schon diese ursprüngliche Zielsetzung impliziert eine Art abgeschiedene und rein für sich zum Selbstzweck existierende Kaste von Wissenschaftlern die durch die Finanzkraft des Staates versorgt werden.

Konkret geht es universitären Wissenschaftlern in der Realität nicht darum, möglichst großen Fortschritt oder praktischen Nutzen zu erschaffen, sondern rein darum, ihre persönliche Reputation innerhalb der wissenschaftlichen Gesellschaft zu erhöhen. Ein ganzer Gesellschaftsbereich, der nur nach dieser Regel funktioniert, ist heutzutage teuer und diskussionswürdig. In der Tat sind es heute die Unternehmen, in denen nach kapitalistischen Zielsetzungen Forschung abläuft, die unser tägliches Leben „bereichert". Jedoch soll an dieser Stelle der unser aller zugute kommende Nutzen der Grundlagenforschung nicht in Frage gestellt werden. Staatlich gestützte Forschungen sind jene, die ohne direkte Rendite ablaufen, die jedoch in ihrem Gesamtnutzen eine Volkswirtschaft zukunftsträchtig machen. Darüber hinaus hat unser menschlicher Wissensdurst in seiner ursprünglichen Form nichts mit finanziellen Interessen

zu tun. Nur staatliche Institutionen können diese ursprünglichen Interessen erfüllen.
Aber es geht noch um etwas anderes. Es geht darum, dass Intellektualismus schick ist. Die Menschen haben den Drang, jemand Besonderes sein zu wollen. Um das persönliche Selbstwertgefühl zu stärken, versucht man sich im Vergleich zu den anderen möglichst als „besser“ darzustellen. Das kann bedeuten, dass man als Statussymbol ein größeres Auto fährt, einen „besseren“ Beruf hat oder auf seine eigenen herausragenden Leistungen deutet. Intellektualität wird allgemein als schick empfunden. Jemand, der sich selbst als sehr intellektuell darstellt, versucht dadurch, sein persönliches Selbstwertgefühl zu stärken. Und so kommt es, dass die sogenannten Intellektuellen oft nur pseudointellektuell sind und sich in wichtigtuerischer Art in möglichst komplizierter Sprache über Dinge unterhalten, die niemandem wirklich nutzen, sondern die einzig aus dem Zweck ausgesprochen werden, um selbst gut da zu stehen. Wenn sich fünf Intellektuelle mit ihren Rollkragenpullovern und ihren Brillen zum Philosophenstammtisch treffen, um sich dann darüber zu unterhalten, ob der Sprung in die Transzendenz als allegorisch oder doch eher als Religionskritik als solche gesehen werden müsse, dann bringt das die Welt nicht wirklich weiter.

An dieser Stelle erlaube ich mir einen persönlichen und daher subjektiven Einwurf: Ich bin ein Gegner von aller geistig-intellektueller Beschäftigung, die nicht in irgendeiner Weise einen praktischen Nutzen hat. Geistige Betätigung soll, ja, sie muss sogar, einen praktischen Nutzen haben! Alles andere ist nur „Hobby“, und mit der Leichtigkeit von Hobbys ist im ernsthaften Leben noch niemand weiter gekommen. Betreiben wir Philosophie, so soll diese bei jeder Erkenntnis immer eine konkrete Handlungsanweisung formulieren. – Der Ausdruck „Wenn ich dieses in dieser Weise tue und in jener Weise damit umgehe, dann geht es mir selber und anderen besser.“ ist der praktische Nutzen von Philosophie. - Ist es ein Elfenbeinturm, dann ist das, was im Elfenbeinturm gedacht wird, nur in diesem Elfenbeinturm selbst und nur für sich selbst von Wert. Leider existiert der Elfenbeinturm allerdings nur in einer Art nicht

realem Paralleluniversum, welches in der realen Welt bedeutungslos und daher überflüssig ist.
Meiner Meinung nach sollte man sich also vor jeder geistigen Beschäftigung immer aufs Neue fragen, ob dabei überhaupt etwas Fruchtbares und Nützliches heraus kommen kann. „Was kann ich damit anfangen? Welche Bedeutung hat es für mich? Welches Resultat muss diese Erkenntnis für mein persönliches Handeln haben?"
Trotzdem sollten wir niemals aufhören, uns nach dem Warum zu fragen. Und das ist die allgemeine Definition von Philosophie. Der Elfenbeinturm ist also etwas anderes.

Ich persönlich versuche mich an den Grundsatz zu halten. bei jedem Gedanken zu prüfen, was dabei am Ende aller Tage heraus kommen kann. Ich bin überzeugt, dass Getue alleine noch niemanden weiter gebracht hat.

Lehre

Eine ausdrücklich festgeschriebene Aufgabe der Wissenschaft ist es, das verfügbare Wissen an andere Leute weiterzugeben. Zum einen soll das Wissen selbst weitergegeben werden, zum anderen die Art und Weise, wie es erlangt wurde – sprich, die Methoden. Um dies zu erreichen, bedarf es einer gewissen Organisationsstruktur. So müssen Lehrer ausgebildet werden, spezielle Lehrbücher müssen verfasst werden, und man benötigt nicht zuletzt spezielle Einrichtungen wie Schulen oder Universitäten.
Die einzelnen Grade der Ausbildung werden mit bestimmten Titeln oder Zertifikaten versehen. So erhält man zum Beispiel bei erfolgreich abgeschlossener Hochschulausbildung in einer technischen Fachrichtung in Deutschland gewöhnlich den Titel eines Diplomingenieurs. In den Geisteswissenschaften, wie zum Beispiel den Fächern Politologie oder Soziologie, erhält man als Abschlusszertifikat den Titel „Magister". Mit höherer und längerer Ausbildung kann man in beiden Fällen ein „Herr, oder eine Frau Doktor" werden.
Nun ist es aber so, dass wir heute in einer anderen Zeit leben, als sie damals herrschte, als die Universitäten mit all ihren fachlichen Ausbildungswegen gegründet wurden. Heute studieren die Schüler (fast) nicht mehr, um später

selbst einmal in Forschung und Lehre zu gehen, sondern um in der freien Wirtschaft einen möglichst interessanten und gut bezahlten Beruf ergreifen zu können. Universitäre Ausbildungen besitzen also vorrangig einen kommerziellen Stellenwert und für die Studenten eine kommerzielle Zielsetzung. In der heutigen Zeit ist es innerhalb der Unternehmen so, dass man allgemein davon ausgeht, dass jemand, der in der Lage war, ein Studium zu absolvieren, über einen bestimmten Grad an Intelligenz und Fähigkeiten verfügt. Weiter geht man davon aus, dass ein solcher Jemand für ein Unternehmen in der Regel wertvoller ist als vergleichsweise jemand ohne eine besondere universitäre Ausbildung. Folglich werden in der Regel Akademiker in ihren Berufen besser bezahlt und erhalten interessantere und verantwortungsvollere Aufgaben als diejenigen, die keinen universitären Abschluss haben. - Dass diese Leute allesamt tatsächlich mehr Geld wert sind, darf man getrost in Frage stellen. (Die Begriffe „wertschöpfend" und „intelligent" haben nämlich erfahrungsgemäß häufig nur wenig miteinander zu tun.)

Was wir also sehen, ist, dass sich die gelebte Realität im Bereich der wissenschaftlichen Lehre stark von der ursprünglichen Zielsetzung unterscheidet. Ob das gut oder schlecht ist, ist eine andere Frage. Wir leben nun mal in der Welt, in der wir leben, diese Welt ist marktwirtschaftlich ausgerichtet, und daher ist es relativ überflüssig, darüber nachzudenken.

Anspruch der Wissenschaft und Werte

Der Grundwert der Wissenschaft ist das Streben nach Wahrheit zusammen mit einer kritischen Einstellung gegenüber herrschendem Wissen und den herrschenden Meinungen. Der Anspruch ist die Suche nach Wahrheit, das Lösen von Problemen und die Verminderung von Übel und Leid. Diese Formulierung wurde einst von den alten Griechen erdacht und niedergeschrieben und trägt bis heute Gültigkeit.

Hiervon lässt sich nahe liegend die Frage abzuleiten, ob unsere Art und Weise Wissenschaft zu betreiben lediglich vom damaligen Griechenland übernommen wurde, oder ob sie vielmehr etwas zutiefst Menschliches ist und in ihren Grundzügen in jedem von uns steckt. Sind der Drang nach Wahrheit, Klarheit und Wissen zusammen mit einem kritischem Blick menschliche Eigenschaften, zu denen wir prädisponiert sind? Wäre dies der Fall, so wäre die wissenschaftliche Methode eine einfache Umsetzung dessen, was sowieso klar ist, ein Ausdruck dessen, was uns allen zutiefst entspricht, weil es in jedem von uns vorhanden ist!

Eine weitere Zielsetzung der universitären Wissenschaft ist, wie bereits erwähnt, der Wunsch nach vollkommener Losgelöstheit von finanziellen und machtorientierten Interessen. Wissenschaft sollte den Anspruch haben, als pures System zu gelten, mit dessen Hilfe man etwas über die Welt erfährt. Dieser Wunsch zeugt für die reinen und ehrenhaften Utopien der einstigen Gründungsdenker. Jedoch ist es, wie wir bereits gesehen haben, unter dieser Zielsetzung fast unmöglich, einen Elfenbeinturm zu vermeiden. Lösgelöstheit ist entscheidend für das Finden und Gehen von neuen Wegen, aber Finden und Gehen von neuen Wegen nur um deren selbst Willen kann leicht zu einem Abdriften in die Sinnlosigkeit eines Elfenbeinturmes führen.
In unserer heutigen Zeit gibt es daher Institutionen, die eine Art Mittelweg gehen. So kennt man beispielsweise Einrichtungen wie das Fraunhofer Institut, die auch Grundlagenforschung mit wirtschaftlichem Hintergrund betreiben und es damit sogar schaffen, Geld zu verdienen.

Niemand wird bestreiten können, dass unser aller Leben mit Hilfe wissenschaftlicher Erkenntnisse und deren technischer Umsetzungen bequemer und sicherer geworden ist. Die moderne Medizin zum Beispiel wäre etwa ohne Wissenschaft und wissenschaftliche Organisation nicht möglich gewesen. Niemals hätte man die Pest mit dubiosen Therapieformen wie etwa dem Aderlassen heilen können oder wäre jemals in der Lage gewesen, sichere Operationen am offenen Herzen durchführen. Niemals würde es Medikamente gegen Infektionskrankheiten oder Apparate zum Anfertigen von Aufnahmen im Inneren des Körpers geben. So ist uns in der heutigen Zeit gar nicht mehr bewusst, was wir alles haben. Elektrischer Strom ist allgegenwärtig, wir alle haben fließend Wasser, jeder, der will, hat ein Telefon, einen Fernseher, und jeder kann bequem im nahe gelegenen

Supermarkt die unterschiedlichsten Lebensmittel einkaufen. Wir machen uns niemals bewusst, was solche alltäglich gewohnten Bequemlichkeiten voraussetzen. Der Supermarkt funktioniert zum Beispiel nur so, wie er funktioniert, weil es dort Computer mit Software gibt, die die Regale mit ausgefeilter Logistik mehr oder weniger von selbst füllen. Weiter sind die Produkte im Supermarkt verpackt mit Materialien, wie es sie erst seit einigen Jahrzehnten gibt. Verpackt wurden sie wiederum von ausgefeiltesten Maschinen, die wiederum mit höchster Technologie aufgebaut sind. Wissenschaftliche Erkenntnisse und deren technische Umsetzung sind in allem, was uns umgibt, zu finden. So auch im Verarbeiten der Holzbretter im Fußboden, auf dem wir gehen, im Fensterglas, durch das wir nach draußen blicken, in der immer gleichen Qualität von Obst und Gemüse, das oft tausende Kilometer zurück gelegt hat, bis es zu niedrigsten Preisen in den Auslagen von Geschäften zu kaufen ist. In diesen scheinbar alltäglichen Dingen findet sich ebenso ein gehöriges Maß an Technik und Fortschritt wie in modernen Erscheinungen wie dem Internet, Navigationssystemen oder Mobiltelefonen. Dank der Wissenschaft leben wir in einer sichereren und bequemeren Welt als unsere Vorfahren.

Leider muss man sich nur immer wieder die Frage stellen, ob diese Welt denn für uns Menschen auch wirklich „besser" geworden ist. So wie jedes Lebewesen eine natürlich Umgebung hat, so muss es doch auch eine für den Menschen natürliche Umgebung geben, in der er sich wohl fühlt. Ist es im Sinne der menschlichen Spezies „artgerecht", dass wir in Städten mit all dem Lärm, den vielen Menschen, der andauernden Ablenkung, der damit verbundenen Reizüberflutung und dem resultierenden Stress leben? Ist das bequeme Leben das, was gut für uns ist? Ist es gut für uns, vor dem Fernseher zu sitzen und schnell und bequem in der Mikrowelle zubereitetes Essen zu uns zu nehmen? – Das alles mag vielleicht ein Ausleben unserer angeborenen Faulheit oder Aufwandsminimierung bedeuten, aber wie ist die Tatsache zu werten, dass wir fett werden und unser Geist und Körper verkommt, wenn wir uns körperlich und geistig nicht anstrengen? Woher sollen in einer vollkommen sicheren und bequemen Welt die nötigen Höhen und Tiefen kommen, die uns spüren lassen, dass wir lebendig sind? Wer nur den ganzen Tag in seiner Bequemlichkeit von sich hin existiert, der lebt nicht! - Wenn es stimmt, dass in

einem gesunden Körper auch ein gesunder Geist lebt, dann ist kalorienreiches und schnelles Essen als sehr kritisch einzustufen. Das Übergewicht mit den damit verbundenen Herz-Kreislauferkrankungen zeugen nicht von einer gesunden Lebensweise.
Stellen Sie sich vor, man würde einen Jagdhund in eine geräumige Stadtwohnung einsperren. Dem Hund würde es an nichts fehlen, er hätte nicht den geringsten Grund, sich zu beschweren. – Er hätte ein bequemes und sicheres Leben. – Aber wäre seine Haltung in der Wohnung artgerecht? Wäre der Hund glücklich?

Nicht nur die positiven Seiten der Wissenschaft haben negative Seiten. Es gibt auch Bereiche der wissenschaftlichen Aktivitäten, die sehr schwer einzuordnen sind. Betrachten wie zum Beispiel Staaten, die in der Lage sind, Dinge wie ein Großraumflugzeug, einen Staudamm, oder die Erde umkreisende Satelliten zu bauen. Diese Staaten können mit Hilfe der Erkenntnisse der Wissenschaft und ihrer technisch-finanziellen Möglichkeiten ebenso gut Atomkraftwerke und Massenvernichtungswaffen bauen. und schließlich ist in unserer Gesellschaft noch unzureichend geklärt, wie wir mit Bereichen wie beispielsweise der Gentechnik oder speziell, der Stammzellenforschung umgehen sollen. Oft (und meist) sind schlichte Unkenntnis und aus Unwissenheit resultierende Verwirrung der Grund für überzogene Ängste. All unser Fortschritt ist mit Vorsicht zu genießen.

Wie geht nun also eine Gesellschaft als Ganzes mit ethisch-problematischen Fragen um? Was passiert in der Gesellschaft? Wie erzeugt eine Gesellschaft eine allgemeingültige Meinung, die dann auch Gesetz werden kann? Eine Demokratie erhebt beispielsweise den Anspruch, das zum Gesetz zu machen, das den Willen des Volkes repräsentiert.

Um dieser Frage zu begegnen, bedarf es der Einführung des Begriffs der „öffentlichen Diskussion“. - Was ist die „öffentliche Diskussion“? - Öffentliche Diskussion findet daheim in Wohnzimmern, an Esstischen, in Bars, in den Kantinen, am Gang, auf der Strasse und allgemein an allen Orten, an denen

Menschen miteinander ins Gespräch kommen können, statt. Konkret bedeutet „öffentliche Diskussion", dass Menschen sich miteinander über das austauschen, was sie beschäftigt. Man kann davon ausgehen, dass in Summe mehr öffentliche Gespräche über diejenigen Themen stattfinden, die verhältnismäßig mehr Menschen beschäftigen. Dadurch, dass miteinander gesprochen wird, werden persönliche Meinungen und Ansichten mitgeteilt, Meinungen verändert und angepasst. Die Menschen denken über das Problem nach, und zwar in persönlicher sowie in kollektiver Weise. Die Informationen, also die Gesprächsthemen sowie die Gesprächsinhalte, erhalten die Menschen von anderen Menschen oder aus den Medien, wie zum Beispiel dem Fernsehen, der Zeitung, dem Radio oder aus dem Internet. Etwas weiter oben in der Hierarchie der öffentlichen Diskussion gibt es dann die Journalisten, die in ihren Zeitungen und Radiosendern und in den Fernsehprogrammen berichten, was die Menschen hören wollen. Beschäftigt ein Thema viele Menschen, wie beispielsweise seinerzeit das Klonen eines Schafes namens „Dolly", so freuen sich verhältnismäßig viele Menschen, wenn sie irgendwo einen Bericht über das Klonen von Schafen sehen oder hören. Sie freuen sich etwas über dieses spezielle Thema zu hören, eben weil sie sich gerade persönlich damit beschäftigen. Die Aufgabe unserer Politiker ist es, das Volk zu repräsentieren. So werden Themen, die das Volk beschäftigen, bis in die obersten Entscheidungsinstanzen der staatlichen Organisation getragen und die Diskussionen weitergeführt. Ist Konsens über ein Detail erzielt, dann werden die Resultate in gesetzlicher Weise formuliert und sind von da an für alle in dem Staat lebenden Menschen verpflichtend und auf Strafe einzuhalten.

An dieser Stelle kann ich mir den Einwurf nicht verkneifen, darauf hinzuweisen, dass seinerzeit leider niemals erwähnt wurde, was „das Klonen" überhaupt ist! Offensichtlich halten uns die Journalisten für zu dumm, um den wissenschaftlichen Hintergrund zu verstehen und einzuordnen. - Klone sind nämlich keine bösen Wesen, mit denen man Armeen von gefühllosen Kriegern aufbauen kann, sondern ein Klon ist lediglich so etwas wie ein jüngerer Zwilling von demjenigen, der geklont wird. Der Durchbruch bei Dolly war es nicht etwa einfach nur einen Klon zu erzeugen – das konnte man schon lange vorher in den siebziger Jahren -, sondern die Sensation war, dass es erstmals gelungen war, aus einer normalen Euterzelle gesunden Nachwuchs zu zeugen. Dazu muss man wissen, dass die meisten Zellen des Körpers nicht bis auf weiteres zum Erzeugen von Embryonen geeignet sind, da in ihnen viele Gene abgeschaltet sind. Man kann sich das so vorstellen, dass eine Hautzelle nur noch für spezielle Aufgaben in der Haut „programmiert" ist, wogegen beispielsweise eine Nervenzelle mit ihren langen Fortsätzen nur noch zur Verrechnung und Verteilung von Nerveninformationen konstruiert ist. Jedoch sind in all diesen spezialisierten Zellen immer noch alle Erbinformationen enthalten, nur eben die meisten in deaktivierter Form. Für die Entstehung eines gesunden Embryos müssen diese abgeschalteten Gene reaktiviert werden. In Dollys Fall war dies erstmals auf eindrucksvolle Weise bei einem komplexen Lebewesen gelungen.

Wie dieses Beispiel zeigt, ist die öffentliche Diskussion mit ihrer öffentlichen Meinungsfindung einigen unvorteilhaften Mechanismen unterworfen. Leider ist es eine Tatsache, dass in der breiten Öffentlichkeit weder das notwendige Fachwissen, noch das nötige Interesse herrschen, um wichtige Sachverhalte korrekt zu interpretieren, um sie bewerten zu können.
Eindrucksvoll zeigt sich dieser Zusammenhang auch am Beispiel der schon seit einiger Zeit herrschenden „Klimadiskussion". Uns allen wird die Vermutung nahe gelegt, dass wir bald alle ertrinken, wenn wir weiter so viel CO2 ausstoßen. - Doch wissen die Wenigsten, was CO2 eigentlich ist, was es tut und woher es stammt! Ein interessantes Detail ist hierbei ebenfalls die Unwissenheit darüber, dass CO2 nämlich mit der sich nun langsam wieder erholenden Ozonschicht nichts zu tun hat! – Die direkte Wirkung des vom Menschen verursachten CO2-Ausstoßes ist in der Tat schwer eindeutig nachweisbar. Ein Einfluss auf das Klima erscheint sehr wahrscheinlich, aber die konkreten Auswirkungen können schlichtweg nicht kurzfristig vorhergesagt werden, dazu ist das Klimasystem der Erde zu kompliziert. Dennoch vergeht keine Minute, in der nicht irgendwo in den Medien von diesem Thema gesprochen

wird. Ein öffentliches Interesse besteht also. Vermutlich besteht es deswegen, weil wir meinen, dass das Wetter in den letzten Jahren etwas untypisch war. Menschen reden nämlich gerne über das Wetter. Intellektuell ansprechend ist es aber wohl nicht in einer Zeitung, die Millionen Menschen erreicht, auf der Titelseite über das schöne Wetter von gestern zu berichten. – Auf der Welt passieren durchaus wichtigere Dinge. - Die Zeitungen berichten das, was die Leute lesen wollen. Der Informations- und Bildungsauftrag kommt erst später. – Das ist das Problem mit der öffentlichen Diskussion. - Nachdem ein Thema wie beispielsweise die CO2-Diskussion das öffentliche Interesse erregt hat, kommen auch die Politiker auf den Plan. Politiker haben den Auftrag, in einem Parlament das Volk zu vertreten. Böse gesagt tun sie dies, damit das Volk sie wieder wählt, sodass sie, entsprechend ihrem eigenen Interesse, an der Macht bleiben. Es rentiert sich also, das zu sagen, was das Volk hören will und ab und zu auch auf das Volk zu hören. Besteht also eine Forderung des Volkes, egal, woher diese auch stammt, und egal, wie viel oder wenig sinnvoll sie ist, so wären Politiker dumm, dazu nichts zu sagen. Politiker sind dazu da, das zu sagen, was das Volk hören will, und dabei spielt der Sinngehalt eine relativ untergeordnete Rolle. So ist beispielsweise der Ausstieg aus der Atomenergie in der Realität praktisch unmöglich, dennoch werden wir diese Tatsache niemals von einem Politiker ohne vorgehaltene Hand hören.

Kritisch wird es auch, wenn man beispielsweise wirtschaftspolitische Entscheidungen betrachtet, die eine lange, sogenannte „Totzeit“ haben. - Als Totzeit bezeichnet man die Zeit, die zwischen einer Handlung oder einem Ereignis vergeht, bis sich eine daraus resultierende Wirkung einstellt. - Volkswirtschaft und Weltwirtschaft sind hochkomplexe Systeme mit meist sehr langen Totzeiten. Leider versteht der Laie in der Regel sehr wenig von hochkomplexen Systemen. Erschwerend kommt hinzu, dass der Laie zu seinem Unwissen auch noch ein permanentes Desinteresse gegenüber ansprechenden Themen zeigt.

So wäre es für einen Privatsender im Fernsehen das finanzielle Aus in puncto Einschaltquoten, eine aufklärende Sendereihe darüber zu zeigen, warum es für die Weltwirtschaft gefährlich sein kann, dass China die weltgrößten Dollarreserven besitzt. Das „normale Volk“ wäre gelangweilt und würde nur zur

Fernbedienung greifen, denn lieber schauen sich die Leute Berichte über das Wetter, seichte Kochsendungen und Boulevardmagazine an, als sich dafür zu interessieren, irgendetwas über die Welt, in der die leben, zu erfahren und zu lernen.
So kommt es, dass sich wirtschaftspolitische Details selten in der öffentlichen Diskussion befinden, obwohl sie in Summe sogar mit den größten Einfluss vor allem auf unser tägliches Leben haben. Es wäre wohl wichtiger, über das Steuerrecht oder den Abbau der Bürokratie zu sprechen als beispielsweise darüber, dass irgendwo auf der Welt irgendein Kind von irgendwelchen gutaussehenden Leuten entführt wurde. Sicher ist es schrecklich, wenn ein Kind entführt wird, aber meinen Sie nicht, dass bei 6,6 Milliarden lebenden Menschen auf der Welt nicht jede Sekunde irgendwelche vergleichbar tragischen Schicksale geschehen? Wollen wir die alle wissen? - Wie kann es sein, dass die Zeitung jeden Tag immer gleich viele Seiten hat? Passiert auf der Welt immer genau so viel, dass es immer in genau eine Zeitung passt?
Allerdings bedarf es auch für wirtschaftspolitische Entscheidungen die demokratische Zustimmung des Volkes. Und hier trifft das Problem voll zu. Wirtschaftspolitik ist kompliziert und bleibt von der breiten Masse unverstanden. Der Einzelne denkt (legitimerweise) immer zuerst an sich und an seinen persönlichen Vorteil im Jetzt. Wirtschaftspolitische Entscheidungen betreffen aber viele Menschen gleichzeitig. Hinzu kommt der Mechanismus der langen Totzeiten. Denn oft bedarf es für wirtschaftliches Vorankommen auch schmerzhafter Entscheidungen, die sich eben nicht sofort auszahlen. Ebenso wie bei einem Unternehmen eine Investition in eine neue Maschine nicht sofort zu barem Gewinn führt, sondern erst die Maschine abbezahlt werden muss, müssen auch wirtschaftspolitische Entscheidungen ihre Wirkung erst entfalten. – Um zu verstehen, was passiert, muss man die zugrunde liegenden Mechanismen kennen und sie verstehen. – Hier befinden sich unsere (fähigen) Politiker in einer misslichen Lage.

Die öffentliche Meinung stammt also aus der öffentlichen Diskussion. Aus unzähligen Diskussionen entstehen dann so etwas wie moralisch verpflichtende Regeln innerhalb eines Kulturkreises. Nachfolgend können bestimmte

Regeln auch in Gesetzesform unter Strafe verpflichtend festgehalten werden. Wichtig ist, sich hierbei klar zu machen, dass es so etwas wie „richtig“ und „falsch“ bei öffentlich diskutierten Themen nicht gibt! Was als richtig und falsch angesehen wird, ist nur das Resultat der öffentlichen Diskussion. Dieses Resultat kann von Kulturkreis zu Kulturkreis und von Zeitpunkt zu Zeitpunkt unterschiedlich sein. Es gibt kein großes Buch der Wahrheiten, in dem geschrieben steht, was richtig und was falsch ist. Wir bekommen keine Hilfe von anderswoher, um die für uns wichtigen Fragen zu beantworten. So gibt es auch beispielsweise keine vordefinierte Regel, die klar stellt, ob man Menschen, die den Wunsch zum Sterben haben, diesen auch ermöglichen sollte. Wir können nirgends nachlesen, ob wir schwere Straftäter hinrichten dürfen oder nicht. Nirgends steht geschrieben, was man tun darf, was man tun soll, oder was man tun muss! Und selbst nach einer öffentlichen Diskussion sind die Ansichten weiterhin im ständigen Wandel. In 10 Jahren werden wir wahrscheinlich sehr viel anders über Eheschließungen zwischen Homosexuellen denken als noch vor 10 Jahren.
Alles, was wir haben, ist die öffentliche Meinung. Niemand kann behaupten, er kenne die eine ethische Wahrheit über die Stammzellenforschung oder über die moralische Verpflichtung zum weltweiten Artenschutz. Alles, was wir leisten können, ist das zu formulieren, was die öffentliche Meinung repräsentiert.
Eine Aufgabe des Staates ist es, dafür zu sorgen, dass es seinen Bürgern möglichst gut geht und dass das Leben möglichst gerecht abläuft. Die öffentliche Diskussion ist ein sehr wertvolles Instrument, um eben genau das umzusetzen, was der grobe Durchschnitt des Volkes für richtig hält. Gefährlich wird es wohl erst, wenn das Volk selber keine Ahnung hat.

Dazu noch eine kleine Anekdote, bevor wir zum nächsten Kapitel kommen.

Die Anekdote spielt im mittelalterlichen China. Damals war es Tradition und Gesetz, dass der Kaiser von China vom chinesischen Volk nicht gesehen werden durfte. Niemand durfte den Kaiser jemals zu Gesicht bekommen. (Der Grund hat etwas damit zu tun, dass man der Ansicht war, dass der Kaiser unabhängige Entscheidungen treffen sollte. Jeglicher Kontakt würde ihn von seiner Objektivität ablenken und ihn so befangen machen. ...) Irgendwann kam ein wissenschaftlich angehauchter Künstler namens Jin Lin auf eine Idee. Jin Lin fragte sich Folgendes: „Wie lang ist wohl die Nase des Kaisers von China?" Und das wusste er natürlich nicht, weil er, wie alle aus dem Chinesischen Volk, den Kaiser noch nie zu Gesicht bekommen hatte. Jin Lin konnte also seine Frage nicht so einfach beantworten. Also tat er Folgendes: Er fragte alle Chinesen, wie denn ihre Schätzung über die Länge der Nase des Kaisers von China sei. Er lies sie also raten. Und die Chinesen gaben ihre Schätzwerte ab. Sie schätzten 1 cm, 1,5 cm, 1 cm, 2 cm ... und so weiter. Er fragte sehr viele Chinesen, und am Schluss addierte er alle erhaltenen Schätzwerte und teile sie durch die Anzahl der befragten Chinesen. So erhielt er den Mittelwert aus seinen Schätzungen. Jetzt lief Jin Lin quer durch China, verkündete seine Erkenntnis und behauptete, er wisse jetzt, wie lang die Nase des Kaisers von China sei. Alle Chinesen glaubten ihm! - Denn was er da als Ergebnis lieferte, repräsentierte ja schließlich in einer Weise ihre eigene Meinung, die Meinung des chinesischen Volkes.

Natürlich war Jin Lins Ergebnis vollkommener Blödsinn. Denn auch der Mittelwert aus lauter Blödsinn ergibt immer noch Blödsinn. Und das trifft auch dann noch zu, wenn alle Beteiligten das Ergebnis für richtig halten.

Bei dieser Anekdote versteht jedes Kind, wo der Fehler liegt. Aber im richtigen Leben sehen wir den Fehler nicht so klar vor uns, sondern unterliegen genau der Dummheit des Chinesischen Volkes aus der Geschichte mit Jin Lin! - Woher will denn eine ungebildete Hausfrau wissen, ob ein Forschungsreaktor im Münchner Umland gefährlich ist oder nicht? Woher will ein Schreiner wissen, wie die Gefahren von überhöhtem CO2-Ausstoß einzustufen sind? Wie will jemand beurteilen, wie ein Gesetz zum Ausbringen von genmanipuliertem Saatgut aussehen soll, wenn er noch nicht einmal weiß, was ein Gen überhaupt ist?

Ich denke, wir alle sollten uns selber viel öfter in Frage stellen, unsere persönliche Unwissenheit eingestehen und einfach mal öfter still sein. Jeder Mensch hat jederzeit irgendwo eine Meinung über alles. - Es ist eine Tugend, sich selbst die eigene Unwissenheit einzugestehen. Und es zeugt von Größe, nicht auf eine eigene, vielleicht unzureichend fundierte Meinung zu bestehen.

Wir sollten öfter mal sagen: „Ich weiß es nicht!" Und zwar genau dann, wenn wir es nicht wissen.

Vom Gehirn, dem man nicht trauen kann

Und nun kommen wir zum Thema der Fehlbarkeit unseres Gehirns. Ja, unser Gehirn ist fehlbar. Aber wer ist das nicht? Wenn wir von uns selbst schon zugeben, dass wir fehlbar sind, wieso sollte das dann bei unserem Gehirn anders sein? Wir werden im Kapitel 5 – Psychologie und Neurologie - noch sehr viel mehr Eindrücke davon bekommen, wie unser Gehirn funktioniert. Und eben genau auf dieses Kapitel möchte ich hier im einführenden Kapitel mit ein paar Beispielen und Denkanstößen Geschmack und Lust machen.

Dazu gleich zu Beginn ein kleiner Exkurs in die Welt der Stochastik. Stochastik ist das Teilgebiet der Mathematik, in dem es um Wahrscheinlichkeiten geht. Wir machen ein Beispiel, in dem man schätzen und rechnen muss.
Stellen Sie sich vor, vor Ihnen stehen zwei Flaschen, die gefüllt sind mit weißen und mit schwarzen Perlen. Die Flasche A ist gefüllt mit 85 Prozent schwarzen Perlen und mit 15 Prozent weißen Perlen. Das heißt, auf 85 schwarze Perlen kommen genau 15 weiße Perlen. Bei der Flasche B ist es genau umgekehrt. In Flasche B sind also 85 Prozent weiße Perlen, aber nur 15 Prozent schwarze Perlen.
Ihre Aufgabe besteht nun darin, bei versteckten Flaschen zu erraten, aus welcher von beiden Flaschen Perlen entnommen werden; aus Flasche A oder Flasche B. Die ihnen vorgelegten Perlen haben nacheinander folgende Farben:

schwarz, schwarz, schwarz, schwarz, weiß, schwarz, schwarz, weiß

Auf welche Flasche würden Sie tippen? Natürlich tippen Sie auf Flasche A. Das tun Sie doch, oder?

Die Frage ist nur, wie viele Perlen Sie bei einem echten Versuch abwarten würden? Reichen 4 Perlen, oder doch besser 6 Perlen? Um sicher zu sein? Der Durchschnitt beim Normalbürger liegt bei 4 bis 7 Perlen (Dabei kommt es darauf an, ob und an welcher Stelle eine weiße Perle gezogen wird.)

Ein mathematischer Statistiker würde sich jetzt kopfschüttelnd die Haare raufen! Lassen Sie mich erklären, warum. Nach Ziehung der ersten schwarzen Perle liegt die Wahrscheinlichkeit, dass diese aus Flasche A stammt natürlich bei 85 %. Nach Ziehung einer weiteren schwarzen Kugel liegt die Wahrscheinlichkeit für Flasche A sogar schon bei mehr als 97 % (je nachdem, wie viele Perlen in den Flaschen sind). Für jeden vernünftigen Mensch wäre eine solche Wahrscheinlichkeit Grund, sich vollkommen todsicher zu sein. Aber in Wirklichkeit würden Sie doch eher schon gerne, um sich wirklich sicher zu sein, 6 oder 8 Perlen ziehen, nicht wahr? Irgendwie handeln wir Menschen also in einem solchen Experiment sehr irrational.

Nur zur Info und um ein wenig verstaubtes Abiturwissen zu reaktivieren: Die Wahrscheinlichkeit für zwei Perlen wird in zwei Schritten über einen sogenannten Entscheidungsbaum berechnet. Dieser sieht (unvollständig) für unser Beispiel in etwa so aus:

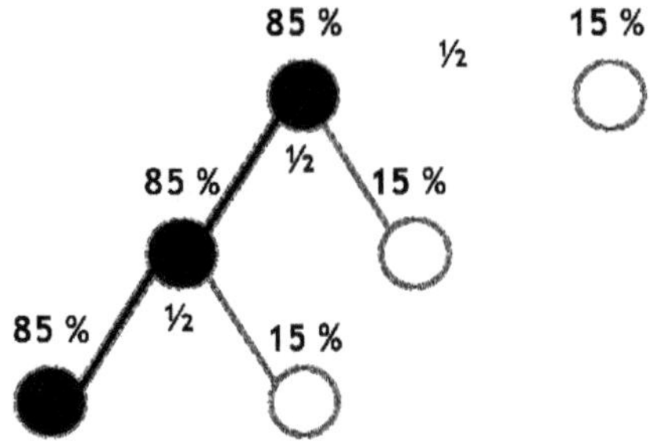

Die Wahrscheinlichkeit dafür, dass dreimal hintereinander eine schwarze Perle gezogen wird, ist gleich: P(3*schwarz) = 0,85*0,85*0,85 = 0,614 = 61,4%.

Entnommen werden aus einer Flasche 3 Perlen ohne Zurücklegen. Bei drei gezogenen schwarzen Perlen landen wir für Flasche A bei der oben in der Zeichnung dargestellten schwarzen Perle unten links.

Um eine sogenannte Hypothese (Flasche A) zu testen, muss man Folgendes rechnen: (Zur Vereinfachung nehmen wir an, dass nur 100 Perlen in beiden Flaschen sind.)
P(A für drei mal schwarz) = ½ * (85 * 84 * 83) / (3 aus 100) = 592620 / 161700;
P(B für drei mal schwarz) = ½ * (15 * 14 * 13) / (3 aus 100) = 2730 / 161700;

Die Wahrscheinlichkeit, dass aus Falsche A gezogen wurde liegt daher bei: 592620 / (592620 + 2730) = 99,5 %

Nun, bei Betrachtung des Ergebnisses (und des Lösungsweges) sieht man ein, dass auch solche alltäglichen Probleme oft so einfach gar nicht sind. (An dieser Stelle möchte ich darauf hinweisen, dass dieses Ergebnis richtig ist. Ich bitte Sie, nicht zu versuchen, mich zu kontaktieren, um mit mir Abiturwissen zu diskutieren.)

Nach drei gezogenen schwarzen Kugeln können wir uns so gut wie sicher sein, dass diese aus Flasche A stammen.
Offensichtlich gibt es Situationen, bei denen unsere Erfahrung, was Zufallsergebnisse anbelangt, sehr unpraktisch bis unvorteilhaft ist. Es kommt jedoch noch viel dramatischer. Stellen Sie sich als weiteres Beispiel folgenden Versuch vor:
Dem Probanden werden nacheinander immer drei Zahlen genannt (eine sogenannte Triade). Der Proband soll nun eine Regel herausfinden, wie diese Zahlenfolgen generiert wurden. Was der Proband zu Beginn des Experiments nicht weiß, ist, dass die Regel simpler nicht sein könnte. Die Regel lautet: „Zahl 2 ist größer als Zahl 1. Zahl 3 ist größer als Zahl 2. – Und so weiter.“ Mehr nicht.

Zahlenreihen waren zum Beispiel:

8, 13, 15
1, 2031, 2033
4, 5, 7
5, 7, 9
41, 42, 44
41, 43, 67
43, 45, 67

Während des Experiments mit 18 Teilnehmern fand keiner diese Regel heraus. Woran lag das? Zugegebenermaßen war der Ablauf des Experiments ein wenig unfair gestaltet. Die Probanden wurden nämlich nach jeder Zahlenfolge gebeten, einige Zeit über eine mögliche Regel nachzudenken. So würde zum Beispiel eine mögliche Regel für 8,13,15 lauten: „plus 5, plus 2". Für die zweite Triade könnte sie lauten: „zweite Zahl größer als erste Zahl. Zweite Zahl plus 2." – Was ja nun wiederum bedeuten könnte, dass der zweite Teil der ersten Regel schon mal richtig war. Bei einigen der folgenden Zahlenfolgen wären entsprechende Regeln denkbar.
Die Probanden hatten allesamt das Problem, dass sie sich zu Beginn des Experiments auf irgendeine Art von Lösungsweg einschossen, und dann die dort vermutete Lösung mit Ausnahmen und Verfeinerungen bearbeiteten. Wir kennen das schon vom Beispiel mit den drei Grundstücken. Bei jeder neuen Zahlenfolge standen sie vor dem gleichen Problem. Das blieb so bis zum Ende des Experiments mit damals 20 Zahlenfolgen. Offensichtlich haben wir Menschen große Probleme damit, einen einmal gefassten Gedankengang wieder los zu lassen und neu und unvoreingenommen anzufangen.

In der Realität (und nicht in der steril erdachten Experimentierwelt) bietet es sich daher meiner persönlichen Meinung nach an, dem Geist Zeit zu geben. Der menschliche Geist braucht Zeit, um sich frei zu machen von Voreingenommenheit. Das gilt gleichermaßen, wenn man nach einer Lösung für ein Problem sucht wie für jegliches Treffen von Entscheidungen. Oder, mit anderen Worten, man sollte vielleicht die eine oder andere Sache besser noch einmal überschlafen, um vielleicht am nächsten Tag unbefangener darüber denken zu können. Ich bin mir sicher, dass mindestens 50 Prozent der Versuchsteilnehmer die Richtige Lösung erraten hätten, wenn sie sich die Zahlen am nächsten Tag noch einmal angesehen hätten. Aber das haben sie ja nicht.

Was will ich mit diesen beiden Beispielen verdeutlichen? Nehmen wir zuerst das Beispiel mit den Perlen in den Flaschen. Wenn wir ehrlich sind, dann hätte sich nämlich niemand von uns mit nur zwei Perlen begnügt. Oder gar mit einer Einzigen? - Niemand! Wenn wir noch ehrlicher sind, dann würden wir einen Menschen, der nach nur einer Perle aufhört und anscheinend guten Gewissens „Flasche A!" verkündet, für ein wenig verrückt erklären. Offensichtlich ist es also so, dass hier unsere Erfahrung, ja sogar das, was wir als „gesunden Menschenverstand" bezeichnen, mit der mathematischen Realität (und daher mit der exakten und objektiven Realität) nicht übereinstimmt. Denkt man diese Erkenntnis konsequent weiter, so muss man sich fragen, in wie vielen anderen Bereichen unseres Lebens ein solcher Fehlglaube, ein solcher verkehrter gesunder Menschenverstand Anwendung findet? Was von dem, was wir als „richtig" gelernt haben, können wir angesichts solch einer Gefahr denn überhaupt noch glauben? Und was können wir getrost benutzen? Sollte man eventuell über mögliche Konsequenzen und Risiken nachdenken? Wo liegen wir falsch?
Aber ich denke, man kann Entwarnung geben. Warum, wo wir doch Gefahr laufen falsch zu liegen? - Nun, sehen Sie sich um. Die Welt scheint doch um uns herum soweit ganz in Ordnung zu sein. Auch wenn wir stetig und immerzu Irrtümern unterliegen (und uns dessen nicht einmal bewusst sind), dann können die negativen Auswirkungen unter dem Strich so drastisch gar nicht sein. Ansonsten würde viel mehr schief gehen in unserem alltäglichen Leben. Wenn wir 7 Perlen testen, anstatt nur 2, dann können wir das zum Beispiel mit unserem täglichen Zeitmanagement in der Regel ganz gut vereinen. Wir haben meistens die Zeit 7 mal zu testen, anstatt nur 2 mal. Und das ohne durch die unnötig aufgewendete Zeit größere Einbußen davon zu tragen. Anscheinend können wir es uns leisten, an der ein oder anderen Stelle unvorteilhafte Denkschemen zu benutzen. Anscheinend ist die Masse der Menschen unter dem Strich und im Durchschnitt clever genug, um Wolken-

kratzer, Großraumflugzeuge und Atomreaktoren zu bauen. Und lassen Sie mich eines als Ingenieur versichern: Wenn man eine Maschine konstruiert, dann wird diese erst funktionieren, wenn man alles richtig gemacht hat. Jedes falsche Detail einer Konstruktion würde dadurch auffallen, dass die Maschine ganz einfach nicht das tut was sie soll. - Und leben wir nicht alle in einer sehr technisierten Welt, die meistens ganz gut funktioniert? Offensichtlich ist die Menschheit in Summe gar nicht mal so schlecht.

Das Beispiel mit den Zahlen verdeutlicht einmal mehr die Macht von Denkschemen. Unsere Denkschemen müssen nichts Großes, nichts im Sinne einer Weltreligion oder eines festgefahrenen, kulturellen Wertesystems sein. Oft reicht es schon, dass wir nicht weiter kommen, wenn man es nicht schafft, sich los zu machen von Denkweisen, die schlichtweg unpassend für das vorliegende Problem sind. Meiner Meinung nach ist es für einen Menschen eine der herausragendsten Eigenschaften überhaupt, die Fähigkeit zu besitzen, „wahr" zu beurteilen. - Sehe ich die Dinge so, wie sie wirklich sind? Bin ich voreingenommen? Interpretiere ich falsch und liege dadurch falsch? Warum liege ich falsch? Wie komme ich zu diesem Schluss?
Erst wenn wir es schaffen, uns unserer Einflüsse bewusst zu werden und diese zu verstehen, können wir gerecht und präzise und der Wahrheit entsprechend urteilen. Eine der höchsten Tugenden überhaupt.

Umdenken mit der Evolution des Lebendigen

Mein einführendes Kapitel möchte ich nun unkonventionell ein wenig spezieller mit einem konkreten Beispiel abschließen. Bisher haben wir eine ganze Menge über die theoretischen Zusammenhänge von Sichtweisen und Denkschemen gehört. Jetzt jedoch wollen wir ganz konkret einen der massivsten Paradigmenwechsel in der intellektuellen Geschichte der Menschheit überhaupt betrachten. Es geht um die Evolutionslehre nach Darwin.
Das Beispiel gehört außerdem zur Allgemeinbildung und so ist es niemals von Nachteil, dieses Wissen wieder aufzufrischen oder eventuelles Unwissen klar zu stellen.

Jeder hat schon einmal etwas von „Evolution" gehört. Evolution ist nämlich das, „wo der Mensch vom Affen abstammt". Weiter gibt es noch einen Herrn Charles Darwin (Abbildung), der sich das Ganze ausgedacht hat. Wichtig ist außerdem, dass nach der Evolutionstheorie nicht Gott höchstpersönlich den Menschen erschaffen hat, sondern dass er langweiligerweise einfach von selbst und aus purem Zufall entstanden sein soll. (Was es mit der Evolution genauer auf sich hat, sehen wir weiter unter in diesem Abschnitt gleich noch ausführlicher.)

Die Theorie, dass sich Leben mit den in der Evolution wirkenden Mechanismen entwickelt, wird allerdings erst richtig interessant, wenn man sie sich in ihrem damaligen und in ihrem heutigen weltlichen Umfeld und in ihren Auswirkungen sowie den ursprünglichen Beeinflussungen und Dynamiken betrachtet. Denn mit dem Bekanntwerden der Evolutionstheorie hat eines der größten Umdenken überhaupt statt gefunden.

Charles Robert Darwin, geboren am 12. Februar 1809 in Shrewsbury, England, und verstorben im Alter von 73 Jahren am 19. April 1882, war Naturforscher und Biologe und gilt durch seine wesentlichen Beiträge als einer der bedeutendsten Naturwissenschaftler überhaupt. Im Jahre 1831 brach Darwin zu einer fünfjährigen Forschungsreise mit dem britischen Vermessungsschiff namens „Beagle" auf. Er studierte geologische Eigenschaften von Kontinenten und Inseln und verglich Küstenlinien. Dabei erschien es ihm nahe liegend, dass früher einmal alle heutigen Landmassen zusammenhängend in Form einer Art „Urkontinent" waren. Weiter dokumentierte Darwin auf der ganzen Welt eine Vielzahl von Lebewesen und Fossilien und zog so seine Schlüsse. Seine Theorie war es, dass Leben nach bestimmten Mechanismen auf einem einzigen Kontinent entstanden sei. Bahnbrechend war die Idee, dass das Leben und die einzelnen Lebensformen auf der physikalisch-biologischen Ebene schlichtweg durch sich selbst entstanden sein sollten, und nicht durch die Macht und den Willen eines übergeordneten Schöpfers, welcher die Welt nach einer Art Plan erschuf.

Nachdem die Zeit offensichtlich damals in irgendeiner Weise reif dafür war und der Zeitgeist und das „öffentliche Wissen" und die „öffentliche Einstellung" in den Köpfen der Menschen so weit gediehen waren, um es zuzulassen zu glauben, dass nicht einzig und allein ein allmächtiger Schöpfer alles so erschaffen hat, wie es ist, ergaben sich als „nichtgöttliche" Erklärung mehrere Möglichkeiten.

Wir wollen als Nächstes zwei prinzipielle Möglichkeiten einer Evolution genauer betrachten. Wir bezeichnen die eine als „gerichtet" und die andere als „ungerichtet".
Gerichtet wäre die Evolution dann, wenn sich die Lebewesen auf ein Ziel hin entwickeln würden. Die Entwicklung hätte damit einen Zweck. Ziel könnte eine bessere Anpassung an die Umwelt oder ein der Entwicklung immanente Drang hin zu höherer Komplexität und steigender Effizienz sein.
Diese „gerichtete" Vorstellung ist an dieser Stelle leichter mit dem damals verherrschenden Dogmatismus des Christentums vereinbar, denn sie setzt Sinnhaftigkeit und Zweck voraus. Allumfassender Sinn und Zweck stammen von Gott, so die Überzeugung der Christen. In der gerichteten Spielart der Evolution wären die Anfänge jeder Lebensform primitiv und einfach, um sich dann immer besser an die jeweiligen Bedingungen in ihre Umwelt anzupassen. Dieses Anpassen erfolgt zielgerichtet hin zu mehr Komplexität und hin zur vollendet besten Anpassung. Zielgerichtetheit hin auf eine Vollendung entspricht dem Streben nach einem göttlichen Ebenbild oder hin zum höchsten Plan Gottes selbst.
Als kleine Anmerkung möchte ich an dieser Stelle auf die Parallelen dieser Vorstellung zur Philosophie hinweisen. So werden wir im nächsten Kapitel bei den griechischen Philosophen den Begriff „Idee" und die „Ideenlehre" kennen lernen. Nach den Vorstellungen der griechischen Ideenlehre stammt zu jedem „Ding" und jedem Lebewesen von Gott eine Art abstrakte Grundform als grober Bauplan, die sogenannte „Idee". Eben genau diesem Ansatz entspricht die „zielgerichtete" Auffassung der Evolution. Ziel der Evolution in dieser speziellen Theorie ist es, den großen und vollendeten Endzustand eines jeden Lebewesens zu erreichen, quasi möglichst nahe an der „Idee"

selbst zu sein. Dieser letzte und perfekte Endzustand ist selbstverständlich von Gott selbst definiert.
Der Glaube an Gott ist ein sehr verbreitetes Phänomen und es fühlt sich offensichtlich immer gut an, wenn man ihn in der Welt, und vor allem in unserer modernen und wissenschaftlichen Welt, unterbringen kann. Die Vorstellung einer Welt ohne Sinnhaftigkeit ist immer befremdlich. Es fühlt sich dagegen sehr angenehm an, wenn man glaubt, dass alles einen Sinn hat, dass alles nach einem höheren Plan abläuft, der von einem guten Schöpfer erfunden wurde.

Leider ist die Vorstellung einer zielgerichteten Evolution falsch! Die Entwicklung läuft darin rein zufällig ab und es gibt keine Ausrichtung auf irgendein Ziel!
So lautet die andere Auffassung, und das ist die, wie sie von Darwin verbreitet wurde. Die Evolution ist nicht zielgerichtet, sondern zufällig. Diese, zur damaligen Zeit doch sehr befremdliche Auffassung geht von keinem zugrunde liegenden Sinn oder einer umfassenden Zweckhaftigkeit aus. Sie benötigt keinen Schöpfer und keinen Gott. Darwins Theorie sagt, dass sich Leben und die Lebewesen sowie die Vielfalt der Arten aus vielen einzelnen Zufällen heraus entwickelt haben. Zufälle brauchen keinen Ursprung, keinen Anlass, keinen Sinn, keinen Zweck und auch kein Ziel.
Für uns Menschen erscheint es schwer einzusehen, dass sich alles in der belebten Welt (uns selbst mit eingeschlossen) aus purem Zufallen in der nun vorliegenden Art und Weise entwickelt haben soll. Es ist schwer einzusehen, dass alles, was in unserer Welt lebt, ohne höheren Sinn existieren soll, dass es nur existiert, und so ist, wie es ist, weil es das Resultat von vielen aufeinander folgenden Zufällen ist. Ein gewisser William Paley, ein englischer Geistlicher, formuliert im auslaufenden 18ten Jahrhundert hierzu ein sehr treffendes Beispiel. - Er verglich die Lebewesen mit Uhrwerken. – Würde man, so sagte er, auf einer Lichtung im Wald in der freien Natur eine Uhr finden, so müsste man mit dem menschlichen Verstand unweigerlich zu dem Schluss kommen, dass diese Uhr mit ihrem hochkomplizierten Uhrwerk von jemandem erdacht, konstruiert und zusammengebaut wurde. Das extrem präzise und feinabgestimmte Zusammenwirken der hochgenau geformten Einzelteile

könne nicht einfach nur aus purem Zufall auf dieser Waldlichtung „entstanden" sein. Diese Uhr müsse dem gesunden Menschenverstand folgend von jemand absichtlich erschaffen und absichtlich an diesen Ort gebracht worden sein.
In den folgenden Kapiteln dieses Buches werden wir noch öfter die Frage stellen, ob alles einem übergeordneten Plan folgt oder ob wirklich alles nur Zufall ist. Diese Frage geht auch weit über das Teilgebiet der Evolutionstheorie hinaus.
Darwins Theorie war so derartig revolutionär, weil sich zur damaligen Zeit einfach noch niemand vorstellen konnte, dass jemand anders als ein übergeordneter Schöpfer alles komplexe Leben in seiner Feinabstimmung erschaffen haben könne. Zu Zeiten, in denen Überzeugungen wie die von einem absichtlich erschaffenden Uhrmacher die allgemeine Überzeugung darstellen, ist eine Evolutionstheorie herausragend.

Große Erkenntnisse sind deshalb groß, weil sie ein Umdenken in der gesamten Gesellschaft nach sich ziehen. Der Grund dafür ist oft unterschiedlich. Bei der Evolution waren es unter anderem die Aussagen zur Rassenlehre und der Unterschied zur Lehre der christlichen Religion, welche ein solches Umdenken hervorgerufen haben.

Wissenschaftliche Theorien können die Welt verändern, wenn sie Dinge einfacher und eleganter erklären. Sie haben die Macht, die Welt in ein anderes Licht zu rücken und die Menschen, jeden für sich selbst, andere Sichtweisen entwickeln zu lassen. In der Theorie nach Darwin ist genau das passiert. Mit der Evolutionstheorie lässt sich prinzipiell alles Angeborene erklären.

Wir wollen nun aber kurz ein wenig detaillierter darauf eingehen, was die „ungerichtete" Evolution genau ist und wie sie funktioniert. Dies ist die Stelle zum Auffrischen des Allgemeinwissens.

Vererbung und Erbgut

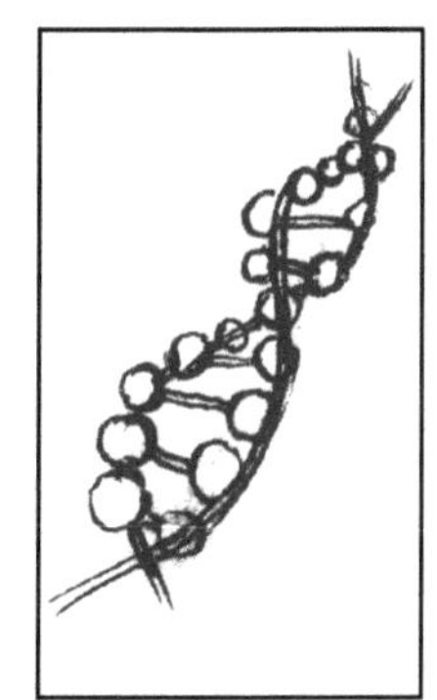

Rechts in der Abbildung sehen wir ein Stück DNA-Strang. Heute hat in den modernen Industrienationen jeder schon einmal etwas von „DNA“ gehört, denn die DNA ist in den letzten Jahren durch Diskussionen über Genmanipulationen, Klonen und Hautkrebs stark in Mode gekommen. Entdeckt (wohl eher exakt beschrieben) wurde sie erst sehr spät im Jahre 1953 von zwei US-Amerikanern namens James Watson und Francis Crick.

Die DNA ist eine wendelförmige Struktur, die lange Stränge bildet, auf denen Moleküle in bestimmten Abfolgen angeordnet sind. Codiert in der Abfolge sind auf dem DNA-Strang Informationen gespeichert. Diese Informationen können über komplizierte Mechanismen abgerufen werden und dienen dann als Anleitung zum Aufbau von Strukturen, aus denen letztendlich alle Lebewesen auf unserem Planeten aufgebaut sind. Solche DNA-Stränge findet man in (nahezu) allen Zellen von allen Lebewesen (einschließlich Pflanzen). Pro Lebewesen findet man prinzipiell immer nur eine Art von Kodierung auf allen DNA-Strängen in allen Zellen dieses einen Lebewesens. Das heißt zum Beispiel dass sich in einer Blutzelle eines roten Blutkörperchens prinzipiell die gleiche Information wie in einer Nervenzelle im Gehirn befindet. Dieses Phänomen wird verständlich, wenn man sich klar macht, dass alle Lebewesen durch Zellteilung aus anfangs nur einer einzigen Zelle entstehen. Wenn sich also Zellen teilen, um Arrangements von Zellen und ein wenig später ganze Lebewesen aus anfangs einer einzigen Zelle zu bilden, so muss die anfängliche Information mitkopiert werden. In der Realität ist es so, dass die vollständige Information zwar in allen späteren Zellen vorhanden ist, dann aber Teile der DNA für das Lesen abgeschaltet sind. Verständlich wird dies wiederum, wenn man sich klar macht, dass man zum Aufbau von komplexen Organismen eine Vielzahl an unterschiedlich spezialisierten Zellen braucht. So hat beispielsweise eine Blutzelle eine ganz andere Aufgabe als eine Nervenzelle. Beide Zellen sehen anders aus und tun ganz unterschiedliche Dinge. Und eben genau diese Spezialisierung muss als In-

formation verschlüsselt sein. Diese Verschlüsselung entspricht der Abschaltung von bestimmten Teilen der DNA.
Bei der eigentlichen Vererbung verschmelzen nun die Informationen der Eltern und werden an die Kinder weitergegeben. Das heißt, man erhält bei den Kindern eine neue Variation der Kodierung. Die Kinder werden Eigenschaften von beiden Elternteilen besitzen, und, wenn wir eineiige Zwillinge einmal außer Acht lassen, so haben alle Menschen unterschiedliches Erbgut. Was dies bedeutet sehen wir gleich.
Der Vollständigkeit halber muss man an dieser Stelle erwähnen, dass es neben dem sexuellen Durchmischen der Erbinformationen einigen Bakterien und Einzellerarten möglich ist, Gene direkt untereinander auszutauschen. Dazu wandern abgeänderte DNA-Stücke direkt von Lebewesen zu Lebewesen. Man bezeichnet das als horizontale Vererbung, im Gegensatz zur sexuellen, vertikalen Vererbung.

Mutation

Durch die Verschmelzung von Erbgut von beiden Eltern werden Nachkommen gezeugt, die Erbgut besitzen, das es in dieser Form vorher noch nicht gegeben hat. Jedoch wird sich das neue Erbgut immer nur als Kombination von alten und schon vorhandenen Erbgütern zusammensetzen. So werden Kinder von Eltern mit kurzen Beinen entsprechend ein wenig andere Beine als ihre jeweiligen, einzelnen Elternteile besitzen, denn ihr Erbgut entspricht einer Durchmischung der beiden ursprünglichen Elternerbgüter. Dennoch werden die Kinder ebenso wie ihre beiden Eltern erneut kurze Beine haben, denn nur Erbinformation für kurze Beine standen von ihren Eltern zur Verfügung. Treffen sich also viele Leute mit kurzen Beinen, dann werden die Beine der Kinder dieser Leute niemals lang werden. Es sei denn, es kommt eine Mutation vor!
Eine Mutation ist ein spontan entstandener Fehler im Erbgut. Das bedeutet, dass irgendwo auf dem DNA-Strang die Information nicht korrekt kopiert wurde oder durch andere Einflüsse, wie zum Beispiel Strahlung oder chemische Vorgänge, in ihrer „korrekten Abfolge“ verändert wurde. Liegt im Erbgut ein Fehler vor, so kann dies prinzipiell zu drei unterschiedlichen Resulta-

ten führen. Erstens, dass der Fehler nicht weiter auffällt und der Organismus ohne Komplikationen oder Einbußen leben kann. Zweitens, dass das neue Lebewesen nicht lebensfähig ist, oder drittens, dass es Eigenschaften besitzt, die sich im Wesentlichen von denen der Eltern unterscheiden. - Kommt also unter lauter Leuten mit kurzen Beinen ein Kind zur Welt, das sehr lange Beine hat, dann wird sich vermutlich irgendwo eine Mutation eingeschlichen haben. (Oder ein unbekannter Elternteil, der besser unbekannt bleiben sollte.)

Mutationen muten sehr befremdlich an, denn dabei passiert etwas, das so gar nicht vorgesehen ist. Eine Mutation ist ein Fehler, und wenn wir daran denken, dass sich Lebewesen verändern, nur weil Fehler beim Kopiervorgang von Plänen zum Zusammenbau und zur Funktion geschehen, dann erscheint es durchaus dubios, dass dies für die Lebensform in ihrer Gesamtheit von Vorteil sein soll.
In etwa ist eine Mutation mit dem Beispiel vergleichbar, wenn wir einen Bausatz für ein Modellauto einem Kind zum Spielen hinstellen und die Anleitung zum Zusammenbauen schlecht bis unleserlich kopiert wurde und sich durch die Übersetzung aus dem Chinesischen Fehler eingeschlichen haben. Es wird nun mit sehr großer Wahrscheinlichkeit so sein, dass das Kind das Modellauto nicht zusammenbauen kann. Die Teile werden nicht passen, und das Modellauto wird nicht funktionieren. Unwahrscheinlich erscheint uns, dass eben durch genau solche unbeabsichtigten und zufälligen Fehler in der Gebrauchsanweisung ein neues Auto entstehen soll, dass es so noch nie gegeben hat und das durchaus funktioniert! Noch unwahrscheinlicher erscheint es, wenn wir uns vorstellen sollen, dass wir nur hinreichend viele Kinder mit immer wieder unterschiedlich falsch kopierten Modellbauanleitungen versorgen müssen, um irgendwann ein neues, funktionierendes und sogar besseres Modellauto zu bekommen! – In der Natur geht das aber.
Dass so etwas überhaupt funktioniert, hat damit zu tun, dass die DNA eben sehr viel mehr ist als eine chinesische Gebrauchsanweisung, und dass das Modellauto auch nur bedingt mit einem biologischen Organismus vergleichbar ist. Der Unterschied ist grundlegend der, dass DNA fast immer irgendwelche Bauteile für den Organismus erzeugen kann, und dass diese Bauteile organischerweise immer irgendwie zusammen passen. Ob nun das, was dabei

herauskommt sinnvoll ist, ist eine andere Frage. Grundsätzlich ist aber davon auszugehen, dass die Teile passen.
Mutation ist nicht so befremdlich, wie wir sie uns vorstellen. In der Realität ist es sogar so, dass Mutation zum Leben genauso dazu gehört wie die sexuelle Vererbung.
Trotzdem ist es auch weiterhin äußerst unwahrscheinlich, dass durch Fehler im Erbgut ein Organismus entsteht, der „besser" ist als das ursprüngliche Lebewesen ohne Fehler. Ausgeglichen wird diese stochastische Schwierigkeit durch die Häufigkeit von Mutationen und durch das Vergehen von viel Zeit.

Geschieht eine Mutation nicht direkt beim Entstehen eines neuen Lebewesens, also in den Stammzellen, oder bei der Teilung der ersten Zellen, dann ist sie meist wenig tragisch. In unserem Körper geschehen pro Tag Tausende von Mutationen. Diese Tausende von veränderten Erbgütern führen aber in der Regel zu nicht lebensfähigen Körperzellen, und diese werden von unserem Immunsystem sofort erkannt und abgebaut. Ab und zu kann mutiertes Erbgut in manchen Zellen jedoch auch im ausgewachsenen Organismus zu massiven Problemen führen. Die mutierten Zellen sind dann manchmal lebensfähig und werden tragischerweise nicht von unserem Immunsystem als entartet erkannt. Dadurch können sie sich unkontrolliert vermehren und zu Wucherungen führen. Wir kennen diese Erkrankung unter dem Namen „Krebs". Krebs ist also Mutation auf der Zell- und Gewebeebene.

Natürliche Auslese

Schauen wir uns also jetzt an, wie die Evolution im Detail funktioniert. Wie kommt es durch Variationen der Eigenschaften der Lebewesen zur Entstehung von Arten, zur Anpassung von Arten an ihre Umwelt, und wie kam es letztendlich zum Entstehen von hochentwickelten Lebewesen wie uns Menschen?

Durch die Mechanismen der Vererbung und der Motivation entstehen permanent neue Variationen von Lebewesen. Einleuchtend ist, dass manche dieser Varianten besser in ihrer Umwelt zurecht kommen als andere Varianten. Zurecht zu kommen bedeutet in der Wildnis schlichtweg das „Überleben der meisten Nachkommen". Je mehr Nachkommen überleben, desto stärker kann sich eine Variation ausbreiten. Denn die Varianten, die schlecht zurecht kommen, überleben seltener bis gar nicht. Hingegen jene, die gut zurecht kommen, überleben mit größerer Wahrscheinlichkeit. Nicht Überlebende sind tot und können ihr Erbgut nicht an ihre Kinder weitergeben, die Überlebenden können dies durchaus. Unter dem Strich bedeutet dies, dass Varianten, die schlecht mit ihrer Umwelt zurecht kommen, im Extremfall aussterben oder zumindest von jenen Varianten, die gut mit ihrer Umwelt auskommen, verdrängt und dezimiert werden. Das bedeutet, dass man immer nur lange genug warten muss, bis am Schluss nur noch Varianten übrig sind, die gut mit ihrer Umwelt zurecht kommen.

Wichtig ist hierbei, nicht zu vergessen, dass diese Varianten aus dem Durchmischen von Erbgut der Eltern und durch Mutationen entstanden sind. Diese Varianten der Lebewesen sind nicht vorab an bestimmte Bedingungen angepasst. Es gibt keinen Plan, nach dem sie erschaffen wurden, und es gibt kein Ziel, auf das hin ihre Entwicklung ausgerichtet wäre. Es handelt sich immer um reinen Zufall! Und so entstehen zufällig Varianten, die besser als andere Varianten mit ihrer Umwelt zurecht kommen. Diese Variante setzen sich dann durch und dabei ist nichts anderes als der ursprüngliche Zufall ausschlaggebend. Das ist die Evolutionstheorie.

Spielarten der natürlichen Auslese

So weit, so gut. Varianten mit Vorteil in ihrer Umwelt kommen durch. Varianten mit Nachteil sterben aus. So die grundsätzliche Annahme. Am Schluss bleiben nur noch Varianten mit Vorteil übrig. Wenn das allein die Evolution gewesen wäre, dann wäre sie einfach und vernünftig. In Wirklichkeit gibt es aber noch ein Dutzend andere Phänomene und Dynamiken, die eben alles andere als vernünftig sind. (Jedenfalls nicht vernünftig im Sinne einer reinen Anpassung an die Lebensumstände in der Umwelt.) Zwei davon wollen wir uns anschauen. Da ist zum einen der buschige Federschwanz des Pfaus, und zum anderen der sogenannte „Egoismus von Genen".

Beim Federschwanz des Pfaus liegt etwas vor, das die Biologen als „sexuelle Selektion" bezeichnen. Dieser imposante Federschwanz bringt dem Pfau sehr wahrscheinlich keinen Überlebensvorteil in seiner natürlichen Umgebung. Dieser Federschwanz eignet sich weder besonders gut zum Finden von Nahrung, noch dazu, sich besonders gut oder schnell fortzubewegen. Der Federschwanz des Pfaus dient einzig und allein dazu, die Pfauenmännchen vor den Pfauenweibchen gut aussehen zu lassen, um sie für die Paarung attraktiver zu machen. Offensichtlich hat sich in der Entwicklungsgeschichte der Pfauen ergeben, dass Pfauenweibchen sich ganz besonders von imposanten Federschwänzen angezogen fühlen. Männchen, die keinen besonders bunten oder großen Federschwanz besessen haben, sind ausgestorben, weil sie nie eine (normale) Pfauenfrau abbekommen haben. Heute sind die genetischen Varianten von kleinen Federschwänzen bei Pfauenmännchen ebenso wie die damaligen Pfauen mit kleinen Federschwänzen ausgestorben, und alle Männchen dieser Art besitzen jetzt bunte und große Federschwänze. Wohlgemerkt obwohl diese eher unpraktisch fürs alltägliche Leben sind!
Man sieht, dass die Evolution nicht unbedingt nur etwas mit Vernunft zu tun haben muss. Auch die unlogischen und intuitiven Vorlieben des weiblichen Geschlechts (wie auch immer es dazu gekommen ist, dass diese ursprünglich entstanden sind) spielen ihre Rolle. - Wir sehen, dass Systeme, die unvernünftige Elemente enthalten, auch bei bester Organisation ab und zu auch in ihrer Gesamtheit unlogische Resultate produzieren können.
Wenn Sie also ein Männchen sind, und schon mal ein Weibchen beim Horten von Gegenständen in Einkaufszentren begleitet und durch Ihr Begleiten einen evolutionären Vorteil erhalten haben, dann denken Sie das nächste Mal an einen buschigen und sehr imposanten Pfauenschwanz. Denn dieser ist weit ab aller Vernunft, funktionieren tut er aber trotzdem.

Der Vollständigkeit halber darf an dieser Stelle die allgemein als gültig erachtete, wissenschaftlich Erklärung des Pfauenschwanzes nicht ausgelassen werden. Diese besagt, dass, eben weil der buschige Federschwan so unpraktisch ist, die Pfauenmännchen mit großem Federschwanz besonders stark sein müssen, denn ansonsten könnten sie ihn nicht tragen. Weil Weibchen für die Fortpflanzung besonders starke Männchen suchen und weil besonders starke Männchen einen besonders großen Federschwanz tragen können, suchen die Weibchen lieber nicht direkt nach starken Männchen, sondern lieber nach großen, auffälligen und buschigen Federschwänzen. Die Vernunft, die dieser Erklärung zugrunde liegt, ist, auch wenn sie sich in heutigen Lehrbüchern wieder findet, nicht gerade von bestechend einleuchtender Natur.

Nun zum egoistischen Gen. Im Jahr 1996 erregte ein gewisser Richard Dawkins mit seinem Buch „Das egoistische Gen“ einiges an Aufsehen. Wie so oft zuvor wurde eine Theorie schick und bekannt und fand rege Diskussion, was allerdings nicht unbedingt bedeuten muss, dass die Theorie damit wahrer und besser ist als andere Theorien, welche nicht so schick und bekannt wurden.

Dawkins postulierte den Egoismus von Genen. Seiner Idee zufolge gibt es neben der Auslese von Genen allein durch Vorteil und Nachteil in der Umwelt über die Eigenschaften der Lebewesen noch einen anderen Mechanismus. Dawkins stellte die Theorie auf, dass nicht die einzelne Lebensform in den Mechanismen der Evolution nach Überleben „strebt“, sondern dass dies die Gene selbst tun! Nochmals zur Wiederholung: Nicht das Lebewesen „strebt“ im Sinne der Evolution nach Überleben, sondern die einzelnen Gene selbst „wollen“ überleben! Die Gene wiederum repräsentieren beim fertigen Lebewesen Eigenschaften, wie zum Beispiel lange Beine, schwarze Haare, die Form des Kopfes oder wie viele Finger wir an den Händen haben. Neben diesen körperlichen Merkmalen repräsentieren sie selbstverständlich ebenso Verhaltensweisen und Charaktereigenschaften wie beispielsweise Aggressivität, Konzentrationsfähigkeit oder wann welches Lebewesen sich wie nach komplexen Schemen verhält.

Durch die Postulierung von egoistischen Genen lassen sich einige an sich unvernünftige Erscheinungen in der Natur erklären: So hatte die Evolutionsleh-

re immer wieder Probleme, sogenanntes „altruistisches Verhalten" zu erklären. „Altruistisch" bedeutet „selbstlos", womit gemeint ist, dass ein Individuum vollkommen ohne Absicht auf einen persönlichen Vorteil handelt. Das heißt, es verschafft jemand anderem einen Vorteil auf eigene Kosten oder zum eigenen Nachteil. Das ist zum Beispiel ein Vogel, der einem anderen, kranken Vogel Futter bringt. Oder der typische Hollywood-Fall, bei dem jemand jemand anderen in Sicherheit schubst und so selbst erschossen oder vom Zug überfahren wird. Das einzelne Lebewesen und die Art haben natürlich im ersten Sinne nichts davon, denn der Stärkere soll ja überleben, um als Stärkerer und „Besserer" seine Gene weiterzugeben, um die Art zu prägen. Wenn der Stärkere tot ist, weil er andere, die nicht so stark sind oder Pech hatten, rettet, kann er seine Gene nicht weitergeben. – Dies ist „schlecht" für den Fortbestand der Art.
Und genau zu diesem Dilemma bietet Dawkins Theorie des egoistischen Gens eine Erklärung. Sieht man die Evolution nämlich etwas weniger aus der Sicht des einzelnen Individuums und etwas mehr aus der Sicht von Gruppen, dann kann man altruistisches Verhalten unter Einbeziehung von „egoistischen Genen" sehr wohl erklären. Individuen helfen nämlich dann anderen Individuen, die ihnen Nahe stehen. Und Individuen, die sich nahe stehen, sind oft und wahrscheinlich miteinander verwandt. Hilft man den Verwandten, die ja einen Teil der eigenen Gene in sich tragen, so hilft man dem Fortbestand der Gene. Und dies steht im Gegensatz zur klassischen Evolutionslehre! Denn dort werden Eigenschaften selektiert, nicht Gene selbst!

Mit egoistischen Genen kann man auch noch einige weitere Phänomene erklären, die mit Vernunft und auch mit, wie im obigen Fall angesprochener, sexuell unvernünftiger Prädisposition nicht viel zu tun haben. So zum Beispiel die Frage danach, warum wir Menschen so große Köpfe und so große Gehirne haben, und warum wir so lange brauchen, bis wir alleine lebensfähig sind. Große Köpfe stellen nämlich bei der Geburt ein immenses Risiko dar. Ebenso erklärt es sich von selbst, dass es nicht unbedingt überlebensförderlich ist, wenn Kinder erst nach einigen Jahren intensivster Pflege allein überleben können. Mit direktem Überlebensvorteil kann man diese Phänomene nicht erklären, wohl aber damit, dass es gewisse Gene gibt, die nicht „aussterben wollen". Zur Programmierung von intensiven Brutpflegeabläufen und für den Bauplan von komplexen Gehirnen bedarf es einer großen Zahl von Genen. Angenommen, all diese Gene wollten, jedes für sich, „überleben", so wären beim später hervorgehenden Lebewesen diejenigen Gene (und Eigenschaften) zahlreicher aufzufinden, die zu Beginn die meisten „Genvertreter" hatten.

Wir sehen also, dass die rein darwinistische evolutionstheoretische Auffassung Schwachstellen hat, die durch zusätzliche Theorien nachkorrigiert werden müssen.

Evolution in der modernen Welt

Früher war es so, dass nur diejenigen überlebten, die gut genug an die Welt, in der sie lebten, angepasst waren. So hatte beispielsweise jemand, der krank geboren wurde, nur geringe Chancen. Ebenso kann man sich leicht vorstellen, dass in einem wandernden Bergvolk ein unbeholfenes Kind mit krummen und kurzen Beinen eher Probleme bekommt, als ein agiles Kind mit beweglichen und langen Beinen. Daneben war zu jeder Zeit bei komplexen Organismen die Intelligenz ein entscheidender Überlebensfaktor. Diejenigen, die Situationen richtig interpretieren konnten und diejenigen, die die effektivsten Strategien erfinden und umsetzen konnten, hatten immer einen gewissen Vorteil. Denn wer beispielsweise in der Wildnis das Wetter oder die Aufwendungen zur Nahrungsbeschaffung falsch einschätzte, musste sterben.

Heute ist das alles anders. Wir leben in einer Welt, in der wir durch technische und organisatorische Einrichtungen die Gefahren und Voraussetzungen der Wildnis umgehen. Heute überleben behinderte Kinder, Krankheiten lassen sich behandeln und eine medizinische Versorgung ist für uns selbstverständlich. Wir haben Einrichtungen zur Pflege von Menschen, die in der Wildnis keine Chance gehabt hätten.

An den Gefahren der Wildnis muss in den reichen Industrienationen heute niemand mehr sterben. Ebenso scheint die Intelligenz zunehmend unwichtig. Wir haben heute unterschiedlichste organisatorische Sicherheitseinrichtungen, um auch Menschen, die dumm und unfähig sind, die absolute Verarmung zu ersparen. Heutzutage kommt es weder auf Intelligenz noch auf körperliche Fitness im Sinne der Evolution an.

In diesem Zusammenhang führt die ausgesetzte Selektion zu interessanten Entwicklungen. Allgemein kann man heute davon ausgehen, dass die Bevölkerung der Industriestaaten einer ständigen Verdummung unterliegt! - Der Grund dafür ist der, dass genetisch bevorzugte Menschen mit hoher Intelligenz und hohen Fähigkeiten etwas aus ihrem Leben „machen". Bei diesen Menschen steht der Wunsch, sich zu bilden und einer Karriere nachzugehen, im Vordergrund. Diese Menschen haben viel zu tun und leider ist es so, dass die Verwirklichung der eigenen Möglichkeiten auf Kosten des familiären Engagements gehen. Diese Menschen haben wenig Zeit zum Kinderkriegen. Ein 25-Wochenstunden-Fließbandarbeiter hingegen hat genug Zeit zum Kinderkriegen und vergleichsweise geringe Ansprüche an persönlicher Entfaltung. Anscheinend besteht ein Zusammenhang zwischen den persönlichen Fähigkeiten und der direkten Zahl an Nachkommen. Menschen mit geringeren Fähigkeiten haben in der Regel mehr Zeit und weniger damit zu tun, ihrer Selbstverwirklichung und ihren Interessen nachzugehen, und bekommen so mehr Kinder. Die Möglichkeiten dieser Kinder sind wiederum ähnlich eingeschränkt wie die ihrer Eltern. Erziehung und Prägung spielen dabei ebenso eine Rolle wie die finanziellen Möglichkeiten oder die körperlichen und geistigen Grundvoraussetzungen. Diese Kinder bekommen wiederum „einfache" Nachkommen; was das für das Niveau der Bevölkerung des ganzen Staates bedeutet, ist einleuchtend.
Diese Aussagen sind rassistisch und daher verwerflich, und man sollte lange und gewissenhaft überlegen, ob man sie ohne weiteres übernehmen kann und soll. Nur sind diese Aussagen leider wahr. Und einmal mehr muss die öffentliche Diskussion eine Entscheidung finden, wie man mit diesen Fragestellungen, Zusammenhängen und Problemen umgeht.

Im „Sinne" der Evolution in ihrer ursprünglichen Bedeutung ist es natürlich nicht, dass man beispielsweise kranke Menschen weiter am Leben und in der Gesellschaft und auf Kosten der Gesunden hält. Ebenso ist es paradox, dass die intellektuell und körperlich Starken weniger Erbgut weiter geben als die

Dummen und die Schwachen. - Aber wir leben nun einmal nicht mehr in der Wildnis! Und hier in der modernen Welt gelten andere Gesetze, und wir Menschen in der heutigen Zeit leben nach anderen Regeln! Ob diese Regeln gut oder schlecht sind, soll an dieser Stelle nicht weiter diskutiert werden, sicher ist nur, dass heute andere Regeln gelten als über die sehr lange Zeitspanne, als sich die Arten mit den Mechanismen der Evolution entwickelt haben.
Man sollte jedoch niemals vergessen, dass wir selbst und alles, was uns ausmacht, ein Produkt dieser Evolution sind. Das bedeutet, dass nicht nur unsere Körper, sondern auch unsere Gehirne und damit unsere Gedanken, Wünsche, Sehnsüchte und Hoffnungen Resultate der spezialisierten Anpassung an die Wildnis sind! Ebenso stammt unser Wertesystem zum großen Teil aus den evolutionären Dynamiken, und so sind Hass, Liebe, Aggression und Vernunft schwer auf etwas anderes als das Entstehen der Arten zurückführen.
Und eben mit dieser Geschichte und dieser Herkunft beurteilen wir heute mögliches Verhalten in einer Welt, in der die Mechanismen, aus denen wir selbst hervorgegangen sind, nicht mehr gelten! – Jeder sollte sich bewusst machen, was das bedeutet!

Gesellschaftliche Auswirkungen

Interessant ist eine wissenschaftliche Erkenntnis nicht nur deshalb, weil Wissenschaft an sich interessant ist, sondern auch weil ihre Auswirkungen soziopolitisch sehr mächtig sein können. Wie wir schon vorher gesehen haben, müssen jede neue technische Möglichkeit, jede neue Theorie, die neuen Sinn gibt, und jedes neue Mittel erst einen Prozess durchlaufen, in dem die neu geltenden Konstellationen und Dynamiken in der Gesellschaft bewertet werden, die „öffentlichen Diskussion".
Die Evolutionslehre scheint primär auszusagen, dass wir Menschen mehr Rechte haben als alle anderen Lebewesen, eben weil wir uns im Prozess der Evolution am höchsten entwickelt haben. Problematisch wird diese Einteilung des Lebens nach Entwicklungsständen, wenn man gesondert die einzelnen Unterschiede zwischen den menschlichen Rassen betrachtet. Wenn man sich konsequent an die Aussagen der Evolutionstheorie hält, so lassen sich unterschiedliche Entwicklungsstände zwischen einzelnen ethnischen Grup-

unterschiedliche Entwicklungsstände zwischen einzelnen ethnischen Gruppen vermuten.
Und genau hier wird es gefährlich. In einem von Propaganda und zentralisierter Macht geprägten Staatsbild kann man große Einigung und Kraft im Staat mobilisieren, indem man auf die primitiven Vorurteile der Bevölkerung abzielt und die schon rudimentär vorhandenen, negativen Einstellungen schürt. - Wir sprechen vom Rassismus im Dritten Reich. Die Leute damals untermauerten ihre Rassenlehre mit wissenschaftlichen Erkenntnissen. So kam es, dass das, was damals eh schon jeder zu wissen glaubte, nun auch noch wissenschaftlich fundiert wurde und daher natürlich uneingeschränkt gültig sein musste. – Ganz so, als ob die Wissenschaft per se Recht hätte und man dank ihr mit dem eigenen Denken aufhören dürfe. – Damals stellten sich Leute vor, dass die Rasse der Arier in der Evolution höher entwickelt wäre als alle anderen Rassen. (Wie sie darauf kamen, ist mir persönlich schleierhaft. Sehr wahrscheinlich sind sie nicht viel in der Welt herumgekommen, oder vielleicht war es einfach nur ein propagandistischer Schachzug.) Wenn also wissenschaftlich gesichert die eigene Rasse besser ist als alle anderen Rassen (einschließlich jener Rassen, die man sowieso nicht mag), dann ist der Schritt klein, zu behaupten, dass man auch mehr Rechte als alle anderen Rassen hat. Im Dritten Reich ging diese Überzeugung so weit, dass die Leute dachten, sie hätten uneingeschränkt alle Rechte und damit auch die Freiheit, willkürlich über Leben und Tod zu bestimmen.
Natürlich könnte man an dieser Stelle noch sehr viel mehr zu Themen wie der Propaganda im Staat, zu staatlich geprägten Ansichten in der Bevölkerung und zum öffentlichen Dialog im Speziellen schreiben. Aber das Thema des Dritten Reiches und die damit verbundenen Diskussionen wurden uns in den letzten Jahren zur Genüge immer und immer wieder in oft lächerlich undifferenzierter Weise aufgewärmt und vorgekaut und sind zum Teil zu einem uninteressanten Klischee verzerrt. Deswegen an dieser Stelle die Entscheidung, den Leser nicht aufs Neue damit zu langweilen. Nur ein Tipp: Auch wenn damals vieles krankhaft schrecklich zugegangen ist, denken Sie darüber nach, dass diese Leute in Deutschland unsere direkten Vorfahren sind, und wir daher auf Grund unserer Veranlagung keinen Deut besser sind, als sie es damals waren. Einzig unterscheidet uns, dass sie Schlimmes getan haben, wir

jedoch nicht. Was damals passiert ist, kann jedoch wohl hier und jetzt wieder passieren, denn Menschen sind Menschen und bleiben Menschen. Und jeder Einzelne von uns ist ebenfalls ein Mensch und funktioniert ähnlich oder gleich den Menschen, die zu Zeiten des Dritten Reiches lebten. Pauschal zu behaupten dass „die damals" böse waren, und „wir heute" gut wären, ist lächerlich naiv und pauschal engstirnig gedacht. - Jedes Pauschalurteil ist falsch bis gefährlich.

Kurz noch ein Wort zum Dogmatismus der Christen: Merkwürdigerweise leugnen einige recht fundamental eingestellte Christen immer noch die Existenz der Evolution sowie ihre Aussagen. Sie behaupten steif und fest, Gott habe die Welt, die Lebewesen und die Menschen erschaffen, sie hätten sich nicht durch Zufall und Irrtum entwickelt. Anzuzweifeln, was in der Bibel steht, ist für diese Menschen ein Sakrileg.

Nun, tiefe Frömmigkeit und Religiosität sind an sich etwas Schönes, und daher soll diesen Leuten auch nichts abgesprochen werden, aber heutzutage erscheint es durchaus ein wenig kindisch, immer noch an primitiven Vorstellungen festzuhalten, nur weil sie den Stempel eines Dogmas tragen.

Früher glaubten die Leute auch, dass Donner und Wind und Wetter von Gott gesteuert würden. Und so gingen sie, auf dieser Basis durchaus logisch gedacht, davon aus, dass sie sich Gott wohl stimmen müssten und fingen an. zu seinen Ehren Tänze aufzuführen und allerhand zu opfern. Später kamen dann Forscher drauf, dass das Wetter eben nicht von Gott gemacht wird, sondern durch Mechanismen in der Atmosphäre entsteht. Irgendwann stieg dann das allgemeine Bewusstsein dieser Gottlosigkeit, und auch die Opfer wurden weniger.

Man sollte sich also damit abfinden, dass vieles in der Welt entstanden ist, und nicht alles immer nur von einem Gott gemacht sein muss. Gott wurde zurückgedrängt, weil wir dazu gelernt haben. Wie wir in den späteren Kapiteln noch sehen werden, muss dies dem Glauben deswegen noch lange nichts nehmen. „Glauben" und „Wissen" sind und bleiben zwei gänzlich unterschiedliche Dinge.

Vieles, wenn nicht fast alles in der Welt des Lebendigen lässt sich mit der Evolutionstheorie erklären. Es wäre ganz einfach naiv zu behaupten, dass die Evolutionstheorie falsch wäre, höchstens ist sie unvollständig. Unvollständig ist sie, da nicht alles, worauf sie als erklärende Theorie Anspruch legt, mit ihr erklärt werden kann. Sie alleine kann schwer erklären, warum ein Pfau einen so prächtig buschigen Schwanz hat, oder was für einen selektiven Vorteil es für ein Schnabeltier hat, einen Schnabel zu haben. Vielleicht um unter Enten nicht aufzufallen?
Daher ist es korrekt zu behaupten, dass die Evolutionstheorie in einigen Punkten unvollständig ist. Zusätzlich brauchen wir zum Beispiel Theorien wie die der egoistischen Gene, um irgendwann einmal vielleicht alle Phänomene erklären zu können.

An dieser Stelle ging es jedoch vorrangig nicht um die Diskussion der Evolutionstheorie selbst, als viel mehr darum, dem Leser zu verdeutlichen, wie eine Theorie funktioniert, welche Probleme es gibt und wie ein Umdenken stattfinden kann.

Abschluss dieses Kapitels

In diesem einleitenden Kapitel sollte versucht werden, einen losen Schwung durch mehrere wissenschaftliche und philosophische Geistesgebiete darzustellen. Es wurde versucht, die Frage zu beantworten, warum sich Philosophie und das Nachdenken im Allgemeinen für den Einzelnen und für die Gesamtheit lohnen. Es wurde versucht, darzustellen, was es mit Denkschemen und Paradigmen auf sich hat. Wir haben uns mit der grundsätzlichen Problematik von rotsehenden Fledermäusen beschäftigt und haben die allgemeine Definition von Wissenschaft und der wissenschaftlichen Methode kennen gelernt. Denkschemen sind mächtig und wir haben gesehen, dass wir unserer gewohnten Alltagserfahrung häufig nicht ohne weiteres trauen können. Außerdem war uns die Evolutionslehre ein Beispiel für eine wissenschaftliche Theorie, die zu einer tatsächlichen Änderung in der Gesellschaft führte.

Ich persönlich hoffe, dass es in diesem ersten Kapitel einigermaßen gelungen ist, zu verdeutlichen, was der Sinn dieses Buches sein soll. - Es geht darum, Denkschemen in Frage zu stellen, eigene Denkschemen weiter zu entwickeln und darum, neue Denkschemen hinzu zu gewinnen. Es geht um das Denken in wissenschaftlicher Weise.

An dieser Stelle möchte ich mit Nachdruck erwähnen, dass die nun folgenden Kapitel keinerlei Anspruch auf jedwede Art von Vollständigkeit haben. Ich habe nach einer relativ beliebigen Auswahl Punkte herausgegriffen, die in einer bestimmten Weise verdeutlichen sollen, wie man die Welt in wissenschaftlicher Weise verstehen kann. Es geht im Folgenden nicht um eine Aufzählung von Fakten und Wissen, sondern es geht darum, das Mystische zu entmystifizieren und darum, zu verdeutlichen, welche geistigen Werkzeuge es dazu gibt. Die nächsten Kapitel sollen zeigen, wie man in wissenschaftlicher Weise denken kann, denn es gibt so viele Möglichkeiten der Erkenntnis, einzig die Herangehensweise ist das Problem.

Im nun folgenden, nächsten Kapitel beschäftigen wir uns mit der sogenannten klassischen Philosophie. Zugegebenermaßen haben sich die Philosophen über die Jahrhunderte alle möglichen Dinge ausgedacht, wovon vieles absoluter Blödsinn ist, der für das alltägliche Leben so derartig unwichtig und überflüssig erscheint, wie etwa die Fähigkeit, alle Ameisen im Wald beim Vornahmen zu kennen. Jedoch gibt es im Bereich der klassischen Philosophie durchaus Sinnvolles und Wichtiges, das nicht zuletzt unser aller Leben geprägt hat und es noch heute mitbestimmt.

3 Klassische Philosophie

In diesem Kapitel geht es um die „klassische Philosophie", wie ich sie bezeichnen möchte. Mit dem Ausdruck „klassisch" sei der etablierte und zur allgemein sinnvoll erachteten Lehranschauung erhobene Teil des Gesamtgebiets „Philosophie" gemeint. Wir sehen in diesem Kapitel, was Philosophie eigentlich ist und wie ihre Definition lautet. Es gibt seit jeher Menschen, die sich über so vieles Gedanken machen, darüber, was man als Mensch tun soll und darüber, wie die Welt eigentlich prinzipiell funktionieren könnte. Über die Jahrhunderte haben sich aus all diesem Geistesgut einige Ideen etabliert und durchgesetzt. Ein paar der Wichtigsten und Brauchbarsten wollen wir uns in diesem Kapitel genauer ansehen. Es geht jedoch nicht darum, pures Allgemeinwissen zu vermitteln, sondern hier soll versucht werden, dem Leser das Wesen der Philosophie als wissenschaftliches Teilgebiet nahe zu bringen.

Schauen wir uns also zuerst einmal an, was Philosophie eigentlich ist, und wie ihre Definition lautet:

Definition

Wie bereits erwähnt, heißt Philosophie in der wörtlichen Übersetzung soviel wie „Liebe zur Weisheit". Es existiert jedoch keine klar abgegrenzte Definition. Genau genommen ist es so, dass schon allein die Definition darüber, was nun Philosophie denn nun eigentlich ist, ein umfangreiches Teilgebiet der Philosophie selbst darstellt. Eindrucksvoll ist außerdem, dass im „historischen Wörterbuch der Philosophie" die Erklärung des Begriffes Philosophie bereits um 1900 derart viele Spalten füllte, dass man sich entschloss, sie als eigenständiges Buch zu fassen.

Auch wenn nun eine Definition nur schwer möglich ist, so spricht man bei der Verwendung des Begriffes oft von relativ wenigen Teildisziplinen in verhältnismäßig ähnlicher Auslegung. Es gibt die Logik, die Ethik, die Metaphysik, die Erkenntnistheorie und die Wissenschaftstheorie. Eine Definition ist derart schwer zu formulieren, weil man davon ausgehen muss, dass schließlich fast jede Form des Denkens irgendwo unter Philosophie fällt. Dem Leser soll in diesem Rahmen nur kurz verdeutlicht werden, was man unter klassischer Philosophie versteht und wie sie funktioniert.

Was sind die Fragen, die uns antreiben? Was ist das ureigene Interesse der Menschen? Hat der Mensch nicht den angeborenen Drang das Unbekannte und die Widersprüche aufzudecken? Man kommt nicht umhin, trivialerweise zu behaupten, dass die Neugier eine dem Menschen zutiefst innewohnende Eigenschaft ist. Wir Menschen interessieren uns für das, was uns Widersprüche oder Lücken vermuten lässt.
Auch wenn der große Elfenbeinturm der Philosophie, die schier unendlichen Weiten des Spezialistentums der Wissenschaften und auch das alltägliche Leben selbst oft so kompliziert und unergründlich erscheinen, es sind grundsätzlich immer wieder die gleichen Fragen, die uns antreiben. Es sind Fragen, wie sie Kinder stellen. Fragen wie: „Wo gehen wir hin, wenn wir sterben?“, „Wo kommen wir her?“, „Wer hat das alles erschaffen?“, „Gibt es einen Anfang?“, „Und wenn, was geschah davor?“, „Warum fallen Steine nach unten und warum geht jeden Tag die Sonne auf?“, „Warum bin ich der, der ich bin, und was hat das alles für einen Sinn?“, „Wieso geschehen so viele schreckliche Dinge, wenn es einen Gott gibt?“, „Wieso gibt es einen Gott?“
Fragen dieser Art finden sich in allen Bereichen wieder, nicht nur in der Philosophie selbst. Es sind religiöse Fragen. Und es sind aus dem tautologischen Grund religiöse Fragen des Glaubens, eben weil wir Menschen dazu tendieren, uns solche Fragen zu stellen. Wir sind programmiert, religiös zu sein. Früher hatten die Menschen noch keine, oder nur eine unzureichend entwickelte Wissenschaft, um solche Fragen auch nur im Ansatz beantworten zu können. Heute sieht es damit schon ganz anders aus. Wissenschaftliche Theorien sagen sehr viel aus, und ihre Deutung nimmt keine andere Stelle ein, als es früher ausschließlich die Religion und der Glaube taten. Tautologisch bedeutet dies, dass Wissenschaft, durch ihre Hilfe Fragen dieser Art zu beantworten, in ihrem tiefsten Inneren ebenfalls einen religiösen Ansatz hat. Wo anfänglich nur der Glaube stand, entwickelte sich die die heutige Wissenschaft.

In diesem Kapitel zur klassischen Philosophie soll die zugrunde liegende Disziplin nahe gebracht werden. Es soll uns vor allem um die Frage gehen, was wir prinzipiell wissen können. - Grundsätzliche Fragen, wichtige Personen und ein paar Zusammenhänge sollen uns für den Rahmen und den Anspruch dieses Buchen ausreichend sein.

Logik

Natürlich gibt es auch bei der Logik wieder verschiedenste Definitionen. Jede dieser Definitionen ist unterschiedlich hilfreich und findet unterschiedliche Anwendungen. Jedoch gibt es eine bestimmte Definition, die mir persönlich besonders hilfreich erscheint, es ist die der sogenannten „klassischen Logik".

Man spricht also von „klassischer Logik", wenn folgende Bedingungen erfüllt sind:

1. Jede Aussage hat genau einen von zwei Wahrheitswerten. Diese werden als wahr und falsch bezeichnet. Man nennt das dann das „Bivalenzprinzip".
2. Der Wahrheitswert einer zusammengesetzten Aussage ist eindeutig durch wie Wahrheitswerte ihrer Teilaussagen und die Art der Zusammensetzung bestimmt. Dieses nennt man „Kompositionalität".

Was ich persönlich ebenfalls äußerst hilfreich finde, sind folgende Gesetze der sogenannten „kausalen Determiniertheit". Sie stammen von John Stuart Mill, einem englischen Philosophen und Ökonom der von 1806 bis 1873 lebte. Es gibt Dinge in der Natur, die man als „Parallelfälle" bezeichnet. Damit ist der Umstand gemeint, dass das, was sich ereignet, sich bei genügend hohem Ähnlichkeitsgrad der Umstände erneut ereignet. Die Gesetze lauten:

1. Bezeichnen wir etwas als Ursache, so muss es immer dann auftreten, wenn das Phänomen auftritt.

2. Bezeichnen wir etwas als Ursache, dann muss das Phänomen immer dann auftreten, wenn die vermutliche Ursache auftritt.
3. Bezeichnen wir etwas als Ursache, dann muss das Phänomen variieren, wenn die vermutliche Ursache variiert.
4. Weist das Phänomen, dessen Ursache bekannt ist, zusätzliche Eigenschaften auf, dann gibt es dafür zusätzliche Ursachen.

Der Vollständigkeit halber soll erwähnt werden, dass wir es hier mit einem Beispiel der sogenannten „formalen Logik" und zugleich mit einem Beispiel für die sogenannte „angewandte Logik" zu tun haben.

A	B	C
falsch	falsch	falsch
falsch	wahr	falsch
wahr	falsch	falsch
wahr	wahr	wahr

Die formale Logik ist ein Teilgebiet der Mathematik. Mit ihrer Hilfe kann man, wie mit der Mathematik selbst, die unterschiedlichsten, kompliziertesten und interessantesten Dinge anstellen. Beispielsweise kann man von der einfachsten Kombination zwischen den Zahlen Null und Eins durch einfache Regeln wie „und" oder „oder" zu komplexesten Aussagenkombinationen kommen. (In der Abbildung sieht man eine sogenannte „Wahrheitstabelle", die aus den Kombinationen zweier Aussagen ein Ergebnis festlegt. Die Kombination der Aussagen A und B anhand einer hier nicht aufgeführten Regel führt beispielsweise zum Ergebnis C.) Solche Kombinationen lassen sich dann in neuen Generationen und Systemen von Gesetzmäßigkeiten einteilen, in denen dann plötzlich ganz neue Zusammenhänge und Phänomene auftauchen. Da die Logik ein Teilgebiet der Mathematik ist, hat sie aufgrund dieser theoretischen Natur in den häufigsten Fällen nur recht wenig mit unserem praktischen Leben gemeinsam. Sicher lassen sich mit Hilfe der Erkenntnisse in der Logik Modelle erstellen, die beispielsweise helfen, mp3-Player und Bordsysteme von neuen PKWs zu konstruieren, aber im alltäglichen Leben, wie im Umgang mit unseren Mitmenschen oder dem Erziehen von Kindern, helfen uns das Lambda-Kalkül, die Stufenlogik, Wahrheitstabellen und semantische Bäume meist recht wenig.

Im alltäglichen Leben ist es gar nicht so einfach zu beschreiben, was denn nun logisch ist und was nicht. Oft gehen Sinn und damit auch die präzise Kommunikation wieder unter in einer allgemein schwammigen Definition der Begriffe im allgemeinen Sprachgebrauch. Im Alltag der menschlichen Sprache ist Logik hilfreich, jedoch bei Weitem nicht das Einzige, was kommuniziert wird. Ganz allgemein kann man sagen, dass Logik der Teil der Welt ist, der mit vernünftigem Schlussfolgern zu tun hat. Nicht mehr und auch nicht weniger.

In Büchern wie dem Duden heißt es, dass Logik die Theorie des Zusammenhangs vom Begriff, vom Urteil, vom Schluss und deren Anwendung ist. Sinngemäß steht also im Duden auch nichts weiter, als dass Logik alles ist, was irgendwie mit vernünftigem Schlussfolgern zu tun hat.
Natürlich ist damit auch diese Definition wiederum schwammig und wenig anwendbar. Genau aus dem Grund finde ich persönlich die Definition der klassischen Logik so wunderschön präzise und so leicht anwendbar. Ihr Nachteil ist jedoch, dass sie die komplexe Welt ebenso nicht zu beschreiben vermag. Sie kann unsere komplexe Umwelt nicht beschreiben, da sie nur funktioniert, solange wir Dinge miteinander kombinieren, die sich in klare und eindeutige Begrifflichkeiten fassen lassen.
Im Punkt 1 der oben aufgeführten Definition geht es um das Bivalenzprinzip. „Bivalent" heißt, dass alle möglichen Zustände sich auf die Zustände 1 und 0, die Zustände wahr und falsch reduzieren lassen. - Aber wie will man zum Beispiel einen menschlichen Gedanken oder etwas wie eine Emotion in solche Zustände fassen? Und selbst wenn dies theoretisch möglich wäre, selbst wenn es abbildbar wäre, dann wäre der Vorgang der Abbildung derartig komplex, dass man ihn niemals mit der Menschheit zur Verfügung stehenden Mitteln umsetzen könnte. Weiter hat eine solche Reduktion mit dem, was in unserem menschlichen Gehirn vorgeht, wenn wir das tun, was wir allgemein als „logisches Denken" bezeichnen, mit Sicherheit nur sehr wenig zu tun. Solche Betrachtungen sind also im praktischen Sinn unbrauchbar.

Es gibt da eine Form der Logik, die nun seit etwa 30 Jahren Einsatz findet. Diese Form der Logik ist recht ähnlich zu dem, wie unser menschlicher Geist denkt. Man spricht von der sogenannten „Fuzzy-Logik". „Fuzzy", aus dem Englischen, bedeutet so viel wie „verwaschen" oder „unscharf". - Eine unscharfe Logik also. So wie unser menschlicher Geist ja auch nicht in exakten Nullen und Einsen denkt. Da diese Art der Interpretation so ähnlich der Funktion unseres Geistes erscheint, wollen wir sie im Folgenden etwas genauer betrachten.

Fuzzy-Logik funktioniert in groben Zügen so: Man definiert mehrere Variablen, die das Endergebnis beeinflussen. Diesen Variablen ordnet man bestimmte Gewichtungen zu, je nachdem welche Relevanz sie für das Ergebnis besitzen sollen. Die Gewichtungen der unterschiedlichen Variablen kombiniert man dann untereinander entsprechend vorher definierter Regeln. Diese Kombination ergibt irgendein Resultat, ein Zwischenergebnis sozusagen. Für das Resultat definiert man wiederum, wie in der Abbildung zu erkennen, bestimmte Zonen. Je nachdem, wie das Resultat ausfällt, befindet es sich in einer bestimmten Zone. Dieser Zone wird ein Ergebnis zugeordnet. Diese einzelnen Zonen können sich überschneiden, so dass man als Endergebnis sozusagen ein bisschen vom einen Ergebnis, und ein bisschen vom anderen Ergebnis bekommt. Treibt man das Ganze auf die Spitze, so kann man Ergebnisse wieder als Variablen definieren und so eine sogenannte „Rückkoppelschleife" im Fuzzy-System bilden.

Graphisch sieht das dann als Beispiel in etwa so aus:

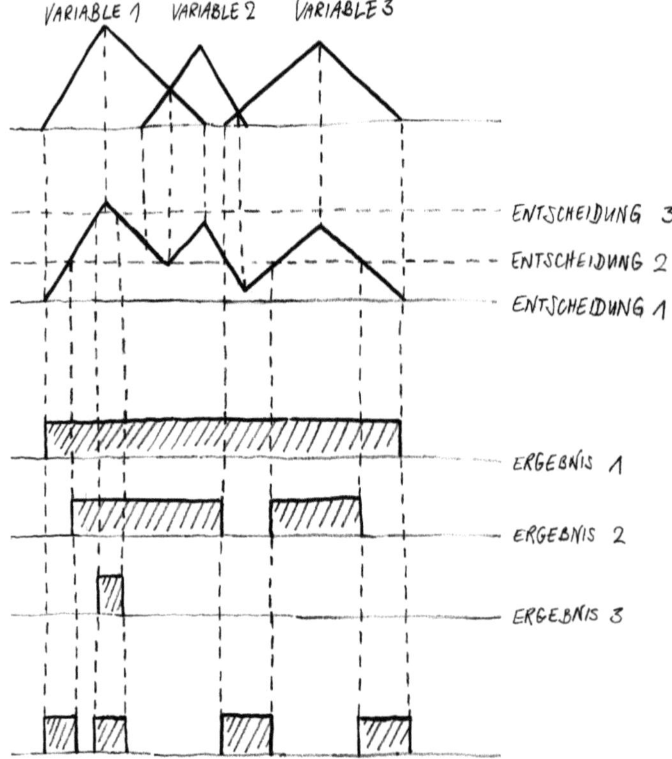

Fuzzy-Logik ist alles andere als eine theoretische Spielerei, sondern findet vor allem in der Regelungstechnik ihre praktische Anwendung. Ein großer Vorteil von solchen Fuzzy-Regelungen ist, dass man dank ihr nicht exakt alle Eigenschaften und Parameter des zu regelnden Systems kennen muss. Würden wir anstatt einer „unscharfen" Beschreibung eine rein mathematische und exakte Berechnung wählen, so wäre eine falsche Variable fatal, da ihre Auswirkungen in stark kausal abhängigen Systemen entsprechend zu falschen Ergebnissen führen. Bei einem Fuzzy-System ist das anders. Ein „bisschen mehr" von dem Einen ergibt ein „bisschen mehr" von dem Anderen, und im Grunde führt jegliche unscharfe Berechnung selten zu einer entweder/oder–

Entscheidung. Ein weiterer Vorteil ist, dass sich Fuzzy-Systeme sehr leicht justieren lassen. Und auch die Justierung ist leicht und sie ist auch ohne exakte Kenntnis der genauen Zusammenhänge im beschriebenen System möglich. Alles, was man tun muss, ist, einige Variablen anders zu gewichten und die Ergebnisgewichtungen und die Ergebniszonen entsprechend anders zu definieren. Führt man des Weiteren Rückkopplungen ein, so erhält man in der Regel ein System, das sehr stabil und solide funktioniert und im Prinzip immer gute Ergebnisse liefert.
Nicht unerwähnt soll bleiben, dass sich selbstverständlich mit genügend Aufwand jedes rein mathematische und exakte System in ein Fuzzy-System übersetzen lässt, was jedoch nicht Sinn der Sache ist.

Der Vergleich zu unserem menschlichen Gehirn ist einleuchtend. Wir Menschen denken ja nicht in komplexen, mathematisch exakten Regelkreisen, sondern wir sind beeinflusst von vielen, eher unscharfen und vagen Einflüssen. Uns wird langsam kalt, etwas fängt an uns aufzuregen, wir bekommen Hunger, und Gedanken und Überzeugungen sind nicht plötzlich von einer Sekunde auf die andere da, sondern sie entstehen binnen Minuten, Stunden und Tagen. Oft kollidieren Entscheidungsmöglichkeiten miteinander und müssen, abhängig von Gewichtungen ausschließend gegeneinander ausgewählt werden. So sind entsprechend menschliche „Fuzzy-Entscheidungen" Fragen wie zum Beispiel: „Gehe ich jetzt etwas essen oder mache ich diese Arbeit hier vorher noch fertig?", oder „Ziehe ich mir die Jacke jetzt schon an oder warte ich noch ein bisschen?" Solche Entscheidungen dauern relativ lange, es kann jedoch auch sehr viel schneller gehen, wenn wir zum Beispiel mit der Hand auf eine heiße Herdplatte tappen und erschreckt den ganzen Arm wieder zurückziehen.
Wie produziert aber nun unser Gehirn die „verwaschenen" Argumente, auf deren Grundlage es seine jeweilige Entscheidung trifft? Um dies zu verstehen, bedarf es an dieser Stelle eines Vorgriffs auf das später folgende Kapitel zur Psychologie und Neurologie. - Stellen wir uns die bereits angesprochenen Rückkopplungen in unserem Gehirn vor. Eine Rückkopplung ist nichts anderes als eine Verschaltung mit Hilfe derer ein innerer Zustand eines Systems zu einem von außen stammenden Einfluss „umdeklariert" wird. Nach dieser

Auffassung lassen wir Menschen uns also nicht nur von äußeren Umständen, sondern auch von inneren Zuständen beeinflussen. in der Tat sind es die Verschaltungen der innere Zustände, die uns so leistungsfähig in unseren Entscheidungen machen.
Wir Menschen wägen nicht nur direkt aus unserer Umwelt stammende Einflüsse gegeneinander ab, sondern was wir abwägen, ist stets eine Art innere Repräsentanz unserer äußeren Umwelt. Unser Gehirn generiert in unscharfer Weise ein inneres Abbild der äußeren Argumente und erzeugt somit eine Art „Gefühl". Weiter wägt es äußere Umstände mit seinen inneren, „unscharfen" Gefühlen gegeneinander ab. Dieses Abwägen geschieht alles andere als anhand von irgendwelchen Logikmatrizen in unserem Hinterkopf. Die Repräsentanzen und inneren Zustände sind stets unscharf. Die erzeugten Gefühle haben dann wiederum Einfluss auf die Gewichtungen der ursprünglichen Argumente selbst. Über diese „unscharfen" Mechanismen der emotionalen Bewertung kommen wir Menschen sehr schnell zu unseren Entscheidungen.
Wohlgemerkt ist an dieser Stelle mit dem Begriff „Entscheidung" nicht nur die abschließende Überlegung zu Dingen wie einem Bausparvertrag, einem Jobwechsel oder dem Entschluss, diese und nicht eine andere Frau zu heiraten, gemeint. Mit „Entscheidung" sind ebenso sehr kleine und wenig komplexe Aktionen, wie das Heben eines Arms, der Blick in Richtung eines lauten Geräusches oder wenn wir die Hand heben um uns durch die Haare zu streichen, gemeint. Uns selbstverständlich sind auch all unsere Urteile, die in ihrer Komplexität dazwischen liegen, mit einem Fuzzy-Modell beschreibbar. Wir drehen den Schlüssel im Haustürschloss, lesen ein Buch oder führen eine Unterhaltung mit einem Freund. Unser Geistesapparat funktioniert vollkommen auf der Basis von „unscharfen" Bewertungen und Entscheidungen.

Wir wollen es bei diesen Beschreibungen zur Logik vorerst belassen. Selbstverständlich gibt es in der universitären Disziplin der Logik noch sehr viel mehr zu sagen, sehr viel mehr Interessantes. Ein Logikprofessor wird sich noch im Grab umdrehen, wenn man ihm erzählt, dass in diesem Buch die Logik auf diesen paar Seiten einzig mit den Themen klassische Logik und Fuzzy-Logik abgehandelt wurde. Aber in diesem Rahmen sollte nur dargestellt werden, dass es die formale Logik gibt, welche die klaren Zustände beschreibt und diese in eindeutiger Weise auswertet, und dass es daneben noch einen ganz anderen und noch sehr jungen Ansatz, wobei Prinzipien der „verwaschenen" Entscheidungsfindung zum Einsatz kommen gibt. Diese Funktion der „verwaschenen" Entscheidungsfindung hat viel Ähnlichkeit mit der Arbeitsweise unseres menschlichen Geistes. Wie die Maschine, die unseren menschlichen Geist ausmacht, funktioniert, werden wir uns später noch genauer anschauen.

Ethik

Die Ethik ist eine weitere Disziplin der klassischen Logik. Mit Ethik ist meist etwas gemeint, das man mit dem Begriff „Moralphilosophie" beschreiben könnte. Ethik ist also die intellektuelle Lehre von der Moral. In der Ethik wird versucht, Fragen danach zu beantworten, an welchen Werten, Zielen und Zwecken die Menschen ihr Handeln orientieren sollen. Nach praktischer Auffassung sind dies die Fragen, was gut und was schlecht ist.
Wie betreibt man Philosophie im Bereich der Ethik? - Auch darüber haben sich Ethiker Gedanken gemacht und haben Grundsätzliches in den zahlreichen Abhandlungen aus diesem Bereich aufgeschrieben. So schreibt die Definition der Ethik vor, dass der Philosoph in diesem Teilgebiet Folgendes tut:

Er versucht den Geltungsbereich der jeweiligen Moral auf Wohlbegründetheit zu überprüfen. Dies ist wichtig, denn irgendeine Moral besteht ja schließlich immer. Wir Menschen haben bereits bei der Geburt schon ein großes Repertoire an Moral mit vererbt bekommen. Hinzu kommen all die gesellschaftlichen Konventionen sowie die gesamte Prägung durch Umfeld und Familie. Daher gelten in jeder Kultur bestimmte und oft gegeneinander unterschiedliche moralische Normen. Diese Normen kann man nun mit der philosophischen Frage nach dem „Warum" anzweifeln. Man muss sich als Philosoph also fragen, ob jede jeweilige Moralvorstellung überhaupt passend ist, oder ob sie eher unangemessen, oder sogar schlecht ist. Im Grunde tut man nicht recht viel mehr, als Kritik an dem zu üben, was schon vorhanden ist. Dies ist wichtig, denn nur wer das Bestehende immer und immer wieder in Zweifel stellt, wird sich entwickeln.

Weiter beschäftigt sich die Ethik damit, welche moralischen Vorschriften erteilt werden sollen. Es wird versucht, eine Art Bewertung dieser Vorschriften nach „wichtig“ und „weniger wichtig“ vorzunehmen. Sehr wichtige moralische Normen werden zu Gesetzen, deren Nichtbefolgen unter Strafe steht. Andere, weniger wichtige Normen verpflichten innerhalb einer Gesellschaft zur moralisch-anständig bedingten Einhaltung, können aber ohne weitere Konsequenzen auch umgangen werden. Zum Beispiel steht Stehlen unter Strafe, das Ärgern einer Katze jedoch nicht.

Für die Philosophen entscheidend ist das System, nach dem die Wertungen dieser moralischen Normen vorgenommen werden. So kann dieses System beispielsweise die Gesellschaft, die Psyche des Einzelnen, eine Dynamik der Massen, oder, trivialerweise, natürliche Einflüsse wie der Lebensraum eines Volkes sein.

Grundsätzlich sollen die Gedanken zur Ethik und deren Resultate zur Verbesserung des menschlichen Zusammenlebens beitragen. Das Ziel der Ethik ist es also, die Welt zu verbessern.

Metaphysik

Die Silbe „Meta“ stammt aus dem Griechischen und bedeutet so viel wie „zwischen“, „inmitten“, „später“ oder „nach“. Metaphysik ist also die Physik, die „nach“ der Physik kommt. Praktisch bedeutet dies, dass Metaphysik die Philosophie ist, die über der Physik liegt. Metaphysik beschäftigt sich mit den „letzten Fragen“ der sich durch die Erkenntnisse der Wissenschaft ergebenden Zusammenhänge.

Warum existiert das Universum? Wenn es einen Gott in einer physikalischen Welt gibt, was für Eigenschaften muss er dann zwingend haben? Was ist der Unterschied zwischen Geist und Materie? Gibt es einen freien Willen? Ist die Welt vorherbestimmt oder nicht? – All das sind Fragen der Metaphysik. Me-

taphysik und Naturphilosophie liegen folglich sehr nahe beieinander. Zur Wiederholung: Naturphilosophie ist diejenige Philosophie, die gelten muss, wenn die uns bekannten Erkenntnisse über die Natur, entsprechend unseren Wissenschaften, richtig sind.
Metaphysik ist und war schon immer ein wesentliches Teilgebiet der Philosophie. Man kann davon ausgehen, dass zu früheren Zeiten Metaphysik und Philosophie im Grunde dasselbe waren. Die Themen und Fragestellungen der Metaphysik entsprechen in jeden Fall zutiefst der menschlichen Skepsis, dem menschlichen Forscherdrang und unserem Wunsch, Sinn zu finden.
Problematisch ist die präzise Einordnung der Metaphysik in das Gebilde der modernen Philosophie, da ihre Disziplin sehr alt ist und sich ihre Bedeutung über die Jahre stark gewandelt hat, ihre klare Definition wurde verwaschen.

Zweifel als Urgrund aller Erkenntnis

Schon die alten Griechen wussten: „Zweifel ist der Urgrund aller Erkenntnis." Und ich kann nur nahelegen, diesen Satz einmal mehr auf sich wirken zu lassen. Obwohl sich diese Aussage so einfach anhört, sie bringt doch so vieles des Wesens des menschlichen Seins zum Ausdruck. Denn nur uns Menschen ist es möglich, in dieser ganz besonderen Art und Weise zu zweifeln. Nur wir Menschen haben die Fähigkeit zum höheren Verständnis von Sinn.
Ein Tier kann vielleicht unentschlossen, ja vielleicht, und in menschlichen Begriffen gedacht, sogar skeptisch sein. Aber Zweifeln kann es nicht. Ein Tier kann nicht alles in Frage stellen, und es kann nicht über das eigene Denken nachdenken. Jedoch wir Menschen können das.
Eng mit dem Begriff des „Zweifelns" ist die Frage nach dem „Warum" verbunden. - Warum ist das so? Warum stehe ich hier? Warum denke ich so, wie ich denke? Warum ist die Welt so, wie sie ist? Und warum ist die Welt nicht eine andere? Wenn das eine so ist, was bedeutete das dann für mich und alles andere?
Und was die alten Griechen noch erkannt hatten, war, dass ebenso wie das Zweifeln das Staunen der wichtige Antrieb für das philosophische Denken ist. Die Besonderheit ist, sagten sie, dass für den Philosoph gerade das Gewöhnli-

che und Selbstverständliche erstaunlich wird. Der Philosoph wundert sich darüber, dass die Dinge so sind, wie sie sind. Zweifel und Staunen gehören zusammen.
So war seit jeder der Anspruch der Philosophen, niemals aufzuhören, nach dem Warum zu fragen.

Die Fragen sind wichtiger als die Antworten

Merkwürdigerweise sind sich in diesem Punkt alle Philosophen einig. Sie alle behaupten, dass das Fragen wichtiger sei als die Antworten.
Was genau meinen Sie damit? Nun, an sich ist es ja schon interessant, dass wir Menschen überhaupt dazu in der Lage sind, Fragen zu stellen. Derjenige, der fragt, tut dies mit dem Zweck, eine Wissenslücke aufzufüllen. Derjenige, der fragt, formuliert eine Frage so, dass die Wissenslücke möglichst exakt angesprochen wird. Das bedeutet, dass sich derjenige, der fragt, seiner eigenen Wissenslücke bewusst ist. – Das Bewusstsein über Wissenslücken ist an sich schon eine bemerkenswerte Fähigkeit!
Relativ einfach ist dieses Bewusstsein zum Beispiel, wenn einem ein Wort wie etwa ein Name nicht einfällt. Auf die Frage „Wie heißt dieser Mann?" weiß man dann keine Antwort und ist sich der eigenen Wissenslücke bewusst. - Aber wie sieht es mit dem Bewusstsein über das Vorhandensein von Wissenslücken bei philosophischen Sachverhalten aus? Woher weiß man, dass eine Wissenslücke besteht, wenn man niemanden hat, der einen darauf hinweist? Wie kann man von sich selbst aus auf Wissenslücken schließen? Oder gibt es sogar Wissenslücken, die man prinzipiell gar nicht erkennen kann?
Es steckt also in einer Frage schon ein gehöriger Gehalt an Erkenntnis. Fragen ist folglich quasi so etwas wie implizites Wissen. Fragen implizieren eine Wissenslücke und eine etwaige Antwort. Sie implizieren, dass da irgendwo etwas sein muss, von dem man noch nichts weiß oder das man noch nicht ausreichendem Maße versteht.

Erkenntnis findet in einzelnen Informationseinheiten statt. Woher diese Informationseinheiten stammen, ist meist weitgehend unwichtig. Ob die Informationen aus Antworten oder aus Fragen stammen, ist daher Nebensache. Durch den impliziten Informationsgehalt einer Frage und durch Kombinationen anhand der Logik kann man also durchaus zu Erkenntnissen gelangen. Das mutet merkwürdig an, denn es bedeutet, dass man etwas erkennt, ohne eine Erklärung oder eine Antwort dafür zu haben. Man muss sich aber verdeutlichen, dass allein durch das Wissen, dass sich irgendwo eine Lücke befindet, vermieden werden kann, in diese Lücke zu tappen. Man hat also durch eine Frage zusätzliches Wissen erhalten.

Natürlich gibt es auch Antworten auf die Fragen. Mit den Antworten ist es aber immer so eine Sache, denn oft, und speziell bei philosophischen Fragen, kann man schwer behaupten, dass eine mögliche Antwort richtiger ist als alle anderen Antworten. Häufig lassen sich nämlich Fragen nicht eindeutig anhand der Logik beantworten. Meist kann man lediglich ein Gefühl dazu äußern oder eine Wahrscheinlichkeitsschätzung abgeben. Das eindeutige Verifizieren von Antworten gelingt in der Realität sowieso fast niemals.
Und so deutet anscheinend alles daraufhin, als wäre es, zumindest in der Philosophie, im Grunde wichtiger, die richtigen Fragen zu stellen, als sich mit der komplexen Beantwortung dieser Fragen selbst zu beschäftigen. Anscheinend ist es fruchtbarer, sich bewusst zu machen, dass man etwas noch nicht weiß, als jeweils immer Antworten parat zu haben.

Philosophie und der Glaube

Die ständige Suche nach Sinn ist eine der erstaunlichsten Kräfte, die uns Menschen motivieren. Das Bedürfnis nach Sinn ist ein tief verwurzeltes Grundbedürfnis des Menschen, ebenso wie wir Menschen ein Grundbedürfnis nach Nahrung, Sicherheit, sozialem Umfeld, Freiheit oder Selbstverwirklichung haben. Wir Menschen brauchen Sinn.
Seit den Anfängen der Philosophie hat man sich mit diesem Phänomen auseinander gesetzt. Warum brauchen wir Menschen einen Sinn in uns selbst, in allem, in unserer Umwelt und einen Sinn in unserer Orientierung? Leider ist es bisher niemandem gelungen, eine Antwort auf diese Frage zu liefern. Das

Verlangen nach Sinn scheint eine angeborene Eigenschaft zu sein die mit der Neugierde zu tun hat. Nun, Angeborenes, so haben wir es im Abschnitt zur Evolution gesehen, lässt sich immer durch irgendwelche Dynamiken der natürlichen Selektion erklären. Aber welchen Vorteil erzeugt es im Sinne der Evolution, wenn die Menschen ein angeborenes Streben nach Sinn haben? Vielleicht hat es etwas mit sozikultureller Integration, dem Bilden von Gruppen und deren Zusammenhalt zu tun, man kann es nicht genau sagen. Sicher ist nur, dass das Streben nach Sinn keine primäre Eigenschaft ist, so wie das etwa das Suchen nach Nahrung bei Hunger oder der Schutz vor Hitze oder Kälte ist.

Sinn zu erkennen bedeutet, eine Erklärung zu haben. Und wir Menschen schaffen uns Erklärungen. Da es niemanden gibt, den wir immer und überall fragen können, wenn wir etwas nicht wissen, bleibt uns nur die Möglichkeit uns selbst Erklärungen auszudenken. Und welch schönere Erklärung wäre denkbar, als dass alles und wirklich alles von einem großen und allmächtigen Schöpfer ausgedacht und erschaffen wurde? Alles würde dann Sinn machen, denn der Sinn wäre der Wille des Allmächtigen.

Und genau an diesem Sinn und genau dieser Erklärung haben sich zu allen Zeiten die Menschen festgehalten.

Früher haben sie das zum Teil deshalb getan, eben weil sie ja gar keine andere Wahl hatten. Es gab noch keine fein ausdifferenzierten Wissenschaften. Das Wetter am Himmel war beispielsweise ein Phänomen, das man sich nicht erklären konnte. Man wusste nichts über Sternensysteme und Planetenbahnen und deren physikalische Gesetze, die das Auftauchen und Verschwinden von Sonne und Mond am Himmel erklärt hätten. Ebenso hatte man nur bruchstückhaftes Wissen im Bereich der Medizin. So ging man auch bis ins Mittelalter davon aus, dass Feuer ein zentrales Element sei, und keine physikalisch-chemische Reaktion. Es gab schlichtweg noch keine klaren und exakten Erklärungen, dazu fehlten der kulturelle Hintergrund, die philosophischen Grundlagen, und es fehlten außerdem die wissenschaftlichen Methoden und deren technische Gerätschaften. Wenn Menschen also keine fundierte und klar wissenschaftlich durchdachte Erklärung haben, dann tendieren sie dazu, sich irgendeine Erklärung parat zu legen. Dummerweise ist es dann aber so, dass sie sich ab diesem Zeitpunkt in unveränderlicher Überzeugung an dieser irgendwie parat gelegten Erklärung festhalten. – Denn wer schon eine Erklärung hat, der braucht keine mehr.

Wir stellen uns ein Tal in der Urzeit der Menschheit vor. Das Tal hat ringsherum hohe und steile Felswände, und bisher gelang es noch niemandem, sie zu überwinden. In diesem Tal lebt abgeschlossen und für sich eine kleine Sippe von Menschen. Diese Menschen haben, so wie alle Menschen auch heute noch, eine Veranlagung hin zum Glauben. Wenn es regnet, dann glauben sie an den Regengott, ist es zu trocken, dann ist das der Zorn des Sonnengottes, der jeden Tag bei klarem Himmel einmal auftaucht und dann wieder verschwindet, um dem Gott der Nacht Platz zu machen. Neben den Göttern glauben sie an die unterschiedlichsten Geister in der Natur. Wenn zum Beispiel einer in der Sippe krank ist, dann werden diese Geister um Hilfe beschwört. Manche Pflanzen in diesem Tal haben heilende Wirkung, das haben sie deswegen, weil Geister in diesen Pflanzen wohnen. Der größte und mächtigste Herrscher über alle Geister ist Gott. Selbstverständlich ist Gott noch niemandem begegnet, denn Gott lebt hinter den Felswänden, außerhalb des Tals, dort, wo man nicht hingelangen kann. Alles außerhalb des Tals ist das Reich Gottes, und Menschen ist es verboten dorthin zu gehen. Gott ist an sich gut, aber ab und zu muss man irgendwas Absurdes tun, um ihn wohl zu stimmen. Man muss beten und vier Mal im Jahr ein Reh oder dergleichen als Opfer bringen. Früher, so sagt man, habe man sogar Kinder geopfert. Das liegt aber mittlerweile lange zurück, man ist ja schließlich schlauer geworden. Tiere als Opfer sind völlig ausreichend. Seitdem man nur noch Tiere opfert, hat sich nämlich auch nichts geändert. Irgendwann ist es dann soweit und es passiert, dass ein junger Jäger aus der Sippe im Tal auf die Idee kommt, Gott zu treffen. Dieser junge Mann ist von Geburt an sehr skeptisch und zweifelte eigentlich schon immer an allem. Ihm kommt die Sache mit dem Gott, der hinter den Felsen lebt, sehr unglaubwürdig vor. Irgendwann beschließt er, Gott empirisch zu überprüfen. Er will es wissen. Also macht er sich auf den Weg und schafft es sogar in einer Schneise die steilen Felsen zu überwinden und außerhalb des Tals zu gelangen. Und was er dort sieht, ist, dass dort kein Gott ist! Außerhalb des Tals sieht alles es im Prinzip genauso aus wie im Tal.

Der Jäger ist enttäuscht, geht zurück und berichtet seiner Sippe. Nach anfänglichem Entsetzen über die Blasphemie des Jägers, überhaupt Gott in Frage zu stellen, sehen alle irgendwann ein, dass die Überzeugung, Gott lebe außerhalb des Tals, wohl doch nicht ganz richtig gewesen sein konnte. Falls Gott existiert, dann jedenfalls nicht als körperliches Wesen, das außerhalb des Tals lebt.

Gott wurde also durch wissenschaftliches Vorgehen (empirisches Überprüfen) einen kleinen Schritt zurückgedrängt. Der Glaube, wie er war, ob nun gut oder schlecht, wurde geschmälert.
Wenn wir jetzt an dieser Stelle der Geschichte weiter denken, dann erkennen wir, dass eine Entwicklung besteht, dass das Zurückdrängen von Gott ein stetig fortschreitender Prozess sein muss. Irgendwann später verstanden die Leute dann (die schon längst nicht mehr in ihrem Tal lebten), dass es ebenso keinen Gott braucht, um Sonne, Mond und Sterne und deren Bewegungen zu erklären. Auch den Glauben an Geister und an die magischen Fähigkeiten von Pflanzen ließ man irgendwann sein. - Der Glaube an Gott war irgendwann nur noch dort zu finden, wo die Wissenschaft noch nicht hingelangt war. Irgendwann war es dann sogar soweit, dass Gott von der Vielzahl der praktischen Erklärungen zurückgedrängt worden war auf ein rein spirituelles Dasein.
Ab diesem Zeitpunkt konnte man nur noch zu einem fiktiven, heiligen Vater beten, den man sich zwar vorstellen konnte, bei dem man sich aber ebenso sicher sein konnte, dass er niemals praktisch in Erscheinung tritt. Manche Menschen bilden sich ein, ihn zu spüren, sie glauben an seine Macht. Aber was diese Macht genau tut, aktiv und produktiv, das kann niemand genau sagen. Alles, was man noch tun kann ist zu glauben. Beweisen kann man nichts, und man konnte es nie.

Bedeutungsproduzierende Wesen

Die Frage nach dem Warum ist, wie bereits mehrfach angesprochen, eine direkte Folge des menschlichen Bedürfnisses nach Sinn. Wir Menschen brauchen Sinn. Es liegt in unserer Natur, nach Sinn zu suchen und uns durch Nachdenken irgendeine Art von Sinn zu finden. Wenn Zweifel der Urgrund aller Erkenntnis ist, dann ist der Wunsch nach Sinn der Urgrund allen Zweifels. Das Verlangen nach Sinn und Bedeutung ist es, was uns Menschen zu dem macht, was wir sind. Wir suchen Erklärungen, um Sinn zu haben, was gleichbedeutend mit einer Art Streben nach mehr ist. Wir streben danach, mehr sein zu wollen als wir sind, weil wir Bedeutungen und Sinn und Zweck in allem, was wir sehen und in allem, was wir tun, brauchen.

Zu leben und zu handeln, uns für unsere Aufgaben zu motivieren und uns anzustrengen fällt uns leicht, wenn wir Sinn in dem erkennen, was wir tun. Erkennen wir keinen Sinn, so fällt es uns schwer, uns überhaupt zu bewegen. Sinn ist gleich höherer Motivation. Und nur die Überzeugung von Sinnhaftigkeit ist es, die die Menschen dazu bringt, großartige Dinge zu tun.

Interessant ist, dass die umfassende Sinnproblematik schon immer Thema der philosophischen Kritik war. Denn die Suche nach Sinn selbst erscheint philosophisch in vieler Hinsicht sinnlos zu sein. Bei logischer Betrachtung der Zusammenhänge des Sinns scheint man zu absurden Zusammenhängen zu kommen. Lassen Sie mich erklären, was damit gemeint ist:

Ein Stein, der irgendwo in einem Flussbett liegt, hat an sich keinen Sinn. Die bare Natur ist sinnfrei! - Erst der Mensch, der den Stein findet, ihn hochhebt und ihn betrachtet, produziert in seinem Gehirn und mit seinem Selbst den Sinn des Steins. Folglich ist einleuchtend, dass dieser Sinn dann auch nur im Geist dieses einen Menschen existiert! Sinn ist also nicht übertragbar. Ebenso ist Sinn etwas Flüchtiges, etwas nicht auf Dauer Haltbares und etwas, das sich verändert. Sinn existiert nicht durch sich selbst! Sinn muss von jedem Einzelnen von uns immer wieder aufs Neue für alles Betreffende neu erschaffen und erkannt werden.

Der Mensch ist ein bedeutungsproduzierendes Wesen! Und durch die Nichtübertragbarkeit der Bedeutung ist es klar, dass sie niemals außerhalb des einzelnen Menschen existieren kann. Ohne den einzelnen Menschen existiert folglich auch keine Bedeutung. Der Mensch ist es, der Bedeutung erschafft. Sinn existiert als Resultat nur dort, wo es Menschen gibt. Die Welt an sich hat keine Bedeutung, sie ist bedeutungsfrei. - Die Welt würde auch ohne den Menschen existieren.

Wen kümmert in 100.000 Jahren, ob wir heute gelebt haben? Wen kümmert in 100.000 Jahren, was der Papst bei seiner letzten Osterrede im vergangenen Jahr gesagt hat? Wen kümmert in 100.000 Jahren, ob unser Großvater im Krieg gestorben oder ob er den Folgen eines Hirnschlages erlegen ist? In 100.000 Jahren wird vermutlich auch niemanden mehr interessieren, ob das Haus des Nachbarn heute abgebrannt ist und seine Familie in Leid und Kummer gebracht hat. Wen kümmert in 100.000 Jahren, dass Sie heute dieses Buch lesen? – Es kümmert niemanden.

Und wenn es niemanden kümmert, ist es dann wirklich wichtig? Und wenn das schon in frage steht, was ist es denn dann, das wirklich wichtig ist? Wo liegt die grundsätzliche Bedeutung? Wo liegt die Bedeutung von allem? Wo liegt die universelle Bedeutung? Und worum geht es denn im Leben eigentlich, wenn wir schon nicht sagen können, was wirklich wichtig ist? Ist denn nicht alles einerlei, wenn es denn nichts wirklich Wichtiges gibt?

Dieses Erkennen der universellen Sinnlosigkeit ist der fundamentale Ausgangspunkt des Zynismus. Ein Zyniker ist jemand, der erkennt, dass seine fest gefasste Utopie nicht erreichbar ist und er ist jemand, der dabei konsequent resigniert. An dieser Stelle ist die Utopie das menschliche Wunschdenken nach einem universellen Sinn. Die Erkenntnis ist diejenige, dass es diesen Sinn nicht gibt, es folgt Resignation. Der Zyniker kann als Folge seiner Erkenntnis nichts mehr ernst nehmen und wird zum resignierten Humoristen. Allgemein anerkannte Wertvorstellungen der anderen werden ironisch-distanziert in Frage gestellt. Der Zyniker ist auf eine erschöpfend erkenntnisreiche Art in intellektueller Weise distanziert.

Die Idee des Zynismus scheint durchaus logisch gefolgert und überzeugend, jedoch unterliegt sie in der Realität einem Fehler. Der Fehler liegt in der Nichtbeachtung der subjektiven Ebene.
So streben wir Menschen zwar nach einem universell gültigen und ganzheitlich „richtigen" Sinn, dennoch findet unsere Existenz einzig und allein im Hier und Jetzt, in unserem Mikrokosmos statt. Was in 100.000 Jahren sein wird hat ebenso wenig direkten Einfluss auf unser heutiges Dasein wie das, was vor 100.000 Jahren geschehen ist. Wir Menschen leben hier und jetzt, und nur darauf sind wir programmiert, nur dafür sind wir geschaffen. All unsere geistige Ausrichtung nach Sinn findet folglich ebenso ausschließlich im Hier und Jetzt statt. Auf der Ebene des Einzelnen, und das ist die einzige Ebene, die zählt, gibt es nur einen wirklich gültigen Sinn, und der findet im Hier und Jetzt statt. Es ist irrelevant, über den Sinn in 100.000 oder über den Sinn vor 100.000 Jahren nachzudenken. Genauso, wie es überflüssig ist, darüber nachzudenken, was es mit dem Sinn auf sich hätte, wenn es gar keine Menschen geben würde. Denn wir Menschen produzieren den Sinn! Ohne uns Menschen würde es überhaupt keinen Sinn geben.
Weiter ist Sinn nicht von Mensch zu Mensch übertragbar, sondern muss von jedem Einzelnen neu geschaffen werden. Wir Menschen erschaffen, jeder für sich im Hier und Jetzt, unseren eigenen Sinn. Also ist es auch das Hier und Jetzt, das einzig und allein jeweils subjektive Bedeutung hat. Das Hier und Jetzt hat einzig und allein Bedeutung für den Einzelnen. Und die Bedeutung für den Einzelnen ist gleich der einzigen Bedeutung, die es überhaupt gibt. Einen universellen Sinn gibt es nicht.

Das Phänomen, dass verschiedene Menschen eine ähnliche Empfindung davon haben, was Sinn und Sinnhaftigkeit ist, liegt in der Tatsache begründet, dass wir Menschen untereinander alle ähnlich sind. Wir Menschen haben alle untereinander ähnliche Gehirne, mit denen wir die Welt in ähnlicher Weise wahrnehmen und sie in ähnlicher Weise interpretieren. So wie in der technischen Welt ähnliche Maschinen für ähnliche Dinge gut sind, und so wie ähnliche Maschinen ähnliche Dinge tun, so produzieren auch ähnliche Menschen mit ähnlichen Gehirnen ähnliche Varianten von Sinn. Wir Menschen, die wir alle ähnlich sind, produzieren ähnlichen Sinn, auch wenn dies jeder für sich im Einzelnen tut.

Menschliche Bedürfnisse

Um zu Beschreiben versucht die Wissenschaft immer in irgendeiner Weise Gruppen und Kategorien zu bilden. Manchmal in sinnvoller, manchmal in weniger sinnvoller Weise. Die Gruppen und Kategorien dienen immer dazu, die Vorkommnisse in unserer Umwelt zu ordnen, die entstehenden Teilordnungen beim Namen zu nennen, und anhand von diesem benannten System die zwischenmenschliche Kommunikation zu vereinfachen. Es ist leichter und effektiver, über Oberkategorien zu sprechen als nur über Beispiele.

Genauso hat es die Wissenschaft selbstverständlich auch bei den menschlichen Bedürfnissen getan. Es gibt unterschiedlichste Kategoriemodelle darüber, welche die grundlegenden Bedürfnisse des Menschen sein sollen. Die Modelle unterscheiden sich oft in ihren Aussagen sowie ihren Standpunkten oder auch in ihren Sichtweisen. Ich möchte dem Leser hier jeweils eine klassische, eine moderne und schließlich noch eine soziopsychologische Sichtweise präsentieren.

Maslows Bedürfnispyramide

Sehr bekannt ist die sogenannte maslow'sche Bedürfnispyramide. Abraham Maslow veröffentlichte sein Theorienmodell im Jahre 1958, was erkenntnisgeschichtlich im Bezug zur Größe seiner Einsicht ein sehr spätes Datum ist. Dies ist jedoch zu verstehen, wenn man sich vergegenwärtigt, dass die Psychologie als eigenständige Wissenschaft in der heutigen Form ihre eigentlichen Anfänge erst um die Zeit gegen Ende des neunzehnten Jahrhunderts hatte. (Dazu aber später mehr.)
Maslow ordnete alle menschlichen Bedürfnisse in Kategorien. Ihm viel die hierarchische Struktur ihrer Triebhaftigkeit auf, und so dachte er sich als graphische Anordnung eine Pyramide aus. Die untersten Bedürfnisse in dieser

Pyramide sind dabei die grundlegenderen und unumgänglicheren Bedürfnisse. Höhere Bedürfnisse werden nach Maslows Modell erst dann wichtig, wenn die darunter liegenden befriedigt sind. Folgend ist Maslows Pyramide abgebildet:

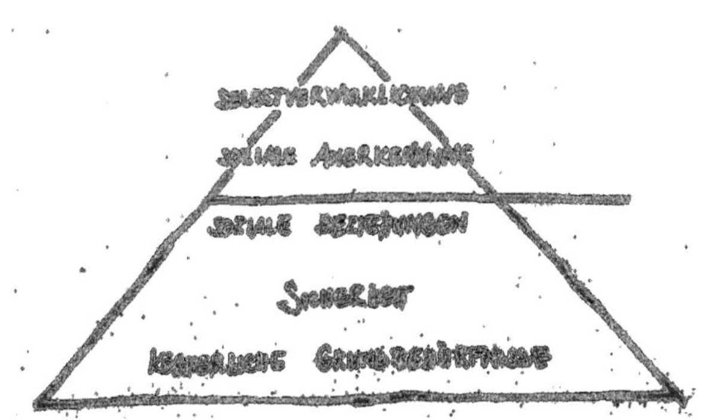

Hier die Erklärung der Begriffe in Stichpunkten:

Selbstverwirklichung - Individualität, Talententfaltung, Altruismus, Güte, Kunst, Philosophie und Glaube (Welterklärung und Leitlinien - Ethik).

Soziale Anerkennung - Status, Wohlstand, Geld, Macht, Karriere, sportliche Siege, Auszeichnungen, Statussymbole und Rangerfolge.

Soziale Beziehungen - Freundeskreis, Partnerschaft, Liebe, Nächstenliebe, Kommunikation und Fürsorge.

Sicherheit - Wohnung, fester Arbeitsplatz, Gesetze, Versicherungen, Gesundheit, Ordnung, Religion (Ritual und Handlungshilfen (Moral)) und Lebensplanung (vor allem Planung der Befriedigung körperlicher Grundbedürfnisse und auch Geburtenkontrolle))

Körperliche Grundbedürfnisse - Atmung, Wärme, Trinken, Essen, Schlaf und Sexualität

Maslow teilte seine Pyramide in eine weitere Unterteilung ein. (Das ist der horizontale Strich in der Mitte durch die Pyramide) Die untersten drei Bedürfnisse, nämlich die körperlichen Bedürfnisse, die Sicherheit und die sozialen Beziehungen, bezeichnet er als „Defizitbedürfnisse". Ohne die ausreichende Befriedigung dieser Bedürfnisse geht es einem Menschen entsprechend körperlich und seelisch schlecht. Auf der anderen Seite schwindet die Motivation, die unteren drei Bedürfnisse weiter zu befriedigen, sobald diese einmal hinreichend befriedigt sind. - Beispielsweise wird man nicht unbedingt weiter Wasser trinken, sobald man nicht mehr durstig ist.
Die oberen beiden Teile der Pyramide nannte Maslow die „Wachstumsbedürfnisse". Wachstumsbedürfnisse können niemals vollständig befriedigt werden, sie streben permanent nach Erfüllung! Beispielsweise malt ein begnadeter Künstler aus Gründen der Selbstverwirklichung, und er hört nicht damit auf, wenn er eine bestimmte Zahl an Bildern gemalt hat.

Jedoch hatte Maslow in seiner doch so schönen und populären Theorie mindestens einen Denkfehler. Laut den Folgerungen aus seinen Aussagen hätte ein Mensch dann kein Interesse mehr an Bildung und Kultur, solange er beispielsweise Hunger hat, denn laut der Theorie treten die oberen Bedürfnisse erst in Erscheinung, sobald die unteren hinreichend befriedigt sind. Das stimmt so mit Sicherheit nicht uneingeschränkt. Würde Maslows Pyramide immer exakt wie ein dem Menschen inneres Programm funktionieren, so würden alle Soldaten beim Auftauchen eines Hungergefühls jegliche Ehre und jegliche Motivation zum Kampf verlieren, und zwar genau so lange, bis sie wieder satt sind. Dies entspricht offensichtlich nicht der Realität.

Alles in allem ist Maslows Pyramide ein recht praktisches Modell. Und nicht zuletzt ist seine Theorie zu so hoher Bekanntheit gelangt, weil er der erste war, der diese Kategorien in der bekannten Art und Weise zu Papier gebracht und diese publik gemacht hat.

Der Vollständigkeit halber muss man an dieser Stelle dazu sagen, dass Maslows Bedürfnispyramide zwar die Theorie war, mit der er selbst zu großer Bekanntheit gelangte, beschäftigt hat sich Maslow aber Zeit seines Lebens mit

Theorien, die den Menschen in der Gesellschaft ein harmonisches Zusammenleben ermöglichen sollen. Maslows Anspruch war ein sehr viel höherer als lediglich die menschliche Natur einzuteilen. Leider wurde Maslow aber nicht durch sein Lebenswerk, sondern durch seine Pyramide bekannt. Der Grund dafür ist, dass die Pyramide sehr eingängig und praktisch ist, und wie alles, was eingängig und praktisch benutzbar ist, blieb auch seine Pyramide bei vielen Leuten im Gedächtnis haften. So gelangte Maslow zu Berühmtheit.

Bedürfnisse von Mitarbeitern in Unternehmen

Zu diesem Thema gibt es natürlich in der New-Age-Literatur eine ganze Menge. Ich habe dem Leser hier etwas herausgepickt, um zu verdeutlichen, um was es bei Literatur dieser Art eigentlich geht.

Immer ist es eine praktische Sache, Modelle für Probleme des täglichen Lebens zu haben, und da wir einen guten Teil unserer Zeit in der Arbeit verbringen und dort mikrosoziokulturelle Gesetze gelten, ist es auch praktisch, Modelle zum besseren Verständnis dieses Mikrosoziokosmos zur Verfügung zu haben. Das Geld wird nämlich in unseren Landen in Unternehmen verdient, und nirgends anders. Und wer für sich selbst Geld verdienen möchte, der ist schlau, wenn er sich vorrangig dort aufhält, wo Geld verdient wird. Die meisten Modelle und Ratschläge in der New-Age-Unternehmensliteratur sind nicht besonders hilfreich für die Unternehmen selbst oder die Menschen, die in ihnen arbeiten, wohl aber für die Leute, die vom Verkauf der Bücher mit diesen Pseudoweisheiten leben.

Die Lehre davon, wie Unternehmen funktionieren, wird als Betriebswirtschaftslehre bezeichnet. Und ein Teilbereich dieser Lehre (man kann sie auch als Wissenschaft bezeichnen) ist die psychologische Mitarbeiterführung. Da kann ein Modell einer Bedürfnispyramide recht hilfreich sein und sich als echter Verkaufsschlager in den Bücherregalen herausstellen. Die sogenannte „ERG-Theorie“, wie ich sie hier vorstellen möchte, ist ein solcher Verkaufsschlager. ERG heißt ausgeschrieben „Existence-Relatedness-Growth“. (Im Newage hat alles irgendeine Englische Abkürzung.)

In der Abbildung sieht man eine Einteilung in der ERG-Theorie in Pyramidenform. Wie in der maslow'schen Theorie gilt auch bei dieser Pyramideneinteilung, dass zuerst der untere Teil der Pyramide wichtig ist, und dann, erst später, der obere Teil.

Hier wieder die Erklärung der Begriffe:

Existenzbedürfnisse (Englisch: Existence Needs) sind zum Beispiel der Lohn, die soziale Absicherung oder die Gesundheit und eine angenehme körperliche Belastung.

Beziehungsbedürfnisse (Englisch: Relatedness Needs) sind die Zugehörigkeit zu einer Gruppe, soziale Anerkennung und Status, Vertrauen und Freundschaften unter Kollegen.

Wachstumsbedürfnisse (Growth Needs) sind die Spitze der Pyramide. Sie sind das Ego des Einzelnen, die Selbstverwirklichung, Macht und Kontrolle und die Entwicklung zu mehr. Alpha-Tierchen oder Möchtegern-Chefs im Großen oder die anspruchslose Selbstverwirklichung des kleinen Mannes.

Jetzt zur Bedienungsanleitung für diese Theorie:

1. Alles oben in der Pyramide wird erst wichtig für den Erwerbstätigen, wenn er alles unten in der Pyramide schon hat.
2. Wird irgendetwas aus der Pyramide nicht befriedigt, dann wird dieses Etwas dominant. Das heißt, der Erwerbstätige ist täglich und ständig nur noch fixiert auf dieses Eine und wird unzufrieden bis verärgert und frustriert bis zur inneren und äußeren Kündigung.
3. Passt etwas irgendwo in der Pyramide nicht, so werden bei vielen Erwerbstätigen wieder Stufen unter diesem Punkt in der Pyramide relevant und wichtig. Man spricht dann von Rückzug.
4. Anders herum kann ein anderer Typ von Erwerbstätigen versuchen, sein Defizit auf einer bestimmten Stufe dadurch zu kompensieren, indem er sich an höheren Stufen orientiert. (Meine Erfahrung hat gezeigt, dass solche Leute dann sehr schnell den Ruf eines Profilneurotikers haben, was schlecht ist. Wir sprechen auch von Egomanen, die typischen kleinen, aufdringlichen und wichtigtuerischen Männer.)

Nun, an dieser Stelle wollen wir es schon belassen. Sehr viel weiter möchte ich auf das Pyramidenthema an dieser Stelle nicht mehr eingehen. Für mich als Autor war wichtig, dem Leser Bedürfnispyramiden vorgestellt zu haben.

Die „5 Bedürfnisse"

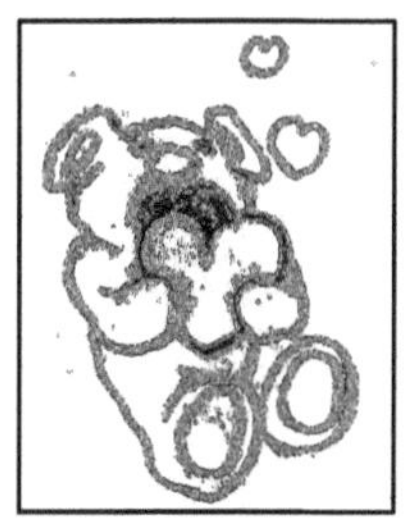

Es gibt noch eine sehr hilfreiche Theorie, die sich sehr gut zum Interpretieren von pragmatischer Sinnhaftigkeit eignet. Die Theorie trägt den Namen „5 Bedürfnisse" und es handelt sich um eine Theorie in Listenform, die beschreibt, was der Geist eines Menschen braucht, um sich wohl zu fühlen. Nach der maslow'schen Einteilung sind die 5 Bedürfnisse irgendwo sehr weit oben in der „Maslow-Pyramide" zu finden. Für uns als Menschen, die wir in einer durch Wohlstand, Luxus und Sicherheit beprägten Zeit leben, ist dies sehr passend. Jedoch sind sie etwas sehr Grundlegendes, das für uns Menschen alle gemeinsam gilt.

Beginnen wollen wir mit einem Negativbeispiel der menschlichen Sinnkrise. Das heute als „Midlife-Crisis" bezeichnete Phänomen beschreibt den Zustand, in den Menschen kommen, nachdem sie irgendwie ein Leben lang irgendetwas machen und dann plötzlich zu einem späteren Zeitpunkt da stehen und sich fragen, ob ihr Leben „ausreichend gut" war. Sie fragen sich, ob das, was bisher in ihrem Leben passiert ist wirklich schon alles gewesen sein soll. Sie fragen sich, ob es vielleicht anders besser gewesen wäre, ob es ihnen selbst vielleicht in anderer Weise besser entsprochen hätte, ob sie vielleicht etwas ganz anderes aus ihrem Leben hätten machen sollen. Sie fragen sich, ob sie etwas verpasst haben und ob die bisherige Lebenszeit vernünftig genutzt wurde. All diesen Menschen fehlt etwas, denn diese Menschen haben ein Leben lang nur „dahingewurstelt" und die meiste Zeit damit zugebracht, das zu tun, was alle tun. Durch „Wursteln" und fehlendes Denken und durch fehlende Initiative steuert man aber immer unweigerlich auf die Krise zu. Typischerweise gelangen nämlich zum Beispiel viele Frauen mit Ende 30 bis Mitte 40 zur Einsicht, dass sie ja eigentlich noch viel mehr von ihrem Leben zu erwarten hätten. Sie fühlen sich vom Leben (und von ihrem Mann) betrogen, denn sie scheinen etwas verpasst zu haben. Daraufhin melden sie sich dann zu einem alternativen Töpferkurs an, melden sich wirr bei irgendwelchen Seminaren an und denken, sie würden so ihr Leben verändern. Irgendwann steigt die Unzufriedenheit über die eigene Situation soweit an, dass sie beginnen, an ihrer Ehe zu zweifeln. Sie trennen sich, weil sie meinen, sie müssten ab jetzt frei sein, um tun zu können, was sie wollen. - Sie wussten gar nicht, wie gut sie es hatten. - Diese Idee ist unabhängig von der Entscheidung darüber, was sie tatsächlich tun wollen. Bei Männern läuft diese Midlife-Erscheinung in der Regel relativ ähnlich ab. Nur anstatt einem progressiven Botanikkurs und einem verführerischen Joga-Trainer in einem Damenfitnessstudio gehen sie mit ihrer Affäre vom Arbeitsplatz ins Bett. Männer haben im Allgemeinen nicht die Kraft, sich gleich von ihrer Familie zu trennen, sondern Männer wursteln irgendwie weiter, meist für immer.

Unterm Strich bleiben oft ein Leben in Scherben und der Unmut über die Situation, in der man gefangen ist. Und das alles nur, weil die Leute sich vorher keine tiefen Gedanken gemacht haben.

Und, weil sie sich nicht um ihre „5 Bedürfnisse“ gekümmert haben. Meiner Erfahrung nach sind in der Tat nur sie es, die einem Menschen lebenslange Erfüllung bieten können. Je mehr Punkte aus dieser Liste man für sich selbst erfüllt, und je intensiver man sie sich erfüllt, desto mehr Halt findet man in sich selbst und desto erfüllter lebt man das eigene Leben.

Hier die 5 Bedürfnisse:

1. Etwas Kreatives
2. Etwas Intellektuelles
3. Etwas Körperliches
4. Etwas Soziales
5. Etwas mit der Natur

1. Kreativ kann es sein, Bilder zu malen, zu singen, ein Instrument zu spielen oder zu schreiben. Die Kunst ist kreativ. Ebenso gut kann man sich aber einfacher kreativ betätigen, indem man zum Beispiel einen Garten gestaltet, daheim das Haus dekoriert oder sich beim Shoppen passende Sachen aussucht. Wichtig ist jedoch bei allen geistigen Tätigkeiten, dass es eine einfache, eher simple und primitive Spielart gibt und daneben immer auch noch eine höhere. Die Höhere ist verbunden mit Arbeit, mit Lernen, mit dem Erwerb einer Kunst. Bei der höheren Spielart kommt die Befriedigung nicht unmittelbar, nicht sofort, sondern sie stellt sich erst nach längerer Zeit ein. Jedoch ist diese Befriedigung dann etwas, worauf man stolz ist. Shoppen erzeugt hingegen keine nachhaltige Befriedigung. Wohl aber das Schreiben eines Buches. (...)

2. Alles, wozu man den Geist benutzen muss und wozu man sich konzentrieren muss, ist intellektuell und gibt uns eine Art intellektuelle Befriedigung. Das kann sehr vieles sein. Ein Rätselbuch und überhaupt das Lesen von Bü-

chern oder interessante Wissensmagazine im Fernsehen. Jedoch eben auch große intellektuelle Leistungen wie das Programmieren von Software oder das Absolvieren von schwierigen Studiengängen. Einige Leute haben intellektuelle Jobs, und diese Leute müssen sich um den intellektuellen Teil ihres Geistes keine Sorgen machen. Andere Menschen müssen sich in ihrer Freizeit intellektuell betätigen, um in diesem Bedürfnis Befriedigung und Erfüllung zu erlangen.

3. Mit „körperlich" ist Bewegung gemeint. Sport, Wandern, Laufen, Radfahren. Jeder weiß, wie gut man sich fühlt, wenn man einen ganzen Tag im Freien verbracht hat und dass es schön ist sich draußen zu bewegen. Jeder weiß, wie gut eine einfache Mahlzeit schmeckt, wenn man sich vorher körperlich angestrengt hat. Auch hier ist es wichtig, auf die Nachhaltigkeit Acht zu geben. Ich kann mich mit dem sogenannten „Funsport" beschäftigen und einfach nur ein bißchen „Fun" haben, oder ich kann dagegen an einem sportlichen Projekt arbeiten. Funsport ist keine Selbstverwirklichung. Wohl aber das Projekt, eine Alpenüberquerung mit dem Mountainbike fahren zu können oder einen Marathonlauf nach einem speziellen Trainingsprogramm durchzustehen.

4. Der Punkt „Etwas Soziales" meint ganz allgemein jegliche Interaktion mit anderen Menschen. Im Speziellen ist damit gemeint, sich um andere Menschen zu kümmern. Menschen sind nicht dazu geschaffen, alleine zu sein! Menschen brauchen den Umgang mit anderen Menschen. Um es mit den Worten eines großen brasilianischen Schriftstellers zu sagen: „Ein halbes Butterbrot schmeckt immer noch besser als ein ganzes alleine."
Neben der reinen „Gemeinsamkeit" kommt es jedoch auch wesentlich auf die emotionale Qualität der Interaktion an. Der Begriff „Qualität" bedeutet hier zum einen das gegenseitige Vertrauen, zum anderen die emotionale Anteilnahme. Erst wenn beides herrscht, kann man von wirklicher menschlicher Kommunikation sprechen. In der wahren und guten Form von menschlicher Kommunikation tauschen wir nicht schlicht Informationen über bewusste und unterschwellige Kanäle aus, sondern wir tun etwas ganz anderes: Wir geben unserem Gegenüber etwas. Wir unterstützen unser Gegenüber und

stärken es damit. – In der Tat wäre die ganze Welt ein sehr viel besserer Ort, wenn die Menschen sich dieses Detail bewusst machen würden. Wahre Kommunikation bedeutet, dem anderen Menschen etwas zu geben! – „Etwas Soziales" bedeutet also, anderen Menschen etwas zu geben.
Selbstverständlich existieren auch in diesem Punkt Steigerungen. Vom reinen Spaß haben beim Gespräch mit Leuten in einer Bar bis zum sozialen Engagement in einem Amt, in einem gemeinnützigen Verein, bis dahin, unserer Jugend etwas beizubringen. Wichtig ist jedoch immer der direkte und wahre Kontakt mit Menschen. Es kann aber auch viel einfacher sein. Erfüllt wird dieses Bedürfnis bei (fast) jedem Menschen, der Kinder hat. - Hier zeigt sich einer der wahren Gründe. Etwas Soziales ist zutiefst in uns verwurzelt und ohne werden wir leere Hüllen und verlieren unseren Sinn und unseren Antrieb im ganzen Leben. Kinder sind in diesem Sinne das Sozialste überhaupt. Und nicht nur daher sind sie so wichtig. Die Familie ist der soziale Auffangpunkt des Einzelnen.

5. Die Natur findet man draußen. Jeder weiß, dass es sich gut anfühlt wenn man einen Spaziergang durch den Park oder den Wald macht. Draußen zu sein tut der Seele gut. Intensiviert wird das Ganze durch körperliche Aktivität wie etwa beim Wandern, beim Skifahren, Mountainbikern oder beim Surfen. Man findet die Natur im Garten oder beim Arbeiten mit Pflanzen. Zimmerpflanzen erst machen jede Wohnung wohnlich. – Natur ist jedoch mehr. Natur ist die Stille, die frische Luft, der weite Blick und die Mystik eines Berggipfels. – Menschen, die in Städten mit all ihrer Hektik, dem Lärm und der künstlichen Umgeben zu viel Zeit verbringen, werden krank oder zumindest verändern sie sich zu ihrem Nachteil.

Die „5 Bedürfnisse" geben dem Menschen den Halt, um sich frei zu machen von all den so schnell schwankenden Umständen in unserer hektischen Zeit. Menschen, die nichts haben, die es noch nicht geschafft haben, einen dieser Bereiche für sich selbst zu finden, kippen bei der kleinsten Krise. Nachhaltige Betätigung in mindestens einem dieser Punkte ermöglicht es uns, auch in Krisen etwas zu haben, das uns Kraft gibt. Verliert man seine Ehefrau oder seinen Job mit dem damit verbundenen sozialem Status, wird man gedemütigt oder versagt man in einer Situation – man kann immer in einem dieser 5 Bereiche Kraft tanken und hat so Möglichkeit weiter zu machen.

Und es geht auch noch weiter. Denn wer sich einmal fragt, worum es im Leben wirklich geht, wie der persönliche Erfolg wirklich definiert werden muss, der kommt bei der kapitalistischen Grundeinstellung unserer Zeit in diesem Punkt ziemlich schnell in eine Sackgasse. Der moderne Zeitgeist sagt uns nicht, worum es im Leben wirklich geht. Und er sagt uns auch nicht, was wir tun müssen, um glücklich zu sein.
Wenn man über die „5 Bedürfnisse" nachdenkt, so erkennt man die für das persönliche Glück fundamentalen Betätigungsfelder. – Es fühlt sich ganz einfach gut an sich in einem dieser 5 Bereiche zu betätigen. Sozialarbeiter, Künstler, Hochleistungssportler – Diese Leute tun das, was sie tun, nicht des Geldes wegen. Sie tun es, weil es ihnen dabei gut geht. Ein Künstler würde, auch wenn er nebenher noch einem anderen Beruf nachgehen würde, niemals aufhören, seine Bilder zu malen, ein Sportler würde immer Sport treiben und ein sozial eingestellter Mensch würde sich immer sozial engagieren. Manchen Leuten ist es konsequent gelungen, ihre Berufung zum Beruf zu machen. Sie haben es geschafft, von dem Leben zu können, was sie wirklich erfüllt. Diese Menschen sind, wenn man es so will, die wahren Erfolgreichen.

Meiner Meinung nach sind es genau diese 5 Bereiche, um die es im Leben geht. Man muss sich selbst gut kennen und täglich neu herausfinden, was einem entspricht. Und dann geht es darum, das, was man wirklich will, nicht nur zu wollen, sondern es auch zu tun. Denn es besteht ein großer Unterschied dazwischen, Dinge zu wollen und Dinge zu tun!

Sind Sie der Meinung, dass es einem Bankangestellten wirklich Spaß und Freude bereitet, wenn er jeden Tag seine Nummern in seinen Computer tippt? Denken Sie, dass es einem modernen Manager mit seinem dunklen Anzug mit Krawatte, Mobiltelefon, Notebook, einem Flugticket in der Hand und all seinem Stress wirklich gut geht? Und ich spreche von wahrem Spaß, wirklicher Freude und tatsächlicher Erfüllung. Mit Telefonen, Computern und Zahlen und Nummern?

Kommen wir aber nun zum nächsten Abschnitt, zur Geschichte der Philosophie. Keine Angst, wir werden hier keinen Geschichtsunterricht abhalten. – Jedoch sind die philosophischen Ideen immer eng verbunden mit historischen Begebenheiten in bestimmten geschichtlichen Zeitabschnitten. Ebenso sind philosophische Ideen immer eng verbunden mit den Menschen, die sie maßgeblich bekannt gemacht haben. Diese Punkte sind unzertrennlich, und das bedeutet, dass, wenn man über Philosophie spricht, man nicht um zeitliche Entwicklungen, Chronologie und ein wenig Geschichte herum kommt. Fangen wir also ganz zu Beginn an und definieren wir, was ein Universalgelehrter ist:

Universalgelehrte und Wissenschaftler

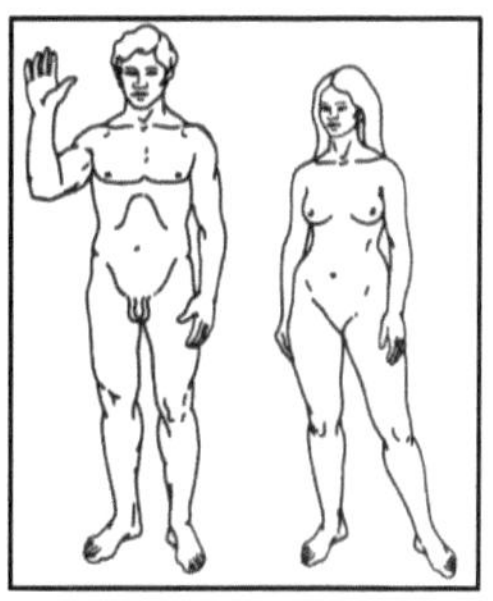

Irgendwann muss ja alles einmal angefangen haben. Und so fing die Geschichte der Philosophie, so wie wir sie kennen, etwa 400 Jahre vor Christi Geburt an. Sie begann mit Namen wie Sokrates, Platon, Aristoteles und mit vielen anderen alten Griechen. Aber selbstverständlich ging es mit der Philosophie in Wirklichkeit schon sehr viel früher los. Denn, wie wir gesehen haben, sind der Drang nach Wissen, das Streben nach Wahrheit und Erscheinungen wie Zweifel zutiefst menschliche Eigenschaften.

Das bedeutet, dass, sobald Menschen anwesend sind, diese auch einen Drang nach Wissen, das dem Zweifel entsprechende Streben sich zu verbessern mitbringen. Dieses Streben impliziert natürlich Nachdenken, und Nachdenken ist in diesem Sinn nichts anderes als Philosophie. Es gab sie also schon immer, und es wird sie so lange geben, wie es auf dieser Welt Menschen ge-

ben wird. Laut den Archäologen gibt es Menschen unserer Art seit circa 170.000 Jahren, so alt ist wohl auch die Philosophie.
In der Zeit der ersten Philosophen waren die einzelnen Disziplinen der Wissenschaft noch nicht voneinander getrennt. Philosophie war das Gleiche wie Physik (Metaphysik) und keiner unterschied zwischen Chemie (später Alchemie) oder Biologie oder was auch immer. Man wusste einfach noch zu wenig, um unterscheiden zu müssen. So waren alle ersten Wissenschaftler auch gleichzeitig Philosophen und entsprechend umgekehrt.
Ein Universalgelehrter betreibt Philosophie, er weiß etwas über Mechanik, er spielt mit mathematischen Gleichungen und katalogisiert Schmetterlinge gleichermaßen, wie er versucht, chemische Reaktionen zu erklären. Der wohl eindrucksvollste unter den in der Geschichte bekannten Universalgelehrten war Leonardo da Vinci. Er war zusätzlich ein sehr begabter und fleißiger Maler. (Nur zur Info und zum Auffrischen: Von Leonardo da Vinci stammen „Das Letzte Abendmahl" und die „Mona Lisa".) Neben dem Malen verbrachte er viel Zeit mit Studien des menschlichen Körpers, und, entsprechend seiner ingenieursmäßigen Veranlagung damit, irgendwelche mechanischen Maschinen zu konstruieren. Von der Flugmaschine bis zur Wasserpumpe war alles dabei. Da Vinci war ein wahrer Universalgelehrter.

In der heutigen Zeit ist unser Wissen in jedem kleinsten Teilgebiet so umfangreich geworden, dass es unmöglich für den Einzelnen ist, überall ein Spezialist sein zu können. Es ist allein schon unmöglich, aus allen Teilbereichen auch nur ein bisschen etwas zu wissen. Wir leben in der Zeit des Spezialistentums. Es gibt in der heutigen Zeit Leute, die beschäftigen sich beispielsweise Jahre ihres Lebens einzig und allein nur damit, das Encephalon, eine kleine und auffällige Struktur im Gehirn des Zebrafisches auf Stammzellen zu erforschen. Diese Leute wissen nach einiger Zeit natürlich über das Encephalon ziemlich genau Bescheid, aber es kommt selten vor, dass sie auch noch nebenher Flugzeuge konstruieren und so perfekte und eindrucksvolle Bilder malen, dass die Menschheit sie noch in 500 Jahren in Museen ausstellt.

Fangen wir aber am Anfang an. Im antiken Griechenland. Mit den Philosophen Sokrates und Platon.

Sokrates

Sokrates war und ist einer der wichtigsten abendländischen Philosophen überhaupt. Wie fast all jene ersten, einflussreichen Denker lebte er im antiken Griechenland (geboren 469 vor Christus, gestorben 399 vor Christus).

Sokrates erbte als Sohn wohlhabender Eltern ein kleines Vermögen und war dementsprechend unabhängig und konnte so seinen intellektuellen Vorlieben ungehindert nachgehen. Nachdem er in noch sehr jungen Jahren das berühmte Orakel von Delphi zu seiner eigenen Person befragt haben soll, erhielt er, laut Überlieferung die Antwort, dass es „auf der Welt keinen Weiseren als Sokrates gäbe". Mit dieser bescheidenen Erkenntnis (und dennoch einigen Zweifeln) ging Sokrates seinen Weg als Philosoph bis zum bitteren Ende.

Die Machthaber des antiken Griechenlands und die Stadthalter von Athen waren mit dem Endprodukt von Sokrates' Philosophie und den Lehren, die er entsprechend verbreitete, alles andere als einverstanden. So kam es schlussendlich zur Hinrichtung von Sokrates durch den wohlbekannten „Schierlingsbecher". Der Schierlingsbecher ist ein Becher voll Gift, den der Hinzurichtende selbst austrinken muss. Sokrates tat dies, ohne seinen Überzeugungen abzuschwören und verstarb am Gift des Bechers inmitten seiner wichtigsten Schüler. Unter den Schülern befand sich unter anderen der spätere Philosoph Platon (siehe nachfolgender Abschnitt).

Im antiken Griechenland (in dem die Demokratie erfunden wurde) waren der zwischenmenschliche Dialog und die Rhetorik ein sehr geschätztes Werkzeug des staatlichen Zusammenlebens sowie das Mittel schlechthin, um im Gespräch mit Frage und Antwort Erkenntnisse zu gewinnen und Fehler in den Überlegungen auszumerzen. So erscheint es nur logisch, dass auch in Sokrates' Philosophie der Dialog einen wesentlichen Bestandteil ausmacht. Sokrates kritisierte vor allem die Anhänger der damals mächtigsten philosophischen Schule, den sogenannten „Sophisten". Sophisten waren im damaligen Griechenland Lehrer, die im Umherziehen Philosophie, Staatskunde, Literatur und vor allem Rhetorik im Hinblick auf den praktischen Nutzen unterrichteten. Laut den Sophisten gibt es keine absolute Wahrheit. Wahrheit muss immer im Dialog in der Gesellschaft gefunden werden und ist damit relativ. - Ganz anderer Meinung war Sokrates in seiner Überzeugung. Er war fest davon überzeugt, dass die Wahrheit mit der Vernunft zu finden sei, und dass sie eben nicht relativ wäre. Die Wahrheit existiert und müsse nur gefunden werden. - Wer von beiden Recht hat, die Sophisten oder Sokrates, ist eine andere Frage. Sokrates jedenfalls glaubtes, dass die richtige Erkenntnis zum richtigen Handeln führe, und dass, nur wer das Richtige tue, zum „richtigen Menschen" werden würde. Wenn ein Mensch falsch handelt, dann tut er das aus Sokrates' Sicht nur deswegen, weil er es nicht besser weiß. Deshalb, so Sokrates' Schlussfolgerung, sei es so wichtig, das Wissen ständig zu vermehren.

Sokrates kritisierte in anhaltender Beständigkeit die landläufigen Ansichten, und er tat dies öffentlich. Wie schon immer macht man sich mit der Kritik der allgemeinen Meinung wenig Freunde. Des Weiteren führte er seine Dialoge und Streitgespräche mit Vorliebe mit einflussreichen Griechen auf den großen Plätzen, den „Agora" der Stadt Athen. So kam es, dass er durch seine Lehren und sein öffentliches Auftreten viele Nachfolger, aber ebenso viele Feinde bekam. Schlussendlich kam es zur Hinrichtung.

Platon

Platon war, wie bereits erwähnt, ebenfalls ein Philosoph im antiken Griechenland. Er lebte zur Zeit von Sokrates von 427 vor Christus bis 347 vor Christus in Athen.

Platon hätte als Sohn einflussreicher Eltern in der Politik Karriere machen können, jedoch erlebte er die Hinrichtung Sokrates und änderte daraufhin sein Leben von rein weltlichen hin zu intellektuellen und philosophischen Inhalten. Ebenso wie so viele Menschen, die einen Wandel in ihrem Leben durchmachen, ging Platon auf Rei-

sen. Er besuchte für einige Zeit einige Orte in Italien, und als er zurückkehrte, gründete er eine Schule für Philosophie. Es war die sogenannte „Akademie“, welche die erste der großen Athener Philosophieschulen war.
Wie schon bei Sokrates war bei Platon der Dialog eines der wichtigsten Erkenntniswerkzeuge. Man unterhielt sich, stellte Thesen auf, widerlegte diese, diskutierte sie und kam so zu neuen Erkenntnissen. In seiner Lehre beschreibt Platon sehr genau, wie ein solcher Dialog ablaufen soll, um möglichst gute Ergebnisse zu erzielen. Vor allem ethische Fragen wurden im antiken Griechenland gern diskutiert.

Von Platon wurde die sogenannte „Ideenlehre“ begründet und ausformuliert. Die Ideenlehre ist auf den ersten Blick eine eher romantisch anmutende Theorie. Der Zugang zu ihr ist nicht ohne Weiteres möglich. Und ebenso wie so viele ältere und wenig wissenschaftliche Theorien ist sie darüber hinaus sehr spirituell.
In der Ideenlehre ist die sichtbare (und uns damit zugängliche) Welt nur das Abbild einer übergeordneten und unsichtbaren Welt der „Ideen“. Eine Idee ist immer die perfekte, die reine und die schöne Grundform eines Dings. Die Formen in unserer beobachtbaren Welt sind daher nur Abbildungen der Ideen. Ideen sind direkt, also nicht für uns zugänglich, und wir können (wie gleich weiter unten im so bekannten „Höhlengleichnis“) nur indirekt auf sie schließen.
Sehen wir zum Beispiel einen Apfel, dann ist dieser Apfel nur das Abbild der perfekten, reinen und über alle Maße schönen Idee des Apfels schlechthin. Alle Äpfel in unserer realen Welt ähneln sich daher. Sie ähneln sich, weil sie immer Abbild der perfekten Apfelidee sind.
Nun sind nach Platon auch Ideen hierarchisch angeordnet. So gibt es Ideen von Ideen. Wie genau das laut Platon funktioniert, soll für uns in diesem Rahmen nebensächlich bleiben, wichtig ist jedoch, dass es für ihn eine übergeordnete Idee der Ideen geben soll. Diese Idee ist die reine und schöne und gute Idee, die allen anderen Ideen und damit auch unserer realen Welt die Form gibt.
Nach Platon geht es dem Philosophen also darum, eben diese Ideen in möglichst reiner Form zu erkennen und zu verstehen. Das soll laut Platon das

sein, was der Philosoph tut. Der Philosoph soll die Welt verstehen und durch Kenntnis und Verständnis der Ideen die für die Menschen besten Entscheidungen treffen.

Zur Verdeutlichung wollen wir als nächstes Platons „Höhlengleichnis" betrachten. Das Höhlengleichnis ist ein sehr schönes Beispiel dafür, wie einfach Philosophie sein kann, und wie leicht es ist, durch sie unsere Sicht der Welt zu verändern. Ich persönlich erzähle gern vor allem Kindern die „Geschichte vom Höhlengleichnis" und höre dann immer wieder erstaunliche weitere Gedankengänge.

Das Höhlengleichnis funktioniert so: Man stelle sich vor, ein Mensch lebe in einer Höhle. Weiter habe dieser Mensch in seinem ganzen Leben die Höhle noch niemals verlassen und noch niemals die Welt draußen betreten. In seiner Höhle gibt es einen Eingang, durch den Licht aus der Welt von außen hereinfällt. Dieses Licht fällt auf eine Wand und wirft Schatten. Die Schatten stammen von draußen, von außerhalb der Höhle. Oft steht der Höhlenbewohner vor diesen hellen und dunklen Flecken an der Wand und betrachtet die sich bewegenden Schatten, die von der Welt draußen erzeugt werden. Der Höhlenbewohner macht sich Gedanken darüber, was sie wohl bedeuten. Durch detaillierte und logische Interpretation der Schatten kann er unter Umständen darauf schließen, von welchen Gegenständen von außerhalb der Höhle die Schatten stammen, und auch darauf, wie diese Gegenstände aussehen und wie sie funktionieren. Sicher sein kann er sich jedoch niemals, denn die eigentlichen Gegenstände hat er noch niemals gesehen. Eines Tages, so die Utopie, schafft der Höhlenbewohner es, aus der Höhle herauszuklettern und die Welt draußen in all ihren Details direkt zu betrachten. - Das wäre dann im Sinne der Ideenlehre die direkte Erkenntnis der Ideen selbst.

Als großer Philosoph seiner Zeit beschäftigte sich Platon noch mit politischer Philosophie. Der Vollständigkeit halber möchte ich noch sehr kurz darauf eingehen. Platon erfand eine detaillierte politische und gesellschaftstheoretische Utopie. Darin forderte er als Ideal zum Beispiel einen „gerechten“ Staat, in dem jedem Bürger die am besten zu ihm passende Aufgabe zugeteilt wird. Dann, so meinte Platon, würde jeder Bürger am glücklichsten sein können. Der politische Teil von Platons Philosophie ist aus heutiger Sicht teils totalitär bis rassistisch. Platon forderte eine Einteilung der Bürger in Klassen. Diese Klassen sollten den „Ordnungen der Seele“ entsprechen. Ganz unten stehen die nieder entwickelten Seelen, ganz oben die intellektuelle Elite. Der Begriff „Philosophenkönig“ stammt von Platon. Die weisesten und intelligentesten Denker sollten demnach die Oberbefehlshaber im Staat sein. Also entweder sollten Philosophen Könige werden oder die Könige sollten Philosophen werden. Platon folgt so der Grundidee, dass die Vernunft als solche der natürliche Herrscher sei.

Aus heutiger Sicht wissen wir, dass solche staatlichen Utopien nicht einmal in Ansätzen umsetzbar und gleichermaßen gefährlich sind.

Erkenntnistheorie

Unter Erkenntnistheorie versteht man generell alles, das sich mit dem beschäftigt, was man prinzipiell wissen kann. - „Was können wir wissen?“ - Wer dieses Buch bis hierher aufmerksam gelesen hat, dem sollte an dieser Stelle die Vermutung nahe liegen, dass das, was wir allgemein als gegeben ansehen, eben sehr oft sehr wohl massiv in Frage stehen kann.

Zum Beispiel ist es, wie bereits angedeutet, so, dass wir Menschen keine Sinnesorgane für Röntgenstrahlung besitzen und unsere gewohnte Wahrnehmung der Welt entsprechend „röntgenstrahlungsfrei“ ist. Erst technische Hilfsmittel erlauben uns, unsere Wahrnehmung indirekt zu erweitern. Wenn man diesen Zusammenhang auf die Ebene des Geistigen anwendet, dann muss man davon ausgehen, dass, wenn unser Gehirn für bestimmte Zusammenhänge einfach zu dumm ist, wir prinzipiell manche Strukturen nicht verstehen und wahrscheinlich auch gar nicht erst erkennen können. Für diesen Teil der Welt wären wir blind. – Leider wissen wir aber nichts über das, das wir prinzipiell nicht wissen können, und so ist jegliche Diskussion über die Beschaffenheit des Nichterfahrbaren überflüssig. - Und da wären wir wieder

bei der bekannten Aussage, dass die Fragen oft wichtiger sind als die Antworten.
Erkenntnistheorie ist die Theorie davon, was uns zugänglich ist. Und dabei bedeutet „zugänglich" zugänglich in prinzipieller sowie in realer Weise. Dieser Unterschied ist wichtig, denn wir strukturieren in unserem Denken unsere Welt durch unsere Wahrnehmung. Das, was wir wissen, strukturiert unsere Wahrnehmung, bevor wir es tatsächlich wahrnehmen! - Und genau aus diesem Grund ist es von so übergreifender Bedeutung die Wahrnehmung durch Wissen zu erweitern.

Kennen wir den Aufbau und die Funktionsweise sowie Stärken und Tücken unserer menschlichen Wahrnehmung, so können wir damit die Güte unserer Erkenntnisse besser beurteilen. Ähnlich wie bei einem Messgerät können wir Messungen besser beurteilen, wenn wir über die Funktionsweise des Messgeräts Bescheid wissen. Fehler und Fehlinterpretationen lassen sich nur so vermeiden, und prinzipiellen Fehlern ist meist nur mit theoretischen Überlegungen beizukommen.

Wir können uns prinzipiell nicht vorstellen, wie eine Fledermaus die Farbe Rot sieht. Und genauso kann es ja auch sein, dass es in der Welt da draußen noch viele uns verschlossene Bereiche gibt, die wir ganz einfach prinzipiell nicht erkennen können. Denn wir sind ganz einfach nicht dazu geschaffen, die uns verschlossenen Bereiche zu erkennen.

Das Tragische bei der Existenz von Lücken ist immer wieder der folgende Zusammenhang: Das, wovon wir nichts merken, wird uns niemals auffallen! - Bemerken wir etwas nicht, dann wird uns eventuell niemals bewusst werden, dass wir etwas nicht bemerkt haben! Das ist die prinzipielle Tragik der Erkenntnistheorie.

Und eben durch tiefgehende Fragen wie diese gelangt die Erkenntnistheorie zu einer Disziplin innerhalb der klassischen Philosophie, die durchaus gesellschaftlichen und kulturellen Einfluss auch außerhalb des elitären Elfenbeinturms hat. Der Grund liegt unter anderem darin, dass Erkenntnistheoretiker immer schon fächerübergreifend in die Diskussionen der unterschiedlichste Geistesdisziplinen beteiligt waren. Ob Religion, Rechtssprechung, staatliche Organisation, Umwelt, Wissenschaftstheorie oder sonstiges. Erkenntnistheoretiker erhoben immer gern den Anspruch, sich um alles kümmern zu dürfen.

Sprengkraft entfaltete die Erkenntnistheorie wiederholt dort, wo Institutionen sich auf „Gewissheiten" gründeten. Gewissheiten sind Dogmen, und Dogmen sind zum Beispiel die Resultate von Offenbarungen. Offenbarungen kommen immer von hoher Instanz, meist von Gott. Gewissheiten werden nicht angezweifelt, weil sie „gewiss" sind.
Und wo könnte man Gewissheiten besser verwenden als in totalitären Regimen? Totalitäre Regime versuchten, ihre Etablierung zu halten, indem sie Gewissheiten verbreiteten. Menschen versuchten zu allen Zeiten, ihre Macht über die Massen durch Gewissheiten aufrecht zu erhalten.
Sokrates hatte eine Schule gegründet, die grundlegende Gewissheiten hinterfragte. Sokrates wurde zum Tode verurteilt und die Anklage lautete auf Jugendgefährdung. Er hatte im herrschenden Regime von Macht und Gewissheiten ganz einfach die falschen Fragen gestellt. Er hatte erkenntnistheoretisch die Gewissheiten des Regimes in Frage gestellt.

An dieser Stelle könnte man die Erkenntnistheorie als eine Art kritische, „aufklärerische" Instanz auffassen, denn die Erkenntnistheorie prüft Gewissheiten.
Jedoch ist zu erwähnen, dass auch die Erkenntnistheorie selbst Überzeugungen generiert, um diese dann als Wissen und Gewissheiten auszuweisen. Das Hinterfragen führt also zu neuen Gewissheiten, die dann wiederum, gleich ob wahr oder falsch, als gegeben akzeptiert werden können. - Diktaturen wie der Nationalsozialismus oder der Stalinismus setzten ihr Grenzen, doch beriefen gerade sie sich auf Behauptungen, die allein mit Erkenntnistheorie gedeckt sein wollten.

Die Erkenntnistheorie erlaubt Brüche mit gewachsenen Vorstellungen der Religion und der Moral, und weiter erlaubt sie es, traditionelle Sicherheiten als blanken Aberglauben zu behandeln. Der heilige Augustinus (siehe später im Kapitel zur Religion) und die Kirchenväter integrierten die erkenntnistheoretischen Auseinandersetzungen der Antike in eine größere theologische Diskussion. In der Neuzeit dagegen übernahm eine allein erkenntnistheoretische Diskussion die zentralen Fragestellungen der Theologie. Die Rangordnung und der Stellenwert hatten sich also umgekehrt. Die Philosophie begründete im 18. und 19. Jahrhundert plötzlich Rechts- und Staatssysteme, wo bislang die Theologie die weltliche Macht legitimiert hatte. Weiter mischten sich im späten 19. und frühen 20. Jahrhundert Mathematiker und Naturwissenschaftler mit großem Einfluss in die erkenntnistheoretische Debatte mit ein. Die Erkenntnistheorie war in großem Maße zur wissenschaftlichen Disziplin geworden. Alle Beteiligten hegten jedoch immer das gemeinsame Ziel die Welt zu verstehen und die alten Fragen nach dem Sinn, nach dem Warum und nach dem Zweck zu beantworten.

Kommen wir als Nächstes zu ein paar der wohl bekanntesten Erkenntnistheoretikern in der Geschichte des Abendlandes.

René Descartes

Descartes war ein französischer Philosoph, Mathematiker und Naturwissenschaftler. Geboren im Jahr 1596 in Frankreich lebte er ab seinem 35sten Lebensjahr in den Niederlanden. Descartes gilt als der erste systematische Denker der Neuzeit. Der Satz „Ich denke, also bin ich." stammt von Descartes. - „cogito ergo sum" – Das heißt Descartes bezieht alles Sein des Menschen auf die Selbstgewissheit und Selbstsicherheit im menschlichen Denken. Für Descartes waren die beiden Entitäten Körper und Geist fundamental und axiomatisch gegebene Dinge und standen in ihrer Wesentlichkeit außer Zweifel.

Neben philosophischen Überlegungen dieser Art formulierte Descartes die ersten Erhaltungssätze der Physik überhaupt.

Descartes gilt als Rationalist. Auf das, was ein Rationalist ist und welche geschichtliche Bedeutung der Rationalismus darstellt, wollen wir an dieser Stelle nicht weiter eingehen. Wichtig ist hier nur, dass sich diese Denkströmung entgegen den in ihrer Zeit herrschenden theologisch-dogmatischen Ansichten stellte. Die Behauptung „Cogito ergo sum" galt zu Zeiten Descartes als ein Sakrileg.

Menschen „funktionieren" laut Descartes mit Nervensträngen in einer Welt, die vollkommen mathematisch ist. – In solch einer Welt bleibt laut Descartes' Philosophie kein Platz mehr für die Beweiskraft von theologischen Autoritäten, denn schon das Denken allein, als logische Begründung des Seins, lies eine sinnvolle Begründung für alles Sein zu. Gott musste man als einer universellen, logischen Konsistenz folgend annehmen. Gott, auch wenn er das höchste und vollkommenste Wesen überhaupt darstellt, müsste dieser universellen, logischen Konsistenz folgen. Die Konsistenz selbst ist göttlich, da vollkommen.

Descartes folgerte aus diesem Zusammenhang, dass, wenn die Vollkommenheit existiert und Gott per Definition das höchste Wesen sei, so müsste Gott zwingend existieren, denn seine Nichtexistenz würde Unvollkommenheit bedeuten. - Gott ist die Vollkommenheit, und seine Nichtexistenz wäre nicht vollkommen. Würde Gott nicht existieren, wäre er nicht vollkommen. Mit seiner Definition war unvereinbar, dass Gott nicht existiert.

Thomas Hobbes

In Thomas Hobbes' (geboren 1588, gestorben 1679) Schriften geht es immer wieder um die „Verderbtheit" des Menschen. Hobbes beschäftigte sich fast ausschließlich mit der Frage, warum so vieles in der Welt so unvollkommen ist und warum es so verbreitet ist, dass Menschen leiden und dass Menschen so verwerfliche Dinge tun. Hobbes versuchte zu verstehen und zu erklären, warum die Welt so schlecht ist, wie sie ist. - Hobbes war ein negativer Mensch. Sein Hauptwerk aus dem Jahr 1651 trägt den Namen „Leviathan".

Hobbes ging vom Folgenden aus: Wir Menschen sind unfrei, unser Wille ist unfrei, wir unterliegen den Wirkungen unserer Triebe. Alle Menschen wollen immer alles und das immer sofort, und deswegen herrscht ständig ein Kampf, in dem alle gegen alle kämpfen. Der schlaue Spruch: „homo homini lupus" stammt von Hobbes. Er bedeutet: Der Mensch ist des Menschen Wolf. – Wir Menschen sind also Tiere, denen man nicht zu viele Rechte (eigentlich gar keine) geben dürfe, da wir uns sonst gegenseitig auffressen würden. - Laut Hobbes müsse deshalb alle Macht beim Staat liegen, da das gemeine Volk nur aus unfähigen Wölfen besteht. Im anderen Fall würden sich die Menschen ihrer materiellen Existenz bewusst und würden versuchen, diese mit allen Mitteln zu verteidigen.

Für Hobbes war klar, dass der Grund für den ganzen Schlamassel in der heutigen Welt die biblische „Erbsünde" ist. Adam und Eva hielten sich nicht an das, was ihnen Gott aufgetragen hatte, aßen den Apfel und fingen an sich zu schämen, und darunter leiden die Wölfe selbst heute noch.

Die so schlechte heutige Welt sei aber laut Hobbes die beste aller möglichen Welten. - Dies müsse so sein, da Gott ja offenbarterweise vollkommen ist. Und, wie wir schon von Descartes her wissen, kann Vollkommenes nur Vollkommenes erschaffen. – Das ist der theologische Zirkelschluss. – Deswegen müsse die Welt, so wie sie ist, die beste Welt sein, die es geben kann.

Baruch de Spinoza

Spinoza (geboren 1632, gestorben 1677 in den Niederlanden) glaubte nicht an den „Dualismus". Der Dualismus ist, grob gesprochen, die Annahme einer grundsätzlichen Zweigeteiltheit der Welt. So lassen sich in der Welt quasi prinzipiell immer gegensätzliche Paare bilden. Zum Beispiel gut und böse, Himmel und Hölle, Mann und Frau, hell und dunkel oder auch Materie und Geist. Die Aufteilung in Materie und Geist ist wohl der bezeichnendste Diskussionspunkt innerhalb des Dualismus überhaupt. (Zur Problem des Dualismus, und zum besseren Verständnis der Aussagen Spinozas, siehe Kapitel 5, Abschnitt „Dualismus und das Leib-Seele-Problem".)

Spinoza glaubte nicht an den Dualismus, also auch nicht daran, dass der Geist und der Körper ganz verschiedenartig seien. (siehe Kapitel 5) Spinoza glaubte vielmehr, dass alles in der Welt eine Ausprägung Gottes alleiniger Herrlichkeit sei, alles also einem göttlichen Sinn folge. Spinoza meinte, dass alles dasselbe sein müsse, denn, um bei zwei dualistischen Erscheinungen wirklich von zwei getrennten Entitäten sprechen zu können, dürften diese beiden keine überschneidenden Eigenschaften besitzen. Eine Substanz (so nannte er Entitäten), die in der Realität bestehe, müsse im selben Moment gleichermaßen für sich selbst bestehen können. Benötigte sie eine andere Substanz, um zu existieren, verletzte sie ihre Definition als isolierbare Substanz. Eine wahre Substanz könne keine andere Substanz hervorbringen, denn diese wäre dann ja nicht mehr unabhängig. Substanzen müssen ungeschaffen existieren, um Substanzen zu sein. Substanzen müssen daher unendlich existent sein. Zwei verschiedene Substanzen, Gott und Natur, eine Schöpfende und eine von dieser Macht Geschaffene, könnten nach diesen Prämissen nicht bestehen. Spinoza sagte „Deus sive Natura" - „entweder Gott oder die Natur".

Spinoza war also so etwas wie ein theologischer „Monist", denn das einheitliche Gegenteil des Dualismus wird als „Monismus" bezeichnet.

Gottfried Wilhelm Leibniz

Leibniz (lebte von 1646 bis 1716, deutscher Philosoph und Mathematiker) und Spinoza kannten sich und beeinflussten sich gegenseitig. Auch Leibniz argumentierte nach Spinozas Überzeugungen des Monismus. Auch in Leibniz' Philosophie sind die gesamte Materie und die zugrunde liegenden Regeln der Existenz ebenfalls eine Einheit. Die Welt sei von Gott aus dem Nichts erschaffen, und, nach den gleichen Ideen wie bei Hobbes, ist sie die beste aller möglichen Welten. Für das komplette Universum gilt das ebenso.

Ein wenig spannender sind Leibniz rein erkenntnistheoretischen Ideen: Wenn alles eine Einheit ist, und alles die Vollkommenheit Gottes widerspiegelt, dann müsste prinzipiell die Erkenntnis ebenso vollkommen sein! - Offensichtlich ist sie dies aber nicht. - Mathematik, Logik und Kausalität gelten überall gleichermaßen und spiegeln diese Vollkommenheit wieder, jedoch können wir Menschen diese nicht in ihrer Gesamtheit nutzen, da unsere menschliche Wahrnehmung körperlich-technisch beschränkt ist. Laut Leibniz' Überlegungen ist der Grund dafür, dass wir Menschen in unserer räumlichen Ausdehnung nämlich nur einen räumlich begrenzten Zugang zu einem Teil der Vollkommenheit einer monistischen Welt besitzen. Mathematik und Kausalität gelten überall gleichermaßen, nur nutzbar sind sie nicht in ihrer Gesamtheit, da wir Menschen körperlich beschränkt sind.

Leibniz formulierte bereits früh in seinem Leben die sogenannten „Maxime der Verstandesmäßigkeit": - „Jeder Mensch besitzt Fähigkeiten zur vernünftigen Lebensführung." – Eine Grundannahme, ein Postulat, auf dem in der Zeit der Aufklärung weiter aufgebaut wird. – „Wenn Religion und Vernunft übereinstimmen würden, so entstünde eine wahrhafte Religion." – so Leibniz.
Es waren also wieder einmal die Glaubensfragen, die die tiefe Motivation für das Philosophieren auslösten. Leibniz versuchte Zeit seines Lebens eine Mög-

lichkeit einer Zusammenführung der Religion und der Vernunft zu finden. Religion, also eine Lehre der Menschlichkeit an sich, müsste implizieren, dass alle Einflüsse den Menschen verderben können, und dass nur die echte Vernunft unbedingt heilsam sei. Aber, so Leibniz, an der Vernunft werde erst dann kein Zweifel mehr haften, wenn sie sich überall gleich klar und gewiss, entsprechend der Klarheit in der Mathematik, erweisen könne. Der Mathematiker Leibniz war Pythagoras' Auffassung folgend davon überzeugt, dass sich in den Zahlen und in der Logik die tiefsten Geheimnisse des Universums verbergen würden. Das heißt, wenn man Vernunft mit Zahlen ausdrücken könnte, wäre Fragen die die Folgenden widerlegt: „Woher weißt du, dass deine Vernunft besser ist als meine?", „Welches Kriterium hast du für die Wahrheit?", „Was ist wahr, was ist falsch?", „Woran erkennen wir die Wahrheit, wenn wir sie vor uns haben?" – Leibniz glaubte an eine logisch-mathematische Konsistenz.

John Locke

Den Philosophen John Locke (1632–1704) stellen wir uns am besten als „Den Mann mit dem Mikroskop" vor. - Damit kann man ihn zumindest gut im Gedächtnis behalten.

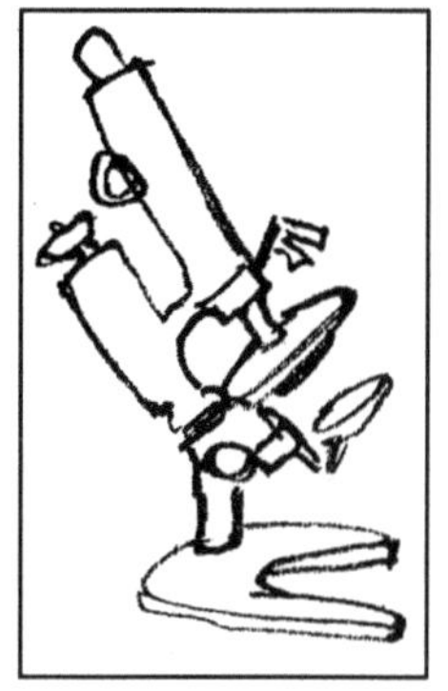

Beginnen wir mit einem von ihm stammenden Zitat: „Das ist es, was Mikroskope uns klar zeigen: Dinge, die für das bloße Auge eine bestimmte Farbe haben, geben bei größerer Sinnensschärfe ein ganz anderes Bild von sich [...] die Verschmelzung verschiedenfarbiger kleiner Teile eines Objekts in unserer normalen Sicht schafft von den selben Dingen ganz abweichende Farbeindrücke..." Locke, Essay (1690), II.xxiii,§.11

Weiter bemerkte er: „Unser Verständnis kann so wenig beurteilen, wie es zustande kommt, wie das Auge einen Blick auf seine eigene Sicht werfen kann." – Das alte erkenntnistheoretische Paradoxon. - Kann man die Welt, aus der man selbst entstanden, ist überhaupt prinzipiell in ihrer Gesamtheit verstehen? – John Locke zog seiner Zeit den Verdacht der Obrigkeit auf Atheismus auf sich.

Laut Locke ist uns Menschen wenig oder überhaupt keine Erkenntnis angeboren. Wenn wir auf die Welt kommen, dann haben wir keine Ahnung von den „Ideen" Gottes oder der Welt selbst. Denn ansonsten, so Locke, müssten die Menschen nämlich weltweit dieselben Vorstellungen von Gott, der Materie oder von Dingen wie Gut und Böse teilen. Dies ist, laut Locke, offensichtlich nicht der Fall.

Locke war überzeugt, dass wir Menschen die Welt mit unseren geistigen Fähigkeiten erkennen, und zwar jeder für sich selbst in seinem eigenen, kollektiven Umfeld. Die Grundvoraussetzung dafür ist, dass unser Geist in der Lage ist, Mathematik und Kausalität zu begreifen, denn daraus leiten wir unsere subjektiven Regeln ab. Es sei uns demnach so klar wie „die Winkelsumme im Dreieck", dass das Bewusstsein nicht von der Materie produziert sein könne, nachdem wir schließlich auch dann Bilder im Bewusstsein „sehen" können, wenn ihnen gerade nichts Materielles entspricht. – Locke war also Dualist. - Das Bewusstsein müsse ewig und ungeschöpft existieren, da es die Materie nicht benötige. – Die daraus resultierende Überzeugung ist die Unsterblichkeit der Seele.

Locke beschäftigte sich bereits lange Zeit vor Leuten, wie beispielsweise Wittgenstein im zwanzigsten Jahrhundert, mit der Philosophie der Sprache und ihrer sprachlichen Logik. Für Locke war es von fundamentaler Bedeutung, wie die Formulierung von Erkenntnis abläuft. Er fand heraus, dass die Formulierung erhebliche Rückwirkung auf die Erkenntnis selbst hat. Er war der erste, der niederschrieb, dass unser Denken nicht hart strukturiert, sonder eher assoziativ und in Verkettungen von Ideen abläuft. Locke rief dazu auf, das menschliche Bewusstsein zu untersuchen und zu versuchen zu verstehen, mit welchen Konzepten es umging. Dabei müsse man den Wahrnehmungsapparat selbst, genauso wie unsere von Denktraditionen behaftete Sprache untersuchen. Locke war also einer der ersten Denker überhaupt, die begriffen, dass die Psychologie (und heute Neurologie) immer ein wesentlicher Teil aller Erkenntnistheorie sein müsse! (Und eben weil diese Aussage eine Tatsache ist, findet sich in diesem, Ihnen vorliegenden Buch auch ein Kapitel zu Neurologie und Psychologie.) Locke bezeichnete diesen Bereich als Wahrnehmungspsychologie. – Das war lange Zeit bevor ein Sigmund Freud das Licht der Welt erblickte.

Immanuel Kant

Kant war einer der absolut elitären Intellektuellen. Sein ganzer Tagesablauf war aufs Denken ausgerichtet. Allgemein gilt Kant schlichtweg als der große Erkenntnistheoretiker. Sein bedeutendstes Buch „Die Kritik der reinen Vernunft" löste ein derartiges Umdenken aus, dass sein Erscheinen als Wendepunkt zur modernen Philosophie gesehen wird. Von Kant stammt die grundsätzliche Idee, dass es in unserem Wahrnehmen von vorneherein Voreingenommenheiten gibt. Die Wahrnehmung ist bestimmt durch fundamentale Regeln, und so können wir manche Dinge überhaupt nicht erkennen, andere erkennen wir nur in einer vorgefertigten Art und Weise. – Mehr dazu auf den folgenden Seiten. –

Nun zuerst zur Person. Kant lebte 1724 bis 1804 in Königsberg, im damaligen Ostpreußen. Er stammt aus einem gutbürgerlichen und streng gläubigen, protestantischen Elternhaus. So kam es auch, dass er an einer nicht gerade preisgünstigen Institution, dem sogenannten „Friedrichscollegium" zur Schule ging. Das Friedrichscollegium war eine sehr christlich geprägte, elitäre Institution, die beispielsweise auch Persönlichkeiten wie Gottfried Herder (vor allem als Schriftsteller bekannt), David Hilbert (Mathematiker) und Siegfried von der Trenck (ebenfalls vor allem Schriftsteller) besucht haben. Nach seiner Schulausbildung wechselte Kant an die Königsberger Universität. Er studierte dort die Fächer Philosophie, klassische Naturwissenschaften, Mathematik und Physik. Die Ideen Leibniz' und Newtons (siehe Kapitel 4) fand er sehr interessant. Seine recht umständliche und gewagte Abschlussarbeit wurde von seinem Professor nicht anerkannt. Zusätzlich bedingt durch den Tod seines Vaters, verließ Kant daraufhin zumindest vorläufig die Universität in Königsberg und verdiente sein Geld für einige Zeit als Hauslehrer. Jedoch auch als Hauslehrer machte er von sich reden, sowie traf er in seiner Lehrtätigkeit einflussreiche Leute, wodurch er Zugang zu der höheren Gesellschaft fand. Wenig später kehrte zurück an die Universität in Königsberg, nahm sein Studium wieder auf und machte seine ersten Veröffentlichungen, die allgemeines Gehör fanden. Er habilitierte zum Professor und arbeitete von nun an als Privatdozent. Seine Vorlesungen waren sehr beliebt und wegen ihres intellektuellen Anspruches hochgeschätzt, auch in den Kreisen der einflussreichen Denker der damaligen Zeit. In seinem Leben wurde er zweimal dissertiert und später zum Professor am Lehrstuhl für Logik und Metaphysik ernannt. Zwei Jahre lang war er der Direktor der Königsberger Universität. In seinem wirken als Philosoph, verbunden mit seiner einflussreichen Stellung, geriet er mehr und mehr in Konflikt mit der Regierung, die ihn später anhielt, den religiösen Teil seiner Schriften nicht mehr zu veröffentlichen, da sie mit den Inhalten der Bibel nicht vereinbar wären.

Kant wird als ganz in seine Arbeit vertiefter, als steifer und extrem korrekter Mann beschrieben. Er lebte einen zeitlich penetrant eingehaltenen Tagesablauf und gönnte sich nur wenig Schlaf. Jeden Morgen ließ er sich von seinem Hausdiener um 4:45 Uhr wecken, nach seinen Verpflichtungen machte er zu einer strikt eingehaltenen Uhrzeit einen Spaziergang zum „Nachdenken" (was ich persönlich übrigens sehr empfehlen kann). Jeden Tag pflegte er um exakt 22:00 Uhr zu Bett zu gehen. Er arbeitete sehr viel. Über Frauengeschichten ist wenig bekannt, Kant war ein Mensch des Geistes.

Mit dem Alter von 40 Jahren folgten einige Erschöpfungssymptome und so gelangte der diszipliniert arbeitende Philosoph zu der Einsicht, dass es mit all der Arbeit nicht mehr lange so weitergehen konnte und dass er bald mit seinen Kräften haushalten müsse. Kant tat das dann zum Teil.

Er lebte und wirkte Zeit seines Lebens im damals weltoffenen Königsberg und starb schließlich im Alter von 80 Jahren. Sein Grab findet sich im Königsberger Dom und ist heute eine oft besuchte Pilgerstätte.

Kant ist wohl der wichtigste Denker der „deutschen Aufklärung". Die Aufklärung war die Epoche der gesellschaftlichen Entwicklung im 17ten und 18ten Jahrhundert, in der die Zeit besonders durch das Bestreben geprägt war, das Denken mit den Mitteln der Vernunft von althergebrachten, starren und überholten Vorstellungen, Vorurteilen und Ideologien zu befreien und Akzeptanz für neu erlangtes Wissen zu schaffen. - Oder anders ausgedrückt: In der Aufklärung hatten die Leute das Bedürfnis nach etwas Neuem. Die Zeit war reif für Neues. Es herrschte ein Zeitgeist der wie geschaffen war, um große Denker groß zu machen.

Der wohl bekannteste Teil Kants Philosophie ist seine Idee der „Brille hinter den Augen". Man kann sich sehr bildlich vorstellen, was damit gemeint ist. - Eine Brille, die nicht vor den Augen des Betrachters das Bild der Welt einfärbt oder verfälscht, sondern eine Brille, die man quasi „hinter" den Augen trägt, und die so das Bild immer und systematisch verfälscht und beeinflusst. Diese Brille kann nicht abgenommen werden, weder praktisch, noch prinzipiell.
Weiter gibt es nach Kant eine Wahrheit, die unabhängig aller Wahrnehmung von vorneherein besteht. (Wir erinnern uns an die Ideenlehrer der alten Griechen.) Das Adjektiv für eine solche Wahrheit lautet „a priori". A priori sind Erkenntnisse, die vor jeder empirischen Erfahrung liegen. Die wahren Dinge also. A priori sind die wahren Dinge durch die Brille hinter den Augen systematisch verzerrt. A priori ist also grundlegend und umfasst alles, was aller Erkenntnis zugrunde liegt. Die Logik ist zum Beispiel a priori, und das bedeutet, dass auch die Mathematik als apriorische Wissenschaft zu gelten hat. Nach dieser Grundannahme baut Kant eine durchgehend sehr komplexe, aber in sich stimmige Argumentation aus. Er gelangt zu einem ganzheitlichen System, welches am Ende sogar bis zu Moral und Ethik betreffenden Aussagen reicht.

Darauf aufbauend folgt Kants berühmte „kopernikanische Wende": „Wir erkennen niemals das Ding an sich, sondern nur dessen Erscheinung." – Eine Idee, wie sie sich ab dann immer wieder in philosophischen Überlegungen unterschiedlichster Herkunft finden wird. - Das Ding an sich kann von uns prinzipiell niemals erkannt werden. Populistisch versuchte Kant diese neue Idee zu veranschaulichen, indem er sich auf die „kopernikanische Wende" bezieht. Kopernikus war der erste, der verstanden hat, dass nicht die Sonne sich um die Erde dreht, sondern umgekehrt die Erde um die Sonne. Kopernikus schaffte damit ein Sakrileg gegen die damalige Weltanschauung, die fest davon überzeugt war, dass der Mensch die Krone der Schöpfung sei und so selbstverständlich den Mittelpunkt des Universums darstellen müsse. Kants Philosophie können wir uns als eine dessen entsprechende Veränderung der Sichtweise im Bezug auf das erkenntnistheoretische „Sehen" gut verdeutlichen.

Sein Hauptwerk erschien, wie bereits angedeutet, im Jahre 1781 und trägt den Titel „Die Kritik der reinen Vernunft". Der Titel seines Buches stammt tatsächlich aus Kants Kritik an der „reinen Vernunft". Als rein bezeichnet Kant den Teil der Vernunft, der ursprünglich und von allen Trugschlüssen der menschlichen und der grundsätzlich möglichen Wahrnehmung befreit ist, die a-priori-Vernunft also. So kommt Kant zu dem Schluss, dass der menschliche Versuch, das Unbedingte zu erkennen und die sinnliche Erkenntnis zu übersteigen, prinzipiell zu Widersprüchen führen muss. Die reine Vernunft kann prinzipiell nicht zum Unbedingten vordringen. So sind auch die metaphysischen Beweise, wie zum Beispiel zur Unsterblichkeit der Seele oder der Unendlichkeit der Welt oder über die Existenz Gottes, prinzipiell unmöglich. – Als Folge solcher Schlüsse wurde das Buch 1827 vom Vatikan auf das Verzeichnis verbotener Bücher gesetzt und durfte eine Zeit lang im christlichen Einflussbereich nicht mehr offiziell gelesen werden.

Kant war „Universalphilosoph" und beschäftigte sich mit den vier unterschiedlichen Disziplinen der klassischen Philosophie. Die vier kant'schen Fragen lauten daher:

Was kann ich wissen?	– Erkenntnistheorie
Was soll ich tun?	– Ethik
Was darf ich hoffen?	– Religionsphilosophie
Was ist der Mensch?	– Anthropologie

In jedem dieser Bereiche erarbeitete Kant ein äußerst komplexes philosophisches System. In Rahmen dieses Buches wollen wir lediglich ein paar Auszüge daraus genauer betrachten.

Mit seinem kritischen Denkansatz – „Habe Mut zu wissen!“ - ist Kant der wohl wichtigste Denker der deutschen Aufklärung, in der man sehr gerne die allein auf dem dogmatisch-frommen Glauben an Autoritäten beruhenden Denkweisen kritisch hinterfragte. Religion und Glaube wurden in dieser Zeit einmal mehr sehr stark auf den Prüfstand gestellt. In der Aufklärung wurde gefordert, sich „seines eigenen Verstandes zu bedienen“, und der aufgeklärte Mensch sollte des weiteren nicht mehr an die Vorgaben der Obrigkeiten oder Zwänge von Mode und Zeitgeist gebunden sein, sondern sein Leben und Denken selbst bestimmen. Selbstbestimmung und Freiheit waren wieder einmal die Schlagworte. Mit „Habe Mut zu Wissen“ war gemeint, sich auf neue Sichtweisen einzulassen.

Als methodisch richtig empfindet Kant entsprechend eine Rückführung der Erkenntnis allein auf den reinen Verstand. Das heißt, ohne sinnliche Anschauung muss jede Erkenntnis ein Trugschluss sein. - „Nur das, was da ist, ist da.“ - Alles andere ist niemals mehr als sinnlose Vermutung.
Jedoch spricht sich Kant vehement dagegen aus, dass es überhaupt keine gesicherte, schlussgefolgerte Erkenntnis geben solle (Skeptizismus). Nach Kant gibt es sehr wohl Erkenntnis. Zum Beispiel sei eine mathematische Gleichung nach dem Schema 1 + 1 = 2 von unanzweifelbarer Gewissheit. Jedoch dürfe man nicht übersehen, dass die Wahrheit dieser Gleichung nicht empirisch und direkt erfahrbar sei. Kant kommt zu der für ihn so wesentlichen Fragestellung, wie Erkenntnis über die grundsätzlich wahren Dinge überhaupt möglich sei. Denn dass sie möglich ist, stehe angesichts der Leistungen der Mathematik und der Physik außer Frage. Unter welchen Bedingungen ist also Erkenntnis überhaupt möglich? - Oder, wie Kant es formuliert: „Was sind die Bedingungen der Möglichkeit von Erkenntnis?“
So ist es für Kant ein Skandal in der Philosophie, dass man es bisher nicht geschafft hat, die Metaphysik von allen Streitigkeiten zu befreien. Kants Ziel ist es, eben auch in der Metaphysik sowie in der Mathematik, zu wissen-

schaftlichen und daher eindeutigen, gesicherten und schlüssigen Aussagen zu kommen. Kant meinte, um das zu erreichen, müsse man zuerst die Grenzen des Wissens klar aufzeigen. Nur so könne man klarstellen, bei welchen Vorstellungen gar keine Erkenntnis mehr möglich ist, weil ihr Inhalt dann jenseits allen Erkenntnisvermögens und aller prinzipiell möglicher Erkenntnis liegt. Teil seiner Erklärung ist es, dass wir einerseits über äußere Sinne verfügen, die uns Vorstellungen im Raum geben, und wir andererseits einen inneren Sinn haben, mit dem wir Vorstellungen in der Zeit erzeugen. Raum und Zeit sind Voraussetzung der sinnlichen Vorstellungen, weil wir Menschen uns in unserem Geist keine Gegenstände ohne Raum und Zeit vorstellen können. Gleichzeitig werden unsere Sinne von einer begrifflich nicht fassbaren Außenwelt angeregt (entsprechend der „Ideen" aus der antiken griechischen Philosophie). Diese schwer fassbare Außenwelt umfasst mehr, als uns durch unser begriffliches Erkennen zugänglich ist.

Weiter formuliert Kant in seinen Abhandlungen einige komplizierte Konstrukte, die er als „Begriffe" und „Kategorien" bezeichnet. Die „Begriffe" stammen aus dem Verstand, der sie mit Hilfe von produktiver Einbildungskraft und nach bestimmten Regeln bildet. Damit das funktioniert, bedarf es einer Art transzendenten Selbstbewusstseins – „Ich denke." - Dieses Selbstbewusstsein ist der reine Ursprung reiner Verstandesbegriffe, die Kant wiederum als „Kategorien" bezeichnet. Kategorien werden also durch Funktionen im Verstand gebildet. Anhand der Kategorien verknüpft der Verstand mit Hilfe der Urteilskraft (dem Vermögen, nach Regeln zu kombinieren) die Empfindungen nach sogenannten „Schemen". Ein Schema ist das allgemeine Verfahren der Einbildungskraft, einem Begriff sein Bild zu verschaffen. – Ein Beispiel: Auf der Straße sieht man ein vierbeiniges Etwas. Man erkennt: Dies ist ein Dackel! Man weiß: Ein Dackel ist ein Hund, ist ein Säugetier, ist ein Tier, ist ein Lebewesen. - Schemen sind also strukturierende Allgemeinbegriffe, die nicht aus der empirischen Anschauung gewonnen werden können, sondern rein dem Verstand entstammen, welcher sich aber auf die Wahrnehmung bezieht.

Nachdem Kant seiner Zeit beschrieben hatte, wie Erkenntnis überhaupt möglich ist, folgt nun die grundlegende Frage, ob wir Aussagen machen können, die die Wissenschaftlichkeit der Metaphysik begründen. Gibt es aus reinen Verstandesüberlegungen folgend allgemeingültige und wahrhaft richtige und standhafte Aussagen? - Kant selbst formuliert die Frage wie folgt: „Sind synthetische Erkenntnisse a priori möglich?" - Kant hat diese Frage seiner Zeit mit „Ja" beantwortet. - Ja, wir können durch die Kategorien synthetische Erkenntnisse in gesicherter Weise gewinnen. Wir haben also Zugang zu synthetischer Erkenntnis.
Kant führt als Beispiel die Kausalität an: Mit unserer sinnlichen Wahrnehmung erkennen wir zwei aufeinander folgende Ereignisse. Deren Verknüpfung nach Ursache und Wirkung entzieht sich aber unserer Wahrnehmung. Kausalität wird von uns also gedacht, sie ist uns nur durch unsere geistigen Fähigkeiten zugänglich. Kausalität ist für uns ein Grundprinzip der Natur, und das trotz seiner rein verstandesmäßigen Erfassbarkeit. Allerdings schränkt Kant diese Auffassung klar ein: Kategorien ohne sinnliche Anschauung sind reine Form und damit leer. Das heißt, zu ihrer Wirksamkeit bedarf es der empirischen Empfindungen. - Hier liegt nach Kant die Grenze unserer Erkenntnis.

Metaphysische Theorien ergeben sich aus der menschlichen Eigenart, immerzu weiter nach Erkenntnis zu streben und am Ende zu versuchen, das Unbedingte oder Absolute zu erkennen. Auf diesem Weg aber verlässt die Vernunft den Boden der sinnlich fundierten Erkenntnis und begibt sich in den Bereich der Spekulation und des Glaubens. Kant zeigt an dieser Stelle, dass die Existenz dieser regulativen Prinzipien weder bewiesen noch widerlegt werden kann. - Das ist seine Kritik der reinen Vernunft.

Eine Antwort auf Kants dritte Frage „Was darf ich hoffen?" hielt er allein aus der Vernunft heraus für nicht möglich. Wahres empirisches Wissen kann es laut seinen vorangegangen Schlussfolgerungen nicht geben, also folge nur noch der Glaube. Gott, die Unsterblichkeit der Seele und die Freiheit sei weder zu beweisen, noch sei ihre Nichtexistenz beweisbar. Fragen nach dem

Absoluten sind folglich reine Glaubensangelegenheiten. So schrieb Kant: „Ich musste das Wissen aufheben, um zum Glauben Platz zu bekommen."
Diese logischen Schlüsse reichten für Kant aus, um zu behaupten, dass es niemals in der Geschichte einen göttlichen Einfluss gegeben haben kann. Göttliche Absichten existieren laut Kant in unserer Welt nicht. Gott, wenn wir überhaupt seine Existenz annehmen können, kann keinen Einfluss auf die Menschen nehmen. Die Geschichte ist folglich ein Abbild des Menschen, und der Mensch ist frei und unabhängig von einem Gott. Aufgrund dieser Freiheit kann man in der Geschichte keine Regelmäßigkeiten oder Weiterentwicklung wie etwa in Richtung Glückseligkeit oder Vollkommenheit erkennen. Der Fortschritt ist keine notwendige Voraussetzung zum Handeln.
Dennoch existiert nach Kant ein Plan in der Natur. Eine Art natürliches Naturrecht, das nur in der Natur besteht. Das heißt, das, was passiert, das, wie sich die Menschen verhalten, hat eine Art Leitfaden. Und dieser Leitfaden kann als theologisch bezeichnet werden. Vernunft entwickelt sich im Zusammenleben der Menschen, und eben daraus sind nach Regeln der menschlichen Vernunft in schrittweiser Entwicklung Gesellschaftsordnungen entstanden. Dies führt in Kants theoretischen Überlegungen am Ende zu einer vollkommenen Verfassung, einem universellen Regelwerk für das menschliche Zusammenleben. – Eine Utopie, wie es seiner Zeit auch Kant selbst durchaus bewusst war.

Bekannt ist diese Utopie unter dem Namen „Kategorischer Imperativ" – der kategorische Imperativ ist die Antwort auf die Frage: „Was soll ich tun?" – und damit ein Teil der von Kant entwickelten Ethik. Kant ging von drei Gundannahmen aus: Erstens: Der Existenz des freien Willens. Zweitens: Der Existenz des sittlich Guten. Und Drittens: Der Existenz des kategorischen Imperativ. Sittlichkeit ist nach Kant eine regulative Idee, die im Menschen a priori vorhanden ist. Der Mensch ist intelligent und daher dazu befähigt, relativ unabhängig von sinnlichen und triebhaften Einflüssen zu denken und zu entscheiden. Der Mensch ist nicht fremdbestimmt, sondern erzeugt seinen freien Willen selbst. Dies bedeutet, dass die ethische Vernunft im Subjekt liegt. Der autonome Wille, die Vernunft, fordert also die sittlich gute Handlung. („autos" – Griechisch – „selbst; „nomos" – Griechisch - Gesetzt) Die Vernunft erlegt dem Menschen die Pflicht auf, dem Gebot der Sittlichkeit zu folgen, eben weil der Mensch mit seinem Verstand und seinem freien Willen versteht, was Sittlichkeit ist, und daher erkennt, was er tun soll.

So formulierte Kant: „Handle nur nach derjenigen Maxime, durch die du zugleich wollen kannst, dass sie ein allgemeines Gesetz werde."

Oder anders ausgedrückt und bekannt als der kategorische Imperativ: „Handle so, als ob die Maximen deiner Handlung durch deinen Willen zu einem Naturgesetz werden sollen."

Das heißt also, dass jeder Mensch nachdenken soll, ob das, was er tut, allgemein passend, angemessen und richtig ist. Erscheint es als allgemein vernünftig gut, so ist es sittlich, und es entspricht dem, was man tun soll. In der praktischen Anwendung muss die gefundene Maxime in sich widerspruchsfrei sein und mit dem tatsächlichen Willen übereinstimmen. Das moralische Denken Kants ist untrennbar von seiner Freiheitsauffassung. Ohne Freiheit wäre der kategorische Imperativ unmöglich.

Mit der Frage „Was ist der Mensch?" setzte sich Kant vorwiegend empirisch auseinander. Kants Interesse galt dabei weniger der physiologischen Anthropologie, welche die beschreibende Wissenschaft der Eigenschaften des Menschen ist, als vielmehr der Frage „was die Natur aus dem Menschen macht". Weiter fragte er sich „was der Mensch als frei handelndes Wesen aus sich selber macht" oder machen könne und sollte.

Im Gegensatz zu seinen theoretischen Schriften sei die Anthropologie „pragmatisch". Pragmatisch bedeutete für Kant, dass etwas auf einen Handlungszweck hin ausgerichtet ist. Pragmatisch heißt die Anwendung des theoretisch gewonnenen Wissens der Erkenntnistheorie, der Moralphilosophie und auch der Urteilskraft auf den Bereich der empirischen Erfahrungen. Die Anwendung ist also entscheidend, nicht mehr allein die erklärende Theorie.

Kant befasst sich mit dem Vermögen der Erkenntnis, des Gefühls und des Begehrens gleichermaßen wie mit Dingen wie dem menschlichen Selbstbewusstseins, dem Wahrnehmungsapparat, dem Vorstellungsvermögen und Fragen der Lust und der Unlust. Er beschreibt Charaktereigenschaften und wie der Mensch diese entwickeln kann. In seinen anthropologischen Schriften geht es um Geschlechterunterschiede, Völker, Rassen und die Menschheit als Ganzes. Kants Anthropologie ist keine philosophische Anthropologie, sondern fällt nach modernem Verständnis in die Wissenschaftsbereiche von Psychologie, Neurowissenschaften, Ethnologie und Volkskunde.

Über diese 4 Themenbereiche hinaus hatte Kant unterschiedlichste Einflüsse auf das Denken und den Zeitgeist seiner Epoche. Kant gilt als einer der größten Philosophen der Geschichte überhaupt.
Nun kennen Sie also in groben Zügen einen Teil seiner Philosophie. Kants Werk und seine Ideen beeinflussen bis heute die philosophischen Überlegungen und haben so Einfluss auf unser aller Zeitgeist und unser aller Verständnis der Welt.

David Hume

David Hume (1711–1776), ein englischer Philosoph, ging ausgehend von Kants Lehren konsequent noch einen Schritt weiter. Er trennte klar zwischen „Wahrnehmungen" und „Ideen". Kausalität war für ihn etwas dem Menschen nicht direkt und nicht prinzipiell Zugängliches. Er folgerte, dass das Wissen über Zusammenhänge und vermeintliche Kausalitäten, nur auf der Wahrnehmung und Interpretation nach Versuch und Irrtum gründen könne. Wenn wir Menschen behaupten mögen, aus A folge immer B, dann können wir dennoch niemals zur wahren Kausalität vordringen. Denn dass aus A das B folgt, könnte auch nur eine Art Glückssträhne sein. - Wir meinen zu wissen, dass „es" so ist, aber in Wahrheit haben wir keinen direkten Zugang zur Kausalität und zur mathematisch-logischen Konsistenz. Dies gilt prinzipiell auch dann noch, wenn wir tatsächlich, was wir aber nicht wis-

sen können, in einer wirklich kausalen und mathematisch-konsistenten Welt leben.
Natürlich war dies eine Attacke auf die platonische Sichtweise, die beliebigen Dingen ein „Wesen" und ein „Selbst" beimaß und davon ausgegangen war, dass wir wenigstens mit unserem Denken diesen reinen wesentlichen Zugang hätten.

In der Frage nach der Verwendbarkeit der Vernunft oder auch in der Frage nach dem, was man tun soll, brachte einem so, nach Humes Aussage, die Erkenntnistheorie nicht weiter. Empirisch endeten alle Diskussionen nicht mit neuen Sicherheiten, sondern eher mit Unsicherheiten und einem reichlich pragmatischen Umgang. Universell Richtiges und Falsches auf einer empirischen Ebene gibt es nach Hume nicht. Logik ist nicht die letzte Prämisse unseres Umgangs mit der Realität. Das Projekt einer strengen Erkenntnistheorie taugte, sobald man es gründlich betrieb, am ehesten, um die Unbeweisbarkeit unserer Grundannahmen zu beweisen.

Hume gilt als einer der wesentlichen Wegbereiter des „Utilitarismus". Die ethische Verpflichtung des Staates bestehe danach darin, auf pragmatische Weise die größtmögliche „Zahl" von Glück bei der größtmöglichen „Zahl" der Bürger zu erreichen. - Möglichst viel Glück bei möglichst vielen Bürgern. - Über die Moral sagt dies freilich sehr wenig aus.

George Berkeley

George Berkeley (1685–1753) war ein englischer Bischof und betrieb Philosophie. Er gilt als einer der Wegbereiter des „Idealismus". - Der Idealist strebt nach ethischen oder ästhetischen Idealen (per Definition auch unter dem Preis der Selbstaufopferung). Materialismus hingegen lässt keine Ästhetik oder Ethik zu, solange sie nicht von der empirisch erfahrbaren Materie ausgeht. – Nach

Berkeley war es einfacher, sich eine Struktur, zum Beispiel ein Dreieck, im Geiste vorzustellen und es dann in der Welt zu finden, als das Dreieck zu sehen und es dann zu begreifen.
Berkeley bestand auf die prinzipielle Unmöglichkeit, wahre empirische Informationen über die Welt zu erhalten. - „Woher wissen wir, wie unsere Wahrnehmung zustande kommt – sprich, dass da eine materielle Außenwelt besteht, die in uns ein Bild erzeugt, zuerst auf der Netzhaut, dann im Bewusstsein? Haben wir je mehr als das Bild im Bewusstsein?“, so Berkeley.

Was passiert, wenn hinter dem Schrank Staub liegt und man ihn niemals beobachtet? Wenn man niemals den Schrank verrückt, um nachzusehen, ist der Staub dann wahrhaftig da oder nicht? – Und lohnt es sich überhaupt, eine solche Frage zu stellen? – Berkeley hätte dazu gesagt, dass uns der Staub nur dann beschäftige, sobald irgendjemand ihn wahrnimmt. Was überhaupt Gültigkeit hat, wenn etwas von niemandem wahrgenommen wird, bleibt dementsprechend prinzipiell immer offen. Wenn es eine Außenwelt unabhängig von unserer Wahrnehmung gibt, dann wird sie in genau dieser Form nie Gegenstand unserer Wahrnehmung!

An dieser Stelle hörte Berkeley nicht auf, sondern spann seine Argumentationen konsequent weiter. So kam er zu dem Schluss, dass es in Zukunft keinen Sinn machen würde, von wirklichen Gegenständen, von wirklichen und realen Gedanken oder Zusammenhängen oder von einer wirklichen Welt zu sprechen. Alles, wovon man ausgehen könnte, seien „Ideen“ in unseren Köpfen, also Einbildungen und Vorstellungen. So hat man eine „Idee“, dass man sich ein Stück Zucker in den Kaffee wirft, dass der Mensch, mit dem man sich gerade unterhält, wirklich der ist, für den man ihn hält, und davon, dass die Erde eine Kugel und vollkommen real ist. Alles nur „Ideen“, so Berkeley.

Als Bischof war es natürlich wichtig, auch theologische Ideen zu haben. Gott sei, so Berkeley, nach diesen Ideen-Ideen sehr viel leichter zu beweisen als früher. Die „Idee“ Gottes sei gleichermaßen gebunden an alle Wahrnehmungen und an alle Ideen und müsse und werde also zu jeder Zeit gleichermaßen erfahren.

Georg Wilhelm Friedrich Hegel

Georg Wilhelm Friedrich Hegel (1770–1831) war ein deutscher Philosoph und gilt als zentraler Wegbereiter des Marxismus. Er war Vertreter des Idealismus, wonach die Welt, ähnlich der antiken griechischen Philosophie, nur ein Abbild von „Ideen“ sei. Hegels Philosophie ist kompliziert, aber war seiner Zeit ähnlich wirkungsvoll wie die Aristoteles', Platon' oder die von Immanuel Kant. Hegel beschäftigte sich mit Logik, Naturphilosophie und der „Philosophie des Geistes“. – Er suchte mit wissenschaftlichen Methoden nach einem umfassenden Verständnis der Welt.

Hegel schuf durch diese wissenschaftliche Herangehensweise ein umfassendes und komplexes philosophisches System, immer mit der Absicht, dass man darauf den Materialismus fußen lassen könne. Aufbauend auf Hegels System bereiteten Marx und Engels ihre staatstheoretischen Überlegungen zum abstrakten Kommunismus, der später als Marxismus Eingang in gesellschaftliche Systeme fand.

Die Philosophie Hegels kann im Rahmen dieses Abschnittes hier nicht einmal grob angedeutet werden, sie ist zu komplex und zu umfangreich. (Vieles davon ist elfenbeinturmartig.)

Arthur Schopenhauer

Arthur Schopenhauer (1788–1860) war deutscher Philosoph, Autor und Hochschullehrer. Er vertrat als einer der ersten Philosophen des 19. Jahrhunderts die Überzeugung, dass der Welt ein irrationales Prinzip zugrunde liege. Er war also ein massiver Gegner des Idealismus! Die Ideenlehre lehnte er ab. Er vertrat wie Berkeley die Auffassung, dass eine Welt ohne subjektive Beobachtung überhaupt nicht existieren würde, beziehungsweise es unsinnig wäre, über eine nicht beobachtete Welt nachzudenken. Die vermeintliche Wirklichkeit ist lediglich gleichzusetzen mit einer Vorstellung. „Die Welt ist meine Vorstellung", ist der erste Hauptsatz seiner Philosophie. Damit meint er, dass auch Kants a-priori-Prinzip der Dinge an sich nicht objektiv existiere. „Der Mensch kann zwar tun, was er will, aber er kann nicht wollen, was er will", so Schopenhauer zum Thema Willensfreiheit.

Schopenhauers Wirken führte zum Zersplitten des Idealismus. Politische Ausrichtungen, die auf den Grundzügen des Idealismus aufbauten, verloren durch die Anhänger der Philosophie Schopenhauers an Einfluss. - Philosophie ist immer gleich Geschichte.

Karl Marx und Friedrich Engels

Karl Marx (1818–1883) gilt als einflussreichster Theoretiker des Kommunismus. Geboren und aufgewachsen in Trier studierte er später Jura, Philosophie und Geschichte. Er fand besonderes Interesse an den Lehren Hegels. Früh engagierte er sich in politischen Vereinigungen und blieb in dieser Weise politisch lebenslang in einer Zeit der Umbrüche äußerst aktiv. Dies führte ihn quer durch Europa und unter anderem ins Exil nach England. Aus dieser Zeit stammt sein bekanntes Hauptwerk „Das Kapital".

Marx' Hauptbestreben war es immer gewesen, den Arbeitern (der unteren Schicht im Staat) gegenüber den Regierungen mehr Macht einzuräumen. Marx kämpfte für die Arbeiter.

Seine Religionskritik ist bis heute bekannt mit dem Ausspruch: „Religion ist das Opium des Volkes." – Nach Marx mache der Mensch die Religion und nicht die Religion den Menschen. Die Religion erzeuge das Selbstbewusstsein und das Selbstgefühl. Der Mensch sei aber kein für sich existierendes Wesen, der Mensch existiere in einer Gesellschaft. Diese Gesellschaft brächte die Religion hervor. Die Gesellschaft sei aber wiederum der Staat, und der Staat produziere in seiner verzerrten Art eine verzerrte Religion. Man müsse so gegen die herrschende Religion ankämpfen, genauso wie man gegen die Staatsordnung ankämpfen müsse, um mehr Recht und Freiheit für die Arbeiter zu erlangen.

Friedrich Engels (1820-1895) wuchs in einem Ort namens Barmen in Preußen auf. Er entwickelte gemeinsam mit Karl Marx die heute als Marxismus bezeichnete und damals revolutionäre soziale Gesellschaftstheorie. Engels gilt gleichermaßen als Unternehmer (er handelte und produzierte Textilien) sowie als Historiker, Philosoph und Ökonom. Nach dem Gymnasium schloss er eine kaufmännische Lehre ab und studierte nachfolgend Philosophie, brachte sein Studium aber zu keinem Abschluss. Ähnlich wie Marx engagierte er sich bereits als junger Mensch in politischen Vereinigungen. Marx und Engels trafen erstmals 1844 aufeinander und blieben ab diesem Zeitpunkt in engem Kontakt. So wurden sie auch zusammen ins Exil nach England geschickt. Eigene nennenswerte philosophische Schriften gibt es von Engels nicht, trotzdem war sein politisches Engagement vergleichbar durchschlagend wie das von Marx.

Aufbauend auf den theoretischen Überlegungen und den Einstellungen des Materialismus (Materie als der alleinige Gegenstand unserer empirischen Wahrnehmung) folgerten Marx und Engels Grundlagen für eine Politik, die den materiellen Lebensbedingungen den Wert zugestand, den sie laut ihren Überzeugungen für die ausgebeuteten Massen haben mussten. Die damalige materielle Not der Arbeiter- und Bauernschaft musste allgemein anerkannt und zum Thema der Politik werden. Solange die Trennung von Arbeit und Besitz bestehen bleibt, so Marx, würden sich auch die sozialen Ungerechtigkeiten nicht beseitigen lassen. Da die materielle Grundlage des Staates von der Bauernschaft kommt, müsse diese, so Marx, am Ende die Macht übernehmen. Die Bauern- und Arbeiterschaft habe mit ihrer Arbeitskraft die

Macht effektiv bereits in ihren Händen, war sich dessen offensichtlich aber noch nicht bewusst! - Nicht das Bewusstsein bestimmt nach Marx das Sein, sondern umgekehrt, das Sein bestimmt das Bewusstsein.

Entsprechend diesen Theorien könne der Kapitalismus nicht auf Dauer bestehen. Zentralisierte Machtsysteme müssten kippen, denn die Macht würde früher oder später dort zu finden sein, wo sie in materialistischer Weise ihren Ursprung hat: Bei den Arbeitern, und zwar von allen gleichermaßen. „Alle Macht dem Volke." Der Kommunismus war geboren.

Kommunismus ist die Idee einer herrschaftsfreien und klassenlosen Gesellschaft, in der jeder und alles gleichgestellt ist. Es gibt weder persönlichen Besitz noch persönliche Vorrechte gegenüber anderen. Kommunismus ist religionsfrei, denn der Materialismus kennt nur die Materie als empirischen Sinn und braucht daher keinen Gott entsprechend der großen Religionen.

Natürlich funktioniert der Kommunismus in seiner ideellen Reinform nicht. Das war auch Persönlichkeiten wie Marx und Engels klar. Dennoch ist es immer wieder spannend, wie sich geschichtlich auf einer philosophischen Denkrichtung aufbauend ganze Staatenformationen, wie zum Beispiel die russische oder die chinesische formieren konnten.
Alles ist immer ausgegangen vom Funken an Gedankengut eines Einzelnen auf dem kulturellen Nährboden des ihn umgebenden Zeitgeistes. - Das ist spannend, weil es die unglaubliche Macht von Denkschemen widerspiegelt.

Abschluss dieses Kapitels

In der neueren Zeit sind es in der Tat die Naturwissenschaften, die den theoretisch-philosophischen Überlegungen aus der Vergangenheit den Rang ablaufen. Genau diese neue Sicht der Dinge soll in diesem Buch versucht werden darzustellen. Die heutige Erkenntnistheorie baut auf, auf Dingen wie beispielsweise dem Welle-Teilchen-Dualismus, den schwarzen Löchern eines Stephen Hawking oder den Beobachtungen der neurologischen Funktionen unseres Gehirns. Rein theoretische Überlegungen haben in zunehmenden Maß keinen Platz mehr in der heutigen Welt des Wissens. Die Erkenntnistheorie ist zum erkenntnistheoretischen Teil der Naturphilosophie geworden, wobei die Grundlagen natürlich immer gültig und essenziell bleiben. Impulse kommen jedoch heutzutage aus der wissenschaftlichen Arbeit und haben ihren Einfluss auf die Philosophie, und nicht mehr umgekehrt.

Eventuell gibt es noch mindestens einen Bereich, in dem das noch nicht so ist und es hoffentlich auch niemals sein wird. - Die Ethik. – Überlegungen zu den Fragen, was man tun soll und was man tun darf, dürfen nicht technisiert werden. Ethikkommissionen sind wichtig, um zu entscheiden, wo die Forschung Halt machen sollte.

4 Physik

Es folgt das Kapitel zur Physik. Physik ist die wissenschaftliche Grundlage für alles. Alles Materielle ist Physik, und Physik ist die älteste aller Wissenschaften.
Das Wesen der Physik ist nahe am Wesen der Mathematik. Hat man verstanden, wie die wissenschaftliche Disziplin Physik betrieben wird, so ist es leicht, auch Zugang zu allen anderen Wissenschaftsbereichen zu finden. Genau aus diesem Grund ist der Physikunterricht in der Schule Pflichtfach. Physik ist für viele Menschen häufig nicht leicht zu verstehen, denn die Physik ist genauso kompliziert wie die Welt selbst. Wir leben in einer mathematischen Welt, und die Mathematik an sich ist häufig kompliziert.

Die Erkenntnisse der Physik deuten uns die Grenzen des prinzipiell technisch Machbaren, denn irgendwo sind immer physikalische Grenzen. Die Physik gibt uns vor, wie die Welt funktioniert, und sie diktiert uns die grundlegenden Rahmenbedingungen dessen, was wir technisch realisieren können. Wir können keine Maschinen konstruieren, die sich über die Regeln der Physik hinwegsetzen.

Auf Grund dieser Wichtigkeit habe ich in diesem Buch ein eigenes Kapitel zur Physik verfasst. Nach der Definition der Begrifflichkeiten folgt eine kurze geschichtliche Einführung. Wir werden ein wenig Allgemeinbildung betreiben und gleichzeitig einige interessante physikalische Zusammenhänge genauer untersuchen und uns den Kernaussagen Newtons uns Einsteins zuwenden. Sie werden einige befremdliche Dinge aus dem Bereich der Physik kennen lernen, und ich hoffe, dass ich mit meinen Beispielen ein Gefühl dafür weitergeben kann, was in der modernen Physik möglich ist und was nicht. Zum Schluss dieses Kapitels folgen einige Abschnitte mit jeweils ganz unterschiedlicher philosophischer Bedeutung.

Definitionen der Physik

Physik ist die Wissenschaft, die die fundamentalen Wechselwirkungen im Universum erforscht. Dabei bedient sie sich vielfach den Methoden der Logik und der Mathematik.

Der Vollständigkeit halber muss die derzeit geltende Einteilung in die Kategorie der theoretischen und der experimentellen Physik genannt werden. Die theoretische Physik beschäftigt sich mit der formellen Beschreibung der Wechselwirkungen, die Experimentalphysik dagegen mit der Messung, Messbarkeit und Reproduzierbarkeit erfahrbarer Naturerscheinungen.

Schauen wir uns also zuerst einmal die in der Definition verwendeten Begriffe genauer an. Interessant sind die Begriffe Logik, Mathematik, Wechselwirkung, Messung und Reproduzierbarkeit.

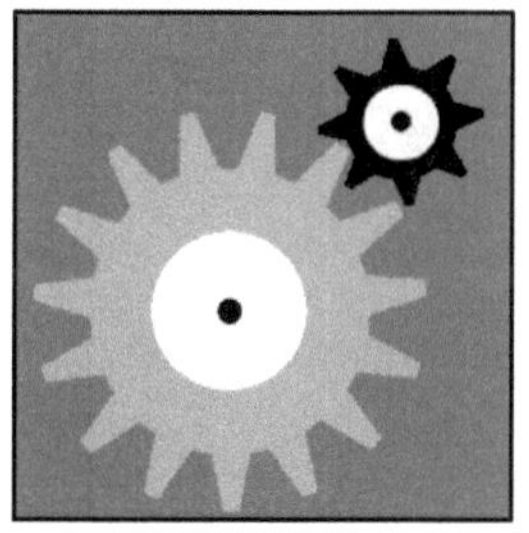

Um den Begriff „Logik" zu erklären, wird immer wieder gern das Beispiel von 1 + 1 = 2 gewählt. Die Gleichung 1 + 1 = 2 an sich ist logisch. Als Beispiel eignet sich diese Gleichung so besonders gut, weil sie so einfach ist. Ebenso kann man sie jederzeit intuitiv in der realen Welt überprüft werden. Wir stellen uns einen länglichen Gegenstand, zum Beispiel einen Zahnstocher, vor. Wir legen den Zahnstocher vor uns auf den Tisch. Dieser Zahnstocher hat, so wie er jetzt vor uns auf dem Tisch liegt, eine bestimmte Länge. Damit es für uns besonders einfach bleibt, treffen wir die sprachlich-symbolische Konvention, dass der Zahnstocher vor uns ab jetzt die Länge „1" hat. Als Nächstes nehmen wir einen zweiten Zahnstocher. Der zweite Zahnstocher wird dem ersten Zahnstocher relativ ähnlich sein (wie die meisten Zahnstocher aus derselben Verpackung sich meistens ziemlich ähnlich sind) und es fällt uns leicht, davon auszugehen, dass er genauso lang ist wie Zahnstocher Nummer eins. (Natürlich sind im physikalischen Sinne Gegenstände niemals exakt gleich lang, aber diesen Umstand wollen wir an dieser Stelle außer Acht lassen.) Wir haben also nun zwei Zahnstocher mit der jeweiligen Länge 1 vor uns auf dem Tisch liegen. Legen wir jetzt beide Zahnstocher einer Gerade folgend hintereinander und messen wir vom Anfang von Zahnstocher Nummer eins bis zum Ende von Zahnstocher Nummer zwei, so erhalten die eine Länge, die doppelt so groß ist wie die Länge eines einzelnen Zahnstochers. Per Konvention ist dies die Länge „2". Schreiben wir diesen Zusammenhang als mathematische Formel auf, so kommen wir mit den zusätzlichen Konventionen „+" und „=" zur Formel 1 + 1 = 2. Die Gültigkeit dieser Formel können wir also jederzeit empirisch mit unserem geometrischen Zahnstocherexperiment überprüfen.

Wir nennen diesen Zusammenhang auch ein „Axiom". Als Axiome werden seit den beiden Griechen Aristoteles und Euklid alle unmittelbar einleuchtenden Zusammenhänge bezeichnet. Axiome sind Grundsätze, die weder beweisbar sind, noch eines Beweises bedürfen. Axiome sind also so einfach, dass sie intuitiv als richtig erkannt werden. Eben auch aus dem Grund, weil sie so einfach sind, können sie nicht bewiesen werden. Ihre Summe stellt nämlich schon die unterste Ebene aller Erkenntnis dar. Diese Ebene ist nicht beweisbar, sondern sie ist erfahrbar und man hat keine andere Wahl, als an ihre Richtigkeit zu glauben.

Die Logik baut nun ein „formales System" (das ist ein System mit festen Regeln) auf, das aus solchen fundamental erfahrbaren Aussagen über definierte Regeln Schlussfolgerungen beliebiger Komplexität erzeugt. Das zu unserem Axiom passende Beispiel wäre etwa die Formel 1 + 1 + 1 = 3. Und diese ist, nach den Gesetzen der Logik, unanzweifelbar richtig, auch wenn wir sie niemals empirisch überprüft haben.

Denkt man nun an die Weiterführung von formalen Kombinationen und deren Schlussfolgerungen, und denkt man auch an andere Axiome (auch aus nichtmathematischen Bereichen), so fängt man an zu erahnen, um was für ein mächtiges, geistiges Werkzeug es sich handelt.

Wie wir vorher bei den Betrachtungen zur Evolution gesehen haben, ist es beim Feststellen von bestimmten menschlichen Fähigkeiten immer sinnvoll zu fragen, weshalb wir Menschen diese Fähigkeiten besitzen. Warum besitzen Menschen die Fähigkeit zum logischen Schlussfolgern? Warum sind wir Menschen in der Lage, logisch zu denken?

Sicherlich ist jedes „denkende“ System bis zu einem gewissen Grade ein logisches System. Einfach schon allein aus dem Grund, weil sich jedes „denkende“ System in einer, sich nach bestimmten Regeln verhaltenden Umwelt bewegt. In unserem Fall wäre dies eine Umwelt, in der sich die Kombination von gleichen Zahnstocherlängen zum Beispiel wie 1 + 1 = 2 verhält. Also kann das denkende System in dieser Umwelt gar nicht anders, als sich in einer gewissen Weise logisch zu verhalten. Das bedeutet, dass innerhalb dieses denkenden Systems 1 + 1 = 2 auch wirklich gilt. Wir nennen es „kausal logisch“, also aus einem festen Zusammenhang von Ursache und Wirkung her stammend.

Offensichtlich ist es aber so, dass höhere Fähigkeiten des logischem Schlussfolgerns eine Eigenart hochgradiger menschlicher Intelligenz sind. Im Sinne der Evolutionstheorie muss es also so sein, dass diese Eigenschaft dem Lebewesen Mensch in seiner Geschichte von Vorteil war. Wir haben im Abschnitt zur Evolution bereits gesehen, dass es für den Menschen evolutionstechnisch von Vorteil war, seine Intelligenz, seine geistigen (nicht nur seine körperlichen) Fähigkeiten, zu verbessern. Im späteren Artikel zur Intelligenz werden wir noch sehen, dass die Fähigkeit zum logischen Schlussfolgern das wesentliche Kriterium von Intelligenz ist. Offensichtlich bringt ausgeprägtes, logisches Schlussfolgern dem Menschen einen evolutionären Vorteil.

Man kann sich nun noch die Frage nach dem systemischen Ursprung zur Fähigkeit von logischem Schlussfolgern bei Lebewesen stellen. Die Tatsache dass diese Fähigkeit uns Menschen bewusst und willkürlich zur Verfügung steht, ist nämlich alles andere als trivial. Denkbar wäre durchaus, dass wir, ähnlich einem Käfer oder einem Wurm, mit einigen wenigen und einfachen Programmen ausgestattet durch eine für uns recht einfache Welt manövrieren und nicht in der Lage wären, in dieser Welt Regelmäßigkeiten zu erkennen und Aussagen über unsere Zukunft zu treffen. Wir würden logisch-kausal funktionieren, wären aber zu logischem Schlussfolgern nicht fähig. Auch Käfer oder Würmer bestreiten ihren Alltag. Und das in ihrer Käfer- beziehungsweise Würmerwelt in vollkommen ausreichender Art und Weise. - Folglich kam offensichtlich mit der Intelligenz, wo auch immer sie ihren Ursprung hat, die Fähigkeit zum logischen Schlussfolgern.

Um Intelligenz zu entwickeln, braucht man ein Gedächtnis. Weiter muss man Regelmäßigkeiten, also Muster in der Welt, erkennen können. Diese Muster an sich sind logisch, weil die Natur in ihrem Verhalten logisch ist, genauso wie die Länge 1 plus die Länge 1 gleich der Länge 2 ist. Das ist logisch, und es ist gleichzeitig ein Muster, und solche Muster kommen in der Welt vor. Damit man dieses Muster erkennen, beziehungsweise wiedererkennen kann, braucht man zum einen ein Gedächtnis (um sich erinnern zu können, dass vorher zwei einzelne Längen 1 da waren) und zum anderen die Fähigkeit zu erkennen, dass zweimal die Länge 1 immer wieder die Länge 2 ergibt.
Erkennt man also vor sich zwei mal die Länge 1 und erkennt man weiter, dass diese beiden Längen auf eine bestimmte Art und Weise miteinander kombiniert werden, kann man für die zukünftige Entwicklung voraussagen, dass diese Kombination zur Länge 2 führen wird. Wir Menschen können solche Muster mit Hilfe unserer Intelligenz erkennen und begreifen und benutzen. Einzig der Schwierigkeitsgrad der logischen Erkenntnis ist begrenzt. Folgerungen dieser Art sind für Lebewesen offensichtlich von so großem Vorteil, dass sie zur evolutionären Ausprägung von komplexen Menschengehirnen geführt haben.

Der nächste Begriff aus der Definition ist das Wort Mathematik. Mathematik ist grob gefasst die Wissenschaft, welche aus der Untersuchung von Figuren und dem Rechnen mit Zahlen entstand.
„1 + 1 = 2“ ist eine Rechnung mit Zahlen. Treibt man dieses Rechnen weiter und führt man verschiedenste, zusätzliche Operatoren ein („+“ ist zum Beispiel ein solcher Operator), dann führt dies zu einem sehr komplexen System von Zusammenhängen. Der Schwierigkeitsgrad lässt sich dabei gewissermaßen beliebig hoch steigern. Wir werden in diesem Buch noch einige Beispiele dafür kennen lernen, wie komplex die Welt der Mathematik werden kann. Weiter sehen wir später noch einige interessante Parallelen zwischen der Mathematik und der realen Welt.

Das nächste erklärungsbedürftige Wort aus der Definition ist das Wort „Wechselwirkung". Von einer Wechselwirkung spricht man ganz allgemein, wenn etwas etwas anderes beeinflusst. So hochtrabend der Begriff „Wechselwirkung" in Anbetracht seiner einfachen Bedeutung auch erscheint, so wichtig ist er für jede wissenschaftliche Beschreibung. Praktisch ausgedrückt läuft eine wissenschaftliche Erkenntnis nämlich immer in der Weise ab, dass man beobachtet (oder vermutet), dass immer, wenn man etwas physisch (oder theoretisch) an einem bestimmten Ort bringt, etwas anderes passiert. Dies ist eine Wechselwirkung. Daneben gibt es noch versteckte Wechselwirkungen, wie etwa bei Dingen, die man nicht bewegen kann. Diese versteckten Wechselwirkungen kann man dann nur vermuten. Dies bringt uns zum nächsten Begriff, zu dem des Modells.

Ein Modell (genauer ein abstraktes Modell) ist ein erdachtes System aus Regeln für Wechselwirkungen, die das Verhalten eines Systems beschreiben. Ein gutes Modell ist ein solches, welches die beobachteten Phänomene exakt beschreibt und auch neue, noch nicht beobachtete Phänomene vorhersagt. Diese vorhergesagten Phänomene können dann in ihrer qualitativen und quantitativen Richtigkeit durch Experimente überprüft werden. Das beste Modell ist dasjenige, welches alle Wechselwirkungen in der ganzen Welt exakt beschreibt. Dieses eine, vollkommene Modell hat den Namen „Theory of Everything". (siehe dazu den letzten Abschnitt in diesem Kapitel.) Bisher existiert ein solches umfassendes Modell noch nicht.

Der nächste Begriff ist der der „Messung". - Eine Messung ist oft Teil eines Experiments. Von einem Experiment spricht man, wenn man Messungen statistisch auswertet und nach festen Regeln verwertet. Eine Messung ist praktisch gesehen die einfachste Einheit eines Experiments. Bei einer Messung nimmt man eine einzelne Befragung an die Natur vor. Mit einem vorher konstruierten Mechanismus kann man Wechselwirkungen in der Natur in ihrem Verhalten überprüfen. Gut ist die Messung (und der konstruierte Mechanismus), wenn man bei ihrer Wiederholung immer wieder gleiche Ergebnisse erhält. Aus einer Messung kann man auf Verhalten und auf Gesetzmäßigkeiten in der Natur schließen.

In der Wissenschaft müssen Ergebnisse reproduzierbar sein, um als gültig (was auch immer das heißt) angesehen zu werden. Modelle der Natur sind von Menschen erdacht und enthalten oft Fehler. Gute Modelle müssen also möglichst zu jeder Zeit von anderen Menschen reproduzierbar sein. Können sie nicht reproduziert werden, stehen die Richtigkeit der Vermutung über die Wechselwirkung und das gesamte dazugehörige Modell in Frage.

Der Vollständigkeit halber müssen wir noch drei weitere Begriffe erwähnen. Die Begriffe Hypothese, Theorie und Gesetz.
Der Wissenschaftler hat eine Vermutung darüber, wie sich die Natur verhält. Diese Vermutung wird als Hypothese bezeichnet. Eine Hypothese wird durch Experimente (oder durch theoretische Schlussfolgerungen) überprüft und mit anderen Hypothesen in einem komplexeren, und umfassenderen Zusammenhang gebracht. Lässt sich ein passendes Modell ableiten, dann wird das Resultat als Theorie bezeichnet.
Unabhängig davon ist ein Gesetz eine meist mathematische Regelmäßigkeit der Natur, die immer wieder aufs Neue einem Experiment standhält. Zum Beispiel ist die aus der Schule bekannte Formel F = ma ein Gesetz. Es beschreibt den Zusammenhang zwischen Kraft, Masse und Beschleunigung.

Als letzte Begriffe sollen noch kurz die Adjektive qualitativ und quantitativ erklärt werden. Mit „qualitativ" ist der grobe Zusammenhang einer Wechselwirkung bezeichnet (Ursache und Wirkung). Die Aussagen „In der Nähe eines Magneten erfährt Eisen eine Kraft zum Magneten hin", „Sonnenstrahlung heizt Oberflächen auf", „Nachts ist es dunkel" sind rein qualitativ. Mathematische Berechnungen kann man mit ihnen nicht anstellen. Sie enthalten zu wenige Informationen darüber, wie man in ihrem Sinne mit Zahlen umgehen soll.
Als quantitativ dagegen bezeichnet man etwa das vorher erwähnte Beispiel F = ma. F ist hier die Kraft in der Einheit „Newton", m ist die Masse in „Kilogramm", und a ist die Beschleunigung in der Einheit „Meter pro Sekunde geteilt durch Sekunde". Nimmt man m mal a, erhält man eine exakte Zahl für F. Dieses Ergebnis kann man durch ein Experiment überprüfen. Dieses Ergebnis in dann quantitativ exakt.

Nachdem wir nun einige grundlegende wissenschaftliche Begriffe kennen gelernt haben, wollen wir weiter gehen und uns die Physik als Naturwissenschaft mit ihren Eigenheiten genauer ansehen. Zuerst ein kurzer (und nur bruchstückhafter) Blick auf die Geschichte der Physik.

Geschichtliche Entwicklung

Man kann sagen, dass die Geschichte der Physik als Naturwissenschaft etwa im 16. Jahrhundert begann. Der Begriff „Physik" findet sich erst recht spät, nämlich im beginnenden 19. Jahrhundert, als eigenständige Bezeichnung für „die Lehre von den Naturerscheinungen".

Natürlich begannen die Menschen nicht erst im 16. Jahrhundert, sich mit den Erscheinungen in der Natur zu beschäftigen. Archäologische Funde deuten darauf hin, dass bereits die Babylonier, die etwa 2000 Jahre vor Christi Geburt in der Region des heutigen Irak lebten, die Sonne, den Mond und Planeten und Sternbahnen beobachteten und dies für wichtig genug hielten, um es aufzuschreiben. So stellten Sie einen recht genauen Kalender mit Jahreszeiten auf und sie waren sogar in der Lage, Mondfinsternisse vorherzusagen.

Schon im frühen Griechenland gab es, wenn man es genau nimmt, das, was man als die ersten frühen Physiker bezeichnen könnte. Es bleibt aber die Frage, ob man die antiken griechischen Denker zu den Physikern oder besser noch zu den Philosophen zählen muss. Aber natürlich steckt in jedem Philosophen ein Physiker als auch ein Physiker in jedem Philosophen steckt. Das war schon immer so.

Was mich persönlich immer faszinierte, war, dass bestimmte Entdeckungen zu bestimmten Zeiten gemacht wurden und nicht zu beliebigen anderen Zeitpunkten. Ein interessanter, soziologischer Zusammenhang, wie ich meine. Denn es wäre ja durchaus vorstellbar, dass ein sehr cleverer Grieche auf eine Idee kommt, wie sich Massepunkte deterministisch im Raum bewegen könnten, und dann sein Leben der Erforschung der dies beschreibenden Mathematik widmet. Aber offensichtlich hat es einen solchen Griechen nicht gegeben. Bis jemand diese spezielle Beschreibung zu Stande gebracht hat, mussten, ausgehend vom antiken Griechenland, fast 2000 Jahre vergehen. Warum war das so?

Wir sprechen immer voller Respekt von den großen Denkern der Geschichte. Aber was für einen Kopernikus unglaublich originell war, ist für ein heutiges Schulmädchen vollkommen klar und logisch. Entdeckungen und Ideen scheinen also ganz wesentlich mit der Zeit, in der sie gemacht werden, zusammen zu hängen.

Man muss es wohl so formulieren, dass jeweils immer die Zeit reif gewesen ist für irgendeine Entdeckung, eine Erkenntnis, oder eine Erfindung.

Natürlich sind für bestimmte Experimente vorangegangene technische Entwicklungen notwendig. Beispielsweise ist es schwer, ein Teleskop zu bauen, um damit Sterne zu beobachten, bevor die Menschheit gelernt hat, Gläser zu bearbeiten und hinreichend große Spiegel zu bauen. Und wie soll jemand auf die Idee kommen, dass die Sterne sich allesamt von uns weg bewegen (siehe später in diesem Kapitel), wenn er das Spektrum von Sternen noch nicht beobachten kann, weil es noch keine Spektrometer gibt, eben weil sie noch von niemand erfunden wurden?

Die Natur mit ihren Gesetzen würde auch existieren, wenn es niemals auch nur einen Menschen gegeben hätte. Aber irgendwann waren Menschen da und haben angefangen sie zu entdecken. Dies muss zwingend bedeuten, dass vorhergehende, technische Errungenschaften einfach notwendig sind, um das Denken zu verändern und um neues Wissen auf Bekanntem aufzubauen. Offensichtlich lässt sich so auch verstehen, warum die Entwicklung der Menschheit in den letzten 200 Jahren so derartig große Sprünge gemacht hat.

Weiter ist es äußerst spannend, wenn man bedenkt, inwiefern eine ganze Weltanschauung einen gewissen Grad an Reife aufbringen muss, um neue Erkenntnisse hervorzubringen. In einer Zeit, in der die Welt unumstößlich und über jeden Zweifel erhaben, als Mittelpunkt des Universums angesehen wird, erfordert es schon eine neue Strömung von aufsässiger Kritik an Leben und einen bahnbrechenden Visionär, um so Grundlegendes in Frage zu stellen und um ganz allein die Idee zu haben, dass nicht die Erde, sondern die Sonne der Mittelpunkt unseres Sonnensystem sein könnte. Vom Bau von technischen Gerätschaften zur Überprüfung dieser Hypothese einmal ganz abgesehen. Wissen baut also auf Wissen auf. Technik baut immer auf Technik auf. Weltbilder bauen immer auf Weltbildern auf. Und jeder dieser Bereiche hat seine eigenen Denkschemen, seine eigenen Paradigmen. Und Denkschemen verändern sich nicht über Nacht. Es dauert immer lange, bis die Zeit reif ist für etwas Neues.

Früh in der Geschichte der Wissenschaften hatten wir es fast immer mit sogenannten Universalgelehrten zu tun. Meist reiche Bürger, die sich Bildung und ein Leben ohne tägliche, harte Arbeit leisten konnten, und so Zeit und Muse fanden, sich mit den Erscheinungen in der Natur zu beschäftigen. Das Wissen über die Welt war noch nicht so derartig im Detail spezialisiert, wie es heute der Fall ist. So konnten die damaligen Wissenschaftler in so gut wie allen Gebieten der Wissenschaft auf dem damaligen Stand der Zeit sein. Sie beschäftigten sich mit Mathematik, Astronomie, Mechanik, Optik und mit Philosophie. Natürlich hatten sie auch Themen, die wir heute als Esoterik bezeichnen würden. Denn wie wir noch sehen werden, war früher meist nur ein kleiner Unterschied zwischen Esoterik und objektiver Wissenschaft. Man denke dabei an die im Mittelalter verbreitete Kunst der Alchemie.

Ich möchte als Nächstes in chronologischer Weise ein paar wichtige Meilensteine der Physikgeschichte nennen und kurz erwähnen, was damals passiert ist. Diese Namen und die Ereignisse tauchen immer wieder auf und sie gehören zur Allgemeinbildung. Man sollte sie kennen.

Im antiken Griechenland gab es, wie bereits erwähnt, Universalgelehrte. Männer wie zum Beispiel Thales von Milet oder der große Pythagoras beschäftigten sich vor allem mit den Anwendungen von Geometrie und Mathematik. Das war circa 600 vor Christus. Etwa 300 Jahre später lebte Archimedes. Von ihm stammt zum Beispiel das archimedische Prinzip, wonach ein Gegenstand, der in eine Flüssigkeit getaucht wird, genau den Auftrieb erfährt, der dem Gewicht der Menge der verdrängten Flüssigkeit entspricht. – Spätere Universalgelehrte machten der Art nach ähnliche, mathematiklastige Aussagen und Entdeckungen. Allerdings waren diese meist sehr philosophischer Natur. Die wissenschaftliche Vorgehensweise war universitär noch nicht definiert. Jeder tat alles so, wie er meinte. Die klugen Köpfe waren aber nicht seltener oder häufiger, als sie es heute sind. Nur die Möglichkeiten und die Unterstützung waren schlechter.

Fangen wir also mit unserer chronologischen Liste im 16ten Jahrhundert bei Nikolaus Kopernikus an. Wenn man sich die Liste genau anschaut, dann stellt man fest, dass viele Entdeckungen, die heute so selbstverständlich für uns sind, vor noch gar nicht so langer Zeit stattgefunden haben. Und anders herum werden Sie erstaunt sein, wie lange es gedauert hat, so manche, doch so grundsätzliche Dinge heraus zu finden.

1543: Nikolaus Kopernikus (1473–1543) propagiert das heliozentrische Weltbild.

1572: Tycho Brahe (1546–1601) erschüttert mit seinen Beobachtungen der Supernova im Sternbild Kassiopeia die aristotelische Annahme der Unveränderbarkeit der Himmelssphäre.

1583: Galileo Galilei (1564–1642) untersucht Pendelschwingungen und stellt die Abhängigkeit der Schwingungsdauer von der Pendellänge fest.

1584: Giordano Bruno (1548–1600) formuliert die Idee, dass Fixsterne Zentren von anderen Planetensystemen seien.

1586: Simon Stevin (1548–1620): Gedankenexperiment: Theorie der schiefen Ebene, Kräfteparallelogramm, Äquivalenz von schwerer und träger Masse.

1590: Zacharias Janssen (1580–1638) erfindet das Mikroskop.

1600: William Gilbert (1544–1603) formuliert die Untrennbarkeit der Magnetpole.

1602: Johannes Kepler (1571–1630): 1. kepler'sches Gesetz („Die Umlaufbahn eines Trabanten ist eine Ellipse. Einer ihrer Brennpunkte liegt im Schwerezentrum des Systems."), 2. kepler'sches Gesetz („In gleichen Zeiten überstreicht der Fahrstrahl Objekt – Schwerezentrum gleiche Flächen."), 3. kepler'sches Gesetz („Die Quadrate der Umlaufzeiten entsprechen den Kuben der großen Halbachsen").

1608: Hans Lipperhey (1570–1619) erfindet das Fernrohr.

1609: Galileo Galilei formuliert die Fallgesetze.

1613: Galileo Galilei vertritt in einer Schrift über Sonnenflecken das kopernikanische Weltbild.

1620: Willebrord van Roijen Snell (1580–1626) entdeckt das Brechungsgesetz.

1640: Marin Mersenne (1588–1648) und Pierre Gassendi (1592–1655) bestimmen die Schallgeschwindigkeit in Luft.

1643: Evangelista Torricelli (1608–1647) entwickelt das Quecksilberbarometer.

1648: Blaise Pascal (1623–1662) weist die Höhenabhängigkeit des Luftdrucks experimentell nach.

1662: Robert Boyle (1627–1691) formuliert die Gasgesetze.

1662: Francesco Maria Grimaldi (1618–1663): Beugung des Lichts, Wellentheorie.

1666: Isaac Newton (1643–1727) stellt das Gravitationsgesetz auf und veröffentlicht Arbeiten zum Lichtspektrum.

1668: John Wallis (1616–1703) formuliert den Impulserhaltungssatz.

1668: Isaac Newton erfindet das Spiegelteleskop.

1668: Robert Hooke (1635–1703): Konstanz der Schmelz- und Siedepunkte von Stoffen.

1672: Isaac Newton: Farbenlehre, Korpuskulartheorie des Lichtes, Entdeckung der spektralen Zerlegung des Sonnenlichts.

1673: Christiaan Huygens (1629–1695): Energieerhaltungssatz für mechanische Vorgänge.

1678: Robert Hooke publiziert das hook'sche Gesetz über den linearen Zusammenhang zwischen Kraft und Federdehnung.

1678: Christiaan Huygens: Wellentheorie des Lichtes, huygens'sches Prinzip.

1682: Isaac Newton formuliert das Gravitationsgesetz.

1687: Isaac Newton: Axiomatische Formulierung der newton'schen Gesetze der Mechanik.

1700: Joseph Sauveur (1653–1716): Bestimmung von Grundtönen und Oberschwingungen von Klängen.

1714: Daniel Gabriel Fahrenheit (1686–1736) erfindet das Quecksilber- und das Alkohol-Thermometer und definiert mit der nach ihm benannten Fahrenheit-Skala die erste Temperaturskala.

1738: Daniel Bernoulli (1700–1782) formuliert die Grundgleichungen der Hydrodynamik, Ansätze zur kinetischen Gastheorie.

1742: Anders Celsius (1701–1744) schlägt eine 100teilige Thermometereinteilung vor.

1747: Benjamin Franklin (1706–1790): Begriff der elektrischen Ladung, Eigenschaften elektrischer Ladungen.

1748: Michail Wassiljewitsch Lomonossow (1711–1765): Erhaltung von Energie und Masse.

1776: Pierre-Simon Laplace (1749–1827): Determinismus, Kausalität.

1781: Wilhelm Herschel (1738–1822) entdeckt den Planeten Uranus.

1783: Antoine Laurent de Lavoisier (1743–1794): Wasser ist eine Verbindung aus Wasserstoff und Sauerstoff.

1785: Charles Augustin de Coulomb (1736–1806) formuliert das nach ihm benannte coulomb'sche Gesetz über die Kräfte zwischen elektrischen Ladungen.

1789: Luigi Galvani (1737–1798): Kontaktelektrizität.

1791: Pierre Prévost (1751–1839) entdeckt den Strahlungswärmeaustausch.

1796: Ernst Florens Friedrich Chladni (1756–1827) bestimmt als Erster die Schallgeschwindigkeit in Flüssigkeiten und Festkörpern.

1798: Henry Cavendish (1731–1810) bestimmt als Erster die Gravitationskonstante mittels einer Drehwaage. Berechnung der Erdmasse zu $6{,}6 \cdot 10^{24}$ kg.

1798: Benjamin Thompson (1753–1814) bestimmt das mechanische Wärmeäquivalent und erkennt die Nichtstofflichkeit der Wärme.

1798: Pierre-Simon Laplace sagt die Existenz von Schwarzen Löchern voraus.

1799: Das Archivmeter (Urmeter) und das Archivkilogramm (Urkilogramm) werden in Sèvres bei Paris hinterlegt.

1799: Alessandro Volta (1745–1827): Bau einer elektrochemischen Spannungsquelle.

1800: Wilhelm Herschel entdeckt die infrarote Strahlung im Sonnenspektrum.

1801: Thomas Young (1773–1829): Dreifarbentheorie der Farbempfindung.

1802: Johann Wilhelm Ritter (1776–1810) entdeckt die ultraviolette Strahlung durch ihre photochemische Wirkung.

1802: Thomas Young: Interferenz bei Licht und damit Nachweis des Wellencharakters des Lichtes.

1802: Joseph Louis Gay-Lussac (1778–1850) entdeckt, dass alle Gase nahezu dieselbe Wärmeausdehnung zeigen.

1808: Étienne Louis Malus (1775–1812) entdeckt die Polarisation des Lichtes.

1808: John Dalton (1766–1844): Einfaches, mechanisches Atommodell. Atomtheorie chemischer Reaktionen.

1811: Amedeo Avogadro (1776–1856) stellt das avogadro'sche Gesetz auf. („Gleiche Volumina von Gasen enthalten bei gleicher Temperatur eine gleiche Anzahl von Molekülen.")

1812: Jean-Baptiste Joseph Fourier (1768–1830): Fourier-Analyse, Fourier-Synthese (Zerlegung von Schwingungen in Grund- und Oberschwingungen).

1814: Joseph von Fraunhofer (1787–1826) entdeckt Absorptionslinien im Spektrum des Sonnenlichts.

1820: Hans Christian Oersted (1777–1851) entdeckt den Elektromagnetismus und erfindet das Amperemeter.

1821: André Marie Ampère (1775–1836): Theorie der Wechselwirkungen stromdurchflossener Leiter.

1823: William Sturgeon (1783–1850) erfindet den Elektromagneten.

1826: Georg Simon Ohm (1789–1854) formuliert das nach ihm benannte ohm'sche Gesetz.

1827: Robert Brown (1773–1858) untersucht die Bewegung sehr kleiner Teilchen in Flüssigkeiten („brown'sche Bewegung").

1831: Michael Faraday (1791–1867): Entdeckung der elektromagnetischen Induktion, magnetische Feldlinien.

1831: Joseph Henry (1797–1878) Bau des ersten Elektromotors.

1832: Hippolyte Pixii (1808–1835) baut den ersten Wechselstromgenerator,

1834: Jean Charles Athanase Peltier (1785–1845): Thermoelektrizität (Peltier-Effekt).

1834: Heinrich Friedrich Emil Lenz (1804–1865) formuliert die nach ihm benannte lenz'sche Regel (Folge des Energieerhaltungssatzes).

1835: Gaspard Gustave de Coriolis (1792–1843) führt als Erster die nach ihm benannte Trägheitskraft, die Coriolis-Kraft, zur Beschreibung mechanischer Vorgänge in rotierenden Bezugssystemen ein.

1842: Christian Andreas Doppler (1803–1853) entdeckt den nach ihm benannten Doppler-Effekt.

1843: James Prescott Joule (1818–1889): Mechanisches und elektrisches Wärmeäquivalent.

1847: Hermann Ludwig Ferdinand von Helmholtz (1821–1894) formuliert den allgemeinen Energieerhaltungssatz.

1848: William Thomson (1824–1907) postuliert die Existenz eines absoluten Temperaturnullpunkts.

1851: Jean Bernard Léon Foucault (1819–1868) demonstriert die Erdrotation mit dem nach ihm benannten foucault'schen Pendel im Panthéon im Paris.

1865: James Clerk Maxwell (1831–1879) stellt die nach ihm benannten Maxwell-Gleichungen der Elektrodynamik auf.

1873: Johannes Diderik van der Waals (1837–1923) entwickelt die Zustandsgleichung für reale Gase.

1873: James Clerk Maxwell (1831–1879): Licht als elektromagnetische Welle.

1875: Die internationale "Meterkonvention" wird zwischen 17 Staaten abgeschlossen.

1881: Auf dem 1. Internationalen Elektrizitätskongress in Paris werden die elektrischen Einheiten Volt, Ampere und Ohm eingeführt.

1883: Thomas Alva Edison (1847–1931) entdeckt den glühelektrischen Effekt.

1887: Ernst Mach (1836–1916) erforscht den Überschallknall.

1891: Hendrik Antoon Lorentz (1853–1928) stellt die nach ihm benannte Lorentz-Transformation auf.

1896: Antoine Henri Becquerel (1852–1908) entdeckt die Radioaktivität.

1897: Joseph John Thomson (1856–1940): Entdeckung des freien Elektrons.

1897: Karl Ferdinand Braun (1850–1918): Elektronenstrahlröhre (braun'sche Röhre – später Röhrenbildschirm).

1898: Marie Curie (1867–1934) und Pierre Curie (1859–1906) entdecken die radioaktiven Elemente Polonium und Radium.

1900: Max Planck (1858–1947) begründet die Quantentheorie: Planck'sches Strahlungsgesetz schwarzer Körper, Energiequanten, Wirkungsquantum.

1905: Albert Einstein (1879–1955): Lichtquantenhypothese zur Erklärung des lichtelektrischen Effekts, spezielle Relativitätstheorie, Äquivalenz von Masse und Energie.

1909: Alfred Heinrich Bucherer (1863–1927) weist die Zunahme der Elektronenmasse bei wachsender Geschwindigkeit gemäß der speziellen Relativitätstheorie nach (bis v˜0,53c).

1910: Robert Andrews Millikan (1868–1953): Öltröpfchenversuch – präzise Bestimmung der Elementarladung.

1911: Ernest Rutherford (1871–1937): Streuversuche mit Alpha-Teilchen durch Goldfolie - Atommodell zur Theorie, dass Atome aus Atomkern und Atomhülle bestehen.

1912: Johannes Wilhelm Geiger (1881–1945) und John Mitchell Nuttall (1890-1958): Verknüpfung von Energie und Halbwertszeit bei Alpha-Strahlern.

1913: Niels Henrick David Bohr (1885–1962) entwickelt das rutherford'sche Atommodell zum halbklassischen bohr'schen Atommodell weiter.

1914: Ernest Rutherford: Gamma-Strahlung besteht aus energiereichen Photonen. Entdeckung des Protons.

1915: Albert Einstein veröffentlicht die allgemeine Relativitätstheorie.

1917: Albert Einstein formuliert die theoretischen Grundlagen von stimulierter Emission von Licht als Grundlage für den Bau von Lasern.

1918: Niels Henrick David Bohr (1885–1962): Bohr'sches Korrespondenzprinzip.

1919: Arthur Stanley Eddington (1882–1944), Crommelin und Davidson bestätigen während einer Sonnenfinsternis die von Albert Einstein in der allgemeinen Relativitätstheorie vorausgesagte Lichtablenkung in Gravitationsfeldern am Sonnenrand.

1919: Francis William Aston (1877–1945): Ersten Massenspektrographen.

1920: Ernest Rutherford sagt das Neutron voraus.

1922: Arthur Holly Compton (1892–1962): Stoß zwischen Röntgenquant und Elektron (Compton-Effekt).

1924: Louis-Victor de Broglie (1892–1987): Theorie der Materiewellen, Bestätigung

1925: Erwin Schrödinger (1887–1961) begründet die Wellenmechanik.

1926: Max Born (1882–1970): Wahrscheinlichkeitswellen, statistische Deutung der Quantenmechanik.

1926: Niels Henrick David Bohr und Werner Karl Heisenberg (1901–1976): Kopenhagener Deutung der Quantenmechanik.

1927: Albert Abraham Michelson (1852–1931) bestimmt die Lichtgeschwindigkeit zu 299798 km/s.

1927: Georges Lemaître (1894–1966): Theorie einer Expansion des Weltalls nach einem Urknall.

1927: Werner Karl Heisenberg formuliert die nach ihm benannte heisenberg'sche Unschärferelation.

1929: Warren Alvin Marrison (geboren 1896) erfindet die Quarzuhr.

1929: Edwin Powell Hubble (1889–1953) und Milton Lasell Humason (1891–1972) deuten die Rotverschiebung von Sternen als Folge einer Expansion des Universums.

1930: Paul Adrien Maurice Dirac (1902–1984) postuliert die Existenz von Antimaterie.

1930: Wolfgang Pauli (1900–1958) postuliert das Neutrino.

1932: James Chadwick (1891–1974) entdeckt das Neutron.

1934: Louis-Victor de Broglie prägt den Begriff des Antiteilchens.

1935: Erwin Schrödinger: Formuliert zur Quantentheorie das Gedankenexperiment der schrödinger'schen Katze.

1935: Albert Einstein, Boris Podolsky (1896–1966) und Nathan Rosen (1909–1995) formulieren das EPR-Paradoxon.

1938: Otto Hahn (1879–1968) und Fritz Straßmann (1902–1980): Erste Kernspaltung.

1938: Irène Joliot-Curie (1897–1956) und Jean Frédéric Joliot-Curie (1900–1958) sowie Leo Szilard (1898–1964) weisen darauf hin, dass die Kernspaltung bei Uran als Kettenreaktion ablaufen kann.

1942: Enrico Fermi (1901–1954): Erste kontrollierte Kettenreaktion im Forschungsreaktor in Chicago mit einer Leistung von ca. 2 Watt.

1945: Erste Atombombe wird getestet. Abwürfe auf Hiroshima (6. August 1945) und Nagasaki (9. August 1945).

1948: John Bardeen (1908–1991), Walter Houser Brattain (1902–1987) und William Bradford Shockley (1910–1989) entwickeln den ersten Transistor.

1952: Die erste Wasserstoffbombe wird auf dem Eniwetok-Atoll im Pazifik getestet.

1953: Erstmaliger Nachweis von Neutrinos.

1954: Erste Solarzelle

1960: Theodore Maiman (* 1927) baut den ersten Laser.

1965: Arno Penzias (geboren 1933) und Robert Woodrow Wilson (geboren 1936): Entdeckung der kosmischen Hintergrundstrahlung.

Und an dieser Stelle hören wir auf, weil ab dieser Zeit einfach zu viel passiert. Die Erkenntnisse und Entdeckungen werden ab dieser Zeit so speziell, dass sie wohl selten zum Allgemeinwissen gezählt werden können. Dagegen sind uns die technisch-kommerziellen Errungenschaften ab dieser Zeit allen soweit bekannt, und sie sind so zahlreich, dass die Liste schier endlos lange wäre. Wir sehen also, dass sich die technischen und die theoretischen Errungenschaften im Verlauf der Zeit exponentiell zu häufen scheinen. Es gibt mehr gebildete Menschen als je zuvor, und Wissen kann auf umfangreiches, schon vorhandenes Wissen aufbauen. Offensichtlich leben wir in einer sehr fruchtbaren Zeit, die reif genug ist für vieles. Die Frage ist, was übrig bleibt, für was unsere Zeit noch nicht reif genug ist. Was kann noch alles kommen, wenn wir uns weiter entwickeln?

Der merkwürdige Umstand einer mathematischen Welt

Was war zuerst da? Die Welt oder die Mathematik? Wie wir früher in diesem Buch schon gesehen haben, ergeben sich durch Kombination von realen Längen in der wirklichen Welt mathematische Zusammenhänge in einer theoretischen Welt. Wir haben gesehen, dass die Länge 1 eines Zahnstochers plus die Länge 1 eines zweiten Zahnstochers zur Länge 2 kombinierbar ist. Weisen wir abstrakte Zahlen und abstrakte Operatoren zu, so erhalten wir Mathematik. Nun fragt man sich, ob die Welt mathematisch ist, oder ob es sein könnte, daß die Mathematik Teil der Welt ist. Ob die Mathematik als theoretisches Gerüst einfach so und in jedem Universum zu jeder Zeit gleich existiert. - Was war zuerst da? Die Welt oder die Mathematik? Ist die Welt aus Zufall mathematisch? Oder existiert die Welt aus Zufall in einer mathematischen Art und Weise? Könnte es auch eine Welt geben, in der die Mathematik anders gestaltet und anders beschaffen ist? Was wäre, wenn die Länge 1 plus die Länge 1 nicht das Doppelte, also nicht die Länge 2 wäre? Geht sowas überhaupt?

Für mich persönlich ist die Mathematik ein Phänomen, das aus einer logisch-kausalen Welt folgt. Wie wir später noch sehen werden, bin ich überzeugt von der Existenz einer mathematisch-logischen Konsistenz. Wenn man so will, dann ist dies eine Art Glaube. Aber irgendeinen Glauben brauchen wir Menschen doch, nicht wahr?

Seit Galileo Galilei (1546 bis 1624) sprechen die Physiker die Sprache der Mathematik. „Das Buch der Natur ist mit mathematischen Symbolen geschrieben.“ – So drückte es Galileo zu Lebzeiten aus. - Wir wollen uns im Folgenden drei mathematische Beispiele aus der realen, physikalischen Welt ansehen. Die schiefe Ebene, den Zerfall von Bierschaum und das Kugelstoßpendel.

Die schiefe Ebene mit der newton'schen Mechanik

Als erstes von drei Beispielen zur Darstellung, wie sich Mathematik in der realen Welt ausdrückt, möchte ich die aus dem Physikunterricht in der Schule bekannte, sogenannte schiefe Ebene erklären. Zuerst das Experiment:

Man nehme ein Brett und lege es auf einen ebenen Tisch. Unter die eine Seite des Brettes legt man als Stütze einen Balken, sodass das Brett schief liegt. Dieses schiefe oder geneigte Brett bezeichnen wir als schiefe Ebene. Es geht nun um das Verhalten von rollenden (oder nahezu verlustfrei gleitenden) Gegenständen auf der schiefen Ebene. Dieses Verhalten wollen wir genauer untersuchen und verwenden dazu eine Kugel aus Metall. (Reibungen und den Luftwiderstand klammern wir für diese Beschreibung aus.) Wir setzen die Kugel ans höhere Ende unserer schiefen Ebene und halten sie zuerst fest. Lassen wir die Kugel nun los, so wird sie auf direktem Weg vom höheren zum tieferen Ende der Ebene rollen. Wie genau dieses Abrollen vonstatten geht, wollen wir nun zuerst experimentell untersuchen und es dann nachfolgend mathematisch beschreiben.

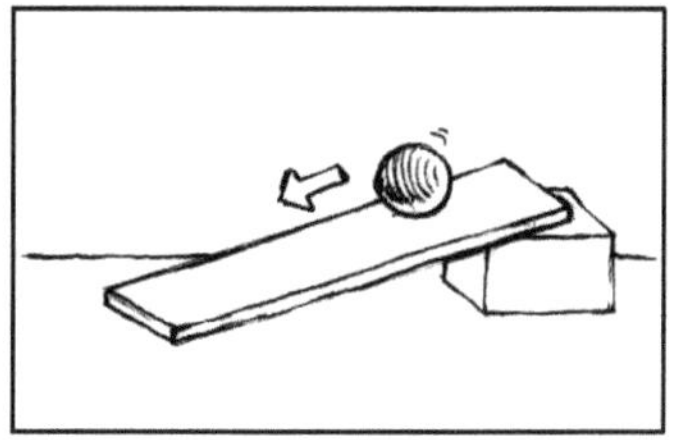

Zum experimentellen Untersuchen von Bewegungsabläufen braucht man eine Stoppuhr. Diese Stoppuhr wird gestartet, sobald wir die Kugel am höheren Ende der Schiefen Ebene los lassen. Gestoppt wird die Zeit, wenn die Kugel eine bestimmte Strecke zurückgelegt hat.

In der Durchführung des Experiments messen wir die Kugelzeiten für unterschiedliche Strecken. Etwa für 10cm, für 15cm, für 20cm und so weiter. Diese Werte tragen wir in eine Tabelle und in einen Graphen ein. Macht man unendlich viele, unendlich genaue Messungen, so erhält man (für ein hier frei ausgewähltes System) folgendes, graphisches Ergebnis:

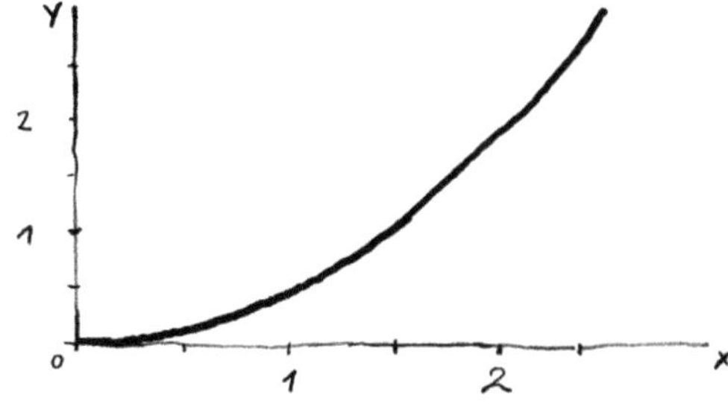

Nach rechts ist in diesem Diagramm die Zeit eingetragen, nach oben die zurückgelegte Strecke der Kugel. Wir sehen, dass die Strecke nicht etwa konstant zunimmt (dann wäre der rote Strich eine Gerade), sondern dass sie mit fortschreitender Zeit immer schneller größer wird. Man nennt diesen Verlauf quadratisch oder hyperboloid. Die Kurve bezeichnet man als Parabel. Der Grund, warum die Kurve immer steiler wird, ist der, dass die Kugel mit zunehmender Zeit immer schneller wird. Je schneller man ist, desto mehr Strecke legt man pro Zeit zurück. Je schneller, desto steiler also die Kurve. Am Anfang ist die Kurve flach, weil die Kugel noch langsam ist, am Ende ist die Kurve steil weil die Kugel schnell ist.

Hier jetzt der mathematische Zusammenhang der schiefen Ebene in Formelschreibweise. Dabei ist b der Neigungswinkel der schiefen Ebene.

$$\frac{1}{2}\sin(b)Gt^2$$

Da es in diesem Kapitel um Mathematik geht, möchte ich nun ein bisschen Grundstufen-Lehrplan aus Schulzeiten machen und erklären, was die Formel bedeutet.

t ist die Zeit die vergeht.

G ist die Erdbeschleunigung.

sinb ist eine rein mathematische Operation und drückt die Neigung der Ebene aus.

b ist der Neigungswinkel der schiefen Ebene (ist die Ebene flach, so ist b Null).

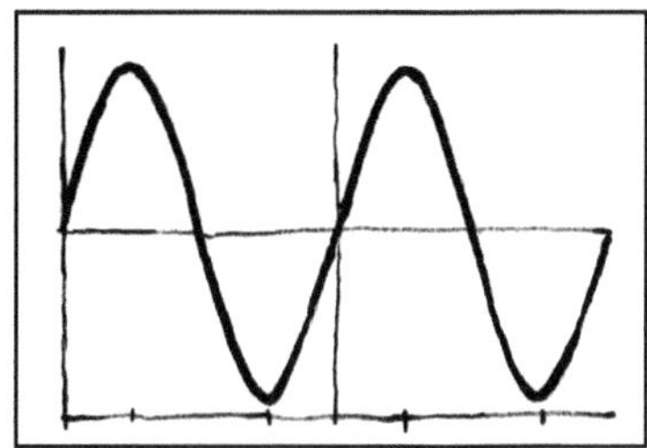

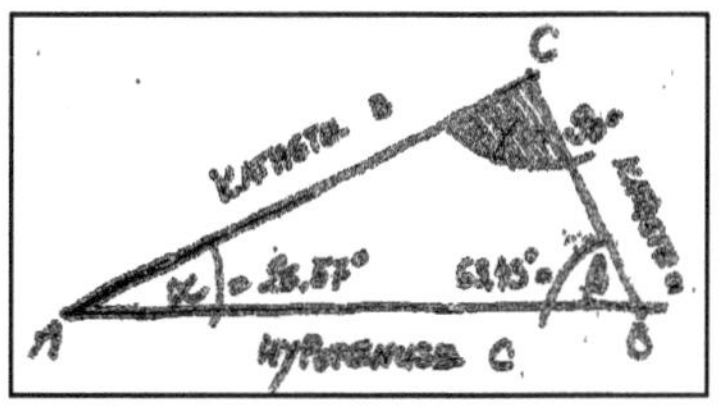

Zuerst einmal interessiert uns der Operand sin(b). „sin“ ist die Abkürzung von „Sinus“ in mathematischer Symbolschreibweise. Sinus ist eine von den drei bekannten trigonometrischen Funktionen neben dem Cosinus und dem Tangens. Trigonometrische Funktionen sind Winkelfunktionen und beschreiben Seitenverhältnisse in rechtwinkligen Dreiecken. In den beiden Zeichnungen nebenan sehen wir einmal den Graphen der Sinusfunktion sowie ein rechtwinkliges Dreieck. Die Sinusfunktion in der ersten Abbildung hat ihren Maximalwert bei einem Winkel von 90°, also dem rechten Winkel, und ihr Minimum (das bei Null liegt) bei Null Grad. Da es sich um eine Kreisbewegung handelt, ist der Verlauf bis ins Unendliche nach rechts und links periodisch fortsetzbar. Der Sinus ist nun, abhängig vom Winkel α in der Zeichnung, das Verhältnis von Kathete a zu Hypotenuse c. Man erkennt, dass bei einem Winkel von Null Grad auch das Ergebnis von a/c (a geteilt durch c) gleich Null ist. Ebenso kann man sich bei negativen Winkeln den Verlauf des Graphen erklären. Denn ein negatives a geteilt durch ein positives c ergibt eine negative Zahl.

Der Ausdruck sin(b) stellt also eine „Gewichtung“ der Neigung der schiefen Ebene in unserem mathematischen Ausdruck her. Ist b gleich null, so ist auch die pro Zeit zurückgelegte Strecke gleich null, denn die Ebene ist ja mit null Grad geneigt und damit flach und keine schiefe Ebene mehr. Die Kugel würde erst gar nicht zu rollen beginnen. Ist b dagegen gleich 90°, so hätten wir ebenfalls keine schiefe Ebene mehr, sondern das, was man als freien Fall bezeichnet. Sin(b) würde den Wert 1 annehmen. Alles was mit 1 multipliziert wird, ergibt dasselbe wie vorher. (1 ist das neutrale Element der Multiplikation.) Also würde bei b=90° der Faktor sin(b) wegfallen.

Als nächstes finden wir (von hinten her gezählt) das Symbol G. „G“ symbolisiert in der Physik die Erdbeschleunigung. Was ist nun die Erdbeschleunigung?
Eine uns allen geläufige Beschleunigung kennen wir zum Beispiel alle vom Autofahren. Tritt man aufs Gas, wird man nach hinten in den Sitz gedrückt und das Auto wird schneller. Es beschleunigt. Genauso kann man die Anziehungskraft der Erde als Beschleunigung „nach unten“ auffassen. Und in der Tat unterscheidet sich das Wesen dieser nach unten gerichteten Erdbeschleunigung durch nichts von einer technisch erzeugten Beschleunigung wie etwa beim Gas gebenden Auto. Die Erdbeschleunigung ist in ihrem Wesen eine Art von Eigenschaft, die alle großen Masseansammlungen aufweisen. Unsere Erde ist groß, hat eine große Masse, und erzeugt so die Beschleunigung, wie wir sie gewohnt sind. Diese sorgt dafür, dass wir nicht schwerelos im Raum umher fliegen, sie hält Satteliten in ihrer Bahn und sorgt dafür, dass Flugzeuge immer wieder auf den Boden zurückkehren. G hat in etwa den Wert $9{,}81 m/s^2$, kann empirisch gemessen werden und ist überall auf der Erdoberfläche in etwa gleich groß.

Natürlich können wir als Mathematiker aus der Gleichung für die Strecke auch die der Geschwindigkeit berechnen. Dazu verwendet man ein operatives Vorgehen, das als Differentialrechnung bezeichnet wird. Umgangssprachlich sagt man, dass man die Gleichung „ableitet“. Man tut dabei nichts anderes, als mathematisch zu berechnen, wie hoch die Steigung auf jedem einzelnen Punkt des Graphen ist.

Die Ableitung der vorherigen Formel lautet:

$$\sin(b)Gt$$

Und der dazugehörige Graph sieht nun so aus:

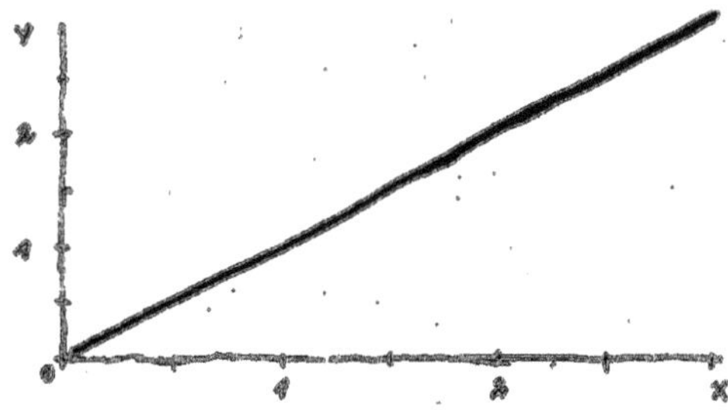

Der Verlauf der Geschwindigkeit mit der Zeit ist also eine Gerade. Das ist leicht nachzuvollziehen, denn die Kugel wird ja kontinuierlich schneller. Die Steigung der Kurve entspricht dem Ausdruck sin(b)*G. Wäre b=0, so wäre auch die Steigung Null, da die Ebene ja keine Ebene mehr wäre, sondern eine waagerechte Fläche. Anders, wäre b=90°, so würde der Term sin(b) aus der Gleichung verschwinden und wir hätten den freien Fall mit Erdbeschleunigung. Die Steigung der Kurve wäre dann gleich G.

Es gibt noch einen weiteren Graphen: Den der Beschleunigung. Die Beschleunigung ist wiederum die Ableitung der Geschwindigkeit. (Oder die zweite Ableitung des Streckenverlaufes.) Die Beschleunigung ist, wie wir nun sicher alle schon verstanden haben, konstant. Dies ist wiederum leicht nachvollziehbar, denn die Kugel erfährt ja auf der schiefen Ebene eine konstante Beschleunigung. Sie lautet:

$$\sin(b)G$$

Und sie ist natürlich auch wieder abhängig vom Winkel b. Ist b=0° herrscht keine Beschleunigung. Ist b=90° befindet sich die Kugel im freien Fall, was bedeutet, dass sie mit G, der Erdbeschleunigung, beschleunigt wird. Der Graph ist ein konstanter Verlauf und sieht natürlich aus wie ein waagerechter Strich.

Damit wäre im Großen und Ganzen alles gesagt, was man für den Hausgebrauch über die schiefe Ebene wissen muss. Mathematisch zu beschreiben, wie es mit technischen Effekten wie dem Rollen mit Roll-, beziehungsweise Reibungswiderstand, dem Losbrechmoment und dem Luftwiderstand aussieht, ist selbstverständlich beliebig komplizierbar.

Der Physiker, Mathematiker, Astronom, Alchemist, Philosoph und Verwaltungsbeamte Isaac Newton, den wir im nachfolgenden Abschnitt kennen lernen werden, hatte im 17ten Jahrhundert die theoretischen Beschreibungen für mechanisches Verhalten der gerade besprochenen Art geliefert. Für uns, die wir an dieser Stelle Mathematikphilosophen sind, wäre es interessant zu wissen, ob Newton durch theoretische Überlegungen oder durch Auswerten von Experimenten zu seinen mathematischen Beschreibungen gelangte. Aus Überlieferungen ist sein Vorgehen leider nicht eindeutig bekannt. Sicher ist jedoch, dass Newton die zu seiner Zeit bekannten Ergebnisse von bereits durchgeführten Experimenten tief in seine theoretischen Überlegungen mit einbezog. Er suchte also nach einer möglichst exakten Art der Beschreibung und Voraussage des zum großen Teil schon bekannten Verhaltens der mechanischen Welt.

Was wir hier gerade am Beispiel der drei Graphen zu Strecke, Geschwindigkeit und Beschleunigung gesehen haben, sind die sogenannten newton'schen Bewegungsgleichungen. Selbstverständlich umfassen die von Newton hergeleiteten Formeln noch sehr viel mehr Effekte, und sie sind in ihrer vollständigen Form durchaus komplizierter. Außerdem hinterließ uns Newton noch sehr viel mehr Mathematik und sehr viel mehr und umfangreichere mathematische Werkzeuge. So stammt zum Beispiel von ihm die geniale Erkenntnis, dass jede Kraft eine Gegenkraft erzeugt und dass dieser Effekt mit F=ma (Kraft = Masse mal Beschleunigung) beschrieben werden kann. Auch das „Ableiten" und das „Integrieren" wurden von Newton schulmathematisch verfeinert.

Newton war ein genialer Denker und ohne ihn wären wir in der Physik und Technik vielleicht nicht da, wo wir heute sind. Wer daran zweifelt, sollte sich Folgendes klar machen: Stellen Sie sich vor, Sie sollten sich eine mathematische Beschreibung von mechanischen Bewegungen ausdenken. Stellen Sie sich vor, sie haben eine Kugel, die auf einer schiefen Ebene nach unten rollt. Mit diesem trivialen Vorgang beschäftigen Sie sich und kommen auf die Formel $\frac{1}{2}\sin(b)Gt^2$. - Das an sich ist schon herausragend. Und dann stellen Sie sich vor, dass Sie bemerken, dass man für eine schlüssige Mathematik noch mehr beschreiben können müsste. Und so ganz aus Ihren Überlegungen heraus entwickeln Sie dann noch ein vollständiges System von Regeln zum Ableiten und Integrieren. Leistungen dieser Art zeugen von einem herausragend genialen Geist.

Die mathematische Beschreibung der Natur läuft also in etwa immer so ab, dass man ein Verhalten präzise nach den Gesetzen der Logik und Kausalität beschreibt, um dann dieses Verhalten mit Symbolen und Rechenarten der Mathematik auch quantitativ abzubilden. In unserem Beispiel hatten wir eine Kugel, die konstant beschleunigt wird. Diese Beschleunigung ergibt bei Betrachtung der zurückgelegten Strecke pro Zeit einen hyperboloiden Verlauf. Das liegt daran, dass die Kugel mit konstanter Beschleunigung immer schneller wird und daher mit zunehmender Zeit pro Zeit immer mehr Weg zurücklegt. Man kann in diesem Beispiel logisch nachvollziehen was in der Natur passiert.

Aber genauso gut kann man einen anderen Weg wählen. Man kann sich an einen Schreibtisch setzen und rein theoretisch auf dem Blatt Papier mit Symbolen und Formeln und mit mathematischen Ausdrücken spielen, und die daraus resultierenden Kurven berechnen und aufzeichnen. Man kann Kurven mit Kurven und Rechenregeln mit Rechenregeln kombinieren. Man kann die formale Rechenart des Ableitens (mathematisch ausgedrückt: „Differenzieren“) anwenden und kann aus dem Term der zurückgelegten Strecke den Verlauf der Geschwindigkeit berechnen. All das kann man vom Schreibtisch aus tun, ganz ohne empirisch auszutesten, was in der realen Natur in punkto Geschwindigkeit passiert. Die Mathematik funktioniert, weil sie logisch-konsistent ist! Und weil anscheinend die Welt mathematisch und logisch-konsistent ist, passt das Verhalten der Geschwindigkeit in der Wirklichkeit mit dem Berechneten aus der Welt der Mathematik zusammen. Es macht den Anschein als wären beide dasselbe. Ein spannender Zusammenhang.

Es erscheint immer äußerst merkwürdig, dass die reale Welt mit der Mathematik, die ja nur auf dem Papier oder im Geiste funktioniert, abgebildet und beschrieben werden kann. Doch wenn man genauer darüber nachdenkt, dann ergibt sich die Schlussfolgerung, dass die Mathematik nichts weiter zu tun braucht, als die logisch konsistenten und kausalen Zusammenhänge abzubilden. Das Verhalten der Natur ist, wie es ist, und offensichtlich ist es logisch-konsistent und kausal. Und weil die Natur in ihrem Wesen logisch, kausal und konsistent ist, funktioniert auch eine vollkommen exakte Beschreibung mit Hilfe der Mathematik, die ja nichts anderes ist als ein großes logisch-konsistentes System. Logik und Konsistenz sind die wesentlichen Grundbausteine der Mathematik. Weiter folgt die Natur offensichtlich einer kausalen Ordnung. Und so passen Natur und Mathematik also besonders gut zusammen. - Fragt sich nur, wer vorher da war, die Mathematik oder die reale Welt. Waren die Gesetze zuerst da, oder war es die Welt in ihrer Beschaffenheit, die zu Gesetzmäßigkeiten führte?

Kommen wir aber nun zum nächsten Beispiel.

Der mit der E-Funktion zerfallende Bierschaum

Wir gehen in einen bayerischen Biergarten, oder gleich aufs Oktoberfest, und beobachten frisch eingeschenkte Maßkrüge, gefüllt mit kühlem Bier. Wir beobachten den weißen Bierschaum. Je länger das Bier steht, desto weniger Schaum finden wir auf dem Bier. Der Schaum zerfällt. Und eben das wollen wir uns genauer anschauen. Der Schaum zerfällt nämlich nicht irgendwie, sondern er zerfällt in einer mathematisch beschreibbaren Art und Weise.

Was passiert also genau? Zuerst müssen wir ein paar vereinfachende Konventionen treffen. Für unsere Berechnungen gehen wir davon aus, dass keine zusätzlichen Einflüsse wie Wind oder ungleich verteilte Verschmutzungen oder ungleichmäßiges Sprudeln des Bieres vorhanden sind. Wir gehen einfach davon aus, dass der Schaum da ist, und dass die Schaumblasen mit der Zeit zerplatzen.

Jede einzelne Schaumblase hat ungefähr die gleiche mittlere Lebensdauer. Das bedeutet, dass pro Zeit, jede Schaumblase mit der gleichen Wahrscheinlichkeit zerplatzt. Beim Bier liegt die mittlere Lebensdauer jeder Blase in etwa zwischen 10 und 30 Sekunden. Die Halbwertszeit ist die Zeit, nach der noch halb so viele Blasen wie zu Beginn unzerplatzt sind. Bei einem guten Bier liegt die Halbwertszeit zwischen 90 und 110 Sekunden.

Zum Verständnis schauen wir uns für den Anfang nur 100 dieser Bierschaumblasen an. Nach zwanzig verstrichenen Sekunden werden also ungefähr noch 50 Blasen übrig sein. Nach 40 Sekunden, also nach der doppelten Zeit, werden es in etwa noch 25 Blasen sein. Nach 60 Sekunden noch circa 17, nach 80 Sekunden noch 8. Und so weiter. Dieser Zusammenhang rührt daher, dass die Wahrscheinlichkeit des Zerplatzens für jede Blase immer in etwa gleich hoch ist. Im Diagramm sehen wir den sich aus der Messauswertung ergebenden graphischem Zusammenhang. Wir sehen eine Kurve, die anfangs sehr steil ist und dann flach (gegen Ende unendlich flach) ausläuft:

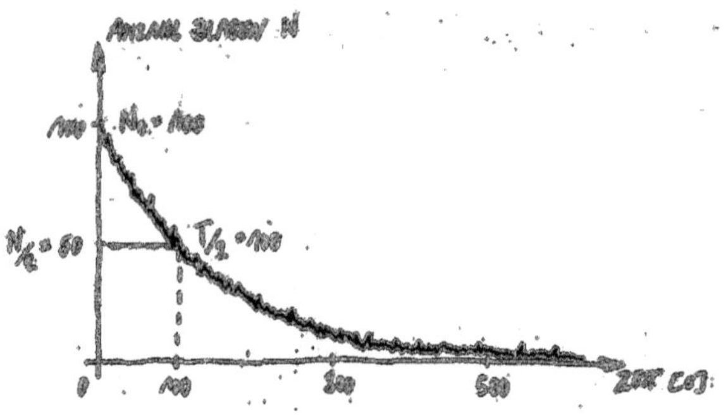

Als nächstes wollen wir uns die Mathematik zu diesem Vorgang anschauen. Wir versuchen, das Verhalten mit seinen in der Natur vorkommenden logisch-konsistenten und kausalen Regeln mit den Möglichkeiten der Mathematik zu beschreiben. Zugrunde liegt die Erkenntnis, dass jede einzelne Blase mit derselben mittleren Wahrscheinlichkeit pro Zeit zerplatzt. Mehr braucht man nicht.

Aus diesem Zusammenhang ergibt sich, dass anteilmäßig über die Zeit nach gleichen Zeitabschnitten jeweils die gleiche Prozentzahl vom letzten Schaumstand unzerplatzt übrig bleibt. Genau dieses Verhalten wird in der Mathematik als exponentieller Verlauf oder exponentieller Zusammenhang bezeichnet. Was ist denn nun ein exponentieller Zusammenhang?

Exponential bedeutet Folgendes: Man nimmt eine Zahl so oft mit sich selbst mal, wie es der Exponent sagt.

$$a^x$$

Der Exponent ist in der Formel das Symbol x. So bedeutet 2^3 nichts anderes als 2 * 2 * 2 und das ist gleich 8. Damit man sich besser auskennt, nennt man, wie gesagt, die Zahl oben „Exponent" und die Zahl unten, bei uns a, „Basis". Zwei ist also die Basis. Wir sagen: „zwei hoch drei".

Zeichnet man sich aus dieser Verknüpfung eine Funktion mit variablen Exponenten, dann erhält man diesen Graphen:

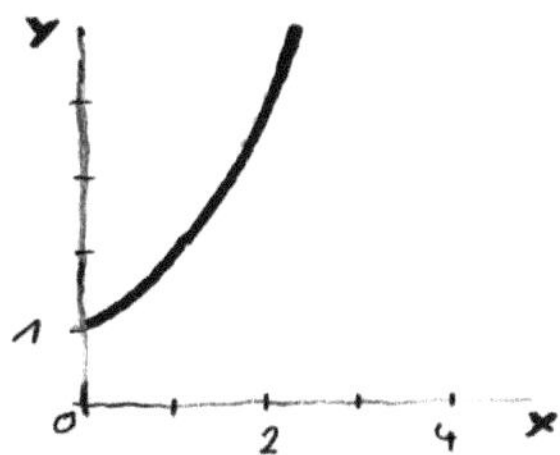

Wie man in der Graphik sieht, fängt der Graph nicht bei Null an, sondern beginnt in der 1 bei y=0. Das liegt daran, dass Mathematiker vor langer Zeit einmal die Konvention getroffen haben, dass jede beliebige Zahl „hoch" Null immer eins ergibt. Das tat man nicht ohne dabei an die Stetigkeit der Exponentialfunktion zu denken. Denn, zeichnet man auch die andere Seite der Funktion, die Seite von negativen x-Werten, dann erhält man die folgende Ansicht:

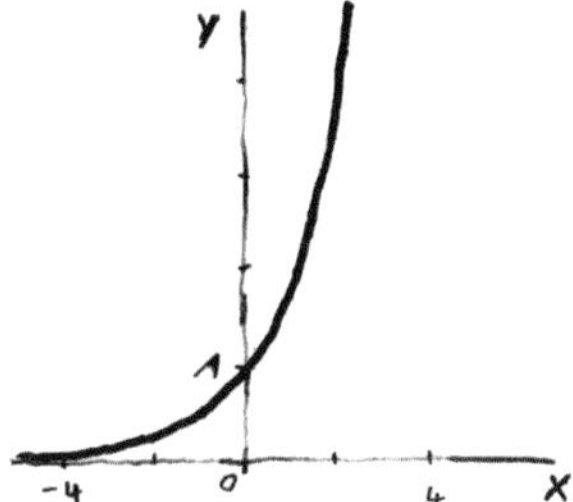

Wir sehen also, dass für negative x-Werte die Ergebnisse der Funktion allesamt kleiner als 1 werden und schließlich irgendwo bei unendlich negativen Werten gegen null laufen.

Spiegelt man das Ganze an der vertikalen y-Achse und streckt es auf einen passenden Wert, so sieht der Graph tatsächlich aus wie unsere Zerfallsmessung vom Bierschaum.

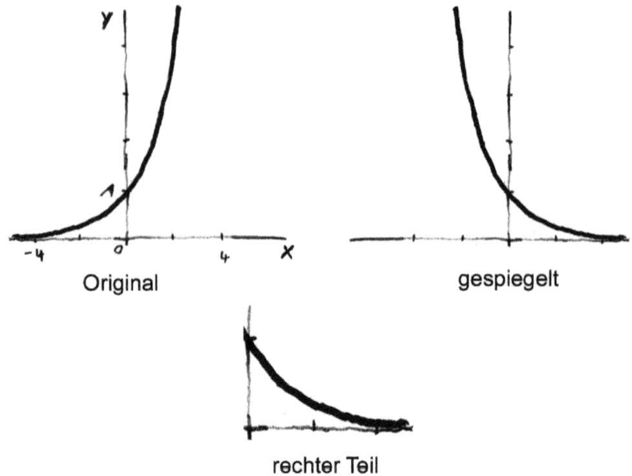

Man kann sich nun noch fragen, warum die Werte von negativen x-en kleiner als 1 werden. Dazu gibt es wieder eine mathematische Konvention. Diese besagt, dass negative Werte im Exponenten dasselbe bedeuten, wie wenn Basis hoch Exponent im Nenner eines Bruches stehen. 2 hoch minus 3 ist also das Gleiche wie 1 geteilt durch 2 hoch 3. In Formelschreibweise lautet diese Umformung mit den Platzhaltern a und b:

$$a^{(-b)} = \frac{1}{a^b}$$

Man sieht also, dass bei negativerem Ausdruck im Exponenten (hier der Ausdruck –b die Werte auf der y-Achse immer kleiner werden. Bei unendlich negativem x werden die Werte beliebig klein, um dann auch im Unendlichen gleich Null zu werden (was man sich ein bisschen schwer vorstellen kann). Dieser Zusammenhang ist sehr brauchbar für die Beschreibung des Zerfalls von Bierschaum.

Da wir nun schon die Form der Bierschaum-Zerfallsfunktion kennen, schauen wir uns als Nächstes doch gleich einmal das vollständige Zerfallsgesetz in Formelschreibweise an.

$$N(t) = N_0 \left(\frac{1}{2}\right)^{\frac{t}{T_{1/2}}}$$

Und der Graph, den wir sehen, ist der des Zerfallsgesetztes. Dabei wurden schon Zahlen eingesetzt. N_0 ist 100, $T½$ (die Halbwertszeit) ist wie in dem Graphen oben gleich 100. Wir erkennen, dass der in einem Mathematik-Simulationsprogramm erstellte Graph sehr ähnlich dem aus der Messdatenreihe weiter oben im Text ist.

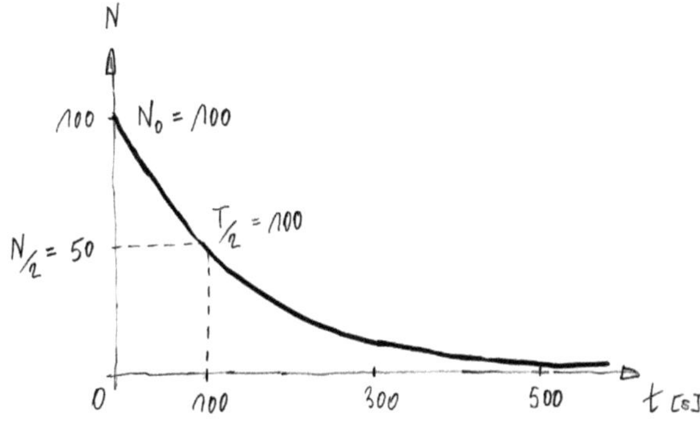

Sehen wir uns also die Funktion nochmals genauer an. Wir sehen als ersten Teil der Formel das N_0. N_0 ist der Anfangswert, also die anfängliche Anzahl an Bierschaumblasen. Setzt man also für x (hier t, weil es ja eine Funktion der Zeit ist) Null ein, also beim Zeitpunkt Null, also am Beginn der Betrachtung, dann ist die Exponentialfunktion laut Konvention gleich 1. Denn irgendetwas hoch Null ist laut Konvention immer gleich eins. Und eins mal N_0 ist wieder N_0, der Anfangswert. Als nächstes sehen wir in der Basis der Exponentialfunktion die Zahl ½. Das hat seinen Grund. Es hat mit der Definition der Halbwertszeit $T½$ zu tun. Die Halbwertszeit ist so definiert, dass sie diejenige

Zeit ist, bei der bei einem Zerfall (hier von Bierschaumbläschen) nur noch halb so viele Bläschen übrig sind wie zu Beginn der Zeitmessung. Warum man die Basis ½ zu der Definition der Halbwertszeit wählt, kann natürlich mathematisch hergeleitet werden; was wir hier aber jetzt nicht tun wollen. Dass das Endresultat und damit auch die Konstruktion der Formal passen, können wir durch einfaches Einsetzen überprüfen. Laut Definition der Halbwertszeit sollen nach der Halbwertszeit (hier 100) noch genau halb so viele Schaumblasen (hier die Hälfte von 100, also 50) vorhanden sein. Wir rechnen also 100 Mal einhalb hoch 100 geteilt durch 100 (gleich 1). Einhalb hoch 1 ergibt wieder einhalb und damit ergibt alles zusammen 100 mal ½ = 50. Und das ist genau die Hälfte von N_0, nachdem die Halbwertszeit verstrichen ist.

Und wie es der Sinn dieses Abschnittes ist, können wir uns jetzt darüber Gedanken machen, wie die reale Welt mit der Mathematik zusammenhängt. Es sind im Groben, wie schon erwähnt, zwei logische Effekte. Der erste ist die gleiche Zerplatzwahrscheinlichkeit für jedes einzelne Bierschaumbläschen pro Zeit. Mittelt man diese Zeit über viele Bierschaumbläschen, so kann man mit einer festen Zahl rechnen, der mittleren Bierschaumbläschenlebensdauer. Zum Zweiten ist es der daraus resultierende Zusammenhang, dass man nach immer wieder gleichen Zeiten immer wieder die Hälfte von der Hälfte von der Hälfte (und so weiter) der Gesamtanzahl der anfänglichen Schaumbläschen erhält. Dies ist ein exponentielles Verhalten mit negativem Exponenten. Beides sind Zusammenhänge, die in der realen Welt wirklich vorkommen, und beide sind durch unsere Formeln lediglich beschrieben. „Die Hälfte von der Hälfte von der Hälfte" ist ein logischer Effekt, der ein Ergebnis liefert, genauso wie die Länge eins plus die Länge eins das Ergebnis zwei liefert. Man erhält dieses Ergebnis nicht nur durch Befragungen der Natur im Experiment, sondern man kann auch durch reines Nachdenken und eventuelles Umformen von mathematischen Ausdrücken darauf kommen.
Und da stellt sich wieder die Frage, was vorher da war. War es zuerst die Mathematik, oder war es zuerst die reale Welt? Warum verhält sich die Welt mathematisch? Warum passen die Gesetzte der Logik so gut zum Verhalten der Natur? Die Natur könnte sich ja auch sehr viel komplizierter verhalten. Sie tut es aber nicht. – Oder ist es nur vielleicht einfach so, dass Logik und Kausalität

nur aus dem Grund herrschen, weil eine Natur da ist, die in ihrem Wesen bestimmtes Verhalten zeigt?

Wenn ein Stuhl in einem Raum steht, dann wird ihn wohl oder übel jemand dort hingestellt haben müssen. Der Vernunft der Kausalität entsprechend macht es da keinen großen Sinn, über andere Möglichkeiten nachzudenken. Ein Stuhl in einem Raum muss irgendwie einmal dorthin gekommen sein, sonst wäre der Stuhl nicht in diesem Raum. Und genauso ergibt die Länge eins plus die Länge eins in der realen Welt, genauso wie in der Mathematik, die Länge zwei. Man kann über die Mathematik philosophieren, soviel man will, aber der Zusammenhang bleibt, wie er ist. Ob man das Ergebnis durch Nachdenken im Abstrakten oder durch Ausprobieren im Realen erhält, es wird immer gleich bleiben. – Der Grund dafür scheint zu sein, dass das in einer logisch-konsistenten, kausalen Welt genauso sein muss, eben weil die Natur logisch-kausal konsistent ist.

Das Kugelstoßpendel

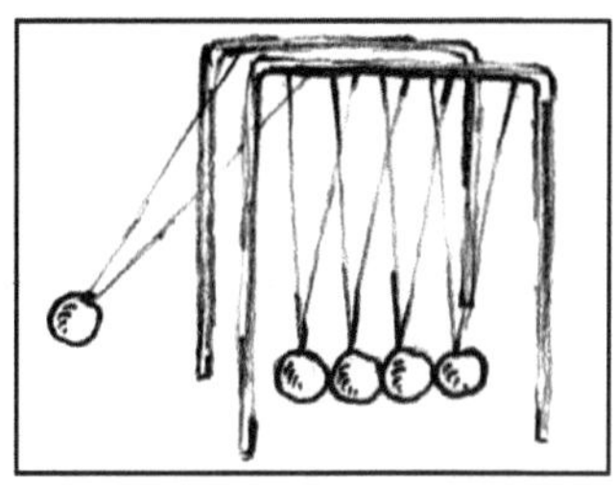

Nun zum letzten Beispiel: Jeder kennt das Kugelstoßpendel. In der Abbildung rechts sehen wir zum Beispiel ein solches. Wenn die Kugeln alle in der Mitte ruhen und man auf einer Seite eine beliebige Anzahl Kugeln nimmt, sie miteinander auslenkt und auf die anderen Kugeln fallen lässt, so stoßen sich nach dem Zusammenprall auf der anderen Seite genau so viele Kugeln aus der Reihe ab, wie man zuvor ausgelenkt hatte. Dass dies so passiert, kann man schlichtweg einfach akzeptieren, oder sich bis zur Verzweiflung darüber den Kopf zerbrechen. - Denn es könnte ja auch etwas anderes passieren. Es könnte ja sein, dass eben nicht immer genau so viele Kugeln auf der anderen Seite abgestoßen werden, wie man zuvor ausgelenkt hat. Zum Beispiel wäre denkbar, dass, wenn man zwei Kugeln auslenkt, auf der anderen Seite nur eine Kugel weg springt, diese dann aber doppelt so schnell. Oder es könnte sein, dass alle Kugeln miteinander beschleunigt werden, nur eben sehr viel langsamer. Ebenso wäre es vielleicht denkbar, dass die ursprünglich ausgelenkten Kugeln nach dem Stoß nicht ruhig liegen bleiben, sondern wieder ein Stück in die Richtung der ursprünglichen Auslenkung zurück springen.

Das Kugelstoßpendel zeigt aber immer genau ein bestimmtes Verhalten und kein anderes. Offensichtlich liegt im Kugelstoßpendel eine komplexere Regelmäßigkeit verborgen, als die, die wir intuitiv erfassen können. Offensichtlich lässt sich das Verhalten des Kugelstoßpendels nicht eindeutig durch Kombinationen unserer alltäglichen Erfahrungen nachvollziehen. Allein über diesen Aspekt erscheint es wert nachzudenken. - Denn wo sonst noch irrt sich unsere Erfahrung?

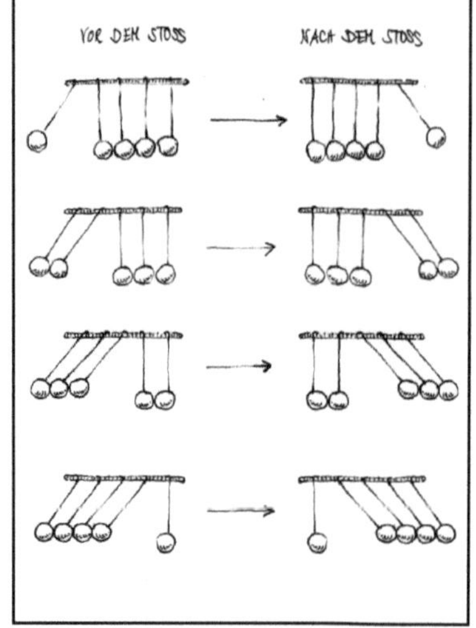

Schauen wir uns nun die mathematisch-physikalische Beschreibung des Kugelstoßpendels an: Die am weitesten links liegende Kugel gibt ihren sogenannten „Impuls" an die rechts daneben ab, jene dann an die rechts daneben und so weiter. Der Impuls ist eine physikalische Größe, die definiert ist als die Masse mal die Geschwindigkeit eines sich bewegenden Körpers. In Formelschreibweise lautet dies $P = v * m$. Die am weitesten rechts liegende Kugel kann allerdings keinen Impuls mehr weitergeben und wird somit abgestoßen. Es handelt sich jeweils um elastische Stöße, bei denen die kinetische Energie (Bewegungsenergie) und der Impuls erhalten bleiben. Damit ist gemeint, dass bei den Stößen keine Energie in Wärme umgewandelt wird, und dass der Gesamtbetrag aus allen Geschwindigkeiten mal allen Massen der einzelnen Kugeln gleich bleibt. Vernachlässigt man Reibungseffekte und den durch die Kugelrotation verursachten Drehimpuls, muss der Impuls der n Kugeln der Masse m (siehe zur Verwendung der Symbole die Formel unten), die mit der Geschwindigkeit v auf die ruhenden Kugeln auftreffen, gleich dem Impuls der k angestoßenen Kugeln der Masse m sein. Nimmt man weiterhin an, dass die angestoßenen Kugeln sich kollektiv mit der Geschwindigkeit v bewegen, gilt für den Impuls

$$n \cdot (v_l \cdot m) = k \cdot (v_r \cdot m) . \qquad \text{(Gleichung I)}$$

(Nochmal zum Verständnis: Der Impuls ist definiert als $p = m \cdot v$.)

Weiter muss, wie erwähnt, die Energie vor und nach dem Stoß erhalten bleiben. In mathematischer Schreibweise wird dies durch das „="-Zeichen ausgedrückt. Links vom „="-Zeichen steht das, was vor dem Stoß war, rechts davon das, was nach dem Stoß ist. Entsprechendes gilt natürlich gleichermaßen für die Impulserhaltung in Gleichung I.

$$n \cdot (\frac{v_l^2 \cdot m}{2}) = k \cdot (\frac{v_r^2 \cdot m}{2}) \qquad \text{(Gleichung II)}$$

(Und wieder zum Verständnis: Die Bewegungsenergie ist definiert als $\frac{1}{2} m \cdot v$.)

Setzt man die Gleichung I in Gleichung II ein, so erhält man nach kurzer Umformung für das Verhältnis von losgelassenen zu wegfliegenden Kugeln n/k die quadratische Gleichung

$$\frac{n}{k} = (\frac{n}{k})^2 \; .$$

Als nächstes suchen wir nach einer Lösung der Gleichung! Das bedeutet, man versucht Zahlenkombinationen zu n und k zu finden, sodass beim Einsetzen in die Gleichung links und recht vom „="-Zeichen der gleiche Betrag steht.

Die Gleichung hat zwei Lösungen: n/k = 0 und n/k = 1. Diese Lösungen müssen nun interpretiert werden.

Die erste Lösung stellt den trivialen Fall dar, dass keine Kugel losgelassen wird. Die zweite Lösung besagt, dass die Anzahl der auftreffenden Kugeln gleich der Anzahl der wegfliegenden ist. Und das ist auffälligerweise das, was wir am realen Kugelstoßpendel beobachten!

Jedoch ist die physikalisch-mathematische Beschreibung noch nicht ganz vollständig, denn hier wurde zunächst angenommen, dass sich die angestoßenen Kugeln alle mit der gleichen Geschwindigkeit wegbewegen. Die Begründung dafür, dass sie das auch wirklich tun, ist nicht ganz einfach:

Wenn man insgesamt q Kugeln hat, so besteht das Problem darin, q unbekannte Geschwindigkeiten für nach dem Stoß zu berechnen. Impuls- und Energiesatz allein reichen dazu nicht mehr aus, sobald $q > 2$ ist. Zur Erklärung des Verhaltens der Kugelkette wird noch die Bedingung gebraucht, dass eine Stoßwelle dispersionsfrei (also ohne Abhängigkeit von jeglichen Geschwindigkeiten) durch die Kette hindurchläuft. Die komplexeren Berechnungen (die wir hier aber auslassen) führen zum gleichen Ergebnis.

Wir haben also zugrunde gelegt, dass Energieerhaltungssatz und Impulserhaltungssatz als mathematisch-physikalische Beschreibung der Natur korrekt sind. Wir haben das Kugelstoßpendel mit Energie- und Impulserhaltungssatz beschrieben und durch ein paar mathematische Tricks den Ausdruck

$$\frac{n}{k} = (\frac{n}{k})^2$$

erhalten. Dieser hat zwei Lösungen, nämlich die Lösungen n/k = 0 und n/k = 1. Merkwürdig erscheint hier wieder, dass das Einsetzen von zwei Ausdrücken ineinander einen neuen Ausdruck ergibt, der plötzlich wieder die Natur selbst erklärt.

Wir beobachten etwas, das wir uns nicht erklären können, dann setzen wir mathematische Formeln wie Energie- und Impulserhaltungssatz (deren Richtigkeit wir durchaus empirisch überprüfen können) ineinander ein und bekommen ein Ergebnis, das ein für uns verwirrendes Verhalten der Natur selbst erklärt. Wir finden keine intuitiv einleuchtende Erklärung, sondern wir berechnen ein Verhalten und erkennen, dass die Berechnung das Verhalten der Natur exakt beschreibt. Unser intuitives Verständnis wird dadurch nicht verbessert, doch sind wir aber in der Lage, eine Erklärung zu liefern, auch wenn diese Erklärung an sich für uns mysteriös wirkt. Mathematische Ausdrücke sind also als Hilfsmittel zum menschlichen Verständnis der Welt fraglich, obwohl sie die Welt vollkommen korrekt beschreiben. Intuitives und für uns Menschen einleuchtendes Verständnis hat mit einer präzisen Beschreibung der Natur offensichtlich wenig zu tun.

Nun, offensichtlich verhält sich das Kugelstoßpendel so, wie es sich verhält. Und dabei ist ihm (und dem zugrunde liegenden Verhalten selbst) sehr wahrscheinlich völlig egal, ob es von jemandem beschrieben oder verstanden wird. Das Kugelstoßpendel verhält sich nun mal so, wie es sich verhält, und da in immer gleicher Weise. Wenn wir dieses Verhalten intuitiv nicht verstehen, dann ist das nicht die Schuld der Welt oder der Mathematik, sondern dann ist es die Schuld der Fehlbarkeit unserer Intuition. Aber muss die Welt denn von uns immer intuitiv verstanden werden? Woher nehmen wir den Anspruch zu glauben, zu wissen, wie sich die Welt verhält? Ein Kleinkind hat als Beispiel mit Sicherheit noch keine allzu treffende Intuition davon, wie sich technische Dinge verhalten. Und wenn wir das Kugelstoßpendel nicht intuitiv verstehen, es wohl aber durch die mathematisch-physikalische Herangehensweise exakt beschrieben werden kann, dann stehen wir wieder da, wo jedes Kleinkind steht, das noch gar keine Intuition für technische Dinge besitzt. Wir verstehen es einfach nicht. Die Mathematik hilft uns selten dabei, etwas „wirklich" zu verstehen. Alles, was wir tun können, ist uns auf ihre Aussagen zu verlassen. Ihre Aussagen müssen korrekt sein, solange empirische Erkenntnisse und Umformungen ebenfalls korrekt sind. So können wir Menschen unsere Fähigkeiten durch die Theorie in Bereiche erweitern, die wir selbst nicht mehr geistig erfassen können. Wir haben also keine andere Wahl als zu beobachten und zu glauben, was wir sehen.

Kommen wir als nächstes zu einem der größten Wissenschaftler aller Zeiten.

Isaac Newton

Sir Isaac Newton wurde am 4. Januar 1643 in einem Ort namens Woolsthorpe-by-Colsterworth in einer Region namens Lincolnshire in Großbritannien geboren. Er starb am 31. März 1727 in Kensington. Seine damals offiziellen Berufsbezeichnungen waren Physiker, Mathematiker, Astronom, Alchemist, Philosoph und Verwaltungsbeamter. Die Parallele mit Einstein als Verwaltungsbeamten finde ich persönlich sehr reizvoll. Unter der intellektuellen Elite scheint es allgemein bekannt zu sein, dass man im staatlichen Dienst der Verwaltung genügend Zeit und Ruhe hat, um sich seinen geistigen Projekten hinzugeben. (Mehr zu Einstein gleich später in diesem Kapitel.) Newtons so sehr bekanntes Hauptwerk trägt den Namen „Philosophiae Naturalis Principia Mathematica" und ist eines der wichtigsten wissenschaftlichen Bücher überhaupt. – Frei übersetzt bedeutet der Titel so viel wie: „Philosophie der Natur mit den Prinzipien der Mathematik " – Newton war also Naturphilosoph. Das Buch handelt vor allem über Physik, und darin speziell über die Mechanik. Also davon, wie sich Körper bewegen. Die Physik der Mechanik erscheint uns heute oft als trivial und grundsätzlich, aber auch sie musste irgendwann einmal durchgedacht, beschrieben, mathematisch erfasst und durchgerechnet werden. Newtons Principia Mathematica war dazu einer der wesentlichen Grundpfeiler. Wir sprechen heute noch von „der newton'schen Mechanik" und meinen damit alles an Verhalten von Teilchen und Massen, wenn noch nicht Quantenmechanik und Relativitätstheorie benötigt werden. (Siehe dazu die nachfolgenden Abschnitte.) Um die Welt der Mechanik mathematisch beschreiben zu können, benötigte Newton mathematische Methoden, die es damals noch nicht gab. Newton entwickelte ganze mathematische Systeme, die auch heute noch zum Standardwissen zählen. Bekannt aus der Schule ist zum Beispiel sie oft so verhasste Infinitesimalrechnung.

Newton stammte aus gutbürgerlichen Verhältnissen. Sein Vater war Landwirt, starb aber noch vor der Geburt seines Sohnes. Seine Mutter heiratete nochmals. Der kleine Isaac musste ab dann bei seiner Großmutter leben und durfte erst nach dem Tod seines Stiefvaters wieder heim zu seiner Mutter. – Offensichtlich war der angeheiratete Mann kein rechter Kinderfreund. Laut Überlieferungen ist die Zeit der Trennung wohl auch der Grund für Newtons in der Literatur oft angedeutete „schwierige Psyche". Newton besuchte die Grundschule und mit 18 Jahren das Trinity-College in Cambridge. Kurz nach seinem Abschluss wurde dieses College wegen der großen Pestepidemie ab 1665 geschlossen. Nach seinem Studium war Newton bereits in der Lage, an wissenschaftlichen Problemen in mathematischer Weise zu arbeiten. Über die genaue und tatsächliche Erwerbstätigkeit Newtons ist wenig bekannt, überliefert ist nur, dass er irgendwo in der Verwaltung arbeitete. Auf jeden Fall erscheint es ziemlich sicher, dass Newton nicht täglich 10 Stunden auf dem Feld arbeitete, um dann abends Algebra, Mechanik und Optik zu machen. (…)

Zu damaligen Zeit herrschten vor allem in intellektuellen Kreisen die Ansichten einer Strömung, die als Scholastik bezeichnet wird. Scholastiker entfernten sich von quantitativen Untersuchungen nach Galilei (mit Mathematik) und versuchten, anhand von geistigen Überlegungen qualitative Erkenntnisse (ohne Mathematik) zu gewinnen. Umso erstaunlicher erscheint Newtons ganz andere Vorgehensweise mit seiner exakten, mathematisch-eindeutigen und deterministischen Beschreibung der Welt. Im Jahre 1667 war die Pestepidemie weitgehend überstanden und das Trinity-College öffnete erneut seine Pforten. Newton wurde ein sogenannter Fellow. „Fellow" ist englisch und bedeutet eigentlich sowas wie „Freund" oder „Gefährte", hier ist es aber die Bezeichnung für „Mitglied einer wissenschaftlichen Gesellschaft". So lustig sich das anhört, so dramatisch sind die Folgen. Als „Fellow" muss man den 39 Artikeln der Church of England (der Englischen Kirche) zustimmen und ihnen bedingungslose Hingabe leisten. Diese beinhalten unter anderem auch das Zölibat und die Vorsehung zu geistliche Weihen!

Newton war Extremist. Kritik an seinen Veröffentlichungen konnte er nicht vertragen, daher zog er sich mehr und mehr aus der Öffentlichkeit und den wissenschaftlichen Gemeinschaften zurück. Um 1673 begann er, die Texte der Heiligen Schrift und der Kirchenväter intensiv zu studieren – eine Tätigkeit, die ihn bis zu seinem Tod in Anspruch nehmen sollte.

Seine übermäßige Intelligenz machte ihn, wie alle Menschen mit dieser Gabe, anfällig für extreme Ideen in Verbindung mit geistiger Labilität und Hochmut. Ausgefallene religiöse Ansichten bescherten ihm immer wieder Ärger mit der geistlichen Obrigkeit. 1678 erlitt Newton einen Nervenzusammenbruch und lebte nach dem Tod seiner Mutter in Isolation und Selbstzweifel. Er fand aber schließlich wieder Genesung und arbeitete weiter an seinen physikalisch-mathematischen Überlegungen.
Es folgte Newtons internationale Anerkennung. Junge Wissenschaftler, die seine unorthodoxen naturwissenschaftlichen (und auch theologischen) Ansichten teilten, scharten sich um ihn.
1699 wurde er an der Pariser Akademie zu einem der nur acht auswärtigen Mitgliedern berufen. 1701 trat er von seinen Pflichten als Professor in Cambridge zurück. 1703 erhielt er den Titel „Präsident der Royal Society“, den er bis zum Ende seines Lebens innehatte. 1705 wurde er von Königin Anne – nicht wegen seiner Verdienste um die Wissenschaft, sondern für seine politische Betätigung – zum Ritter geschlagen.

Warum Newton in diesem Buch einen eigenen Abschnitt erhält, hat den Grund, dass er als großer Vordenker für die moderne Physik gilt. Newton hat es geschafft, die damals herrschenden Glaubensgrundsätze hinter sich zu lassen, einen Schritt zurück zu treten und ein ganz neues, viel einfacheres und universelleres System zu entwickeln.
Wie wir schon angesprochen haben, bedarf es, um Dinge besser erfassen und verstehen zu können, in vielen Fällen eines sogenannten Paradigmenwechsels. Einen Wechsel weg vom herrschenden, gewohnten und bequemen Glauben hin zu etwas Neuem, etwas Anderem, das viele der Probleme, die im alten System auftraten, ganz einfach dadurch löst, dass es sie durch neue Erklärungen und Sichtweisen ausklammert. Newton, Einstein, Kant, Freud, Darwin - alle hatten sie diese Art von Paradigmenwechsel vollbracht. Ihr Paradigmenwechsel ermöglichte ihnen bahnbrechende neue Theorien und Erklärungen. Und speziell in ihren Fällen erreichten sie damit ebenfalls einen Paradigmenwechsel in der Gesellschaft selbst. – Früher konnte man sich nicht vorstellen, dass jemand anders als Gott höchstpersönlich die Menschen erschaffen hat. Heutzutage wird wohl hoffentlich keiner mehr auf die Idee

kommen, dass die Evolution nach Darwin grundsätzlich falsch ist. Die Idee des allmächtigen Schöpfers wurde allgemein zurückgedrängt. – Die Großen Denker sind deshalb zu solch großem Ruhm gelangt, weil sie eine jeweils unglaublich große Veränderung in der Gesellschaft hervorgerufen haben. Ihre Ideen veränderten innerhalb einer Kultur Lehrmeinungen, das Denken an sich und sogar allgemeinste Lebensauffassungen. Zum Beispiel führten Newtons Überlegungen nicht nur zu einer einfachen mathematischen Beschreibung von Bewegungsvorgängen, sondern eben durch diese Beschreibungen auch zur Postulierung eines umfassenden mechanischen Determinismus. (Siehe laplace'scher Dämon im Abschnitt „Determinismus und der freie Wille" in diesem Kapitel.) – Grundlegende Betrachtungs-, und Bedeutungsveränderungen also.

Newton war ein tiefreligiöser Mensch und er entwickelte als solcher seine Ideen meist aus seiner unerschütterlichen Gottesgläubigkeit. Interessant ist, dass auch ein großer und revolutionärer Denker wie Newton es nicht fertig brachte, die in seinen Theorien als so widersprüchlich auftauchende Existenz Gottes einfach auszuklammern. So gelang es Newton Zeit seines Lebens nicht, den aus seinen Theorien folgenden Determinismus mit der Allmacht Gottes in Einklang zu bringen. Ebenso erschien es Newton nicht zweifelhaft die Existenz eines festen Bezugspunktes im Raum als „von Gott gegeben" zu bezeichnen, auch wenn ein solches innerhalb der Theoriegerüste nur zu Widersprüchen führte. – Es scheint einmal mehr, als wäre der Glaube typabhängig und nicht vernunftbedingt.

Neben den schon in vorangegangenen Abschnitt angesprochenen Bewegungsgleichungen der Mechanik möchten wir an dieser Stelle speziell das von Newton eingeführte Gravitationsgesetz genauer betrachten.
Es wird die Geschichte davon erzählt wie Newton wieder einmal grübelnd unter einem Apfelbaum saß und ihm dabei ein Apfel auf den Kopf fiel. Dieses Erlebnis habe ihn auf die Idee gebracht, dass Himmelsmechanik auf derselben Ursache wie der Fall von Äpfeln auf die Erde beruht. (Eine Idee übrigens, wie

sie ähnlich bei Einstein auftaucht.) – Ob diese Geschichte stimmt kann man natürlich nicht sagen, aber man kann sich Newtons Verbindung zur Gravitation so leichter merken. Nur zur Vervollständigung, hier die Gleichung der newton'schen Gravitation:

$$F = -\frac{MGm}{r^2}$$

Das Gesetz sagt aus, dass die Gravitationskraft gleich der Masse des ersten Körpers (M) mal die Masse des zweiten Körpers (m), mal den Ortsfaktor (siehe vorheriger Abschnitt), geteilt durch den Abstand der beiden Körper im Quadrat (r^2) ist. Das bedeutet, dass die Gravitationskraft von den beiden Massen der Körper, welche gegenseitig aufeinander Gravitation ausüben, einfach proportional und von deren Abstand invers quadratisch abhängig ist. Kommt man also in das Schwerefeld eines Sterns, so steigt die Anziehungskraft beim Näherkommen mit dem Quadrat des Abstand an. Bei halbem Abstand ist sie beispielsweise vier Mal so groß.

Newtons Gravitationsbeschreibung weist allerdings grobe Lücken auf. Neben der relativistischen Unvollständigkeit (siehe Abschnitt „Einstein" in diesem Kapitel) kommt man schon in Probleme, wenn man (theoretisch) bis ins Innere eines Massekörpers (zum Beispiel eines Planeten) vordringt. Newtons Theorie „tut" nämlich so, als wäre alle Masse eines jeden für die Gravitationswirkung relevanten Körpers in jeweils einem einzigen Punkt konzentriert. Das ist aber in der realen Welt offensichtlich nicht der Fall. Unsere Erde ist beispielsweise alles andere als ein „Punkt". Neben dieser oft unvorteilhaften Darstellung ergeben sich merkwürdige Aussagen, wenn man diesem (theoretischen) Punkt sehr nahe kommt. (Bei kleineren Körpern als Planeten ist dies ja technisch durchaus möglich.) Die Gravitationswirkung würde dann, entsprechend der Formel oben, bedingt durch das r^2 unter dem Bruchstrich beliebig große Werte für die Gravitation liefern.

Newton selbst war der Mangel seiner Theorien in der Mikromechanik durchaus bewusst. Jedoch störte er nicht weiter, denn seine Formeln dienten vorrangig zur Beschreibung der Bewegung der Himmelskörper, und in diesem Zusammenhang waren seine Ideen grandios. Wo sich Astronomen jahrhundertelang mit komplexen geometrischen Konstruktionsverfahren abgemüht hatten, gelang es Newton mit nur einer einzigen Formel, die Planeten-, Mond- und Sternenbahnen zu berechnen und vorherzusagen. Ganz nebenbei konnte mit derselben Formel auch das Fallen eines Apfels beschrieben werden.

Neben seinen Errungenschaften in der Physik ist Newton auch im Bereich der Mathematik zu großer Bekanntheit gelangt. Zu seinen frühesten Leistungen zählt eine verallgemeinerte Formulierung des sogenannten „Binomischen Theorems" mit Hilfe von sogenannten „unendlichen Reihen". Er bewies, dass es für sämtliche reellen Zahlen (also auch negative Zahlen und Brüche) gültig ist. (Was es damit auf sich hat, wollen wir in diesem Zusammenhang der Einfachheit auslassen.) Weiter war Newton neben Gottfried Wilhelm Leibniz einer der Begründer der Infinitesimalrechnung (Leibniz' Arbeiten waren sehr viel präziser) und erbrachte wichtige Beiträge zur Algebra. Ohne die Infinitesimalrechnung hätte Newton seine bahnbrechenden Einsichten in der klassischen Mechanik kaum erreichen beziehungsweise beweisen können.

Newton war neben dem sachlichen Physiker nicht nur tiefreligiös, sondern auch ein Mann mit einer weitreichenden Begeisterung für die damals noch sehr populäre Alchemie. Newton war also Mystiker (siehe dazu Kapitel 6). So fanden sich in Newtons persönlicher Bibliothek 369 Bücher mit Wissenschaftscharakter, 170 hingegen waren Werke der Alchemie und anderer mittelalterlicher Vorwissenschaften. Der Ausdruck „letzter großer Renaissance-Magier" erscheint in diesem Zusammenhang passend.
Aber was ist denn eigentlich die Alchemie? (Ich persönlich empfehle dazu das zeitgenössische Kultbuch des zeitgenössischen Mystikers und Autors Paulo Coelho - „Der Alchimist" - zu lesen. Gut, das Buch hat an sich gar nicht wirklich so viel mit Alchimie zu tun, aber lesenswert ist es allemal.)
Alchimisten waren im Mittelalter so etwas wie Zauberwissenschaftler, welche versuchten Blei in Gold zu verwandeln. Das Umwandeln war allerdings für diese Leute nicht etwa ein technischer Vorgang, sondern es war verbunden mit tiefster, mystischer Philosophie. Alchimisten waren so etwas wie die ers-

ten Chemiker, dies jedoch in religiöser Weise und alles andere als im Sinne der heutigen wissenschaftlichen Methodik. Es ging um Philosophie, um Glauben, um Symbole und um ganzheitliche mystisch-psychologische Erfahrung. Alchimisten waren die realen Zauberer des Mittelalters. Heute gibt es sie nicht mehr.

Ihre hochkomplexen und intellektuellen Lehren wirken aber bis zum heutigen Tage und finden sich in vielen Grundzügen auch in modernen Anschauungen. Auch der große Psychologe Carl Gustav Jung verwendete zum Beispiel immer wieder alchimistische Symboliken für die Erklärung seiner Theorien zu seinen Archetypen. (Archetypen sind allen Menschen innewohnende Persönlichkeitstypen.)

Der spagyrische Newton wurde einmal beschrieben: „Heimlich des Nachts experimentierte derselbe Mensch, der über die Grundlage der gesamten Naturlehre nachsann, oft in versteckten Laboratorien." Man kann zu dem Schluss kommen, dass alles, was Newton nach 1675 unternahm, der Integration der Alchemie in seine Mechanik diente. Newton hat alles getan, um seine alchemistischen Studien voranzutreiben und hat sie dennoch verborgen gehalten. Der Einfluss seiner alchemistischen Studien auf seine Forschungen ist zweifelsohne vorhanden. Auffälligerweise haben sie aber bis zur heutigen Zeit nie Beachtung gefunden. Allgemein bekannt übrig geblieben ist offensichtlich nur das, was in der Neuzeit auch Sinn macht und praktisch ist. Newton war ein großer Denker und ein sehr intelligenter Mann, aber auch er konnte sich nicht los machen von seinen tiefen Beeinflussungen vom Aberglauben. So ist überliefert, dass er neben seinen physikalischen Arbeiten und dem Studium der Bibel auch viel Zeit mit der Suche nach dem Stein der Weisen verbrachte. Der Stein der Weisen, ein Märchen der Alchimisten, verspricht, Quecksilber und andere unedle Metalle in Gold umzuwandeln zu können. – Intelligenz und Bildung schützten nicht vor Unvernunft.

Ebenso schützen Intelligenz und Bildung nicht vor der Börse. Newton liebte es zu spekulieren. In den Archiven steht, dass er es faszinierend fand, wie unlogisch und wirr sich die Börsenkurse nach den psychologischen Dynamiken der Märkte verhielten. Die Börse funktioniert so ganz anders als die Physik, und das faszinierte Newton Zeit seines Lebens. „Ich kann die Bewegungen der Himmelskörper berechnen, nicht aber die Verrücktheit der Menschen", stellte er im Frühjahr 1720 fest und verkaufte seine South-Sea-Company-Aktien mit hundertprozentigem Gewinn von 7000 Pfund. Trotzdem stieg er auf dem Höhepunkt der South Sea-Spekulationsblase nochmals mit 20000 Pfund ein und verlor alles. Den Rest des Lebens mochte er „South Sea" nicht mehr hören. Mit dem Spekulieren hörte er aber Zeit seines Lebens trotzdem nicht auf.

Nach seinem Tod im Jahr 1727 wurde er unter großen Feierlichkeiten in der Westminster Abbey im Herzen Londons beigesetzt. Sein Porträt zierte von 1978 bis 1984 die englische 1-Pfund-Note.

Gottfried Wilhelm Leibniz

Ganz kurz möchte ich noch auf eine Persönlichkeit namens Gottfried Wilhelm Freiherr von Leibniz zu sprechen kommen. Er war ebenfalls einer der großen Denker unser Geschichte, und ich möchte ihn wegen seines Einflusses auf Menschen wie Newton und Einstein und wegen seines Wirkens auf die ganze moderne Wissenschaft und Physik im Speziellen kurz erwähnen.

Leibniz lebte von 1646 bis 1716 im damaligen Deutschland. Er gilt als einer der bedeutendsten Philosophen des ausgehenden 17ten und beginnenden 18ten Jahrhunderts. Leibniz wird wegen seinen Leistungen auf so vielen und so unterschiedlichen Gebieten der Wissenschaft oft als der letzte Universalgelehrte bezeichnet. Sein Wirken reichte von Beratungen des damals regierenden „Sonnenkönigs", Ludwigs XIV über das Propagieren einer Währungs- und Wirtschaftsreform, seinen strategischen Kriegsberatungen, dem Bau von mechanischen Rechenmaschinen (welche bereits im Jahr 1672 automatisch multiplizieren, dividieren und die Quadratwurzel ziehen konnten), bis zum Veröffentlichen von umfassenden Texten zur Moralphilosophie. Er zeichnete Pläne zur Konstruktion eines Unterseebootes, entwickelte einen Mechanismus zur Verbesserung von Türschlössern und baute einen Windmesser. Leibniz gilt als Erfinder des Dualsystems. (Das Dualsystem ist das Zahlensystem, welches nur die primären Zustände „Null" und „Eins" kennt und mit dem auch heute noch alle modernen Elektroniken arbeiten.) Weiter stammen von Leibniz die Systematiken zum Rechnen mit Matrizen und Determinanten. Nebenbei setzte er sich durch sein politisches Wirken für die Allgemeinheit ein und es gelang ihm die Gründung einer Witwen- und Waisenkasse. Er riet die Ärzte dazu an, in regelmäßigen Abständen Fiebermessung bei ihren Patienten durchzuführen und meinte daneben einen der ersten Beweise zur Existenz des Unbewussten in der menschlichen Psyche gefunden zu haben. - Der Universalgelehrte Leibniz.

Leibniz lebte in der Zeit der sogenannten „Aufklärung". Die Aufklärung ist eine Epoche der westlichen Gesellschaft zwischen dem 17ten und 18ten Jahrhundert. Ziel der Aufklärer war es, sich vor allem mit Mitteln der Vernunft von althergebrachten, starren und überholten Denk- und Sichtweisen, Vorstellungen und Vorurteilen zu lösen, um zu einem neuen, exakteren und moderneren Weltbild, zu „besseren" Erkenntnissen und um zu einem angemesseneren Lebensgefühl zu gelangen. Grundzüge der Aufklärung sind in gesellschaftlichen Entwicklungen der Renaissance zu finden. Große Aufklärer waren unter anderen Jean-Jacques Rousseaus, Immanuel Kant, Montesquieu (Charles-Louis de Secondat, Baron de La Brède et de Montesquieu), Baruch de Spinoza, John Locke, Francis Bacon, Denis Diderot und Voltaire (der mit richtigem Namen eigentlich François Marie Arouet hieß).

Leibniz etablierte im Rahmen der Aufklärung ein Weltverständnis, nach dem sich alles, - Materie, Energie und auch die Begriffe selbst, - auf kleinste, atomare Bausteine zurückführen lassen sollten. Diese Position war unweigerlich eine große Vordenkerschaft für viele folgende Ideen.

Wie Kant versuchte auch schon Leibniz im philosophischen Sinne auf den nötigen Ausweg des Menschen aus seiner Unmündigkeit hinzuweisen. - „Jeder Mensch besitzt Fähigkeiten zur vernünftigen Lebensführung." Wenn Religion und Vernunft übereinstimmen, so Leibniz, dann entstünde eine wahrhafte Religion. An der echten Vernunft würde erst dann kein Zweifel

mehr haften, wenn sie sich überall gleich klar und gewiss, wie die Arithmetik in der Mathematik, erweisen könne. Der Mathematiker Leibniz war entsprechend den Lehren des Pythagoras der Auffassung, dass sich in den Zahlen die tiefsten Geheimnisse verbergen. Leibniz war Naturphilosoph.
Leibniz geht davon aus, dass Gott alles aus dem Nichts geschaffen hat. Diese Erschaffung kann nur vernünftig sein, wenn sie in den Augen eines allmächtigen Schöpfers gut ist. Daraus ergibt sich die Schlussfolgerung, dass überall eine wunderbare Ordnung zu finden ist. Als Beispiel nennt er die Zahlen, denn dort kann keine Veränderungen vorgenommen werden. Er betrachtete die Wissenschaft als eine Einheit. Seine Erkenntnisse in der Integralrechnung, die Theorie der unendlichen Reihen, seine neuartige Geometrie, die Theorien der Kombinatorik, die Vorstellung über die Grundlagen der Mathematik und die Wahrscheinlichkeitsrechnung entwickelten sich in enger Verbindung mit seinen philosophischen Ansichten. Leibniz glaubte an eine mathematisch-logische Konsistenz.

Seine Ideen einer göttlichen Einheit baute er weiter aus und gelangte zu einer Forderung nach einer Vereinheitlichung der Gesetzeswerke der christlichen Nationen. Er machte es sich zum Ziel eine Art Gelehrtenrepublik zu erschaffen, die, ähnlich der aus der Antike stammenden Idee, nur hochbegabten und äußerst fähigen Menschen politisches Mitspracherecht einräumte. – Eine Idee, die mit der heutigen Demokratie nicht viel gemein hat, aber dennoch reizvoll erscheinen kann. Leibniz ging es dabei aber durchaus um Frieden und um eine Form der Gerechtigkeit. Und eben für Frieden und Gerechtigkeit setzte er sich auch in den damals noch böse wirkenden Dissonanzen zischen Katholiken und Protestanten ein.

James Clerk Maxwell

James Clerk Maxwell lebte von 1831 in Edinburgh in Schottland, später in England, und verstarb 1879. Maxwell war Physiker und arbeitete an der Vereinheitlichung der elektrischen Feldtheorien. Seine sehr komplexen Gleichungen zur sogenannten „Elektrodynamik" sind in der physikalischen Fachwelt zu immenser Wichtigkeit und damit zu großer Bekanntheit gelangt. Aus diesem Grund soll Maxwell hier nicht unerwähnt bleiben.

Sein Satz von Gleichungen, welche auch heute noch die Grundlagen der Elektrizitätslehre und des Magnetismus bilden, gehören seit langer Zeit zum Grundlehrplan jedes besseren Physikkurses. Leider sind die Gleichungen und ihr mathematischer Aufbau kompliziert. Darin vorkommende Funktionen wie die „Divergenz" und die „Rotation" erfordern ein höheres Maß an mathematischem Verständnis, als man es im Mathematikleistungskurs an der Schule beigebracht bekommt. - Das ist meiner persönlichen Meinung nach auch einer der Hauptgründe, warum Maxwell niemals in der breiten Öffentlichkeit Beachtung gefunden hat. – Will man populär werden, so sollte man nicht den Fehler begehen, zu kompliziert zu sein. – Maxwell ging es allerdings gar nicht ums Populärwerden.

Auch wenn seine breite Bekanntheit mäßig ist, so wird er doch im Allgemeinen als einer der Naturwissenschaftler des 19. Jahrhunderts angesehen, welche den größten Einfluss auf die Physik des 20. Jahrhunderts hatten. Im Jahre 1931, zum hundertsten Jahrestag von Maxwells Geburt, beschrieb beispielsweise Einstein das Werk Maxwells als „das Tiefste und Fruchtbarste, das die Physik seit Newton entdeckt hat".

Maxwell zeigte, dass elektrische und magnetische Kräfte zwei sich ergänzende Erscheinungen des Elektromagnetismus sind. Er zeigte, dass sich elektrische und magnetische Felder in Form von elektromagnetischen Wellen mit einer konstanten Geschwindigkeit, der Lichtgeschwindigkeit, durch den Raum bewegen. Er postulierte, dass das Licht eine Form von elektromagnetischer Strahlung ist.

Und nun, damit man sie auch als Nichtphysiker einmal gesehen hat, hier die 4 Grundgleichungen der maxwell'schen Elektrodynamik in ihrer differentiellen (mit Ableitungen versehenen) Darstellung:

$$div(D) = p \qquad (1)$$

$$rot(E) = -\frac{d}{dt}B \qquad (2)$$

$$div(B) = 0 \qquad (3)$$

$$rot(H) = j + \frac{d}{dt}D \qquad (4)$$

Leider bedarf es in diesem Fall durchaus eines höheren Maßes an mathematischen Kenntnissen, um zu verstehen, wie diese Gleichungen zu deuten und zu verwenden sind. Wir jedoch wollen an dieser Stelle Herleitungen und mathematische Erklärungen auslassen. Ebenfalls sind die direkten Aussagen dieser Gleichungen nicht trivial. Wir wollen uns also in diesem Rahmen auf das Wesentlichste beschränken.
Gleichung 1 sagt, dass die Divergenz (eine mathematische Operation) des elektrischen Feldes gleich einem konstanten Wert ist. Diese Aussage bedeutet, dass es Quellen und Senken im elektrischen Feld gibt, die sich nicht gegenseitig ausgleichen und aufheben müssen. Das elektrische Feld ist ein Quellenfeld. Und das wiederum heißt, dass das elektrische Feld aus sogenannten monopolen Ladungen entstammt. Dies sind zum Beispiel die Elektronen oder die Protonen.

Gleichung 2 bedeutet, dass jede Änderung des magnetischen Feldes zu einem elektrischen Wirbelfeld führt. (In der Gleichung ist dies daran zu sehen, dass auf der einen Seite eine Rotation und auf der anderen eine Ableitung steht.) Man bezeichnet dies als magnetische Induktion. Elektromotoren und elektrische Generatoren funktionieren nach diesem Prinzip.

Gleichung 3 sagt, dass die Divergenz des magnetischen Feldes gleich Null ist. Diese mathematische Aussage ist gleichbedeutend damit, dass ein magnetisches Feld quellenfrei ist. Und das wiederum bedeutet, dass es keine magnetischen Monopole gibt. Magnete haben immer zwei Pole, einen sogenannten Nord- und einen sogenannten Südpol.

Gleichung 4 beschreibt, dass jede Änderung des magnetischen Feldes zu einem elektrischen Feld führt (Induktion) und darüber hinaus macht diese Gleichung eine eher technische Aussage: - Die magnetische Zirkulation über dem Rand einer Fläche ist gleich der Summe aus dem (elektrischen) Strom und der zeitlichen Änderung des elektrischen Flusses durch die Fläche. – Für die Physiker ist dies eine sehr spannende Aussage. Interessierte Laien finden sie eher langweilig.

An dieser Stelle wollen wir es mit der Elektrotechnik Maxwells belassen und gehen weiter zur theoretischen Physik.

Albert Einstein

Wir kennen ihn alle. Die schillernde Gestalt aus dem Fernsehen. Der etwas zerzauste Physiker auf so vielen Fotos. Der große Wissenschaftler und Denker. Aber wissen Sie, was er wirklich getan hat? Wissen Sie, was seine Ideen wirklich verändert haben? Was daran wirklich neu war? Wissen Sie, was der Unterschied zwischen der speziellen und der allgemeinen Relativitätstheorie ist? Und wissen Sie eigentlich, was an der Relativitätstheorie überhaupt so relativ ist? – Ich selber war ein physikbegeisterter Junge, später hatte ich dann durchaus etwas von einem intellektuellen physikbegeisterten Jugendlichen. Und tatsächlich wusste ich erst nach dem Beginn des Physikstudiums, was es mit der Relativitätstheorie wirklich auf sich hat. Im Folgenden werde ich versuchen die allgemeine und die spezielle Relativitätstheorie in möglichst einfacher und eingängiger Weise zu erklären. Vorher aber ein paar Details aus dem Leben des so bekannten Mannes.

Einstein wurde am 14. März 1879 in Ulm in Deutschland geboren. Er verstarb am 18. April 1955 in der amerikanischen Universitätsstadt Princeton. 1921 wurde ihm der Nobelpreis für Physik verliehen. Er gilt als einer der größten Physiker aller Zeiten.
Was jedoch bis heute wenig bekannt ist, ist Einsteins Wirken außerhalb der Physik. Einstein nutze seine schon zu Lebzeiten erhebliche Bekanntheit auch dazu aus, um sich für die Völkerverständigung und den Frieden einzusetzen. Er traf sich mit Politikern und verfasste Texte zu diesem Thema. Er war Pazifist, Sozialist und Zyonist.
Einstein hat jüdische Wurzeln. Seine Eltern stammten beide aus im Schwäbischen alteingesessenen Jüdischen Familien. Einstein war also ein schwäbischer Jude. Seine Familie und er praktizierten das Judentum nicht in strenger Weise, ihr Glaube war, wenn auch durchaus als Identität und Kultur vorhanden, assimiliert an das bürgerlich-Schwäbische.
Zur Schule ging der junge Einstein nach Umzug der Familie nach Bayern in München, wo jedoch seine veritable Hochbegabung zu Schulzeiten nicht abzusehen war. Er war bekannt es aufgeweckter und oftmals aufrührerischer Schüler. Er schrieb gute Noten in den Naturwissenschaften, eher nicht so gute in den Sprachen. Einstein las als Junge in seiner Freizeit populärwissenschaftliche Bücher (eventuell auch Bücher ähnlich diesem, das Sie hier in Händen halten). Durch die Unterstützung seiner Eltern hatte er die Möglichkeit Violinespielen zu lernen und konnte das Münchner Luitpoldgymnasium besuchen. Sein Vater betrieb eine Elektrofirma, die unter anderem für die erste Beleuchtung auf dem Münchner Oktoberfest verantwortlich war.
Im weiteren Schulverlauf am Gymnasium legte sich Einstein immer wieder mit der Schulleitung an. Er konnte es nicht lassen, seine vehemente Kritik an der Zucht und Ordnung des Deutschen Kaiserreichs darzubieten. Einstein entschied sich mit dem Alter von 17, das Gymnasium ohne Abschluss zu verlassen. Weiter hatte er dann keine Lust auf den Armeedienst und gab aus diesem Grund, ebenfalls im zarten Alter von 17 Jahren, seine deutsche (und auch die württembergische) Staatsbürgerschaft auf. Ebenso trat er aus jeglichen

jüdischen Religionsgemeinschaften aus. Umso interessanter ist es, dass diese Demonstration von universellem Zweifel an Konventionen den Nazis später nicht auffiel und sie Einstein doch als Juden sahen.

Einstein machte dann schließlich doch noch einen Schulabschluss, und zwar in der Schweiz, auf der Kantonsschule Aarau. Ein ihm wohl gesonnener Direktor sprach sich für ihn aus und sorgte für das Weitere. Nach der Schulzeit in der neutralen Schweiz nahm er sein Studium am Züricher Polytechnikum auf. Immer wieder fiel er dort negativ auf. Einstein konnte es erneut nicht lassen, offen und laut kund zu tun, dass ihm das, was man ihm lehren wollte, so in dieser Art nicht passte. Er meinte, die formale Vorgehensweise sei für das problemorientierte Denken eines Physikers hinderlich. Einstein besuchte nicht gern Vorlesungen.

Der Abschlusstitel seiner Studienzeit in der Schweiz war ein nicht gerade glorreicher „Fachlehrer für Mathematik und Physik". Niemand ahnte, was aus diesem Mann noch werden sollte. Eine wirklich lukrative Anstellung fand der junge Einstein nicht. Er hielt sich als Privatlehrer über Wasser, bis er dann 1902 mit seiner neuen Staatsbürgerschaft als Schweizer eine Anstellung im Patentamt in Bern fand. - Die Arbeit im Patentamt kann nicht zu anspruchsvoll gewesen sein, denn in dieser Zeit entwickelte Einstein die fertig ausformulierten und theoretisch durchgerechneten Grundlagen jener Theorien, die die wissenschaftliche Welt verändern sollten.

Zuerst aber heiratete er die dreieinhalb Jahre ältere Serbin Mileva Maric, die er schon während seines Studiums kennen gelernt hatte. Nach drei anstrengenden Jahren als vollzeitbeschäftigter Beamter im Patentamt reichte er an der Universität in Zürich seine Dissertationsarbeit ein. Es ging darin über das Bestimmen der Größe von Molekülen. Ab 1906 war Einstein Doktor. Um diese Zeit veröffentlichte er immer wieder unterschiedliche Arbeiten, gerade so, wie es für einen jungen und arbeitenden Doktoranden üblich ist. Und eben aus dieser Zeit stammte die erste Formulierung der wohl bekanntesten Formel der Welt: $E=mc^2$. Was sie bedeutet, werden wir gleich später noch genauer betrachten. Ein Jahr später, im Jahr 1907, war Einstein habilitiert, fand aber erst 1909 eine Stelle als Professor an der Universität in Zürich. Er saß dann auf dem Lehrstuhl für theoretische Physik. Nach einem Zwischenstopp in Prag führte ihn sein Weg nach Berlin, um ihn dann wieder nach Zürich in die neutrale Schweiz zu führen. Dort fing er erst gar nicht wieder mit dem Unterrichten an und hatte folglich mehr Zeit. Er widmete sich ganz seiner Arbeit an der allgemeinen Relativitätstheorie. Die allgemeine Relativitätstheorie wurde 1916 veröffentlicht.

Zwischendrin ließ sich Einstein von seiner Frau scheiden, weil er sich in seine Cousine Elsa verliebt hatte. Dass dies moralisch nicht gerade einwandfrei war, machte Einstein nicht besonders viel aus, und so heiratete er innerhalb seiner Verwandtschaft. Es kam der zweite Weltkrieg und Einstein fand seine Interessen im Zionismus, schrieb Aufsätze zu Begriffen wie „Wahrheit", „Freiheit", „Demokratie" und „Ethik". Außerdem bekannte er sich in aggressiver Haltung als Pazifist. Seine Haltung, seine Herkunft und seine Ideen zeigten natürlich einen gewissen Widerspruch zu denen, wie sie im „Reich Hitlers" gern gesehen wurden.

Im Jahr 1921 wurde Albert Einstein für seine Arbeiten zur Erklärung des Photoelektrischen Effektes der Nobelpreis für Physik verliehen. Das Preisgeld bekam aufgrund einer Scheidungsvereinbarung seine geschiedene Frau mit den beiden Söhnen. Seine zunehmende Bekanntheit nutzte Einstein für etliche Reisen. Mit Genehmigung des Preußischen Kultusministeriums hielt er Vorlesungen auf der ganzen Welt. Zahlreiche Ehrendoktorwürden wurden ihm zuteil, darunter die der Princeton University, wo er später lehren sollte. Im Dezember 1932 trat er erneut eine Reise in die Vereinigten Staaten an, kehrte aber wegen der Machtübernahme das Nazis im Januar 1933 nicht mehr zurück. Am 10. Mai 1933 überließ Propagandaminister Joseph Goebbels im Rahmen der „öffentlichen Verbrennung undeutschem Schrifttums" auch Einsteins Schriften dem Feuer.

Im Jahr 1936 starb Einsteins Ehefrau Elsa. 1939 kam seine Schwester Maja nach Princeton – allein, ihr Mann Paul hatte keine Einreisegenehmigung erhalten. Sie wohnte bis zu ihrem Tod 1951 bei ihrem Bruder. Im Jahr 1940 erhielt Einstein zusätzlich zur schweizerischen auch die US-amerikanische Staatsbürgerschaft. Erst im Jahre 1952 besuchte Einstein wieder sein Heimatland Deutschland. Einstein starb am 18. April 1955 im Alter von 76 Jahren in Princeton an inneren Blutungen, die durch das Platzen eines Aneurysmas im Bereich der Aorta verursacht wurden. Die letzten Worte Einsteins sind unbekannt. Einstein sprach Deutsch, und das verstand die anwesende Kranken-

schwester nicht. Der Pathologe Thomas Harvey stahl bei der Obduktion das Gehirn Albert Einsteins, um es (wie er behauptete) für weitere Untersuchungen seiner womöglich einzigartigen Struktur der Nachwelt zu erhalten.
Neben unzähligen Ehrungen erhielt Einstein auf Vorschlag der Bayerischen Akademie der Wissenschaften seine Büste in der Walhalla bei Regensburg. Im Jahr 1952 wurde Einstein mit 73 Jahren das Staatspräsidentenamt in Israel angeboten. Er trat nicht an. 100 Jahre nach dem Erscheinen der vier grundlegenden Arbeiten Einsteins in den „Annalen der Physik" – Einsteins wichtigster Veröffentlichung - wurde das Jahr 2005 als Einsteinjahr ausgerufen. Auf dem Berliner Boulevard Unter den Linden waren von April bis September 2005 sechzehn knallrote, rund 2,50 Meter hohe „E"s mit Informationen zu Leben und Werk des Physikers errichtet; in dieser Zeit hieß der Boulevard offiziell Einstein-Meile. Das chemische Element mit der Ordnungszahl 99 wurde zu seinen Ehren „Einsteinium" benannt. Ebenso ist das „Einstein" eine photochemische Maßeinheit.

Zwei Theorien haben Anfang des zwanzigsten Jahrhunderts unser Weltbild revolutioniert. Es waren die Quantenmechanik und die Relativitätstheorie. Beide Theoriegerüste wollen wir in den folgenden Abschnitten, so gut es im Rahmen dieses Buches geht, erklären. Quantenmechanik und die Relativitätstheorie brachten das vorher herrschende Weltbild zum Einsturz. Sie brachen mit den damals herrschenden physikalischen Gesetzen. Und, das was ich persönlich immer am interessantesten fand, sie beschreiben die Natur auf eine Weise, die unserer Alltagserfahrung, und damit dem gesunden Menschenverstand, zu widersprechen scheinen. Wir Menschen mussten erfahren, dass die damals bekannten Beschreibungsarten nur die uns intuitiv erfassbare Welt beschrieben und dass diese Beschreibung unvollständig war. Sie war unvollständig bei räumlich großen Maßstäben und bei hohen Energien (Relativitätstheorie), und außerdem war sie unvollständig in der Welt des ganz Kleinen, in der Welt der Atome und Elementarteilchen (Quantentheorie). Diese beiden Welten verhalten sich anders, als wir es von der Welt in unserem Alltag her kennen. Das ist der Grund für ihre Befremdlichkeit. Ihre Beschreibungen als richtig hinzunehmen erforderte Mut und Überzeugungskraft. Auf dieser

Grundlage können wir uns so die enormen Auswirkungen vorstellen. Einstein hat mit seiner Relativitätstheorie die Welt verändert. Es kommt nur sehr, sehr selten vor dass dies durch einen Theoretiker, einen Naturwissenschaftler gelingt.

Spezielle Relativitätstheorie

Die spezielle Relativitätstheorie ist, grob gesprochen, die Theorie, die die Auswirkungen einer endlichen und konstanten Lichtgeschwindigkeit auf die newton'sche Mechanik überträgt. Diese Auswirkungen sind alles andere als trivial. Aber auch wenn sie nicht trivial sind, möchte ich versuchen, sie dem Leser zu erklären. Ich werde mich dabei möglichst von komplizierten Formeln fern halten. Formeln beschreiben exakt. Uns soll aber in diesem Rahmen größtenteils das Qualitative ausreichen. Es geht uns also um das was passiert, um die allgemeinen Zusammenhänge.

Zuallererst benötigen wir für das Verständnis den Begriff des „Inertialsystems". Inertialsysteme sind, ganz allgemein ausgedrückt, Systeme, die sich durch nichts unterscheiden. Das kann vieles bedeuten. Am Beispiel der newton'schen Mechanik weist dieser Begriff auf die Eigenart hin, dass alle betrachteten Bezugssysteme gleich sind. Das heißt, wenn man sich auf dem festen Boden befindet und einen Apfel fallen lässt, dann fällt dieser genauso nach unten, wie es ein Apfel in einem mit gleichmäßiger Geschwindigkeit fahrenden Zug tun würde. Das System im fahrenden Zug ist durch nichts gegenüber dem ruhenden System ausgezeichnet. Man kann also beim Betrachten von zwei beliebigen Systemen auch nicht sagen, welches System sich bewegt und welches in dem Moment in Ruhe ist. Lediglich die Geschwindigkeit der beiden Systeme relativ zueinander kann man nennen. Nun wird der eine oder andere reklamieren, dass man doch sehr wohl wisse, dass ein fahrender Zug fahre, und dass man selbst, der man auf festen Boden steht, sich nicht bewegt. Also doch ausgezeichnete Systeme! – Das stimmt aber nicht. Denn auch der feste Boden befindet sich auf der Erdoberfläche, und die Erde dreht sich. Außerdem kreist sie mit hoher Geschwindigkeit um die Sonne. Und auch das ganze Sonnensystem bewegt sich durch den Kosmos. Und vielleicht bewegt sich ja auch das gesamte Universum. Von all diesen Bewegungen bemerken wir nichts. Sehen wir nur unsere eigene Welt, so können wir nur Bewegungen relativ dazu (zum Beispiel fahrende Züge) ausmachen. Wir sehen also, dass in der newton'schen Beschreibung alle Systeme gleich sind. Man bezeichnet sie als „Inertialsysteme" vom lateinischen „iners" – untätig, träge. Alle Inertialsysteme sind also ausnahmslos im Bezug zueinander gleichwertig. - Der Grundpfeiler für die spätere Relativitätstheorie. Dieses Prinzip war allerdings schon lange vor Einstein bekannt. Bereits 1632 wurde es vom Universalgelehrten Galileo Galilei beschrieben. Ein genialer Mann. Mit drastischen Folgen für ihn persönlich, denn Galileo musste im Glauben an diese Theorie entgegen der Obrigkeit argumentieren, dass es an dieser Relativität liege, dass wir von der enorm schnellen Bewegung unserer Erde durch das Weltall nichts mitkriegen. Solange diese Bewegung gleichförmig sei, würde man sie nicht bemerken. Für die Obrigkeit war allerdings klar, dass die Erde als wichtigster Mittelpunkt des Universums ruht.

Später kam ein Sir Isaac Newton auf die Idee, dieses einfache Prinzip der Inertialsysteme zu erweitern und es ein bisschen genauer zu durchdenken. Er erweiterte es um den sogenannten „Trägheitssatz". Nach dem Trägheitssatz fliegen Körper, auf die keine Kraft einwirkt, immer weiter (bis ins Unendliche) auf einer Geraden. Oder, der Spezialfall, sie befinden sich in Ruhe, was auch immer Ruhe hier bedeuten mag. Dabei gibt es aber ein Problem. Das Problem der Kreisbahnen. Denn woher will man, ohne ein besonderes Bezugssystem zu definieren, feststellen, ob sich ein Körper nicht vielleicht doch auf einer Kreisbahn befindet? Vielleicht bewegt sich ja jedes Inertialsystem irgendwie im Kreis. Im Sinne einer umfassenden Relativität könnte man auch diese Kreisbahnen nicht feststellen. Die Theorien passten nach diesen Überlegungen folglich nicht mehr ganz zusammen.

Daneben hatte Newton nach ein weiteres Problem, das Problem der Zeit. Die Zeit müsse, um die Gleichheit aller Inertialsysteme zu gewährleisten, immer und überall gleich ablaufen. Es müsste also eine Art universelle Uhr geben, die nicht im Sinne der Relativität sein kann.

Newton blieb am Ende vor diesem Hintergrund nichts anderes übrig, als ein spezielles Bezugssystem zu postulieren. Dieses Bezugssystem müsse außerhalb unseres Sonnensystems liegen um universell und überall die gleiche Wirkung zu haben. Erst Einstein löste viele Jahre später dieses Debakel. Was es damit genau auf sich hat, werden wir im weiteren Verlauf dieses Abschnittes noch mehrfach sehen.

Die Erforschung der Elektrodynamik lieferte die nächsten Probleme mit den Ansichten der klassischen Mechanik. Inertialsysteme passten auch hier plötzlich nicht mehr. Zum Beispiel stellte man fest, dass eine geladene Kugel ein elektrisches Feld erzeugt, zu dem plötzlich ein magnetisches Feld hinzuzukommen scheint, wenn man sich relativ zur Kugel hin oder von ihr weg bewegt. Es ist also lediglich eine Frage des Bezugssystems, ob man ein magnetisches Feld registriert oder nicht.

Im Jahr 1860 veröffentlichte James Clerk Maxwell eine vollständig geschlossene Theorie der Elektrodynamik (siehe weiter oben in diesem Kapitel). Als interessantes Detail ließ sich mit seinen Gleichungen die Ausbreitungsgeschwindigkeit von elektromagnetischen Wellen im Vakuum auf theoretische Art berechnen. Diese war gleich der experimentell ermittelten Lichtgeschwindigkeit! Dieses Resultat legte nahe zu behaupten, dass auch das Licht eine elektromagnetische Welle sei.

Gegen Ende des 19. Jahrhunderts schien man, zumindest in für sich abgeschlossenen Teilbereichen, eine scheinbar vollständige Theorie für die Welt zu besitzen. Man kannte Newtons Mechanik für alle Körper- und Wellenphänomene, und man hatte Maxwells Theorien für die Elektrodynamik. Die kleineren Ungereimtheiten erschienen nicht wesentlich. Man war soweit zufrieden. Bei genauerem Hinsehen passten aber da ein paar Sachen nicht zusammen. Erstens brauchte man ein genaues Bezugssystem (das man interessanterweise als den sogenannten „Äther" bezeichnete - entsprechend Newtons universellem Bezugssystem außerhalb des Universums), und zweitens kam man nicht wirklich damit zurecht, dass die maxwell'schen Gleichungen ihre Form veränderten, wenn man die Bezugssysteme bewegte (relativ zum mysteriösen „Äther“, versteht sich). Irgendwie waren sich die meisten Physiker einig, dass das mit den Inertialsystemen nicht mehr ganz so zu passen schien. Eine, besonders für einen theoretischen Physiker, wie Einstein es war, unerträgliche Situation. Der vieldeutige Begriff „Äther“ schien einfach nicht in die sonst so klar anmutende Theorielandschaft zu passen. Der Äther sollte eine immer und überall gleiche Eigenschaft darstellen, ein universelles Bezugssystem, das man sich in der Tat quasi nur als „Hilfsgröße“ ausgedacht hatte, um die bekannten Theorien funktionsfähig zu halten. Keiner war von der tatsächlichen Existenz eines „Äthers“ überzeugt.

Es gab dann ein sehr interessantes Experiment, das von zwei Physikern, einem Herrn Michelson und einem Herrn Morley, ausgedacht und durchgeführt wurde. Dieses Experiment hatte das Ziel, die Ausbreitungsgeschwindigkeit von Licht relativ zum alles durchdringenden und nicht genauer definierten „Äther“ zu bestimmen. Würde nämlich die Lichtgeschwindigkeit relativ zu einem Äther, also zu einem absoluten Bezugspunkt, einen bestimmten Wert besitzen, so müsste sich ihr Betrag ändern, wenn sich der Punkt, von dem das Licht ausgesendet wird, bewegt. Das Verhalten wäre dann ähnlich dem von der newton'schen Mechanik beschriebenen. Dort addieren sich Geschwindigkeiten. Wenn man zum Beispiel fest auf der Erde steht und einen Ball nach vorne wirft, dann ist die absolute Geschwindigkeit des Balles langsamer, als wenn man einen Ball von einem fahrenden Auto aus nach vorne in Fahrtrichtung wirft (Luftwiderstand vernachlässigt). So sollte es, dem gesunden Menschenverstand nach, auch mit Licht sein. – Aber in der Wirklichkeit ist es nicht so!

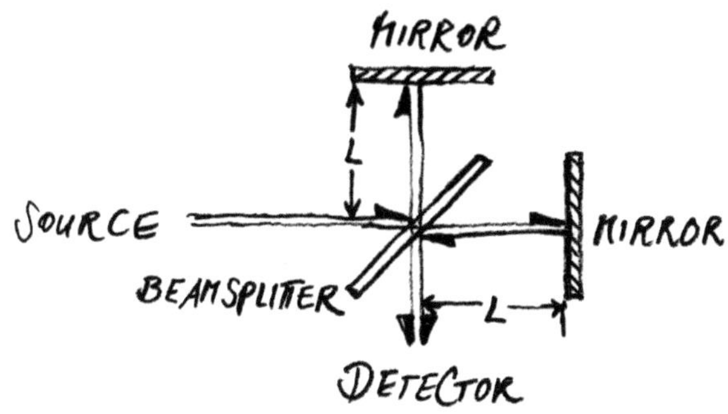

Zuerst aber zum Experiment. Nebenstehend zum Text finden wir eine In der Zeichnung erkennen wir den schematischen Aufbau. Michelsons und Morleys Experiment funktionierte so, dass es einen Lichtstrahl in zwei Teilstrahlen aufspaltet. Diese laufen dann zwei getrennte Wege, die rechtwinklig zueinander sind. Man kann über die Auswertung der auf einem Schirm erzeugten Interferenzmuster (dazu mehr im Kapitel zur Quantenmechanik) Aussagen über die Unterschiede der Laufzeiten der einzelnen Lichtstrahlen machen. Das bedeutet, dass sich das Muster auf dem Schirm verändert, wenn ein Lichtstrahl länger braucht als der andere. Michelson und Morley führten das Experiment an zwei Zeitpunkten im Kalenderjahr durch. Einmal im Frühling und einmal im Herbst. Das taten sie, weil die Erde um die Sonne kreist und sich dadurch mit sehr hoher Geschwindigkeit relativ zum dubiosen Äther bewegt. Zwischen Frühling und Herbst bewegt sich die Erde des Weiteren relativ zur Sonne in die entgegengesetzte Richtung. Das heißt, man müsste einen Unterschied der Laufzeiten der Lichtstrahlen zwischen Frühling und Herbst feststellen. – Festgestellt hat man aber, dass das Licht exakt, und exaktest, immer die gleiche Geschwindigkeit hat. Vollkommen egal, wie schnell sich der Punkt, von dem es ausgesendet wird, bewegt. Ebenso konnte man später zeigen dass auch eine Bewegung des Empfängers zu keinen anderen Resultaten als zum immer gleichen Wert der Geschwindigkeit des Lichts führt. Ein bemerkenswertes Ergebnis.

Um das Resultat der Experimente von Michelson und Morley zu erklären, bedarf es großer Änderungen in den bis dahin bestehenden Theoriegebilden.

Die newton'schen Mechanik konnte falsch sein, Maxwell mit seinen Elektrodynamiken konnte falsch liegen, überhaupt ließen sich die neuen Ergebnisse nicht so recht in die bestehenden Theorien mit einbauen. Etwas Neues musste her. Und wie schon so oft kam man erst dann weiter, als es jemandem gelang, einen Schritt zurück zu treten, und an das Problem auf ganz andere und unkonventionelle Weise heranzugehen. In diesem Fall war Einstein dieser Jemand.

Einstein nahm drei Grundannahmen vor:

1. Alle physikalischen Vorgänge, sowohl die mechanischen als auch die elektrodynamischen, bleiben in allen gleichförmig bewegten Systemen unverändert.
2. Die Lichtgeschwindigkeit ist, unabhängig von der Relativbewegung zum Lichtstrahl, in allen Bezugssystemen gleich groß.
3. Die Lichtgeschwindigkeit ist die höchste Geschwindigkeit überhaupt. Damit kann sich keine Information schneller ausbreiten als mit Lichtgeschwindigkeit.

Außerdem gelang es Einstein mit der Existenz des merkwürdigen Äthers auf sehr elegante Weise fertig zu werden: Er ging ganz einfach davon aus, dass es einen Äther gar nicht gibt. – Wie wir im Rahmen dieses Buches schon gesehen haben und es noch öfter sehen werden, ist dies immer wieder eine sehr weise Vorgehensweise. Es kann von unschätzbarer Effizienz sein, wenn man eine zu scheinbar unlösbaren Problemen führende Annahme einfach weglässt. Dies gilt oft vor allem dann, wenn dieses Weglassen intuitiv besonders befremdlich erscheinen mag. - Nehmen wir zum Beispiel die Existenz einer Seele oder die eines Gottes, oder den Glauben an eine einzige und allerletzte Wahrheit, oder grundsätzlich alle eingeübten und übernommenen Denkschemen. All dies sind, auf eine ihre eigene Art, sehr problemschaffende Phänomene. Was wäre, wenn wir sie einfach aufgeben würden? Was würde sich ändern? Nun aber zurück zu Einstein.

Einstein traf noch eine weitere Konvention: - „Gleichzeitig ist wirklich und immer gleichzeitig." - Er formulierte diese Aussage, um besonders auf die Tatsache hinzuweisen, dass die Gleichzeitigkeit von zwei Ereignissen keineswegs eine Trivialität ist. Gleichzeitigkeit bedeutet zum Beispiel, dass zwei Zeiger von zwei räumlich getrennten Uhren zur gleichen Zeit 7:00 Uhr zeigen. Wenn die beiden Uhren nur wenige Meter voneinander entfernt sind, erscheint uns dies leicht verständlich. Aber wie ist es, wenn die Uhren mehrere Lichtjahre voneinander entfernt sind? Wie könnte ich die Gleichzeitigkeit jemals wirklich überprüfen, wenn selbst das Licht mehrere Jahre braucht, um von einer Uhr zur anderen zu gelangen? – Nach Newtons (nun nicht mehr uneingeschränkt gültiger) Physik wäre dies leicht zu beantworten, denn in seiner physikalischen Beschreibung der Welt gab es eine absolute Zeit, die überall gleich schnell vergeht und überall gleich ist. Damit eine solche Zeit funktioniert, müsste diese einzige Zeit allerdings jedem Raumpunkt im Universum selbst zugeordnet sein, und zwar überall gleich. Oder, eine andere Möglichkeit, es müsse so sein, dass ein Zeitsignal sich mit unendlich schneller Geschwindigkeit über das gesamte Universum ausbreitet und die Zeitinformation so überall gleichermaßen verfügbar ist. Eine solche unendlich schnelle Ausbreitung gibt es aber entsprechend den Experimenten von Michelson und Morley nicht. – Sprechen wir also von „gleichzeitig", so müssen wir immer, je nachdem von welchem Punkt aus wir beobachten, die Zeit mit dazu rechnen, die das Licht braucht, um von den „gleichzeitigen" Geschehnissen bis zu uns zu gelangen. Für die heutige Technik der Uhrensynchronisation, zum Beispiel bei der GPS-Navigation, ist dieses Vorgehen wesentlich.

Jedoch gibt es auch hierbei eine zusätzliche Schwierigkeit: Die Synchronisation über die Laufzeitunterscheide funktioniert sehr gut, solange sich beide Punkte in Ruhe zueinander befinden. Viel komplizierter wird es, wenn sie sich zueinander bewegen. Einstein demonstrierte dies mit seinem Zugparadoxon:
Stellen Sie sich vor, Sie stehen in der Nähe eines Bahndammes und ein Zug fährt vorbei. In dem Moment, in dem Sie vom vorderen und vom hinteren Ende des Zuges gleich weit entfernt sind, schlagen zwei Blitze in den Zug ein. Einer exakt am vorderen und einer exakt am hinteren Ende des fahrenden

Zuges. Sie sehen beide Blitze zur selben Zeit, das heißt, das Licht hat gleiche Zeit vom vorderen und vom hinteren Ende des Zuges bis zu Ihnen gebraucht. Das heißt, der Blitz hat gleichzeitig vorne und hinten im Zug eingeschlagen. Nun befindet sich genau in der Mitte des fahrenden Zuges ein Schaffner. Irgendwie ist es ihm gelungen die beiden Blitze ebenfalls zu sehen. Das Problem ist nun, dass der Schaffner sich auf dem fahrenden Zug befindet und seine Position sich relativ zu den jeweiligen Einschlagorten der Blitze ändert. Er bewegt sich also dem Blitzeinschlag am vorderen Ende des Zuges entgegen und vom Blitzeinschlag am hinteren Zugende weg. Das müsste bedeuten, dass ihn das Licht vom vorderen Einschlag früher erreicht als das vom hinteren Einschlag. Nehmen wir an, dieser Schaffner wäre mit den Prinzipien von Einsteins Überlegungen vertraut und würde argumentieren, dass, weil das Licht sich immer gleich schnell bewegt, er selber in der Mitte des Zuges steht, und weil ihn die Lichtstrahlen nicht gleichzeitig erreicht haben, die beiden Blitzeinschläge nicht gleichzeitig statt gefunden haben könnten.
Wer hat also nun Recht? Der Schaffner auf dem fahrenden Zug oder Sie auf dem ruhenden Bahndamm? Man kommt nun in Erklärungsnot, denn es gibt keinen Grund Ihren Standort dem des Schaffners vorzuziehen. Beides sind Inertialsysteme. Der Schaffner könnte sogar die Behauptung aufstellen, er wäre in Ruhe und Sie würden sich bewegen. Wer immer noch zu sehr an der Vorstellung einer ruhenden Erde im ruhenden Weltall hängt, kann sich verdeutlichen, dass sich auch die Erde um die Sonne bewegt. Oder man könnte sich zwei Raumschiffe vorstellen, die sich in den unendlichen Weiten des Weltraums, unendlich weit entfernt von jeglichen Sternen und Planeten, relativ zueinander bewegen. Jedes dieser beiden Raumschiffe könnte behaupten, dass es selbst sich bewege und dass das andere ruhe. - In Inertialsystemen ist Bewegung reine Definitionssache.
Diese Beispiele zeigen, dass nicht nur der Begriff der Gleichzeitigkeit relativ ist, sondern auch die zeitliche Reihenfolge von Ereignissen betroffen ist. Wir merken davon im Alltagsleben nichts, weil diese Effekte erst bei Geschwindigkeiten in der Nähe der Lichtgeschwindigkeit auftreten und die uns üblichen Entfernungen zu gering sind. Treibt man diese Beispiele allerdings weiter, so könnte man sich fragen, ob nicht vielleicht sogar das Prinzip der Kausalität gefährdet ist. Beispiel Fußball: Der Torwart einer Mannschaft schlägt

den Ball ab, sein Mittelfeldspieler nimmt ihn an, sieht, dass der gegnerische Torwart zu weit herausgelaufen ist und schießt den Ball von der Mittellinie in hohem Bogen in dessen Tor. Die Ursache war der Schuss, die Wirkung war der Ball im Tor. Ist es nun theoretisch möglich, dass beispielsweise ein Außerirdischer in seiner fliegenden Untertasse so schnell über das Spielfeld fliegt, dass er Ursache und Wirkung in umgekehrter Reihenfolge sieht? (...)

Noch eine weitere Annahme von Einstein war daraufhin: „Nein, das ist nicht möglich." Und allein schon deshalb ist es nicht möglich, weil Information sich nicht schneller als mit der höchsten Geschwindigkeit überhaupt, der Lichtgeschwindigkeit, ausbreiten kann. Kausalität kann immer nur dann funktionieren, wenn Information übertragen wird. „Rückwärts" müsste das dann schneller als mit Lichtgeschwindigkeit geschehen, und das ist, laut Konvention, verboten.
Deutlich wird bei diesen Überlegungen zumindest eines, nämlich, dass die Begriffe Vergangenheit, Gegenwart und Zukunft an Klarheit verlieren.

Um die offensichtlich endliche und konstante Lichtgeschwindigkeit in ein Theoriegerüst zu integrieren, war es, aufbauend auf Widersprüchen dieser Art, nötig, die bis dahin als gegeben aufgefassten Begriffe „Zeit", „Strecke" und „Masse" anzuzweifeln. Einsteins geniale Idee war es, in der speziellen Relativitätstheorie Zeit, Strecke und Masse nicht mehr länger als konstante Größen anzunehmen. Wir werden gleich sehen, was es damit auf sich hat.

Sehen wir uns als Nächstes ein paar Diagramme an, um dann nachfolgend auf die nach Einstein korrekte Erklärung der Gleichzeitigkeit zu kommen. Die Kurve in den folgenden Diagrammen bezeichnet man als „Weltlinie". Wir sehen in den Diagrammen die Weltlinie eines Autos, eines Flugzeugs und eines Lichtstrahls. Aufgetragen im Diagramm sind die zurückgelegte Strecke nach rechts und die Zeit nach oben. Die Steigung der Geraden gibt, entsprechend „Weg pro Zeit", die Geschwindigkeit an. Interessant ist für uns die schraffierte Fläche. Die schraffierte Fläche liegt jeweils rechts unterhalb der jeweiligen Weltlinie. Sie stellt den Bereich dar, der für das Auto, das Flugzeug oder das Licht niemals erreichbar ist. Dies ist so zu verstehen, dass, wenn man mit einem Auto unterwegs ist, man innerhalb einer bestimmten Zeit immer nur Orte innerhalb eines bestimmten Radius erreichen kann. Zum Beispiel kann man mit einem Auto innerhalb einer Stunde ohne weiteres einen 10 Kilometer entfernten Ort erreichen, wohingegen es niemals gelingen kann, innerhalb der selben Zeit an einen 1000 Kilometer entfernten Ort zu gelangen. Irgendwo dazwischen wird es also (in jeder Richtung) einen Punkt geben, den wir innerhalb einer Stunde „exakt“ erreichen. Alles, was weiter weg ist, ist unerreichbar. Variieren wir nun die Zeit und tragen die entsprechend der veränderten Zeiten unterschiedlich weit entfernten, erreichbaren Orte ein, so erhalten wir eine Gerade in einem Diagramm. Das ist die Weltlinie. Geht man nun davon aus, dass sich niemand schneller bewegen kann als wir mit unserem Auto und dass es keine Möglichkeit gibt, Informationen schneller als mit Autos zu überbringen, dann bedeutet das, dass jeder Punkt „unter“ der Weltlinie, ausgehend vom Zeitpunkt, an dem wir los fahren, von uns nicht beeinflusst werden kann! Wenn wir uns nun aber nicht mit der Geschwindigkeit eines Autos bewegen, sondern mit der höchsten Geschwindigkeit überhaupt, der Lichtgeschwindigkeit, dann sehen wir, dass es, entsprechend dem letzten der drei Diagramme, Orte gibt, die von anderen Orten innerhalb bestimmter Zeiten prinzipiell überhaupt nicht und niemals beeinflusst werden können.

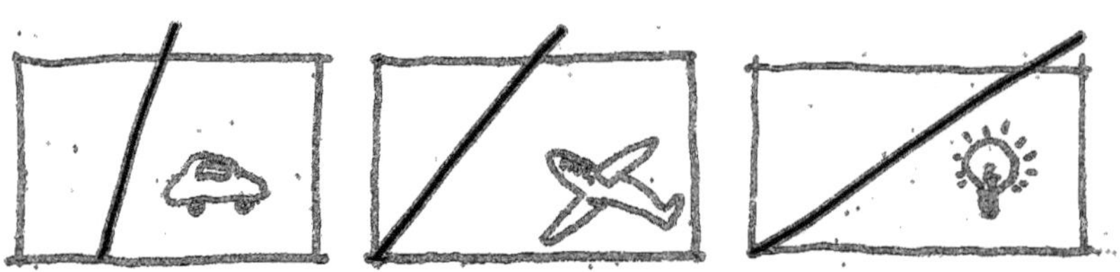

Als nächstes wollen wir unsere Betrachtung auf den dreidimensionalen Raum ausdehnen. Betrachten wir dabei nur noch das sich ausbreitende Licht. Wird Licht von einem Punkt im Raum ausgesandt, so breitet es sich in alle Raumrichtungen aus. Und das tut es in Form einer sich ausdehnenden Kugelschale. Die Oberfläche der Kugelschale ist der Ort, den das Licht mit Lichtgeschwindigkeit gerade erreicht hat. Machen wir nun einen ebenen Schnitt durch die

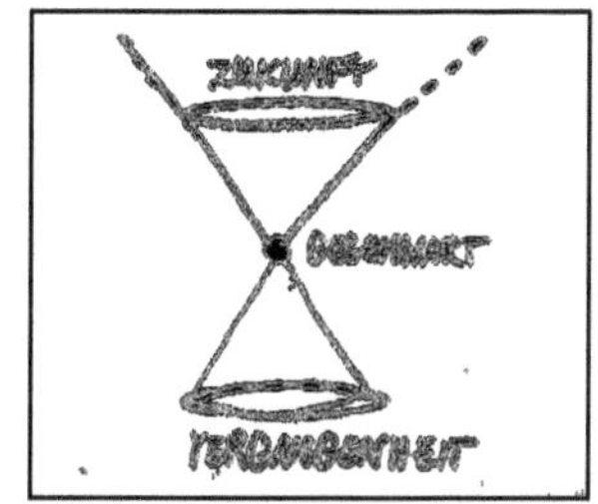

Kugelschale (und zwar durch den Mittelpunkt) und tragen wir die größer werdenden Radien über die Ausbreitungszeit in einem Diagramm ein, so erhalten wir den sogenannten Lichtkegel den Sie in der Zeichnung sehen. Der Lichtkegel ist selbstverständlich „doppelt", da man ihn ja auch in die Vergangenheit fortführen kann. Der Kegel in der Vergangenheit bedeutet natürlich nicht, dass Licht in die Vergangenheit ausgesendet wurde, sondern er bedeutet entsprechend, dass Licht in der Vergangenheit den betrachteten Punkt erreicht hat. Da sich überhaupt nichts, und auch keine Information, jemals schneller als das Licht bewegen kann, ist für einen Punkt alles außerhalb des Lichtkegels in der Vergangenheit sowie in der Zukunft unerreichbar. Nichts in der Vergangenheit Gelegene kann den Punkt von außerhalb des Lichtkegels beeinflussen. Ebenso kann der Punkt in der Zukunft keinen Einfluss auf irgendetwas haben, das außerhalb seines Lichtkegels liegt.

In der folgenden Abbildung ist eine sogenannte Weltlinie eingezeichnet.

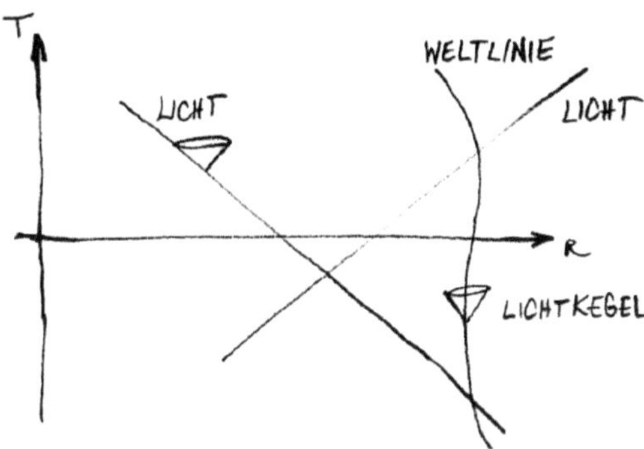

Eine Weltlinie ist die Bewegungslinie eines Punktes mit der Zeit. Zusätzlich sind Lichtkegel eingezeichnet. So kann man sehen, was pro Zeitpunkt überhaupt Einfluss auf diesen Punkt genommen haben kann. Um diesen Zusammenhang zu konkretisieren, kann man sich das Ganze am Beispiel der Funkübertragung zwischen Mond und Erde vorstellen. Das Licht braucht von hier bis zum Mond ungefähr 2,5 Sekunden. Wenn also jetzt im Moment etwas auf dem Mond geschieht, dann kann dieses Ereignis von Prinzip as erst in frühestens 2,5 Sekunden etwas auf der Erde bewirken. So einfach ist das.

Das Beispiel mit dem Schaffner auf dem fahrenden Zug ist in dieser Betrachtung schon sehr paradox. Wenn die Lichtgeschwindigkeit immer gleich hoch ist, dann führt dies bei newton'schen Grundannahmen unweigerlich zu Widersprüchen. Wie entledigt man sich also dieser Paradoxien? Einsteins Vorschlag dazu war: „Die Zeit selbst ist nicht konstant." – Um es genauer auszudrücken: Die Zeit vergeht umso langsamer, je schneller man sich bewegt. Einstein hat in seiner Arbeit von 1905 in einer ziemlich trockenen und theoretischen Herleitung einen Faktor zur quantitativen Bestimmung der Zeitdehnung berechnet. Die Zeit wird mit dem Faktor

$$\gamma = \frac{1}{\sqrt{1-\beta^2}} \qquad \beta = \frac{v}{c}$$

gedehnt. Dieser Faktor wird als „Lorentzfaktor" bezeichnet. Benannt nach dem Niederländischen Mathematiker Hendrik Antoon Lorentz, der dieselbe Transformationsgleichung (allerdings in einem etwas anderem Kontext) schon für die maxwell'sche Elektrodynamik herleitete.

Im mathematischen Ausdruck finden wir ein paar Symbole: Gamma (das ist das krikel-krakel-Zeichen ganz links) ist der Faktor, mit dem die Zeit gedehnt wird, also der Lorentzfaktor. Beta ist die Abkürzung für die Formel rechts. Beta setzt sich zusammen aus v geteilt durch c. v ist die Geschwindigkeit des sich bewegenden Körpers, c ist die Lichtgeschwindigkeit. Einstein leitete diesen vollständigen Zusammenhang aus der Annahme der Konstanz der Lichtgeschwindigkeit her. Man kann sich den Verlauf der Zeitdilatation (Fachbegriff für „Dehnung der Zeit") abhängig von der Geschwindigkeit über diesen Lorentzfaktor als Diagramm aufzeichnen. Die folgende Abbildung zeigt ein solches Diagramm: (Im Vergleich zur Dehnung mit dem Lorentzfaktor sehen wir im Diagramm auch den Verlauf, wie ihn die klassische Mechanik voraussagt.)

Man sieht also, dass die Kurve anfangs ziemlich flach verläuft und dann nahe der Lichtgeschwindigkeit stark nach oben ins Unendliche wegläuft. Den Wert „unendlich" in einer physikalischen Gleichung zu haben hat immer drastische Auswirkungen. Die Zeit vergeht bei einer Bewegung mit Lichtgeschwindigkeit daher unendlich langsam, also gar nicht. Sie bleibt quasi stehen. Das ist aber kein Problem, da man diese Geschwindigkeit praktisch sowieso niemals erreicht, denn dazu wäre eine unendliche Menge an Energie nötig, und unendliche Energiemengen gibt es nicht.

(Elektromagnetische Wellen wie das Licht oder Radiowellen (wie man sie mit einem Radio- oder Fernsehgerät empfangen kann) sind anderer Natur als feste Materie. Elektromagnetische Wellen sind masselos, und daher breiten sich elektromagnetische Wellen immer und ausschließlich mit Lichtgeschwindigkeit aus.)

In der Realität war es dann tatsächlich auch möglich, diese Zeitdilatation zu messen. Man hatte Uhren, die genau genug liefen (Uhren, die als Oszillator kein Pendel oder einen Quarz verwendeten, sondern stattdessen die angeregte Eigenschwingung eines Caesium-Atoms) und konnte mit ihnen bestätigen, dass die Zeit am Äquator langsamer vergeht als an den Polen. Zeitdehnungstechnisch logisch, denn die Erde dreht sich ja. Steht man auf dem Äquator, so

bewegt man sich mit höherer Geschwindigkeit, als wenn man am sich auf der Drehachse, dem Nord- oder Südpol, befindet. Die Abweichung ist selbstverständlich sehr, sehr klein, und, wie gesagt, man benötigt für ihre Bestimmung hochpräzise Messinstrumente. Um an dieser Stelle nichts zu unterschlagen, muss man noch dazu sagen, dass die spezielle Relativitätstheorie nur für gleichförmige und geradlinige Bewegungen gilt. Eine Kreisbewegung entlang des Äquators ist aber nicht geradlinig. Um aber dennoch ein Ergebnis zu erhalten, unterteilte man die Rotation mathematisch in kleine Stück und näherte sich rechnerisch an.
Gepasst hat das Ergebnis aber allemal, denn, wie wir noch sehen werden, sind Beschleunigung, Gravitation und Richtungsänderungen Teil der allgemeinen Relativitätstheorie, welche die spezielle Relativitätstheorie beinhaltet.

Wenn wir schon bei der Zeit und bei den Bewegungen sind, dann darf auch das von Einstein erdachte „Zwillingsparadoxon" nicht fehlen. Stellen wir uns vor, in ferner Zukunft wäre es möglich, Raumschiffe zu bauen, die nahezu mit Lichtgeschwindigkeit fliegen können. Ein Astronaut begibt sich auf die Reise zu einem weit entfernten Sonnensystem, und zwar wird er diese Reise mit sehr hoher Geschwindigkeit vornehmen. Der Astronaut hat natürlich einen Zwillingsbruder (deswegen Zwillingsparadoxon). Beide schütteln sich beim Start die Hände und sind dabei 30 Jahre alt. Der eine der beiden Brüder bleibt auf der Erde und lebt normal weiter. Kurz nach dem Start wird das Raumschiff mit Hilfe eines extrem starken Raketenantriebs auf 98 Prozent der Lichtgeschwindigkeit beschleunigt. Bei 98 Prozent ist die Zeitdehnung nach unserer Formel von oben ungefähr gleich dem Faktor 5, der Flug dauert insgesamt 10 Jahre. Der Einfachheit halber findet die gesamte Reise mit gleich hoher Geschwindigkeit statt. Als der Astronaut zurück kommt ist er also 10 Jahre gealtert und daher 40 Jahre alt. Sein Bruder, der auf der Erde geblieben ist, hat aber das Problem, dass seine Zeit nicht gedehnt wurde. Für ihn sind 10 mal 5 Jahre vergangen, er ist also 80 Jahre alt. – Und jetzt kommt das Paradoxon: Kritiker wollten über die Jahre immer wieder die spezielle Relativitätstheorie widerlegen, indem sie beim Zwillingsparadoxon auf die Gleichwertigkeit von Inertialsystemen verwiesen. In Inertialsystemen ist es ja vollkommen irrelevant, wer sich „bewegt" und wer sich in „Ruhe" befindet. Bewegung ist in Inertialsystemen relativ, daher ja der Begriff Relativität. Das heißt, der auf der Erde gebliebene Bruder könnte genauso gut behaupten, dass er sich bewegt hätte und dass sein Bruder in Ruhe geblieben wäre. Jetzt wäre also der Astronautenbruder irgendwie gleichzeitig jünger und älter als der andere. Irgendwas passt da also nicht so recht.

Zum Leid der Kritiker muss man immer wieder darauf verweisen, dass dieses Problem schon 1906 von Einstein selbst erkannt und auch gelöst wurde. Und zwar durch die gleich folgende allgemeine Relativitätstheorie. Wie gesagt gilt die spezielle Relativitätstheorie nur bei gleichförmigen und geradlinigen Bewegungen. Gleichförmig und geradlinig gehört auch zur Definition von Inertialsystemen. Jetzt ist es aber so, dass, kurz nachdem sich die beiden Brüder noch die Hand geschüttelt haben und der eine Bruder dann anfing, sich mit 98 Prozent der Lichtgeschwindigkeit zu bewegen, das Raumschiff (und der Bruder) sehr stark beschleunigt werden mussten. Und diese Beschleunigung ist eben einfach nicht Bestandteil der speziellen Relativitätstheorie. Ein beschleunigtes System ist kein Inertialsystem! Das ist leicht zu verstehen, denn Beschleunigung kann man selbst spüren. Wird man beschleunigt, so kann man immer spüren, in welche Richtung es einen „zieht". In Inertialsystemen geht sowas laut Definition nicht.

Sehen Sie, jetzt können Sie in jeder intellektuellen Gesprächsrunde damit auftrumpfen, das Zwillingsparadoxon zu kennen, um es dann auch gleich noch zu lösen. Soviel zur Allgemeinbildung.

Kommen wir noch zu einer anderen Auswirkung der speziellen Relativitätstheorie. Auch sie führt immer wieder zu einem scheinbaren Widerspruch. Sagen wir, wir würden zum Wega-System fliegen. Das Wega-System liegt ungefähr 25 Lichtjahre von uns entfernt. Wir stecken also einen Astronauten zusammen mit einer Uhr mit Datumsanzeige in ein Raumschiff und lassen ihn wieder mit 98 Prozent der Lichtgeschwindigkeit dorthin fliegen. Da er sich schnell bewegt, vergeht für ihn, wie schon besprochen, die Zeit langsamer. Benutzt man erneut den Faktor zur Zeitdilatation, so erhält man als Ergebnis, dass im Raumschiff nur 5 Jahre und keine 25 vergangen sind. Sind jetzt beide Systeme, das des Raumschiffs und das der Erde, Inertialsysteme, so scheint neben dem gerade besprochenen Ziwillingsparadoxon noch etwas Weiteres nicht zu stimmen: In beiden Systemen ist die Strecke von der Erde zum Wega-System ja gleich weit, und das sind nunmal 25 Lichtjahre. Da sich nichts schneller bewegt als das Licht, braucht man für diese Strecke mindestens 25 Jahre. Wie kann es also sein, dass der Astronaut diese Strecke in nur 5 Jahren zurückgelegt hat?

Nun, gänzlich zu passen scheinen solche Beispiele ja sowieso nie, aber in Wirklichkeit ist es so, dass Strecken sich in Bewegungsrichtung um denselben Faktor verkürzen, um den die Zeit gedehnt wird! Das tun sie in der Relativitätstheorie, um quasi die Summe wieder auszugleichen. Dann passt alles wieder. Der Astronaut muss also, weil er sich schnell bewegt, in der Tat nur eine kürzere Strecke zurücklegen. Die neue Länge l ergibt sich in der folgenden Gleichung aus der alten Länge lo mal dem schon bekannten Faktor.

$$l = l_0 \sqrt{1 - \frac{v^2}{c^2}}$$

Man nennt das Ganze, welch Überraschung, die „Lorentzkontraktion". Dieser Zusammenhang führt zu vielen merkwürdigen Effekten wie zum Beispiel dazu, dass ultraschnelle Raketen optisch gestaucht werden, oder dass Elementarteilchen bis zu ihrem statistischen Zerfall auffällig lange Wege zurücklegen. Außerdem hat es auch dazu geführt, dass die maxwell'schen Formeln ganz plötzlich anfingen zu passen. Auf einmal konnte man elektromagnetische Wellen auch zusammen mit gleichförmiger Bewegung berechnen.

Eine Sache fehlt jetzt noch. Es ist die Masse von Körpern. Die Masse bleibt in der speziellen Relativitätstheorie auch nicht konstant. Erreicht ein Masseteilchen theoretisch die Lichtgeschwindigkeit, so wird seine Masse theoretisch unendlich groß. Wie bereits angesprochen würde es, um eine unendlich große Masse zu erzeugen, auch unendlich viel Beschleunigungsenergie erfordern. In der Realität ist dies durchaus ein praktisches Problem. So tut man sich folglich recht schwer, Teilchen für Forschungszwecke auf Lichtgeschwindigkeit und alles, was dieser sehr nahe kommt, zu bescheunigen. Man kann nun auch verstehen, warum sich nur masselose Elementarteilchen mit Lichtgeschwindigkeit bewegen können. (Diese können sich allerdings dann auch nur mit Lichtgeschwindigkeit und niemals langsamer bewegen.) Wohl bemerkt soll sein, dass es sich trotz der Masselosigkeit immer noch um Teilchen handelt. - Die Quantenmechanik lässt grüßen.

$$\gamma = \frac{1}{\sqrt{1 - \frac{v^2}{c^2}}}$$

Diese Formel gibt die Zunahme der Masse in Abhängigkeit der Geschwindigkeit an. Es ist im Prinzip derselbe Term, den wir schon kennen.

Wie ist das Ganze aber nun zu verstehen? Zuerst einmal muss man sich erneut ins Gedächtnis rufen, dass alles Inertialsysteme sind. (Es sind immer wieder die Inertialsysteme!) Das heißt, um es erneut auszusprechen, dass kein gleichförmig bewegtes System irgendeinem anderen gleichförmig bewegten System bevorzugt ist. Wir stellen uns die ähnliche Frage wie zuvor: „Wie kann es also sein, dass in einem bewegten System die Masse größer ist als in einem nicht bewegten System?" – Denn ein Raumfahrer, der sich in seinem Raumschiff mit sehr hoher Geschwindigkeit bewegt, darf ja selbst von seiner relativ höheren Masse nichts merken. Nun, das funktioniert, entsprechend dem Zusammenhang von vorhin, indem man sagt, dass sich das bewegende System zuerst in Ruhe oder in gleichförmiger Bewegung befand, um dann beschleunigt zu werden. Inertialsysteme bleiben dann Inertialsysteme, weil sie keine Beschleunigung beinhalten. In diesem Kontext ist die Zunahme der Masse so zu verstehen, dass, entsprechend dem oben genannten Faktor, Energie zur Beschleunigung nötig war. Die Masse stellt sich der Beschleunigung entgegen und es ist Energie nötig um eine Beschleunigung zu erwirken. Diese Energie führt zu einer Massezunahme. Die Masse ist dann umso größer, je höher die Endgeschwindigkeit oder entsprechend, je stärker die Gesamtbe-

schleunigung ist. Der sich bewegende Astronaut in seinem Raumschiff würde sich nach dem Beschleunigungsvorgang selbst kein Gramm schwerer fühlen. Das ist die Bedingung in einem Inertialsystem. Das, was der Massezunahme entspricht, ist die Zunahme der aufzuwendenden Energie beim Beschleunigen der zu beschleunigenden Masse.
Krass manifestiert sich dieses Phänomen in den modernen Teilchenbeschleunigern. Teilchenbeschleuniger benutzt man zur Erforschung des elementaren Aufbaus der Materie. Um sehr genau in die Struktur von Atomen und Elementarteilchen „hineinschauen" zu können, benötigt man hohe Energien. Man kann sich das so vorstellen, dass „Unregelmäßigkeiten" in den Teilchen Aussagen über deren inneren Aufbau zulassen. Will man diese Unregelmäßigkeiten messbar machen, so benutzt man als „Vergrößerungsglas" große Mengen an Energie. Diese Energie führt man den Teilchen in Form von Bewegungsenergie zu. Man beschleunigt sie. Da diese Zuführung von Energie eine Zeit lang dauert, und die Teilchen sehr schnell werden (am Ende fast Lichtgeschwindigkeit), bringt man sie, um sie nicht zu verlieren, auf eine Kreisbahn. Eine Bewegung auf einer Kreisbahn entspricht allerdings einer ständigen Beschleunigung. Diesen Effekt kennt jeder vom Durchfahren von Kurven mit dem Auto. Dort „zieht" es einen nach „außen", solange man das Lenkrad eingeschlagen hat und sich in der Kurve befindet. – Wird das relativistisch schnelle Teilchen zum Beispiel im deutschen Synchrotron DEYS in Hamburg auf einer Kreisbahn gehalten, so sind dafür bei derzeitigen Leistungen die Elektronen 55.000-mal so schwer wie normalerweise. Elektronen sind im Grundzustand ziemlich leicht, da sie sehr klein sind. Aber dennoch würde ein Synchrotron nicht wirklich funktionieren, würde man diese Massezunahme nicht mit Hilfe der einstein'schen Relativitätstheorie bei der Konstruktion mit einrechnen.

Einstein hat an dieser Stelle nicht aufgehört. In seinen „Analen der Physik" schrieb er: „Ist die Trägheit eines Körpers von seinem Energieinhalt abhängig?" Und er schrieb weiter: „Gibt ein Körper die Energie E in Form von Strahlung ab, so verkleinert sich seine Masse um E/c^2." Das war der Witz.

Einstein hatte die nun wohl bekannteste Formel der Welt hergeleitet und niedergeschrieben. Er gab der Welt:

$$E = mc^2$$

Die Energie ist gleich der Masse mal die Lichtgeschwindigkeit im Quadrat.

Der Massebegriff war dadurch noch komplizierter geworden. Zum einen besitzt ein Körper, entsprechend der Transformation von vorhin, eine dynamische Masse, welche mit steigender Geschwindigkeit zunimmt. (Dadurch wächst auch die „klassische" kinetische Bewegungsenergie eines Körpers nahe der Lichtgeschwindigkeit enorm an.) Zum anderen hat ein Körper nach $E=mc^2$ so etwas wie eine Ruheenergie. Befindet sich ein Körper in Ruhe (Inertialsystem), so besitzt er keine Bewegungsenergie mehr. Aber seine innere Energie, die Energie mc^2 ist nach wie vor vorhanden!

Das alles mag sich für einen nicht technisch versierten Menschen oder einen Nichtphysiker sehr dubios anhören. Aber es ist ein Teil unserer Welt. Beispiele, wie sie jeder kennt, sind unter anderem technische Errungenschaften wie Atombomben und Atomkraftwerke. Beides recht anrüchig erscheinende Dinge. Anrüchig, weil gewaltig in ihrer Mächtigkeit. Laut Der Formel $E=mc^2$ ist Masse gleich Energie, das bedeutet, dass man Masse durch Energie erzeugen kann (zum Beispiel in modernen Teilchenbeschleunigern) und, umgekehrt, dass man durch Vernichtung von Masse Energie freisetzen kann. Klarzustellen ist aber vorher noch der Unterschied zwischen Masse und E-nergie. Denn, wie wir gleich später im Abschnitt zur Quantenmechanik sehen werden, ist die Trennung zwischen Energie und Masse alles andere als eindeutig. Grundlegend können wir aber davon ausgehen, dass Masse irgendwo immer zu fester (und anfassbarer) Materie führt, wohingegen man Energie eigentlich niemals anfassen kann. Energie ist Strahlung, ob nun Wärme, Licht oder Elementarteilchenstrahlung, und eigentlich niemals ist sie in der uns bekannten Welt „greifbar". Gelingt es also, Masse in Energie umzuwandeln, dann wird nach der Formel $E=mc^2$ Energie frei. Und die freiwerdende Energie ist, bezogen auf die Winzigkeit des Masseverlustes, sehr, sehr hoch. Man kann dies in einem Zahlenbeispiel verdeutlichen. Nehmen wir an, wir vernichten 1 Gramm Masse in pure Energie. Dann ergibt das entsprechend unserer Formel $E=mc^2$

0,001 kg $*(90000000000000000\ m^2/s^2)$ = 90000000000000 Joule = 25.000.000 kWh

25.000.000 kWh, das ist in etwa die Menge an Energie, die ausreicht, um einen durchschnittlichen Familienhaushalt etwa 5.000 Jahre mit Energie zu versorgen. Und so beruht auch die gigantische Sprengkraft der Atombomben auf nichts anderem als auf der Verwandlung von Materie in Energie. Bei einer Atombombe funktioniert das dann in etwa so, dass Elemente mit schweren und großen Atomkernen (die von alleine schon zum Zerfallen neigen – zum Beispiel Uran 235 oder Plutonium 239) durch eine Explosion komprimiert werden. Irgendwann tritt dann eine Kettenreaktion ein, bei der Neutronen (die vom spontanen Zerfall einzelner Kerne stammen) auf andere Kerne treffen und diese spalten. Die Komprimierung nimmt man vor, um die sogenannte „mittlere freie Weglänge" zwischen den Atomkernen zu reduzieren. So erhöht sich die Wahrscheinlichkeit, dass spontan auftretende oder beim angeregten Zerfall erzeugte Neutronen wieder auf Kerne treffen, um diese wieder zum Zerfall anzuregen. Bei der Aufspaltung der großen Atomkerne „zerstrahlt" ein Teil der Kernmassen in Energie. Den gewaltigen Umfang dieser Energie kennt man von Fotoaufnahmen der Bombenexplosionen wie in der Abbildung.

Ganz nebenbei sollte man sich klar machen, dass Kernenergie derzeit die wirkungsvollste verfügbare Energiequelle überhaupt ist. Ebenso sollte jedem von uns bewusst sein, dass der Strom aus der Steckdose trotz Propaganda und Geplapper über grüne Energie fast nichts anderes als Atomstrom ist. Wir Menschen brauchen zu viel elektrische Energie, ohne Atomstrom ist es schlichtweg nicht möglich, diese ausreichend bereitzustellen. Da können wir uns noch so auf unsere kleinen Umweltschützerhinterbeinchen stellen, aber mit hässlichen Windrädern und der bisschen Wasserkraft wird sich unser Energiebedarf praktisch niemals decken lassen. Auch mit Sonnenenergie nicht.

Nach Katastrophen wie Tschernobyl und Hiroshima und diversen anderen, mit Strahlung verbundenen Unglücken reagiert die Allgemeinheit verständlicherweise radikal abneigend gegen jegliche Art dieser Technik. Der Strom aus einem Atomkraftwerk wird gewonnen, indem man quasi eine kontrollierte Atombombenexplosion ablaufen lässt. Dazu sind an der Stelle, an der die Kettenreaktion abläuft, verschiedenste (sichere!) Regelmechanismen eingebaut. In einem modernen Atomkraftwerk kann schlichtweg keine unaufhaltsame Reaktion mehr ablaufen. So etwas ist nicht möglich. Die Kraftwerksbetreiber haben aber seit langer Zeit den Weg gewählt, sämtliche Informationen lieber aus den Medien herauszuhalten als zu versuchen die breite Masse informiert zu halten. Der Stand der Technik ist deshalb selbstverständlich bei der Allgemeinheit nicht bekannt. Die Diskussionen daher eine Farce.

Sehen wir uns nun aber noch an, wie Einstein auf diese geniale und wunderschöne Formel des $E=mc^2$ kam. Die nun folgende Herleitung (und sie wird die einzige in diesem Buch bleiben) folgt nicht „streng" physikalischen Wegen. Streng physikalisch zu bleiben würde eine ganze Menge mehr an Rechenaufwand erfordern. Ich möchte deshalb einen kurzen, aber sehr leicht nachvollziehbaren Rechenweg vorstellen. Mit einfachster Schulmathematik sollte das kein Problem sein. Fangen wir also an:

Für sehr kleine x gilt folgende Näherung:

$$\frac{1}{\sqrt{1-x}} = 1 + \frac{x}{2}$$

Dass die Einschränkung „nur für sehr kleine Werte gültig“ bei dieser Herleitung keine wirkliche Rolle spielt, sondern sogar zielführend ist, wird gleich klar werden. (…,oder auch nicht.)

$$x = \frac{v^2}{c^2}$$

$$\frac{1}{\sqrt{1 - \frac{v^2}{c^2}}} = 1 + \frac{1}{2} \cdot \frac{v^2}{c^2}$$

Nimmt man dieses Ergebnis und kombiniert es mit:

$$m' = m \cdot \frac{1}{\sqrt{1 - \frac{v^2}{c^2}}}$$

Dann ergibt das:

$$m' = m \cdot \frac{1}{\sqrt{1 - \frac{v^2}{c^2}}} = m \cdot (1 + \frac{1}{2} \cdot \frac{v^2}{c^2})$$

Oder anders (ohne den Term zwischen den beiden ist-gleich-Zeichen):

$$m' = m + m \cdot \frac{1}{2} \cdot \frac{v^2}{c^2}$$

Mal c^2 (nach Hautschulmathematik auf beiden Seiten des ist-gleich-Zeichen):

$$m' \cdot c^2 = m \cdot c^2 + \frac{1}{2} \cdot m \cdot v^2$$

Der Anteil nach dem Pluszeichen rechts entspricht der aus der klassischen newton'schen Mechanik bekannten kinetischen Energie. Die Energie also, die in der klassischen Mechanik ein bewegter Körper durch seine Bewegung gespeichert hat. Relativbewegung, versteht sich; Inertialsysteme nicht vergessen. Bewertet man die letzte oben stehende Gleichung, so erhält man:

Gesamtenergie = Ruheenergie + Bewegungsenergie (klassisch)

Und für sehr kleine Werte von v im Verhältnis zu c gilt diese Formel in der Tat. Hier verstehen wir also, warum die Näherung vom Anfang durchaus sinnvoll war. Eine Ruhende Masse hat daher die Energie

$$E = mc^2 .$$

Mit dieser Formel, und nach dieser Herleitung, möchte ich den Absatz zur speziellen Relativitätstheorie von Einstein beenden. Sehen wir uns also nun noch kurz die allgemeine Relativitätstheorie an.

Allgemeine Relativitätstheorie

Als Einstein 1914 in die damalige Reichshauptstadt umzog, war er auf der Suche nach einer neuen Theorie der Schwerkraft. Er suchte erneut, weil an dem alten Theoriengebäude noch ein paar Dinge nicht so recht passten. Zum einen störte, dass seine Relativitätstheorie lediglich für gleichförmig bewegte Systeme galt, und zum anderen regte ihn auf, dass die bis dato herrschende Vorstellung von der Schwerkraft so gänzlich unterschiedlich zu Maxwells Vorstellung des elektromagnetischen Feldes zwischen zwei geladenen Teilchen war. Schwerkraft und Elektrische Anziehung waren beides kugelsymmetrische Felder, beide irgendwie gleich, und doch passte alles so gar nicht zusammen. Einstein war in seiner Liebe zu Einfachheit und Symmetrie unübertroffen genial. Und so kam es schließlich zur allgemeinen Realitätstheorie.

Wie vorhin schon mehrfach angesprochen, sind gleichförmige Bewegungen durch nichts gegenüber anderen gleichförmigen Bewegungen ausgezeichnet. (Inertialsysteme) Beschleunigte Systeme haben aber etwas Absolutes. Das erkennen wir, wie ebenfalls schon mehrfach erwähnt, allein dadurch, dass wir sehr wohl spüren, wenn wir zum Beispiel in einem fahrenden Auto sitzen und „beschleunigen". Ein Inertialsystem umfasst diese Situation nicht. Irgendwie schien es also, dass die gesamte Physik nur für Inertialsysteme zu passen schien. Und das war ja eine schreckliche Vorstellung für einen theoretischen Physiker.
Und dann, es war an einem langweiligen Nachmittag Anfang November 1907 im Schweizer Patentamt, als Einstein auf einem Stuhl saß und die Erleuchtung anhand eines Gedankenexperiments hatte:
„Wenn man sich im freien Fall befindet, dann spürt man sein eigenes Gewicht nicht!" – leuchtete es Einstein ein. Einstein war verblüfft, und es führte ihn zu einer neuen Theorie der Gravitation. Irgendwie scheint es als Folge dieses Gedankenexperiments egal zu sein, ob eine Beschleunigung durch die Gravitationswirkung eines Himmelskörpers, wie zum Beispiel des Planeten Erde, oder durch eine tatsächliche Beschleunigung, wie etwa durch ein schneller werdendes Auto, ausgelöst wird. Gravitation und Beschleunigung scheinen irgendwie recht artverwandt zu sein. Einstein bezeichnete diese Idee als „das Äquivalenzprinzip". Das Äquivalenzprinzip passt auch auf Magnetfelder. Denn wenn man sich in Richtung zum Magnetfeld bewegt, dann kann man durch Wahl einer geeigneten Beschleunigung erreichen, dass man überhaupt keine Kraft mehr erfährt. Das heißt, es gibt jeweils eine bestimmte, mechanische Beschleunigung, die sowohl Gravitation als auch die Wirkung von elektromagnetischen Feldern verschwinden lässt. – Das ist die Äquivalenz.

Und was jetzt kommt, ist, bei allem Respekt, einzig und allein genial. Wenn man einmal annimmt, dass Gravitation und Beschleunigung irgendwie das-

selbe sind, dann kann man auch die Erkenntnisse aus der speziellen Relativitätstheorie von „Gravitation“ auf „Beschleunigung“ übertragen! Entsprechend der Äquivalenz.
Und das würde dann bedeuten, dass sämtliche Gravitationswirkungen auch auf Beschleunigungswirkungen zutreffen. Und in der Tat ist das so. Zum Beispiel ist die Zeit bei einer starken Beschleunigung stark gedehnt.

Zur Verdeutlichung habe ich noch ein weiteres Gedankenexperiment. Stellen wir uns ein sich beschleunigendes Raumschiff vor. Im Inneren dieses Raumschiffes befindet sich ein Laserstrahl, der zwischen zwei Spiegeln hin- und her reflektiert wird. Die Spiegel sind so angeordnet, dass sich der Laserstrahl immer quer zur Beschleunigungsrichtung bewegt. Durch die Beschleunigung bewegt sich das Raumschiff immer zwischen jeweils zwei Spiegelungen ein Stückchen unter dem Laserstrahl weg. Das heißt, dass ein Beobachter im inneren des Raumschiffes (im beschleunigten Bezugssystem) den Laserstrahl als Parabel (und nicht als Gerade) sehen wird. Wenn also alles mit diesem Gedankenexperiment passt, dann bedeutet das, dass Beschleunigung in der Lage ist, Lichtstrahlen zu krümmen. Und wenn nun weiter das Äquivalenzprinzip gilt, dann müsste dazu auch Gravitation in der Lage sein.

Diese Erkenntnis in Zusammenhängen in einem vierdimensionalen Raum (drei Raumdimensionen, eine Zeitdimension) mathematisch auszudrücken erfordert recht tiefe Einsichten in die Welt der Mathematik. So etwas ist praktisch sehr schwer zu beschreiben. Leichter (aber noch immer nicht leicht) wird es aber durch einen Trick: Man denkt sich nicht die Lichtstrahlen als gekrümmt, sondern man denkt sich den vierdimensionalen Raum selbst als gekrümmt! In der Abbildung sehen wir (zweidimensional reduziert auf die Zeichenebene), wie man sich dann das Gravitationsfeld eines Sterns vorstellen kann. Das Schwerefeld eines Sterns ist eine Krümmung in der Raumzeit. Leider müssen wir mit solchen zweidimensionalen (quasi dreidimensionalen), zeichnerischen Darstellungen aufhören, da wir zum einen nicht 4-

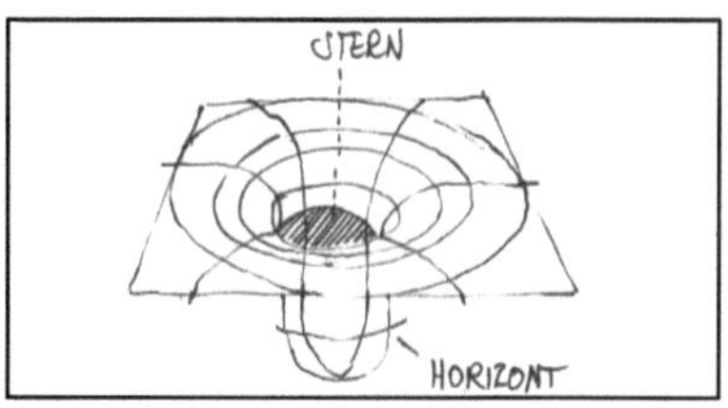

dimensional zeichnen können, zum anderen unser menschliches Gehirn, wie schon angesprochen, nicht in der Lage ist, in mehr als drei Dimensionen zu denken. Für die Mathematik macht die Zahl der Dimensionen allerdings keinen großen Unterschied. Lediglich der Rechenaufwand nimmt zu.

Die allgemeine Relativitätstheorie besagt also, dass sich jedes Inertialsystem auf einer sogenannten „Geodäte“ im gekrümmten, vierdimensionalen Raum bewegt. - Eine Geodäte ist die (im entsprechenden Raum) kürzeste Verbindung zwischen zwei Punkten. Im „normalen“, sogenannten „euklidischen Raum“, wie wir ihn uns als Menschen immer vorstellen, ist die kürzeste Verbindung zwischen zwei Punkten eine Gerade. Jedoch zum Beispiel auf einer Kugeloberfläche ist die kürzeste Verbindung natürlich keine Gerade, sondern immer ein Kreissegment. In der vierdimensionlen Raumzeit, die dann durch Gravitationsfelder gekrümmt ist, können Geodäten auch noch ganz anders aussehen.

Die Bewegung des Lichts wird in der allgemeinen Relativitätstheorie so beschrieben, dass es immer Geodäten folgt. Dieses Resultat hat damit zu tun, dass Licht sich immer mit Lichtgeschwindigkeit ausbreitet und weder beschleunigt noch gebremst werden kann.
Und es war eben genau diese, durch die allgemeine Relativitätstheorie vorausgesagte, durch eine Masse und ihr Gravitationsfeld erzeugte, Ablenkung von Licht, mit der im Jahr 1919 der experimentelle Nachweis von Einsteins Theorie gelang. In Brasilien gab es am 29. März diesen Jahres eine absolute Sonnenfinsternis. Man fotografierte das Geschehen zusammen mit dem hinter der Sonne stehenden Sternenhimmel und verglich diese Aufnahmen mit denen, die man erhält, wenn sich die Sonne an einem anderen Ort des für uns sichtbaren Himmels befindet. Und siehe da, die Sterne erschienen bei der Sonnenfinsternis leicht verschoben. Und zwar erschienen sie genau an den Stellen, die durch Einsteins Theorie vorausgesagt wurden. Man konnte also behaupten, dass Masse den Raum krümmt und die optischen Beobachtungen dem Folgen des Lichts von Geodäten in dieser Raumzeit der uns bekannten Gravitation entspricht.

Und das war es schon. Jetzt kennen Sie Einsteins Relativitätstheorie. Ich hoffe, ich konnte nahe bringen, wie sich die Auffassung der ganzen Welt in einer befremdlichen Art und Weise mit einer genial einfachen Theorie veränderte. Jahrhunderte schien es selbstverständlich, dass die Zeit überall im Universum gleich vergeht. Masse war seit jeher natürlich konstant. Nach Einstein war dies plötzlich nicht mehr so. Seit Einstein verändern sich auch Längen mit zunehmender Geschwindigkeit und sogar die Raumzeit wird durch Massen gekrümmt.
Einstein hat seinerzeit mit den damals unzusammenhängenden Theorien sauber aufgeräumt. Und er hat es geschafft, mit seinen neuen Ideen in solchem Maß Gehör zu finden, dass sogar Marilyn Monroe in einem Filmausschnitt über die Relativitätstheorie sprach.

An dieser Stelle wollen wir im Kapitel zur Physik allerdings noch nicht aufhören. Die Welt ist in Wirklichkeit nämlich noch ein zusätzliches Stück dubioser, als wir sie bis hierher bereits dargestellt haben.
Mit Einstein haben wir Phänomene mit hohen Energien und großen Dimensionen beschrieben. Kommen wir nun zur Welt des ganz Kleinen. Zur Welt der Mikrodimensionen und der kleinsten Energien. Kommen wir zur Quantenmechanik.

Die Quantenmechanik

Die Quantenmechanik beschreibt das Verhalten der Materie im atomaren und subatomaren Bereich. Wie schon angesprochen verhält sich die Natur in ganz kleinen sowie in ganz großen Maßstäben anders, als wir es, die wir in der Welt dazwischen leben, intuitiv erwarten würden. Wir wollen uns also als nächstes ein wenig mit den grundsätzlichen Erscheinungen und Zusammenhängen aus diesem Bereich der Physik beschäftigen.

Welle- Teilchen Dualismus

Wir wollen diesen Abschnitt genauso beginnen, wie wohl jede Einführung zur Quantenmechanik beginnt. Und zwar mit dem traditionellen Doppelspaltexperiment.

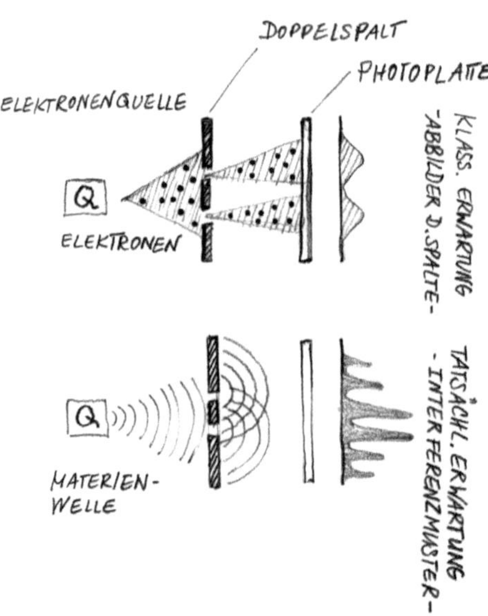

In der Abbildung sehen Sie untereinander zwei Doppelspalten und zwei mögliche Ausgänge des Experiments. Was es damit auf sich hat, werden wir gleich erfahren. Beim Doppelspaltexperiment schickt man Licht (und zwar am besten Laserlicht, das vollständig aus der gleichen Wellenlänge und einer einheitlichen Schwingung besteht) auf eine Wand mit zwei feinen Schlitzen (Doppelspalt). In einiger Entfernung hinter der Wand befindet sich ein Schirm, auf dem sich dann eine Lichterscheinung beobachten lässt. Um die Interpretation dieser Lichterscheinung geht es hier.

Will man das Doppelspaltexperiment verstehen, so muss man ein wenig über das Verhalten von Wellen wissen. Ganz egal, in welcher Form Wellen auftreten, ihre Funktion, Beschaffenheit und mathematische Beschreibung ist annähernd die gleiche. Wellen stellen einen Energietransport ohne einen Materietransport dar. Jeder kennt das Phänomen der Wellenausbreitung von den sogenannten „Transversalwellen" auf der Wasseroberfläche. Transversal bedeutet, dass sich die Wellenberge senkrecht zur Ausbreitungsebene der Wellen bewegen. Fast alle sichtbaren Wellen sind Transversalwellen. „Logitudinalwellen" hingegen besitzen eine Relativbewegung der Wellentäler und Wellenberge in Richtung der Ausbreitungsebene. Man nennt Longitudinalwellen auch Stoßwellen. Man kennt solche Wellen von Stößen auf feste Materie oder von Überschalleffekten bei Flugzeugen.

Eine Welle kann man sich so vorstellen, dass ein beliebiges, an der Welle beteiligtes Teilchen in seinem Energiegehalt „auf und ab" schwingt. Mit seiner Bewegung reißt es immer die ihm jeweils benachbarten Teilchen mit, und sorgt so für die kreis- oder kugelförmige Ausbreitung der Welle.

Interessant wird es, wenn sich zwei Wellen überlagern. Das Resultat der Überlagerung von Wellen wird als „Interferenz" bezeichnet. Interferenz tritt also immer auf, wenn sich Wellen gleichen Typs „treffen" oder „überschneiden" (zum Beispiel Wasserwellen auf einem See). Man kann sich diesen Vorgang wieder durch die Betrachtung einzelner an der Welle beteiligter Teilchen vorstellen. Die Energie eines einzelnen Teilchens schwingt, bedingt durch die Welle an der es beteiligt ist, „auf" und „ab". Ist das Teilchen nun an zwei Wellen (und entsprechend an deren Überlagerung) beteiligt, so addieren sich „in ihm" die Energien, die es von jeder einzelnen Welle erhält. Bei mehr als zwei Wellen verhält es sich entsprechend. Stehen also zwei Wellenberge übereinander, so erhält man als Resultat (Addition der Energien der einzelnen Teilchen) Wellenberge, die doppelt so hoch sind. Trifft stattdessen ein Wellenberg auf ein Wellental, so löschen sich die Wellen vollständig aus. In der Abbildung kann man den Zusammenhang bildlich dargestellt erkennen.

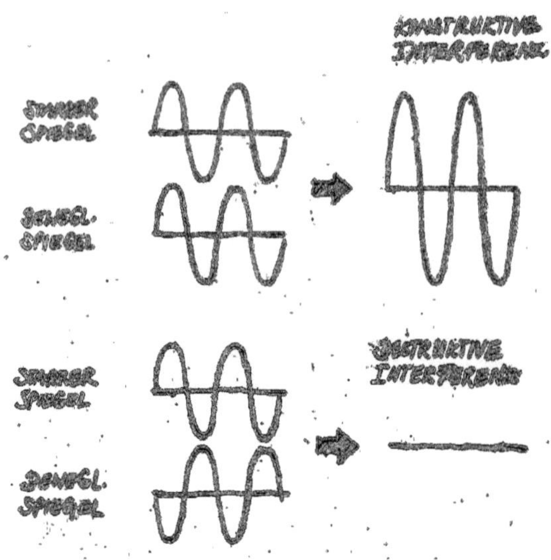

Im Doppelspaltexperiment geschieht nun genau eine solche Interferenz. Durch beide Spalte werden kreisförmige Wellen mit der gleichen Frequenz erzeugt. Die Frequenz ist gleich, weil sie aus derselben Quelle stammen. Dort, wo sich diese Wellen überlagern, kommt Interferenz zustande. Diese Interferenz kann man auf einem Schirm sichtbar machen. Man erhält ein klassisches Interferenzmuster, wie es rechts in der Abbildung zu sehen ist.

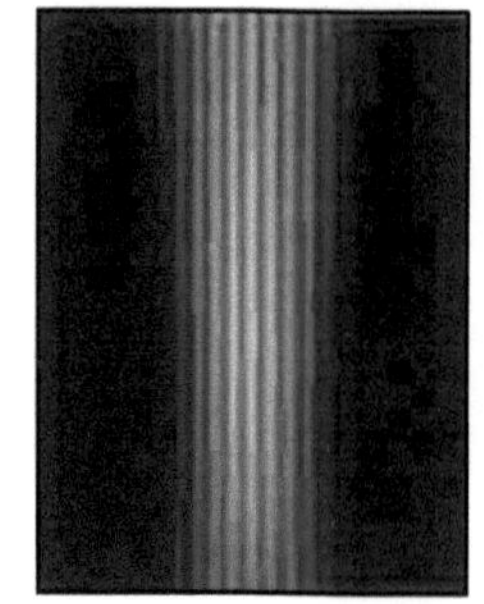

Dieses Muster ist also eindeutig auf die Wirkung von Wellen und ihren Besonderheiten zurück zu führen. Erreicht man Interferenz mit Hilfe von Licht (wie am Doppelspalt) so muss man vernünftigerweise davon ausgehen, dass Licht aus Lichtwellen besteht.

Leider ist die Natur aber ein wenig komplizierter. Denn Licht (und damit alle elektromagnetischen Wellen) kann merkwürdigerweise auch den Charakter von Teilchen haben! Der Teilchencharakter offenbart sich zum Beispiel im sogenannten „photoelektrischen Effekt".

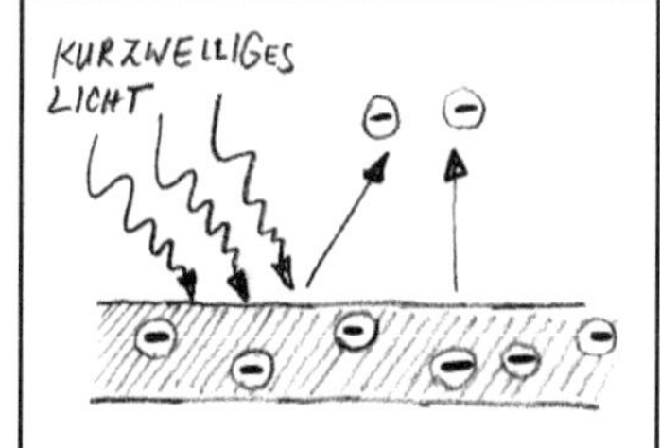

Bei diesem Phänomen werden Elektronen durch sichtbares Licht oder Ultraviolettstrahlung aus einer Metalloberfläche herausgelöst. Durch diesen Verlust von negativ geladenen Elektronen wird das Metall elektrisch geladen. Diese Ladung kann man messen. Technisch nutzt man diesen Effekt zum Beispiel in digitalen Fotoapparaten. Ausgehend vom Gedanken, dass es sich bei Licht um eine sinusförmige elektromagnetische Welle handelt, sollte die auf das Metall treffenden Welle die im Material befindlichen Elektronen zum Schwingen anregen und sie so herauslösen. Die Stärke dieser Schwingung, und damit die kinetische Energie der herausgelösten Elektronen, hängt bei diesem Modell einzig von der Amplitude, also der Intensität des einfallenden Lichtes ab. Eine höhere Lichtintensität würde im Wellenbild höhere Energien und damit auch höhere elektrische Aufladungen des Grundmaterials bedeuten. – Jedoch weichen die reellen Resultate von dieser Erklärungstheorie ab! Die gemessene Maximalspannung ist nur von der Lichtfrequenz und nicht von der Lichtintensität abhängig. Die Natur verhält sich offensichtlich anders, als es durch eine reine Wellenauffassung des Lichts vorhergesagt werden würde. – Das beobachtete Verhalten kann man nur dadurch erklären, indem man annimmt, die eintreffenden Lichtstrahlen wären Teilchen!

Licht kann sich also entsprechend gleichermaßen wie eine Welle, oder ein Teilchen verhalten.

Schauen wir uns nun noch einmal die erste Abbildung in diesem Abschnitt an. Wir sehen auf der rechten Seite des Doppelspalts oben eine typische Häufigkeitsverteilung von Materieteilchen, unten ein typisches Interferenzmuster. Der Witz bei dieser Sache ist nun, dass die obere Abbildung schlichtweg falsch ist. Sie ist nur eine theoretische Annahme und beruht auf der Theorie, dass es sich bei Elektronen um Teilchen handelt. In Wirklichkeit würde man bei Elektronen ebenso ein Interferenzmuster beobachten, wie man es bei Licht beobachtet. Dieses Ergebnis ist empirisch und zeigt sich in allen Versuchen. Offensichtlich bedarf die klassische Theorie mit ihrer Auffassung davon, was Wellen und was Teilchen sind, einer Erweiterung beziehungsweise einer Korrektur.

Licht (und damit alle elektromagnetischen Schwingungen) verhält sich also in manchen Fällen, als bestünde es aus Teilchen, wohingegen sich Teilchen in manchen Fällen wie Licht verhalten. Besser wäre es jedoch, diese Aussage anders zu formulieren: Licht hat immer gleichzeitig Wellen- und Teilchencharakter, und Teilchen haben immer gleichzeitig Teilchen, und Wellencharakter.

Mann kann diesen Zusammenhang mathematisch ausrechnen. Ein Herr Louis-Victor de Broglie formulierte 1924 hierzu einen Satz von Gleichungen. Darin ergibt sich ein Zusammenhang zwischen Masse und Wellenlänge. Jede Masse entspricht also einer bestimmten Welle mit einer bestimmten Wellenlänge. Die beiden nachfolgenden Gleichungen stellen diesen Zusammenhang her.

$$\lambda = \frac{h}{p}$$

$$p = \frac{mv}{\sqrt{1 - \left(\frac{v}{c}\right)^2}}$$

λ ist die Wellenlänge, h ist eine Naturkonstante (das Plank'sche Wirkungsquantum) und p der Impuls der bewegten Masse. – Natürlich treten Welle-Teilchen-Effekte nur bei bewegten Massen auf, denn ruhende Wellen sind nicht definitionsgemäß. – m ist die Masse, v die Geschwindigkeit, und im Nenner des unteren Ausdrucks sehen wir den relativistischen Operator, wie wir ihn schon bei Einstein kennen gelernt haben.

Zum Beispiel ist die Wellenlänge eines Elektrons:

$$\lambda = \frac{h}{p} = \frac{h}{mv} \approx \frac{6{,}62 \cdot 10^{-34} Ws^2}{9{,}1 \cdot 10^{-31} kg \cdot 1{,}9 \cdot 10^7 \frac{m}{s}} = 3{,}9 \cdot 10^{-11} m$$

Das sind 39 Pikometer. Die Wellenlänge von sichtbarem Licht bewegt sich dagegen im Bereich zwischen 380 und 780 Nanometern, ist also etwa tausendmal größer. Das ist der Grund, warum man Elektronen niemals direkt „sehen" kann.

Der Wellen-Teilchen-Charakter von Licht, beziehungsweise der Teilchen-Wellen-Charakter von Teilchen, beziehungsweise der Wellencharakter von bewegter Materie ist das erste dubiose Phänomen des Abschnitts Quantenmechanik.

Sehen wir uns nun an, warum man es überhaupt als „Quantenmechanik" bezeichnet.

Quantisierte Welt

In unserer gewohnten Umwelt bemerken wir von den Effekten der Quantenmechanik nichts. Weder sehen wir im Normalfall irgendwelche Interferenzmuster, noch spüren wir den Photoeffekt auf unserer Haut. Einzig in der Physik der Welt der kleinsten Dimensionen beobachtet man Phänomene, die man sich mit den klassischen Interpretationen nicht erklären kann, beziehungsweise bei denen die klassischen Interpretationen zu Widersprüchen führen.

Neben dem beobachteten Welle-Teilchen-Dualismus ist eine weitere merkwürdig anmutende Eigenschaft der kleinsten Dimensionen, dass die Energie nicht beliebige Werte annehmen kann, sondern dass sie nur als Vielfaches von einem bestimmten Wert vorkommt. Ähnlich den Stufen auf einer Treppe kann Energie nicht in beliebigen Mengen vorkommen, sondern kann nur Werte einnehmen die quasi den Stufen einer Treppe entsprechen würden.

Schauen wir uns an, wie man um die Jahrhundertwende durch theoretische Folgerungen zur Theorie der Quantisierung der Energie kam. Die Quantenmechanik heißt deshalb Quantenmechanik, weil sie die Welt des ganz Kleinen beschreibt und dabei von einem Aufbau in Form von kleinen, diskreten Energiequanten ausgeht.

Max Planck führte im Jahr 1900 eine Konstante mit der symbolischen Abkürzung h (h von Hilfsgröße) zunächst nur als Hilfsmittel zur Lösung des Problems der Beschreibung des Strahlungsverhaltens von sogenannten „schwarzen Körpern" ein. Ein schwarzer Körper ist ein idealisierter, theoretischer Körper, der auf ihn treffende elektromagnetische Strahlung bei jeder Wellenlänge vollständig absorbiert. Da er diese absorbierte Energie nicht auf Dauer speichert, gibt er sie in Form thermischer Strahlung wieder ab. (Also in Form von Strahlung einer anderen Frequenz.) Er gibt dabei Strahlung ab, deren Spektrum einzig von seiner Temperatur abhängt. Schwarze Körper dienen als Grundlage für theoretische Betrachtungen sowie als Referenz für praktische Untersuchungen elektromagnetischer Strahlung. Nach der klassischen, aber sich als falsch herausgestellten Beschreibung hätte die Intensität der abgegebenen thermischen Strahlung mit steigender Frequenz immer größer werden müssen (man nannte das die theoretische „Ultraviolettkatastrophe" - Die physikalisch-mathematischen Zusammenhänge der Ultraviolettkatastrophe möchte ich dem Leser an dieser Stelle ersparen. Es handelt sich um eine ziemlich langweilige Rechnerei.). Dieses theoretisch geforderte Verhalten tritt in der Realität nicht auf. Die klassische Beschreibung des Verhaltens der Schwarzkörperstrahlung führt zu Voraussagen, die sich nicht nur experimentell widerlegen lassen, sondern auch innerhalb der Theorie selbst zu widersprüchlichen Aussagen führen. In der Realität gibt es keine Ultraviolettkatastrophe.

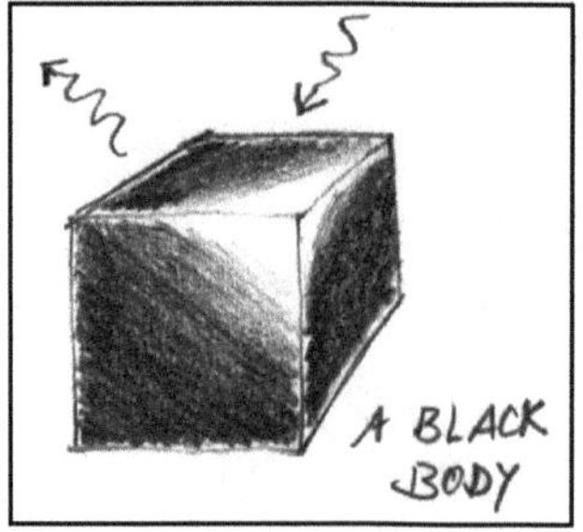

Max Planck postulierte also, dass die Energie elektromagnetischer Strahlung einer gegebenen Frequenz nur in bestimmten Portionen absorbiert und emittiert werden kann. Dadurch vermied er die theoretisch vorausgesagte Ultraviolettkatastrophe. Die Energie eines Feldes kann sich nur um den folgenden Betrag ändern:

$$E = h\nu$$

Er benutze dabei seine Hilfsgröße h, die später und bis heute als das plancksche Wirkungsquantum bezeichnet wird. h ist eine fundamentale Naturkonstante der Quantenphysik.

$$h = 6{,}626069311 \cdot 10^{-34}\,Js = 4{,}1356674335 \cdot 10^{-15}\,eVs$$

Die von Plank errechnete Konstante hatte etwas Merkwürdiges an sich. Ihr Wert war nämlich sehr, sehr klein. Kleiner als alle bis dahin bekannten Naturkonstanten überhaupt. Das war mit ein Grund, warum die Theorie der grundlegenden Quantisierung der Energie anfangs nur als notwendiger, mathematischer Trick zum Aufheben von Widersprüchen betrachtet wurde. Heute ist h als Naturkonstante allgemein akzeptiert.

Die zweite merkwürdige Eigenschaft der Welt der kleinsten Dimensionen ist also, neben dem Welle-Teilchen-Dualismus, dass Energie nicht in beliebigen Niveaus vorkommen kann, sondern nur, ähnlich den Stufen auf einer Treppe, diskrete Werte einnimmt.

Die Heisenberg'sche Unschärferelation

Werner Heisenberg (1901 bis 1976) war einer der bedeutendsten Physiker des 20. Jahrhunderts. 1932 erhielt er den Nobelpreis für Physik.
Im Jahre 1927 formulierte er die nach ihm benannte heisenberg'sche Unschärferelation. Die heisenberg'sche Unschärferelation, oder Unbestimmtheitsrelation, besagt, dass Ort und Impuls eines Teilchens prinzipiell nicht gleichzeitig mit beliebiger Genauigkeit bestimmt werden können. Diese Unschärfe im Messergebnis ist nicht die Folge von Unzulänglichkeiten, sondern sie ist von prinzipieller Natur. Der Begriff „Unschärfe" ist, mathematisch gesehen, als die standardisierte Wahrscheinlichkeit der mathematischen Beschreibung zu verstehen. In der Mathematik existieren zahlreiche Möglichkeiten, stochastische, also mit Wahrscheinlichkeiten behaftete Phänomene, mathematisch zu beschreiben. Dies ist also eine Art Ausdehnung der Mathematik auf das Unklare.

Unter dem Begriff des Unschärfeprinzips werden die folgenden drei Aussagen, die zwar miteinander verwandt sind, jedoch physikalisch unterschiedliche Bedeutung haben, zusammengefasst:

1. Es ist nicht möglich, ein Quantenobjekt in einem Zustand zu präparieren, bei dem die Position und der Impuls (Geschwindigkeit) beliebig genau definiert sind. Diese Unschärfe lässt sich als unmittelbare Konsequenz der Wellennatur der Materie in der Quantenphysik interpretieren. (Siehe weiter unten – Kollaps der Wellenfunktion)

2. Es ist nicht möglich, die Position und den Impuls eines Quantenobjektes gleichzeitig exakt zu messen.

3. Die Messung der Position eines Quantenobjektes ist zwangsläufig mit einer Störung seines Impulses verbunden, und umgekehrt. Unschärfebeziehungen gibt es neben Impuls (Geschwindigkeit) und Position auch zwischen anderen Paaren von Größen. Etwa kann man prinzipiell ebenso wenig die Energie

eines Teilchens und die exakte Zeitspanne, zu der dieses Teilchen diese Energie trägt, bestimmen.

Versuchen wir uns an einem Beispiel die prinzipielle Unbestimmtheit zu verdeutlichen.
Nehmen wir an, dass wir ein zeitveränderliches Signal mit Wellencharakter haben (zum Beispiel eine Schallwelle), und wir die genaue Frequenz dieses Signals zu einem bestimmten Zeitpunkt messen wollen. Das ist unmöglich, denn um die Frequenz exakt zu ermitteln, müssen wir das Signal über eine gewisse Zeitspanne beobachten. Und genau dadurch verlieren wir Zeitpräzision. Das heißt, ein akustischer Ton kann nicht innerhalb nur einer beliebig kurzen Zeitspanne existieren und gleichzeitig eine exakte Frequenz besitzen. Ein Ton braucht eine bestimmte Zeit, um ein Ton zu sein. Einen Ton beliebig kurzer Dauer gibt es nicht. Die Zeitdauer und die Frequenz der Tonwelle sind entsprechend zum Ort und Impuls eines Teilchens. – sicherlich hinkt dieses Beispiel ein wenig, aber in der Welt des ganz Kleinen haben wir es nicht mit gewöhnlichen Schallwellen zu tun, sondern mit interessanten Schrödingergleichungen. (siehe gleich weiter unten.)
Mathematisch ausgedrückt sieht die Unschärferelation bezüglich der gleichen Richtung im Raum so aus:

$$\Delta x \cdot \Delta p \geq \frac{1}{2} h$$

Wobei *h* (hier h-quer) das planck'sche Wirkungsquantum (geteilt durch Pi, die Kreiszahl) ist. Ebenso existiert eine Unschärferelation zwischen den Größen Energie und Zeit, mit

$$\Delta E \cdot \Delta t \geq \frac{1}{2} h$$

Die Interpretation einer Zeitunschärfe ist dabei etwas komplizierter als die einer Orts- oder Impulsunschärfe, da die Zeit ein Parameter und kein sogenannter „Operator" ist. Die obige Formel gilt, wenn man als Δt den Zeitraum ansetzt, innerhalb dessen sich die Energie E des Teilchens im Mittel um ΔE ändert. Zustände des Teilchens, in denen sich die Energie stark ändern kann (z. B. Anregung durch Licht und Übergang in den Grundzustand), werden also nur kurzlebig sein (kleines Δt), und umgekehrt.

Wahrscheinlichkeiten und Wellenfunktion

Um die Sache noch verwirrender zu machen, kommen wir als Nächstes zu den Wahrscheinlichkeiten. Die nächste Eigenschaft der Quanten ist ihre Unbestimmtheit.

In der Quantenmechanik lassen sich die Orte von Teilchen prinzipiell nicht, wie wir es von unserer alltäglichen Welt her kennen, genau angeben. Weil nach der Heisenberg'schen Unschärferelation eine exakte Bestimmung des Aufenthaltsortes eines Teilchens nicht vorgenommen werden kann, sind lediglich Aussagen zu dessen Aufenthaltswahrscheinlichkeit möglich.

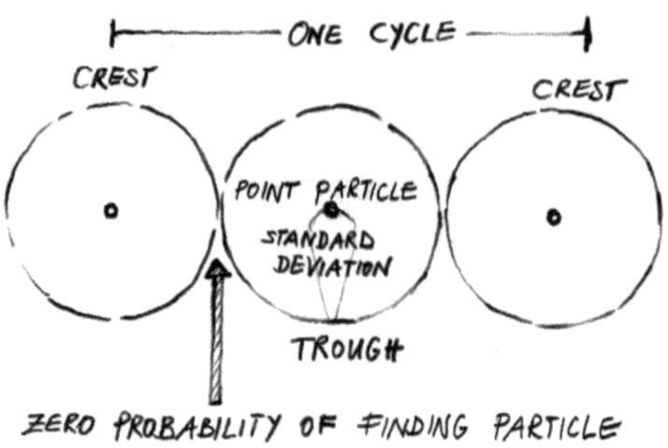

Die Orte der Teilchen, beziehungsweise die Wahrscheinlichkeiten der Orte der Teilchen, werden mit der sogenannten Wellenfunktion beschrieben. Die Wellenfunktion beschreibt gewissermaßen eine Liste, die zu jedem möglichen Messergebnis eine bestimmte Wahrscheinlichkeit angibt. Was aber tatsächlich

gemessen wird, ist Zufall. Eine weitere Formel, die sogenannte „Schrödingergleichung" beschreibt nun, wie sich die Wellenfunktion mit der Zeit verändert. Diese Gleichung wurde von Erwin Schrödinger (siehe auch „Schrödingers Katze" weiter unten in diesem Abschnitt) im Jahre 1926 eingeführt.
Erwin Schrödinger (1887 bis 1961) war ein österreichischer Physiker. Er gilt als einer der Väter der Quantenphysik und erhielt 1933 für seine Arbeiten zu diesem Thema den Nobelpreis für Physik.
Was Sie hier sehen, ist die von Schrödinger eingeführte Schrödingergleichung.

$$\Psi(r,t) = \Phi(r)x(t) := \Phi(r)\exp(-\frac{i}{h}Et)$$

Man kann unschwer erkennen, dass es sich dabei um ein etwas komplizierteres Konstrukt handelt. Und selbstverständlich werde ich jetzt nicht versuchen zu erklären, wie sie mathematisch funktioniert.

Die Wellenfunktion lässt sogenannte Superpositionen von Teilchen zu. Eine Superposition ist zum Beispiel die wellenartige Interferenz beim weiter oben beschriebenen Doppelspaltversuch. Einzelne Teilchen verhalten sich darin wie Wellen, welche jeweils durch einzelne Wellenfunktionen und den darin vorkommenden Wahrscheinlichkeiten beschrieben werden. Diese Wellenfunktionen bilden Superpositionen.

Interessant wird es, wenn man tatsächlich versucht, den Ort eines Teilchens über eine Messung zu bestimmen. Sprich, man tritt in Interaktion mit dem Teilchen.
Die Wellenfunktion mit all ihren Konsequenzen gilt nur dann, wenn man Teilchen betrachtet, die vollkommen frei und wechselwirkungslos sind. Die aus der Wellenfunktion folgenden Superpositionen existieren folglich auch nur für freie, wechselwirkungslose Teilchen. Sobald Teilchen, beziehungsweise die dazugehörigen Wellenfunktionen, in Interaktion mit anderen Teilchen (und deren Wellenfunktionen) geraten (das wäre dann zum

Beispiel bei einem Messvorgang der Fall), spricht man vom sogenannten „Kollaps der Wellenfunktion“. Die Wellenfunktion mit all ihren Auswirkungen hört auf zu existieren, und man erhält ein klassisches Teilchen. Das bedeutet, dass sich die wahrscheinlichkeitsbehaftete Wellenfunktion auflöst, und sich das entsprechende Teilchen schließlich nicht mehr wahrscheinlichkeitsbehaftet an einem unbestimmten Ort befindet, sondern nur noch mit der entsprechenden heisenberg'schen Unschärfe an einem bestimmten Ort. Das heißt, dass man beim Messen von Teilchenorten immer einen (entsprechend der Unschärferelation relativ) eindeutigen Aufenthaltsort erhält. Nach einer Messung verschwinden immer alle Superpositionen, und jedes Teilchen taucht an einem bestimmten (unscharfen) Ort auf. Bevor man aber gemessen hat, hat sich das Teilchen an mehr oder weniger beliebigen Orten mit unterschiedlichen Wahrscheinlichkeiten aufgehalten.

Beim Doppelspaltversuch kann man diesen Zusammenhang sehr gut erklären. Man schicke Elektronen einzeln und nacheinander auf einen Doppelspalt. Eigentlich würde man entsprechend der Teilchentheorie erwarten, dass sich hinter den beiden Löchern, entsprechend der ersten Abbildung in diesem Abschnitt, mit der Zeit Elektronenhaufen bilden, denn der Doppelspalt würde nach der klassischen Teilchenauffassung wie eine Lochblende wirken. In der Realität aber erhält man auch bei einzeln und nacheinander durch den Doppelspalt fliegenden Elektronen ein Interferenzmuster! Dieses Ergebnis lässt als Erklärung nur zu, dass ein Elektron irgendwie durch beide Löcher gleichzeitig „fliegt“ und mit sich selbst interferiert! – Als Welle kann es dies nämlich sehr wohl und ohne Probleme tun!

Spannend ist dann das Resultat, wenn man versucht herauszufinden, durch welches der beiden Löcher im Doppelspalt das Elektron fliegt. Um das herauszufinden, kann man zum Beispiel einen elektrischen Detektor an ein Loch des Doppelspalts anbringen und messen. Was jetzt passiert ist Folgendes: Man erhält eine Wahrscheinlichkeit von 50 Prozent für jedes Loch. Und das ist natürlich das, was man nach der klassischen Teilchentheorie auch erwartet hätte. Allerdings passiert noch etwas anderes: Bei einer solchen Messung verschwindet auch das Interferenzmuster! - Offensichtlich verliert das Elektron durch die Interaktion mit dem Detektor seinen Wellencharakter und damit seine Superposition. Man erhält ein klassisches Verteilungsmuster entsprechend der oberen Darstellung in der ersten Abbildung in diesem Abschnitte, eben so, wie man es für Teilchen erwarten würde. - Das ist der Kollaps der Wellenfunktion. – Aufpassen muss man jetzt bei Voraussagen über den Ort, an dem das Elektron auftaucht. Denn man kann auch bei einer kollabierten Wellenfunktion nicht sagen, wo das Elektron letztendlich auftaucht. Der Ort, an dem ein Teilchen nach Verlust der Wellennatur wieder klassisch in Erscheinung tritt, ist rein stochastischer Natur und nicht direkt deterministisch.

Kopenhagen

Man kann diesen Kollaps der Wellenfunktion nun auf unterschiedlichste Arten Deuten. Die wohl populärste Deutung ist die sogenannte „Kopenhagener Deutung". Die Kopenhagener Deutung ist eine Interpretation der Quantenmechanik als Ganzes, das heißt, sie ist eine Interpretation der mathematischen Beschreibung mit Auswirkungen für das ganzheitliche Verständnis der Natur. Sie wurde um 1927 von Niels Bohr und Werner Heisenberg treffenderweise im dänischen Ort Kopenhagen formuliert.

Die Kopenhagener Deutung besagt, dass der Wahrscheinlichkeitscharakter der Quantenmechanik nicht Ausdruck einer mathematischen und prinzipiellen Unvollkommenheit der Theorie ist, sondern dass die Natur prinzipiell nichtdeterministische Vorgänge hervorbringt. Die Natur selbst soll also, entsprechend der Quantentheorie, nichtdeterministisch sein. Die Auswirkungen eines solchen, neuen Verständnisses sind natürlich weitreichend.

Insbesondere zur Zeit der Formulierung der Quantentheorie und der Entdeckung merkwürdiger, teilchenphysikalischer Phänomene war die Diskussion über die damit verbunden Auswirkungen auf das gesamte Naturverständnis besonders heftig. Bis heute sind sich Wissenschaftler und Philosophen noch immer uneinig über das tatsächliche Wesen der Natur.

Bekannt wurde hierbei zum Beispiel Albert Einsteins Einwand „Gott würfelt nicht!". Damit bestand Einstein auf die Unvollkommenheit der Theorien. Für einen Mann wie ihn war es unvorstellbar, dass der Wahrscheinlichkeitscharakter und die Nichtdeterminiertheit der Quantentheorie eine tatsächliche Eigenschaft der Natur sein könnte. Einstein bestand darauf, dass sich die Natur sehr wohl deterministisch verhalte, wir Menschen jedoch noch nicht genug über sie wissen würden, um die Art dieser Determiniertheit zu kennen und sie zu verstehen.

Wie wir sehen, ist die Deutung der Quantentheorie von erheblicher Relevanz für das naturwissenschaftliche Weltbild, die Naturphilosophie und die Philosophie im Ganzen. Entweder wir leben in einer determinierten Welt oder die Welt selbst ist unbestimmt und wahrscheinlichkeitsbehaftet. Eventuell müsste man das gesamte Weltbild entsprechend neuem Wissen verändern. Wenn die kleinsten Einheiten der Welt von nichtdeterministischem Verhalten sind, dann könnte dies bedeuten, dass die uns bekannte Welt und ihre Determiniertheit nur eine Illusion sind! (siehe „Determinismus und Quantenmechanik" in diesem Abschnitt)
Bis heute ist es trotz großer Anstrengungen nicht gelungen, eine allgemein akzeptierte und experimentell bestätigte Theorie für die Beschreibung von Vorgängen im Quantenkosmos zu finden. Hinsichtlich sämtlicher Messergebnisse scheint ein tiefer Kern der Natur nicht deterministisch zu sein. Die Beobachtungen erwecken den Anschein, dass die Welt des ganz Kleinen nicht deterministisch, sondern wahrscheinlichkeitsbehaftet ist. Ob dieses zu Tage tretende Verhalten eine tatsächliche Eigenschaft der Natur ist, oder ob im tieferen Kern noch etwas anderes, vielleicht doch Deterministisches wirkt, ist bis heute nicht bekannt.
Jedoch hat uns die Physik oft schon gezeigt, dass es ihr ziemlich egal ist, ob wir Menschen uns in unseren Köpfen vorstellen können, wie sie sich verhält. Die Welt verhält sich so, wie sie sich verhält. Sie braucht uns Menschen nicht, um zu existieren. Der Natur ist es ziemlich gleichgültig, ob sie von uns Menschen beschrieben und verstanden werden kann, ob sie nun deterministisch ist oder nicht. Trotzdem möchten wir Menschen am alten Paradigma festhalten und weiter in einer klassisch deterministischen Welt leben. Wir könnten uns einfach nicht vorstellen, in einer nichtdeterministischen Natur zu leben. (Der Laplace'sche Dämon von weiter unten in diesem Kapitel lässt grüßen.)

Um dieses Weltbild zu halten, gibt es zum Beispiel Vorschläge mit sogenannten „verborgenen Variablen". Diese sind nicht beobachtbar und sollen den Determinismus quasi im Hintergrund ablaufen lassen. Verborgene Variablen könnten die dubiosen Phänomene der Quantenmechanik erklären. Leider führt uns aber eine solche Herangehensweise zum Problem des Dogmatismus. Theorien dieser Art enthalten immer Größen, die sich weder direkt noch indirekt beobachten oder beweisen lassen. Es kann zu ihrer Verifikation a priori keine experimentellen Befunde geben. Eine solche Theorie kann also prinzipiell weder bestätigt noch widerlegt werden. Es handelt sich dadurch um eine reine Glaubensangelegenheit. Als Vergleich lässt sich zum Beispiel die Existenz Gottes ebenso wenig beweisen wie sie sich widerlegen lässt, und das liegt daran, dass Gott niemals messbar und sein Wirken und seine Interaktion weder wiederholbar noch vorhersagbar ist. Wo das Wissen aufhört, beginnt der Glaube. Das ist auch in der Wissenschaft nicht anders.

Schrödingers Katze

Bei Schrödingers Katze handelt es sich um ein 1935 von Erwin Schrödinger vorgeschlagenes Gedankenexperiment. Es sollte dazu dienen, die Unvollständigkeit der Quantenmechanik zu demonstrieren. So soll demonstriert werden, welch paradoxe Verhalten zu Tage treten würden, wenn man vom Verhalten subatomarer Systeme (hier sind es zerfallende Atome) auf makroskopische Systeme (Katzen) schließen will.

Das Gedankenexperiment wird folgendermaßen aufgebaut: In einem geschlossenen Raum befindet sich ein instabiler Atomkern, der innerhalb einer bestimmten Zeitspanne mit einer gewissen Wahrscheinlichkeit zerfällt. Der wahrscheinlichkeitsbehaftete Zerfall des Atomkerns werde von einem Geigerzähler detektiert. Man weiß also, wann der Atomkern zerfällt. Im Falle einer Detektierung werde Giftgas freigesetzt, was eine im Raum befindliche Katze tötet. Nach der Kopenhagener Deutung der Quantentheorie befindet sich der bald schon zerfallende Atomkern in einem Zustand der Überlagerung. Er ist also quasi im gleichen Zustand wie ein Elektron, das beim Doppelspalt entsprechend seiner Wellennatur „gleichzeitig" durch beide Löcher „fliegt" und dabei mit sich selbst interferiert. Demnach sollte, wenn die Quantenphysik auch auf makroskopische Systeme anwendbar wäre, sich auch die gesamte Katze im Zustand der Überlagerung, entsprechend der Überlagerung des Atomkerns, befinden. Wir hätten es also mit einer Katze zu tun, die irgendwie „gleichzeitig" halb tot und halb lebendig ist. Erst beim Öffnen des Raumes und sobald man nachsieht, was mit der Katze los ist (was einem Messvorgang und einer damit verbundenen Interaktion mit dem System Atomkern-Katze gleichkommt), entscheidet sich, ob man die Katze tot oder lebendig auffindet (Kollaps der Wellenfunktion). Bei geschlossenem Deckel kann man entsprechend keine Aussage treffen, ob die Katze tot oder lebendig ist.

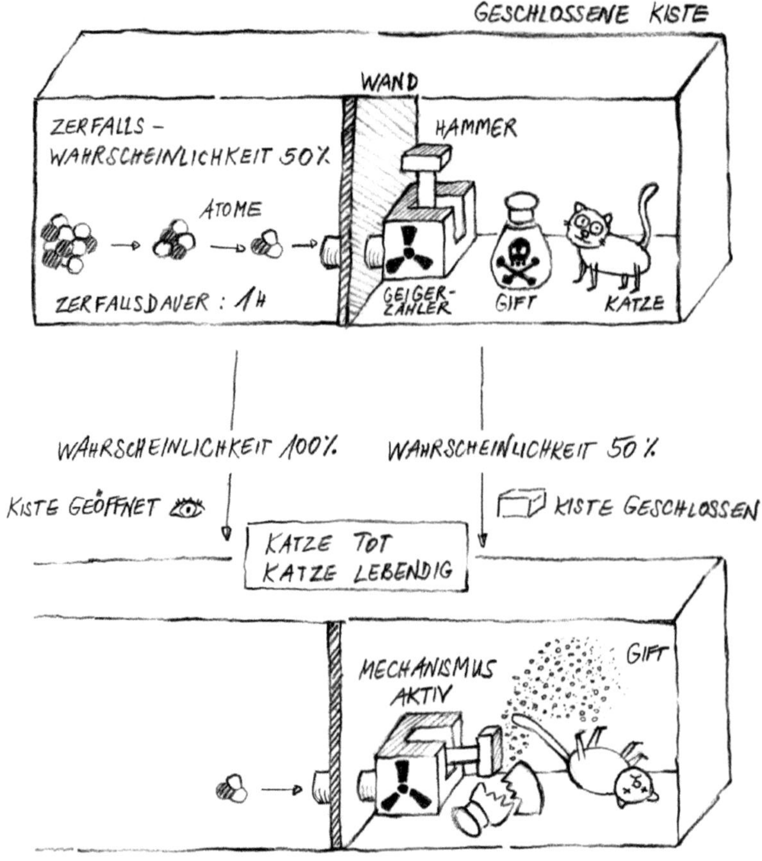

Unser Problem ist nun, dass Katzen in der gewohnten Alltagswelt niemals gleichzeitig tot und gleichzeitig lebendig sind. So etwas meinen wir nicht zu kennen. Es fällt uns auch schwer, uns so etwas vorzustellen. Quantenphänomene führen bei einer Verknüpfung zur makroskopischen Welt zu paradox anmutenden Phänomenen.

Ein Ausweg aus diesem Dilemma könnte in der quantenmechanischen Beschreibung makroskopischer Systeme bestehen. Also mit Hilfe der Theorie von Systemen, die aus sehr vielen Teilchen bestehen. Diese Teilchen führen nämlich untereinander stets sehr viele Wechselwirkungen aus. Demnach würden quantenmechanische Superpositionen von halbtoten Katzen in der uns bekannten Welt nicht auftreten, weil in dieser Welt immer viel zu viele Teilchen miteinander wechselwirken und so stets die allermeisten Wellenfunktionen kollabiert sind. Der Physiker Niels Bohr (auch bekannt vom bohr'schen Atommodell) formulierte 1923 das sogenannte Korrespondenzprinzip, wonach die Eigenschaften von Quantensystemen im Grenzwert großer Quantenzahlen (insbesondere im Grenzwert großer Teilchenzahlen) mit hoher Genauigkeit den Gesetzen der klassischen Physik entsprechen. Dieser Grenzwert bei großen Systemen wird als „klassischer Grenzfall" oder „Korrespondenz-Limit" bezeichnet. Hintergrund dieses Prinzips ist die Erfahrungstatsache, dass viele makroskopische Systeme, wie zum Beispiel Katzen, sehr genau durch klassische Theorien beschrieben werden können. Daraus resultiert die Erwartung, dass die Quantenmechanik im Falle „großer" Systeme diese klassischen Eigenschaften reproduziert beziehungsweise ihnen nicht widerspricht. Quantenphänomene sind in der makroskopischen Welt also aus dem Grund nicht beobachtbar, weil sie durch zu viele Teilchen und durch zu viele Interaktionen von Teilchen zu kurzlebig sind, um überhaupt an den Tag zu treten. Nur in extrem isolierten Systemen, vor allem in solchen mit sehr wenigen Teilchen, können die merkwürdigen Quanteneffekte direkt beobachtet werden. – Sicherlich vermag dies zu erklären, warum es keine reellen, halbtot-überlagerten Katzen gibt. Das Problem mit Schrödingers Katze in der wechselwirkungsfreien Schachtel löst es allerdings nicht. Der Versuch mit Schrödingers Katze scheitert daran, dass wir bei geschlossenem Deckel ganz einfach nicht wissen, wie der Zustand der Katze ist. Erst wenn wir hineinschauen und den Deckel öffnen, wissen wir es.

Nun könnte man noch den Einwand vorbringen, dass doch der Zerfall des Atomkerns der Auslöser für das Gift und dann für den Tod der Katze ist, und nicht umgekehrt. Atomkern – Gift – Katzentod, warum sollte also dein Blick auf die Katze Einfluss auf den Zerfall des Atomkerns haben? Und, wenn es so wäre, würde sich dann nicht auch Information rückwärts in der Zeit bewegen?
Die Antwort liefert wieder die Theorie der Superposition. Ungewissheiten gibt es nur bei fehlender Interaktion von geschlossenen Systemen mit ihrer Umwelt. Das geschlossene System bildet einen eigenen wahrscheinlichkeitsbehafteten Zustandsraum. Solange dieses System isoliert ist, sind Superpositionen darin theoretisch möglich, wenn auch von außen nicht direkt beobachtbar. (siehe Beispiel Interferenz) Nach dem Korrespondenzprinzip von Niels Bohr sind Superpositionen aber bei größer werdenden Systemen zunehmend unwahrscheinlich. Die gleichzeitig tote und lebendige Katze in der Schachtel ist zwar sehr unwahrscheinlich, jedoch durchaus mit einer gewissen Wahrscheinlichkeit möglich, solange wir den Deckel nicht öffnen. Tun wir dies, so verringert sich die Wahrscheinlichkeit signifikant.

Albert Einstein hat einmal treffend formuliert: „Ist der Mond da, wenn keiner hinschaut?" – Nun, auch wir können weder beweisen noch widerlegen, dass unsere Beobachtungen des Mondes immer gleich ausgehen werden. Es könnte sein, dass der Mond wahrscheinlichkeitsbehaftet zufälligerweise einmal nicht da ist. Wir wissen es nicht, solange wir nicht in Interaktion mit ihm treten und ihn anschauen.

Wir sehen also, dass in der Welt der Quanten der Zufall regiert. Vielleicht ist der Zufall ja nur Trug. Aber es scheint so, als können wir das niemals wirklich beweisen. Die für uns sichtbare, makroskopische Welt scheint sich so zu verhalten, wie sie es tut, weil sich viele zufällige Ereignisse zu einem einheitlichen Verhalten mitteln.

Es ist schon erstaunlich, was für befremdliche Beschaffenheiten zu Tage treten, wenn wir nur genau genug hinsehen. Wir leben in einer befremdlichen Welt.

Verschränkte Teilchen

Die Quantenverschränkung ist eine Konsequenz des Superpositionsprinzips, welches wir gerade schon angesprochen haben. Dabei können zwei oder auch mehrere verschränkte Teilchen nicht mehr als einzelne Teilchen mit definierten Zuständen beschrieben werden, sondern nur noch das Teilchengesamtsystem als solches.

Schauen wir uns als Beispiel an, wie man verschränkte Photonen (Lichtteilchen) erzeugt. Im Prinzip kennen wir die Verschränktheit bereits vom Doppelspalt. Wir haben gesehen, dass es ein Teilchen beim Doppelspalt irgendwie fertig bringt, gleichzeitig durch beide Spalte zu fliegen. Das bedeutet, dass, wenn man annimmt, dass sich das Teilchen in zwei quasi virtuelle Teilchen aufspaltet, diese beiden virtuellen Teilchen auf irgendeine mysteriöse Art miteinander verschränkt sein müssen. Denn ansonsten könnten sie sich ja am Ende auf dem Schirm nicht wieder als das „reelle" Teilchen von vor dem Doppelspalt zusammenfinden, um schließlich das Interferenzmuster zu erzeugen.
Diesen Effekt der Verschränktheit kann man in verdeutlichender Weise auf die Spitze treiben. Zum Beispiel ist es möglich, mittels eines Kristalls und einem Photon hoher Energie zwei Photonen niedrigerer Energie zu erzeugen. (In diesem Bezug können wir uns einen Kristall als so etwas wie einen sehr feinen Doppelspalt mit sehr vielen Spalten und komplizierter Physik vorstellen.) Die beiden aus diesem Vorgang erzeugten Photonen sind dann in einigen ihrer Eigenschaften miteinander verschränkt. Bei Photonen bezieht sich die Verschränkung meist auf ihre sogenannte Polarisation. (Was es damit auf sich hat, wollen wir in diesem Zusammenhang als unwichtig vernachlässigen.) Misst man die Polarisation des einen Photons, ist dadurch die so ermittelte Polarisation, ebenso die Polarisation des anderen Photons festgelegt. (Meist ist sie um 90° gedreht.)

Das Merkwürdige an der Verschränkung ist nun, dass der Zustand des zweiten Teilchens anscheinend erst dann durch den Zustand des ersten Teilchens festgelegt zu werden erscheint, sobald man dessen Zustand misst! Vor dem Messen ist das Einzige, das man über die Polarisationen der Einzelteilchen weiß, eben die Tatsache, dass sie (mit einer Abweichung von 90°) verschränkt sind. Welches Teilchen wie polarisiert ist, weiß man vorher nicht. Man kann also nicht behaupten, dass die Teilchen die ganze Zeit irgendwie zueinander polarisiert sind und man dann durch eine Messung herausfindet, wie genau die Polarisation aussieht. Vielmehr findet man durch eine Messung heraus, wie eines der beiden Teilchen polarisiert ist, und diese Messung der Polarisation ist es dann, die die Polarisation des zweiten Teilchens eindeutig festlegt! Wir haben es also mit einer besonderen Art der Informationsübertragung zu tun. Was fast schon paradox anmutet ist, dass diese Art der Übertragung scheinbar ohne Zeitverzögerung stattfindet; also auch nicht mit Lichtgeschwindigkeit, sondern ohne Geschwindigkeit, unendlich schnell. Keine Geschwindigkeit daher, weil es sich um den wahrscheinlichkeitsbehafteten Kollaps einer Wellenfunktion handelt. Und der geschieht ohne Zeitverzögerung. Laut Einstein darf sich keine Information schneller als das Licht ausbreiten. Und scheinbar handelt es sich hier um einen Widerspruch. Allerdings selbstverständlich nur scheinbar. Denn die Quantenverschränkung ist keine Informationsübertragung im eigentlichen Sinn. Es können zum Beispiel keine eindeutigen Zeichen wie Nullen und Einsen übertragen werden. Einzig eine Aussage über die Arten der Verschränktheit der beteiligten Teilchen ist möglich. Da der Ausgang der ersten Messung wahrscheinlichkeitsbehaftet ist, lässt sich die Verschränktheit niemals zur Übertragung von Informationen nutzen. Alles, was man beim Versuch über diesen Effekt, Informationen zu übertragen, erhalten würde, wäre wenig aussagekräftiges Rauschen.

Dennoch ist die Verschränktheit von Teilchen technisch nutzbar. Und tatsächlich gibt es auch schon mehrere Unternehmen, die an der kommerziellen Vermarktung arbeiten. In der Abbildung auf der nächsten Seite erkennt man ein schwarzes Gerät, welches es bereits zu kaufen gibt. Ob es sich rentiert, ist eine andere Frage.

Das Gerät dient dazu, Informationen abhörsicher zu übertragen. Ein Gerät zur Verschlüsselung von Informationen also. Man spricht hierbei von der sogenannten „Quantenkryptografie". Kryptografie bedeutet Daten sicher auszutauschen, um sie vor dem Mithören Dritter zu schützen. Um Daten sicher auszutauschen, braucht man eine Art Schlüssel, der nur den beiden Gesprächspartnern bekannt ist. Mit Hilfe dieses Schlüssels können verschlüsselte Daten sicher übertragen und erst nach dem Empfangen wieder entschlüsselt werden. Zum Beispiel handelt es sich bei dem uns durch die Technologien des Internet bekannten „Schlüssel" meist um einen Code mit 128 oder 256 Zeichen. Um einen solchen Code herauszufinden, und um so in der Lage zu sein, die geheimen Botschaften (wie etwa Kreditkartennummern, oder Passwörter, oder Zugangsdaten zu Pertnervermittlungen) zu entschlüsseln, müsste man theoretisch

$$2^{128} = 340282370000000000000000000000000000000$$

beziehungsweise

$$2^{256} = 11579209000000000000000000000000000000000000000000000000000000000000000000000000000000000$$

Möglichkeiten ausprobieren. Selbst mit modernen Rechnern ist dies fast nicht möglich.

Bei der Quantenkryptografie wird nun kein Code ausgetauscht, sondern stattdessen tauscht man zwei verschränkte Teilchen aus. So erhält man eine Entschlüsselungsanweisung, die quasi in Echtzeit erzeugt und wirklich nur den beiden Kommunikationspartnern bekannt sein kann. Der Austausch von Daten ist sicher, weil es nicht möglich ist, ihn ohne Störung abzuhören. - Wie wir gelernt haben, würde beim „Mithören" die Wellenfunktion kollabieren, und der Spion würde sofort bemerkt werden, weil keine Verschränkungsinformationen mehr entschlüsselt werden könnten. Die technische Herausforderung beim Bau einer solchen Verschlüsselungsübertragung liegt darin, die Verschränktheit der Teilchen über weite Distanzen aufrecht zu erhalten. Denn was würde eine sichere Codeübertragung über eine Laborstrecke von 2 Metern schon für einen Nutzen mit sich bringen? Die ersten kommerziellen Systeme sollen es angeblich mit einer auf einer Glasfaserleitung erzeugten Verschränkung auf eine Strecke von 75 Kilometer gebracht haben. Für den praktischen Einsatz ist dies durchaus interessant.

Eine weitere interessante Anwendung der Verschränktheit von Teilchen sind die sogenannten „Quantencomputer". Quantencomputer wären, sollte es tatsächlich einmal gelingen, sie in nutzbarer Art zu bauen, den heutigen Computern in Geschwindigkeit und Rechenleistung weit überlegen.
Herkömmliche Computer rechnen mit sogenannten „Bits", also mittels Speicherinhalten, die die beiden Zustände „Null" und „Eins" einnehmen können. Quantencomputer rechnen dagegen mit sogenannten „Qubits". Qubits sind quasi das quantenmechanische Pendant zu definierten Zuständen von „Null" und „Eins". In einem Quantencomputer wird die Verschränkung von Teilchen untereinander und von Qubit zu Qubit genutzt. Quantencomputer könnten Probleme quasi ohne Zeitverlust berechnen, welche mit konventionellen Computern zwar prinzipiell lösbar wären, dies jedoch durch den hohen, erforderlichen Zeitaufwand nicht sind. Kann der sonst sehr zeitaufwendige Algorithmus mit Hilfe von Quantenverschränkungen abgebildet werden, so steht nach dem Kollaps der verschränkenden Wellenfunktionen das Ergebnis quasi ohne Zeitverzögerung fest. Einzig das Programmieren des Algorithmus würde dann noch Zeit kosten. – Erste Labortests von einfachen Algorithmen gibt es bereits. Jedoch befinden wir uns noch viele Jahrzehnte von kommerziell einsetzbaren Systemen entfernt.

Quantendeterminismus und Realität

Die Gesetze der klassischen Physik sind streng deterministisch (wenn auch, wie wir gesehen haben, unvollständig). Wenn man den aktuellen Zustand eines abgeschlossenen Systems vollständig kennt, dann kann man theoretisch sein Verhalten, also alle zukünftigen Zustände, bis in alle Ewigkeit vorhersagen. Das ist der physikalisch vollständige Determinismus. In der realen Welt beruht folglich jedes zufällige Verhalten ausschließlich auf unserer Unkenntnis.

Durch unser Wissen aus der Welt der Quanten gerät diese Überzeugung ins Wanken. Selbst bei vollständiger Kenntnis des aktuellen Zustands ist es nicht möglich, das Ergebnis einer Messung eindeutig vorherzusagen. Das Ergebnis bleibt immer wahrscheinlichkeitsbehaftet. So stellt sich die Frage, ob dieser Wahrscheinlichkeitscharakter fundamentaler Natur ist, oder ob er auf eine Unvollständigkeit der Quantentheorie hinweist. Ein Ausweg wären die schon erwähnten versteckten Variablen. Sie bleiben aber prinzipiell unbeobachtbar und sind daher reine Glaubenssache.

Neben den versteckten Variablen gibt es noch einige weitere interessante Ideen.

Eine davon ist die vom Physiker und Mathematiker Hugh Everetts (1930 bis 1982) erdachte, sogenannte Viele-Welten-Interpretation. In ihr entwickelt sich der Zustand eines Systems streng deterministisch. Jedoch tritt dieser Determinismus niemals offen zu Tage, denn bei einer Messung, die ja durch den Kollaps der Wellenfunktion zu einem wahrscheinlichkeitsbehafteten und damit nichtdeterministischen Ergebnis führt, spaltet sich die Welt laut Everetts Interpretation in ein Paralleluniversum auf. Alle möglichen Ergebnisse erzeugen, jedes für sich, ein eigenes Universum. Diese Universen sind dimensional getrennt und interagieren nicht miteinander; sind quasi parallel.

Die Idee mutet ein wenig surreal an, ist aber mathematisch durchaus korrekt und elegant.

Eine andere Richtung versucht durch eine Abänderung der klassischen Logik in eine Quantenlogik die Interpretationsprobleme zu beseitigen. Denn wer sagt denn, dass die uns aus der makroskopischen Welt bekannten Gesetze der Logik (zum Bespiel 1 + 1 = 2) auch in der Welt der Quanten gelten müssen? Schließlich fliegen ja bei uns auch keine Steine durch zwei Fensterscheiben gleichzeitig. Man könnte sich also eine andere Art von Logik und Kausalität vorstellen, die vollkommen deterministisch und konsistent die Welt der

Quantenphänomene beschreibt. Ob es jedoch eine solche Art von Logik und Kausalität gibt, wissen wir nicht.

Auch wenn die Quantenmechanik für unseren Menschenverstand noch so merkwürdig und dubios erscheint, hinsichtlich ihres empirischen Erfolges gilt sie als eine der am besten gesicherten physikalischen Theorien überhaupt. Seit ihrer Formulierung vor inzwischen mehr als 80 Jahren konnte die Quantenmechanik bis heute experimentell nicht falsifiziert werden. Heute geht man davon aus, dass die Quantenmechanik in ihren wesentlichen Aussagen korrekt ist. Dennoch weist ihr Konstrukt Lücken auf.

Nicht abgeschlossen ist bis zum heutigen Tag die Diskussion ihrer Interpretation. Niemand kann sich bis heute wirklich genau erklären, wie wir ihre Aussagen verstehen sollen. Das Weltbild und die allgemeine Auffassung davon, was Realität ist, haben sich durch das bekannt werden der Quantenmechanik verändert. Da Quanteneffekte aber für den Laien kompliziert und schwer zugänglich anmuten, sind ihre Aussagen jedoch bis heute nicht zum Allgemeingut geworden. Einzig ist die Erklärung der Welt für die wenigen, denen ihre teils paradoxen Aussagen bekannt sind, komplizierter und verwirrender geworden. Am Ende der Erkenntnisse sind wir noch lange nicht.

Wie es damals Einstein gelang, so viele ursprünglich widersprüchliche Phänomene der Physik in einer neuen Theorie zu vereinheitlichen, so wünscht man sich heute erneut, dass dies mit allen jetzt nicht zusammen passenden Bereichen der Physik geschehen sollte.

Und wer, nach diesem Abschnitt mit einem Ausflug in die Welt der kleinsten Dimensionen, würde jetzt noch behaupten, dass die Welt nicht so kompliziert ist, wie wir bereit sind, sie kompliziert zu machen? Glauben Sie mir, das hier war nur ein kleinster Einblick in all das, was die Wissenschaft über diese Welt herausgefunden hat. – Es gibt Dinge in der Welt, die sind ganz einfach so kompliziert wie sie nun mal kompliziert sind. Und diese Dinge werden auch durch simpel gehaltene Sprache nicht einfacher.

Aus diesem Grund möchte ich an dieser Stelle stoppen. Ich denke, wir alle haben verstanden, dass die Physik umso komplexer wird, je genauer wir hinsehen.

Einen habe ich aber noch bevor wir mit den großen Theorien aufhören. Er heißt Stephen Hawking.

Steven Hawking

Kennen Sie das Buch „Eine Kurze Geschichte der Zeit“ von Steve Hawking? Dieses Buch machte Hawking ab dem Jahr 1988 zum Star am Physikersternenhimmel. Ich gehe davon aus, dass fast jeder schon einmal von diesem superintelligenten Physiker im sprechenden Rollstuhl gehört hat. Bekannt geworden ist er im wissenschaftlichen Elfenbeinturm durch seine Arbeiten im Bereich der theoretischen Physik, dagegen in der Öffentlichkeit stammt seine Popularität wohl daher, dass er allgemeinverständliche Bücher über Physik schreibt und im sprechenden Rollstuhl zusammen mit einer unheilbaren Nervenkrankheit sitzt. Der geniale Denker mit einer grausamen Behinderung, so etwas fasziniert die Menschen. Das populärwissenschaftliche Buch ist allerdings durchaus lesenswert. Seine universitären Titel und Ehrungen fußen allerdings in jedem Fall auf seinem brillanten Geist.

Stephen William Hawking wurde am 8. Januar 1942 in Oxford, in Großbritannien, geboren. Er lebt noch heute. Und er arbeitet auch noch und hat erst vor kurzem zusammen mit seiner Frau Lucy ein Wissenschaftsbuch für Kinder herausgebracht. Er ist seit 1979 Inhaber des Lucasischen Lehrstuhls für Mathematik an der Universität Cambridge. Diesen Lehrstuhl besetzten einst schon der große Sir Isaac Newton und Paul Dirac. Hawking ist also auch ein vor der britisch-intellektuellen Royal Society durchaus respektierter Wissenschaftler. Seine Eltern waren Isobel Hawking, eine Wirtschaftswissenschaftlerin, und Frank Hawking, ein Tropenmediziner.

Der Wunsch des Vaters war es, dass sein Sohn Medizin studieren sollte, um dann in seine Fußstapfen als Arzt zu treten. Hawking konzentrierte sich da-

her anfänglich auf Drängen seines Vaters in Leistungskursen auf die Chemie und hatte Mathematik nur als Nebenfach. Er wollte aber an die Universität in Cambridge wechseln, um dort Kosmologie zu studieren. Leider fehlte ihm allerdings die dafür notwendige Examensnote. Aus diesem Grund trat er zu einer mündlichen Prüfung an, die er 1962 mit Bestnote bestand und so überraschend ein Stipendium erhielt.
Hawking lieferte Zeit seines Lebens bedeutende Arbeiten zur Kosmologie, wobei seine Forschung vor allem auf dem Gebiet der Physik Schwarzer Löcher angesiedelt ist. Hawking gilt als einer der Visionäre und als einer der großen Denker der theoretischen Physik der Neuzeit. Wie bereits angesprochen brachten ihm seine populärwissenschaftlichen Bücher große Beachtung auch in der Öffentlichkeit. 1988 erschien mit „Eine kurze Geschichte der Zeit" sein erstes Buch dieser Art, in dem er seine Theorien zur Entstehung des Universums, zur Quantenmechanik und zu Schwarzen Löchern darstellt. Das Buch wurde weltweit ein Bestseller und verkaufte sich in Millionenauflage.

An dieser Stelle ein kurzes Zitat aus "Eine kurze Geschichte der Zeit": „Wenn das Universum einen Anfang hatte, können wir von der Annahme ausgehen, dass es durch einen Schöpfer geschaffen worden sei. Doch wenn das Universum wirklich völlig in sich selbst abgeschlossen ist, wenn es wirklich keine Grenze und keinen Rand hat, dann hätte es auch weder einen Anfang noch ein Ende; es würde einfach sein. Wo wäre dann noch Raum für einen Schöpfer?"
Hawking ist also Naturphilosoph. Und nicht die Physik ist es, die in seinen Büchern bei der breiten Öffentlichkeit Interesse findet. Es sind die philosophischen Fragestellungen und die philosophischen Antworten seiner naturphilosophischen Ansätze.

Seit 1963 ist bekannt, dass Hawking an ALS (Amyotrophe Lateralsklerose) erkrankt ist. Eine unheilbare Nervenkrankheit. Das Gehirn ist bei dieser Erkrankung nicht betroffen. Seit 1968 ist er durch die Erkrankung auf einen Rollstuhl angewiesen. Bei einem Besuch des Forschungszentrums CERN in Genf erlitt Hawking 1985 eine Lungenentzündung, die in Kombination mit ALS lebensbedrohlich war. Es kam zu einer Atemnot, die nur durch einen

Luftröhrenschnitt überwunden werden konnte. Dabei verlor er die natürliche Sprachfähigkeit und ist seit dieser Zeit für die verbale Kommunikation auf die Benutzung eines Sprachcomputers angewiesen, welchen er mit seinem rechten Wangenmuskel steuert.

Nach dem Abschluss seiner Doktorarbeit wurde Hawking ein sogenannter Research Fellow am Gonville and Caius College der Universität Cambridge. Solche Fellows haben innerhalb einer Universität bestimmte Rechte und Freiräume. Nebenbei ist es eine besondere Ehre, in eine solche Gruppe aufgenommen zu werden. Die Berühmtheit Hawkings startete in den 1960er Jahren mit seiner damaligen Veröffentlichung eines Beweises der notwendigen Existenz von Singularitäten in der Allgemeinen Relativitätstheorie unter sehr allgemeinen Voraussetzungen. - Singularitäten sind Zustände, in denen Werte in Gleichungen (und eventuell auch im realen Universum) gegen unendlich oder gegen null laufen. - Für diese Arbeit gewann er 1966 den angesehenen „Adams Prize" der Universität Cambridge. Bis 1968 verschlimmerte sich seine Krankheit so weit, dass er sich nur noch mit dem Rollstuhl fortbewegen konnte. Zu dieser Zeit wechselte er an das Institut für theoretische Astronomie in Cambridge, wo er bis 1973 blieb. Danach arbeitete er am Institut für angewandte Mathematik und theoretische Physik und begann mit seiner quantenmechanischen Interpretation der Schwarzen Löcher. Was schwarze Löcher sind, werden wir gleich noch genauer betrachten. 1974 entwickelte er das Konzept der „Hawking-Strahlung", nach der schwarze Löcher in der Quantenfeldtheorie zerstrahlen. 1974 wurde er in die Royal Society of Science aufgenommen.

1981 erhielt Hawking eine Einladung vom Vatikan und durfte dort auf einer durch die Oberhäupter der katholischen Kirche initiierten Kosmologietagung vor einem breiten Publikum sprechen. Hawking stellte vor der durchaus interessierten Zuhörerschaft sein Konzept vor, in dem das Universum keine Grenzen haben soll. Er erhielt dafür von diesem dogmatisch gefärbten Publikum durchaus ehrenwerten Beifall. In diesem Vortrag stellte er das All zugleich als ein Phänomen dar, welches einzig durch sich selbst vorhanden ist und dementsprechend keines Schöpfergottes bedarf! – Ein Sakrileg, so etwas, besonders vor der katholischen Elite, auszusprechen, und es erfordert gleichzeitig ein gehöriges Maß an Überzeugung. Vor nicht all zu langer Zeit wäre ein Physiker für solche Aussagen auf einem Scheiterhaufen verbrannt worden.

Hawking wird manchmal als Atheist, manchmal als religiöser Utopist bezeichnet. Sicherlich fällt es schwer, Hawking einer der bekannten Weltreligionen zuzuordnen. Für Hawking ist die Suche nach dem Wesen des Universums gleichermaßen eine religiöse wie eine wissenschaftliche Frage. Die Naturphilosophie scheint seine Religion zu sein.

So schreibt Hawking in einem seiner Bücher über die TOE (siehe weiter unten am Ende dieses Kapitels): „Wenn wir jedoch eine vollständige Theorie entdecken, dürfte sie nach einer gewissen Zeit in ihren Grundzügen für jedermann verständlich sein, nicht nur für eine Handvoll Spezialisten. Dann werden wir uns alle – Philosophen, Naturwissenschaftler und Laien – mit der Frage auseinandersetzen können, warum es uns und das Universum gibt. Wenn wir die Antwort auf diese Frage fänden, wäre das der endgültige Triumph der menschlichen Vernunft – denn dann würden wir Gottes Plan kennen."

Hawking geht es also um den Plan Gottes. Er glaubt daran, dass wir Menschen prinzipiell in der Lage sind, den Plan Gottes zu erkennen.

Der Urknall

Natürlich hat Hawking vieles und auch viel Neues in seinen Büchern aufgegriffen und niedergeschrieben. Von den durch ihn bekannt gewordenen Aussagen der Kosmologie möchte ich in diesem Rahmen lediglich ein paar Zusammenhänge herausgreifen. Sehen wir uns als erstes diejenigen Zusammenhänge an, die unter anderem zur Postulierung des sogenannten „Urknalls" geführt haben.

Lange schon beobachtete man die Sterne. Irgendwann war dann die moderne Technik soweit fortgeschritten, dass man die Sterne mit Teleskopen so genau beobachten konnte, dass man anfangen konnte, sie vernünftig zu klassifizieren. Eine bestimmte Form der Klassifikation funktioniert auf der Technologie der sogenannten „Spektralanalyse". Als „Spektrum" wird allgemein eine charakteristische Zusammensetzung von „etwas" „in" einen bestimmten Bereich bezeichnet. Bei Beobachtungen mit Licht fertigt man ein Spektrum an, indem man die einzelnen Farben des Lichts (Wellenlängen) nebeneinander entsprechend ihrer Intensität aufträgt.

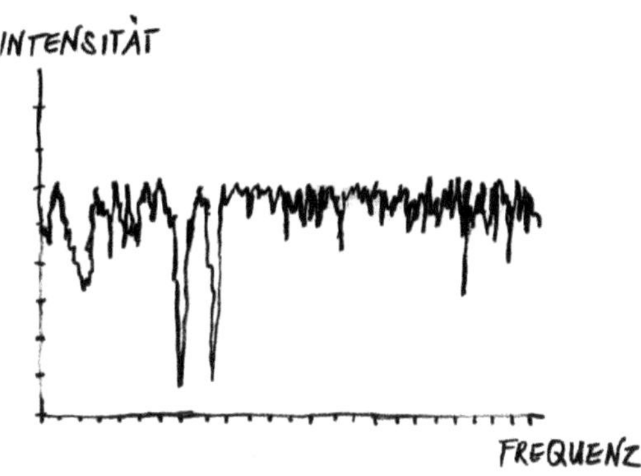

In der Abbildung sieht man ein solches Lichtspektrumspektrum. Interessant für die Kosmologie ist das Lichtspektrum, welches man von einem Stern empfängt. Ein solches Sternenlichtspektrum weist immer sogenannte „Notches" auf. Ein Notch ist eine Kerbe, als ob etwas aus dem Spektrum herausgeschnitten wäre. In der Abbildung sieht man sehr deutlich mindestens zwei Notches. Diese Notches stammen im Sternenlichtspektrum nicht vom Prozess des Lichterzeugens des Sternes selbst, sondern sie stammen daher, dass sich um den Stern herum Gase mit unterschiedlichen Zusammensetzungen befinden. Diese Gase filtern gewissermaßen das vom Stern ausgesandte Licht. Sterne, welche in etwa gleich aufgebaut sind (Größe, Alter und so weiter), weisen immer auch in etwa ein gleiches Spektrum mit in etwa gleichen Notches auf. - Man hat also über die Spektralanalyse die Möglichkeit, überall im Universum befindliche, sichtbare Sterne zu vergleichen und gleiche Typen von Sternen unabhängig von ihrer Entfernung zu identifizieren!

Nun hat man Folgendes festgestellt: Je weiter Sterne von uns entfernt sind, desto stärker ist ihr Spektrum in Richtung „rot" verschoben! Eine Verschiebung in Richtung „rot" bedeutet eine Verschiebung hin zu niedrigeren Frequenzen.

Wie ist nun eine solche Verschiebung zu deuten? Die Erklärung ist der sogenannte Dopplereffekt. Benannt nach einem österreichischen Physiker namens „Herr Doppler". Der Dopplereffekt beschreibt Phänomene bei sich bewegenden Sendern von Wellen. Am Beispiel von Schallwellen kann man leicht verstehen, was gemeint ist. Wir stellen uns einen Krankenwagen mit Sirene vor. Solange der Krankenwagen mit seiner Sirene auf uns zufährt, hören wir einen hohen Sirenenton, ist er an uns vorbeigefahren und bewegt er sich anschließend von uns weg, hören wir einen tiefen Sirenenton. In der Zeichnung sieht man, was passiert.

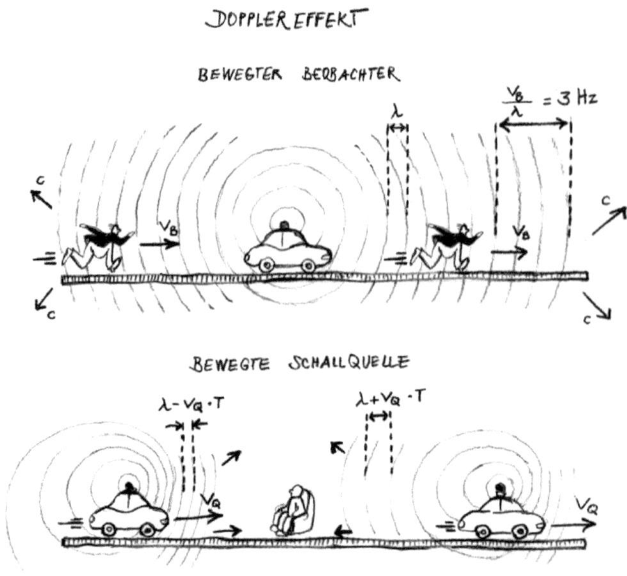

Die ausgesandten Wellen breiten sich mit Schallgeschwindigkeit ausgehend vom Erzeuger, also vom Sirenenhorn, kugelförmig aus. Bewegt sich aber nun der Erzeuger der Schallwellen selbst, so werden die Schallwellen in Bewegungsrichtung gestaucht, während jene gegen Bewegungsrichtung gestreckt werden. Längere Schallwellen bedeuten tiefere Töne, kürzere Schallwellen höhere. Nach dem schon beschriebenen Relativitätsprinzip ist es dabei irrelevant, ob sich der Sender oder der Empfänger bewegt. Das ist der Dopplereffekt.

Man hatte also entdeckt, dass, je weiter Sterne von uns entfernt sind, desto stärker ist ihr Spektrum in Richtung rot verschoben. Das bedeutet also, dass sich die Sterne umso schneller von uns weg bewegen, je weiter sie von uns entfernt sind!
Und dies lässt nur eine plausible Erklärung zu: Das Universum dehnt sich aus!
Da die Position der Erde im Universum als beliebig und keinesfalls als ausgezeichnet gegenüber irgendeiner anderen Position angesehen werden kann, und da sich die Sterne um uns herum alle in gleicher Regelmäßigkeit von uns weg zu bewegen scheinen, muss man zu der Erklärung kommen, dass sich das Universum in jedem Raumbereich gleichmäßig und in hohem Maße homogen ausdehnt. Man kann sich diesen Effekt wie das Aufblasen eines Luftballons vorstellen. Zwei beliebige Raumpunkte im Inneren des Luftballons bewegen sich auseinander, wenn man den Luftballon aufbläst. Je größer der Abstand dieser beiden Raumpunkte vorher war, desto schneller ist ihre Auseinanderbewegung beim Aufblasen. Dies gilt für alle Raumpunkte im Inneren des Ballons.

Nun muss man sich weiter fragen, warum sich das Universum denn nun ausdehnt. Und vor allem: Wen es sich immerzu auszudehnen scheint, dann muss es doch irgendwann in der Vergangenheit sehr klein gewesen sein. – Und genau an dieser Stelle der Überlegung trat der Astrophysiker Stephen Hawking auf den Plan. Er folgerte in seinen sehr mathematischen Arbeiten, dass Einsteins allgemeine Relativitätstheorie kombiniert mit den Beobachtungen des expandierenden Universums zusammenpasst. Die Gleichungen lassen den Schluss zu, dass das Universum in einem einzigen Punkt begonnen haben könnte. Dieses Beginnen von „Allem“ in einem einzigen Punkt bezeichnet man als den „Urknall“. Hawkings Arbeiten zum Urknall waren wegweisend.

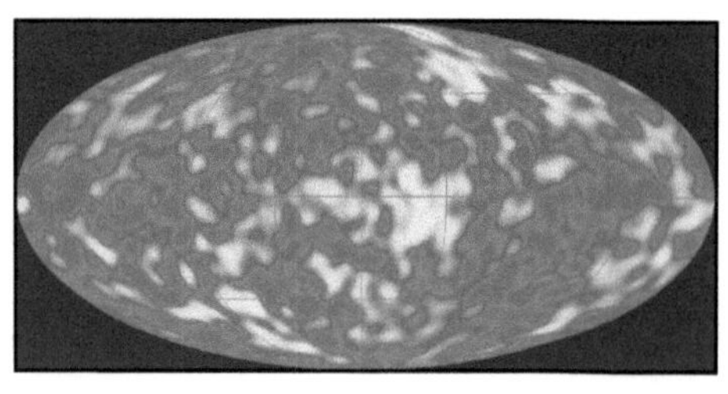

Eine andere Entdeckung untermauerte diese Theorie. Und zwar bauten Physiker vor einiger Zeit ein sehr genaues und empfindliches Messgerät zur Untersuchung von Mikrowellenstrahlung. Das Gerät schien im Labor tadellos zu funktionieren, bis es eines Tages im freien Feld eingesetzt wurde. Es zeigte dort immer einen gewissen Ausschlag, egal, ob nun eine Mikrowellenquelle anwesend war oder nicht. Die Physiker dachten anfänglich, dass das Gerät einen Fehler habe. Es ließ sich aber kein Fehler finden, und später kam man dann darauf, dass das Gerät vielleicht wirklich so etwas wie kosmische Mikrowellen niedriger Intensität detektiert haben könnte. - Und so war es dann auch. Egal, in welche Richtung man ein Mikrowellenmessgerät richtet, es zeigt immer einen Ausschlag, der einer Temperatur von etwas unter 3 Kelvin entspricht. Diese Hintergrundstrahlung ist, wie wir heute zu wissen glauben, ein Überbleibsel des Urknalls. In der Abbildung sieht man Aufnahmen des Satelliten COBE. COBE (Die Abkürzung steht für „Cosmic Background Explorer") wurde einzig zum Vermessen des Mikrowellenhintergrunds in das Weltall geschossen. So hat sich durch die hochauflösenden Beobachtungen mit COBE gezeigt, dass Mikrowellenhintergrundstahlung zwar in jeder Raumrichtung vorhanden, die Temperatur aber nicht völlig homogen ist. Die Temperatur des Mikrowellenhintergrunds ist also abhängig von der Raumrichtung. Man sieht in der Abbildung helle und dunkle Flächen. Das ist wichtig, denn ein absolut homogener Hintergrund würde ein absolut homogenes Universum (Wärmetod) bedeuten. Und man hätte dann Schwierigkeiten, die Materieansammlungen wie Galaxien, Sonnensysteme und Planeten zu erklären. Auf der anderen Seite fragt man sich bis heute, woher die Inhomogenitäten (wie Galaxien, Sonnensysteme und Planeten) stammen. Denn wenn alles in einem einzigen Punkt entstanden ist, dann sollte doch auch alles homogen sein. Offensichtlich wirken hier noch einige andere Kräfte, die wir bis heute noch nicht verstanden haben. Eine Hoffnung birgt die so schwer ersehnte „Quantentheorie der Gravitation". Sie wäre quasi eine

Verbindung aus der Welt der hohen Energien (Einstein) mit der Welt der kleinsten Dimensionen (Singularitäten).

Schwarze Löcher

Ein schwarzes Loch hat bei seiner mathematischen Beschreibung viel mit dem Urknall gemeinsam, denn einem schwarzen Loch gibt es auch eine Singularität. Das Beste ist aber, dass schwarze Löcher tatsächlich existieren! Ob es den Urknall wirklich gegeben hat, weiß man immer noch nicht so genau. Hawking hatte also Recht mit seiner Deutung der Ergebnisse der allgemeinen Relativitätstheorie. Er hat gedeutet, dass es Singularitäten prinzipiell und auch praktisch geben kann. Und in der Tat gelang es bereits mehrfach, schwarze Löcher mit Hilfe von Teleskopen zu finden.

Es war der amerikanische Wissenschaftler John Wheeler, der 1969 die Bezeichnung „schwarzes Loch“ prägte; vor also noch gar nicht so langer Zeit. Die ersten Ideen zur Existenz eines solchen Phänomens gehen aber auf einen bestimmten John Mitchell (ein Englischer Naturphilosoph) auf das Jahr 1783 zurück. Damals beschäftigte man sich mit dem Teilchencharakter von Licht und kam zu dem Schluss, dass Licht, wenn es aus Teilchen bestünde, sich auch wie normale Materie von der Schwerkraft beeinflussen lassen müsste. John Mitchell veröffentlichte einen Artikel, in dem er beschrieb, dass bei hinreichend großer Dichte eines Sterns, die Lichtteilchen derartig stark angezogen werden könnten, dass sie aus dem Schwerefeld dieses Sterns nicht mehr entweichen könnten. Blickte man dann von außen auf diesen Stern, so würde man entsprechend gar nichts sehen, denn von ihm ginge dann ja kein Licht mehr aus. Ebenso könnte man natürlich auch nicht mehr sehen, was hinter dem Stern passiert, denn das Licht könnte ja nicht mehr dicht an ihm vorbeigelangen. Man würde also so etwas wie ein „schwarzes Loch“ sehen.

Um zu verstehen, wie es zur Existenz und zur Entstehung eines schwarzen Lochs kommt, muss man sich vorher ein wenig mit den Lebenszyklen von Sternen beschäftigen. Sterne, wie zum Beispiel unsere Sonne, leuchten deshalb, weil in ihrem Inneren Prozesse ablaufen, die die Stoffe, aus denen sie aufgebaut sind, verbrennen. Man darf sich das „Feuer", das dabei entsteht nur leider nicht vorstellen wie das Feuer in unserem Kamin daheim. Vielmehr handelt es sich um sehr viel stärkere Vorgänge wie die Kernfusion, bei der Atombausteine vernichtet oder umgewandelt werden. Paradoxerweise verbrennen Sterne ihre Brennstoffe in umso kürzerer Zeit, je mehr sie davon haben. Ist irgendwann der Brennstoff verbraucht, so stürzt der Stern mit einem hellen Leuchten in sich zusammen. Dieses Phänomen bezeichnen wir als Supernova und man kann es ab und zu tatsächlich am Sternenhimmel beobachten. Eine der letzten sichtbaren Supernovae war 1987 in der großen magellanschen Wolke sichtbar.

Es gibt jetzt mehrere Möglichkeiten, wie das Ende eines Sterns aussehen kann. Der Endzustand, in dem der Stern nach seiner leuchtaktiven Phase zur relativen Ruhe kommt, ist abhängig davon, wie viel Masse ihm vorher zur Verfügung stand, sprich, wie groß der Stern war. Es gibt nun eine kritische Masse bei Sternen, deren Überschreitung zu einem extremen Kollaps führt. Die Masse, die nach der Supernova übrig bleibt, ist dann derartig hoch komprimiert, dass ihre Gravitationswirkung so stark ist, dass der Rest des Sterns immer weiter in sich zusammen stürzt. Dadurch wird dieser Rest noch stärker komprimiert und die Gravitationswirkung steigt noch weiter an. Im Extremfall, und dieser ereignet sich prinzipiell immer, wenn die ursprüngliche Masse eines Sterns über einem bestimmten Wert liegt, bildet sich ein solch starker Kollaps mit einer so stark komprimierten Masse mit einer so starken Gravitationswirkung, dass tatsächlich selbst Licht diesem Schwerefeld nicht mehr entkommen kann. Am Sternenhimmel haben wir es dann mit einem schwarzen Loch zu tun.

Ein wichtiger Begriff, der in diesem immer wieder auftaucht, fehlt uns hier noch. Der Begriff lautet: „Ereignishorizont". Unter dem Ereignishorizont eines schwarzen Lochs versteht man die dreidimensionale Sphäre, die ein schwarzes Loch umgibt, auf der Licht den Gravitationsbereich des schwarzen Lochs gerade nicht mehr verlassen kann. Zum Verständnis müssen wir uns daran erinnern, dass die Gravitationswirkung von Massen mit dem Abstand fällt. Je weiter man von einer Masse entfernt ist, desto schwächer ist die wirkende Gravitation. Auch die Gravitationswirkung eines schwarzen Lochs, die derartig stark ist, dass nicht einmal mehr das Licht ihr entkommen kann, fällt mit zunehmendem Abstand. Das bedeutet, dass irgendwann, bei hinreichend großem Abstand, die Gravitationswirkung so stark gefallen ist, dass Licht dem Schwerefeld des schwarzen Lochs gerade wieder entkommen kann. Die Menge aller dieser Punkte eines Schwarzen Lochs nennt man Ereignishorizont. Bei einem schwarzen Loch, dessen Masse sehr kompakt an einem sehr kleinen Ort (wenn nicht sogar in einer Singularität) komprimiert ist, kann man davon ausgehen, dass der Ereignishorizont kugelförmig, mit der Masseansammlung entsprechend im Mittelpunkt ist.

Man kann sich nun noch die Frage stellen, wie es denn möglich sein kann, dass Licht einer starken Gravitationswirkung nicht entkommen kann, wo wir doch in der einstein'schen Relativitätstheorie gesehen haben, dass Licht sich immer mit Lichtgeschwindigkeit und niemals langsamer bewegt. Wie kann es sein, dass kein Licht aus dem Ereignishorizont eines schwarzen Lochs entkommen kann? Die Lichtstrahlen können ja schließlich nicht abgebremst und umgekehrt werden. Die Erklärung findet sich selbstverständlich ebenfalls in der allgemeinen Relativitätstheorie. Wir haben dort gesehen, dass Massen die Raumzeit (die drei Dimensionen des Raumes plus die eine Dimension der Zeit) krümmen. Ist keine Krümmung vorhanden, so breiten sich Lichtstrahlen entland Geraden aus. Liegt eine Krümmung des Raums vor, so werden sie von ihrer geradlinigen Bahn abgelenkt und breiten sich „krumm" aus. Ist die Krümmung der Raumzeit allerdings besonders stark, so ist es möglich, die vier Dimensionen quasi geschlossen „in sich zurück" zu krümmen. Man kann sich den Zusammenhang in etwa so vorstellen, als dass man auf einer Kugeloberfläche, die ja nur zwei Dimensionen, wie ein Blatt Papier besitzt, beliebig lange in eine Richtung gehen kann, ohne jemals an eine Kante zu gelangen. Ist also ein Teils des Raumes ausreichend stark gekrümmt, so kann diesem Teil des Raumes nichts mehr entkommen, nicht einmal mehr das Licht.

Dummerweise wirft dies einige weitere Probleme auf. Das Erste ist das Thema der Information. Seit Beweisführungen einiger Informationstheoretiker, darunter der US-amerikanische Mathematiker Claude Elwood Shannon (1916 bis 2001), wissen wir, dass die Menge an Information im Universum konstant ist. Das bedeutet, dass es zu jedem Zeitpunkt immer gleich viel Information gibt. Information kann umgewandelt oder von einem Ort zum anderen gesendet werden, aber Information kann niemals ausgelöscht werden. Bei der Beschreibung eines schwarzen Lochs führt dies zu einem Problem. Würde nämlich Masse (Information) im Inneren eines schwarzen Lochs zu einer Singularität, zu einem Punkt zusammenstürzen so wäre jegliche Information unwiederbringlich verloren. Das bedeutet, dass mit dem Informationserhaltungssatz etwas nicht stimmen kann, oder dass etwas an der Theorie der schwarzen Löcher schlichtweg falsch ist. Es war Stephen Hawking zusammen mit einer kleinen Gruppe von Mathematikern und Physikern, die sich jahrelang intensiv mit der Beschreibung von schwarzen Löchern und mit theoretischen Problemen dieser Art beschäftigten. Durch die hohen Energien und die kleinen Dimensionen, wie sie in einer Singularität herrschen, führen viele theoretische Ansätze in Richtung einer Vereinheitlichung von Gravitation und Quantenmechanik. Eben genau der Weg zu einer großen vereinheitlichten Theorie, oder, weitergeführt, zu einer Theory of Everything (siehe Ende dieses Kapitels). Das ist mitunter ein Grund, der zur hohen Popularität von Stephen Hawking führte.
1974 postulierte Hawking die nach ihm benannte „Hawking-Strahlung“ schwarzer Löcher. Diese Strahlung ist empirisch sehr schwer oder gar nicht messbar. Mit ihr wären jedoch viele Probleme der Theorien zu schwarzen Löchern gelöst. Nach Hawking wirken quantenmechanische Effekte in der Art, dass Schwarze Löcher mit der Zeit „verdampfen“ und so auf eine bestimmte Art und Weise die in ihnen „gespeicherte“ Information wieder frei geben. Zusätzlich soll es nach Hawkings Theorie am Ereignishorizont zu ei-

ner Aufspaltung jedes in das schwarze Loch stürzenden Teilchens in „virtuelle“ Teilchen kommen. – Ein Teil der Information würde folglich erst gar nicht im Schwarzen Loch landen.

Schwarze Löcher kann man natürlich mit Hilfe eines Teleskops nicht direkt beobachten. Denn sie sind schwarz und emittieren kein Licht. Jedoch konnte man in der Vergangenheit immer wieder Phänomene am Sternenhimmel ausmachen, welche auf die Existenz schwarzer Löcher schließen lassen. Vermutlich gibt es sogar sehr viel mehr schwarze Löcher, als man derzeit abschätzen kann. Eine Möglichkeit, ein schwarzes Loch zu „sehen“, liegt darin, das Leuchten von durch die hohe Gravitationswirkung stark beschleunigter Materie zu sehen. Ein schwarzes Loch wirkt wie ein Staubsauger auf alles in seiner Umgebung. So kommt es dann dazu, dass Materie in Spiralform, also mit einer Drehung ähnlich einem Strudel, in das schwarze Loch „abstürzt“. Geladene Teilchen auf einer Kreisbahn emittieren aufgrund der Energieerhaltung Strahlung. Das muss so sein, denn ein Teilchen würde sich, entsprechend Newton, normalerweise geradlinig fortbewegen. Soll es das nicht tun, so ist Energie notwendig. Diese Energie wird aber nicht gespeichert, sondern muss in Form von Strahlung wieder abgegeben werden. Diese Strahlung kann man in der Tat bei den meisten der uns bekannten schwarzen Löcher deutlich beobachten. Es handelt sich jedoch nicht um sichtbares Licht, sondern um Frequenzen im Röntgenbereich. Man braucht also ein Röntgenteleskop, um schwarze Löcher indirekt beobachten zu können.

An diesem Punkt möchte ich meine Darlegungen von Hawkings Beteiligung an der Physikgeschichte beenden. Wir haben gesehen, dass Hawking eine der bekannten und auch dubiosen Gestalten der modernen Wissenschaft ist. Jedoch muss man eingestehen, dass seine Theorien über schwarze Löcher auf unser aller praktisches und alltägliches Leben in etwa so viel Einfluss haben, wie wenn irgendwo auf dem Meeresgrund ein Kieselstein von einem Fisch verschluckt wird. Trotzdem ist anscheinend eine breite Öffentlichkeit an ihnen interessiert. Seine populärwissenschaftlichen Bücher finden sich auf den

Bestsellerlisten und seit den achtziger Jahren wissen viele Bürger, dass es schwarze Löcher gibt.

Das anthropische Prinzip

Haben Sie nicht auch schon einmal darüber nachgedacht, wie unwahrscheinlich es doch ist, dass das Universum genau so ist, wie wir es kennen? Ja, es muss doch sowas von verschwindend unwahrscheinlich sein, dass ein Universum entsteht, das genauso aussieht wie das, das wir kennen. Das Universum könnte ja auch irgendwie anders aussehen, es könnten in ihm andere Naturgesetze gelten, und es könnten andere Sterne, Planeten und andere Welten existieren. Oder aber es könnte ja auch ganz einfach nie auch nur irgendwas entstanden sein. Dann wären wir alle nicht hier. - Wieso ist überhaupt etwas entstanden? Wie kommt es, dass die Welt genau in der Art entstanden ist, wie wir sie kennen? Wie kommt es, dass anfänglich alle Bedingungen so aufeinander abgestimmt waren, dass eine Welt anfing zu existierten, die intelligentes Leben hervorbringen konnte? Wie verschwindend gering ist doch die Wahrscheinlichkeit, dass alles genau so passt, dass eines Tages plötzlich intelligente Lebewesen wie wir Menschen da sind. Menschen, die Straßen und Städte bauen und die Bücher wie dieses lesen. Die Wahrscheinlichkeit ist derartig gering, dass es schon prinzipiell gar nicht möglich ist, sie auch nur in entferntester Näherung abzuschätzen. Und trotzdem sind wir hier und befassen uns mit allen möglichen Dingen, denken zum Beispiel darüber nach, wie es sein kann, dass wir hier sein können, um über die Welt nachdenken zu können.

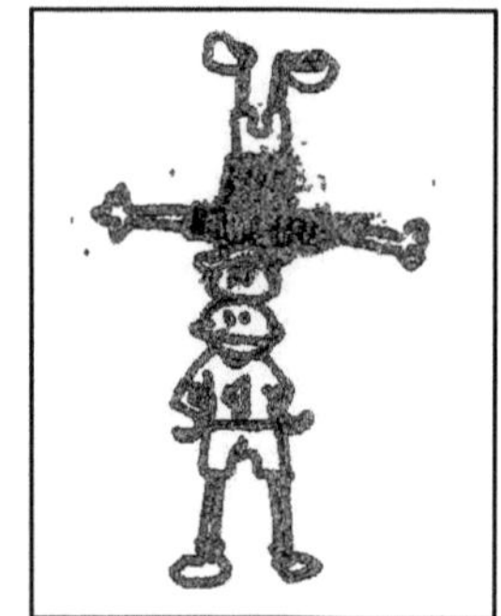

Versucht man sich mit der Beantwortung der Frage anhand von Wahrscheinlichkeiten zu nähern, so kommt man nicht wirklich weiter. Die Wahrscheinlichkeit für den Zufall, dass intelligentes Leben in einer Welt, die intelligentes Leben hervorbringen kann, existiert, ist einfach zu gering. Trotzdem ist es offensichtlich so gekommen. Es gibt uns, und wir sind hier.

Warum das nun so ist, darauf liefert das sogenannte „anthropische Prinzip" eine sehr elegante Antwort. Ich selber habe damals, als ich das erste Mal davon gehört habe, eine Zeitlang gebraucht, um die Konsequenzen dieses Prinzips wirklich zu verstehen. Das anthropische Prinzip hört sich anfangs wie eine Art Zirkelschluss an, und in einer bestimmten Weise ist es das selbstverständlich auch. Aber dennoch, diese Art von Zirkelschluss ist ungemein effektiv und zugleich besonders praktisch.

Das anthropische Prinzip (von griechisch „anthropos" – „ Mensch"), besagt, dass das Universum, das wir beobachten, für die Entwicklung intelligenten Lebens geeignet sein muss, da es andernfalls keine Menschen geben würde, die dieses Universum beobachten könnten.

Das Prinzip wurde begrifflich 1973 durch den Kosmologen Brandon Carter während der Feierlichkeiten zu Kopernikus' 500-sten Geburtstag in die wissenschaftliche Diskussion eingeführt. Natürlich wurden ähnliche Argumentationsstrategien auch schon früher gelegentlich verwendet. Das Prinzip erhielt jedoch erst durch Carters Erwähnung auch in der populärwissenschaftlichen Welt Beachtung. Es verknüpft die Eigenschaften des beobachtbaren Universums mit der Notwendigkeit der Existenz eines bewussten Beobachters, der dieses Universum auch zu erkennen vermag. Anthropische Prinzipien (es gibt selbstverständlich mehrere), so wie sie in der Naturwissenschaft meist diskutiert werden, erlauben es, natürliche (nichtteleologische) Erklärungsmöglichkeiten für Gegebenheiten im Universum zu bieten, die für einen Beobachter sehr unwahrscheinlich und deswegen nicht durch Zufall erklärbar erscheinen, oder auf ihn sogar einen ziel- beziehungsweise zweckgerichteten (teleologischen) Eindruck machen können. Denn wer anderes als ein göttlicher Schöpfer könnte eine derartige Feinabstimmung, wie wir sie beobachten können, erzeugen?

Carters Definition war mehrdeutig (das Thema an sich ist meiner Meinung nach immer mehrdeutig) und wurde demzufolge von vielen Leuten unterschiedlich interpretiert. Heute gibt es in der Literatur unzählige Auffassungen des anthropischen Prinzips. Grob lassen sich diese Varianten in theologische und nichttheologisch Gruppen unterteilen. Sehen wir uns hierbei zuerst die Formulierungen an, welche von Carter selbst im Jahre 1974 verfasst wurden:

Allgemeines anthropisches Prinzip:
„.. was wir zu beobachten erwarten können, muss eingeschränkt sein durch die Bedingungen, welche für unsere Gegenwart als Beobachter notwendig sind."

Schwaches anthropisches Prinzip:
(engl. weak anthropic principle, WAP): „.. wir müssen vorbereitet sein, die Tatsache in Betracht zu ziehen, dass unser Ort im Universum in dem Sinne notwendig privilegiert ist, dass er mit unserer Existenz als Beobachter vereinbar ist."

Starkes anthropisches Prinzip:
(engl. strong anthropic principle, SAP): „.. das Universum (und deswegen die fundamentalen Parameter, von welchen es abhängt) muss derart sein, dass es die Entstehung von Beobachtern in ihm in manchen Phasen erlaubt."

In der ersten Spielart wird also lediglich der Denkansatz wiedergegeben. Die Welt, in der wir leben, muss so sein, wie sie ist, weil es uns sonst nicht geben würde. Über weitere Umstände macht die Aussage im allgemeinen anthropischen Prinzip keine Einschränkungen. Es gibt uns weil die Welt so ist, wie sie ist. Und eben aus dem Grund, weil sie so ist, wie sie ist, deswegen gibt es uns. Wäre die Welt anders, dann wären wir nicht hier, um uns diese Frage stellen zu können.

Das Prinzip des schwachen anthropischen Prinzips besagt dagegen, dass sich die Bedingungen im Universum ändern können. Das Universum ist nicht einfach nur so, wie es ist, sondern es kann sich verändern. In machen Phasen kann dann ein Zustand herrschen, aus dem zum Beispiel wir Menschen mit unserer Zivilisation hervorgehen können. Das ist offensichtlich geschehen. Natürlich muss allerdings dieser Zustand geherrscht haben, und zusätzlich muss er noch andauern, denn ansonsten wären wir ja nicht hier.

In der starken Spielart, die auch als theologisches anthropisches Prinzip bezeichnet wird, steht die Aussage, dass genaue Bedingungen herrschen müssen. Es muss so sein, wie es ist, damit wir Menschen daraus hervorgehen können. Die notwendige Abstimmung aller Variablen aufeinander ist genau eine einzige. Jede andere Abstimmung würde nicht funktionieren. Man bezeichnet dies als theologisch, weil es sehr nahe an die Überzeugung eines größeren Sinns angelehnt ist.
Im schwachen Prinzip ist die Rede von irgendwelchen Zuständen, die herrschen müssen. Mal funktionieren solche Zustände im Bezug auf die Entstehung von Leben, mal funktionieren sie nicht. Und dann ergibt sich plötzlich ein Zustand, der uns intelligente Menschen mit unseren neugierigen Gehirnen quasi hervorbringt.
In der starken Spielart muss dagegen ein ganz bestimmter Zustand herrschen. Und dieser ganz bestimmte Zustand bringt dann zwingend uns Menschen hervor. Der wesentliche Punkt an dieser Formulierung ist das Wörtchen „muss". Und nochmals verdeutlicht: „Jedes intelligente Lebewesen, welches ist, kann sich selbst nur dort vorfinden, wo intelligentes Leben möglich ist."

Es gibt dann noch einen Physiker namens John Archibald Wheeler. Der hatte 1975 eine besondere Idee:

Participatory Anthropic Principle (PAP):
„Beobachter sind notwendig, um das Universum zu erzeugen. Das Universum wird erst durch Beobachtung erzeugt."

Ganz so bescheuert, wie sich diese Formulierung auf den ersten Blick anhören mag, ist sie aber gar nicht. Wie wir im Abschnitt zur Quantenmechanik gesehen haben, kollabiert die Wellenfunktion zu einem (entsprechend der prinzipiellen Unschärfe) definierten Zustand, sobald wir eine Messung vornehmen.

Wenn wir das Ganze anthropisch deuten, dann läge es durchaus im Bereich des Möglichen, dass die Welt erst erzeugt wird, wenn jemand hinschaut. Die Welt würde erst dann Realität annehmen, sobald jemand da ist und sie wahrnimmt. – Zugegebenermaßen ist diese ein bisschen weit her geholt, aber lustig.

Das schwache und das starke anthropische Prinzip wurden etwas später von den beiden Kosmologen John D. Barrow und Frank Tipler ein wenig präziser umformuliert. Diese neuen Formulierungen kommen beispielsweise auch im Buch „Eine kurze Geschichte der Zeit" von Stephen Hawking zum Zitat. Die beiden Versionen des schwachen und starken anthropischen Prinzips lauten jetzt:

schwaches anthropisches Prinzip:
„Die beobachteten Werte aller physikalischen und kosmologischen Größen sind nicht gleich wahrscheinlich, aber sie nehmen Werte an, die beschränkt sind durch die Erfordernisse für die Existenz von Orten, an denen sich kohlenstoffbasiertes Leben entwickeln kann, und durch die Erfordernis, dass das Universum alt genug sein muss, dass dieser Vorgang bereits eingetreten ist."

starkes anthropisches Prinzip:
„Das Universum muss so beschaffen sein, dass in ihm die Entwicklung von Leben in einem gewissen Stadium seiner Geschichte ermöglicht wird."

Die Frage nach dem Grund unserer Existenz könnte ja von ihrem Wesen her theologischer gar nicht sein. Zu dieser Art der Interpretation gibt es Folgendes zu sagen: Theologische Interpretationen der Natur tauchen seit den 70er Jahren immer wieder vereinzelt in der wissenschaftlichen und populärwissenschaftlichen Literatur auf, jedoch sind sie vor allem im eher religiösen Umfeld besonders beliebt. Theologische Erklärungsweisen versuchen das Universum durch ziel-, beziehungsweise zweckgerichtete Prinzipien oder Mechanismen geleitet, oder auch durch ein göttliches Wesen geplant und geleitet, darzustellen. Der Begriff „theologisch" bedeutet hier also immer, dass es eine höhere

Macht gibt, die sich dies alles in der vorliegenden und genialen Feinabstimmung ausgedacht hat, und dass das der Grund ist, warum wir existieren. Eigentlich, wenn man es genau nimmt, ist dies nicht Bestandteil des anthropischen Prinzips, denn genau eine solche Zweckrichtung brauchen wir darin ja eben nicht. Bei jedem anderen Zweck, jeder anderen Feinabstimmung, und, wenn man es so will, bei jeder anderen Art von göttlichem Schöpfer, wären wir ja gar nicht hier.

Das kopernikanische Prinzip, das eine Weitere Auslegung des Angesprochenen ist, handelt immer von der Sonderstellung des Menschen im Universum. Wir erinnern uns, vor der kopernikanischen Wende war die Menschheit davon überzeugt, dass die Erde der Mittelpunkt des Universums sei. Wir wissen jetzt, dass das so nicht stimmt. Im kopernikanischen Prinzip geht es also um die Sonderstellung (besonders die theologische) des Menschen. Wir haben gesehen, dass in der schwachen Spielart des anthropischen Prinzips der Mensch eben aus Zufall irgendwo zu existieren beginnt. In der starken Spielart dagegen wurden Bedingungen, und eben genau diese Bedingungen, erzeugt (wie auch immer), quasi um den Menschen zu erschaffen. Der Mensch müsste dann ja zwangläufig entstehen, eben weil diese besonderen Bedingungen vorherrschten. Das heißt, irgendwo hat der Mensch durch die starke Spielart des anthropischen Prinzips wieder eine privilegierte Sonderstellung erlangt. Wenn man weiter gehen will, dann könnte man sich auch fragen, warum wir noch nicht Kontakt mit fremden Zivilisationen gemacht haben. Nach dem kopernikanischen Prinzip ist dies deshalb der Fall, weil eben nur wir hier sind. Und es gibt nur uns und sonst niemanden, weil wir etwas Besonderes sein sollen! Wir „sollen" quasi der Mittelpunkt sein.
Wenn man mich fragt, dann ist das ein wenig sehr weit hergeholt. Was für meine eigene Überzeugung übrig bleibt, ist die Tatsache, dass wir hier sind, weil die Welt so ist, wie sie ist. Mehr können wir nicht wissen.

Kommen wir aber noch zu einem anderen Aspekt:Ist das Universum unendlich unhomogen oder gibt es unendlich viele Universen mit unterschiedlich aufeinander abgestimmten Naturgesetzen und Naturkonstanten, dann muss

jeder physikalisch mögliche Vorgang, sei seine Wahrscheinlichkeit auch noch so gering, unendlich oft vorkommen. Beispielsweise wäre die Entstehung von (intelligentem) Leben zwangsläufig ein sicher eintretendes Geschehen, egal wie unwahrscheinlich einige Entwicklungsstufen gewesen wären.
Verstehen kann man diese Argumentation, wenn man über die Beschaffenheit von „Unendlichkeit" nachdenkt. In der Unendlichkeit kommt nämlich alles, auch wenn es noch so unwahrscheinlich ist, unendlich oft vor. Das heißt, wenn das Universum unendlich ist, sei es zeitlich oder weil es unendlich viele Universen parallel nebeneinander gibt, oder weil es in seinem Aufbau unhomogen und unendlich groß ist, dann müssen alle Zustände auch unendlich oft vorkommen. Das heißt, es muss irgendwann und irgendwo einen Zustand geben, in dem Menschen entstehen.
Natürlich bringt es relativ wenig, über spekulative Eigenschaften wie die Unendlichkeit des Universums oder über recht merkwürdige Annahmen, dass es unendlich viele Universen gibt, weiter nachzudenken. Interessant sind solche Überlegungen durchaus, leider aber nur im Entferntesten fruchtbar. Und wie immer ist es auch hier so, dass, wenn man aus etwas Unsicherem Schlüsse zieht, diese Schlüsse selbst auch nicht viel mehr als wiederum unsicherer sein können. Sind sie irrelevant, da nicht überprüfbar, und das macht sie in den allermeisten Fällen zu nicht mehr als überflüssig.

Viele Leute haben anfänglich Schwierigkeiten, das anthropische Prinzip als tatsächliche Erklärung hinzunehmen. - Wie kann ein Zirkelschluss eine Erklärung sein?
Falls Sie dazu gehören, hier noch ein weiteres Beispiel: Stellen Sie sich vor, ihre Eltern wären andere gewesen. Stellen Sie sich vor, dass sich ihre Eltern irgendwie anders kennen gelernt hätten. Oder stellen Sie sich vor, dass ihre Eltern Sie vielleicht in irgendeinem anderen Land zur Welt gebracht hätten oder zu einer anderen Zeit. Was wäre gewesen, wenn ihre Eltern sich niemals kennen gelernt hätten? Dann wären Sie heute gar nicht hier und würden nicht hier sitzen und dieses Buch lesen! – Es ist doch schon ziemlich unwahrscheinlich, dass alles genauso aufeinander gepasst hat, dass Sie heute hier sitzen und dieses Buch vor sich aufgeschlagen liegen haben! Unwahrscheinlicher

geht es doch fast nicht! – Aber offensichtlich sitzen Sie hier und lesen dieses Buch. Eben weil Ihre Eltern diejenigen waren, die sie waren, und eben weil sich in der Vergangenheit alles so zugetragen hat, wie es sich zugetragen hat. – Sonst wären Sie heute gar nicht hier!
Das ist das anthropische Prinzip! Eigentlich eine Trivialität. Denn wo ständig eine einzige Möglichkeit aus praktisch unzählig vielen Möglichkeiten ausgewählt wird, gibt es eben nur einen letztendlichen Ausgangspunkt. Es gibt nur eine „Lebenslinie", die auf jeweils etwas Bestimmtes zutrifft. Alle anderen prinzipiellen Möglichkeiten waren durch die ständige Wahl nur jeweils einer Einzigen nicht zum Bestandteil der Lebenslinie. Und was übrig bleibt, ist dann keine besonders intelligente Feinabstimmung, sondern trivialerweise genau das, was eben passiert! Mehr nicht.

Einmal mehr haben wir gedacht, dass es einen besonders gut gewillten Schöpfer geben müsse, der alles genau so abgestimmt hat, damit es uns heute hier geben kann. In Wirklichkeit ist unsere Existenz aber trivial. Das ist das anthropische Prinzip.

Unsere Welt kommt in der Tat gänzlich ohne eine schöpferische Absicht aus!

Determinismus und der freie Wille

Zum Beginn des vorherigen Jahrhunderts war die überwiegende Mehrzahl der Wissenschaftler der Meinung, dass alle Naturvorgänge streng deterministisch ablaufen. Deterministisch bedeutet im ersten Sinne, dass jede Wirkung eine Ursache hat. Weiter versteht man unter Determinismus etwas, das sehr eng mit dem Begriff des freien Willens zusammen hängt. Der Determinismus ist die Lehre der Vorherbestimmtheit. Wäre die Welt vollkommen vorherbestimmt, dann wäre selbstverständlich der von uns wahrgenommene freie Wille ein Trugbild und würde in Wirklichkeit gar nicht existieren. Wir wären entgegen unserer persönlichen Auffassung nicht frei, sondern alles würde so passieren, wie es vorherbestimmt ist. Woher diese universelle Vorherbestim-

mung stammen soll, kann man nicht mit Gewissheit sagen. Wahrscheinlich stammt sie von Gott.
Dies mag auf den ersten Blick esoterisch und mysteriös anmuten. Und besonders das Detail der scheinbar geraubten Freiheit mag obskur erscheinen. Aber das ist es nur in entfernter Weise, und, wie gesagt nur auf den ersten Blick. - Es ist naturphilosophisch. - Wir haben gelernt, dass Naturphilosophie diejenige Philosophie ist, die unweigerlich folgt, wenn die uns bekannten Naturgesetzte Gültigkeit haben. In Wirklichkeit spielt es keine Rolle, ob wir frei sind, solange wir die etwaige Illusion eines freien Willens verspüren. Ob frei oder nicht, immer müssen bestimmte Mechanismen existieren, die unser Handeln bestimmen. Dazu gleich noch mehr.

Im Jahr 1776 schrieb der große Mathematiker Pierre-Simon Laplace folgende Zeilen: „Der momentane Zustand des Systems Natur ist offensichtlich eine Folge dessen, was er im vorherigen Moment war, und wenn wir uns eine Intelligenz vorstellen, die zu einem Zeitpunkt alle Beziehungen zwischen den Teilen des Universums verarbeiten kann, so könnte sie Orte, Bewegungen und allgemeine Beziehungen zwischen diesen Teilen für alle Zeitpunkte in Vergangenheit und Zukunft vorhersagen."

Diese Intelligenz, wie wir sie uns hier vorstellen, wird als der „laplace'sche Dämon" bezeichnet. Der laplace'sche Dämon benötigt für seine Fähigkeit zur allgemeinen Vorhersehung also als Grundvoraussetzung die mathematisch-logische Konsistenz des Universums; das Universum muss deterministisch sein. Weiter braucht dieser Dämon eine genaue Kenntnis über alle Zustände aller Teilchen zu einem beliebigen Zeitpunkt. Denn dann, vorausgesetzt, die Welt wäre kausal deterministisch und logisch konsistent, könnte man alles vorhersagen. - Man könnte alles vorhersagen! Nicht nur das Wetter, die Seite, mit der das Butterbrot auf dem Boden aufkommt, wenn man es vom Tisch schubst, oder der Ausgang eines Doppelspaltexperiments, sondern auch alle Gedanken aller Menschen, jegliche Ent-

wicklung der Zukunft, den Ausgang von Kriegen, die Zukunft als Solche, einfach alles. Ebenso wäre alles Wissen bereits bekannt, denn wenn man alles vorhersagen kann, dann weiß man ja schon alles. Das bedeutet auch, dass zukünftige Entdeckungen, Erkenntnisse und eben alles Wissen, das in Zukunft erst erschlossen werden würde, diesem Dämon schon jetzt bekannt wäre. - Nun, Theorien, zusammen mit Gedankenexperimenten, müssen mit der realen Welt um uns herum nicht immer besonders viel gemeinsam haben.

Dies hat, wie gesagt, interessante Auswirkungen auf die Diskussion des freien Willen, und auf die damit verbundenen Folgerungen. Denn, könnte man alles voraussagen, würde das ja bedeuten, dass schon alles genau feststeht. Der Zustand zu einem bestimmten Zeitpunkt zieht auf Grund der logischen Konsistenz des Universums genau einen einzigen weiteren Verlauf nach sich. Die Betonung liegt auf „genau einen einzigen" weiteren Verlauf. Weil das Universum mathematisch-logisch-konsistent ist, kann es nur einen einzigen Weg geben, in nur einer einzigen, möglichen Welt. Weil das Universum deterministisch funktioniert, ergeben sich alle zukünftigen Zustände eindeutig aus den vorhergegangenen Zuständen, und auch diese vorhergegangenen Zustände ergaben sich eindeutig aus anderen Zuständen, die auch diesen wieder vorhergegangenen waren. Weil es nur eine einzige solche Weltlinie gibt, liegt also der gesamte Verlauf für alle Ewigkeit und seit aller Ewigkeit exakt und eindeutig fest. Alles, was darin passiert, war schon in den Startbedingungen festgeschrieben.
Für unseren freien Willen würde dies unweigerlich bedeuten, dass er in Wirklichkeit gar nicht existiert! Denn wenn doch alles schon feststeht, wie könnte man dann von freier und persönlicher Entscheidungsgewalt sprechen?

Um zu versuchen, die persönliche Freiheit zu schützen, könnte man nun argumentieren, dass diese deterministische Eigenschaft der Funktionsweise des Universums sich auf einer gänzlich anderen Ebene bewegt, als es wir Menschen tun. Das Problem, das zwischen der Vorherbestimmtheit des gesamten Universums und der vermeintlichen Freiheit unseres Willens liegt, wäre in einer solchen Anschauung in Wirklichkeit gar kein Problem mehr. Die Argumentation würde so aussehen, daß es uns praktisch, grundsätzlich und prinzipiell niemals möglich ist, alle Zustände über unser gesamtes Universum so genau zu kennen, dass wir alles vorhersagen können. Wir wissen, daß dies weder technisch noch theoretisch durch die Gesetze der Physik möglich wäre. Denn wie wir zum Beispiel im Abschnitt zu Einstein gesehen haben, kann sich Information nicht schneller als mit Lichtgeschwindigkeit ausbreiten. Das bedeutet, es ist zeitlich relativ auch theoretisch nicht möglich, zu einem bestimmten Zeitpunkt alles über jedes einzelne Teilchen im gesamten Universum zu wissen. (Von der für Voraussagen dieser Art benötigten unendlich hohen Verarbeitungsgeschwindigkeit einmal ganz abgesehen.) Das bedeutet, dass die theoretische Existenz eines laplace'schen Dämons niemals in Kollision mit unserer realen Welt geraten wird. Auch wenn es einen solchen Dämon geben würde, und auch wenn es theoretisch und vielleicht auch praktisch möglich wäre, dass dieser Dämon allwissend sein könnte, eben weil er auf eine besondere Art gottgleich ist, selbst dann könnte dieser Dämon mit seinem Wissen nicht mit uns und der Welt, die wir als real ansehen, in tatsächlichen Kontakt treten. Außer er wäre Gott, und Gott tritt ja auch nicht wirklich mit uns in direkten Kontakt. (Vermutlich auch nicht in indirekten.) Prinzipiell ist die Frage nach dem freien Willen also eine andere. Der laplace'sche Dämon ist und bleibt nur ein Gedankenexperiment aus der Zeit, bevor man recht wusste, was Relativitäts- und Quantentheorie sind, und was sie bedeuten. Jedoch bleibt die Annahme einer Vorherbestimmtheit eine interessante Fragestellung, auch wenn sie nur mit Hilfe von Göttlichkeit umsetzbar ist. Was allerdings immer übrig bleibt, und was uns Menschen als so überaus wichtig erscheint, ist die Ungewissheit, ob alles vorherbestimmt ist und ob wir wirklich frei sind.

Nun, auch wenn alles so passiert, wie es determiniert ist, was kümmert es mich, wenn ich nicht weiß, in welcher Weise es vorherbestimmt ist? Ich würde für mich selbst ja niemals überprüfen können, ob es einen vorherbestimmten Weg gibt, dem ich in irgendeiner unfreien Vorherbestimmtheit folge. Und selbst wenn ich wüsste, dass es einen solchen vorbestimmten Weg gibt, was würde es im Bezug auf meine subjektive Realität ändern, wenn ich nicht wüsste, wie dieser Weg aussieht? Wenn der Dämon mich nicht erreichen

kann, was für einen Einfluss hätte seine Existenz dann auf mein Leben und auf meine Freiheit? Was wäre also der tatsächliche Unterschied?
Im praktischen Sinne natürlich gar keiner. Die Vorherbestimmtheit liefe also auf einer gänzlich anderen Ebene als auf der, auf der wir uns bewegen. Beide Ebenen erreichen sich gegenseitig nicht in einer beeinflussenden Weise. Sollten sie existieren, dann koexistieren also, ohne Einfluss aufeinander zu haben. Dies hat natürlich wiederum interessante Auswirkungen auf die Aussagen, die wir über diese beiden Entitäten machen können. Denn, wenn die Ebene der realen Geschehnisse nichts von der Welt der Vorherbestimmtheit mitbekommen kann, so können doch beide koexistierenden Welten, jede für sich, in einer eigenen Weise deterministisch sein. Irrelevanz schützt also nicht vor Grundsätzlichkeit. – Ein Phänomen, das jedem Politiker bestens bekannt sein sollte.

Um an dieser Stelle anzuknüpfen, möchte ich einen weiteren Mathematiker und Denker ins Spiel bringen. Sein Name ist Henry Poincaré. Er lebte um die Jahrhundertwende von 1900 in Frankreich, und von ihm stammt die nach ihm benannte „poincaré'sche Vermutung". Laut dem Clay Mathematics Insitute in Cambridge gehört diese Vermutung zu den 7 bedeutendsten aber noch ungelösten mathematischen Problemen. Es geht dabei um den Beweis der verwirrenden Aussage: „Jede einfach zusammenhängende kompakte, unberandete dreidimensionale Mannigfaltigkeit ist homöomorph zur 3-Sphäre." – Was dies genau bedeutet, soll hier nicht weiter kümmern, es stammt aus dem Elfenbeinturm und ist unnötigerweise viel zu kompliziert. Aber dennoch möchte ich an dieser Stelle nur nebenbei erwähnen, dass ein recht intelligenter und gebildeter Mathematiker Namens Martin Dunwoody von der Southampton University in Großbritannien das Problem gelöst zu haben schien. Bis jetzt weiß man aber noch nicht so genau, ob er es tatsächlich gelöst hat. Seine Beweisführung ist recht kompliziert. Dies aber nur nebenbei.
Zu unserem Problem mit dem Determinismus und dem Laplace'schen Dämon hat Poincaré im Jahre 1903 folgenden Beitrag geleistet:

„Eine sehr kleine Ursache, die wir nicht bemerken, bewirkt einen künstlichen Effekt, den wir nicht übersehen können, und dann sagen wir, der Effekt sei zufällig."

Wir kennen alle die Geschichte vom Schmetterling im Amazonas, der bei uns durch einen einzigen Flügelschlag das Wetter beeinflusst. Etwas Ähnliches meint Poincaré hierbei.

Worauf ich hinaus will, ist die sogenannte Chaosforschung, das Chaos. Es geht also darum, dass, auch in einer absolut deterministischen Welt, kleine, durchaus beschreibbare Ursachen, große, und letztendlich durch ihre Komplexität so gut wie unbeschreibbare Wirkungen haben können. Wir bewegen uns also jetzt in einer spezielleren als der ganz theoretischen Ebene des laplace'schen Dämons. Wir nehmen an, dass die Welt deterministisch ist, wir in einer deterministischen Welt leben, aber, so Poincaré, wir dennoch keine Chance haben, diesen Determinismus für Aussagen über die Zukunft zu nutzen, eben weil zu viele kleine und unentdeckbare Einflüsse das Verhalten der Welt signifikant verändern. Der deterministische Charakter der Natur wird hierbei also nicht in Frage gestellt. Das heißt, das Kausalitätsprinzip wird akzeptiert, aber die für korrekte Zukunftsaussagen notwendige Voraussetzung der genügend genauen Kenntnis der Anfangsbedingungen ist nicht mehr gegeben. Insbesondere gilt dies für sogenannte „instabile Systeme". Bei instabilen Systemen führen bereits sehr kleine Änderungen zu völlig anderen Entwicklungen. Ein „stabiles System" würde sich im Gegensatz zu einem instabilen System nach einer Änderung in einem bestimmten Maß wieder auf einen sehr genau definierten Zustand einpendeln. Ein stabiles System wäre zum Beispiel ein Pendel, das ohne äußere Einwirkung wieder zur Ruhe kommt. Wohingegen ein instabiles System etwa das Zersplittern eines Champagnerglases oder die komplizierten Luftverwirbelungen von aufsteigendem Rauch sein kann.

Der praktische Determinismus scheitert also nach Poincaré an zwei Dingen. Zum einen an der genauen Kenntnis der Anfangsbedingungen, zum anderen an der Instabilität von Systemen.

Das alles zusammen bedeutet, dass wir in einer prinzipiell deterministischen Welt leben, deren Determinismus wir als solchen niemals erfahren können.

Wir können ihn aus dem Grund niemals erfahren, weil es uns niemals gelingt, alle Zustände mit hinreichender Genauigkeit zu kennen. Eventuell bestünde noch die Möglichkeit einen praktischen Determinismus zu erleben, falls es sich bei der Welt um stabile Teilsysteme handeln würde. Würde man jeweils den stabilen Endzustand kennen, so wäre es nicht zwingend notwendig, alle kleinsten Details aller Einflussgrößen zu kennen. Offensichtlich ist die reale Welt aber keine große Kombination von stabilen Teilsystemen. Die reale Welt ist zum großen Teil etwas, das man als chaotisches Gesamtsystem bezeichnet. Poincaré war also gewissermaßen der erste, der das Chaos verstand. Kleinste Einflussgrößen und kleinste Änderungen der Bedingungen können zu großen Änderungen der Resultate führen. Heute gibt es sogar einen dazu passenden Berufszweig, den des Chaosforschers.

Um an dieser Stelle weiter anzuknüpfen, möchte ich nochmals kurz die Quantenmechanik erwähnen. Seit ungefähr dem Jahre 1905 wissen wir, dass niemals gleichzeitig die Position zusammen mit dem Impuls eines Teilchens mit beliebiger Genauigkeit gemessen werden kann. Das liegt nicht an der Genauigkeit der technischen Messaufbauten, sondern es ist ein prinzipielles, den Gesetzen und dem Aufbau der Natur entsprechendes Problem. Die Natur ist, wie sie ist, und in ihr können Ort und Impuls eines Teilchens nicht mit beliebiger Genauigkeit bestimmt werden.
Man kann dieses Verhalten so auffassen, dass man mit jeglicher Messung eine Art von Beeinflussung am zu messenden Objekt vornimmt. - Taste ich etwa mit meinen Fingern auf einer Oberfläche, so übe ich ja immer auch mit meinen Fingern eine Kraft auf diese Oberfläche aus. Diese Kraft wird die Oberfläche verändern, wenn auch nur in sehr geringer Weise. Ich beeinflusse also allein schon mit meinem Tasten selbst das, was ich betaste! Das bedeutet, ich werde prinzipiell niemals wirklich erfahren können, wie die Oberfläche wirklich „ist“, weil ich sie ja immer verändere, sobald ich sie berühre.
Der Quantenmechanik liegt nun befremdlicherweise eine ganz andere Theorie zugrunde. Nach dieser Theorie sind Position und Impuls eines Teilchens von sich aus „unscharf“. Position und Geschwindigkeit können deshalb nicht beliebig genau gemessen werden, weil sie in der realen Natur niemals beliebig genau vorliegen. Die Natur an sich ist „unscharf“!

Für den universellen Determinismus hat dies selbstverständlich weitreichende Bedeutung. Es bedeutet, dass der Anfangszustand eines Systems, wie des gesamten Universums, nicht nur wegen unzureichenden technischen Möglichkeiten, sondern auch prinzipiell nicht exakt angegeben werden. Da die Natur selbst „unscharf" ist, können wir die Anfangszustände prinzipiell niemals hinreichend genau kennen. Weiter stellt sich die Frage, ob, unter der Voraussetzung einer solchen grundlegenden Unschärfe, prinzipiell so etwas wie ein vollständiger Determinismus existieren kann.
Es bleibt die Frage, ob es unter der Oberfläche der Quantenmechanik noch einen versteckten Determinismus gibt, oder ob die Welt universell nichtdeterministischer Natur ist.
Eine Antwort darauf können wir derzeit noch nicht geben. Vielleicht können wir das niemals. Im Moment ist es jedenfalls eine Frage des subjektiven Glaubens, was wir für wahrscheinlich erachten und was nicht.

Beschäftigen wir uns nun noch einmal kurz mit dem Begriff der Freiheit. Ich denke, wir sind uns alle einig, dass es sich für uns Menschen ein wenig befremdlich und unbehaglich anfühlt, wenn wir uns vorstellen müssen, dass unsere gefühlte Freiheit in Wirklichkeit nur eine Illusion und Trug ist. Wir wünschen uns, unser Handeln und unser Denken frei bestimmen zu können. Der Determinismus und sämtliche Vorherbestimmung sind uns unwillkommen. Wir Menschen wollen die absolute Freiheit. - Aber was würde es denn bedeuten, absolut frei zu sein? Die absolute Freiheit, so folgern wir aus unserem Unbehagen, müsste das radikale Gegenteil von Vorherbestimmtheit und auch von jeglicher Abhängigkeit sein. Denken wir doch einmal kurz darüber nach, was diese absolute Freiheit konkret bedeuten würde und was die Konsequenzen wären.
In der Tat wäre es nämlich so, dass das Losgelöstsein von jeglicher umweltbedingter Beeinflussung zugleich auch bedeuten würde, dass man auch losgelöst von jeglichem Bezug zur Umwelt wäre. Man wäre dann vielleicht per Definition absolut frei, in der Welt, in der man lebt, würde man aber nur sinnlosen Schwachsinn produzieren. Auf Anhieb ist dies nicht sofort nachvollziehbar. Klar wird es, wenn man bedenkt, dass ein Agieren ohne Einfluss der

Umwelt gleich einem Agieren ohne jeglichen Bezug zur Umwelt kommt. Reagiert man aber nicht auf die Umwelt, und sei es nur, indem man seine Handlungen sinnvoll an die Umwelt anpasst, so geschehen jegliche Handlungen vollkommen ohne Kontext und müssen daher zwingend sinnlos sein. Sinnlos aus dem Grund, weil sie absolut nichts mit der Umwelt zu tun haben.
Und so sehen wir, dass die absolute und konsequente Freiheit wenig Sinn macht. – Eine kontextbezogene Freiheit dagegen schon eher. Das, was wir allgemein unter Freiheit verstehen, ist sehr wohl adäquat in einem sinnvollen Kontext von Interaktionen mit der Umwelt zu verstehen. Wenn wir also sagen „Freiheit", dann meinen wir niemals die „absolute Freiheit", sondern immer nur eine „relative Freiheit", die in einem Kontext, in einer bestimmten Umwelt sinnvoll ist. Und so sehen wir, dass ein gewisser Grad an Determinismus alles andere als eine Beschneidung unseres Wunsches nach einer tatsächlichen, alltäglich sinnvollen Freiheit darstellt. Wir brauchen Determinismus, um überhaupt existieren zu können. Und so sehen wir ein, dass der Determinismus an sich etwas durchaus Nützliches und sogar Notwendiges ist. Und so wird die Vorherbestimmtheit als das scheinbare Gegenteil von Freiheit weit weniger befremdlich.

Die vollkommene Freiheit wirft noch ein weiteres theoretisches Problem auf. Und zwar das der Kausalität. Denn würde man absolut frei und ohne Fremd- oder Vorherbestimmung agieren, so würde man immer nur aus sich selbst heraus agieren. Man würde niemals reagieren. Doch auch in agierenden Systemen müssen Antriebe generiert werden, um Handlungen auszuführen. Woher sollen diese Antriebe stammen, wenn kein Impuls von außen kommt? Irgendein Impuls muss von irgendwoher eintreffen, denn ansonsten wäre das vollkommen freie Individuum in der Lage, das Prinzip der Kausalität (Ursache – Wirkung) zu durchbrechen.
Kausalität ist eines der fundamentalsten Prinzipien, nach denen unsere gesamte Welt funktioniert. Wenn wir an der Kausalität zweifeln, dann müssen wir genauso an allem zweifeln und jeglicher Erkenntnis den Sinn absprechen. – Ein vollkommen freies Individuum kann es also prinzipiell nicht geben, ohne dass die Prinzipien der Kausalität verletzt werden.

Der griechische Universalgelehrte Aristoteles (384 bis 322 vor Christus) hat dieses Problem seinerzeit bereits erkannt und führte den Begriff des „unbewegten Bewegers" ein. Er meinte damit ein Individuum, das in der Lage ist zu handeln, ohne selbst einen Impuls zu erhalten. Aristoteles war klar, dass eine solche Existenz zu Widersprüchen führt, wenn sie nicht zugleich als allmächtig gilt. Der unbewegte Beweger ist Urgrund aller Existenz, und das kann natürlich auf niemand anderen zutreffen als auf Gott höchstpersönlich. Der unbewegte Beweger ist der allererste Urgrund von allem. Die Kausalität hatte also laut Aristoteles irgendwann einmal ihren Anfang. Und dieser Anfang war Gott. Und Gott war dieser Überlegung zufolge der unbewegte Beweger.

Falls wir also einmal von Gott und der unvorstellbaren Allmächtigkeit (die für das fruchtbare Denken ohnehin recht unbrauchbar ist) absehen, wirft ein unbewegter Beweger nichts als kausale Probleme auf. Er ist ein Paradoxon, das es in unserer kausalen Welt nicht geben kann. Wir sehen ein, dass der unbewegte Beweger als Wesen absoluter Freiheit in einer konkreten, realen Welt nur Unfug fabrizieren würde.

Rein philosophische Überlegungen haben selten einen so großen Einfluss auf das tagtägliche Leben wie im Falle der Determinismusdiskussion. Denn wenn alles vorherbestimmt wäre, hätten wir dann noch Verantwortung für das, was wir tun? Denken wir doch eine Minute über das Thema „Schuld und Strafe" und über seine Verbindungen mit dem Determinismus nach.

Angenommen, die Welt ist vollkommen deterministisch. Angenommen, alles wäre vorherbestimmt, und wir Menschen, die wir alle mit so etwas wie fälschlicherweise empfundener Freiheit ausgestattet sind, wären nur so etwas wie Beobachter dessen, was ohnehin schon vorherbestimmt ist. Wie würde es da mit der Frage nach Schuld und Strafe aussehen? Wie könnte man jemanden für eine Tat bestrafen, die ja schon vorherbestimmt war? Würde man dann jemanden für etwas bestrafen, für das er eigentlich gar nichts kann? Kann jemand schuldig sein für etwas, für das er gar nichts kann weil er aufgrund seiner Vorherbestimmtheit gar nicht anders handeln konnte?

Wir alle sind mit Bewusstsein ausgestattet und können sehr wohl bewerten, was wir sehen und was wir tun. Und selbstverständlich können wir es auf unserer subjektiven Ebene auch beeinflussen. Der Determinismus würde aber mit sich bringen, dass alles, eben auch die Inhalte unseres Bewusstseins und auch das Bewusstsein selbst, schon feststehen; determiniert sind. Wir würden uns zwar immer noch vollkommen frei fühlen, würden aber trotzdem einem vorherbestimmten Weg folgen. – Folglich wären wir niemals mehr als „Beobachter" dessen, was, der Vorherbestimmung entsprechend, ohnehin geschieht. Der Täter könnte aus dieser Perspektive zwar „beobachten", was er tut, ja, er könnte es sogar beurteilen, aber der Ausgang der Tat würde dennoch seit Anbeginn der Zeit feststehen. Trifft ihn also Schuld?

Es gibt in der Literatur einen in diesem Zusammenhang immer wieder herangezogenen Roman eines russischen Schriftstellers namens Dostojewski. Das Buch heißt „Verbrechen und Strafe". Auch wir wollen uns in diesem Zusammenhang die Geschichte aus diesem Roman genauer anschauen.
Der Autor Dostojewski lebte im 19ten Jahrhundert und verwandte einen dementsprechenden Schreibstil. Seine Bücher sind philosophisch und gesellschaftskritisch angehaucht. Mit der schullehrer-intellektuellen Meinung, man müsse alles von ihm gelesen haben, stimme ich persönlich jedoch nicht überein. – Trotzdem, „Verbrechen und Strafe" hat sich über die Jahre zum immer wieder erwähnten Buch der Determinismusdiskussion etabliert.
Es ist die Geschichte eines gewissen Rodin Raskolnikow. Dieser Raskolnikow erschlägt eine Pfandleiherin. Die Pfandleiherin ist eine böse Frau, die skrupellos Kredite zu Wucherpreisen verkauft.
Natürlich geschieht in der Weltliteratur keine Tat ohne vorherige Bedingungen (anders als in der modernen Hollywood-Filmlandschaft): Raskolnikow ist ein ehemaliger Student und lebt in absoluter Armut, er trägt Lumpen und haust in einer kalten und düsteren Dachkammer. Seine Lage verschlimmert sich zunehmend. Er hat seine Arbeit verloren und jetzt ist er mit der Miete im Rückstand. Er hat so wenig Geld, dass er sich kaum noch etwas zu essen kaufen kann. Er hungert. Alles, was es zu versetzen gab, ist bereits bei eben dieser Pfandleiherin. Er erfährt, dass seine Schwester der Ehe zu einem wohlhabenden, aber abscheulichen Mann nur deshalb zugestimmt hat, um ihm beim

finanzieren seines Studiums, das er nicht beendete, helfen zu können. Voll Gefühlen der Demütigung und der Verzweiflung beginnt er, an die hässliche und alte Pfandleiherin und an deren vieles Geld zu denken. Die Pfandleiherin ist eine böse Frau. In einem Gasthaus belauscht er eine Unterhaltung, in der jemand darüber nachdenkt, wie es wäre, eben genau diese Pfandleiherin aus dem Weg zu räumen und sie zu bestehlen, um damit seiner Familie ein besseres Leben zu ermöglichen. Ab diesem Erlebnis im Gasthaus kann sich Raskolnikow nicht mehr von dieser so erfahrenen Idee lösen. Eines Tages kommt ihm zu Ohren, dass die Pfandleiherin an einem bestimmten Abend mit Sicherheit allein sein würde. Er fährt hin, dringt in ihr Haus ein, hebt seine Axt und erschlägt sie. Anschließend raubt er sie aus. Später wird er überführt und von einem Richter verurteilt. Er landet im Straflager in Sibirien.
Im Roman wird Raskolnikows Innenwelt durch seine Gedanken und Überlegungen wunderbar offen gelegt. Wir, als Leser, verstehen, warum er die Tat begeht. Seine Überlegungen folgen einer gewissen Logik, und anscheinend stand ihm, aus seiner Sicht betrachtet, kein anderer Weg mehr offen als eine Straftat zu begehen.

Wie sieht es nun also mit der Schuldfrage aus? - Die äußeren Umstände einer jeden Person führen immer zu einem bestimmten Punkt. Angekommen, an diesem Punkt handelt die Person. Wie diese Handlungen ausfallen, ist nicht nur durch den universellen Determinismus vorherbestimmt, sondern auch auf der alltäglichen Ebene durch die individuelle Umwelt und auch durch die Innenwelt der jeweiligen Person. Und in einer Art und Weise sind es sogar die inneren Umstände, die Gedanken und Gefühle, die Wünsche, Sehnsüchte und Hoffnungen, die bestimmen, wo wir hingelangen.
Alles führt uns zu einem bestimmten Punkt, und wenn wir dann dort angelangt sind, handeln wir in der uns entsprechenden Art und Weise. An diesem Punkt versuchen wir, das für uns individuell Richtige tun. Aber auch unser Denken darüber, was das Richtige für uns ist, ist wiederum bestimmt durch unseren ganz persönlich durchlebten Weg. Wir sind derjenige, der wir sind, und so stellt sich die Frage, ob wir uns überhaupt anders entscheiden könnten, als wir es jeweils tun?

Und was würde es bedeuten, wenn wir uns prinzipiell ohnehin nicht anders entscheiden können? Träfe uns dann überhaupt die volle Schuld über unsere Entscheidungen und über unser Handeln? Wären wir Schuld, wenn wir gar nicht anders könnten?

Raskolnikow wurde verurteilt. Was hätten Sie getan, wenn Sie der Richter gewesen wären? Darf die Vorgeschichte eines Straftäters eine Rolle bei der Strafzuweisung spielen? Wenn wir bei der Regelung von Strafen die Vorherbestimmung mit einbeziehen, wo fangen wir dann an und wo hören wir auf? Raskolnikows Richter verurteilte ihn mit der Begründung, dass vor dem Gesetz alle Menschen gleich sind. Ihn interessierte es nicht warum es zur Tat kam. Ihn interessierte nur die Tat an sich. Und laut ihm dient Strafe dazu, die Ordnung in der Gesellschaft aufrecht zu erhalten. Ob Strafe gerechtfertigt ist, ob Schuld in Anbetracht des Determinismus überhaupt existiert, interessierte Raskolnikows Richter nicht. Strafe muss sein, weil sonst Anarchie herrschen würde.

Abschließend noch ein weiterer Aspekt. Es geht um den freien Willen: Raskolnikow lebt das Leben, das er lebt. Eines führt zum anderen. Er landet eines Tages in dem besagten Gasthaus und lauscht der Unterhaltung. Er kann sich nicht mehr frei machen von der Idee, die Pfandleiherin auszurauben und sie eventuell zu töten. Und so plant er seine Tat. Als er erfährt, dass die Frau an einem Abend allein zu Hause ist, fasst er den Entschluss und fährt zu ihrem Haus. – Bis zu diesem Punkt hat er aber noch keine Schuld auf sich geladen. Erst jetzt dringt er in das Haus ein, hebt die Axt und begeht seine Tat.
Zu jedem Zeitpunkt hätte er sich anders entscheiden können, er hätte anders denken können, umkehren können, die Axt nicht heben „müssen".
Unser persönlicher Lebensweg und unser Innenleben bestimmen, an welchen Punkt wir gelangen. Aber zu jeder Tat müssen wir uns entscheiden. Und dieser letzte Schritt vor jeder bewussten Entscheidung wird als der „freie Wille" bezeichnet. Besonders in der Religion ist die Akzeptanz der Existenz des freien Willens der Ausspruch der Akzeptanz der Mündigkeit des Menschen. Der letzte Schritt vor einer jeden bewussten Handlung wird uns nicht durch Vorherbestimmung abgenommen. So die Theorie des freien Willens. Hier, in die-

ser letzten Entscheidung, liegt die menschliche Freiheit. Erst durch das Ausführen einer Tat machen wir uns schuldig. Und diese Schuld tragen wir voll. Wäre Raskolnikow ein anderer, mit einem anderen Lebensweg gewesen, so wäre er niemals in diese Situation geraten. Auf einem anderen Lebensweg hätte er niemals eine so schreckliche Tat begangen. Aber er war nun einmal in dieser Situation, und er hat sich entschieden.
Raskolnikow als Figur in der Geschichte litt wahrscheinlich von allen Menschen auf der Welt am allermeisten unter seiner Tat. Aber macht ihn das deswegen weniger schuldig? Er hat „Ja" gesagt zu seiner Tat, und er hat sich bewusst entschieden. Er hätte sich auch anders entscheiden können, auch wenn er seinen damalig zurückgelegten Lebensweg nicht mehr hat ändern können. Er war zum Tatzeitpunkt derjenige, der er war, und er war getrieben von den Gedanken, die ihn getrieben haben. Aber dennoch war es im letzten Moment eine bewusste Entscheidung, die ihn die Axt niederfahren lies. Soviel zu Raskolnikow.

In einigen Religionen wird Schuld nicht von intellektuellen oder bedingten Fähigkeiten abhängig gemacht, sondern einzig von der individuellen Motivation, sich für das Gute einzusetzen und dem Bösen abzuschwören. Es kommt dabei nicht darauf an, Gut und Böse intellektuell korrekt einzuschätzen, sondern nur auf die Ausprägung der guten Absicht! Interessant werden die konkreten Auswirkungen, die auch im Christentum in den 10 Geboten wieder zu finden sind: Zum Beispiel ist dort, dass „das Begehren deines Nächsten Weib" ein ebenso großes Vergehen wie das Stehlen! – Eine Absicht und eine Tat werden hier gleichgesetzt! – Wohl bemerkt, es geht dabei nicht um eine konkrete Handlung, sondern schon allein das Begehren selbst gilt als Sünde, auch wenn sich dies nur im Geiste abspielt.

Und wie sieht es mit Raskolnikows Fall im heutigen Strafvollzug aus? Nun, ich selbst bin natürlich kein Richter, aber interessanterweise haben wir in der westlichen Welt Gesetze zur Strafminderung. Das Töten eines anderen Mensches kann weniger hart bestraft werden, wenn zum Beispiel altersbedingte Unreife oder psychische Störungen vorliegen. Drogen und unkontrollierte

Wut können einem Täter ebenfalls einige Jahre Gefängnis ersparen. Ja, sogar auf Eifersucht nimmt der Gesetzgeber Rücksicht. Und das Töten ist ab und zu sogar erlaubt: Ärzte, die Sterbehilfe leisten, in Notwehr handelnde Bürger, Soldaten und früher einmal auch Henker dürfen anderen Menschen das Leben nehmen.
Alles in allem gilt also festzuhalten, dass der Staat tolerant ist, sobald der freie Wille eingeschränkt wird oder die Tat im Sinne des Staates selbst geschieht. Die Richtigkeit dieser Vorgehensweise bezeichne ich persönlich als zweifelhaft.

Zeit

Haben Sie sich schon einmal gefragt, warum wir uns an die Vergangenheit erinnern können und nicht an die Zukunft? Warum es so leicht ist, eine Tasse am Boden in Scherben zerspringen zu lassen, aber so schwer, sie wieder zusammen zu setzen? Warum entsteht Unordnung, wenn man ein Puzzle in seiner Verpackung schüttelt, und warum dauert es so lange, das Puzzle wieder fertig zusammen zu setzen?

Wir haben gesehen, dass es seit Einstein keinen absoluten Zeitbegriff mehr gibt. Wir haben gelernt, dass Zeit relativ ist. Darüber, wie die Zeit selbst funktioniert, haben wir jedoch noch keine Aussagen gemacht. Wir können mit diesen Theorien bis jetzt nicht erklären, wie es zum sogenannten „Zeitpfeil" kommt, der „Fließrichtung" der Zeit. Wir können weder mit Newton noch mit Einstein erklären, warum die Zeit in eine bestimmte Richtung „fließt". Wir können nicht erklären, warum und in wie fern die Vergangenheit gegenüber der Zukunft ausgezeichnet ist. Wir haben keine physikalische Theorie, mit der wir erklären können, warum Tassen zerspringen anstatt sich wieder zusammenzusetzen. Und wir können nicht erklären, warum wir uns an die Vergangenheit und nicht an die Zukunft erinnern. Mathematisch-rechnerisch sind Vergangenheit und Zukunft bei Newton und auch bei Einstein gleichwertig und nicht gegeneinander ausgezeichnet.

Dies widerspricht aber offensichtlich unserer alltäglichen Erfahrung. Und ebenso ist es leicht empirisch nachweisbar, dass die Zeit in eine Richtung fließt und dass Tassen sich nicht von selbst wieder zusammensetzen, wenn man sie von einer Tischkante auf einen harten Boden schubst. – Um dieses Verhalten, um den Zeitpfeil zu erklären, bedarf es also zusätzlicher Theorien.

Eine solche Theorie ist der sogenannte „zweite Hauptsatz der Thermodynamik". Dieser Satz besagt, dass in einem geschlossenen System die Unordnung mit zunehmender Zeit bis zu einem Maximum immer weiter steigt. Dieses Maximum wird in der Fachsprache als der sogenannte „Wärmetod" bezeichnet. (Neben dem zweiten Hauptsatz der Thermodynamik gibt es selbstverständlich auch noch weitere „Hauptsätze", diese sind jedoch für unsere hier hervorgehobenen Aussagen zum Zeitpfeil nebensächlich.)
Wir wissen, dass Wärme gleich Bewegung von Teilchen ist. Der Wärmetod, also Zustand maximaler Unordnung, ist dann gleich dem Zustand, in dem sich alle Teilchen in einem geschlossenen System mit gleich hoher Geschwindigkeit (natürlich gemittelt) bewegen, das System ist homogen, unordentlich durchmischt und kann nicht unordentlicher werden. Den Grad der Unordnung bezeichnet man in der Fachsprache als „Entropie".

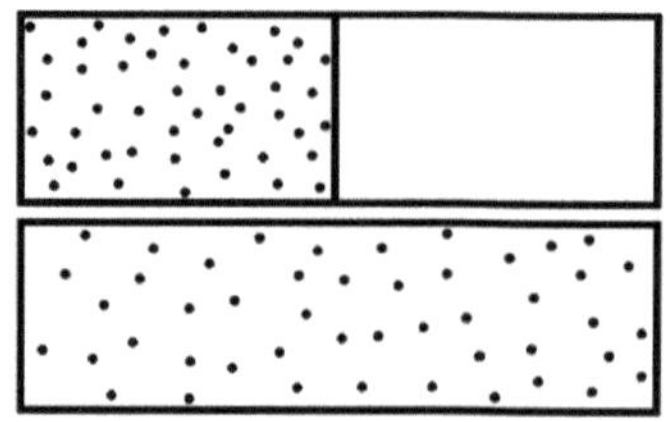

In der Zeichnung rechts sehen wir veranschaulicht, wie sich Teilchen ausgehend von einem kleinen Raum in einem größeren Raum homogen verteilen. Was wir abgebildet sehen, ist die Auffassung von zunehmender Entropie. Die Theorie besagt, dass die Entropie, entsprechend bestimmten Zufallsverteilungen, mit der Zeit immer nur steigt. Das heißt, die Teilchen durchmischen sich nicht nach einem vorherbestimmenden Gesetz, welches Systeme auf homogene Verteilung programmieren würde, sondern die Teilchen bewegen sich lediglich durch ihre Wärmebewegung vollkommen wirr und unkoordiniert. Selbstverständlich wäre es somit durchaus möglich, dass sich alle Teilchen in unserem Entropiebeispiel in der Zeichnung auch zu einem späteren Zeitpunkt zum Beispiel in der linken unteren Ecke des Raumes befinden. - Die Wahrscheinlichkeit, dass sowas passiert, ist aber derartig gering, dass dieser Zustand sinnvoll ausgeklammert werden kann. (Genau genommen darf man diesen Zustand nach exakter Mathematik natürlich nicht ausklammern, denn er tritt bei unendlich langem Warten auch mit hundertprozentiger Sicherheit ein. – In der praktischen Welt sind Unendlichkeitsbetrachtungen aber meist irrelevant.) Man folgert also Regeln aus dem stochastischen Verhalten von Systemen mit großen Anzahlen von Teilchen. Eine dieser gefolgerten Regeln ist das ständige Streben von abgeschlossenen Systemen nach zunehmender Unordnung. Das ist der zweite Hauptsatz der Thermodynamik.

Es fällt zugegebenermaßen ein wenig schwer, das aus der Stochastik folgende „Gesetz" der Entropiezunahme als ausreichende Erklärung für die Existenz und als Erklärung der Richtung eines Zeitpfeils zu akzeptieren. Jedoch ist es aber derzeit in der Tat so, dass wir im Moment keine bessere wissenschaftliche Erklärung dafür haben!

Gäbe es einen Gott, der sich ausgedacht hätte, dass das Universum nach einem geordneten Endzustand (und nicht nach dem Wärmetod) hin ausrichtet, dann würden sich Tassen von alleine zusammensetzen, dann könnten wir uns an die Zukunft und nicht an die Vergangenheit erinnern und dann würden sich Teilchen sehr wahrscheinlich in linken unteren Ecken von Systemen wie dem aus der Zeichnung aufhalten.
Nach dem Ausschlussprinzip müssen wir davon ausgehen, dass das uns bekannte Verhalten der Welt, so wie es im zweiten Hauptsatz der Thermodynamik formuliert ist, ein Naturgesetzt und damit ein Grundbaustein der Welt ist. Die Welt verhält sich so, wie sie sich verhält. Und mit der Theorie von zunehmender Unordnung als Erklärung für das Zeitverhalten drücken wir im Grunde nur das aus, was wir tagtäglich beobachten. Ein solches Vorgehen zur Theoriefindung könnte man fast schon als Tautologie bezeichnen. – Die Theorie erklärt sich selbst und sie erklärt das, was wir vorher schon gewusst haben. Wir wussten schon vorher, dass die Zeit in eine Richtung fließt.
Schauen wir uns als nächstes an, was passiert, wenn wir absichtlich Ordnung erzeugen. Wir haben ja gesehen, dass das Universum immer in Richtung nach zunehmender Entropie strebt und dass durch diese Zunahme der Zeitpfeil definiert ist. Was passiert also nun, wenn wir in einem viel kleineren System,

einem Mikrosystem, absichtlich Ordnung erzeugen? Müsste es denn dann in diesem Mikrosystem nicht möglich sein, den Zeitpfeil umzukehren und es dem System zu ermöglichen, sich an die Zukunft und nicht an die Vergangenheit zu erinnern?
Das Problem liegt natürlich wieder in der Definition des Begriffes „geschlossenes System". Besser müsste es lauten „für sich abgeschlossen betrachtetes System". Denn wirklich geschlossen sind Systeme niemals. Das ganze Universum ist ein System.
Ein solches System, in dem man versuchen könnte, die Entropie abnehmen zu lassen, wäre zum Beispiel der Speicher eines Computers. In diesem Speicher gibt es Speicherzellen, die Zustände annehmen können, um durch diese definierten Zustände Information zu speichern. Betrachtet man nun einen neuen und noch unbenutzten Speicher, dann wird sich dieser einem undefinierten Zustand entsprechend hoher Entropie befinden. Nun gelingt es uns mit unseren technischen Möglichkeiten aber sehr wohl, diesen Speicher zu programmieren und ihm so Ordnung zu verleihen! Die Entropie der Speicherzellen als solche nimmt per Definition bei einer solchen Programmierung ab. Bedeutet das nun, dass die Zeit im Speicher in die andere Richtung fließt? – Schön wäre es, denn dann könnte sich der Speicher immer an die Lottozahlen von morgen erinnern, oder er würde die Briefe, die wir morgen auf dem Computer tippen wollen, schon gestern gespeichert haben. Es stellt sich die Frage, wie es dann wohl mit der Kausalität aussehen würde? Könnten dann nicht Wirkungen vor Ursachen kommen? Oder wären die Bedeutungen von Ursache und Wirkung ganz einfach gegeneinander vertauscht? Das Problem scheint mit der Annahme einer Abnahme von Entropie zu tun zu haben. – Irgendwo muss ein Haken sein.

Natürlich gibt es einen Haken. Und zwar haben wir bei unseren Überlegungen übersehen, dass die Programmierung eines Speichers immer Energie bedarf. Kein Speicher programmiert sich von alleine! Das heißt, die Programmierung wird aktiv vorgenommen und entspricht somit keiner Umkehr der wirkenden Gesetze. Jeder Einsatz von Energie erzeugt erneut Unordnung und unter dem Strich nimmt die Unordnung in Summe immer weiter zu. Um eine Speicherzelle in einem bestimmten Zustand zu bringen, sind einige technische

Aufbauten nötig. Diese technischen Aufbauten werden bei ihrer Arbeit immer eine bestimmte Verlustleistung, meist in Form von Wärme, abgeben. So müssen Halbleiterschalter geschaltet werden, das Gerät selbst muss über ein Netzteil mit Strom versorgt werden und der auf den Leistungen fließende Strom erzeugt Verluste. Das alles erzeugt Unordnung in Form von Wärme und immer wird es so sein, dass die Entropie im Universum weiter steigt. – Und so kann man in der Tat in kleinen Systemen empirisch überprüfen, dass beim Erzeugen von lokaler Ordnung der Grad der gesamten Unordnung unter dem Strich stets zunimmt.

Ein gutes (und eindrucksvolles) Beispiel für diesen Zusammenhang sind wir Menschen selbst. Unser menschlicher Körper besitzt ja physikalisch eine recht große Ordnung. Wir bestehen aus unterschiedlichsten Strukturen, wir haben klare Umrisse, und unsere Existenz besteht durchaus aus etwas anderem als dem Wärmetod. (Der Wärmetod würde bedeuten, dass die Atome und Moleküle, aus denen wir aufgebaut sind, in einer homogenen Unordnung durch den Raum fliegen würden.) Laut Definition nimmt aber die Entropie ständig zu, und es bedarf dem Erzeugen von noch mehr Unordnung, um Ordnung und Struktur zu schaffen oder um sie zu erhalten. Das bedeutet, dass die Ordnung unseres menschlichen Körpers stets mit dem Preis von entsprechend noch mehr Unordnung erzeugt werden muss. Und zwar muss diese Unordnung außerhalb unseres Körpers entstehen! So wie die lokale Ordnung in einer Speicherzelle in unserem Computer nur zunehmen kann, wenn außerhalb der Speicherzelle die Unordnung steigt. Wie schaffen wir Menschen es also, unsere Struktur aufrecht zu erhalten?

Im Groben wirken zwei Mechanismen. Zum einen erhalten wir unsere Struktur durch die Aufnahme von Nahrung. Zum andern verbrauchen wir Energie, um die Moleküle und Atome in Ordnung zu halten. Über die Nahrung kann Ordnung von außen aufgenommen werden, über den Verbrauch von Energie können wir selbst Ordnung erzeugen. Bei der Nahrung sind es oft die Pflanzen, die als erste in der Nahrungskette lokale Ordnung mittels Energie erzeugt haben. Pflanzen gewinnen ihre Energie aus Sonnenlicht. Nehmen wir Nahrung auf, so führen wir unserem Körper ein geringeres Maß an Entropie zu und vermindern dadurch unsere eigene Unordnung. Wir bauen also ordentliche Strukturen aus Bestandteilen der Nahrung in unsere körpereigenen

Strukturen ein und mindern so die durchschnittliche Unordnung unseres Systems. So erhalten wir unsere geordneten Strukturen.
Um selbst Ordnung zu erzeugen, benötigen wir verhältnismäßig viel Energie. Unser Körper ist, wie alle lebendigen Mechanismen, in der Lage, seine eigene Ordnung, seine eigene Strukturiertheit aktiv und mittels eigenen Stoffwechselvorgängen aufrecht zu erhalten. Unser Körper kann komplexe Stoffe und Moleküle selbst herstellen. Das Herstellen von Stoffen und Molekülen unter Energieverbrauch ist nichts anderes als die aktive Reduzierung der systemischen Entropie.
Interessant ist, dass seit einigen Jahren der Begriff „Leben" zum Teil genau über diese Eigenschaft definiert wird. Die Eigenschaft der aktiven Reduzierung der systemischen Entropie ist Leben!

Beschäftigen wir uns noch kurz damit, welche Auswirkungen der zweite Hauptsatz der Thermodynamik auf die Geschichte unseres Universums hat. Man kann sich weiterführend die Frage stellen, warum wir nicht in einem Universum leben, das schon vor langer Zeit vom Wärmetod geholt wurde. Warum nimmt die Entropie andauernd zu und warum fing nicht schon alles mit einem Maximum an Entropie an? Warum ist das Universum dubioserweise so geordnet, wie wir es vorfinden, und nicht etwa homogen unordentlich?
Auf diese Frage liefert unser derzeitiges Wissen noch keine befriedigende Antwort. Quantenmechanik und Relativitätstheorie versagen bei solchen Beschreibungen. Um solche Fragen zu beantworten, bedarf es einer „Quantentheorie der Gravitation", einer Theorie, die die Welt des ganz Großen mit der Welt des ganz Kleinen in einer einzigen Beschreibung in Verbindung setzt. Warum wir auch für kosmologische Entropiebetrachtungen eine solche Theorie benötigen, sehen wir im Folgenden.

Derzeit geht man davon aus, dass das Universum mit einem Urknall begann. Das bedeutet, dass das Universum, bevor es anfing zu existieren, keine Dimension in Raum und Zeit hatte. Der Raum war ohne Universum noch mehr als einfach nur leer, das Universum war ohne Dimensionen und auch ohne

Zeit. Es begann, folgend unseren derzeitigen Theorien, in einem Punkt der räumlichen Ausdehnung Null. Es war eine sogenannte Singularität.
Dann expandierte das Universum zumindest in der Anfangsphase sehr schnell. Eine mögliche Erklärung für den von uns beobachtbaren Zeitpfeil und für seine Richtung ist diejenige, dass das Universum so schnell expandierte, dass die damals vorhandene Entropie aus der Anfangszeit sich auf den dann sehr groß werdenden Raum des Universums verteilte. So hätte sich ein Universum mit geringer Entropie entwickeln können, und so könnte die Entropie heute stetig von einem geringen Wert auf einen höheren Wert in Richtung Wärmetod steigen.
Nochmal zur Verdeutlichung das Problem: Beim Beginn in einem Punkt muss Materie, bis auf kleinere Fluktuation, relativ gleich im Raum verteilt sein. Expandiert das neu entstandene Universum, so müsste sich auch die Entropie entsprechend der Gleichverteilung nahe am Wärmetod bewegen, oder es müsste sich der Wärmetod bereits eingestellt haben. Wir befinden uns aber offensichtlich nicht im Wärmetod und auch nicht in seiner unmittelbaren Nähe. Wäre das anders, so könnte man zum Beispiel keinen thermodynamischen Zeitpfeil, keine Zeit in der uns bekannten Ausprägung beobachten! Hätte sich das Universum in der Anfangszeit sehr schnell ausgedehnt, so hätte dies die Entropie, unter Einbeziehung der Unregelmäßigkeiten, mindestens lokal vermindert. – Die Theorien eines sich in der Anfangsphase sehr schnell ausdehnenden Universums passen sehr gut mit den modernen kosmologischen Beschreibungen zusammen. Man geht davon aus, dass es so war.

Als letzten Denkansatz zu diesem Thema möchten wir noch ein wenig auf die Quantenmechanik zurückkommen. Wir haben weiter oben die merkwürdigen Erscheinungen in dieser Welt kennen gelernt. Wir haben den Kollaps der Wellenfunktion angesprochen. - Aus Sicht der Zeit ist dieser Kollaps zeitlos, also ohne Zeit. Der Kollaps findet ohne Zeitverzögerung, schneller als jegliche Geschwindigkeit statt. Und tatsächlich scheint es sogar so, dass es in der Welt der kleinsten Dimensionen so etwas wie Zeit überhaupt nicht gibt! Und selbst wenn es sie gibt, dann trägt sie gänzlich andere Eigenschaften als die uns in der makroskopischen Welt bekannte Zeit.

Wie kann es also sein, dass eine Eigenschaft wie die Zeit in den kleinsten Dimensionen eine andere Existenz hat als in der makroskopischen Welt mit größeren Dimensionen? Wie kann dies sein, wo doch die größeren Dimensionen aus den kleineren Dimensionen der Elementarteilchen aufgebaut sind? Es scheint so, als wäre die Eigenschaft der Zeit ein Phänomen, das sich erst durch die Interaktion von vielen kleinsten Vorgängen in den kleinsten Dimensionen beim Übergang zu größeren Dimensionen ergibt. Sie ist also keine Eigenschaft, die sich quer durch das ganze Universum zieht, sondern ihre Existenz findet erst ab einer bestimmten Größenordnung von makroskopischen Systemen statt. Es scheint also, als ob Zeit nicht eine universell gegebene Eigenschaft der Natur ist, sondern dass ihre Existenz erst durch das Zusammenwirken von räumlich und energetisch kleineren Strukturen und Mechanismen entsteht! Dies würde bedeuten, dass es Zeit als solche in Wirklichkeit gar nicht gibt. Ebenso, wie Wärme ein Resultat des Zusammenwirkens von Teilchenbewegungen ist, wäre Zeit ein Zusammenwirken von kleinsten Quantenstrukturen.
Überprüfen können wir dies jedoch, falls überhaupt, erst in ferner Zukunft.

Abschließend halten wir fest, dass das Wesen der Zeit überaus seltsam ist und bleibt. Die Zeit scheint für uns Menschen in ihrer Beschaffenheit schlicht und ergreifend schwer fassbar zu sein. Aber, wie bereits gesagt, schert sich die Welt herzlich wenig darum, ob wir Menschen uns die wirkenden Phänomene und ihre Zusammenhänge in unserem Denken vorstellen können oder nicht. Die Welt ist wie sie ist. Und das wäre auch so, wenn es uns Menschen überhaupt nicht geben würde.

Theorie für alles (TOE)

Der Traum aller Wissenschaftler war es immer, eine Theorie zu besitzen, die es schafft alle Phänomene in der Natur gleichzeitig erklären zu können. Natürlich ist diese, allgemein als „TOE – Theory of Everything" bezeichnete Er-

klärung nicht so zu verstehen, dass man bei ihrer Kenntnis schlichtweg alles wüsste, alles verstehen würde oder gar alles vorhersagen könnte. Es wäre lediglich eine Theorie, die alle Naturphänomene widerspruchsfrei erklärt.
Als Beispiel fällt einem der Vergleich zur damals groß in den Medien aufgeblasenen vollständigen Entschlüsselung des menschlichen Genoms ein. Auch wenn man die genaue Abfolge von Aminosäuren, in der quasi die Programmierung des Menschen verschlüsselt liegt, kennt, so kann man noch lange nicht behaupten, dass man irgendetwas Geheimes und eine Art höheres Wissen über den Menschen herausgefunden habe. Wir denken uns ein hebräisches Buch, das von einem Chinesen, der nicht Hebräisch spricht, gelesen wird. Dieser Chinese wird aus diesem Buch sehr wahrscheinlich keine großen Weisheiten ziehen können.
Ebenso irrelevant für den so hochtechnischen Alltag wäre eine TOE. (Zumindest in ihrer Anfangszeit.) Sie wäre die große Vereinheitlichung der Theorien. Nicht mehr und nicht weniger.

Die TOE ist derzeit eine Utopie. – Und leider muss ich zugeben dass ich persönlich nicht daran glaube, dass es der Menschheit jemals gelingt, sie zu erreichen.

<table>
<tr><td>ELEKTROSTATIK</td><td>MAGNETOSTATIK</td><td rowspan="2">SCHWACHE WECHSELWIRKUNG</td><td rowspan="2">STARKE WECHSELWIRKUNG</td><td rowspan="2">GRAVITATION</td></tr>
<tr><td colspan="2">ELEKTROMAGNETISCHE WECHSELWIRKUNG</td></tr>
<tr><td colspan="2">QUANTENELEKTRODYNAMIK</td><td></td><td rowspan="2">QUANTEN-CHROMODYNAMIK</td><td rowspan="2">ALLGEMEINE RELATIVITÄTSTHEORIE</td></tr>
<tr><td colspan="3">ELEKTROSCHWACHE WECHSELWIRKUNG</td></tr>
<tr><td colspan="4">GROSSE VEREINHEITLICHTE THEORIE</td><td></td></tr>
<tr><td colspan="5">"THEORY OF EVERYTHING" ODER "WELTFORMEL"/QUANTENGRAVITATON</td></tr>
</table>

In der Abbildung sehen wir, wo wir uns im Theoriegerüst der modernen Physik derzeit befinden. Jedes Kästchen in der Abbildung bedeutet eine eigene Theorie oder ein separates Theoriegebilde mit einem eigenen Namen. Es ist bereits gelungen, die Elektrostatik mit der Magnetostatik zu einer geschlossenen Theorie elektromagnetischer Wechselwirkung zusammen zu fassen. Das waren seiner Zeit im Wesentlichen die maxwell'schen Gleichungen der Elektromechanik. Diese Theorien wurden ergänzt, und das neue Konstrukt wird nun als „Quantenelektrodynamik“ bezeichnet. Es stellt die Zusammenführung der Aussagen der Quantenmechanik mit der Elektrodynamik dar. Die „Starke Wechselwirkung“ und die „Schwache Wechselwirkung“ sind Theorien aus dem Bereich der Elementarteilchen. In diesem Buch wurde dieser Teilbereich der modernen Physik nicht angesprochen. Der Grund ist der, dass Elementarteilchenphysik beliebig langweilig sein kann. Sie hat relativ wenig philosophische Aussagen und ist sehr theoretisch. Selbiges gilt für die Quantenchromodynamik, welche den Elementarteilchen nur noch weitere Eigenschaften zuordnet und damit ein paar Erklärungen mehr und ein paar Widersprüche weniger liefert. Weiter rechts in der Abbildung finden wir die Gravitation und die allgemeine Relativitätstheorie. Diese beiden haben wir kennen gelernt.

Weiter unten in der Abbildung wird es nun interessant. Die „Große vereinheitlichte Theorie“ stellt eine Zusammenführung aller Theorien über die Welt der Teilchen dar. Elementarteilchen, Ladungen, Magnetfelder und Licht – all diese Phänomene soll sie erklären können. Ein möglicher Kandidat für eine solche Große vereinheitlichte Theorie ist seit den siebziger Jahren die sogenannten „Stringtheorie“. Den Ausdruck „String“ sollte man in Verbindung mit „Große vereinheitlichte Theorie“ zumindest schon einmal gehört haben. Die Stringtheorie beschreibt Teilchen und ihr dazugehöriges Verhalten durch die mathematische Beschreibung von sehr kleinen, geschlossenen, theoretischen Fäden (englisch „Strings“) die in unterschiedlichen Arten schwingen können. Als letztes sehen wir in der Abbildung ganz unten die TOE. Die Theory of Everything. Die Theorie von Allem wäre die Vereinheitlichung aller Theorien zu einer einzigen. Derzeit gibt es aber noch keine Quantentheorie der Gravitation. Einstein und die Strings passen anscheinend einfach nicht zusammen.

Abschluss dieses Kapitels

Die Physik als reinste Disziplin der Naturwissenschaften ist kompliziert. Die Welt ist durch unsere Fähigkeit, sie in bestimmten Bereichen beschreiben zu können, nicht einfacher geworden.

Man fragt sich nur, ob wir prinzipiell in der Lage sind, die Welt, aus der wir selbst entstanden sind, begreifen zu können. - Dies bringt uns erneut zu der schon bekannten Frage: Kann ein Computerprogramm sein eigenes Muttercomputerprogramm jemals wirklich prinzipiell voll und ganz erkennen und verstehen? Können wir die Welt, aus der wir entstanden sind, überhaupt prinzipiell in ihrer Gesamtheit verstehen?

5 Psychologie und Neurologie

Im Alltag nehmen wir unser Gehirn einfach so hin. Wir benutzen es, ohne groß darüber nachzudenken, wie wir es benutzen. Und selbstverständlich sind wir auch ein wenig stolz auf unser Gehirn. Denn unser Gehirn schafft es, auf irgendeine Art so unwahrscheinlich viel zu wissen, so viel zu verstehen und so viel gleichzeitig zu organisieren. Wir können dank unseres Gehirns sogar Bücher über unser Gehirn selbst lesen. Alles, was wir können und wissen, verdanken wir unserem Gehirn. Und wenn es etwas gibt, auf das man sich wirklich verlassen kann, dann ist es doch wohl das eigene Gehirn. Denn das Gehirn macht uns aus. „Mein Gehirn bin ich", würden wir sagen. Wir benutzen es wie eine komplexe Maschine, deren Resultat als korrekt und verlässlich zählt, und deren Funktion im Einzelnen viel zu kompliziert ist, um sie wirklich verstehen zu können. Wir verlassen uns auf unser Gehirn, die schwer verständlichen, unsichtbaren und inneren Abläufe erscheinen uns wenig wichtig. - Wir müssen ja auch nicht verstehen, wie ein Flugzeug funktioniert, wenn wir zum Beispiel die Aussage machen, dass wir mit dem Jumbojet nach Amerika geflogen sind! - Und genau in dieser Art benutzen wir unser Gehirn. Und wir denken, dass das, was unser Gehirn uns an Eindrücken, Bildern und Theorien über die Welt um uns herum liefert, sehr korrekt ist und dass es der „Wahrheit" entspricht. Und wenn wir uns selbst niemals philosophisch in Frage stellen, so ist diese Korrektheit das Einzige, das wir kennen. Und wie könnte das Einzige, das wir kennen, nicht das Richtige sein?

Die Wahrheit ist allerdings anders. Das Gehirn arbeitet weit anders als wir als Gehirnbenutzer es auf den ersten Anschein vermuten. Es hat einige fragwürdige Angewohnheiten, die Wahrheit zu verzerren und zu verschleiern. Ja, unser Gehirn beschäftigt sogar eine ganze Armada an unbewusst agierenden Instanzen, die unser Handeln und Fühlen beeinflussen oder sogar bestimmen. Manchmal ist unser Gehirn stur, eigenwillig, voreingenommen und willensschwach. Manchmal scheint es sich sogar vor der offensichtlichen Wahrheit zu verstecken. Und um so sein zu können, spielt es uns eine Welt mit Zusammenhängen und Ansichten vor, die es in Wirklichkeit gar nicht gibt. Und dabei bleibt immer die Frage: Was ist denn nun eigentlich die Wirklichkeit? - Unser Gehirn ist gern voreingenommen. Das, was es kennt, das sieht es. Es lässt uns manchmal keine Möglichkeit, die Wirklichkeit so zu sehen, wie sie in Wirklichkeit ist. Und so stellt sich die Frage, was denn Wirklichkeit eigentlich bedeutet. Vieles, was wir in Wirklichkeit zu wissen glauben, ist in Wirklichkeit ganz anders.

Wir werden uns also im folgenden Kapitel damit beschäftigen, wie unser Gehirn funktioniert. Wir werden einige Effekte (und Theorien) kennen lernen, nach denen uns alltäglichen Gehirnbenutzern unser Gehirn die für uns ganz persönliche Realität konstruiert.

Und wir fangen auch gleich damit an. Was visuelle, also sichtbare Effekte angeht, so sind die Irreführungen sehr leicht und eindrucksvoll darstellbar. Betrachten Sie doch einfach kurz die folgenden Abbildungen:

Kippfigur – Eskimo oder Azteke

dunkle Kreise wo gar keine sind

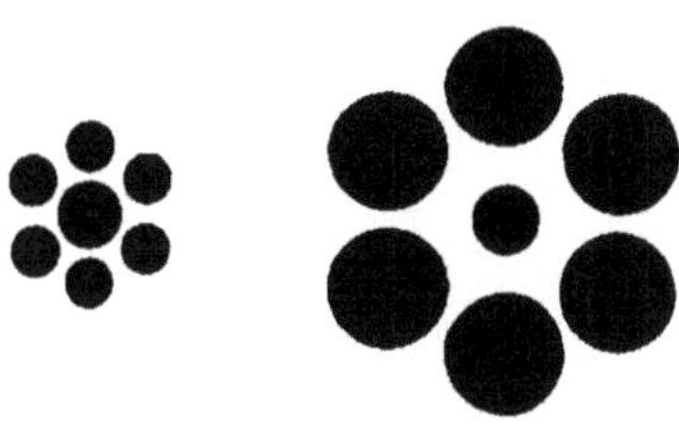

innere Kreise sind gleich groß

unmögliche Figur

Auf die Kippfigur werden wir etwas später in diesem Kapitel noch genauer zurückkommen. – Sie sagt etwas über die tiefe Arbeitsweise unseres Gehirns aus. Zusammen mit den drei anderen Sinnestäuschungen verdeutlicht sie aber, dass es wohl mit der objektiven Verlässlichkeit der visuellen Instanzen unseres Gehirns nicht so weit her sein kann. Besser, wir bleiben wohl immer ein wenig kritisch, wenn es darum geht, das, was uns unser Gehirn präsentiert, für wahr halten zu wollen.
Außerdem, wenn man bedenkt, allein welchen optischen Täuschungen (durch festgefahrene Muster der Wahrnehmung) wir unterliegen, dann erscheint es durchaus wert, darüber nachzudenken, wie es mit all den anderen Funktionen und Funktionsabläufen unserer menschlichen Erkenntnis aussieht. Auf was, das wir wahrnehmen oder denken, können wir uns überhaupt verlassen? Was von dem, was wir als real ansehen, entspricht in der Tat der Wahrheit und ist wirklich da? - Und was für Konsequenzen müssen wir daraus ziehen?

Aber natürlich werden wir in diesem Kapitel noch mehr erfahren. Zum Beispiel werden wir uns damit beschäftigen, was Psychologie und Neurologie eigentlich per Definition sind. Speziell wird uns die wohl bekannteste Strömung aus den Anfängen der wissenschaftlichen Psychologie, die Psychoanalyse nach Sigmund Freud interessieren. Wir werden ein paar psychologische Dynamiken kennenlernen und wir werden das Phänomen des Bewusstseins diskutieren. Fragen wie „Was ist Bewusstsein?“, „Was ist Sprache?“, „Was ist Intelligenz?“ werden uns beschäftigen. Wir werden ein paar neurologische Modelle kennenlernen, die es schaffen, sehr schlagkräftig zu erklären, wie das neuronale Netz unseres Gehirns so leistungsfähig bei gleichzeitiger, relativer Unkoordiniertheit sein kann.

Das alles lernen wir aus dem Grund kennen, weil es so unvergleichbar wichtig ist, darüber Bescheid zu wissen, wie das Organ, mit dem wir die Welt erleben und erkennen, funktioniert.

Dazu ein Beispiel: Es geht um die Erfahrung eines Gottes. – All unsere Empfindungen manifestieren sich mit irgendeiner Art von elektrochemischer Nervenkommunikation in unserem Gehirn. Ganz gleich, ob wir den süßen Geschmack eines Glases Cola wahrnehmen oder Zuneigung zu einem lieb gewonnenen Menschen spüren, jede Empfindung wird sich in den Nervenzellen in unserem Gehirn widerspiegeln. Und daher ist es ganz gleich, ob es in Wirklichkeit einen Gott gibt oder nicht. Empfinden wir ihn, so wird sich dies in der Erregung der Nervenzellen in unserem Gehirn widerspiegeln. Empfindung ist gleich Erregung in unserem Gehirn, ganz gleich, ob wir einem Trugschluss, einer Halluzination oder einer „echten" Erfahrung unterliegen. Verstehen wir also, wie neuronale, also nervliche, biochemische Verarbeitung im funktionalen Netzwerk unserer Gehirnverschaltungen funktioniert, so verstehen wir, welchen Regeln und Gesetzmäßigkeiten sie prinzipiell unterliegt.

Dabei unterscheiden wir die Funktion der nervlichen Übertragung auf der untersten Zellebene und die Funktionsweise von größeren oder großen Gruppen aus vielen Nervenzellen. Wir sprechen dann von sogenannter „Emergenz". Emergenz bedeutet, dass auf einer höheren Ebene Eigenschaften aufkommen, die eine Ebene darunter noch nicht vermutet werden konnten. So ist zum Beispiel die physikalische Temperatur ein emergentes Phänomen. Denn die Beschaffenheit von einzelnen Atomen für sich alleine lässt nicht auf Temperatureffekte schließen. Erst die Wirkung von mehreren Atomen zusammen bringt den Effekt von Wärme hervor. Weitere emergente Erscheinungen sind etwa die „Funktion" eines Ameisenhaufens, das Schwarmverhalten bei Vögeln, oder die Eigenschaften eines Kristalls, die erst durch die gitterartige Anordnung der Atome entstehen. – Und so ist es auch mit unserem Gehirn. Wer einzelne Nervenzellen und deren Funktionsweise betrachtet, der befindet sich, im Sinne der Emergenz, eine Stufe (oder mehrere Stufen) zu tief, um abschätzen zu können, dass jemals Effekte wie beispielsweise Bewusstsein oder Emotionen auftreten würden. Im Rahmen dieses Buches beschäftigen wir uns nur mit den mittleren beziehungsweise den oberen Emergenzebenen unseres Gehirns. Die physiologischen Funktionen von Nerven und Gehirnstrukturen sowie die Anatomie lassen wir aus. Und das aus gutem Grund. Denn der Ort, wo etwas geschieht, spielt im

Wesentlichen keine Rolle, außer dieser Ort sagt etwas darüber aus, wie etwas geschieht. Wir wollen uns im Rahmen dieses Buches allerdings ausschließlich mit dem „wie" beschäftigen.
Wir Menschen haben die Gabe, über uns selbst nachzudenken, über uns selbst zu reflektieren und uns selbst den Spiegel vorzuhalten. So ist es uns möglich, nicht nur zu reagieren oder lediglich „plump" zu agieren, sondern diese Gabe räumt uns die Möglichkeit ein, all unsere Handlungen und sozialen Interaktionen präzise abzustimmen. Außerdem haben wir durch die Möglichkeit des Nachdenkens über uns selbst die fantastische Fähigkeit, uns selbst stetig zu verbessern. Wir können uns also prinzipiell durch unser eigenes Denken selbst verändern!

Läuft etwas in unserem Leben schlecht, ärgert uns etwas oder leiden wir unter etwas, so haben wir Menschen prinzipiell die Freiheit und auch die Werkzeuge, etwas an unserer Situation zu verändern.
Prinzipiell bestehen dann die folgenden Möglichkeiten: Wir können an einen anderen Ort gehen (der Situation ausweichen), etwas anders tun (anders in der Situation reagieren), wir können versuchen, den anderen oder gleich die ganze Welt zu verändern, oder, und das ist der entscheidende Punkt, wir können uns selbst verändern! – Denn die Welt um uns herum ist nicht einfach nur da. Sie ist nicht nur einfach in der einzig realen Weise vorhanden, wie wir sie momentan wahrnehmen. Vielmehr konstruieren wir mit unserem Gehirn und dessen Mechanismen zur Konstruktion von Wahrnehmung immer eine ganz persönliche Realität, in der nur wir selbst leben. Würden wir es schaffen, uns selbst zu verändern, so würden wir uns plötzlich in einer relativ neuen Welt wieder finden. Und das ganz ohne uns körperlich an einen anderen Ort zu begeben!
Verstehen wir also, wie unser Gehirn die Welt konstruiert, dann halten wir ein mächtiges Werkzeug zur Anwendung auf uns selbst in der Hand.

Im wissenschaftlichen Sinne ist unser Gehirn ein Messsystem. Es ist das Messsystem, mit welchem wir Informationen über unsere Umwelt und über uns selbst erhalten und mit welchem wir diese Informationen interpretieren. Mit diesem System denken wir. – Und nun das Ganze als Allegorie formuliert: Wer würde ein Messgerät benutzen, ohne zu wissen, wie es funktioniert? Wer würde sich trauen, seine Ansichten und Pläne anhand von Informationen auszurichten, deren Ursprung und Entstehung er nicht kennt? – Wenn uns zum Beispiel jemand den Rat gibt, dass wir zum Beispiel am besten in koreanische Reisaktien investieren sollen, dann interessiert uns durchaus, wer dieser Jemand ist, und ob man sich auf seine Meinung verlassen kann. Unserem Messsystem Gehirn trauen wir dagegen immer. Und natürlich tun wir das, weil es uns die einzige Realität gibt, die wir kennen. Wir denken, dass wir unser Gehirn sehr gut kennen.

Psychologie und Neurologie sind also nicht nur aus erkenntnistheoretischen Gesichtspunkten im philosophischen Sinne wertvoll, vielmehr sind sie die mächtigste Möglichkeit überhaupt, um unser aller Leben zu verbessern.

Wir sind dominiert von inneren Zuständen, inneren, unbewussten Beweggründen und Zwängen, Ängsten und Wünschen, die niemals klar sichtbar zu Tage treten. Diese inneren Zustände und Dynamiken beeinflussen unser Denken und Handeln. Dazu eine kleine Geschichte.
Stellen Sie sich als Beispiel einen Menschen vor, der noch nie etwas von der Existenz von Radiowellen gehört hat. Er weiß nicht, was Radiosender sind, und er hat keine Ahnung von Radio-Empfangsgeräten. Eines Tages bekommt er jedoch ein solches Radiogerät geschenkt. Darauf steht der Hinweis, dass, wenn man einen bestimmten, am Gerät angebrachten Schalter umlegt, man Musik hören würde. Der Mann probiert das Gerät aus und ist begeistert von der Funktion. Er hat keine Ahnung, wie die Musik entsteht und woher sie kommt, jedoch fragt er auch nicht weiter nach. Nehmen wir nun an, der Mann bleibt sein ganzes Leben lang in diesem Zustand. Ein Leben lang hört er die gleiche Art Musik, die gleiche Art der Unterhaltung. Ein Leben lang weiß er nichts von den zahllosen anderen Sendern, den vielen anderen Musikstilen und den vielen anderen Meinungen, die es bei anderen Radiostationen zu hören gäbe. Eines Tages trifft der Mann mit dem Radiogerät einen Techniker und präsentiert ihm stolz sein Gerät. Der Techniker schüttelt schmunzelnd

den Kopf und zeigt dem Mann, wie er das Radiogerät auch auf andere Stationen einstellen kann. Weiter entdeckt der Techniker einen Defekt in der Elektronik. Es ist nur ein kleiner Defekt, und der Techniker kann ihn sofort beheben. Und plötzlich erklingen tausend verschiedene Arten von Musik, viel mehr interessante Stimmen, als sie der Mann jemals gehört hat. Der Mann denkt, er würde jetzt die ganze Welt hören. Und ihm wird bewusst, dass er das vorher auch schon dachte. Er dachte, die Welt wäre mit seinem anfänglich starr eingestellten Radiogerät bereits vollständig erschlossen. Er hatte ja keine Ahnung, was es da draußen noch alles für ihn gibt.
So viele Menschen sind mit diesem Mann aus dieser Geschichte vergleichbar. Ein Leben lang sind sie blockiert. Ein Leben lang bleiben sie auf einigen wenigen Ideen, einigen wenigen gelernten Gedanken und standardisierten Reflexen festgefahren. Sie kennen nicht einmal ihre eigenen Möglichkeiten. Sie kennen nicht einmal sich selbst. Trotzdem sind sie fest davon überzeugt, das Leben in seiner ganzen Fülle bereits erkannt zu haben. Aber in Wirklichkeit drehen sie sich wie ein Fisch in einem Aquarium.

Ich schreibe diese Geschichte im Kapitel zur Psychologie, weil es allein die Psychologie ist, die uns die Schranken zur Erkenntnis öffnet oder uns diese verschließt. Im Rahmen unserer technischen und intellektuellen Möglichkeiten ist es einzig und allein die Psychologie, die uns davon abhalten kann, alles aus dem heraus zu holen, was uns zur Verfügung steht.
Vor jeder Handlung, vor jedem Gedanken und vor jeder Erkenntnis steht der Mensch selbst mit seiner Persönlichkeit. Das alles hat nichts mit technischen Möglichkeiten zu tun. Bevor menschliches Geistesgut erbracht wird, ist es immer das zerbrechliche und äußerst sensible Selbst jedes Einzelnen, das zu Tage tritt und seinen Einfluss hat. Denkschemen und Paradigmen zusammen mit ihrer Macht über uns sind eines der Resultate. Aber die psychischen Dynamiken gehen noch sehr viel weiter.

Die Welt würde auch ohne uns Menschen existieren. Und alles, was wir als Einzelner über die Welt wissen, unterliegt den psychologischen Dynamiken, die in unserem Inneren ablaufen. Anhand unserer Fähigkeit zum logischen Denken und zum logischen Schlussfolgern können wir Strukturen in der Welt erkennen, aber die umfassende Blindheit durch psychologische Blockierungen bleibt dennoch immer bestehen. Verstehen wir die wirkenden Dynamiken der Blockaden und Beeinflussungen nicht, so sind wir nicht in der Lage, die noch unergründeten dunklen Flecken auf der Landkarte allen Wissens und aller Möglichkeiten zu erkennen und sie schließlich zu füllen.

Wir betreiben in diesem Buch Wissenschaft. Wir haben gesehen, was Wissenschaft ist, und was wissenschaftliche Denkschemen für uns Menschen tun können. Was wir noch nicht gesehen haben, ist, was es aus psychologischer Sicht mit der Motivation auf sich hat. Die Motivation, die uns tagtäglich den Antrieb gibt, in wissenschaftlicher Weise über die Welt nachzudenken, mehr über die Welt zu lernen, um uns in ihr jeden Tag ein kleines bisschen besser zurecht zu finden. Die drei resultierenden Vorteile (und Motivatoren) von Erklärungen im Sinne psychologischer Ziele sind daher:

1. Eine Erklärung für das zu finden, was man beobachtet. - Man sucht einen Sinn in dem, was man vor sich hat. Menschen suchen aus ihrer inneren, menschlichen Neugierde immer noch einen Grund. Menschen lieben Zusammenhänge. Zusammenhänge müssen kausal sein, sie müssen einen Grund, einen Urgrund haben. Ergeben sie keinen Sinn oder scheint es so, als würde ihnen kein Sinn zugrunde liegen, so ist die Erklärung nicht schlüssig. Wir Menschen sind dann veranlagt weiter zu suchen. Diese Eigenart entspringt einem tiefsten Antrieb. Das Streben nach Verständnis ist eine der höchsten geistigen Entwicklungen, die es überhaupt gibt. Kein Tier hat diese Art von geistigem Streben. Wie in den ersten Kapiteln dieses Buches bereits angesprochen, streben wir Menschen immer danach, uns die Dinge erklären zu können. Wir sind neugierige Wesen.

2. Ein weiteres Ziel einer Erklärung oder einer erklärenden Theorie ist es Voraussagen zu machen. Theorien liefern immer Voraussagen. Voraussagen lassen nicht nur, wie in Kapitel 1 bereits angesprochen, eine Überprüfung der Theorie selbst zu, Erklärungen sind durchaus auch von einem benutzbaren Pragmatismus geprägt. Hat man eine Voraussage nach dem Motto „Wenn ich

dies mache, dann passiert das", dann hat man dadurch durchaus auch eine Art praktischen Nutzen und einen resultierenden Vorteil. Voraussagen sind pragmatisch. Durch das theoretisch gefolgerte Verständnis des Verhaltens unserer Umwelt gelangt man zu immensem Vorteil. Jegliche technische Errungenschaft baut auf diesem Zusammenhang auf.

3. Wer die Welt versteht, der kann sie kontrollieren. Die Kenntnis von Wenn-dann-Beziehungen ist eine der wichtigsten Grundvoraussetzungen für Kontrolle überhaupt! Psychologisch ist dies natürlich äußerst interessant. Das Streben nach Macht ist Resultat der hohen Entwicklung des Menschen. Ursprünglich durch unseren Trieb, uns in hierarchischen Rangordnungen möglichst gut zu positionieren, hat sich das Streben nach Macht in der Evolution zu etwas Einzigartigem entwickelt. Einzelne (männliche) Menschen wollen nicht mehr nur die besseren Weibchen im Rudel haben, Menschen streben danach, gottgleich und perfekt zu werden. Wir werden darauf im weiteren Verlauf zurückkommen. Vieles, das die Menschen tun, kann mit dem Streben nach Macht erklärt werden. Und weiter kann man behaupten, dass derjenige die Möglichkeit hat, zu Macht zu gelangen, der das System versteht. Der, der das System versteht, hat dann die Möglichkeit, seine Macht auszuüben und seine eigenen Überzeugungen durchzusetzen.

Es ist also immer der Wunsch danach, erklären zu können. Es ist der Wunsch nach der Fähigkeit vorauszusagen, wie sich unsere Umwelt verhält. Und es ist das Bestreben Macht zu erlangen. Diese drei Dynamiken sind es, die die Wissenschaft im psychologischen Sinne interessant für uns machen.

Schauen wir uns aber zunächst an, woher die Wurzeln der universitären Disziplin „Psychologie" eigentlich stammen.

Kurze Geschichte der Psychologie

Die Psychologie ist eine sehr junge Wissenschaft. Sicherlich haben sich die Menschen seit jeher mit dem Verhalten ihresgleichen beschäftigt, und sicher waren diese empathischen Analysen etwas, das auch heute unter dem Begriff Psychologie laufen würde. Aber es brauchte in der Tat bis zur Jahrhundertwende um 1900, bis sich durch einen engen Kreis von wenigen, an Psychologie interessierten Ärzten so etwas wie eine eigenständige Disziplin innerhalb der Wissenschaften herausbildete und auch anerkannt wurde. Anfangs war es der Zusammenhang von Körper und Geist, der diese Ärzte faszinierte. Erst ein wenig später kamen dann Namen wie Alfred Adler, Carl Gustav Jung und natürlich Sigmund Freud, von denen jeder für sich an einer ähnlichen Auffassung der mentalen Phänomene des Menschen arbeitete. Diese Leute betrieben sogenannte Tiefenpsychologie. Sie interessierten sich dafür, welche unbewussten Gesetzmäßigkeiten in unserem Inneren wirken und uns zu dem machen, was wir sind. Da diese Leute aus der klinischen Medizin kamen, waren besonders die krankhaften Veränderungen der Psyche interessant für sie. Das heißt, sie behandelten psychisch Kranke und entwickelten ihre Theorien unter anderem zu dem Zweck, Erkrankungen zu heilen. Um eine universelle Theorie der Psyche ging es ihnen in erster Linie nicht.

Durch diese geschichtlichen Wurzeln sowie des „Hilf-Dir-Selbst" im Newage kommt es, dass man beim Wort „Psychologie" oft geneigt ist, an eine Art Lehre vom Unbewussten zu denken. Die „Lehre des Unbewussten" ist allerdings nur ein relativ kleiner Teil der Psychologie als universitäre Disziplin. Die wenigsten von uns sind wohl geneigt beim Stichwort „Psychologie" in erster Linie an statistische Erhebungen, die beispielsweise davon handeln, wie sich Menschen in der Nähe von Flüssen „fühlen", oder wie schnell ein Bediener in einem Notfall eine Maschine anhalten kann, zu denken. Wenn wir Psychologie hören, so denken wir immer zuerst an etwas, das sich mit unserem Unbewussten beschäftigt. Was wir sofort im Kopf haben, ist der Gedanke an das, was „da unbewusst in uns tickt", das, „was da unser Handeln beeinflusst" und das wir gern besser verstehen würden, um uns besser zu fühlen und um besser handeln zu können. „Selbstverständnis" ist das Stichwort. – Und nicht

Wörter wie „Benutzerfreundlichkeit“ oder „Theorie des körperlichen Lernens“ oder „Emotionale Entscheidungstheorie“.

Der Grund dafür ist, dass wir analytische Wissenschaft meist als langweilig empfinden, jegliches Selbstverständnis uns aber dagegen sehr spannend erscheint. Und genau aus diesem Grund habe ich mich entschlossen, im Rahmen dieses Buches vor allem auf die Theorien des Unbewussten einzugehen. Wir werden also große Teile der universitären Disziplin „Psychologie“ auslassen.

Der große Vordenker, der immer mit den Theorien zum Unbewussten verbunden ist, ist Sigmund Freud. Auch wenn seine Theorien nicht ganz so wissenschaftlich sind wie man es sich wünschen würde, auch wenn sie in Teilbereichen widerlegt wurden und auch wenn seine Psychoanalyse heute nicht mehr ganz so oft zum Einsatz kommt, dennoch war er es, der die erste umfassende Theorie der menschlichen Psyche formulierte. Und eben mit dieser wollen wir uns in diesem Rahmen beschäftigen. Der Leser möge mir verzeihen, wenn ich so viel Anderes unerwähnt auslasse. Jedoch soll dieses Buch Denkansätze vermitteln und kein umfassendes Nachschlagewerk sein.

Nur damit man sich in etwa vorstellen kann, womit sich die Psychologie neben den Theorien über das Unbewusste sonst noch beschäftigt, hier eine (unvollständige) Liste ihrer Teilbereiche:
Kognition, Wahrnehmung, Lernen, Gedächtnis, Denken, Problemlösen, Wissen, Aufmerksamkeit, Bewusstsein, Willensbildung, Emotion, Motivation, Sprache, Psychomotorik. Persönlichkeitsmodellen, Intelligenz, Psychologische Diagnostik, Genetik Disposition, neuronale Prozesse, Anatomie und Physiologie des Gehirns, Sinnesphysiologie, Endokrinologie, Entwicklung (Anlage, Umwelt), Entwicklungsstufen, Entwicklung der Wahrnehmung, Entwicklung der Psychomotorik, Entwicklung der kognitiven Kompetenzen, Entwicklung des Gedächtnisses, Entwicklung der Sprache, Entwicklung der Persönlichkeit, Auswirkungen sozialer Interaktionen, Verhaltenspsychologie, Vorurteile, Emotionpsychologie, Kommunikationspsychologie, Gruppenpsychologie, Entscheidungspsychologie in Gruppen, Gruppendenken, Gehorsam, Arbeits-,

Betriebs- und Organisationspsychologie, Wirtschaftspsychologie, Pädagogische Psychologie, Verkehrspsychologie, Medienpsychologie, Rechtspsychologie, Kulturpsychologie, Sportpsychologie, Umweltpsychologie, politische Psychologie. Und natürlich noch sehr viel mehr. ....

Psychologie und Neurologie

Dieses Kapitel handelt von Psychologie und Neurologie. Es folgen die beiden dazugehörigen Definitionen.

Psychologie

Per Definition ist Psychologie die Wissenschaft, die sich mit Formen und Gesetzmäßigkeiten des menschlichen Verhaltens befasst. - Definiert ist die Psychologie also nicht über kognitive Theorien über das Innere des Menschen, sondern über die äußeren Erscheinungen des Individuums. Da vieles in der Psychologie auf der Deutung von Geistesinhalten begründet ist, bleiben viele Parteien bis heute uneinig, ob man der Psychologie den Rang einer empirischen Wissenschaft oder die Stellung einer Geisteswissenschaft, ähnlich der klassischen Philosophie, zuschreiben soll. Denn Psychologie beschäftigt sich in vielen Bereichen mit den für den Menschen seit jeher interessantesten Themen wie etwa Problematiken von Schuld, Freiheit, Gott, Wille oder Determiniertheit. Entgegen diesem Bild erhebt die in den akademischen Institutionen betriebene und gelehrte Psychologie den Anspruch, eine streng empirische Wissenschaft zu sein. Auf Analysen von Experimenten werden also Aussagen für die Beantwortung von konkreten Fragestellungen formuliert. Die Mathematik, insbesondere die Statistik, die Stochastik sowie zunehmend auch Ansätze der Systemtheorie stellen heute die wichtigsten Werkzeuge dar. Wie bereits angesprochen trifft man oft auf eine öffentliche Gleichsetzung von Psychologie und Psychoanalyse. Eine solche Gleichsetzung ist aber falsch. Die Psychoanalyse nach Sigmund Freud sowie die Theorien anderer Vertreter einer Tiefenpsychologie wie etwa Carl Gustav Jung spielen in der heutigen Psychologie nur eine Nebenrolle, an vielen Universitäten wird die Psychoanalyse praktisch ausgeklammert.

Neurologie

Laut Definition ist die Neurologie ein Fachgebiet der Medizin und befasst sich mit Nervenkrankheiten. Das ist natürlich in der modernen Zeit ein wenig zu eng geschlossen. Da Neurologie die Wissenschaft ist, die sich mit Nerven befasst, ist sie natürlich nicht nur ein Teilgebiet der Medizin, sondern gehört seit einigen Jahren ebenso zur Biophysik wie zur Biochemie oder zur Kognitionswissenschaft, die sich mit der Verarbeitung von Informationen in unserem Nervensystem beschäftigt. Neurologie fand Einzug in die Populärwissenschaft seitdem es das fMRT, das PET und das EEG gibt. (Siehe weiter unten in diesem Kapitel.) Mit diesen technischen Hilfsmitteln konnten Forscher auf bis dato ungeahnte Art anfangen, Dinge darüber heraus zu finden, was physikalisch in unserem Köpfen passiert, wenn wir denken.

Psychologie ist also gewissermaßen die Software unseres Geistes. Die Neurologie dagegen beschäftigt sich im Rahmen dieses Vergleiches allgemein mit der Hardware unseres Denksystems. Software und Hardware folgen, jede für sich, ganz eigenständigen Gesetzmäßigkeiten. Daraus ergeben sich gewisse Auswirkungen über das Verhalten und die Funktion des Systems an sich. Oft greifen daher Aussagen aus Bereichen der Psychologie und der Neurologie ineinander.

Ich habe mich entschieden diese beiden Disziplinen miteinander in ein Kapitel zu bringen und sie zusammen zu betrachten. (So wie es allgemein in neuerer Zeit oft getan wird.) Vor einiger Zeit hatte man noch keine andere Möglichkeit als Psychologie und Neurologie weitgehend getrennt voneinander zu betreiben. Jetzt ist das anders. Mit Verfahren wie EEG, PET, fMRT oder invasiven Verfahren (siehe weiter unten) kann man dem Gehirn heute quasi live beim Denken zusehen. Neue Mikroskope und chemische Analyseverfahren sowie Computersimulationen ermöglichen ein nie dagewesenes Verständnis der innersten Strukturen unseres Gehirns. Wir sind in unserem Wissen und in unserem Erklärungsstand im Moment tatsächlich bereits so weit fortgeschritten, dass der Aufbau der „Maschine" Gehirn hinreichend offengelegt ist, dass Psychologie und Neurologie zusammenwachsen müssen. Für die Wissenschaft ist dies eine aufregende Zeit.

Behaviorismus

Der Behaviorismus ist keine eigenständige Lehre, sondern eher ein wissenschaftstheoretischer Standpunkt. Grundsätzlich folgen Behavioristen der Ansicht, dass das Verhalten von Menschen und Tieren mit den Methoden der Naturwissenschaft untersucht werden kann. Behavioristen sind also Verhaltenstheoretiker.

John B. Watson (1878-1958) gilt als Begründer dieser Strömung. Zu seiner Zeit war es in der Psychologie noch üblich, dass Theorien auf Introspektion aufgebaut wurden. Introspektion bedeutet, dass sich Wissenschaftler (oder Leute, die sich als solche bezeichneten) hinsetzten und „in sich hineinhorchten". Dabei beobachteten sie, wie sich ihr Gehirn „verhielt", und bildeten nach diesen Beobachtungen ihre Theorien. Dass die auf diese Weise entstandenen Theorien nicht wirklich wissenschaftlich und empirisch fundiert sein konnten, ist einleuchtend. Watson war diese Vorgehensweise ein Dorn im Auge. Sein Ziel war es also, die Psychologie als ernste Wissenschaft zu betreiben. Und dabei ging er radikal vor. - „Das Verhalten der Psyche ist nur über die Reaktionen auf Reize überprüfbar." - war eine Aussage der Behavioristen. Als Reiz fasste man jede Veränderung in der äußeren Umwelt oder im Inneren des Individuums auf. Zum Beispiel das Aufleuchten einer Lampe oder den Mangel an Nahrung, sprich „Hunger". Als Reaktion wurde dagegen jegliche Aktivität des Individuums aufgefasst. Sei es das Hinwenden zu einer Lichtquelle oder das Trinken von Wasser oder Veränderungen der Mimik oder das Aufsuchen der Futterstelle.

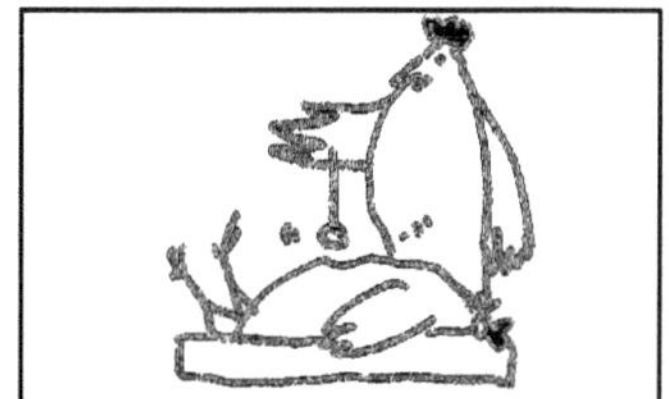

Wichtig ist nun, dass die dem beobachtbaren Verhalten zugrunde liegenden physiologischen Vorgänge für die Behavioristen als uninteressant gelten. Der Grund dafür ist, dass aus ihrer Sicht psychologische Vorgänge nicht objektiv erfassbar und damit auch nicht objektiv erforschbar sind. Der Behaviorist konzentriert sich ausschließlich auf Prozesse, die sich zwischen Organismus und Umwelt abspielen. Der Organismus selbst wird vom klassischen Behavioristen als sogenannte „Blackbox" betrachtet. Also reduziert auf ein System, das auf Eingaben Ausgaben produziert.

Natürlich schränkt diese Black-Box-Herangehensweise die Validität ein. Reagiert beispielsweise ein Schüler auf die Frage des Lehrers unabsichtlich mit einer völlig unpassenden Antwort, so würde der Behaviorist beispielsweise den "inneren Zustand" des Schülers als „geistesabwesend“ bezeichnen. Diese Zuschreibung erklärt in Wirklichkeit aber keineswegs die Zustände im „Inneren“ des Schülers. In Wirklichkeit ist diese Schlussfolgerung bloß eine zusätzliche, bildhafte Beschreibung für die fehlerhafte Äußerung. Man drückt also nur wissenschaftlich das aus, was man ohnehin schon weiß.
Klar wird dieser Zusammenhang an folgendem Beispiel: Der Behaviorist sagt: „Der Hund frisst, weil er Hunger hat!“ – Und der Kritiker sagt: „In dieser Aussage liegt keine wirkliche Erkenntnis.“
Trotzdem kann man über das Beobachten und über nachfolgende statistische Auswertungen durchaus interessante Erkenntnisse über psychologisches Verhalten formulieren.

Was aber viel wichtiger ist: Die damals herrschende Problematik, dass man so gut wie überhaupt keine Möglichkeit hatte, über die tatsächliche physische Arbeitsweise des Gehirns etwas herauszufinden, ist heute nicht mehr gegeben! Damals hatte man noch keine technisch ausgefeilten Messmöglichkeiten, wie man sie heute hat. Einzig über die Beobachtungen von Ausfallerscheinungen beispielsweise bei Unfallopfern mit Kopfverletzungen konnte man folgern, welche Teile der „Gehirn-Hardware“ für welche Funktionen zuständig sind. Der Behaviorismus war damals der einzige Ausweg aus dem Mangel an Objektivität.

Carl Gustav Jung

Jung wurde 1875 in Keswill in der Schweiz geboren und verstarb am 1961 in Küssnacht bei Zürich. Er gilt als Begründer der sogenannten „Analytischen Psychologie". Jung sah als Beweis für das Unbewusste seine sogenannten „Assoziationsexperimente". Dabei rief er den Probanden einige genau festgelegte Wörter zu und die Probanden sollten so schnell wie möglich das erste antworten, was ihnen zu diesen Wörtern in den Sinn kam. Bei diesem Experiment fiel Jung auf, dass einige der Wörter merkwürdige Reaktionen auslösten. Die Assoziationen zu manchen Wörtern wirkten gestört. Sie waren zu langsam oder enthielten Bestandteile, die auf einen konflikthaften Zusammenhang schließen ließen. Aus diesem Zusammenhang schloss Jung, dass es abseits des Bewusstseins konflikthafte Zusammenhänge gibt, die er als „Komplexe" bezeichnete und die, obwohl unbewusst, die bewusste Absicht stören und beeinflussen können.

Grundlegend bei Jungs Theorie ist seine Annahme, dass es neben dem persönlichen Unbewussten ein weiteres gibt, das sogenannte „kollektive Unbewusste". Er sah dieses gewissermaßen als Lagerstätte des psychischen Erbes der Menschheitsgeschichte, welches sich analog zum Körper während der Evolution entwickelt hat und durch sie geprägt wurde. Das kollektive Unbewusste ist so zu verstehen, dass in allen Menschen tief verankert mentale Dynamiken jederzeit wirksam sind. Diese von Jung postulierten, sogenannten „Archetypen" sind bei allen Menschen gleich, sie sind kollektiv.

Für die Symboliken der Archetypen bezog sich Jung merkwürdigerweise auf Elemente der Alchemie. So spricht er beispielsweise von Schatten, von Anima und Animus, der Großen Mutter, dem oder der alten Weisen, dem Mandala, dem Abstieg der Seele zum Wasser, dem Abstieg ins Totenreich und von vielen anderen verworrenen Dingen.

Seine Werke, insbesondere die zum Thema der Archetypen, waren in einer sehr eindrucksvollen und äußerst komplexen und durchaus dubiosen Art anhand der Alchemie des Mittelalters ausgerichtet. Jungs Verwendung von alchimischen Symbolen ist dem klaren Verständnis seiner Veröffentlichungen meist hinderlich. Obwohl er in dieser Weise an die Theoriebildung der Psyche heranging, und obwohl seine Arbeiten auf eine so künstliche Art derartig verkompliziert sind, fand er zu großer Bekanntheit.

Jungs Großartigkeit im Wirken als Psychologe und die Fundamentalität seiner Arbeiten stehen aber keineswegs in Frage. Seine umfassende Theorie des Psychischen gilt jedoch aus heutiger Sicht veraltet, ebenso wie die Theorien der Psychoanalyse Sigmund Freuds.

Sigmund Freud

Freud erlange so derartig große Bekanntheit, da er eine Theorie formulierte, die die Durchschlagkraft hatte, das Denken, den Zeitgeist und die Selbstauffassung der Menschen wesentlich zu verändern.

Freud brachte das „Unbewusste" in die Wohnzimmer der Bürger. Das Unbewusste, jene unergründliche Macht, die in jedem Einzelnen von uns zu wirken scheint. Das Unbewusste, das in unserem Inneren seine eigene Macht über uns zu haben scheint und das sich unserem bewussten Willen in vielen Bereichen entzieht. Man hatte Angst vor dieser in einem selbst wohnenden Macht, die einen selbst seiner uneingeschränkten Freiheit zu berauben schien. Mit seiner befremdlichen Behauptung, in jedem von uns würde ein für sich agierendes Unterbewusstes existieren, welches unser Handeln maßgeblich beeinflusst, erntete Freud anfangs viel Hohn und Spott. Dennoch war es, als habe eine Bombe eingeschlagen. Staunen, Verblüffung und Zorn kamen bei den Menschen auf. Wie konnte dieser Mann so etwas behaupten? Jedoch wusste jeder, dass etwas Wahres daran war. Jeder wusste, dass es in uns mehr als nur die bewusste Ebene gibt. Die damals allgemeine Auffassung der Wirklichkeit schien durch die neuen Theorien verzerrt. Freud wollte behaupten, dass das, was uns bewusst ist, nur einen verschwindend kleinen Teil unserer Psyche ausmache. Dass der Großteil unseres Selbst verworren sei und nach anderen Regeln funktioniere als der kleine und vernünftige Teil an der Oberfläche. Grinsende Menschen tasteten sich zu Freuds Zeiten um die Jahrhundertwende vor den Kameras der Journalisten gegenseitig ab, auf der Suche nach diesem angeblichen Unbewussten. Dieser Freud wollte sogar den Träumen eine genaue Erklärung geben und daraus kein absurdes Chaos, sondern eine logische Wirklichkeit machen. Er behauptete, die inneren Kämpfe des Kindes bestünden im Erwachsenenalter weiter und würden bei jedem Anlass wieder wirksam werden. Das, was der Mensch dis dato zu beherrschen dachte, sollte plötzlich zu einem Großteil von seinem Unbewussten mitbestimmt werden. Und das ohne dass er etwas dagegen tun könne.

Die Menschen waren entsetzt. Kein Wunder, denn sie mussten auf alte Traditionen von Denkweisen verzichten und beginnen umzudenken. Die Menschen wurden in ihrer Eitelkeit vergleichsweise stark verletzt, wie damals, als man herausfand, dass die Erde weder eine Scheibe, noch der Mittelpunkt des Universums ist. Der Mensch schien einmal mehr Bedeutung und Macht zu verlieren.

Seit Freuds Wirken um die Jahrhundertwende hat die Psychoanalyse die Erziehung, die Literatur, das Theater, die Gerichte, die Politik, die Schulen, die Unternehmen, die Kunst und Kultur als solche erreicht. Nach seinen Theorien folgte ein umfassendes Umdenken, es resultierte eine veränderte Selbst- und Lebensauffassung in der Gesellschaft. Vieles, das wir wiederum heute als gegeben ansehen, fußt auf Freuds Theorien.

Sigmund Freud wurde am 6. Mai 1856 in Freiberg in Mähren (Österreich) geboren und verstarb am 23. September 1939 in London. Freud war Sohn jüdischer Eltern, und obwohl Freud später Atheist wurde, hat er stets die Bedeutung des Judentums für sich betont. Sein Vater, ein Wollhändler namens Jacob Freud, ist bei Sigmunds Geburt schon fast vierzig Jahre alt und in dritter Ehe mit Freuds Mutter Amalia Freud verheiratet. Freud hat zwei ältere Halbbrüder aus den früheren Ehen seines Vaters sowie sieben jüngere leibliche

Geschwister. Eine große Familie also. Als Jacob Freuds Geschäfte durch die 1857 einsetzende Wirtschaftskrise zum Erliegen kommen, zieht die Familie zunächst nach Leipzig und kurze Zeit später nach Wien. Dort wird Freud ins Leopoldstädter Communal-Realgymnasium aufgenommen. Freud ist ein hervorragender Schüler und besteht dort die Matura mit Auszeichnung.

Zu Anfang spielt Freud mit dem Gedanken Jura zu studieren, überlegt es sich dann aber anders und immatrikuliert sich an der medizinischen Fakultät der Universität Wien. Dort erhält er wenig später durch die Förderung eines Herrn Professor Claus ein Stipendium. Nach seinen ersten Arbeiten auf dem Gebiet der Zoologie (Professor Claus war Zoologe) promoviert der noch junge Freud nach seinem einjährigen Militärdienst mit der Arbeit „Über das Rückenmark niederer Fischarten" und wird Doktor der Medizin.

Freud tritt eine Stelle im Wiener Allgemeinen Krankenhaus an und leitet dort das Laboratorium für Gehirnanatomie. Aus dieser Zeit stammen auch die mehr oder weniger bekannten Forschungen bezüglich der Droge Kokain. Freud wird heute noch nachgesagt, dass er kokainabhängig war. Über seine Sucht ist wenig bekannt, dass Freud Selbstexperimente vornahm, gilt jedoch als gesichert.

Während einer Studienreise nach Paris im Jahr 1885 besucht er die psychiatrische Klinik am Hôpital Salpêtrière, wo Jean-Martin Charcot wirkte. Charcot ist bekannt als wissenschaftlicher Pionier auf dem Gebiet der Hypnose und der Hysterie. Außerdem wird gesagt, dass Charcot einen sehr eindrucksvollen Vorlesungsstil mit vielen anschaulichen Hypnosebeispielen gehabt haben soll. Chacots Arbeiten mit dieser seltsam inneren Macht im Kopf der Menschen faszinierte Freud. Schon einige Jahre zuvor hatte der junge Freud den deutschen Nervenarzt Josef Breuer kennen gelernt. Später arbeiteten Freud und Breuer zusammen. Der Fall der „Anna O.", die bei Breuer seit 1880 in Behandlung war, führt zur gemeinsamen Erarbeitung der sogenannten „Sprechtherapie", einer Art Vorstufe der Psychoanalyse. Nach seiner Habilitation 1885 erhält Freud im September eine Privatdozentur für Neuropathologie an der Universität Wien. Sein im Oktober 1886 gehaltener Vortrag „Über männliche Hysterie" stößt beim Publikum, der sogenannten „Gesellschaft der Ärzte", auf deutliche Ablehnung. 1889 besucht Freud den Kollegen Hippolyte Bernheim in Nancy. Bernheim arbeitet an Versuchen mit der sogenannten

„posthypnotischen Suggestion". Aus den Ergebnissen dieser Versuche schließt Freud, dass es ein Unbewusstes geben müsse, welches verantwortlich für einen Großteil menschlicher Handlungen ist.

Von „Psychoanalyse" spricht Sigmund Freud erstmals im Jahr 1896. Jedoch benutzt er diesen Begriff vorerst, um die Arbeit seines Kollegen Breuer zu beschreiben. Diesem war es in der Behandlung einer Patientin namens Bertha Pappenheim anscheinend gelungen, deren Symptome aufzulösen, indem er die eigentlichen Traumatisierungen, die sich hinter ihren Symptomen verbargen, aufspüren konnte und diese von ihr selbst verbal aussprechen ließ. Es ging allem Anschein nach um die sprachliche Auseinandersetzung mit dem, was sie tatsächlich an Verletzung, Kränkung, Ekel, Entwertung und an Gewalt erlebt hatte, jedoch aufgrund ihrer guten Erziehung nicht benennen durfte.

Die dann von Freud selbst als Psychoanalyse bezeichnete Theorie ist in der ersten Zeit sehr einseitig fixiert auf Gewalt sexueller Natur. Verständlicherweise bringen ihm diese frühen Ansätze starke Kritik ein. Einige Jahre später verwirft Freud dann auch einen Teil der anfänglichen Theorien und verkehrt sie quasi in ihr Gegenteil. Jetzt behauptet Freud, dass die außer Kontrolle geratenen triebhaften Wünsche und Fantasien des Kindes gegen seine Eltern der Ursprung psychischer und psychosomatischer Störungen seien. Der bekannte Ödipus-Komplex stammt aus dieser Zeit. Im November 1899 erscheint Freuds frühes Hauptwerk „Die Traumdeutung". In kurzen Abständen folgen weitere Veröffentlichungen.

Freud selbst stellte seine Entdeckung der Macht des Unbewussten im 18. Kapitel der „Vorlesungen zur Einführung in die Psychoanalyse" in eine Reihe mit den Theorien von Kopernikus und Darwin und bezeichnet darin alle drei Theorien als „Kränkungen der Menschheit". – Freud kam also selbst auf die Idee, die „Kränkung der Menschheit" dazu zu benutzen, seine eigene Berühmtheit zu steigern. Er war sich also der Öffentlichkeitswirksamkeit seiner Ideen durchaus bewusst und verstand es, diese für die Steigerung seiner persönlichen Bekanntheit einzusetzen.

Nach der Machtergreifung der Nationalsozialisten in Deutschland fielen auch Freuds Werke der Bücherverbrennung zum Opfer. Wenig später änderte sich

auch in Österreich die politische Lage. Freud schien die Gefahr dieser Veränderungen nicht wirklich wahrgenommen zu haben und einmal im nationalsozialistisch dominierten Gebiet geblieben, ließ er sich, um den Fortbestand der Psychoanalyse willen, in Deutschland auf allerlei organisatorische Kompromisse mit den Nazis ein.
Nach dem Einmarsch der deutschen Truppen in Österreich am 12. März 1938 und dem Verhör seiner Tochter Anna durch die Gestapo emigrierte Freud nach London, wo er ein Haus im Stadtteil Hampstead kaufte. Seine fünf Schwestern blieben in Wien zurück. Nach gescheiterten Versuchen, ihnen ebenfalls die Flucht zu ermöglichen, wurden sie in Konzentrationslagern interniert und von den Nazis umgebracht. Freud selbst verbrachte den Rest seines Lebens in England.

Am 23. September 1939 stellte Freuds Hausarzt nach einer von Freud gewünschten tödlichen Dosis Morphium dessen Verscheiden fest.

Tiefenpsychologie nach freud'schem Vorbild

Wenn man von Tiefenpsychologie spricht, dann meint man in erster Linie alle Theorien, die sich nach freud'schem Vorbild mit dem Unbewussten beschäftigen. Die von Freud erdachte Theorie zum Aufbau der menschlichen Psyche trägt den Namen Psychoanalyse.

Die Psychoanalyse umfasst dreierlei. Erstens ist sie Freuds umfassende Theorie der menschlichen Psyche und ihrer Dynamiken. Zweitens ist sie ein Hilfsmittel der klinischen Diagnostik. Drittens ist sie eine Therapie, also eine Behandlungsmethode, für bestimmte seelische Erkrankungen.

Die Grundhypothese der Psychoanalyse besagt, dass die eigentlichen Motive unseres Handelns weitgehend unbewusst bleiben. Sie werden sogar durch spezielle Kräfte, die sogenannten Abwehrmechanismen (siehe weiter unten in diesem Kapitel), vom Bewusstsein fern gehalten. In unserem Inneren tragen die drei Instanzen, das „Über-Ich“, das „Es“ und das „Ich“ stetig Kämpfe aus.

Das Über-Ich stellt im Sinne der Psyche die Moral dar, wohingegen das Es die animalischen Triebbedürfnisse repräsentiert. Beide sind im stetigen Konflikt miteinander und werden durch das Ich gegeneinander geschlichtet. Dies alles geschieht unbewusst und wird durch die Mechanismen der Verdrängung unbewusst gehalten. Die Verdrängung ist Freuds Meinung zufolge nötig, damit unser Leben nicht in kindlicher Form von Trieben aus Sexualität oder Aggressivität dominiert wird.

Laut Freud kommt es zu einer psychischen Erkrankung, wenn die Verdrängung versagt und es zu krankhaften, inneren Konflikten kommt. Die Arbeit des Therapeuten liegt also vor allem darin, die Wurzeln der Symptome aufzuspüren und sie bewusst zu machen. So kann das Ich wieder Kontrolle über sie gewinnen.

Anfang der dreißiger Jahre nahm jedoch die Kritik an der freud'schen Theorie stark zu. Sein theoretisches Gerüst stand auf empirisch zu schwach gesicherten Beinen. Freud beobachtete lediglich seine Patienten und stellte keine verifizierenden Studien nach statistischen Methoden auf.

In den achtziger Jahren galten die Begriffe Es und Ich als hoffnungslos veraltet. Neben den heute noch oft verwendeten Theoriefragmenten, formulierte Freud seiner Zeit viele obskure und teilweise abwegige und in keinster Weise empirisch überprüfbare Theorien. So finden sich Theorien über Neid, speziell den „Penisneid", Ideen über latente sexuelle Fantasien und etwaige rassistische Elemente, wie sie heute nicht mehr gelten können.

Moderne Theorien der Psyche gehen heute einen anderen Weg. Eine neue Regel lautet zum Beispiel, dass sich Depressive keineswegs so elend fühlen, weil frühkindliche Bindungen beeinträchtigt waren, sondern weil etwas in der Neurochemie ihrer Gehirne aus dem Ruder gelaufen ist.

Leider vermochte aber die Psychopharmakologie auch in der heutigen Zeit noch keine umfassende Theorie des Psychischen aufzustellen. Besonders aber heute erscheint ein Gesamtbild unausweichlich wichtig. Detailforschungen sind unpraktisch und oft ungeeignet für die ganzheitliche Anwendung am Patienten. Die Kritik an Freuds Ideenreichtum ist berechtigt, dennoch war er

es, der eine der wenigen umfassenden Theorien der menschlichen Psyche lieferte.
Sein Beitrag zum Verständnis des menschlichen Erlebens und Handelns ist heute mehr denn je als außergewöhnliche Leistung einzuordnen.

Der therapeutische Teil der freud'schen Psychoanalyse funktioniert in der Regel so, dass der Patient auf einer Couch liegt und der Therapeut am Kopfende neben ihm sitzt. Der Patient kann sich so entspannen und der Therapeut soll sich derweilen auf den Patienten konzentrieren.

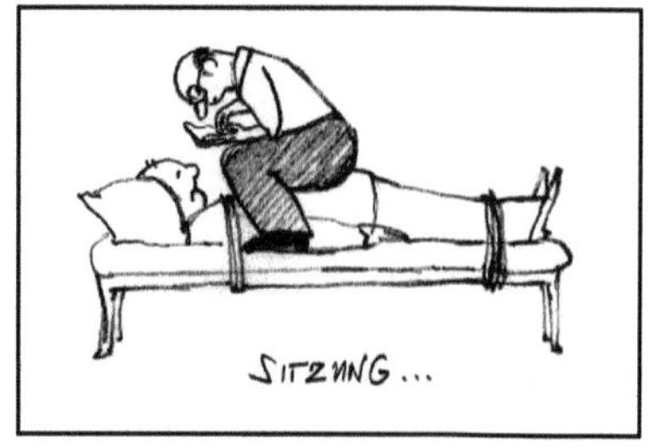

Der Therapeut versucht nun, nach der tiefenpsychologischen Auffassung, innere Zwänge und Konflikte im Patienten zu lokalisieren, um sie schließlich aufzulösen. In der heutigen Zeit wird diese Form der Therapie in der traditionellen Art nicht mehr oft verwendet. Trotzdem soll uns im Rahmen dieses Buches Freuds Arbeitsweise interessieren. Freud war einer der absoluten Pioniere auf diesem Gebiet. Seine Ansätze und Einsichten waren bemerkenswert, wenn man bedenkt, dass zur damaligen Zeit noch keine breiten Statistiken und keine neurologischen Befunde zur Verfügung standen. Freud erhielt seine Informationen, und damit die Grundlagen seiner Theorien, einzig und allein durch die Gespräche mit seinen Patienten.
In der Therapiesitzung in der Psychoanalyse wird durch den Therapeuten im Gespräch eine Stimmung geschaffen, in der sich der Patient fallen lassen kann. Die Aufgabe des Therapeuten besteht dann zunächst darin zuzuhören. Der Patient soll frei sprechen können. Er soll frei über das sprechen können, was ihn beschäftigt.
In der Terminologie der Psychoanalyse bezeichnet man dieses freie und zwanglose Sprechen über alles, was einem in den Sinn kommt, als „freie Assoziation". Durch das freie Sprechen, durch die freie Assoziation versucht man die hemmenden Mechanismen der inneren und unbewussten Zensur einzugrenzen und so verdeckte Konflikte aufzuspüren.

Dem geschulten und gut ausgebildeten Therapeuten ist es dann möglich (o-der sollte es dann möglich sein), anhand der aus dem Zuhören erhaltenen Informationen, Probleme und innere Zwänge des Patienten zu erkennen und diese zu lokalisieren. An den Stellen, an denen ein Problem oder ein Zwang zu bestehen scheint, wird der Therapeut beim Patienten weiter nachfragen. Die Theorie der psychotherapeutischen Psychodynamik besagt nun, dass ein Zwang seine Stärke verliert oder gar verschwindet, sobald dieser bewusst gemacht wird. Nachfolgend sollen im weiteren Verlauf der Therapie über bestimmte Vorgehensweisen, wie etwa über das Einüben von neuen Verhaltens- und Denkweisen, Probleme geschwächt oder ganz beseitigt werden.

Das Bewusstwerden eines inneren Konfliktes oder Zwanges geschieht oft in Verbindung mit starken Gefühlsregungen. Dieser Effekt wird als „Katharsis“ bezeichnet. Dieser in der Theorie der Psychoanalyse so wichtige Begriff stammt aus dem Griechischen und bedeut wörtlich so viel wie „Reinigung“. In der Psychoanalyse meint man damit die Hypothese, dass das Ausleben von inneren Konflikten und verdrängten Emotionen zu einer Reduktion der Konflikte und Gefühle führt. Vornehmlich wird von Katharsis gesprochen, wenn durch das Ausleben von unbewussten Emotionen (vor allem Aggressionen) eine Reduktion der inneren Emotionen (Aggressionsbereitschaft) erzielt werden soll. In einfacher und alltäglicher Form kennen wir dies alle vom sogenannten „Abreagieren“.
Später wurde im Bezug auf die Psychoanalyse der so interessante Begriff „Chimney-Sweeping“ gebräuchlich. Chimney-Sweeping ist Englisch und heißt auf Deutsch „Kaminkehren“. In der Psychologie versteht man darunter nichts anderes, als dass man durch das Sprechen über Probleme deren psychologischen Problemgehalt mindert. Durch das sprachliche Formulieren von Gedächtnisinhalten und Zusammenhängen werden beide innerlich klarer und verlieren an Verworrenheit. Widersprüche, bewusste oder unbewusste, können so aufgedeckt werden. Man nimmt ihnen also durch das sprachliche Bewusstmachen und durch das „Verarbeiten-durch-Formulieren“ ihre schädliche Wirkung.
Im Prinzip ist dies nichts anderes als das, was jeder von uns tut, wenn wir einen sogenannten „Mitteilungsdrang“ verspüren. Bei manchen ist dieser

Mitteilungsdrang stärker, bei manchen weniger stark ausgeprägt. (Bei Frauen eher stärker.) Dabei sprechen wir über das, was uns beschäftigt, und gelangen so zu einer Integration unserer Erinnerungen in ein logisch-zusammenhängendes Gefüge in unserem Gedächtnis.

Beschäftigt man sich aktiv mit Zusammenhängen, Konflikten oder allgemein mit Problemen, so taucht in der Literatur immer wieder der Begriff „Reflektion" auf. Gemeint ist damit die Allegorie eines Spiegels, in dem man sich selbst betrachtet. Wie in einem Spiegel reflektiert man das Spiegelbild seiner Gedanken und entdeckt darin kleinere und größere Unreinheiten. Man tut dies zum einen, indem man über sein Inneres und über seine Gedanken spricht. Das wäre dann wieder das Chimney-Sweeping. Oder indem man sich bewusst aber im Stillen damit auseinandersetzt. – Dies bezeichnet man als Grübeln. Da diese beiden Vorgänge aktiv sind, werden sie in manchen Kontexten auch als „Arbeit" bezeichnet. So spricht man beim Verlust eines lieben Menschen von „Trauerarbeit" oder nach einem traumatischen Erlebnis auch von „Kompensationsarbeit". Weiter werden über die Reflektion nicht nur Spannungen und Widersprüche abgebaut, sondern auch schlichtweg intensive oder neue Erlebnisse ins Gedächtnis integriert und dort vernetzt.

Der andere Mechanismus zur Integration von Eindrücken in ein Gedächtnisgefüge ist offensichtlich der Schlaf. Was genau beim Schlafen in unserem Gehirn vorgeht, wissen wir noch nicht. Aber sicher ist, dass es unter anderem etwas mit der Integration und mit der Vernetzung von Gedächtnisinhalten zu tun hat.

Beim Reden oder Schlafen fegen wir also das sich über den Tag Angesammelte aus unserem Geist. Wir schaffen Ordnung.

Durch nichts können so wirkungsvoll mentale Konflikte abgebaut werden wie durch Ruhe und Kommunikation.

Gehen wir aber nun einen Schritt weiter in Freuds Lehren und schauen wir uns die dort verwendete und noch heute stak verbreitete Terminologie an.

Freud verwendet in seinem Theorien zum Teil recht komische, aber doch streng logische Ausdrücke. Diese wären zum Beispiel:

das Unbewusste
das Es
das Ich
das Über-Ich
die Verdrängungs- und Abwehrmechanismen / die Zensur
die Träume

Im Folgenden wollen wir uns diese Begriffe etwas genauer anschauen.

Für mich persönlich war die Metapher des freud'schen Sees immer sehr hilfreich und anschaulich. Wir stellen uns das Unbewusste wie einen See vor. Wir, als bewusster Mensch mit unserem erlebten Bewusstsein, rudern mit einem Ruderboot auf diesem See umher. Das Boot, die Wasseroberfläche und alles, was sich „im Trockenen" befindet, ist in dieser Metapher das, was uns bewusst ist. Der See, und alles was unter der Wasseroberfläche geschieht, bleibt unbewusst und ist nicht direkt zugänglich. Unter Wasser geschieht allerdings sehr viel, nur erfahren wir davon in der Regel wenig. Nur ab und zu bemerkt man „oben" irgendeinen Einfluss.
Ich würde Sie, verehrter Leser, darum bitten, sich im weiteren Verlauf dieses Abschnittes immer wieder am Schema dieses Sees zu orientieren. Der See hat mehr Inhalt, als man auf den ersten Blick vermuten würde.

Wir betrachten dazu als Erstes die folgende schematische Zeichnung.

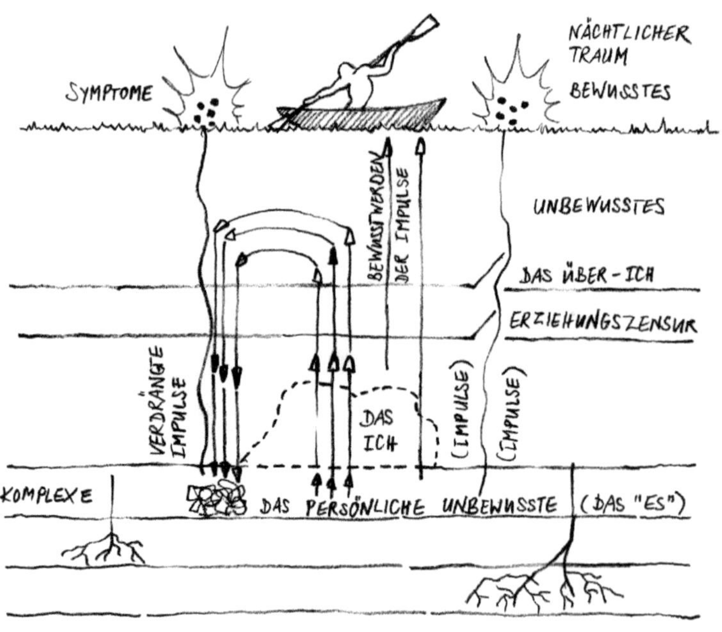

Und schauen wir uns als Nächstes seine einzelnen Elemente genauer an.

Das Unbewusste

Das Unbewusste ist per einleuchtender Definition das Gegenteil von allem, was bewusst ist. Das Unbewusste ist also jener Bereich der menschlichen Psyche, der dem Bewusstsein nicht direkt zugänglich ist. Zum Beispiel sind wir uns die meiste Zeit des Tages nicht darüber bewusst, dass unser Herz schlägt oder dass wir atmen. Jedoch ist es diesem Beispiel entsprechend ziemlich leicht, seine Aufmerksamkeit auf die Atmung zu richten. Des Weiteren sind

wir uns im Normalfall allen absichtlichen Handlungen bewusst. Absichtlichkeit ist also normalerweise das Gegenteil von Unbewusstheit.
Was ist aber nun unbewusst? Und was ist das Unbewusste im Sinne der Psychoanalyse? So sind zum Beispiel im Normalfall unsere Erinnerungen unbewusst. Wir haben gesehen, dass unser Gehirn, um überhaupt so etwas wie eine zusammenhängende und vernünftige Persönlichkeit generieren zu können, so gut wie immer mit seiner Gesamtheit denken muss. Diese Gesamtheit umfasst auch die Gesamtheit der Erinnerungen. Beim Denken und Handeln geraten allerdings die wenigsten aller gespeicherten Erinnerungen ins Bewusstsein. So ist der Großteil der unüberschaubaren Anzahl an Erinnerungen dabei unbewusst, kann aber aktiv ins Bewusstsein geholt werden.
Interessant für die Psychoanalyse ist genau dieses Bewusstwerden von Erinnerungen. Erinnerungen sind emotional belegt, mache mehr, manche weniger. Sind Erinnerungen mit sehr starken Emotionen belegt, so können sie für lange Zeit vollkommen unbewusst bleiben, denn unsere innere Abwehr versucht uns von starken inneren Emotionen zu schützen. Unbewusst bedeutet aber nicht, dass sie in ihrer Verdecktheit keine Wirkung hätten.

Freud und viele andere Psychologen gehen sogar so weit zu behaupten, dass nichts von unseren Handlungen und bewussten Gedanken wirklich bewusst willentlich oder gar zufällig geschieht. Ihrer Theorie nach folgen unser Handeln und unser Denken einer Art psychischem Kausalitätsprinzip. Das heißt, sie gehen davon aus, dass sich das Gehirn mit seinem Unbewussten vor jeder Handlung immer irgendetwas „gedacht" hat. Wir, die wir auf der Allegorie des Sees auf der Wasseroberfläche mit unserem Boot umherrudern, meinen, etwas, das wir in unserem bewussten Feld im Trockenen sehen können, hätte uns zu unseren Handlungen und Denkweisen bewegt. In Wirklichkeit hat das Unbewusste aber zu jeder Zeit ein gehöriges Wort mitzureden. Das Unbewusste folgt laut der freud'schen Theorie seinen ganz eigenen Regeln und beeinflusst und bestimmt zum Teil unser Handeln, unser Denken und unsere gesamte Persönlichkeit. Aber davon bekommen wir in der Regel nichts mit.
Um nachzuvollziehen, wie das Unterbewusstsein unsere Handlungen beeinflusst, hilft die ursprünglich von Freud erdachte Theorie der Psychoanalyse. Wichtig ist hierbei, dass dem Unbewussten jegliche Widersprüche fremd sind.

Das Unterbewusste denkt weder direkt logisch, noch denkt es direkt kausal, noch denkt es in irgendeiner Weise vernünftig. Es denkt so, wie das Unterbewusstsein eben denkt, und dieses Denken unterscheidet sich signifikant von unserem gewohnten, bewussten Denken. Das Unbewusste denkt wie ein Traum. Es denkt in assoziativen Verkettungen von Emotionen und Bildern. Das Unterbewusste hat kein Zeitmaß, sondern baut lediglich auf Intensitäten auf.

In der Abbildung mit dem See und in der nachfolgenden Abbildung kann man Freunds Schema des Unbewussten graphisch verdeutlicht erkennen. Von Freud stammt das sogenannte „Drei-Instanzen-Modell", wie es in der nachfolgenden Abbildung zu sehen ist. Darin kommen die drei Hauptakteure Es, Ich und Über-Ich vor. Schauen wir uns als nächstes an, was es mit diesen drei Instanzen der Psyche auf sich hat.

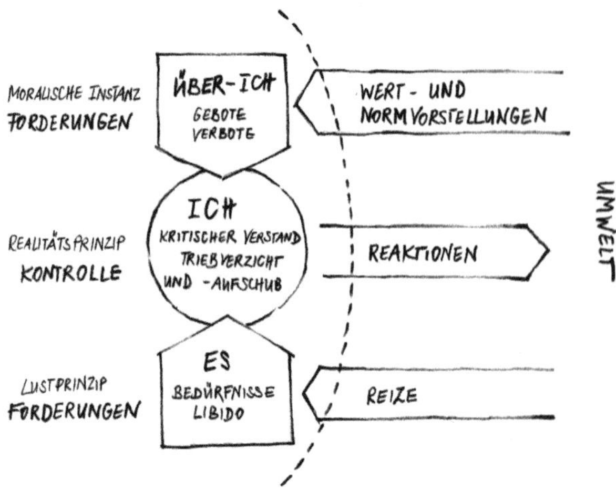

Das Es

Freud bezeichnete mit dem Begriff „Es" den unbewussten und triebhaften Teil der Psyche. Im Es finden die Impulse, die uns Kraft für unser Handeln geben, ihren Ursprung. So umfasst das Es beispielsweise den Nahrungstrieb, den Sexualtrieb, den Selbsterhaltungstrieb und auch den von Freud postulier-

ten Todestrieb. Neben den reinen Trieben gibt es noch sogenannte Bedürfnisse wie beispielsweise das Geltungsbedürfnis oder der Sinn nach Selbstbestimmung. Die „reine“ Natur des Es kommt ab und zu in den sogenannten „Affekten“ zum Vorschein. In der Psychologie versteht man unter diesem Begriff einen intensiven, als Reaktion auf eine Reizsituation oder Vorstellung entstandenen, relativ kurz dauernden Erregungszustand der Gefühlswelt einer Person. Diese Erregung äußert sich in impulsiven Handlungen und / oder Gedanken. Charakteristisch für einen Zustand des Affekts ist die Minderung der individuellen Urteilskraft. Affektbestimmt sind zum Beispiel starke Regungen wie Neid, Hass oder Liebe und Eifersucht.
Insbesondere ist das Es geprägt von sexuellen und aggressiven Regungen. Die dazugehörigen Inhalte sind vor allem biologischer und nicht intellektueller Natur. Das Es hat keine Vernunft. Das Es agiert nach dem Lustprinzip, das heißt, es strebt nach unmittelbarer Befriedigung seiner Ausrichtungen und Interessen. Die Triebregungen des Es beeinflussen unser Handeln unbewusst, also ohne dass wir etwas von der eigentlichen Wirkung mitbekommen.

Das Es stellt also entsprechend unserer Zeichnung den Grund des Sees dar. Von Zeit zu Zeit steigen Blasen vom Grund des Sees auf, die erst an der Wasseroberfläche platzen und so andeuten, dass „unten“ etwas geschieht. Wenn diese Blasen groß sind, so können sie das Boot ins Wanken oder sogar aus dem Gleichgewicht bringen. Ein normales Rudern ist dann nicht mehr möglich. Ohne zu wissen, woher die Blasen stammen und wie sie verursacht werden, ist es dann sehr schwer, das Boot wieder auf Kurs zu bringen.

Das Es ist die entwicklungsgeschichtlich am frühesten entstandene und im psychoanalytischen Modell vollkommen angeborene Instanz der Psyche. Wenn ein Mensch geboren wird, scheint er psychisch nichts anderes zu sein als ein „Triebbündel“, wie Freud es nannte.

Um die Triebe geht es in der psychologischen Verhaltensforschung immer wieder. Triebe sind die primitivste und grundlegendste Art der Motivation des Individuums. Beispiele für die wichtigsten Triebe aus unterschiedlichen Taxonomien sind etwa der Nahrungstrieb, der Sexualtrieb, der Selbsterhal-

tungstrieb, der Geltungstrieb, der Schaffenstrieb, das Verlangen nach sozialer Sicherheit, der Sozialisationstrieb oder zum Beispiel der Ruhetrieb mit dem Bedürfnis nach immer wiederkehrenden Phasen der Erholung.
Leider wurde dieser Begriff aber in der Vergangenheit oft inflationär gebraucht und so standen schon 1924 auf der „Liste der Triebe" ganze 5600 Einzeltriebe. – Die Psychologen machen es sich leicht: Wenn man irgendein konstruktiv nicht direkt zu erklärendes Verhalten beobachtet, dann postuliert man bequemerweise einen weiteren, grundlegenden Trieb und hat dann eine sogenannte axiomatische Erklärung. – Allerdings wird eine so einfach aufgebaute und rein nach Kategorien strukturierte Erklärung der Natur nicht gerecht. So geht man heute davon aus, dass ein feines Zusammenspiel an biologischen Prädispositionen viele unterschiedliche Wirkungen hervorruft. Auch die Frage, ob es sich beim zu Grunde liegenden Antrieb um etwas Erlerntes oder um etwas Vererbtes handelt, ist in der konkreten Praxis meist schwer zu beantworten.

Das Wesen der Triebe ist das Es. Unsere Triebe kennen von sich aus keine Grenzen. Triebe kennen kein Maß und kein Ziel, keine Zweckmäßigkeit und keine Vernunft. Sie streben immer nach ihrer unmittelbaren und möglichst umfangreichen Befriedigung. Kontrolle kommt laut dem freud'schen Modell erst durch die anderen Instanzen ins Spiel. Das Es funktioniert nach dem Lustprinzip. Der durch die Triebe determinierte Teil unserer Psyche versucht triebbedingte Spannungs- oder Energieanhäufungen zu vermeiden und die „Energie" möglichst niedrig oder wenigstens möglichst konstant zu halten. Abweichungen davon werden laut dem freud'schen Modell als Unlust erlebt.

Triebbefriedigung strebt nach Wiederholung! So führt das unkontrollierte Nachgehen einer Triebmotivation fast immer zu Problemen an anderer Stelle. Beispielsweise führt ungewissenhafter Umgang mit den heutigen, kalorienreichen Nahrungsmitteln zu Fettsucht und frühen Erkrankungen. Der Geltungstrieb führt zu einem rücksichtslosen Streben nach Macht und Luxus und so zum Raubbau an Natur und sozialen Gefügen. Ebenso wird entsprechend dem egoistischen Selbsterhaltungstrieb versucht, das Leben möglichst lange gesund auszudehnen. Die dafür nötigen Maßnahmen gehen oft auf Kosten der Moral, der Umwelt, oder auf Kosten anderer.

Das Ich

Der Begriff des „Ich" bezeichnet in Freuds Modell jene Instanz, die dem bewussten Denken des Alltags, also dem Selbstbewusstsein entspricht. Es entspricht der Auffassung die man von sich selbst hat. Das Ich ist also das persönliche Selbstbild.

Das Ich spielt seine Rolle als Vermittler und integriert zwischen den Verlangen des Es, des Über-Ich und der äußeren, sozialen Umwelt. Dabei hat es die Aufgabe, Konflikte aufzulösen. Es nimmt folglich eine aktive Rolle des Problemlösens ein. Abstrakt ausgedrückt könnte man also sagen, dass der reife und psychisch gesunde Mensch ein starkes und leistungsfähiges Ich besitzt und es ihm so gelingt, an die Stelle des triebhaften Lustprinzips das vernünftige Realitätsprinzip zu setzen. Das Realitätsprinzip findet seine Entsprechung im Ich.

Vor allem die Bewusstseinsleistungen wie Wahrnehmen, Denken und Erinnern zählen laut Freud zu seinen Funktionen.

Das Ich ist der Ort der Psyche, an dem die „Realitätsprüfung" vorgenommen wird. Es unterscheidet zwischen äußeren und inneren Bildern. Das Ich ist logisch veranlagt und denkt rational nach Ursache und Wirkung. Weiter kontrolliert das Ich unsere Affekte und hält Triebregungen in Zaum. Denken und Handeln werden hier koordiniert, gelenkt und bewertet. Das Ich ist es also, das verstandesmäßig Hemmungen einschaltet und uns ermöglicht, uns vernünftig und angemessen in unserer Umwelt zu bewegen. Jedoch geschieht der größte Teil der vom Ich vorgenommenen Prüfungen und Entscheidungen völlig unbewusst und wir kommen davon in der Regel nichts mit.

Alle höheren menschlichen Geistesfunktionen des Unbewussten finden laut dieser Theorie im Ich in ihren Platz.

Das Über-Ich

Der Begriff „Über-Ich" bezeichnet in der freud'schen Terminologie jene abstrakte, psychische Struktur, in der soziale Normen, Werte, Moral und das „Gewissen" des Einzelnen (was auch immer das ist) angesiedelt sind. Die Inhalte dieser Instanz sind vor allem durch Erziehung und Prägung erworben und spiegeln die verinnerlichten Werte der Gesellschaft, insbesondere der Eltern wider. Das Über-Ich enthält nicht so sehr das Gesamtbild der Eltern- oder Autoritätspersönlichkeiten, sondern hauptsächlich deren Gewissenseinstellungen.

Man unterscheidet in der Entwicklungspsychologie wesentlich zwischen „Erziehung" und „Prägung". Grob gesprochen ist Erziehung all das, was sich die Eltern bewusst überlegen und dem Kind aktiv an Regeln auferlegen und von ihm fordern. Als Prägung hingegen gilt die Gesamtheit an allem, was sonst noch auf das Kind übergeht.

So spricht man beispielsweise von Erziehung, wenn die Eltern dem Kind unter Androhung einer Strafe beibringen, dass es am Küchentisch sitzen zu bleiben hat, bis der letzte mit dem Essen fertig ist. Geprägt werden dagegen kulturelle, gesellschaftliche und religiöse Ansichten. – Der Mechanismus der Prägung ist so zu verstehen, dass die Kinder ihren Eltern und den Menschen in ihrer Umwelt quasi beim Leben „zusehen". Das, wie sich die Eltern und andere Personen verhalten, sind die Eindrücke, welche auf das Kind wirken und von ihm als „normal" angesehen werden. Diese Eindrücke sind die Realität des Kindes, und natürlich hat das Kind noch keinerlei Vergleich. Die Realität, in der es aufwächst, ist die einzige Realität des Kindes. Und für ein Kind ist es daher unmöglich, sich vorzustellen, dass es auch eine andere Realität geben könnte. So kann man sehr elegant erklären, warum sich religiöse Ansichten so gut wie nur vertikal und nicht horizontal verbreiten. Vertikal bezeichnet hier die Weitergabe von älteren Personen auf Kinder. Horizontal bezeichnet jeglichen anderen Weg der Weitergabe.

In der Theorie erwirbt der Mensch erst durch die Herausbildung des Über-Ichs die Fähigkeit, sich sozialgerecht zu verhalten und seine ursprünglichen Triebregungen mit Hilfe des Ichs eigenständig zu kontrollieren.

Psychoanalyse und Neurologie

Wie angedeutet versuche ich in diesem Abschnitt ein paar der wichtigsten und ein paar der eindrucksvollsten Denkansätze der Psychoanalyse nach Freud vorzustellen. Freuds Theorien können allerdings, wie bereits erwähnt, nie das Maß aller Dinge sein, seine Theorien waren Zeit ihres Bestehens immer im Fokus der Kritik.

Nichtsdestotrotz erlebt die klassische Psychoanalyse in den modernen Zeiten der bildgebenden Hirnforschung eine Art Renaissance. Weiter unten in diesem Kapitel werden wir sehen, wie es mit Hilfe moderner technischer Geräte möglich ist, dem Gehirn quasi beim Denken „zuzusehen". Tut man dies innerhalb ausgefeilter Testreihen, so kann man bestimmten Regionen im Gehirn bestimmte Eigenschaften und Aufgaben zuordnen. So kann man beispielsweise erkennen, dass die triebhaften Dynamiken unserer Psyche ihren Ursprung in evolutionstechnisch sehr alten Strukturen wie dem Hirnstamm und dem Lymbischen System haben. – Dies ist einleuchtend, denn das Es wird bei Freud als substanziell-unüberlegt-primitiv dargestellt, also als animalisch. Und da wir in evolutionärer Geschichte von den Tieren abstammen, ist eine solche Entsprechung leicht nachvollziehbar. Alles, was in unserem Gehirn „alt" ist, wird in seiner Entwicklungsstufe und seiner Funktion dem Tierischen ähnlich sein. Ebenso finden sich Entsprechungen des Ich und des Über-Ich in Regionen wie der frontalen, der hinteren und der oberen Hirnrinde. Diese Regionen sind stark verantwortlich für bewusstes Denken und die Verarbeitung von Sinneseindrücken.

In den beiden Abbildungen sind diese Entsprechungen grafisch dargestellt.

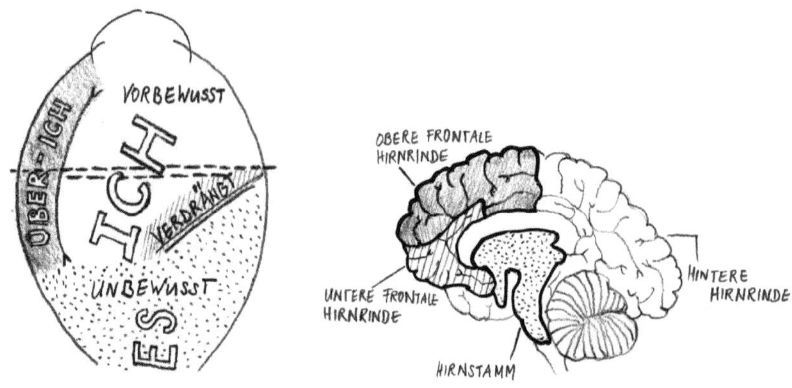

Über-Ich und Ich scheinen ihre Entsprechungen auf der Hirnrinde zu haben, das Es im Hirnstamm. Was jedoch ganz erstaunlich ist, ist die Tatsache, dass auch die bei Freud so zentrale Verdrängung ihre organische Entsprechung im tatsächlichen Hirnaufbau zu haben scheint. Es gibt in der Tat Zentren im Gehirn die wirksam sind, wenn Gedächtnisinhalte oder Antriebe unbewusst unterdrückt werden.

Für Neurologen ist diese Erkenntnis nichts wesentlich Neues, denn anscheinend funktioniert unser Gehirn zu großen Teilen nach dem Prinzip der Unterdrückung. Mit bildgebenden Verfahren zeigt sich immer wieder, dass unterschiedliche Regionen im Gehirn quasi dauernd aktiv sind. Da ein permanenter Einfluss aller Einzelstrukturen auf das System aber unbrauchbar wäre, existieren die unterschiedlichsten Unterdrückungsmechanismen. – Das einleuchtendste Beispiel ist unsere Fähigkeit zur Konzentration. Konzentrieren wir uns zum Beispiel auf das Lesen dieses hier vorliegenden Textes, so werden verschiedenste Sinneseindrücke und auch Gedanken und Gefühle gleichzeitig ausgeblendet. Mit bildgebenden Verfahren kann man nun ohne weiteres zeigen, dass die momentan nicht benötigten Regionen nicht praktischerweise einfach abgeschaltet werden, sondern dass ihre Einflüsse quasi aktiv ausgeblendet sind. Handelt es sich nun nicht um bewusstes Konzentrieren auf eine Sache, sondern um unbewusstes Verdängen, so sind die Mechanismen immer noch die gleichen. – Und somit wären wir wieder beim freud'schen Modell.

Antriebe und Sex

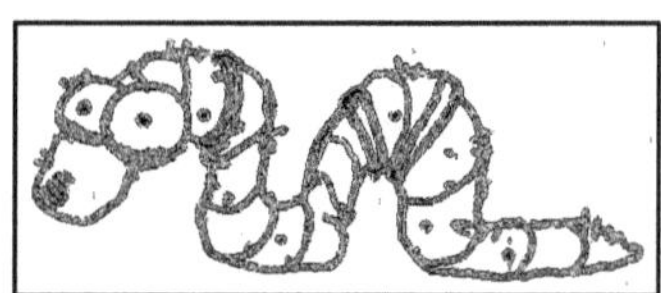

Die Triebenergie selbst hat Freud als Libido bezeichnet, ihre Gesetzmäßigkeit als Lustprinzip. Unter „Lustprinzip“ verstand Freud das Verhalten des Es. Das Es ist Ort der Triebe. Diese Triebe wollen immer jetzt und sofort und möglichst ohne Diskussion mit anderen psychischen Instanzen erfüllt werden. Je mehr Triebe und je umfassender diese Triebe befriedigt werden, desto wohler fühlt sich das Es. Das ist das Lustprinzip.
Die Libido ist nach Freud die Quelle aller Unlust- und Lustgefühle. Das Anstreben von Lust und vernunftgelenktes Meiden von Unlust verkörpern die zwei elementarsten Aspekte dieses Prinzips.

Mit dem Todestrieb führte Freud einen seiner umstrittensten Begriffe in die Theorie der Psychoanalyse ein. Später wurde dieser Trieb oft auch als „Thanatos“ bezeichnet, wobei hier als Namensgeber der Todesgott Thanatos aus der griechischen Mythologie fungierte. Der Todestrieb bildet den Gegenpol zum Lebenstrieb, dem „Eros“. Nach der Todestriebtheorie trägt jeder Mensch auch selbstzerstörerische Tendenzen in sich. Dies steht natürlich in krassem Widerspruch zur Evolutionslehre. Dennoch lassen sich merkwürdige menschliche Verhalten wie das Rauchen von Zigaretten, Alkoholkonsum oder Spielsucht erklären. Extrem selbstzerstörerische Vorgehensweisen wie das Setzen einer Nadel für die Injektion von Heroin kann schlecht über ein evolutionäres Streben nach Verbesserung gewertet werden. Trotzdem sind Handlungen dieser Art verbreitet. Als nicht so drastisches Beispiel kann man durch diesen Trieb ebenso den Spaß erklären, den auch erwachsene Menschen verspüren, wenn sie auf diversen Junggesellenpartys absichtlich Geschirr aus Porzellan zer-

schlagen. Interessant ist auch die Theorie, dass sich aus einer Art Verschmelzung von Lebens- und Todestrieb der Sadismus entwickeln würde.
Freud selbst gab dem Todestrieb einen sehr philosophischen Ansatz. Nach ihm stellte der Todestrieb die Manifestation des ewig geschlossenen Kreises in der Natur dar. Leben entsteht und Leben endet, um wieder Platz für neues Leben zu schaffen. Die Lebenstriebe erschaffen das Leben, und der Todestrieb löscht es aus.
In Wirklichkeit ist durch die Postulierung eines Todestriebes natürlich noch gar nichts erklärt. Wenn Menschen selbstzerstörerisches Verhalten an den Tag legen, dann tun sie das, weil sie es eben tun. Die bloße Zuordnung des Begriffes „Todestrieb" kann an sich noch keinerlei Erklärungsnot auflösen. Wirkliches Wissen wird dadurch nicht geschaffen.

Aus allen Trieben ragt der Sexualtrieb mit seinen besonderen Eigenschaften heraus. Er nimmt eine Ausnahmestellung unter den Trieben ein. - So ist er nicht notwendig zum Überleben des Einzelnen, wohl aber zum Überleben der Art. Er kann von nahezu jedem wahrnehmbaren Reiz erregt werden. Nicht nur die Befriedigung dieses Triebes wird aktiv angestrebt, sondern merkwürdigerweise auch seine Erregung selbst. Bis heute streitet man sich darüber worin die Zielreaktion eigentlich liegt. – Die Theorie, dass auch dieser Trieb nach Ausgleich strebt, wird somit in Frage gestellt.

Die Sexualität ist beispielsweise neben dem Nahrungstrieb einer der Grundtriebe des Menschen und damit auch ein Grundbestandteil der menschlichen Psyche. Es muss dringend davor gewarnt werden, Sexualität und Zeugungstrieb zu verwechseln! Der allgemeine Sexualtrieb ist schon bei der Geburt vorhanden. Der Sexualtrieb darf nicht mit dem Kopulationswunsch verwechselt werden.
Freud selbst brachte diese Behauptung einiges an Hohn und Kritik ein. - Was sollte die Behauptung, dass ein Kleinkind bereits über eine Sexualität verfüge? So eine Behauptung erschien seinerzeit lächerlich. – Was man aber nicht bedachte, war, dass die Behauptung, die Triebe bildeten sich erst in der Pubertät aus, genauso lächerlich war. Die Sexualität ist also ein Instinkt wie jeder andere auch, und es besteht kein Grund, sich zu wundern, dass ein einjähri-

ges Kind einen Sexualtrieb hat, genauso wie es einen Selbsterhaltungstrieb hat. – Nochmals muss darauf hingewiesen werden, dass der Sexualtrieb nicht mit dem bewussten sexuellen Verlangen zu verwechseln ist! Das sexuelle Verlangen entsteht erst in der Pubertät.
Sexuelle Dynamiken treten mit ihren Auswirkungen in Erscheinung, sobald sich zwei Geschlechter gegenüberstehen. Diese Dynamiken laufen größtenteils unbewusst ab. Einzig das sexuelle Verlangen als solches ist bewusst.

Die Träume

Für Freud waren die Träume und deren Deutung neben der freien Assoziation der wichtigste Weg zum unbewussten Teil der menschlichen Psyche. Er entwickelte seine Traumdeutung zu einer Methode, anhand der es ihm gelang, gleichsam vieles über das gesunde psychische Empfinden und Verhalten als auch über Erkrankungen des menschlichen Geistes herauszufinden. Er hielt die Interpretation der Träume laut seinen Worten für den „Königsweg" zum Verständnis der sich im Unbewussten vollziehenden Phänomene. Seiner Theorie zufolge fließen zum einen Reize der Organe mit in das Geschehen der Träume ein („Organträume"), ebenso sind es aber auch Anteile von den Erlebnissen des vorherigen Tages und selbst Stücke bewusster und aktiver Gedankengänge. Vorwiegend stammt laut Freud jedoch der größte Teil der Trauminhalte aus Dynamiken, die von „äußeren Vorkommnissen" sehr unabhängig sind. Sie sind seelische Produkte und stammen aus tief liegenden Schichten des Unbewussten.
Laut Freud entstehen Träume und deren Inhalte aus dem sorgfältigen Bemühen der Psyche, durch symbolische Verschiebung und Zensur die aus den Tiefen der Psyche heraufsteigenden, inakzeptablen Triebwünsche zu maskieren und sie zu verbergen.

Im Wachzustand kommen Traumgedanken deshalb nicht an die Oberfläche, weil sie durch die Mechanismen der Zensur abgeblockt werden. Während des Schlafens ist die Zensur dagegen gelockert.

Der „manifeste Traum“ ist nach Freud das, was der Träumer von seinem Traum weiß, nachdem er aufgewacht ist. Laut Freud entspricht der Inhalt des manifesten Traums nicht zwingend den geträumten Inhalten der Nacht, und schon gar nicht dem noch "dahinter" liegenden „latenten Traumgedanken“ und dessen Ursprung. Durch die Traumdeutung soll der Psychoanalytiker beim Patienten über Techniken wie die freie Assoziation aus den Inhalten des manifesten Traums zum latenten Traumgedanken gelangen. Mit Hilfe zusätzlicher Informationen aus dem freien Assoziieren soll es dann möglich sein, die unter der Traumoberfläche verborgen gebliebene Botschaft ausfindig zu machen.

Aus heutiger Sicht, zusammen mit den Einsichten, die uns moderne, bildgebende Verfahren über die Funktionsweise unseres Gehirns liefern, bleibt aber derzeit leider nicht mehr viel von Freuds ursprünglicher Theorie übrig. Einzig gesichert erscheint, dass Triebimpulse zur Traumbildung beitragen können. Die psychoanalytische Behauptung, dass Träume deshalb so bizarr anmuten, weil sie ihre Bedeutung verbergen, ist schlichtweg falsch.

Modern aufgefasst kommen Träume dadurch zustande, indem das Gehirn, im Vergleich zum Wachzustand, relativ frei und unkoordiniert erregt ist. Das Gehirn ist beim Schlafen alles andere als abgeschaltet. Jedoch ist das Zusammenspiel der einzelnen Hirnteile und sogar der einzelnen Nervenzellen gänzlich anders als am Tag. Auch die Aktivität der unterschiedlichen Hirnregionen ist unterschiedlich zu jenen im Wachzustand. So kann man verstehen, dass Wahrnehmungs- und Denkleistungen beim Schlafen eingeschränkt sind. Hinzu kommt die triviale Aussage, dass das Gehirn beim Schlafen wenig von außen, sondern vielmehr so gut wie nur noch durch sich selbst erregt wird. Was dann als Traum ins Bewusstsein tritt ist nichts anderes, als stärkere Selbsterregung oder abschnittsweise Koordination von Hirnteilen.

Sicherlich stellen Träume eine Pforte zum Unbewussten dar. Aber heute weiß man, dass das verborgene Wissen nicht mehr oder weniger ist als man durch das bewusste Gespräch oder die freie Assoziation herausfinden könnte. Das Unbewusste ist tief und durchaus verworren, aber durch moderne Erkenntnisse konnte gezeigt werden, dass die von Freud verwendete Funktionalität nicht annähernd so symbolisch präzise abläuft, wie er seinerzeit dachte.

Abwehrmechanismen

Ich möchte den psychischen Abwehrmechanismen einen eigenen Abschnitt widmen, weil ich der Meinung bin, dass sie mitunter der eingängigste Weg sind, das Wissen der Psychologie auch im persönlichen Alltag anzuwenden. Theorien über das Unbewusste sind interessant, hingegen sinnvoll werden sie erst, wenn man mit ihrer Hilfe klare Aussagen im echten Leben machen kann. Die Abwehrmechanismen sind solche Aussagen. Ebenso sind die Kenntnis und das Verständnis der Abwehrmechanismen äußerst hilfreich für das Kennenlernen der Dynamiken unserer Psyche.

Unter den Abwehrmechanismen finden sich vor allem Begriffe aus der Psychoanalyse. Allgemein lautet die Definition der Funktionsweise dieser Mechanismen so, dass Abwehrmechanismen den Sinn haben, dem Individuum auf der bewussten Ebene eine konfliktfreiere Verfassung zu geben. Abwehrvorgänge sind daher nicht als Widerstand und krankhafte Erscheinungen der Psyche zu verstehen, sondern sie dienen vor allem dem Schutz des mentalen Gleichgewichts. Sie sind immer Bestandteil der bestmöglichen inneren Konfliktlösung.

Diese Funktionen laufen größtenteils unbewusst ab. Die Theorie besagt, dass miteinander in Konflikt stehende, psychische Tendenzen, wie zum Beispiel Triebe, Werte, Motive oder Wünsche durch die Dynamiken der Abwehrmechanismen bewältigt, beziehungsweise kompensiert werden. Wie dies im Detail abläuft möchten wir im Folgenden genauer betrachten. Nach der freud'schen Psychoanalyse bezeichnet der Begriff weitgehend unbewusst ablaufende Reaktionen, die das Ich zur Abwehr unerwünschter Triebimpulse

des Es entwickelt. Die Abwehrmechanismen gehören im freud'schen Modell zu den Ich-Funktionen.
Grundsätzlich kann man sagen, dass Abwehrmechanismen umso seltener vorkommen, je stärker die Persönlichkeit des Betroffenen ausgebildet ist. Labile und schwache Menschen neigen eher zur Abwehr als starke Charaktere.

Verdrängung

Die Verdrängung ist der einfachste aller Abwehrmechanismen. Sie ist der Mechanismus zum Erinnern und Vergessen. Die Verdrängung schließt Erinnerungen mit negativer Belegung vom Erinnern (und damit vom Bewusstwerden) aus. Dies können Erinnerungen sein, die zu der Zeit, als sie entstanden, unangenehm waren. Jedoch kann die Verdrängung auch einsetzen, wenn unser Unterbewusstsein der Meinung ist, dass bestimmte Erinnerungen im Jetzt unangenehm sein könnten.
So kann es etwa geschehen, dass wir uns an den Namen einer Person, über die wir uns vor kurzem geärgert haben, nicht mehr erinnern können. Auch ist es möglich, dass wir uns an eine Person nicht erinnern, die einer für uns negativ belasteten Person sehr ähnlich sieht. Weiter hört man oft, dass sehr schreckliche und grausame Erlebnisse nicht mehr wiedergegeben werden können. Zum Beispiel erinnern sich Kriegsveteranen häufig nicht an das Geschehene. Ebenso ist es verbreitet, dass Erwachsene sich nicht an Missbrauchserfahrungen in ihrer Kindheit erinnern können.
Je gravierender die negative Belegung, desto stärker die Verdrängung. Dies kann sogar zum völligen Auslöschen von Erinnerungen führen.
Psychologen streiten sich, ob die frühkindliche Amnesie etwas damit zu tun hat.

Reaktionsbildung

Gefühle oder Motive können durch entgegengesetzte Gefühle oder Motive niedergehalten werden. Oft kommt es vor, dass unserem Unterbewussten Gefühle oder Motive gefährlich erscheinen. Dieser Mechanismus schafft es dann, eine Reaktion hervorzurufen, die unserer eigentlichen Neigung entgegengerichtet ist. So kann es vorkommen, dass eine Frau einem sie misshan-

delnden Mann herzliches Verhalten entgegen bringt und sich nicht bewusst ist, dass in ihrem Inneren tiefer Hass herrscht.
Dieser Effekt muss als unbewusst ablaufender Abwehrmechanismus abgegrenzt werden zu einer bewusst ablaufenden Unterdrückung, wie sie zum Beispiel vorkommt, wenn ein Arzt eine attraktive Patientin körperlich untersucht.

Regression
Bei der Regression erfolgt ein unbewusster Rückzug auf eine frühere Entwicklungsstufe. - So sehen wir im Extremfall bei einem Nervenzusammenbruch einen Menschen, wie er in Säuglingsstellung im Bett kauert, heult, die Augen verdreht oder am Daumen nuckelt. - Ganz so extrem muss es aber nicht kommen. Jede Form von kindlichem Verhalten, welches sich nicht durch äußere Umstände erklären lässt, wird als Regression bezeichnet. So regredieren Frauen, die in ungewohnter Umgebung den Arm ihres Mannes nicht los lassen und zu unkontrollierten „Quak-Quak-Lauten" neigen. Ebenso trifft diese Bezeichnung auch auf Menschen zu, die in Stresssituationen große Mengen an Schokolade in sich hinein stopfen und dick werden. Oft beobachtet man auch kindlich-trotziges Verhalten, wo dies überhaupt keinen Sinn macht.

Verleugnung
Im Unterschied zur Verdrängung wird ein konfliktreicher innerer Wunsch nicht abgewehrt, sondern seine Bedeutung in der äußeren Realität verleugnet. Seine Bedeutung wird also nicht anerkannt. Dies trifft zu, wenn der Betroffene weiß, was los ist, die Auswirkungen aber nicht vertragen kann. So weiß der erfahrene Bergsteiger, was für eine Gefahr das heraufziehende Gewitter für ihn bedeutet, dennoch ist er fälschlicherweise fest der Überzeugung, dass er es noch vor Einbruch zurück ins Tal schaffen wird.

Vermeidung
Triebregungen werden umgangen, indem Schlüsselreize vermieden werden. Die Intention dieser aktiven Vermeidung ist unbewusst. - Wir teilen unserem Partner fest überzeugt mit, dass wir nicht auf die Geburtstagsfeier gehen wollen, weil wir eine bestimmte Person nicht treffen wollen. In Wirklichkeit

haben wir aber Angst, uns wieder so unwohl wie das letzte Mal auf einer entsprechenden Feier zu fühlen, als uns einige Leute unangenehm angestarrt haben. Oder wir sind fest davon überzeugt, die Reise nach Südafrika sei keine so gute Idee, weil Südafrika in letzter Zeit eine sehr hohe Kriminalität aufwies. In Wirklichkeit hingegen haben wir Flugangst (woher auch immer diese stammen mag ...) und fürchten uns nicht vor Kriminellen, sondern vor dem Fliegen. – Wir denken, die Entschlüsse entspringen unseren eigensten und bewusstesten Überlegungen. Dabei ist das nur ein Trugschluss.

Verschiebung

Die Verschiebung ist einer der komplizierteren Abwehrmechanismen der Psychoanalyse. Fantasien und Impulse werden hier von einer Person, der sie ursprünglich galten, auf eine andere Person verschoben. So bleibt die ursprünglich gemeinte Person unberührt. Zum Beispiel kommt es öfter vor, dass zum Beispiel Aggression gegen eine tadelnde Autoritätsperson in Form von Beschimpfungen oder Tritten an jemand Schwächerem ausgelassen werden. Tierquälerei ist hier das Paradebeispiel.

Neutralisation

Jemand hält psychologische Objekte für unwichtig, unattraktiv oder unwesentlich. Damit vermeidet er zum Beispiel, dass es im zwischenmenschlichen Feld zu intensiven Gefühlsregungen kommt oder kommen könnte. Droht es einem, in zwischenmenschlichen Beziehungen enttäuscht oder gekränkt zu werden, so setzt die Neutralisation ein. Der Betroffene erlebt dann am Umgang mit den entsprechenden Personen einfach kein Interesse mehr.

Im drastischen Fall kann dieses Phänomen beim Verlust eines lieben oder wichtigen Menschen auftreten. Allgemein kennen wir diesen Mechanismus von Menschen, die im Beziehungsleben oft enttäuscht und hintergangen wurden. Diese scheinen oft einfach kein Interesse mehr an einer Partnerschaft zu haben.

Ungeschehenmachen

Dabei versucht der Betroffene die Folgen von Handlungen aufzuheben. Er versucht dies durch ein Gegenhandeln, das faktisch unwirksam ist, dem aber

eine symbolische Kraft zugeschrieben wird. Formal hat dies eine Ähnlichkeit mit dem uns allen bekannten „Wiedergutmachen". Wiedergutmachen hat aber (auch schon bei Kindern) reale Auswirkungen, wobei Ungeschehenmachen nur psychisch-symbolisch und daher real unwirksam bleibt. Es erinnert vom Charakter immer an eine Art „Zauberhandlung".
Praktisch kann dies bedeuten, dass sich jemand, der sich durch eine schlimme Tat „befleckt" hat, sich immer und immer wieder die Hände waschen muss. Die Erscheinungen dieses Abwehrmechanismus gehen bis hin zu magischen Bußritualen, wie sie bei ernsthaften Neurotikern verbreitet auftreten.

Spaltung

Inkompatible Inhalte werden auf mehrere Objekte verteilt. Sowohl die Objekte als auch das Selbst wird in „Gut" und „Böse" aufgeteilt. Gute Anteile werden oft idealisiert, böse werden verdammt. Das Stichwort ist hier die Boderline-Störung. Objekte werden unbewusst ent- oder überbewertet. Darauf wollen wir aber zu einem späteren Zeitpunkt in diesem Kapitel noch genauer eingehen.

Projektion

Eigene psychische Inhalte und Selbstanteile, das heißt, vor allem Stimmungen, Affekte, Absichten und Wertungen werden anderen Personen oder äußeren Objekten zugeschrieben. Der Triebimpuls wird nach außen projiziert, so wie bei einer optischen Projektion. Eigene Fehler und Schuld werden mit diesem Mechanismus oft auf andere Menschen, Dinge oder Umstände übertragen. Dadurch kann im Extremfall das Gefühl der eigenen Schuldlosigkeit hervorgerufen werden.
Laut der Überzeugung einiger Psychologen ist Projektion der einzige Mechanismus, über den wir (neben Lust- und Unlustempfinden) überhaupt etwas über unsere eigene, innere Stimmung erfahren können. Indem wir unsere Umwelt beobachten und uns bewusst machen, wie sich Dinge, die eigentlich immer gleich sein müssten, im Verlauf der Zeit verändern, können wir uns über unsere eigenen, inneren Zustände bewusst werden.
Was und wie wir wahrnehmen hängt zum großen Teil mit unserer Stimmung und unseren inneren Zuständen zusammen. Es unterliegt immer einer emoti-

onalen Prägung und einer damit verbundenen Neigung zur verzerrten Interpretation von Bedeutungen. Nur durch das Bewusstmachen dieser Dynamiken können wir etwas über unsere eigenen, inneren Verfälschungen herausfinden. Projektionen zu verstehen ist die effektivste Form des indirekten Feedbacks.

Ein Beispiel: Wir gehen an einem Tag in einem Supermarkt und treffen dort lauter nette Menschen. Wir haben keinen dieser Menschen jemals zuvor getroffen und wir wundern uns, wie es sein kann, dass alle Menschen in diesem Supermarkt so überaus nett und höflich und gut gelaunt sind. Zwei Tage später gehen wir in genau den gleichen Supermarkt. Und merkwürdigerweise treffen wir nur unfreundliche und fies wirkende Idioten. Wir ärgern uns. Zu recht ärgern wir uns, denken wir, wo doch dieser ganze Supermarkt voller solchen unangenehmen Menschen ist.

Denken wir nun rationell und logisch nach, so erscheint es äußerst unwahrscheinlich, dass die circa 40 Leute im Supermarkt am ersten Tag ausschließlich nett und am anderen Tag absolut grauenhaft waren. Sehr viel wahrscheinlicher scheint es doch, dass irgendetwas mit uns selbst anders war! – Vielleicht waren wir ja einfach nur schlecht gelaunt, ohne dass uns dies bewusst war.

Unsere Wahrnehmung scheint sehr viel mehr mit uns selbst zu tun zu haben als mit dem um uns herum. Ärgert man sich über etwas, und ist man dann deshalb genervt, so kann man sich fragen, ob man sich ärgert und sich schlecht fühlt, weil etwas Bestimmtes passiert ist, oder ob man vielleicht das, was passiert ist, einfach nur übertrieben negativ auffasst, eben weil man schon vorher unbewusst schlecht gelaunt war. Umgekehrt erlebt man die ganze Welt als ausgeglichen und harmonisch, wenn man selber ausgeglichen und harmonisch ist.

Introjektion / Identifikation

Dieser Mechanismus muss nicht unbedingt als Abwehr gelten. Er gehört unter anderem zur normalen Entwicklung des jungen Menschen.

Unter Introjektion wird vor allem das sogenannte Einrichten einer „inneren Repräsentanz“ bezeichnet. Man meint damit, dass sich der Mensch ein inneres Bild anderer Personen aufbaut, das dann auch bestehen bleibt. Wichtig ist die Introjektion vor allem beim Kleinkind. Kleinkinder mit einem Alter unter zwei Jahren haben in der Regel noch nicht die Fähigkeit zu ausgeprägter Konstanz der inneren Repräsentanz erreicht. Kleinkinder schreien, wenn die Mutter den Raum verlässt. Sie besitzen zwar ein inneres Bild der Mutter, dieses wird aber zerrüttet, wenn die Mutter aus dem Zimmer geht und „verschwindet". Das Kleinkind „weiß" noch nicht, daß die Mutter auch dann noch weiter existiert, sobald es sie nicht mehr im Blickfeld hat. Ist die weitergehende Entwicklung von Introjektion und Konstanz der Repräsentanz gestört, so kommt es beim späteren Erwachsenen zu auffälligen Erscheinungen. Dies geschieht in der Regel dann, wenn überhaupt keine Person zum Introjizieren vorhanden ist oder wenn das Verhältnis stark belastet ist. Die Boderline-Störung ist die wohl bekannteste Auffälligkeit in diesem Bereich (siehe weiter unten).

Die Identifikation setzt auf ähnlichen inneren Mechanismen auf. In der Regel gilt, dass, je stärker das Selbst ausgebildet ist, desto weniger stark sind die Effekte der Identifikation.
So beobachten wir nach einem Cowboyfilm oft Männer, die dann für einige Zeit der „Gang" angehören und ihre Daumen beim Verlassen des Kinos in den Gürtel stecken. Dieser Effekt verliert sich meist aber schon nach Minuten. Ebenso neigen Jugendliche oft zu starker Identifikation. Ihr Selbstbild ist noch jung und in der Regel noch nicht stark ausgebildet. Jugendliche tendieren daher beispielsweise zur Identifikation mit Rockstars oder versuchen oft den Anführer ihrer Clique zu imitieren. Dies kann bis zum starken Idealisieren führen. In der Regel verlieren sich diese Effekte nach der Pubertät mehr und mehr von selbst.

Ein anderer, sehr mächtiger Mechanismus, wird in der New-Age-Literatur als „spiegeln" bezeichnet. Dabei imitiert der Betroffene sein Gegenüber oder seine Gruppe. Ähnlich wie der Mann nach dem Cowboyfilm versuchen wir Menschen unwillkürlich immer dem zu entsprechen, was wir denken, dass unser Umfeld von uns erwartet. Die Auswirkungen dessen sind immens: So fällt es dem ehemaligen Klassenclown sehr schwer, im nicht wechselnden Umfeld wieder aus dieser Rolle heraus zu kommen. Es kann passieren, dass er ein Leben lang den Clown spielt. Ganz allgemein ist es immer schwer, das auszublenden, was man über Jahre als gegeben gewohnt war. Ebenso ist eine Wirkung dieses Mechanismus, dass es beispielsweise fast unmöglich ist, sich gesellschaftlichen Modetrends zu entziehen.

Identifikation mit dem Aggressor

Die wenigsten von uns werden diesen Effekt schon erlebt haben, dennoch hören wir davon wöchentlich in Fernsehfilmen oder in Berichten. Bei einem gewaltsamen Übergriff oder einer Geiselnahme wird die Verantwortung für das Geschehen nicht den Schuldigen, sondern sich selbst zugeschrieben, und oft wird zusätzlich die Einstellung oder das Verhalten des Angreifers übernommen. Beides dient der Abwehr von Angst- und Hilflosigkeit und schafft so eine Art symbolische Rückerlangung von Kontrolle. Personen „verstehen" dann ihre Angreifer, oder Vergewaltigungsopfer empfinden starke Scham und eine Art paradoxe Schuld.

Intellektualisierung

Die Intellektualisierung ist das Entfernen vom unmittelbaren, konfliktbehafteten Erleben, welches eine verborgene emotionale Bedeutung für die Person darstellt. Dies geschieht durch Abstraktionsbildung und durch theoretisches Analysieren. Zum Beispiel führen Leute oft abstrakte Gespräche über das Wesen der Liebe oder den Sinn von Geld und Macht oder über schwierige Entscheidungen. Die entscheidenden Fragen werden dabei aber unbewusst ausgeklammert. Dies ist einer der wesentlichen Gründe, warum Menschen stundenlange Gespräche führen, wo sich vieles in wenigen Sätzen sagen ließe. Die Menschen sind innerlich blockiert, die schwierigen Dinge beim Namen zu nennen und sie auszusprechen.

Rationalisierung

Rational-logische Handlungsmotive werden dabei als alleinige Beweggründe für Handlungen angegeben oder in den Vordergrund gestellt. Gefühlshafte Anteile an Entscheidungen werden gleichzeitig ignoriert oder unterbewertet. So kommt es zum Beispiel vor, dass Männer den Kauf eines neuen und viel zu teuren Autos mit dem Hinweis auf die hohe Sicherheit des Fahrzeugs rationalisieren, jedoch die eigentlichen Beweggründe wie Prestige und die dabei empfundene, kindliche Faszination ausklammern. Sicherheit wird als logisch-vernünftig angesehen, wohingegen Prestige und Faszination als unvernünftig gelten.

Weiter haben wir schon angesprochen, dass aus unserem Unbewussten oft irgendwelche Ideen, Überzeugungen und auch Handlungen hervortreten, ohne dass uns bewusst ist, woher diese stammen oder welchen Zweck sie im eigentlichen Sinne haben.

So weiß der unter Hypnose Suggerierte nicht, dass er den Regenschirm nur deshalb nimmt, weil es ihm sein Hypnotiseur gesagt hat, er rationalisiert mit voller Überzeugung, dass es vernünftig ist, den Regenschirm zu nehmen, weil es ja regnen könnte. Ebenso geht man davon aus, dass unsere Absichten und Überzeugungen, und auch unsere daraus resultierenden Handlungen, mindestens zu einem Teil schon vorab durch die Funktionsweise der Gesamtheit unserer Psyche unbewusst feststehen. Wir handeln dementsprechend so, wie wir handeln. Fragt uns dann jemand nach dem Grund unseres Verhaltens, so rationalisieren wir. Handlungen und Entscheidungen stehen also schon unbewusst fest, die dazugehörigen Erklärungen kommen erst später.

Sublimation

Nicht erfüllte Triebwünsche werden dabei durch gesellschaftlich höher bewertete Ersatzhandlungen ersetzt und damit befriedigt. Typischerweise eignen sich für bestimmte Wünsche bestimmte Sublimationstechniken besonders gut. So werden aggressive Triebe oft durch Sport sublimiert, sexuelle Wünsche durch Beschäftigung mit schönen Künsten oder kindliche Neugierde durch wissenschaftliche Forschertätigkeit. Sublimierungen erfüllen die Befriedigung der Triebwünsche in der Praxis oft ausgesprochen gut und werden dann nicht als psychopathologisch angesehen. Nach Freud ist die Sublimierung seit jeher ein wichtiger Motor für die Kulturentwicklung.

Oft handelt es sich aber nicht nur um eine reine Ersatzbefriedigung, sondern man kann sich beispielsweise ebenso einen sadistischen Zahnarzt oder Lehrer vorstellen, der so unbewusst seinen Impulsen nachgehen kann. Typisch und etwas, das jeder kennt, ist der kleine Mann, der durch überlautes Verhalten und durch seine Wichtigtuerei seinen Mangel an Körpergröße auszugleichen versucht.

Man kann so weit gehen zu behaupten, dass manche sehr maskulinen Männer ihre weiblichen Züge zwar äußerlich ausgemerzt haben, diese aber dann innerlich und oft unbewusst auftreten. Das wäre dann der harte Typ mit dem weichen Kern.

Somatische Konversion

Dabei werden psychische Konflikte auf körperliche Symptome umgelagert. Die körperlichen Symptome haben dabei oft eine symbolische Beziehung zum Konflikt selbst. Als drastisches Beispiel kann es bei Hysterikern zu Lähmungen oder zum Erblinden kommen, ohne dass diese Ausfälle einen körperlichen Ursprung hätten. Alle typischen, psychosomatischen Leiden bedürfen daher immer der Prüfung, ob es sich um eine Abwehr handelt. Hauterkrankungen sind hier das Paradebeispiel.

Affektualisierung

Dabei wird ein Ereignis oder ein Verhalten dramatisiert. Das kennen wir alle am Beispiel von kreischenden Frauen. Wir bezeichnen es in dieser Hinsicht auch als „übertriebenes Getue". Die Betroffenen sind sich dessen aber meist keineswegs bewusst. Jede Form der übertriebenen Reaktion ist eine Abweichung und daher das Gegenteil einer starken Persönlichkeit.

Affektisolierung

Dieser Mechanismus bezeichnet das Fehlen oder das gedämpfte Auftreten eines normalerweise spontan auftretenden Gefühls in einer bestimmten Situation. So gibt es Menschen, die sich ein „dickes Fell" zulegen, um die auf ihnen lastenden Einflüsse ertragen zu können. Würde ein Notarzt oder ein Bestattungsunternehmer über jeden seiner Fälle in für uns normaler Weise nachdenken, so könnte er seinen Beruf nicht lange ausüben.

Bei einer ausgeprägten Depression ist die Affektisolierung ein wesentliches Symptom. Depressive sind nicht in der Lage, sich über irgendetwas zu freuen. In noch stärkerer Ausprägung berichten die Patienten vom Fehlen sämtlicher Gefühlsregungen und der Empfindung einer „inneren Leere".

Autoaggression
Aggressive Impulse werden dabei gegen die eigene Person gerichtet und treffen so nicht die Person, der sie ursprünglich galten. Die Beziehung zu dieser Person soll damit nicht gefährdet werden. Die Aggression kann auch ursprungsgemäß nicht personenbezogen sein, sondern aus einer anderen Art innerer Unausgeglichenheit stammen. So können emotional intensive Erlebnisse, oder der Konsum von Drogen Auslöser sein. Die Menschen verletzen sich dann physisch selbst oder zeigen selbstzerstörerisches Verhalten wie etwa Alkoholkonsum oder die Suche nach Streit.

Psychische Störungen und Psychodynamik
Es gibt zwei in der klinischen Psychologie verwendete Standardwerke, nach denen mentale Abweichungen klassifiziert werden, den ICD-10 (International Classification of Diseases) und den DSM IV (Diagnostic and Statistical Manual of Mental Disorders). Wobei der IDC-10 ein für die komplette medizinische Diagnostik verwendetes System ist, behandelt der DSM IV ausschließlich psychische Erkrankungen. Diese Systeme versuchen Ordnung und Standardisierung in die klinische Diagnostik zu bringen.

Diagnostik anhand des DSM IV erfolgt in der Weise, dass ein Betroffener immer mindestens eine bestimmte Anzahl von Symptomen auf einer Liste aufweisen muss, um als der Liste entsprechend krank zu gelten. Für die „zwanghafte Persönlichkeitsstörung" sind dies zum Beispiel:
Die Person…

1. beschäftigt sich übermäßig mit Details, Regeln, Listen, Ordnung, Organisation oder Plänen, sodass der wesentliche Gesichtspunkt der Aktivität dabei verloren geht,
2. zeigt einen Perfektionismus, der Aufgabenerfüllung behindert (z. B. kann ein Vorhaben nicht beendet werden, da die eigenen überstrengen Normen nicht erfüllt werden),

3. verschreibt sich übermäßig der Arbeit und Produktivität unter Ausschluss von Freizeitaktivitäten und Freundschaften (nicht auf offensichtliche finanzielle Notwendigkeit zurückzuführen),
4. ist übermäßig gewissenhaft, skrupulös und rigide in Fragen der Moral, Ethik und Werten (nicht auf kulturelle oder religiöse Orientierung zurückzuführen),
5. ist nicht in der Lage, verschlissene oder wertlose Dinge wegzuwerfen, selbst wenn diese keinen Gefühlswert besitzen,
6. delegiert nur widerwillig Aufgaben an andere oder arbeitet nur ungern mit anderen zusammen, wenn diese nicht genau die eigene Arbeitsweise übernehmen,
7. ist geizig sich selbst und anderen gegenüber; Geld muss im Hinblick auf befürchtete künftige Katastrophen gehortet werden, zeigt Rigidität und Halsstarrigkeit.

Wenn Sie mindestens 5 der genannten Kriterien erfüllen, dann sind Sie eine zwanghafte Persönlichkeit und damit krank und damit bedürfen Sie einer psychologischen Behandlung. (...)

Natürlich gibt es in der psychologischen Diagnostik, ebenso wie in der schulmedizinischen, eine fast schon beängstigende Anzahl an Erkrankungen und Abweichungen. Ziel dieses Abschnittes ist es folglich keineswegs, einen vollständigen Überblick zu geben. Vielmehr soll der Anspruch sein, wieder ein Verständnis für das Wesen der Herangehensweise an diesem Bereich zu vermitteln. Wir stützen uns dabei nicht auf obskure Theorien, sondern auf gängige Inhalte, die ohnehin zur Allgemeinbildung gehören sollten.

Die Theorie besagt, dass jegliche psychischen Störungen auch in jedem gesunden Menschen zu jeder Zeit vorhanden sind. Jedoch sind ihre Ausprägung und Stärke gering, sodass nicht von Krankhaftigkeit gesprochen werden kann.
Wichtig ist im Zusammenhang dieses Buches, dass Krankheiten (Abweichungen / Funktionsfehler) immer etwas über die Funktion des betreffenden Sys-

tems aussagen. Verstehen wir die Krankheitsdynamiken, so verstehen wir auch die Psyche als solche besser. Jeder von uns ist ein wenig neurotisch, ein wenig narzisstisch, jeder hat seine kleinen Komplexe und jeder von uns ist irgendwo ganz einfach verrückt. Allerdings stellen diese kleinen Abweichungen im Alltag selten ein gravierendes Problem dar. Und auch wenn wir alle psychischen Abweichungen in uns tragen, so sind wir nicht krank und wir benötigen keine Hilfe.
Zu denken gibt allerdings, wenn man sich vor Augen hält, dass viele Menschen im Grunde Hilfe benötigen würden, diese aber nicht suchen. So leiden sie selbst unter ihren psychologischen Zwängen und ihren krankhaften Auffassungen und Handlungen. Und nicht nur das. Oft leiden die ihnen am engsten verbundenen Menschen in ihrer Umgebung ebenso. Ehen scheitern oft, weil die Partner innere Konflikte nicht auflösen können. Oft wird es erst nach Jahren bemerkt, dass der gewählte Partner ein Persönlichkeitsneurotiker oder Hysteriker ist. In diesem Zusammenhang denken wir auch an den Alkoholismus, welcher in unseren Breiten ein ebenso bedenklich verbreitetes Phänomen ist. Alkoholismus entspringt niemals aus einem gesunden Geist! Ebenso sind Erziehung und Prägung der Eltern auf ihre Kinder hier ganz wesentlich. Wenn die Eltern nicht ausgeglichen sind, und wenn sie nicht mit einer gesunden Psyche ihren Kindern vorleben, wie man vernünftig mit Problemen und Herausforderungen umgeht, dann werden die Kinder mit hoher Wahrscheinlichkeit ebenfalls Schwierigkeiten haben. Psychische Abweichungen der Eltern prädisponieren psychische Abweichungen der Kinder.
Das Verständnis der psychischen Krankheiten ist also, wenn man es so will, ein Schlüssel zu einer besseren Gesellschaft. Meiner Meinung nach sollte Psychologie ein Pflichtfach in unseren Schulen sein.

Ein interessantes Stichwort im Bezug auf die psychologische Krankheitslehre ist der Begriff „Wiederholungszwang“. Jeder von uns kennt dieses Phänomen in den unterschiedlichsten Spielarten. Am einfachsten stellt sich der Wiederholungszwang bei Erlebnissen oder Tätigkeiten ein, die uns Spaß gemacht haben. – Wir wollen wieder Spaß haben. Mit Krankhaftigkeit hat dies aber natürlich noch wenig zu tun.

Krankhaft wird es erst dann, wenn wir auch danach streben, uns wiederholt in Situationen zu bringen, die eben nicht vorteilhaft für uns verlaufen sind. – Und tatsächlich tun wir alle genau das! Wir bringen uns immer wieder in Situationen, die für uns selbst unangenehm sind. Dies geschieht gleichermaßen unbewusst oder aus Überzeugung. So hegen wir alle die Tendenz, Situationen, in denen wir einmal gescheitert sind, erneut heraufzubeschwören und sie wieder zu suchen, anstatt uns auf jene Situationen zu beschränken, in denen alles gut gelaufen ist. Vielleicht sind wir auch alle von Natur aus kleine Weltverbesserer, wenn wir beispielsweise immer wieder die Konfrontation mit dem ach so schrecklichen Nachbarn oder dem ungerechten Chef suchen. Wir könnten es einfach sein lassen, obwohl wir sehr genau wissen, dass wir, objektiv betrachtet, sehr viel besser leben würden, wenn wir den Konflikt meiden würden.

Und genau hier wird es entscheidend für einen krankhaften Verlauf. Denn auch Neurotiker oder Depressive tendieren dazu, immer und immer wieder (meist unbewusst) die gleichen Situationen der Unlust heraufzubeschwören. Nach erneutem Leiden bestätigt sich ihre Stimmung. – Das ist der Wiederholungszwang.

Im Zusammenhang mit der psychologischen Krankheitsleere darf ein wichtiger Begriff nicht vergessen werden. Er lautet „Ambivalenzfähigkeit". Das Maß der Ambivalenzfähigkeit einer Person beschreibt, in wie weit jemand mit widersprüchlichen Emotionen im Bezug auf ein und dasselbe Objekt umzugehen vermag. So empfindet zum Beispiel jeder von uns gleichzeitig Gefühle von Hass und von Zuneigung für seine eigenen Eltern. Wir lieben und respektieren unsere Eltern, aber gleichzeitig gibt es Details in der Zwischenmenschlichkeit, in denen wir unsere Eltern hassen. Beim gesunden Menschen führt dies nicht zu problematischen, inneren Konflikten. Sich widersprechende Emotionen miteinander empfinden zu können, ist normal. Es ist normal, sich auch über einen geliebten Menschen zu ärgern und dabei nicht gleich die Liebe zu dieser Person gänzlich in Frage zu stellen. Ein krankhaftes Fehlen von Ambivalenzfähigkeit tritt zum Beispiel bei der später in diesem Kapitel angesprochenen Borderline-Störung auf. Generell kann man sagen, dass bei schwach entwickelten Persönlichkeiten (wie Jugendlichen, Kindern oder sensiblen Menschen) die Fähigkeit zu Ambivalenz weniger gut ausgebildet ist. Ziel einer Therapie ist es also auch immer, die Ambivalenzfähigkeit des Betroffenen zu erhöhen. Es geht also immer auch darum, die Persönlichkeit als solche zu stärken.

Im Nachfolgenden wollen wir uns mit einigen ausgewählten psychischen Abweichungen beschäftigen.

Neurose

Unter Neurosen versteht man eine ganze Gruppe von zum Teil recht unterschiedlichen psychischen Störungen. Der Begriff selbst wird daher, bedingt durch seine geringe Eindeutigkeit, in den Standardinventaren der ICD-10 und dem DSM IV weitgehend vermieden.
Neurosen fußen immer auf inneren Konflikten. Diese Konflikte haben ihre Wurzeln meist in der Kindheit der Betroffenen. Speziell in der Psychoanalyse der freud'schen Schule wird angenommen, dass eine Neurose durch einen inneren, unbewussten und weiterhin nicht aufgelösten Konflikt zwischen den inneren Instanzen Es, Ich und Über-Ich entsteht. Sind diese inneren Konflikte für die Persönlichkeitsstruktur des Betroffenen zu intensiv, so kommt es zu neurotischen Symptomen.
Neurosen können ganz unterschiedlich ausfallen. So gibt es beispielsweise depressive Neurosen, Angstneurosen, Hysterien und Zwangsneurosen. Oft spricht man auch von ganzen Charakterneurosen.

Generell geht man davon aus, dass jede Neurose eine erworbene, innere Hemmung, ausgelöst durch äußere Einflüsse darstellt. Das Auftreten von Neurosen ist also meist stark durch die Umwelt mitbestimmt. Und so wird klar, dass jede kulturelle Umgebung ihre eigenen Neurosenbilder zu Tage fördert. In den reichen Industriestaaten treten Waschzwänge und Panik vor Insekten häufiger auf als zum Beispiel in afrikanischen Entwicklungsländern. Wohingegen in Afrika wieder andere Neurosenbilder häufiger sind.

Jeder Mensch trägt seine eigenen, ganz persönlichen Hemmungen mit sich herum. Unter manchen Hemmungen leiden wir, unter anderen nicht. Qualitativ ist also jeder Mensch neurotisch. - Bis auf Kinder. Denn Kinder sind noch weitestgehend ohne Hemmungen.
Die wichtigsten Auslöser von Neurosen sind: Partnerschaft, erbliche Dispositionen, Vorkommnisse in der Kindheit, äußere Wertesysteme, der Umgang mit Frustrationen sowie unvorteilhafte Prägungen und schlecht erlernte Lebensstrategien.

Neurosen sind im Allgemeinen Erkrankungen von längerer Dauer und sie entwickeln sich selten schnell. Leider müssen sie sich dann ebenso langsam wieder zurück entwickeln. Schnelle Heilungen sind selten.

Ganz allgemein gilt ein Verhalten immer dann als krankhaft, wenn der Betroffene darunter leidet, und / oder nicht mehr in angemessener Weise am gesellschaftlichen Leben teilnehmen kann. Außerdem trifft die Bezeichnung „krank" dann zu, wenn der Betroffene seine Handlungen nicht mehr selbst kontrollieren kann.

Wie bereits angesprochen, haben auch alle psychologisch gesunden Menschen jegliche psychologischen Erkrankungen und Abweichungen in sich. Die Dynamiken beim Gesunden sind dieselben wie beim Kranken, der Unterschied liegt lediglich darin, dass die Ausprägung dieser Dynamiken sich auf einem nicht krankhaften Niveau befinden. Diese Aussage impliziert natürlich, dass unsere Psyche anfällig auf krankhafte Verhaltensweisen sein muss. Und jeder Psychologe würde bestätigen, dass sie das auch ist.

Es lohnt sich die Frage zu stellen, was denn nun eigentlich unter die Kategorie psychologisch „krank" fällt? Was bedeutet psychisch „krank" und was gilt noch als „gesund"? Eine Definition abzugeben ist hier sicherlich schwierig. Was allerdings viel leichter zu formulieren ist, ist die folgende Aussage: „Als jemand, der gesund ist, erkennt man jemanden der krank ist!" Interessant ist dennoch, dass sich die Sichtweisen, was als krank und was als normal angesehen wird, mit der Zeit ändern. Ebenso gelten in unterschiedlichen Kultur-

kreisen unterschiedliche Ansichten. Unser merkwürdiger Zwang, uns immer und ständig fast schon steril sauber zu waschen würde beispielsweise auf dem indischen Bauernhof als zwanghaft gelten. Ebenso sind vorgefertigte Meinungen oft krankhaft, werden aber oft in entsprechenden Kreisen als sinnvoll eingestuft.
Kommt es jedoch beispielsweise zum hysterischem Erblinden einer jungen Frau, oder dazu, dass jemand nur unter Schreien und Kreischen in die Öffentlichkeit zu bewegen ist, oder dazu, dass jemand die Nahrungsaufnahme bis zur totalen Abmagerung vermeidet, so ist dies krank und es bedarf Hilfe. In diesem Fall ist die Einstufung als krank aufgrund ihrer Ausprägung eindeutig.

In der Psychoanalyse versucht man, wie schon angesprochen, die neurotischen Beschwerden dadurch zu beheben, dass man dem Patienten den Ursprung des krankhaften Konflikts bewusst macht. Durch Konfrontation mit dem Auslöser verringern sich in der Regel die Beschwerden.
So kann man durchaus Phobien sehr gut dadurch behandeln, dass man die Betroffenen absichtlich in die entsprechenden Angstsituationen bringt. Die Intensität des Angstreizes wird dann in mehreren Sitzungen ständig gesteigert, bis der ursprüngliche Panikauslöser nicht mehr als bedrohlich angesehen wird. Der Patient „gewöhnt" sich an den Panikauslöser. Zum Beispiel fängt man mit einer kleinen Spinne aus einiger Entfernung an, und am Schluss krabbelt eine ganze Vogelspinne mit ihrem flauschigen Fell über den Unterarm. Die kleine Spinne vom Anfang erzeugt dann keine Angst mehr.
Psychopharmaka, also Medikamente mit Wirkung auf die Psyche, sind auch bei Neurosen zur Unterstützung der Therapie einsetzbar.

Erschwert ist die Therapie immer durch die Tatsache, dass wir Menschen offensichtlich danach streben, so zu bleiben, wie wir sind. Menschen verändern sich nicht gern. Das Stichwort aus der freund'schen Theorie lautet „Wiederholungszwang". Und genau hier liegt das Problem in jeglicher psychischen Therapie. Der Erkrankte möchte sich im Grunde gar nicht ändern. Auch dann nicht, wenn er eindeutiges Bewusstsein und Einsicht darüber hat, dass seine

Einstellungen und Handlungen unvorteilhaft für ihn sind. Diesen Widerstand gilt es in der Therapie und in jeder Selbsttherapie zu erkennen und zu begegnen.

Psychose

Der Begriff Psychose bezeichnet eine Gruppe schwerer psychischer Störungen, die mit einem zeitweiligen, weitgehenden Verlust des Realitätsbezugs der Betroffenen einhergehen. Die Theorie ist, dass hier nicht zwanghafte Konflikte einer sonst gesunden Denk-, und Hirnstruktur zugrunde liegen, sondern dass das Gehirn in seiner gesamten Arbeitsweise krankhaft verändert ist. Psychosen sind schwerwiegende Erkrankungen und erfordern so gut wie immer klinische und medikamentöse Maßnahmen.

Im Unterschied zur Neurose erleben die Erkrankten nicht sich selbst, sondern ihre Umwelt als verändert und erlangen zumeist auch im Akutstadium keine Krankheitseinsicht. Auffällige Symptome sind oft Wahn und Halluzinationen. In den Klassifikationssystemen ICD-10 wie auch im DSM-IV wurde der Begriff Psychose quasi abgeschafft. In der offiziellen Nomenklatur heißt es nunmehr „psychotische Störung". Wie die nachfolgenden vier Absätze zeigen, kann die Erkrankung unterschiedlichste Ursachen haben. Alle führen sie jedoch zu einem Versagen der organischen Hirnstrukturen in Bezug auf Funktionsweise und Organisation des Denkens.

Organische Psychosen

Das zentrale Nervensystem ist erkrankt. Zum Beispiel Tumore, altersbedingte Demenz, Morbus Alzheimer, Reaktionen auf Medikamente oder Intoxikationen (die Aufnahme von Umweltgiften) können zu einer psychotischen Auffälligkeit führen. Ebenso kann das Gehirn auch durch mechanische Einwirkungen in seiner Funktion beeinträchtigt werden. Nach einem Unfall mit Schädelverletzung oder nach einem chirurgischen Eingriff treten unter Umständen Psychosen auf. Wahnvorstellungen und Halluzinationen sind häufige Symptome.

Schizophrene Psychosen

Im Allgemeinen umfassen schizophrene Psychosen jene Symptome, wonach man den Betroffenen umgangssprachlich als „verrückt“ bezeichnet. Die genaue Ursache ist bis heute unklar. Die Leute hören Stimmen, die ihnen Befehle geben, oder sie erleben Geruchs- oder Berührungshalluzinationen. Beispielsweise kann der Kranke davon überzeugt sein, dass eigene Gedanken laut werden und von anderen gehört werden können, oder er vertritt die Vorstellung, fremde Gedanken lesen zu können. Der Wahn selbst ist durch eine objektive Falschheit, eine subjektive Gewissheit und eine Unverrückbarkeit der Meinung des Betroffenen gekennzeichnet. Das heißt, der Kranke ist keinerlei Argumenten zugänglich und wird unter keinen Umständen von seiner Vorstellungswelt abrücken. Dabei spielt es keine Rolle, ob seine verrückten Eindrücke von außen betrachtet auch noch so offensichtlich falsch erscheinen. Viele Betroffene halten sich für "Auserwählte", im positiven wie im negativen Sinne. Erste Symptome werden oft schon im Kindesalter sichtbar. Ein genetischer, oder oranisch-entwicklungsbedingter Defekt ist entsprechend zu vermuten.

Auch der Konsum von psychotropen Substanzen wie LSD oder Meskalin kann zu schizophrenen Psychosen führen. Die Symptome bleiben dann bestehen, auch nachdem die letzten Spuren der Substanzen den Körper verlassen haben.

Bipolare Störung

Betroffene der bipolaren Störung werden auch als „manisch Depressive“ bezeichnet. Irgendetwas in ihnen führt zu immer abwechselnden Phasen der Depression und der Manie. In der depressiven Phase ist der Betroffene unfähig, Gefühle zu empfinden. Freude, auch Traurigkeit oder Wut werden nicht mehr wahrgenommen. Er unterliegt einer massiven Antriebsarmut bis hin zu völligen Lähmung jeglicher Aktivität.

Bei Manien zeigen sich dagegen Größenideen, die bis ins Wahnhafte reichen. Weiter sind diese Phasen gekennzeichnet von Hyperaktivität, Ideenflut, dem Drang zum Redefluss und der völligen Überschätzung der eigenen Möglichkeiten. Zum Beispiel kann bei den Betroffenen exzessiver Kaufrausch, streitsüchtiges Verhalten und auffällige Schamlosigkeit auftreten.

Die bipolare Störung wird normalerweise recht erfolgreich mit Lithiumpräparaten behandelt.

Autismus

Autismus resultiert aus einer Fehlentwicklung in der Kindheit. Die Kinder sind in sich gekehrt, apathisch und nicht ansprechbar. Sie zeigen auffälliges Verhalten und neigen zu einem obskuren Ordnungssinn. Nichts in ihrer Welt darf verändert werden. Nicht selten treten sogenannte „Inselbegabungen" auf. Wesentlich bei den autistischen Behinderungen ist vor allem die Schwierigkeit, mit anderen Menschen zu kommunizieren. Autisten haben Schwierigkeiten mit anderen Menschen zu sprechen, Gesagtes richtig zu interpretieren oder Mimik und Körpersprache selbst einzusetzen und bei anderen zu verstehen. Sie zeigen repetitives und stark stereotypisches Verhalten. Autismus ist eingeschränkt therapierbar und eine vollkommene Heilung gilt als unmöglich.

Depression

Depression, vom lateinischen „deprimere" - „niederdrücken", bezeichnet einen psychischen Zustand der Niedergeschlagenheit. Depressionen kommen statistisch häufig vor. Bei einer recht hohen Dunkelziffer kann man davon ausgehen, dass gut 20 Prozent aller in westlichen Gesellschaften lebenden Menschen einmal in ihrem Leben eine Depression erleiden. Nach ICD-10 gilt die Depression als Krankheit und ist charakterisiert durch die Symptomverbindung von

1. Stimmungseinengung (Verlust der Fähigkeit, sich freuen zu können oder Trauer zu empfinden; Verlust der affektiven Resonanz, das heißt, der Patient ist durch Zuspruch nicht aufhellbar),
2. Antriebshemmung, zu der auch eine Denkhemmung gehört,
3. innere Unruhe,
4. Schlafstörungen. (Häufig können die Betroffenen in der zweiten Nachthälfte nicht mehr einschlafen.)

Ebenso treten häufig, aber nicht beweisend, extreme Zukunftssorgen zusammen mit einem Gefühl der Hoffnungslosigkeit auf. Die Betroffenen fühlen sich oft minderwertig und / oder hilflos. Sie neigen zur Selbstisolation und entwickeln Schuldgefühle. Die Konzentrationsfähigkeit ist stark eingeschränkt, das Denken verlangsamt, das Zeitempfinden ist gestört. Die Betroffenen können nicht anders, als ständig über ihre Probleme nachzudenken. In einer Depression sinkt das sexuelle Interesse. Ebenso haben Depressive oft keinen Appetit, was zu einer Gewichtsabnahme und oft auch zu Vitaminmangelerscheinungen führt. Schmerzsymptomatiken sind häufig psychosomatischen Ursprungs. Die Betroffenen sind häufig krank, das Immunsystem ist schwach. Laut Statistik ist die Suizidwahrscheinlichkeit stark erhöht.
Anders als in der Psychose treten keine Denkstörungen auf. Höchstens die Sichtweisen können durch die andauernde Melancholie verzerrt sein.
Bei einer Depression sind die Regelkreise biochemischer Vorgänge im Nervensystem nicht mehr in Einklang. Wo dieser Mangel seinen Ursprung hat, ist nicht immer eindeutig. Er kann rein physischer Abstammung sein, ebenso können aber auch eine „schlechte" Art zu denken oder „schlimme" Erlebnisse zu einer Verstimmung der Biochemie des Gehirns führen.
So ist zum Beispiel die sogenannte Winterdepression sehr häufig anzutreffen. Ihre Ursache kann folglich ein Mangel an Sonnenlicht oder ebenso ein Mangel an Frischluft sein. Ebenso könnten ein Mangel an Kommunikation oder ein Mangel an „sommerlichem Lebensgefühl" als Auslöser gelten. – Winterdepressionen lassen sich durch Lichttherapien sehr gut behandeln.

Erwiesen scheint mittlerweile die individuelle Prädisposition der Betroffenen. Wer einmal in seinem Leben depressiven Stimmungen verfällt, der ist veranlagt, es wieder zu tun. Ob es sich nun um eine körperliche Abweichung oder um ein unvorteilhaft funktionierendes, psychologisches Konfliktlösungssystem handelt, kann schwer beantwortet werden.

Schicksalsschläge, wie zum Beispiel der Verlust des Partners, oder finanzielle Schwierigkeiten, können zur Ausbildung einer Depression führen. In der Regel verwechselt dann der Betroffene Ursache und Wirkung. Später, nach Abklingen einer depressiven Episode wird die Belastung, wie schon vor der depressiven Erkrankung, ertragen und bewältigt.

In der Psychoanalyse gilt die Depression als eine gegen sich selbst gerichtete Aggressivität.

Depressionen können in der Regel gut behandelt werden. In Frage kommen Psychotherapie, physikalische Maßnahmen oder eine medikamentöse Behandlung mit Antidepressiva. Häufig wird auch eine Kombination aus medikamentöser und psychotherapeutischer Behandlung angewandt. Wirkung zeigt die medikamentöse Therapie, wenn Antriebshemmung, Stimmungseinengung, innere Unruhe und zugleich Schlafstörungen bestehen. Diese Konstellation weist diagnostisch auf eine Neurotransmitter-Störung des Gehirns hin. Das heißt, die Übertragung von Nervensignalen ist aufgrund schlecht funktionierender, biochemischer Vorgänge gestört. Eine Psychotherapie kann angeschlossen werden, wenn diese Symptome abgeklungen sind.

Die bekanntesten Präparate zur Behandlung von Depressionen sind Fluoxetin (Fluctin®), Sertralin (Zoloft®, Gladem®), Paroxetin (Seroxat®) und Citalopram (Cipramil®).Bekannte Präparate bei den trizyklischen Antidepressiva sind Amitriptylin (Saroten®), Clomipramin (Anafranil®), Imipramin (Tofranil®), Doxepin (Aponal®), Nortriptylin (Nortrilen®) und Desipramin (Pertofran®). Selektive reversible Inhibitoren der MAO-A (z. B. Moclobemid) hemmen nur den Typ A der Monoaminooxidase. MAO-B hemmende Wirkstoffe (z. B. Selegilin) werden in erster Linie als Parkinson-Mittel eingesetzt. Nichtselektive irreversible MAO-Hemmer (z. B. Isocarboxazid, Phenelzin, Tranylcypromin) hemmen MAO-A und MAO-B. Weitere Präparate sind Noradrenalin-Serotonin-selektive Antidepressiva (NaSSA, Wirkstoff Mirtazapin – ein tetrazyklisches Antidepressivum wie Mianserin; ferner Maprotilin), Duales Serotonerges Antidepressivum (DSA, Wirkstoff Nefazodon), Serotonin-Noradrenalin-Wiederaufnahmehemmer (SNRI, Wirkstoffe Venlafaxin und Duloxetin; ferner Milnacipran), Noradrenalin-Wiederaufnahmehemmer (NARI, Wirkstoff Reboxetin; ferner Atomoxetin), Serotonin-Wiederaufnahmeverstärker (SRE, Wirkstoff Tianeptin), Serotonin-

Modulatoren (Wirkstoff Trazodon), selektive Noradrenalin-Dopamin-Wiederaufnahmehemmer (NDRI, Wirkstoff Bupropion). Von historischer Bedeutung ist auch der Einsatz von Opiaten. Man kann auch Johanniskraut anwenden.

Selbsthilfegruppen sind kein Ersatz für Therapien, sie können nur eine begleitende Hilfe darstellen. Selbsthilfegruppen können als lebenslange Begleitung und Rückzugsorte dienen. Hier können Betroffene das Gefühl bekommen, unter Gleichen zu sein und verstanden zu werden. Den Betroffenen hilft oft allein schon die Gewissheit, dass sie in ihrer Lage nicht die einzigen auf der Welt sind.

Der Ödipuskomplex

Der Ödipuskomplex ist in der modernen Psychologie ein oft nicht mehr so ernst genommener Mechanismus. Er stammt aus der Zeit der Psychologie Freuds und gilt, wie so viele Dinge aus dieser Epoche, als nicht empirisch gesichert.

Freud ging davon aus, dass jeder heranwachsende Junge im Laufe seiner Entwicklung eine „ödipale Phase" durchläuft. In dieser begehrt er die eigene Mutter und rivalisiert mit dem Vater. Der Begriff „Ödipuskomplex" wird verwendet, wenn der spätere Erwachsene immer noch in dieser Konstellation verharrt bleibt. Das heißt, wenn im Erwachsenenalter der kindliche Konflikt nicht aufgelöst und damit nicht abgebaut wurde. Die eigene Mutter zu lieben und mit dem eigenen Vater zu rivalisieren ist „von der Natur nicht gewollt" und führt zu Konflikten. Diese Konflikte enden, in der für die Psychoanalyse typischen Art, mit neurotischen Symptomen wie Zwanghaftigkeit oder mit einem gestörten Partnerschaftsleben.

Das ödipale Begehren tritt nach Freud zum ersten Mal im dritten bis fünften Lebensjahr auf. Der günstige Ausgang des ödipalen Konflikts besteht darin, dass das Kind auf den Inzestwunsch verzichtet und aufhört, den Vater als Rivalen zu bekämpfen. Aus dem unbewussten Feind wird ein Vorbild. Das

Kind kann dann versuchen, diesem nachzueifern. Aus dem Wunsch „nach“ der eigenen Mutter wird der Wunsch danach, eine eigene Frau von außerhalb der Familie zu „haben“. Das Kind durchläuft eine normale Entwicklung.

Ödipus ist eine Figur aus der griechischen Mythologie. Ödipus hatte – ohne es zu wissen – seinen eigenen Vater, König Laios von Theben, in einem Handgemenge getötet. Später, nachdem er erfolgreich das Rätsel der Sphinx gelöst hatte, erhielt er als Belohnung seine eigene Mutter namens Iokaste zur Ehefrau. Er wusste nicht, dass es sich um seine eigene Mutter handelte.
Ganz nebenbei, das Rätsel der Sphinx lautete so: „Es ist am Morgen vierfüßig, am Mittag zweifüßig, am Abend dreifüßig. Von allen Geschöpfen wechselt es allein in der Zahl seiner Füße; aber eben, wenn es die meisten Füße bewegt, sind Kraft und Schnelligkeit bei ihm am geringsten.“ – Die Antwort auf das Rätsel der Sphinx lautet: Der Mensch. (...)
Als Ödipus dann schließlich nach einigen Jahren erkennt, dass er mit seiner eigenen Mutter im Inzest gelebt hat, fällt ihm nichts Besseres ein, als sich die Augen auszustechen und als blinder Mann ins Exil zu gehen.

Der Allgemeinbildung wegen sollte man den Ödipuskonflikt kennen. Ich bitte Sie, sich aber ebenso daran zu erinnern, dass er nicht mehr zur allgemein akzeptierten Lehrmeinung gehört. – Ich persönlich kann mich an die Verliebtheit und die Rivalität nicht erinnern. Aber das ist wohl Teil der frühkindlichen Amnesie.

Wie gesagt bleibt beim Ödipuskomplex der Erwachsene in der kindlichen Phase der Verliebtheit in die Mutter und in der Rivalität zum Vater „stecken“. Dieses „Steckenbleiben“ kann zum einen dann vorkommen, wenn zur entsprechenden Zeit in der Kindheit des Betroffenen traumatische Geschehnisse passierten. Ebenso können ein unvorteilhafter Erziehungsstil der Eltern oder psychische Auffälligkeiten der Bezugspersonen zur Fixierung auf diese Phase führen. Das Resultat ist dann, dass der später erwachsene Mann seinen Vater als Rivalen sieht und in unnatürlicher Weise auf seine Mutter fixiert bleibt. In der nachfolgenden Aufzählung finden Sie für ödipal strukturierte Männer typische Aussagen. Ob in Ihnen selbst ein kleiner (oder ein großer) Ödipuskomplex zu Gange ist, können sie hiermit jetzt überprüfen:

- Meine Mutter ist die einzige Frau, die ich bewundern kann.
- Ich kann nicht anders als alle anderen Frauen mit meiner Mutter zu vergleichen. (Dieser Mann wird mit an Sicherheit grenzender Wahrscheinlichkeit eine Frau heiraten, die seiner Mutter gleicht. – Falls er überhaupt jemals daheim auszieht und falls er überhaupt heiratet.)
- Ich habe meine Frau nur deswegen geheiratet, weil sie in den Augen meiner Mutter gut für mich ist.
- Meine Mutter hat mich mit ihrer Persönlichkeit immer unterdrückt. Wenn ich heute mit einer Frau spreche, dann habe ich das Gefühl, meine Mutter würde neben mit stehen und aufpassen, was ich sage.
- Ich habe es nie geschafft, die Frauen zu begehren, die ich vielleicht selber gut gefunden hätte. Ich konnte mich nie von den Ansichten meiner Mutter lösen.
- Ich denke: „Nach allem, was meine Mutter für mich getan hat… kann ich sie nicht verlassen."
- Ich bin impotent.

Wenn man im Bekanntenkreis nach ödipalen Persönlichkeiten sucht, dann sind das meist jene Männer, bei Betrachtung deren Verhalten im Bezug auf Ihre Mutter man sich immer selbst an die Stirn fasst. Nebenbei sollte man sich auch immer fragen, von wem die Fixierung ausging, von der Mutter oder vom veranlagten Kind. Wer wollte, dass wer daheim im Nest bleibt und wer war hier zuerst in wen verliebt?

Narzissmus

Die Figur des Narziss ist in der griechischen Mythologie der schöne, 16-jährige Sohn des Flussgottes Kephisos und einer gewissen Leiriope (eine Flussgöttin). Der Sage nach wies der von Jünglingen und von Mädchen umworbene Narziss sämtliche Angebote zurück. So verschmähte er auch die Liebe der Nymphe Echo (einer Flussgöttin). Dafür wurde er von Nemesis (einem Flussgott) in dergestalt bestraft, dass er in unstillbare Liebe zu seinem eigenen, im Wasser widergespiegelten Abbild verfallen musste. Damit erfüllte sich die Prophezeiung eines Sehers namens Teiresias (ein Prophet), wonach er ein langes Leben nur dann haben werde, wenn er sich nicht selbst kennen lerne. Narziss lebte im Folgenden auch nicht lange.

Eines Tages setzte er sich einmal mehr an den See, um sich seines Spiegelbildes zu erfreuen, woraufhin durch göttliche Fügung ein Blatt ins Wasser fiel und so durch die erzeugten Wellen sein Spiegelbild trübte - schockiert von der vermeintlichen Erkenntnis, dass er selbst hässlich sei, verstarb Narziss auf der Stelle. Nach seinem Tode wurde er beschreibenderweise in eine Narzisse verwandelt. – Der Teil der Sage mit der Narzisse erschien seit Bestehen dieser Geschichte als unrealistisch. In Griechenland hießen Narzissen anders, und vor der modernen Psychologie nach Freud um 1900 gab es das Krankheitsbild der Selbstverliebtheit noch gar nicht. (Griechisch: „narkao", von „Betäuben", Die Pflanze selbst heißt auf Griechisch „ένας νάρκισσος" – in deutscher Schreibweise „enas narkissos".)
Es gibt noch eine andere Version der Geschichte, die folgendermaßen lautet: Narziss verliebt sich in ein Spiegelbild im See. Nicht erkennend, dass es sein eigenes ist, will er sich mit der Spiegelung vereinigen und ertrinkt bei dem Versuch.

Im Alltagsverständnis ist ein Narzisst ein Mensch, der sich ausgesprochen auf sich selbst bezieht und dabei andere vernachlässigt. Narzissmus ist übertriebene Selbstsucht. Narzissmus bedingt also Egoismus und Egozentrik und wird allgemein als Selbstverliebtheit oder als Arroganz wahrgenommen. Ein wenig Narzisst steckt jedoch in jedem von uns, so zum Beispiel, wenn wir uns schrecklich über negative Kritik ärgern, oder wenn wir versuchen, uns vor Leuten gut darzustellen.

Narzissten haben es also immerzu nötig, „jemand zu sein". Wenn ihnen dies nicht gelingt, dann reagieren sie mit starken emotionalen Ausbrüchen. Der typische Narzisst versucht seinem Drang nach Selbstbestätigung mit einem großartigen äußeren Erscheinungsbild zu kompensieren. Narzissten spielen häufig „Reich und Schön", selbstverständlich kann sich ein Betroffener auch „grandiose Intellektualität" oder „unbezwungene Alternativität" als Quelle seiner Selbstbestätigung aussuchen.
Die Goldene Regel: "Was du nicht willst, das man dir tu, das füg` auch keinem anderen zu" ist Narzissten fremd. Durch ihre schlecht entwickelte Fähigkeit zur Empathie ist es ihnen relativ egal, wie es anderen geht. Sie selbst sind sich wichtig. Narzissten überschätzen ihre eigenen Fähigkeiten und zerstören aus Neid, was begabtere Menschen aufgebaut haben. Wenn Narzissten eine leitende Funktion ausüben, leiden die Betroffenen sehr. Wenn möglich, entziehen sich Mitbetroffene ihrem Einfluss.
Kennzeichnend sind krankhafte, falsch überschätzte Grandiosität, die zu einem nicht der Realität entsprechenden Selbstbild führt, bis hin zu Sadismus und Hass. Schuldgefühle und Gewissen, Sorge und Mitgefühl fehlen anscheinend völlig. Oft herrscht ausbeuterisches Interesse vor.
In der psychoanalytischen Theorie wird nicht nur die Charakterneurose aus einer narzisstischen Störung abgeleitet. Auch Depression, Suizidalität, Aggression, Autoaggression und Hyperaktivität gehören zu den narzisstischen Störungen.

Die freud'sche Theorie davon, wie sich diese Abweichung beim einzelnen Menschen entwickelt, lautet so, dass die Betroffenen in ihrer frühen Kindheit zu wenig Liebe und Aufmerksamkeit (und Schutz) von ihren Eltern oder anderen Bezugspersonen erhielten. Sie leiden oft lebenslang darunter und geben ihre Reaktionen auf die Entbehrungen aus der Kindheit über die bekannten psychodynamischen Mechanismen an andere weiter.
Neben dieser Entwicklungstheorie gibt es noch einen anderen Entstehungsweg innerhalb der Psychoanalyse. Darin erlebten spätere Narzissten eine Kindheit, in der sie selbst und ihre Wünsche im Mittelpunkt standen. – Uns kommt hierbei vor allem das verhätschelte Einzelkind in den Sinn. Zum Bei-

spiel werden dessen Talente oft übermäßig bewundert, was dazu führt, dass diese Kinder nicht selten zwischen dem übersteigerten Selbstbild und der Furcht, den Fremdansprüchen nicht zu genügen, hin- und herschwanken.
Die Eltern von Narzissten sind überwiegend sehr unempathisch und wenig akzeptierend im Bezug auf ihre Kinder. (Verhätscheln hat nichts mit Einfühlungsvermögen zu tun!)

Natürlich muss eine dementsprechende Kindheit nicht zwangsläufig zu einer narzisstischen Erkrankung führen, wohl ist sie aber prädispositiv, sie begünstigt krankhafte Entwicklungen.
Psychodynamisch versucht man die Erkrankung so zu deuten, dass Narzissten versuchen, ihr Gegenüber, ja sogar ihre gesamte Welt zu kontrollieren und zu beherrschen. Dabei suchen sie nach ständiger Bestätigung ihrer Grandiosität, da sie sich ohne diese leer und schlecht fühlen.
Narzisstische Erscheinungen können auch vorübergehend auftreten und dann wieder abflauen.

Narzissten sind immer „schwierige" Menschen. Jedoch können narzisstische Veranlagungen Initiative und visionäres Tun in signifikanter Weise fördern. In der Praxis ist es schwierig, entsprechende Tendenzen als „positiven" oder „negativen" Narzissmus einzuordnen. Wichtige Persönlichkeiten in der Geschichte waren oft Narzissten. Problematisch wird es, wenn sich negative Symptome, wie cholerisches oder destruktives Verhalten oder eine Selbstgefährdung entwickelt.

Mindestens fünf der folgenden Kriterien müssen laut DSM-IV erfüllt sein, sodass jemand als narzisstisch krank angesehen werden kann:

Der Narzisst…

1. hat ein grandioses Gefühl der eigenen Wichtigkeit (übertreibt zum Beispiel die eigenen Leistungen und Talente; erwartet, ohne entsprechende Leistungen als überlegen anerkannt zu werden),

2. ist stark eingenommen von Fantasien grenzenlosen Erfolgs, Macht, Glanz, Schönheit oder idealer Liebe,
3. glaubt von sich, „besonders“ und einzigartig zu sein und nur von anderen besonderen Personen (oder Institutionen) verstanden zu werden oder nur mit diesen verkehren zu können,
4. verlangt nach übermäßiger Bewunderung,
5. legt ein Anspruchdenken an den Tag, daraus resultieren übertriebene Erwartungen an eine besonders bevorzugte Behandlung oder automatisches Eingehen auf die eigenen Erwartungen,
6. ist in zwischenmenschlichen Beziehungen ausbeuterisch, zieht Nutzen aus anderen, um eigene Ziele zu erreichen,
7. zeigt einen Mangel an Empathie: ist nicht fähig, die Gefühle oder Bedürfnisse anderer zu erkennen oder sich mit ihnen zu identifizieren,
8. ist häufig neidisch auf andere oder glaubt, andere seien neidisch auf ihn,
9. zeigt arrogante, überhebliche Verhaltensweisen oder Handlungen.

Borderline

Das Wort „Borderline“ kommt aus dem Englischen und bedeutet zu Deutsch „Grenzlinie“. Der Begriff wurde im Jahre 1938 von dem Psychoanalytiker Adolf Stern geprägt. Nach dem von Sigmund Freud entwickelten System eines Kontinuums zwischen Neurose und Psychose sprach man sich dafür aus, diese Erkrankung auf der „Grenzlinie“ – „Borderline“ zwischen beiden schon bekannten Krankheitsbildern anzusiedeln.

Mindestens fünf der folgenden Kriterien müssen nach DSM-IV erfüllt sein:

1. Verzweifeltes Bemühen, tatsächliches oder vermutetes Verlassenwerden zu vermeiden. Beachte: Hier werden keine suizidalen oder selbstverletzenden Handlungen berücksichtigt, die in Kriterium 5 enthalten sind.

2. Ein Muster instabiler, aber intensiver zwischenmenschlicher Beziehungen, das durch einen Wechsel zwischen den Extremen der Idealisierung und Entwertung gekennzeichnet ist.
3. Identitätsstörung: ausgeprägte und andauernde Instabilität des Selbstbildes oder der Selbstwahrnehmung.
4. Impulsivität in mindestens zwei potentiell selbstschädigenden Bereichen (Geldausgaben, Sexualität, Substanzmissbrauch, rücksichtsloses Fahren, Essstörungen). Beachte: Hier werden keine suizidalen oder selbstverletzenden Handlungen berücksichtigt, die in Kriterium 5 enthalten sind.
5. Wiederholte suizidale Handlungen, Selbstmordandeutungen oder -drohungen oder Selbstverletzungsverhalten.
6. Affektive Instabilität infolge einer ausgeprägten Reaktivität der Stimmung (zum Beispiel hochgradige episodische Dysphorie, Reizbarkeit oder Angst, wobei diese Verstimmungen gewöhnlich einige Stunden und nur selten mehr als einige Tage andauern).
7. Chronische Gefühle von Leere.
8. Unangemessene, heftige Wut oder Schwierigkeiten, die Wut zu kontrollieren, (zum Beispiel häufige Wutausbrüche, andauernde Wut, wiederholte körperliche Auseinandersetzungen).
9. Vorübergehende, durch Belastungen ausgelöste paranoide Vorstellungen oder schwere dissoziative Symptome (unzusammenhängendes Denken).

Das Gefühlsleben der Betroffenen ist also stark beeinträchtigt, außerdem verhalten sie sich häufig negativ sowie paradox. Das Denken selbst ist oft auffällig dissoziativ, also unzusammenhängend und widersprüchlich. Es kommt unter anderem zu Depressionen und zu selbstzerstörerischem, beziehungsweise selbstverletzendem Verhalten.

Über die Entstehung der Erkrankung ist man sich immer noch uneinig. Eine wesentliche Rolle spielt wohl die Entwertung des kindlichen Selbstvertrauens. Oft kam es in der Kindheit der Betroffenen zu körperlichen oder sexuellen Misshandlungen.

Betroffene weisen in ihrem Denken ein extremes Schwarz-Weiß-Muster auf. Zum Beispiel werden Personen typischerweise zuerst überschwänglich idealisiert, um dann wenig später kategorisch abgewertet zu werden. Die in krankhafter Weise und übertrieben lieb gewonnene Person erscheint für die Betroffenen so bedeutungsvoll und fürs eigene Ich so wichtig, dass sie nach ihrer permanenter Nähe und Aufmerksamkeit streben. Da dieser krankhafte Wunsch vom Gegenüber nicht in der gewünschten Ausprägung erwidert werden kann, fühlen sich die Erkrankten typischerweise schnell aufs Äußerste zurückgewiesen. Sie reagieren in ihren Aussagen und in ihrer Gefühlswelt mit starker, emotionaler Abwertung. Trotzdem sind sie aber auch weiterhin unfähig, sich von der entsprechenden Person tatsächlich zu distanzieren.
So kommt es zu widersprüchlichen Verhaltensweisen. Für Erkrankte ist die Aussage „Ich hasse dich, verlass mich nicht!" beschreibend.

Wer also schon einmal in einer merkwürdigen Beziehung mit einem Menschen war, der absolute Nähe suchte, diese dann aber nicht aushalten konnte, grundlos aber stark unter der Beziehung zu leiden schien, es nie aushalten konnte, allein zu sein und schließlich durch Unfähigkeit Schuld auf sich lud und so ein „böses" Ende der Beziehung heraufbeschwor… - der sollte über Borderline nachdenken.

Psychosomatik
Unter Psychosomatik versteht man den medizinischen Zusammenhang zwischen der Psyche und dem „Soma" (griechisch), dem Körper.
Nach dem Motto „in einem gesunden Körper lebt auch ein gesunder Geist" geht man davon aus, dass manche körperlichen Erscheinungen mit psychischen Erscheinungen einhergehen, und umgekehrt.

Zur Psychosomatik zählt man zum einen substanzielle Reaktionen, wie zum Beispiel die physische Ausschüttung von Adrenalin bei Angst oder, als den umgekehrten und komplexeren Mechanismus; das Suchen nach Nahrung bei Hunger.

Jedoch versteht man unter dem Begriff „psychosomatische Erkrankung" hauptsächlich körperliche Beschwerden, bei denen sich kein organischer Ursprung ausmachen lässt. Vor allem Beschwerden wie Schmerzen und funktionelle Beeinträchtigungen des Herz-Kreislauf Systems, des Magen-Darm-Bereiches und des Skelett- und Muskelsystems sind oft psychosomatischen Ursprungs. Ausgelöst durch Stress, oder andere, die mentale Anspannung krankhaft fördernde, Dynamiken kommt es zu körperlichen Symptomen ohne direkt auszumachenden Grund.

So führen etwa Stress und Anspannung zu einer durchschnittlich erhöhten Konzentration von Adrenalin im Körper, was unter anderem die Magen-Darm-Peristaltik hemmt und bei längerem Bestehen zu Verdauungsstörungen führen kann. Die Verdauungsstörungen sind dann psychisch bedingt und haben keine organische Ursache.

In der drastischten Auswirkung des Psyche-Körper-Zusammenspiels kann es, wie durch neuere Studien nachgewiesen wurde, bedingt durch die Psyche zu Krebserkrankungen kommen.

Wenn Körper und Geist so eng zusammen gehören, und das Befinden des Geistes Einfluss auf den Zustand des Körpers hat, und umgekehrt, dann sollte sich diese Abhängigkeit der beiden doch auch für medizinische Zwecke nutzen lassen. Für die Zukunft sind interessante Utopien vorstellbar. So sind Mediziner geschlossen der Meinung, dass sich allein durch die „Betreuung" der Psyche von Kranken viele Krankheiten heilen, beziehungsweise schneller kurieren lassen, beziehungsweise ihr Leid leichter zu ertragen wäre. Könnte man geistige Einstellungen und das „sich -Fühlen" von Kranken verbessern, so würden Ressourcen zur „Heilung" aufgetan, die man sich heute noch gar nicht vorstellen kann.

Man kann also einen positiven Effekt auf den Krankheitsverlauf erzielen, indem man sich um die Seele kümmert. Man braucht dazu nicht einmal Medikamente. Was wiederum ein Problem für die Pharmalobby bedeutet, denn keine Medikamente kosten auch kein Geld. Statt teure Medikamente

braucht man in diesem Kontext nur geschultes Personal, das dem Patienten zuhört und ab und an beratend zur Seite steht. Allein dadurch ist ein positiver Effekt auf den Krankheitsverlauf erzielbar.
Warum wird diese Form der Behandlung aber nicht schön längst flächendeckend und gut organisiert eingesetzt? Ganz einfach aus dem Grund, weil es dafür kein Geld gibt. Keiner ist zum Beispiel bereit, psychologische Unterstützung für ein Hüftleiden zu leisten. Auch wenn sich alle Mediziner (und viele andere Lobbyisten) darüber einig wären, dass die Betreuung der Seele einen positiven Effekt auf Krankheiten hat.

In den letzten Jahren ist die derzeitig als „Wellness-Bewegung" bekannte Entwicklung überall zu beobachten. Sie setzt genau an diesem Punkt an.
An jeder Ecke kann man Produkte (und Dienstleistungen) erwerben, die zu einem besseren Wohlbefinden (englisch: Wellness) führen sollen. Die Wellness-Branche machte in Deutschland im Jahr 2007 einen Umsatz von circa 80 Milliarden Euro. Tendenz stark steigend. Böse Stimmen behaupten wieder einmal, dass es den Deutschen zu gut gehe, sodass sie Zeit und Geld dafür haben. Egal aus welchem Grund, der Trend ist klar erkennbar. Die Bürger der Industrienationen achten immer mehr auf persönliches Wohlbefinden. Das Bewusstsein über „Wellness" ist in die Köpfe der Menschen vorgedrungen. Wo früher reines aufopferndes Pflichtbewusstsein und einfacher Gehorsam und strikte Strebsamkeit waren, finden sich jetzt in der modernen und viel zu schnellen Welt „Work-Life-Balance" und „Bio-Food".

Der Berufsstand der Heilpraktiker ist hier ein weiteres Stichwort. Heilpraktiker dürfen keine schulmedizinischen Medikamente verschreiben oder verabreichen. Der Sinn ihrer Tätigkeit ist vor allem psychischer Natur.

Entwicklungspsychologie

Die Kindheit ist die Zeit, in der die Grundlagen für die Psyche des Erwachsenen gelegt werden. Werden in dieser Zeit Fehler gemacht, oder „wächst" die Psyche in einer „ungesunden" Umgebung, so entwickelt sie sich

unvorteilhaft, zwanghaft bis krankhaft. Und wie aller Schaden, der sehr tief liegt, so können auch in der Kindheit geschehene Schäden nur sehr schwer, wenn überhaupt behoben werden.
Vor diesem Hintergrund ist leicht einzusehen, dass, wenn etwas mit den Eltern nicht „stimmt", sich dies unweigerlich auf das Kind übertragen muss. (Siehe zum Beispiel Hellinger weiter unten in diesem Kapitel.) Das Kind wird in seinem Denken und Handeln wesentlich von den Eltern geprägt.

Die universitäre Disziplin der Entwicklungspsychologie umfasst ein eigenes Studium mit unterschiedlichen Facetten. Man beschäftigt sich mit der Psychologie der kindlichen Entwicklung. Im Detail sind dies die Entwicklung von Intelligenz, Motivation, sozialen Kompetenzen, Kommunikation, Familienleben, Sprache, Moralverhalten, jedoch beispielsweise auch Dinge wie kindlichen Trotzphasen oder der infantile Umgang mit dem Tod. Die Entwicklung von Kindern ist etwas sehr Spannendes, und man kann auch für sich selbst (auch wenn man vielleicht selber noch keine Kinder hat) viel draus lernen.
Um den Rahmen nicht zu sprengen, möchte ich hier allerdings nur auf eine einzige Komponente eingehen. Auf eine, beziehungsweise auf zwei. Auf die Begriffe „Erziehung" und „Prägung". – Was ist beim Menschen anerzogen und was ist geprägt?

Unter „Erziehung" versteht man rein formal alles, was die Eltern aktiv tun. Erziehung umfasst Regeln, die von den Eltern aufgestellt werden und zu deren Einhaltung das Kind angehalten und mitunter gezwungen wird. Man versucht beim Kind bestimmte Lernprozesse bewusst und absichtlich herbeiführen. Man versucht, das Lernen in einer bestimmten Richtung zu unterstützen. Das Ziel der Erziehung ist es, eine dauerhafte Veränderungen des Verhaltens zu erreichen. Dieses neue Verhalten soll bestimmten, vorher festgelegten Erziehungszielen entsprechen.
Erziehung ist in jeder Form etwas Hierarchisches. Der Erziehende (zum Beispiel ein Elternteil) steht über dem zu Erziehenden (dem Kind). Es stellte sich

in allen Zeiten immer wieder die Frage welcher Erziehungsstil am vorteilhaftesten ist. Von streng bis locker, von selbstorganisierend bis führend, von autoritär bis lasch sind beliebige Stile denkbar. Alle haben sie ihre gewissen Vor- und Nachteile.

Etwas ganz anderes dagegen ist die „Prägung". Prägung verläuft unbewusst, und in ihrer Wirkung ist sie ist viel mächtiger. - Wenn man mit dem Kind schimpft, weil es nicht mit offenen Mund essen soll, dann ist das die eine Sache, geht es um religiöse oder kulturelle Sichtweisen, so ist dies ganz etwas anderes. Einem Kind Überzeugungen anzuerziehen ist mit das Schwierigste überhaupt. Überzeugungen werden normalerweise geprägt!

Genaugenommen ist „Prägung" ein Begriff aus der Verhaltensbiologie. Man versteht darunter (laut Definition wie sie im Lexikon steht) eine irreversible Form des Lernens. Auch ein Umlernen ist dieser Definition entsprechend nicht möglich. (!!) Das englische Wort für Prägung („imprinting") wird heute in der Genetik auch in einem gänzlich anderen Zusammenhang benutzt. Ein bekanntes Beispiel ist die Prägung von jungen Gänsen. Die frischgeschlüpften, kleinen Kükengänse laufen dem ersten bewegten Gegenstand, der Töne von sich gibt, nach. Typischerweise ist dies die Muttergans, es kann aber auch etwas anderes sein. Bei der Prägung findet weder Bestrafung noch Belohnung Anwendung. Geprägt wird immer, wenn die entsprechende, biologische Disposition vorhanden ist. – Ganz anders als beispielsweise beim Lernen durch Versuch und Irrtum.
Man kann sich also nicht vor Prägung schützen. Außerdem kann Prägung interessanterweise in einer Zeitspanne stattfinden, in der die geprägte Verhaltensweise noch nicht vollzogen werden kann. So weiß man also unter Umständen gar nicht, wie man in der früheren Kindheit programmiert wurde.

In der Erziehungspsychologie wurde dieser Begriff erweitert. Man versteht darunter in groben Zügen alles, was im psychologischen Sinn unbewusst von den Eltern auf die Kinder übergeht. Das Paradebeispiel hierzu ist, wie bereits angedeutet, die Religion. In allen Kulturen geht Religiosität vor allem von den Eltern auf die Kinder über. Die Eltern leben bestimmte Einstellungen, Sichtweisen und Verhaltensweisen vor, und den Kindern bleibt gar keine andere Wahl, als diese zu übernehmen. Ihnen bleibt keine andere Wahl, denn sie kennen ja noch gar keine Alternativen. Folglich haben auch die Eltern gar keine andere Möglichkeit, als unbewusst ihre Kinder mit den Verhaltens- und Sichtweisen und mit den tiefen Einstellungen zu programmieren, welche sie, meist unbewusst, selbst auch benutzen. (Dies sind in der Regel Schemen, mit denen sie sehr wahrscheinlich früher einmal selbst geprägt wurden.)

Ganze Kulturlandschaften funktionieren nach diesem Prinzip. So sind in einer Region, sagen wir beispielsweise im Deutschen Bayern, andere kulturelle Sichtweisen verbreitet als etwa in der italienischen Toskana. Und da immer wieder Eltern ihre Kinder unbewusst prägen, werden sich diese regionalen, kulturellen Unterschiede auch nicht so schnell auflösen. - Und das ist auch gut so.

Der Form halber soll an dieser Stelle nicht unerwähnt bleiben, dass es neben Erziehung und Prägung noch die genetische Disposition und das eigenständige Lernen des Individuums als persönlichkeitsbestimmende Dynamiken gibt.

Mit diesem letzten Hinweis möchte ich hier meinen Abschnitt zur Psychologie abschließen und die Regionen der „Software" unseres Denkapparates verlassen. Wir wollen jetzt zur „Hardware" kommen. Die Softwareabteilung hat sich damit beschäftigt, was am Ende herauskommt, also quasi mit den Inhalten. Die Hardwareabteilung beschäftigt sich damit, wie dies alles auf der organischen Ebene ermöglicht wird. Sie werden sehen, dass mit doch recht einfachen und eingängigen Modellen komplexe Eigenschaften unseres Gehirns erklärbar sind. – Ein weiser Mann soll einmal gesagt haben: „Das Geniale ist immer einfach."

Bei den nachfolgenden Themen zur Hirnforschung werden uns besonders die naturphilosophischen Aussagen interessieren.
Gegen Ende dieses Kapitels werde ich, vor allem aus Gründen der Vollständigkeit, noch ein paar ganz andere, eher esoterische Theoriegerüste und Denkansätze als direkte Alternativen zur starren Methodik der universitären Wissenschaft präsentieren.

Neuronale Netze

In den letzten Jahren ist die Forschung im Bereich der neuronalen Netze eindrucksvoll vorangekommen. Dies liegt nicht zuletzt an den neuen Möglichkeiten, wie sie moderne Computer mit bis dato ungeahnter Rechengeschwindigkeit für relativ wenig Geld bieten. Ein Neuronales Netz kann bis zum jetzigen Zeitpunkt am leichtesten dadurch untersucht werden, indem man seine Arbeitsweise auf einem Computer simuliert. Das bedeutet, man überlegt sich theoretisch, wie ein solches Verarbeitungsnetzwerk funktionieren könnte und programmiert dann diese Art der Verarbeitung in einen Computer. Dieser Simulationscomputer selbst arbeitet mit einer anderen Verarbeitungsstrategie und bildet die Verarbeitungsweise des neuronalen Netzes lediglich virtuell ab. Nach der Programmierung des Simulationssystems startet man das Programm und testet über Ein- und Ausgaben, und über die Beobachtung der Programmzustände, wie sich das virtuelle System verhält.

Was ist aber nun ein neuronales Netz, und was macht es so besonders?

Sehen wir uns zuerst an wie ein herkömmliches Programm abläuft. Typischerweise wird ein Programm zeilenweise abgearbeitet. Das bedeutet, dass das Programm Zeilen wie auf einem Blatt Papier hat. In jeder Zeile stehen Anweisungen, die das Programm nacheinander abarbeitet. Ist eine Zeile abgearbeitet, so geht das Programm zur nächsten Zeile, um diese abzuarbeiten. Sprünge zwischen Zeilen sind (nach Anweisungen) erlaubt. Ebenso gibt es einen Speicher in dem verschiedene Programmzustände gespeichert sind.

Interessant wird es, wenn das Programm bei der zeilenweisen Abarbeitung auf einen Fehler stößt: In der Regel bleibt das zeilenweise Programm dann nämlich stehen und arbeitet nicht weiter.

Im nachfolgenden Kasten sehen Sie ein Beispiel für ein sequenzielles (zeilenweises) Programm in der Programmiersprache „C".

```
10 #include <iostream>
20
30 int main()
40 {
50  cout << "Hallo Welt!" << endl;
60  return 0;
70 }
```

Um im Detail zu verstehen was ein sequenzielles Programm ausmacht, wollen wir uns die Mühe machen, uns nacheinander klar zu machen, wie es aufgebaut ist und was es tut. Es funktioniert folgendermaßen:

In Zeile 10 steht eine Anweisung, die auf eine Bibliothek der Programmiersprache zugreift. In dieser Bibliothek findet man verschiedene, schon vorgegebene Befehle, die man dann recht bequem und einfach benutzen kann. In dieser Bibliothek stehen zum Beispiel Befehle zum Ein- und Ausgeben von Zeichen auf Bildschirm und Drucker bereit. Auch hat man die Möglichkeit, sich für Befehle und Programme wie man sie selbst oft braucht, eigene Bibliotheken anzulegen.

In Zeile 30 (Zeile 20 ist eine Leerzeile und hat natürlich bis auf ihr Leersein keine Funktion) wird das Hauptprogramm gestartet. Jedes C-Programm braucht ein Hauptprogramm. Das Hauptprogramm heißt immer „main". Vor dem Wort „main" sehen wir den Ausdruck „int". Dieser hat zusammen mit den Klammern hinter „main" eine Bedeutung. (Alles in einem Programm hat entweder eine Bedeutung oder zeugt von schlechter Programmierung.) In C ist es nämlich so, dass man an Programme bei ihrem Aufruf Werte übergeben kann. Bei Programmende werden dann ebenfalls wieder Werte vom Programm zurückgegeben. Man kann sich also sowas basteln wie zum Beispiel das kleine Rechenprogramm a=einsdazu(3); „einsdazu" ist hier beispielsweise ein Programm, das zur übergebenen Zahl die Zahl 1 addiert. Nach dem Aufruf von a=einsdazu(3) würde die Variable a den Wert 4 zugewiesen bekommen. Damit der Computer weiß, was er mit dem Rückgabewert anzufangen hat (und wie dieser im Hardwarespeicher verwaltet werden soll), muss man definieren, was für eine Beschaffenheit der Rückgabewert haben soll. „int" heißt, dass man eine Integer-Zahl verwenden will. Integer-Zahlen sind ganze Zahlen in einem bestimmten Bereich, also nicht beliebig groß. Das Hauptprogramm „main" gibt immer eine Integer-Zahl zurück. Diese ist „0", wenn alles funktioniert hat und irgendeine andere Zahl in einem anderen Fall.

In den Zeilen 40 und 70 wird das Hauptprogramm mit geschweiften Klammern eingefasst. Diese braucht man laut Konvention der Programmiersprache.

Die Zeile 50 enthält einen Befehl aus der Bibliothek „iostream", welcher Zeichen auf den Bildschirm druckt. Außerdem ist in programmiersprachenbefehlsspezifischer Schreibweise angegeben, was ausgegeben werden soll. Hier nämlich der Text „Hallo Welt !" Am Ende von Zeile 50 finden wir noch die Anweisung „endl;". – Das bedeutet dass die auf dem Bildschirm ausgegebene Zeile hier zu ende sein soll. Der Strichpunkt hinter jeder Zeile im Hauptprogramm innerhalb der geschweiften Klammern sagt dem Computer, dass diese Programmzeile hier zu Ende ist.

In Zeile 60 wird die 0 an das Hauptprogramm „main" zurückgegeben (siehe vorher). Wie bereits erwähnt, bedeutet das, dass alles in Ordnung war.

In Zeile 70 endet der Programmtext mit der geschweiften Klammer.

Sind Sie drauf gekommen, was das Programm tut? – Es schreibt bei seinem Aufruf „Hallo Welt!" auf den Bildschirm!

Hiermit haben wir also ein kleines, sequenzielles Programm kennen gelernt. Wir verstehen jetzt, dass das Programm bei einem Tippfehler oder bei einer falsch programmierten Schleife (zum Beispiel einer Endlosschleife) einfach stehen bleibt, beziehungsweise nicht mehr von der Stelle kommt. – Wir alle kennen das von unseren Computern. Diese bleiben oft einfach stehen, oder sie tun ewig lange irgendwelche für uns unverständlichen Dinge. Passiert eines von beidem, so kann man währenddessen den Computer nicht benutzen.

Wenn wir aber dagegen das Verhalten unseres Gehirns beobachten, dann stellen wir fest, dass unser Gehirn im Grunde niemals einfach stehen bleibt und drauf wartet, bis es vom Administrator neu gestartet wird. Auch das „Hängenbleiben" in einer Schleife kommt selten in so drastischer Weise vor, wie wir es von Computerprogrammen her kennen. Die Vermutung liegt nahe, dass unser Gehirn einfach auf eine gänzlich andere Art funktioniert. – Diese Aussage an sich ist trivial, denn unser Gehirn ist ja physisch schon ganz anders als beispielsweise ein Siliziumrechner aufgebaut. Dennoch geht es darum, sich klar zu machen, dass Soft- und Hardware unseres Gehirns nach gänzlich anderen Prinzipien funktionieren, als wir sie von herkömmlichen Computern kennen.

Wie funktioniert also unser Gehirn?

Parallelverarbeitung

Im Fachjargon bezeichnet man die Verarbeitung von Informationen mit Hilfe des gleichzeitigen Verschickens an mehrere Orte als „parallelverteilte Verarbeitung". Oder auf Englisch „parallel disturbed processing" – kurz PDP. PDP hat gegenüber der Arbeitsweise von sequenziellen Computer einen entscheidenden Vorteil: Sie ist schneller. Und zwar ist sie wesentlich schneller. Sie ist schneller, weil Hunderte oder Tausende oder Millionen von Rechenoperationen gleichzeitig und nicht in aufeinander folgenden Einzelschritten durchgeführt werden.

Aber es kommt noch besser: Ein PDP-System kann fehlerhafte Funktionen oder die Inaktivierung oder sogar den Verlust einer großen Zahl an Verschaltungsstellen verkraften und trotzdem weiterhin funktionsfähig bleiben. Simuliert man beispielsweise ein Insektengehirn als PDP-System, dann kommt man auf eine (von der Rechenaufgabe abhängige) Leitungsminderung von ca 1,5 Prozent bei einem Verlust von 10 Prozent aller Verschaltungsstellen. Das ist ein bemerkenswertes Ergebnis, denn ein PC funktioniert unter Umständen schon überhaupt nicht mehr, wenn sein Speicher auch nur eine einzige fehlerhafte Stelle enthält.

Der Grund für diese hohe Verfügbarkeit ist der, dass bei PDP jede einzelne Verschaltungsstelle nur einen so winzig kleinen Teil von der Gesamtverarbeitung übernimmt. Bei PDP rechnet die einzelne Verschaltungsstelle parallel an mehr oder weniger dem gleichen Problem wie mehrere hunderttausend andere Verschaltungsstellen. Ist die einzelne Verschaltungsstelle nicht verfügbar, so wird ihre Arbeit übergangslos von den Hunderttausenden anderen Verschaltungsstellen mit übernommen. Der Anwender merkt davon natürlich gar nichts. Bei einem seriell laufenden Programm, einer seriellen Programmierung und einer seriell arbeitenden Hardware merkt der Anwender sehr wohl etwas. Denn wenn das Verrechnungsergebnis einer einzelnen Verschaltungsstelle nicht erzeugt oder weitergegeben wird, so bekommen die nachgeschalteten Verschaltungsstellen keine Daten. Das System steht.

Noch ein Beispiel: Auf dem Foto sieht man einen der ersten großen und kommerziell eingesetzten Parallelrechner aus dem Jahre 1985. Der Rechner ist geeignet für Aufgaben, die das Verarbeiten von sehr großen Datenmengen erfordern. Man kann damit Atomreaktionen oder Materialverhalten oder das Wetter simulieren. Der Rechner ist rund aufgebaut, weil in seinem Kern sehr viele Kabel verlaufen. Kabel der Datenverarbeitung müssen immer möglichst kurz sein. Daher die runde Form. Sehr praktisch ist der Rechner, weil man ihn ebenso als Möbelstück verwenden kann. Er dient zum Beispiel im Deutschen Museum in München als Bank.

Leistungsfähigkeit der Vektorcodierung

Nehmen wir an, wir hätten einen Geschmackssinn auf unserer Zunge, der nur 4 Grundarten von Geschmack schmecken kann. Als zur Abstraktion neigende Wissenschaftler nennen wir diese Grundarten A, B, C und D. Jede dieser Grundarten kann, pro realem, aus der Umwelt stammendem Geschmack, unterschiedlich ausgeprägt werden. Ist zum Beispiel A „salzig", so ist beim Genuss von Salz A aktiver als etwa beim Genuss von Zucker. (Zucker ist süß und Salz ist salzig.) – Wie verhält es sich aber beim Essen von Kartoffelchips oder Vanilleeis? – Es verhält sich so, dass A, B, C und D viele hundert Abstufungen der Erregung kennen. Das heißt, dass sich für jeden Geschmack ein ganz bestimmtes Erregungsmuster von A, B, C und D ergibt. Und dieses Erregungsmuster ist individuell für einzig und allein diesen einen Geschmack.

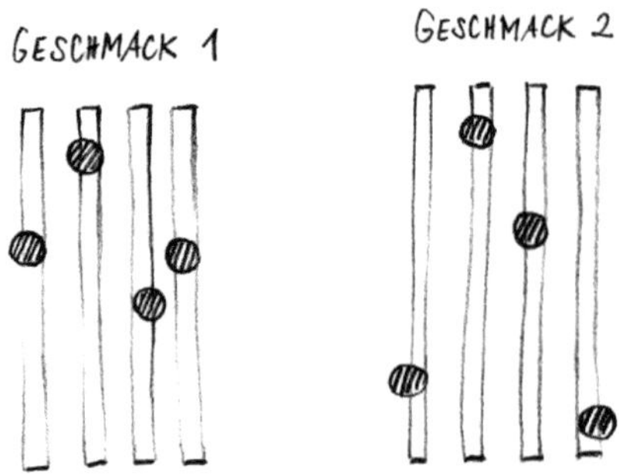

In der Zeichnung erkennen wir entsprechend Geschmack 1 und Geschmack 2 unterschiedliche Erregungsstände von A, B, C und D. Geschmack 1 und Geschmack 2 schmecken unterschiedlich.

Hierzu wollen wir uns ein paar mathematische Gedanken machen. Stellen wir uns vor, jede der Grundarten könnte genau 100 Erregungszustände einnehmen. Als Resultat unseres Systems aus den 4 Grundarten würden sich in Summe 100.000.000 - einhundert Millionen - unterschiedliche Geschmäcker erkennen und wiedererkennen lassen. Das ist schon ein bemerkenswertes Ergebnis in Anbetracht der Schlichtheit dieses Aufbaus. In der Realität ist es für die Natur überhaupt kein Problem, einen Rezeptor zur Verfügung zu stellen, der auch weitaus mehr als 100 Stufen der Erregung wahrnehmen und ausgeben kann. Wir erkennen durch diesen Zusammenhang also, wie es einem Sensorsystem mit sehr einfachen Mitteln möglich ist, eine sehr große Anzahl von unterschiedlichen Zuständen zu erkennen.

Lineare Vektoralgebra

„Linear" bedeutet immer, dass irgendwelche Linien beschrieben werden. Mit dem Begriff „Algebra" ist meist sowas wie „Rechnen" gemeint. Was „Vektoren" sind, schauen wir uns im Folgenden an.

Vektoren sind ganz allgemein Pfeile. Pfeile haben einen Startpunkt, eine Richtung und eine Länge. Dadurch kann man mit Pfeilen, vor allem in der Physik, auf sehr praktische Art mechanische Kräfte beschreiben. Bei einer Kraft wäre dies der entsprechende Angriffspunkt der Kraft, die Richtung wäre die Richtung, in die die Kraft wirkt, und die Länge des Pfeils wäre die Stärke der Kraft.

In der Mathematik finden Vektoren in einer etwas abstrakteren Art ihre Anwendung. Verdeutlichen kann man sich dies so, dass sich die drei Eigenschaften Angriffspunkt, Richtung und Länge durch Zahlenkombinationen mit bestimmten Verknüpfungsregeln darstellen lassen. In der abstrakten Form der Mathematik handelt es sich dann zum Beispiel nicht mehr um räumliche Pfeile, sondern nur noch um Zahlenkombinationen mit bestimmten, dem Rechnen mit Pfeilen entsprechenden Kombinationsregeln. Mit solchen Zahlenkombinationen kann man auf sehr praktische Art sogenannte „Gleichungssysteme" beschreiben. Gleichungssysteme braucht man, wenn man Vorgänge oder schlicht Zusammengänge über mehrere Gleichungen (oft reicht eine allein nicht aus) beschreiben möchte. Die aus der Vektorrechnung der Physik stammenden Rechenregeln sind sehr praktisch zum Rechnen mit Gleichungssystemen.

Schauen wir uns das Ganze anhand eines Beispiels genauer an: Ein einfaches Beispiel ist ein Vektor im 2-dimensionalen Raum. In unserem Beispiel fängt er bei Null an und geht auf einer Achse bis zwei, auf der anderen Achse bis vier. Er hat einen Angriffspunkt, eine Länge und eine Richtung.

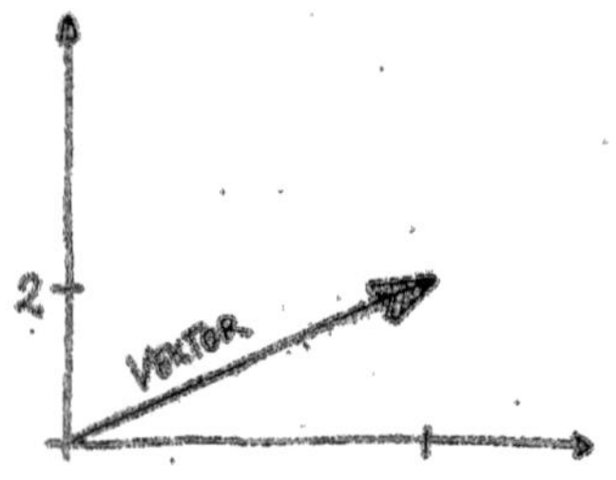

Interessant wird es, wenn wir 2 Vektoren addieren. Das funktioniert nämlich so, dass der zweite Vektor auf die Spitze des ersten Vektors gesetzt wird, und die Spitze des zweiten Vektors dann das Ergebnis der Vektoraddition ist.

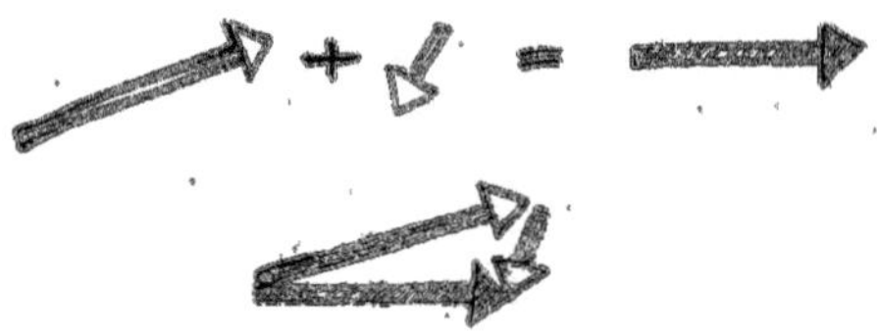

Man kann mit Vektoren allerhand spannende Dinge tun. Wir tun aber jetzt etwas anderes. Wir stellen uns einen 2-dimensionalen Vektor, in etwa wie den obigen, vor. Und weiter stellen wir uns vor, dass er nicht einfach durch zwei Zahlen wie die Drei und die Vier bestimmt ist, sondern durch den Erregungszustand von zwei Rezeptoren in unserer Nase. Jegliche Kombination aus zwei Erregungszuständen dieser beiden Rezeptoren in der Nase würde also einen Pfeil ergeben. Wenn man nun davon ausgeht, dass jede Kombination von Erregungen der beiden Rezeptoren einen bestimmten Geruch repräsentiert, dann erhält man für jeden Geruch einen bestimmten Vektor.

Und jetzt wird es interessant: Pfeile, deren Spitzen nahe beieinander liegen, riechen ähnlich! Das bedeutet, dass wir mit der Fähigkeit des Erkennens von Vektoren nicht nur in der Lage sind, sehr viele unterschiedliche Gerüche wahrzunehmen, wir erkennen auch Ähnlichkeiten von Gerüchen!

Der Ansatz mit der Veranschaulichung durch Vektoren geht aber noch sehr viel weiter. Denn natürlich besteht unsere Welt nicht aus zwei unterschiedlichen Grundgerüchen. Vorhin haben wir für den Geschmack ein abstraktes A, B, C und D angenommen. Und das ist natürlich weit untertrieben. In Wirklichkeit gibt es sehr viele unterschiedliche Rezeptortypen mit Millionen von einzelnen Rezeptoren ähnlicher Art für alle möglichen Sinne. Das Sehen funktioniert anders als das Hören, und das Schmecken oder die Druck- oder Wärmeempfindung der Haut funktionieren wiederum auf andere Art. Weiter finden wir eine Art Vektorkodierung im Gehirn, denn unterschiedliche Erregungsmuster bedeuten auch unterschiedliche Erregungszustände der einzelnen Nervenzellen, und diese lassen sich wiederum als Vektoren darstellen. Irgendwo dazwischen liegt dann beispielsweise so etwas wie die Fähigkeit, Gesichter zu erkennen. Alle menschlichen Gesichter sind sehr ähnlich (alle sehen wie Menschen aus), und doch erkennen wir unsere Mutter aus einer Million anderen Gesichtern innerhalb des Bruchteils einer Sekunde. Eine bemerkenswerte Leistung unseres Gehirns.

Wie macht unser Gehirn das also? - Wenn man versucht, es trivial zu formulieren, dann tut unser Gehirn nichts anderes, als dass es Vektoren „auswendig lernt".
Irgendwann einmal trifft unser Gehirn das erste mal auf einen Vektor und lernt ihn so kennen. Sei es ein bestimmter Geruch, das Gesicht der eigenen Mutter oder der Klang einer Geige. Dieser Vektor wird im Gehirn gespeichert. Natürlich wird dieser Vektor nicht nur durch zwei Komponenten wie den zahlen zwei und vier beschrieben werden können. Sehr wahrscheinlich wird er sehr viel mehr als zwei Dimensionen haben. Eventuell sind es Millionen von unterschiedlichen Erregungszuständen von Millionen von Nervenzellen. (zwei Dimensionen sind sehr leicht auf einem Blatt Papier zeichenbar – drei Dimensionen schon schwieriger. Bei 4 Dimensionen können wir gar nichts mehr zeichnen. Und ab 4 Dimensionen hört unsere menschliche Vorstellungskraft auf. – Was jedoch die Mathematik nicht davon abhält, auch beliebig hochdimensionale Räume zuzulassen.) Wichtig ist jetzt, dass auch jeder Vektor eine Pfeilspitze hat. Ganz egal, wie viele Dimensionen er besitzt. – Liegen jetzt beispielsweise zwei dieser Pfeilspitzen nahe beieinander, so sind

die beiden repräsentierten Sinneseindrücke ähnlich. – Am Beispiel des Gesichts der eigenen Mutter würde ein „Gesichtsvektor", dessen Spitze sehr nahe am „Gesichtsvektor" der eigenen Mutter liegt, für uns eine sehr hohe Ähnlichkeit zum Gesicht unserer Mutter aufweisen. Liegen Pfeilspitzen nahe beieinander, so sind die dazugehörigen Eindrücke ähnlich.
Umgekehrt hat dieser Effekt eine weitere und sehr wichtige Konsequenz:
Unser Gehirn hat durch die Parallelverarbeitung über die Erregung einzelner Nervenzellen die Fähigkeit, Neues auf schon Bekanntes und dem Neuen Ähnliches zurückzuführen. Oder anders formuliert: Neues, das dem schon Bekannten ähnlich ist, kann sehr schnell verstanden und erkannt werden.

Und dieses Erkennen und Zurückführen macht unser Gehirn nochmals über einen weiteren Trick. Und zwar über Hierarchien von Vektoren. In der Zeichnung auf der nächsten Seite sehen wir eine solche Hierarchie.

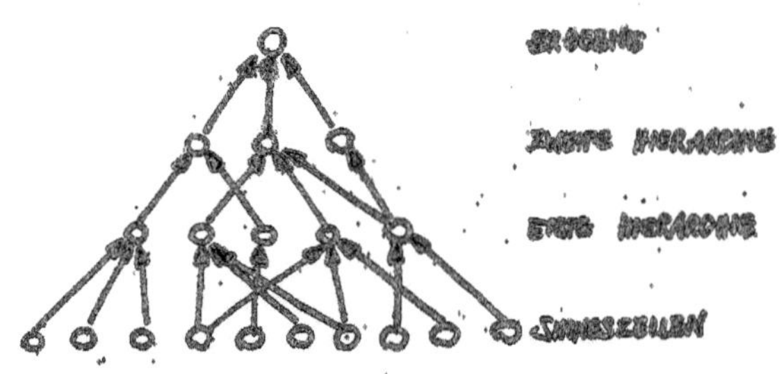

Die Hierarchie ist, so wie unser reales Gehirn, relativ wirr aufgebaut. Und tatsächlich kommt es bei einem Netzwerk wie unserem Gehirn gar nicht so sehr auf eine exakte und besonders aufgeräumte und strukturierte Architektur an. Unser Gehirn erhält seine Leistungsfähigkeit durch die sehr hohe Zahl an Verschaltungen und deren spezielle Gewichtung.
Schauen wir uns nun unsere Verktorhierarchie ein wenig genauer an.
Jeder Pfeil entspricht hier in dieser Zeichnung zeichnungskonform nicht mehr einem Vektor, sondern einer Verschaltung mit einer Richtung. Jeder kleine Kreis ist ein Knotenpunkt der Verschaltungen und gleichzeitig eine kleine

Verrechnungseinheit. Die Verrechnungseinheit empfängt Daten von bestimmten Stellen und versieht diese Daten mit einer bestimmten Gewichtung. Das heißt sie interpretiert Erregungsmuster. Jedem eingehenden Erregungsmuster auf der Sinneszellenebene folgt ein ganz bestimmtes Erregungsmuster auf der ersten Hierarchieebene. Dies führt zu einem ganz eindeutigen Erregungsmuster auf der Ebene darüber, und dieses Muster führt schließlich zu einem Ergebnis. Mit solchen Netzwerken lassen sich fantastische Leistungen erreichen, wie man sie mit sequenziell arbeiten Programmen nur schwer oder überhaupt nicht realisieren könnte.

Ein Beispiel ist die vorhin genannte Gesichtserkennung. Um eine Gesichtserkennung mit einem sogenannten neuronalen Netzwerk zu bewerkstelligen, muss man diesem Netzwerk erst einmal Gesichter „zeigen" und sie ihm „einprägen". Dazu projiziert man Bilder von Gesichtern auf die Sinneszellenebene. Jede Sinneszelle auf dieser Ebene ergibt dann ein Pixel. Dieses Vorgehen wird bei bestehender, hierarchischer Verschaltung schon einmal zu einem bestimmten Erregungsmuster im gesamten Netzwerk führen. Um aussagekräftige Ergebnisse auf der Ergebnisebene zu erhalten, muss man dem Netzwerk nun noch beibringen, auf welche Gesichter es wie reagieren soll. Dies tut man, indem man Gewichtungen in den einzelnen Verrechnungsstellen hinterlegt. Das Vergeben von Gewichtungen, um bestimmte Ergebnisse zu erhalten, ist bei dieser Vorgehensweise noch relativ kompliziert. Man geht nach bestimmten Formeln vor, die sich in der Praxis als hilfreich bewährt haben. Unter dem Strich tut man aber nichts anderes, als dass man über Gewichtungen bestimmte Vektoren im Vergleich zu uninteressanten Vektoren „verstärkt". Liegen also ein Erregungseingangsmuster und der dazugehörige Vektor auf der Sinneszellenebene sehr „nahe" an dem Vektor eines vorher eingelernten Gesichts, dann erhöht man über diese Gewichtung die Wahrscheinlichkeit, damit das Gesicht zu erkennen. Das Erkennen auf diese Weise ist also kein hundertprozentiger Prozess, sondern unterliegt einer statistischen Komponente. – Unser Netzwerk kann sich auch irren, so wie wir Menschen auch.

Jetzt wo wir den Aufbau eines solchen Entscheidungsnetzwerks kennen, verstehen wir auch, warum die Verarbeitung so überaus schnell vor sich geht. Beim Vergleich eines solches Bilderkennungsnetzwerks mit einer Videokame-

ra mit herkömmlicher Bildauswertungssoftware erkennt man den Unterschied. Die herkömmliche Bilderkennungssoftware wertet jeden einzelnen Bildpunkt eigenständig aus, setzt komplizierte Mustererkennungsprogramme an und vergleicht das Gesamtergebnis mit gespeicherten Daten. Wohlgemerkt erfolgt dabei die gesamte Verarbeitung sequenziell, und die Daten gehen dabei schön nacheinander durch einen einzigen Prozessor. Bei einem Neuronalen Netz werden dagegen sämtliche Bildpunkte gleichzeitig ausgewertet, Zwischenergebnisse liegen gleichzeitig vor und sämtliche Verrechnungen geschehen quasi zur selben Zeit. Dass dies schneller geht, versteht sich von selbst.
Weitere Anwendungen für solche neuronalen Netze sind Spracherkennungssoftware, spezielle Reglungstechnikanwendungen oder Mustererkennungssoftware für große Datenstrukturen.

Schauen wir uns nun an, was passiert, wenn man ein neuronales Netz rückkoppelt. Das heißt, wenn man eine hierarchisch weiter oben liegende Verarbeitungsebene mit einer Ebene weiter unten verbindet.

Rückgekoppelte Netzwerke

Eine Rückkopplung braucht man ganz allgemein überall dort, wo während einer Ausführung kontinuierlich nachkorrigiert werden muss. Oft reicht das Geben eines einzigen Signals nicht aus, um ein gewünschtes Resultat zu erzielen. (Ganz nebenbei braucht man schon eine kurze Rückkoppelung, um überhaupt zu erfahren, dass sich ein gewünschtes Resultat eingestellt hat.) Man kann sich das sehr anschaulich am Beispiel eines bremsenden Autos verdeutlichen. Wir nehmen an, die Aufgabe bestünde darin, ein Auto aus voller Fahrt heraus genau mit den Vorderreifen auf einer Linie zum Stehen zu bringen. Versucht man das, indem man bei voller Fahrt zu einem bestimmten Zeitpunkt eine Vollbremsung macht (ein einziger Befehl) so wird man die Linie wohl in den allermeisten Fällen verfehlen. Sprich, dieses Verfahren ist zu ungenau. Ein viel genaueres Ergebnis erhält man, wenn man die Bremskraft während des Bremsens kontinuierlich nachkorrigiert. Zu Anfang bremst man dabei zum Beispiel sehr stark und gleichzeitig beobachtet man, wie nahe man der Linie auf dem Boden schon gekommen ist. Dementsprechend variiert man die Bremskraft, bis man exakt auf der Linie zum Stehen kommt. Ein solches System aus Rückkopplung und differenzieller Eingabe nennt man auch Regelkreis. Hier ein sogenanntes „Blockschaltbild" eines Regelkreises:

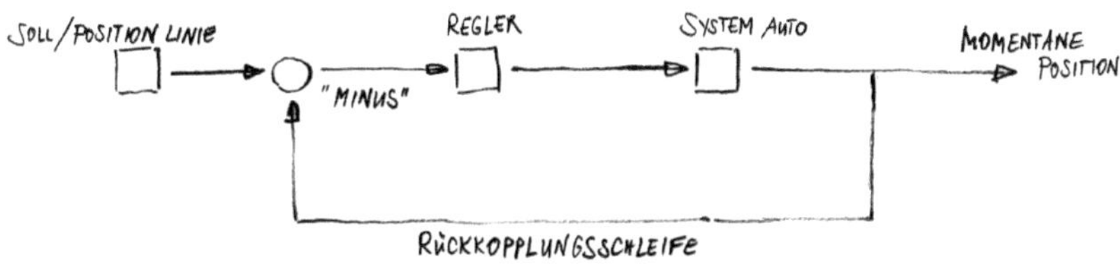

Mit einem solchen Regelkreis hat man also ein System geschaffen, das sich eigenständig und sehr präzise auf einen bestimmten Sollwert einpendelt. Regelkreise mit Sollwertvorgabe finden wir an allen möglichen Orten. Sei es die Temperaturregelung für unsere Fußbodenheizung, die Justierung der Iris unserer Augen bei sich ändernden Lichtverhältnissen, das Halten des Aufzuges in einem Gebäude genau an der Bodenkante vom dritten Stock oder uns selbst, wenn wir auf einem Bein balancieren.
Die erste, aus Rückkoppelungen resultierende Eigenschaft ist also das Nachregeln während dem Erledigen einer Aufgabe, um präzise Ergebnisse zu erhalten.

Neben dem Effekt, dass sich mit Regelkreisen präzise Positionier- und Ausgleichaufgaben sehr einfach handhaben lassen, haben Rückkoppelungen noch andere Effekte. Mit Neuronalen Netzen kann man ebenfalls sehr präzise Regelungsaufgaben handhaben, die zusätzlichen Eigenschaften sind in ihren Auswirkungen jedoch ähnlich dramatisch:

Das Einführen von Rückkopplungsschleifen stellt nämlich eine sehr einfache Form eines Kurzzeitgedächtnisses dar!

Solange die Rückkoppelungsschleife aktiv ist, ist die rückgekoppelte Information im System vorhanden. Prinzipiell kann die Verschaltung so programmiert sein, dass die Erregung niemals verloren geht. Folglich würde auch die Information niemals verloren gehen. - In der Praxis wäre dies aber denkbar schlecht. Denn sich selbst verstärkende Rückkopplungsschleifen führen in vielen Fällen zum Ausbilden einer sogenannten „Resonanzkatastrophe". Diese endet fast immer in einem Totalausfall des Systems und oft zu Zerstörungen durch Überlastung. Beim Auslegen von Regelkreisen ist also stets darauf zu achten, dass die Rückkopplung mit einer entsprechenden Dämpfung oder einem vernünftigen Sicherheitsmechanismus versehen ist. Für unsere primitive Form eines Kurzzeitgedächtnisses bedeutet dies allerdings, dass, solange keine anderen Mechanismen wirken, die in der Schleife gespeicherte Information nach relativ kurzer Zeit wieder verloren geht.

In der Zeichnung sieht man den hierarchischen Netzwerkbaum von vorher, nun aber mit eingezeichneten Rückkoppelungen.

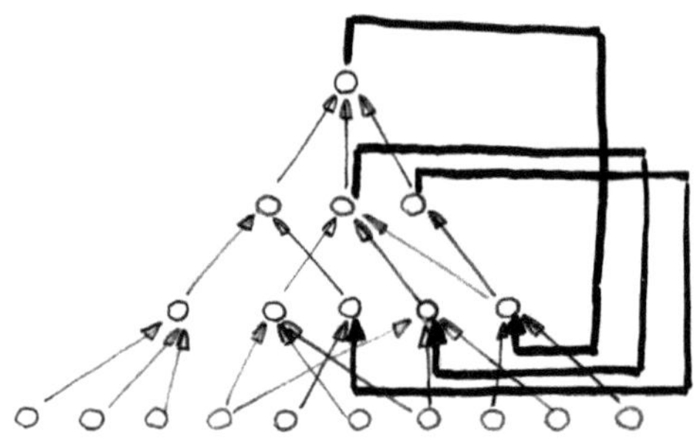

Wenn man nun die vorhin erklärten Eigenschaften eines solchen Netzwerkes, mit Vektoren und Gewichtungen, mit den Eigenschaften einer Rückkoppelung kombiniert, so kann man einige ursprünglich sehr imposant erscheinende Leistungen unseres Gehirns mit einem so einfachen Modell erklären.

Widmen wir uns zuerst der Fähigkeit unseres Gehirns, sich Dinge zu merken. Oder, allgemeiner formuliert, der Fähigkeit zu lernen. Beim Lernen könnte

man es sich am Modell eines rückgekoppelten, Neuronalen Netzwerks so vorstellen, dass Eingangssignale zu bestimmten Erregungsmustern und dann zu bestimmten Rückkoppelungen führen. Über die so erzeugte Aktivierungsintensität und Aktivierungshäufigkeit einzelner Verschaltungs- und Verrechnungsknoten kann eine bestimmte Ergebniskonstellation bei bestimmten Eingaben vor anderen Ergebniskonstellationen hervorgehoben werden. Im einfachsten Fall geschieht eine solche Programmierung, indem häufiger auftretende Knotenerregungen stärker gewichtet werden. - Das alles geschieht ganz ohne Eingreifen von außen. Das neuronale Netz kann also zum Beispiel ihm oft „gezeigte“ Gesichter „wiedererkennen“.
Die zweite Fähigkeit, die durch Rückkoppelungen hinzukommt, ist jene, dass sich ein neuronales Netzwerk selbstständig programmieren kann.

Als nächste Eigenschaft interessiert uns die Zeit! – Wie kommt unser Gehirn zu einer Zeitempfindung? Die Zeit ist eines der großen Mysterien sämtlicher Disziplinen der Philosophie und Wissenschaft. Selbstverständlich liegt die Vermutung nahe, dass unser Gehirn mehr als einen Mechanismus zum Wahrnehmen und Verarbeiten von Zeit zur Verfügung hat. Aber das Modell der Neuronalen Netze erlaubt zumindest einen Weg der Erklärung.
Wenn man sich fragt, welche Mechanismen zum Wahrnehmen von Zeit zwingend notwendig sind, dann ist es auf jeden Fall die Fähigkeit, Zustände nacheinander wahrzunehmen. Das heißt, man muss wissen, dass die eintreffenden Informationen nacheinander eintreffen. Schlichtes Weitergeben reicht dazu nicht aus, denn man hätte keine Möglichkeit, den Ereignissen einen „Zeitstempel“ mitzugeben. Ohne Zeitstempel kann keine Reihenfolge ausgemacht werden. Treffen gleiche oder sehr ähnliche Ereignisse in immer wieder gleichen oder sehr ähnlichen Zeitabständen an derselben Stelle ein, so ist dieses Wiedereintreffen genau das, was wir brauchen, nämlich ein Zeitstempel.
Verdeutlichen wir uns vielleicht zuerst einmal wie eine Uhr funktioniert. In einer Uhr befindet sich immer ein Bauteil, das eine immer wieder gleiche Aktion in immer wieder gleichen Zeitabständen ausführt. Bei einer Quarzuhr gibt ein Kristall in immer wieder gleichen Zeitabständen ein elektrisches Signal aus. Bei einer mechanischen Uhr schwingt eine Feder oder ein Pendel. Die Schwingungsperiode ist dabei immer wieder gleich. Man bezeichnet in der

Fachsprache ein immer gleiches Schwingen als „Oszillieren", und das immer in gleicher Weise schwingende Etwas als „Oszillator". Oszillatoren sind immer mit einer Rückkopplungsschleife aufgebaut!
Durch eine Rückkopplung haben wir die Möglichkeit Zuständen in unserem neuronalen Netzwerk einen Zeitstempel mitzugeben. Wir haben also durch eine Rückkopplung eine Art Uhr in unserem Netz. Und eine Uhr ist der fundamentale Baustein für jegliche zeitliche Unterscheidung und damit für das Wahrnehmen von Zeit im Allgemeinen. Ohne Oszillatoren, die durch die Rückkopplungsschleifen in unserem Gehirn aufgebaut sind, wären wir prinzipiell unfähig, Zeit wahrzunehmen.
Mittels der Oszillationseigenschaften von Rückkoppelungen ergibt sich so die dritte Fähigkeit, die Möglichkeit zeitlich aufeinanderfolgende Abläufe wahrzunehmen.

Alle Netzwerke, die wir bisher betrachtet haben, hatten die Aufgabe, Eingaben in Ausgaben zu verwandeln. Wir zeigten dem neuronalen Netz ein Gesicht, und es gab über eine Verrechnung zu verstehen, ob es dieses Gesicht kennt oder nicht. Mit Regelkreisen erhält das System die Fähigkeit zu lernen und Zeit zu verarbeiten. Außerdem kann es sich effektiv und präzise Regelungsaufgaben wie das Positionieren eines Fingers oder das Stehen auf einem Bein in den Griff bekommen. Wie sieht es aber nun aus, wenn wir sämtliche Eingaben weglassen und uns ein sehr großes Netzwerk aus Milliarden von Verschaltungen und Rückkopplungen vorstellen? In diesem System würden ständig irgendwelche Erregungsmuster hin- und herschwirren, neu entstehen, verstärkt werden, wieder gedämpft werden, Lernphasen ausbilden und Gelerntes wieder vergessen. Offensichtlich können wir mit unserem Modell von rückgekoppelten neuronalen Netzwerken das Phänomen der Selbsterregung erklären.
Wir Menschen brauchen keine Eingangsreize, um eine Aktion auszuführen. (Ein Computer im Vergleich tut solange nichts, bis wir ihm sagen, was er tun soll. Und selbst dann tut er eben genau das und nichts anderes.) Menschen haben die Eigenschaft, dass sie minutenlang herumsitzen und stumm vor sich hinstarren, um dann schließlich aufzustehen um irgendwas zu tun. - Wir Menschen denken nach. Wir reagieren nicht nur auf Reize von außen, son-

dern wir können einen Antrieb durch uns selbst generieren. Nachdenken ist das nichts anderes als eine hochkomplexe Form der Selbsterregung.
Die vierte Eigenschaft von rückgekoppelten Netzwerken ist also die prinzipielle Fähigkeit der Selbsterregung.

Dem Gehirn beim Denken zusehen

Ein Ziel der Kognitionswissenschaften war selbstverständlich schon immer, dem Gehirn quasi live beim Denken zuzusehen.
Um herauszufinden, welche Bereiche im Gehirn für welche Aufgaben zuständig sind, kann man prinzipiell unterschiedlich vorgehen. Zum einen kann man irgendwelche Regionen lahm legen und beobachten, was am zugehörigen Lebewesen nicht mehr funktioniert. Oder zum Anderen kann man messen, welche Regionen aktiv sind, wenn ein Lebewesen bestimmte Aufgaben löst.
Natürlich hätten die meisten Probanden etwas dagegen einzuwenden, wenn der Versuchsleiter vor einem Multiple-Choice-Intelligenztest ein Stück ihres Gehirns mit einem Skalpell lahm legt, um zu sehen mit welchen Aufgaben im Test sie daraufhin Probleme haben. Und selbstverständlich haben alle möglichen Aktivisten etwas dagegen, wenn wir dies bei Affen tun. Deswegen tun wir es ja auch nicht. Interessante Forschungsgegenstände sind also folglich Personen, die bei einem Umfall oder beispielsweise einem Krebsleiden oder einem Schlaganfall räumlich begrenzte Hinschädigungen erlitten haben.
In den letzten Jahren sind jedoch auch die technischen Möglichkeiten der Forscher so ausgereift, dass es in der Tat möglich ist, unserem Gehirn beim Denken zuzusehen. Grundsätzlich gibt es dazu drei sehr bekannte Verfahren, die ich jetzt kurz erklären möchte.

Das erste Verfahren ist das EEG. EEG heißt ausgeschrieben Elektro-Enzephalogramm – Was so viel bedeutet wie „Aufzeichnung der elektrischen Vorgehen im Enzephalon" – „Enzephalon" ist das griechische Wort für Gehirn. Das Verfahren funktioniert so, dass man dem Probanden viele kleine (je mehr desto besser) Elektroden auf die Kopfhaut klebt und die dort auftretenden elektrischen Spannungen mit einem sehr empfindlichen Messgerät aufnimmt, um sie anschließend auszuwerten. In der zweiten Abbildung sehen wir solch ein EEG. Jede horizontale Linie ist die Messkurve einer Elektrode auf der Kopfhaut.

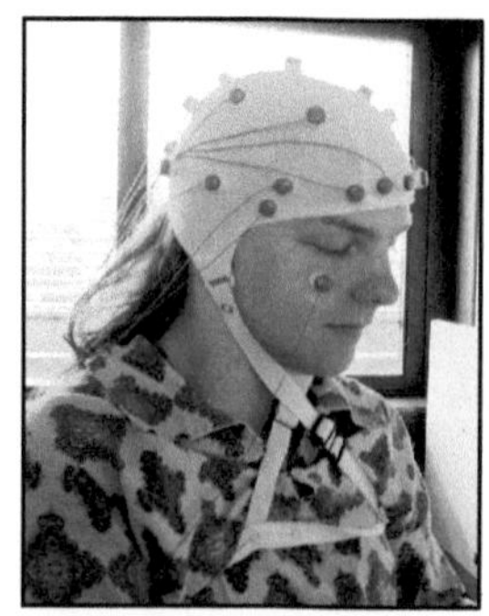

Prinzipiell ist das EEG ein viel zu ungenaues Verfahren, um detaillierte Aussagen über räumliche Lokalisationen von Abläufen unter der Schädeldecke zu treffen. Dennoch gab das EEG seinerzeit (und gibt es auch heute noch) interessante Erkenntnisse über einige interessante Verhaltensweisen und Phänomene des Gehirns. Natürlich kann man im Speziellen die unterschiedlichsten Dinge aus dem EEG lesen, hier wollen wir aber nur auf eine Eigenschaft näher eingehen. Nämlich auf die der auftretenden Frequenzen.

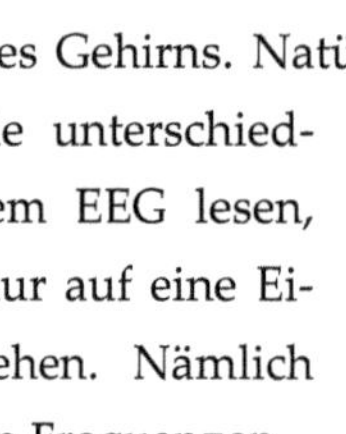

Im Rahmen zahlreicher Testreihen schloss man Versuchsteilnehmer an EEGs an und ließ sie irgendwelche geistigen Dinge tun und beobachtete, wie sich die Linien veränderten. Zum Beispiel mussten einige Probanden Rechenaufgaben lösen, andere ließ man nur ruhig dasitzen und anderen zog man die lustige EEG-Mütze auf, bevor sie zum Schlafen ins Bett gingen. Und man stellte fest, dass immer wieder charakteristische Schwingungsmuster mit bestimmter geistiger Aktivität einhergingen.

Zum Beispiel tauchten nur in der absoluten Tiefschlafphase immer Schwingungen mit sehr niedrigen Frequenzen auf. (Etwa 0,5 … 3,5 Herz – Das sind 0,5 bis 3,5 Wellenberge pro Sekunde.) Bei höchster Konzentration sieht man dagegen auf dem EEG fast immer die sogenannten Gammawellen mit Frequenzen von über 38 Herz. Normalen Aufmerksamkeits-Wellen gab man den Namen Beta. Man findet sie bei Frequenzen zwischen 14 und 38 Herz.

Leider kann man, wie schon gesagt, über die Messung von Spannungen an der Kopfhaut nur sehr ungenaue Aussagen über die Geschehnisse im Inneren des Gehirns treffen. Interessant ist dennoch, dass das Gehirn überhaupt

Schwingungen mit bestimmten Frequenzen produziert. Die Entstehung von Schwindungen, also von zyklischen Vorgängen mit sehr niedrigen Frequenzen, ist nämlich ein nicht trivial erklärbares Phänomen eines hochgradig verschalteten Netzwerks. Die Unwahrscheinlichkeit eines solchen Phänomens legt die Vermutung nahe, dass diese besonderen Schwingungen mit voller Absicht (und nicht nur als Nebenerscheinung) vom Gehirn produziert werden. Eventuell sind sie sogar an der Produktion von Bewusstsein und dem integrativen Rechenleistungen maßgeblich beteiligt. Nur als kurze Anregung zum Nachdenken: Niemand konnte bisher erklären, was beim Schlafen genau passiert, und warum wir dort das Bewusstsein verlieren. Im eingeschlafenen Zustand ändert sich die Frequenz der Schwingungen in unserem Gehirn. Dies lässt Zusammenhänge vermuten.

Das nächste Verfahren, mit dem es möglich ist, dem Gehirn bei der Arbeit zuzusehen, ist die „PET". PET steht für „Positron Emission Tomography" – Da ist Englisch und heißt zu Deutsch „Positronen emmissions Tomografie" – Tomografie bedeutet so viel wie „schichtweises Aufnehmen". Was es mit den Positronen auf sich hat sehen wir gleich.
Allein schon der Begriff ist ein wenig irreführend. In der Tat ist es nämlich so, dass das Wort Tomografie vom Computertomografen geklaut wurde. (siehe weiter unten) Beim PET wird im Grunde etwas ganz anderes gemacht.
Positronen sind unter anderem Zerfallsprodukte von Atomkernen. Dieser Zerfall wird auch als „radioaktiv" bezeichnet. Bestimmte Atome sind radioaktiv und senden ab und zu Strahlung aus. - Um an dieser Stelle nicht genauer auf die komplizierte Disziplin der Kernphysik einzugehen, sagen wir einfach, dass bei jeder radioaktiven Reaktion (wie auch immer diese aussehen möge) ein Positron vom Atomkern aus in irgendeine Richtung davon geschossen wird. Bei der PET werden über die Messung der umherfliegenden Positronen deren genaue Abschussorte bestimmt.
Um Aktivitäten im Gehirn räumlich zu lokalisieren, macht man nun Folgendes: Man reichert Zuckermoleküle mit radioaktiven Atomen an und lässt dann eine Versuchsperson den so modifizierten Zucker verspeisen. Dieser gelangt über den Blutkreislauf ins Gehirn und wird dort als Energielieferant

für das Gehirn verbraucht. Natürlich wird an den Stellen im Gehirn mehr Zucker verbraucht, wo entsprechend höhere Aktivität herrscht. Dort, wo mehr Zucker verbraucht wird, entsteht auch mehr radioaktive Strahlung. Die Versuchsperson liegt in einem schlauchförmig aufgebauten Detektor, in welchem die durch die Zuckermoleküle ausgesandte, radioaktive Strahlung gemessen wird. Anhand eines relativ komplexen Messaufbaus kann man nun den Entstehungsort der aufgefangenen Strahlung (Positronen) ermitteln. Man weiß dann, wo im Inneren des Gehirns mehr und wo weniger Aktivität herrscht.

Nun kann man den mit radioaktivem Zucker angereicherten Probanden in verschiedenste Situationen bringen und dabei die Aktivitäten in ihrem Gehirn beobachten. Man kann dem Probanden Rechenaufgaben geben, man kann ihm Adrenalin spritzen oder ihn zum Beispiel bitten, sich sexuell erregendes Fotomaterial anzusehen. Die Aktivitätsverteilung in seinem Gehirn erfährt man beim PET mit einer relativ hohen räumlichen (circa 1mm) und zeitlichen (unter einer Sekunde) Auflösung. In der Abbildung sehen wir einen Schnitt (Tomogramm) durch das menschliche Gehirn mit einem, durch eine PET aufgenommenen Aktivitätsmuster. Die dunklen Areale bedeuten hohe Aktivität, die hellen niedrige.

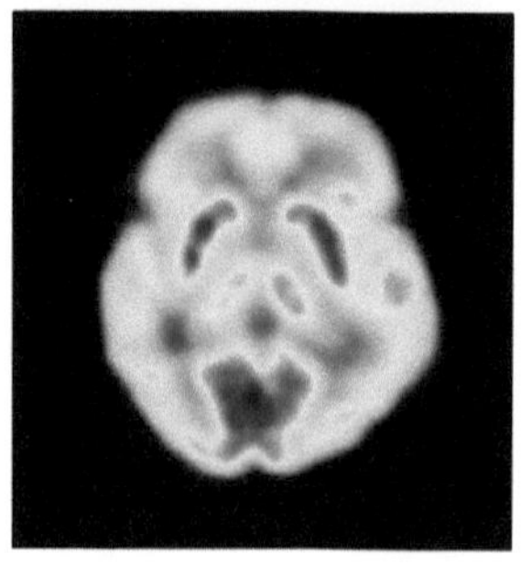

Ich persönlich, als immer begeisterter Techniker und leidenschaftlicher Kernphysiker, möchte noch ganz kurz drauf eingehen, wie der Tomograf es macht, herauszufinden, von welchem Ort genau das empfangene Positron stammt. (Dem technisch weniger versierten Leser sei es durchaus gestattet die folgenden Zeilen zu überspringen.)
Zuerst, wie bereits bekannt, sendet das radioaktiv angereicherte Zuckermolekül beim Zerfall ein Positron aus. Dieses Positron kommt allerdings im Gewebe des menschlichen Körpers nicht besonders weit. Die durchschnittliche Überlebensstrecke von Positronen beträgt in menschlichem Gewebe circa 1 bis 3 Millimeter. Interessant wird es deshalb dann, wenn das Positron auf ein

Elektron trifft. Mit ein wenig relativistischer Akzeptanz der kernphysikalischen Grundlagen ist vollkommen klar (Einstein und die Quantenmechanik lassen grüßen), dass das Positron das sogenannte „Antiteilchen" eines Elektrons ist. Teilchen und deren Antiteilchen vernichten sich beim Zusammentreffen zu purer Energie. Weiter muss man wissen, dass bei atomphysikalischen Reaktionen freiwerdende Energien meist in Form von Licht auftreten. Je höher die bei einer Reaktion freiwerdende Energie, desto kürzer die Wellenlänge des Lichts. - Licht ist, wie wir im Kapitel zur Physik erfahren haben, auch immer gleichzeitig ein Teilchen. Und eben diese bei der Vernichtung von Elektronen und Positronen entstehende Energie entspricht einem Teilchen, das man mit dem bei der PET verwendeten Messaufbau detektieren kann. - Ein reines Detektieren allein würde allerdings noch nicht ausreichen, um den Ort der Vernichtung bestimmen zu können. Der entscheidende Punkt ist der, dass bei einer solchen Vernichtungsreaktion immer exakt zwei Teilchen, genauer zwei 511keV-Gammaquanten (keV heißt zu deutsch tausend Elektronenvolt und ist eine Einheit der Energie) frei werden, die immer in genau entgegen gesetzter Richtung voneinander weg fliegen.

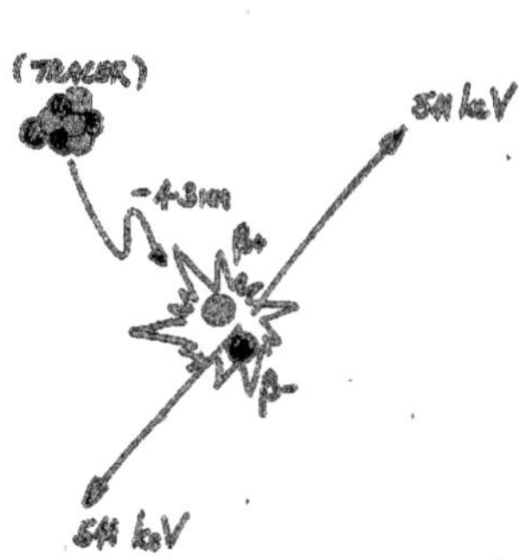

Misst man diese beiden zusammengehörigen Teilchen, so erhält man zwei räumliche Messpunkte. Anhand von zwei Punkten kann man geometrisch eine Gerade im Raum bestimmen. Kennt man nun die Differenz der Eintreffzeitpunkte der beiden Gammaquanten im schlauchartigen Aufbau des PET, so kann man die Position und deren Entstehung theoretisch exakt bestimmen. Einzig die Güte der räumlichen und zeitlichen Auflösung der Messeinrichtung erzeugt Ungenauigkeit. Versucht man den Ort des angereicherten Zuckermoleküls herauszufinden, so stößt man auf die systematische Ungenauigkeit von 1 bis 3 Millimeter. Mit einigen technischen und mathematischen Tricks ist die Auflösung von echten PET ungefähr genauso groß.

Das letzte Verfahren, das ich in diesem Zuge vorstellen möchte, ist die sogenannte „fMRT". Ausgeschrieben steht fMRT für „funktionelle Megnetresonanztomografie". Also wieder einmal Schichtaufnahmen, dieses mal aber über magnetische Resonanz (dazu gleich mehr), und dazu das Ganze in funktioneller Art und Weise.
Die grundsätzliche, physikalische Funktion eines solchen Gerätes ist im Wesentlichen keine andere als die des Detektors, der Sie beim Stehlen eines neuen Kleidungsstücks am Verlassen des Geschäfts hindert.
Und jetzt natürlich gleich mal zur Physik und zur genauen Arbeitsweise eines fMRT: Ein sehr starker Wechselmagnet erzeugt ein sich ständig umpolendes Magnetfeld. (Das ist das laute Rattern, das man hört, wenn man selbst in einem solchen Gerät liegt.) Alles, was sich an Atomkernen in einem starken Magnetfeld befindet (also auch jeder Atomkern in jedem Atom im menschlichen Körper), richtet sich auf eine bestimmte Art und Weise in diesem Magnetfeld aus. Man nennt dieses Phänomen magnetische Polarisation. Wechselt das Feld nun jeweils seine Richtung, so wird die in der Polarisation der einzelnen Atomkerne gespeicherte Energie als magnetische Strahlung frei. Diese kann man messen. Leider reicht das wiederum zur genauen räumlichen Bestimmung von Atomkernen noch nicht ganz aus (jedes Umpolen erzeugt quasi ein Kugelfeld, dessen Orientierung man nicht kennt). Um den Ort bestimmen zu können, überlagert man deshalb das starke Wechselfeld mit einem sogenannten „Gradientenfeld". Dieses Feld ist auf der einen

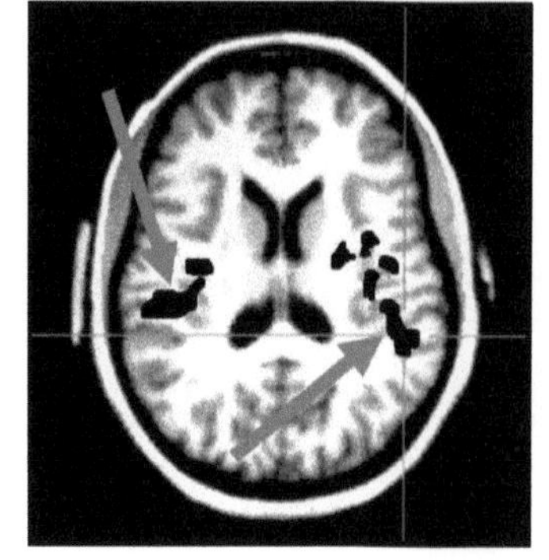

Seite stärker und auf der anderen Seite schwächer. Je nachdem, ob der Atomkern an einem Ort einer stärkeren oder schwächeren Überlagerung umgepolt wird, ist die ausgesandte Strahlung mehr oder weniger stark „verstimmt". Daraus lässt sich der exakte Ort bestimmen.

Wie ermittelt man daraus nun die Aktivität in Hirnregionen? – Dazu muss man wissen, dass jedes unterschiedliche organische Gewebe ein bestimmtes magnetisches Verhalten im fMRT hat. Man kann darin also mit sehr hoher Auflösung unterschiedliche Gewebe erkennen. Dies nutzt man zum Beispiel, wenn man einen Meniskusschaden, einen Tumor oder eine kaputte Schulter bildlich untersuchen will, ohne dabei gleich zum Skalpell greifen zu müssen. MRT ist sogar so genau, und das ist in diesem Fall entscheidend, dass man damit Blut von anderen „Geweben" unterscheiden kann. Funktionell (daher das „f" vor „MRT) wird das Ganze, wenn man mit hochkomplizierter Software den Blutfluss, und innerhalb des Blutflusses unterschiede Blutsauerstoffkonzentration, ermittelt. Die räumlich aufgelöste Hirnleistung kann man dann dadurch erschließen, wenn man weiß, dass in aktiven Hirnregionen mit hoher zeitlicher Auflösung mehr Blut fließt als in weniger aktiven Regionen. Weiter verändert sich in aktiveren Regionen das Blutsauerstoffkonzentrationsgefüge stärker als in schwächer aktiven Regionen. Der Grund ist, weil Aktivität von Nervenzellen immer mit einem erhöhten Sauerstoffverbrauch verbunden ist. Das Gewebe des Körpers reagiert sehr schnell auf einen erhöhten Sauerstoffverbrauch und sorgt dafür, dass durch aktive Regionen mehr Blut fließt.

Man kann durch dieses Verfahren ähnliche Bilder erzeugen wie mit der PET. Das in der Hirnforschung gängigste Verfahren, da prinzipiell überall verfügbar, wo ein MRT zugänglich ist, ist das fMRT. Ein MRT steht in so gut wie jedem größeren Krankenhaus.

Jetzt kennen Sie die drei wichtigsten Verfahren, mit denen es Forschern und Medizinern möglich ist, dem Gehirn beim Denken zuzusehen. Schauen wir uns also nun an, was man daraus für Erkenntnisse ziehen kann. Betrachten Sie die Physik und die Technik also nur als Einleitung, die Denkanstöße kommen erst jetzt.

Gott als psychologisches / neurologisches Phänomen

Beginnen möchte ich mit einem Denkanstoß aus dem Bereich der Theologie. - Wir alle beschäftigen uns (öfter, als es uns bewusst ist und öfter, als wir zugeben) mit Glaubensfragen. Interessant finde ich persönlich immer wieder Fragen zur Existenz eines Gottes oder zumindest die Fragen zu dem Thema, wie ein Gott beschaffen sein müsste, wenn es ihn gibt, beziehungsweise, wenn es ihn gäbe.

Nun, wir haben gesehen, dass es mit technischen Verfahren mittlerweile sehr wohl möglich ist, die Aktivitäten im Gehirn quasi live zu beobachten. Es ist davon auszugehen, dass jede Funktion des Gesamtsystems Gehirn ein entsprechendes Aktivierungsmuster über das gesamte Hirnvolumen nach sich zieht. Zum Beispiel bedeutet das, dass unser Gehirn in einer ganz bestimmten Weise aktiv ist, wenn wir die Farbe Rot sehen oder wenn wir uns glücklich fühlen oder wenn wir mit unseren Ohren einen Klickton hören oder wenn wir unsere Hand bewegen, um nach einer Tasse zu greifen. Selbstverständlich sind zu jedem Zeitpunkt unzählige „Denkbereiche" unseres Denkapparats gleichzeitig aktiv. Ob es nun Bewegungen, Sprache, Gedanken, Bewusstsein oder Emotionen sind, immer, wenn wir das Gehirn mit den oben besprochenen Verfahren beobachten, werden wir nichts als Überlagerungen unzähliger „Denkbereiche" sehen. Damit ist zum Beispiel gemeint, dass man nicht gleichzeitig über den Anblick des Fotos der eigenen Kinder nachdenken kann, ohne dieses Foto mit den Augen anzublicken. Die zum Sehen zugehörigen Gehirnfunktionen und das „darüber Nachdenken" laufen also zumindest bei dieser Tätigkeit gleichzeitig ab. Und entsprechend werden noch Hunderte andere Aktivitäten gleichzeitig, und auch zum großen Teil unbewusst, ablaufen. So erinnert man sich vielleicht beim Anblick des Fotos an die damalige Situation, in der es aufgenommen wurde, oder vielleicht erinnert man sich auch an das Geschäft und an den Verkäufer, wo man den Fotoapparat selbst gekauft hat. Weiter finden zur selben Zeit Emotionen, Integrationen, logische Gedankengänge und Hunderte anderer Denkprozesse statt. Es ist nicht möglich, einen einzigen dieser Denkprozesse zu isolieren und getrennt von den vielen anderen Leistungen des Gehirns zu beobachten.

Das macht aber nichts. Denn es ist in vielerlei Hinsicht vollkommen ausreichend, wenn wir einfach ein bestimmtes Erregungsmuster als charakteristisch für eine bestimmte Hirnleistung definieren. Taucht diese bei verschiedenen Menschen immer wieder in gleicher (oder zumindest in ähnlicher) Art auf, so kann man dieses Erregungsmuster als wesentlich für einen bestimmten Denkvorgang annehmen. Alles, was in dieser Hinsicht für uns wichtig ist, ist die Annahme, dass jegliche Leistung unseres Gehirns mit einem bestimmten Aktivierungsmuster einhergeht.

Leider sagt ein spezifisches Aktivierungsmuster, wenn überhaupt, immer noch sehr wenig über die jeweiligen Denkinhalte aus. Man kann über die Kenntnis der Aktivierungsverteilung nur in sehr begrenzter Weise Gedanken lesen. Das Gedankenlesen funktioniert aus dem Grund nicht, weil es zum einen prinzipiell unzählig viele unterschiedliche Gedanken gibt, und zum anderen diese Gedanken mit ihren Inhalten niemals eine eindeutige und immer wieder hundertprozentige Entsprechung in der Hirnaktivität hätten. Ebenso wie man von außen nicht beobachten kann, was ein eingeschalteter PC gerade rechnet, kann man auch nicht eindeutig sagen, mit welcher speziellen Aufgabe sich die einzelnen aktiven Hirnstrukturen gerade beschäftigen. Prinzipiell wäre Gedankenlesen über bildgebende Verfahren möglich, praktisch jedoch so gut wie nicht.

Wie hängt diese Erkenntnis nun aber mit der Existenz eines Gottes zusammen? Dazu muss man folgende Überlegung zugrunde legen: Völlig gleich, ob ein Gott tatsächlich existiert oder nicht, immer wenn man „Gott wahrnimmt“, immer wenn man Gott „erfährt“, wird dies mit einem Erregungsmuster des Gehirns einhergehen! Unser Gehirn funktioniert nun einmal nicht, ohne eine Aktivität mit einem bestimmten Muster zu zeigen. Diese Aktivität kann man beobachten. Beobachten wir also die fMRT-Bilder vom Gehirn eines Menschen, der gerade „Gott wahrnimmt“, so haben wir noch lange keinen Beweis dafür, ob Gott tatsächlich existiert oder nicht. Alles, was wir beobachten können, ist lediglich eine immer ähnliche Erregungsmusterbeschaffenheit der Gehirne von Menschen, die „Gott erfahren". Und es stellt sich einmal mehr die Frage, ob wir prinzipiell feststellen können, ob es einen Gott gibt oder nicht. Denn es besteht durchaus die Möglichkeit, dass jegliche Wahrnehmung nur in unserem Kopf passiert und keine reale Entsprechung hat. Wir haben bei empirisch nicht überprüfbaren Dingen (zum Beispiel einer Gotteswahrnehmung) keine Möglichkeit, Aussagen darüber zu machen, was von alledem nur in unserem Kopf passiert, und was in unserem Kopf passiert, weil es in der Umwelt eine reale Ursache dafür gibt. Um es nochmals auszudrücken: Egal, ob etwas in der richtigen Welt existiert oder nicht, sobald wir es wahrnehmen, entspricht dies einem Erregungsmuster in unserem Gehirn! Beobachtet man dieses Muster, erhält man dadurch keinerlei Beweis, ob „das Beobachtete" tatsächlich existiert oder nicht.

Geht man diesen Gedankengang konsequent weiter, so muss man sich fragen, wie wir uns eigentlich so sicher sein können, dass sie Welt tatsächlich existiert und dass sie nicht nur ein Traum ist. (Der letzte Endzeit-Genre-Film mit den stylischen schwarzen Sonnenbrillen lässt grüßen.) Die Antwort auf diese Frage ist ernüchternd: Wir können uns nicht sicher sein! Wir wissen es nicht mit Bestimmtheit. Alles ist zu jeder Zeit nur Theorie. Dennoch hat unser Gehirn die Fähigkeit, durch ständige Überprüfung der selbstständig aufgestellten Theorien über die Umwelt die Richtigkeit dieser Theorien zu überprüfen. Sei es durch Feedback, durch die Reaktionen anderer Personen, oder beispielsweise durch das erneute Beobachten, dass Gegenstände nach dem Loslassen nach unten, und nicht irgendwo anders hin fallen. Verhält sich die Welt so, wie wir es in unserer inneren Theorie abgebildet haben, dann sollten Aktion und Reaktion zusammenpassen, und es sollte alles in gewohnter Weise in Ordnung sein.
Schlimm wird es dann, wenn sich die inneren Theorien „verrücken", wenn sie aus dem Ruder geraten und sie eben nicht mehr korrekt überprüft werden, oder das Gehirn krank und nicht mehr in der Lage ist, die ständige Überprüfung in korrekter Weise vorzunehmen. Wir sprechen dann von Geisteskrankheit. Die Welt eines Psychotikers ist „verrückt" oder verzerrt im Vergleich zu der unseren. Der Psychotiker nimmt die Welt anders wahr, was aber selbstverständlich nicht bedeutet, dass die Welt selbst sich verändert hat. Würde

man allerdings nur die Hirnscans betrachten, so müsste man vermuten, dass sich, entsprechend dem abweichenden Erregungsmuster, etwas in der Welt des Kranken geändert hätte.

Und noch einen weiteren Denkanstoß in dieser Richtig möchte ich mitliefern: Die Frage ist, woher wir wissen, was die Wirklichkeit ist und was nicht. Woher wissen wir, dass ein Traum ein Traum ist und die Realität die Realität? Woher weiß ich, dass etwas eine Halluzination ist und dass etwas anderes real geschieht? Und warum kann ein Psychotiker unter Umständen nicht mehr auseinander halten, was real ist und was nur in seinem Kopf passiert? Gibt es nur eine Realität oder fühlen sich manche Zustände „wirklicher" an als andere?

Leider muss ich an dieser Stelle mitteilen, dass es eine fundierte Antwort auf diese Frage nicht gibt. Wie wir bereits im Kapitel zur klassischen Philosophie gesehen haben, haben sich schon Generationen von Philosophen mit der Frage nach der Realität beschäftigt und sind - wie könnte es anders sein – auch zu keiner Antwort gekommen. Die einzige Antwort, die ich über all die Jahre gefunden habe, ist diese: „Wirklichkeit ist das, was sich am wirklichsten anfühlt!" Diese Antwort ist selbstverständlich trivial, aber sie überzeugt mit einer bestechend einfachen Logik. Anscheinend ist es so, dass unser Gehirn einen Sinn dafür hat, in wie weit die Überprüfungen von Aktion und Reaktion in der Umwelt und im eigenen Geist in Verbindung mit der eigenen, inneren Theorie übereinstimmen. Im Traum passt das nicht so ganz, im Wachzustand passt es ziemlich gut. Und für manche Menschen fühlt sich ein Gott „real" an, weil sie bei der entsprechenden Gotteswahrnehmung das Gefühl haben, einen tieferen Sinn zu erleben. Ihr Gehirn funktioniert in dem Moment auf irgendeine Art und Weise so, dass sich Gott real anfühlt. Und genau und einzig aus diesem Grund kann nichts und auch gar nichts sie von etwas anderem als der Tatsache der realen Existenz eines Gottes überzeugen. Gott muss für diese Menschen existieren, weil er sich real anfühlt. - Ich persönlich habe anscheinend ein anders funktionierendes Gehirn. Für mich war die Existenz eines Gottes niemals „vollkommen klar". Ich habe Gott nie in dieser Art empfunden. Und da es kein universelles Maß der Realität gibt, muss ich gottgläubigen Menschen auch die subjektive und individuelle Freiheit zugestehen, das was sich für sie am realsten anfühlt, tatsächlich als real anzusehen.

Jeder von uns lebt in seiner eigenen Wirklichkeit.

Dualismus und das Leib-Seele-Problem

Man kann sich die Frage stellen, wie es dem nichtmateriellen Geist gelingt, mit dem materiellen Körper in Interaktion zu treten. Die mit dieser Frage verbundene Problematik wird in der Philosophie als „Dualismus" oder ganz allgemein als das „Leib-Seele-Problem" bezeichnet. Unsere Gedanken, unser Bewusstsein und unsere Seele (was auch immer das ist) sind offensichtlich nichtmaterieller Natur. Sie besitzen keine Materie, sondern existieren auf einer anderen Ebene. Sie sind irgendwie einfach da, sie existieren als unterschiedliche Entitäten. Man kann Gedanken, Seele und Bewusstsein nicht direkt beobachten, messen und beobachten. Weder kann man sie empirisch messen oder zählen oder berühren. Hingegen kann man unseren Körper und die graue Masse unseres Gehirns sehr wohl berühren. Unser Körper besteht aus Materie, unser Geist nicht. Unser materieller Körper kann einen Stein hochheben, er fällt nach unten, wenn wir ihn über eine Klippe laufen lassen, und er erwärmt sich, wenn er von der Sonne angestrahlt wird. All das funktioniert offensichtlich mit dem nichtmateriellen Geist nicht. Mit Geist kann man direkt keine Dinge bewegen, das Bewusstsein erwärmt sich nicht in der Sonne, es hat nicht einmal eine Temperatur. - Diese Koexistenz dieser beiden nebeneinander liegenden Entitäten bezeichnet man als Dualismus. – Der Körper und der Geist ergeben zusammen eine Einheit, sind aber offensichtlich aus unterschiedlichem Stoff gemacht.

Die Philosophen haben sich immerzu gefragt, wie es denn nun möglich sein kann, dass etwas Immaterielles, das niemals materiell sein kann, mit der materiellen Welt in Kommunikation tritt. Offensichtlich können wir uns bewusst

und willentlich mit unserem Geist entscheiden, zum Beispiel unseren rechten Arm zu heben. Unser immaterieller Geist entscheidet und löst durch ein Kommando eine materielle Reaktion aus. Auch spüren wir mit unserem geistigen Bewusstsein, dass sich unser materieller Körper in der Sonne erwärmt und unsere Haut warm wird. Die materielle Welt hat also auch in umgekehrter Richtung Einfluss auf die immaterielle Welt.
Seit jeher hat man sich gefragt, wie die Schnittstelle der materiellen zur immateriellen Welt funktioniert. Wie kann das sein, daß beide Welten mit ihren so unterschiedlichen Beschaffenheiten miteinander kommunizieren können?
Ich möchte Sie, verehrter Leser, an dieser Stelle bitten, einmal kurz inne zu halten. Sollte es so sein, dass das Leib-Seele-Problem, der Dualismus, Ihnen bisher noch nicht bekannt war, dann wird es einige Zeit dauern, bis vollständig klar ist, was er bedeutet. Hier haben wir es mit einem Phänomen zu tun, das einzig durch das Wort „Entität" beschrieben werden kann. Entitäten sind Wesenszüge von etwas Seiendem. Verschiedene Entitäten haben ganz unterschiedliche Seinszustände. Materielle Welt und immaterieller Geist sind gänzlich unterschiedlich. Empirisch ist es also vollkommen unplausibel, dass beide Entitäten irgendwie miteinander in Interaktion treten können. Geist besitzt keine Materie. Materie tritt aber nur mit anderer Materie in Wechselwirkung. Entitäten können nicht mit anderen, gänzlich unterschiedlichen Entitäten in Interaktion treten. Wie, so haben sich die Philosophen und viele Naturwissenschaftler über Jahrhunderte gefragt, gelingt es also nun unserem menschlichen Geist, die Materie zu steuern und sie zu fühlen und umgekehrt?

Man kann versuchen, sich der Beantwortung dieser Fragestellung dadurch zu nähern, indem man sich darüber Gedanken macht, wie eine mögliche Schnittstelle, eine Ebene der Interaktion zwischen beiden Entitäten aussehen könnte. Leider ist diese Lösungsstrategie in der philosophischen und technischen Geschichte immer recht wenig fruchtbar geblieben. Eine Vermutung, die immer wieder auftaucht, ist der Versuch der Erklärung über die letzten, noch unvollständig erforschten Bereiche der Teilchenphysik. Wissenschaftler versuchen anhand von Quantenphänomenen eine Schnittstelle zwischen materieller und immaterieller Entität zu postulieren. Durchaus könnte es möglich sein, dass Quanteneffekte über mehrere Entitäten übergreifende Eigenschaften besitzen.

Jedoch ist ein Beweis dieser Eigenschaften schon allein aus dem Grund noch nicht gelungen, weil man nicht einmal sagen kann, wie ein entsprechender Versuchsaufbau aussehen müsste. Zu diesem vergeblichen Erklärungsversuch gibt es noch etwas Weiteres zu sagen: Genau wie einst ein großer und allmächtiger Schöpfer für all die jener Zeit unerklärlich scheinenden Phänomene herhalten musste, ist es auch heute noch so, dass die in der Natur noch unverstandenen Phänomene für andere, ebenfalls noch unverstandene Effekte als Erklärung dienen müssen. So wie Gott immer noch eine Existenz an den Stellen zugestanden wird, wo wir noch wenig wissen, wird auch in der Dualismusdiskussion die Schnittstelle irgendwo dort vermutet, wo wir uns noch nicht gut auskennen. Allein schon dadurch, dass eine solche Parallele besteht, erscheint die Lösung des Dualismusproblems anhand der Quantenmechanik als wenig plausibel. Leider scheint es aber so, dass, wenn man auf die grundsätzliche Unterschiedlichkeit des Materiellen und des Immateriellen bestehen bleibt, es keine einleuchtende Erklärung für eine Interaktion dieser beiden Entitäten gibt.

Deshalb möchte ich an dieser Stelle eine andere Herangehensweise an die Beantwortung dieser Fragestellung liefern. Und zwar ist es eine sprachliche Herangehensweise. Denn was wäre, wenn unsere Definition, unsere landläufige Meinung über die Beschaffenheit der beiden Entitäten, dem Geist und der Materie, einfach falsch wäre? Was wäre, wenn es „Geist" vielleicht gar nicht gibt, oder wenn die Definition trivialerweise schlecht formuliert wäre?

In der Tat ist es so, dass der Dualismus überholt und veraltet ist. Es gibt ihn in Wirklichkeit gar nicht. Die Entitätenvorstellung ist etwas, das wir Menschen uns gern in unseren Köpfen zusammenbasteln, das aber der Wirklichkeit nicht entspricht. Wieso das so ist, möchte ich im Folgenden kurz erklären.

Stellen wir uns einen Computer vor. Auch wenn viele von uns immer noch ein Problem mit der Vorstellung haben, unser menschliches Gehirn mit einem Computer zu vergleichen (die Schöpfung ist ja unantastbar und es ist ein Sakrileg etwas anderes zu behaupten – folglich wird über Anderes gar nicht erst nachgedacht) so ist ein Gehirn, wie wir vorhin gesehen haben, im Großen und

Ganzen nichts anderes als ein überwältigend komplex verschaltetes und sich ständig veränderndes Konstrukt aus Nervenzellen. Das, was da in diesem neuronalen Netzwerk unüberschaubarer Komplexität abläuft, ist aber in seinem Wesen nichts anderes als ein sehr großes und sehr komplexes Programm. Ein Programm, das man prinzipiell auch auf einem anderen Medium als dem neuronalen Netzwerk eines menschlichen Gehirns speichern und ablaufen lassen könnte. Prinzipiell wäre es also auch möglich, das Programm auf einer sehr großen Festplatte eines sehr komplexen und leistungsfähigen Computers zu speichern. Auch wäre es möglich, dieses Programm dort zu starten und ablaufen zu lassen. Und was würde dann passieren? Das Programm auf dem Computer würde sich natürlich nicht wirklich verhalten wie ein Mensch. Sicher, denn der Computer hat ja ein Gehäuse und einen Bildschirm und eine Tastatur und keinen menschlichen Körper mit Armen und einem Kopf mit Augen und Ohren. Wenn wir diese Probleme aber ausklammern, was würde dann passieren? Würden wir dann auch so etwas wie Bewusstsein vor uns haben? Oder gar Menschlichkeit? Ist ein Mensch, der in einem Gehäuse eingesperrt ist, auch ein Mensch? Um diese Problematik weiter zu führen kann man sich auch fragen, wie es mit einem Menschen steht, der eine schreckliche Krankheit hat, die ihn vollständig lähmt, die aber seinen Geist nicht betrifft. Dieser Mensch kann nicht mit uns kommunizieren, trotzdem wäre sein Geist vollständig vorhanden. Den Turing-Test würde dieser Mensch wegen fehlender Kommunikationsfähigkeit verlieren! (Siehe nachfolgender Abschnitt.) Aber kann man Geist leugnen, nur weil man ihn nicht sieht. Was ist denn nun eigentlich Bewusstsein? Und was ist die Seele? Und aus was besteht die Seele?

Die auf dem heutigen Erkenntnisstand einleuchtendste Erklärung ist, dass Seele, Bewusstsein, Emotionen und der Wille emergente Phänomene eines materiellen Systems sind. Die Verschaltung unseres Nervensystems führt zu Abläufen, die weitere Eigenschaften mitbringen, wie man sie auf der rein materiellen Ebene nicht vermuten kann. Immaterielle Eigenschaften sind eine Folge aus materiellen Funktionsablaufen.
Im weiteren Verlauf dieses Buches wird sich diese Erklärung weiter verdeutlichen.

Turing-Maschinen und der Turing-Test

Das gedankliche Konstrukt der Turing-Maschine hat sich im Jahre 1950 einer der großen Mathematiker unserer Zeit und einer der Vordenker des modernen Computerzeitalters, ein gewisser Alan Turing ausgedacht. Alan Turing wurde 1912 in London geboren und verstarb 1954 in einem kleinen Ort namens Wilmslow in Großbritannien. Er arbeitete als Informatiker, erstellte Codes für das Militär und beschäftigte sich mit theoretischen Grundlagen der Datenverarbeitung.

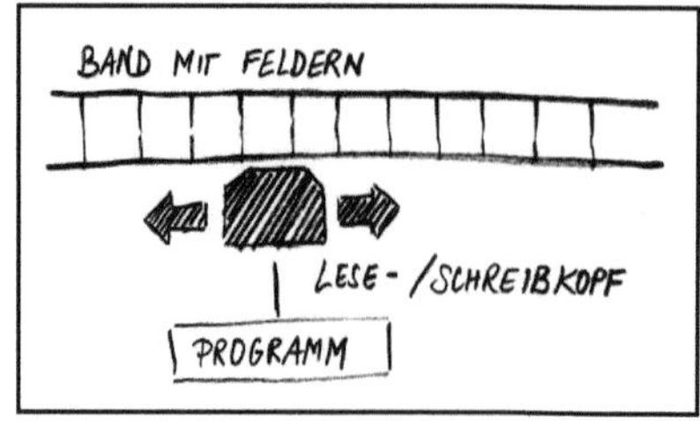

Seine nach ihm benannte Turing-Maschine ist eine grundsätzlich einfachste Form eines Computers. Sie besteht aus einem Band mit Feldern, in denen jeweils die Information 1 und 0 gespeichert sein können. Ein Lese-/Schreibkopf fährt über das Band und kann Informationen vom Band lesen und neue Informationen auf das Band schreiben, beziehungsweise alte Informationen überschreiben. Der Lese-/Schreibkopf kann immer nur ein Zeichen lesen oder schreiben. Damit das Ganze funktioniert, muss hinter den Lese-/Schreibkopf noch ein Programmspeicher mit einem Programm und einer Recheneinheit geschaltet werden. – Turing hat ein exakt funktionierendes und bis ins kleinste Axiom bewiesenes Modell der einfachsten, datenverarbeitenden Maschine entwickelt. Ausgehend von den Grundrechenarten konnte Turing mathematisch beweisen, dass auf seiner Turing-Maschine jegliche beliebige Programme zur Datenverarbeitung ablaufen können.

Wichtig ist dies für ein weiteres philosophisches Problem, das sogenannte „Halteproblem“. Eine Turing-Maschine steht theoretisch für ein jegliches mögliches Programm. Das heißt, jedes Programm, das irgendwo in der Natur abläuft („das“ Programm des neuronales Netz unseres Gehirns ist folglich mit eingeschlossen) kann also prinzipiell auf einer Turing-Maschine ablaufen. Turing-Maschinen haben laut ihrer ursprünglichen Definition die Eigenschaft, nach einer abgeschlossenen Berechnung stehen zu bleiben und das Ergebnis

in Form eines Codes von Nullen und Einsen auf dem Schreib-/Leseband auszugeben. Dies müssen sie allein schon aus dem Grund zwingend tun, dass ein immer fortlaufender und kontinuierlicher Programmablauf keine Zeitpunkte liefern würde, an denen das jeweilige Berechnungsergebnis vorliegt. Würde die Maschine immer weiter laufen, so wüsste man niemals, welche Zeichenkette auf dem Band man als Ergebnis oder Zwischenergebnis betrachten sollte. Per Definition muss also ein komplexeres Programm mit Zwischenergebnissen immer zu einem Anhalten der Turing-Maschine bei Auftreten eines Zwischen-, oder Endergebnisses führen. Leider ist es aber nun möglich (auch durch ziemlich einfache Programmierungen), ein Programm zu erstellen, das niemals stehen bleibt. Ein solches Programm enthält in der Regel einen Fehler in Form einer falsch programmierten Schleife. Oder, was noch viel schlimmer ist, das Programm hält niemals an, obwohl es zu hundert Prozent korrekt programmiert ist und dabei eben keinen Fehler enthält. Ein solches, niemals anhaltendes Programm ohne Fehler wäre zum Beispiel die Berechnung aller Stellen der rationalen Zahl Pi. (Die rationale Zahl Pi hat bekanntlich unendlich viele Nachkommastellen.) Das Turing-Programm würde also sehr wohl in vollkommen exakter Weise funktionieren und trotzdem niemals anhalten. Für die Mathematiker und Philosophen ist es nun besonders wichtig, ob es eine Möglichkeit gibt, vor einem Programmstart eine Aussage darüber zu treffen, ob ein vorliegendes Turing-Programm jemals stehen bleibt.
Und jetzt der Clou bei der Sache: Man konnte nicht beweisen ob es prinzipiell möglich ist, Aussagen darüber zu treffen, ob Programme irgendwann stehen bleiben. - Wohl konnte man aber einen mathematischen Beweis ausführen, der zeigt, dass es nicht möglich ist, vor Programmstart auszusagen, ob ein Programm stehen bleibt! - Das heißt, man kann beweisen dass man nicht beweisen kann, ob Turing-Programme stehen bleiben! - Das ist das sogenannte „Halteproblem".

Würde das Programm in unserem Kopf also auf einer Turing-Maschine ablaufen, so wäre also doch die Vermutung naheliegend, dass sich die Turing-Maschine irgendwann einmal in einer Schleife verfängt und der Programmabschnitt niemals stehen bleibt. Sämtliche nachgeschalteten Programmabschnitte würden niemals zum Zuge kommen, weil sie vom nicht endenden

Programmabschnitt kein Berechnungsergebnis bekommen würden. Die hohe Wahrscheinlichkeit für einen solchen Fall ergibt sich allein schon aus der schier unendlichen Zahl an Einzelberechnungen und Zwischenergebnissen, wie sie in unserem Gehirn ablaufen müssen. - Unser Gehirn bleibt aber offensichtlich nicht stehen! – Die theoretische Beschreibung über das Turing-Modell scheint also einen Fehler zu beinhalten. Diese Zwickmühle hat Leute wie den großen Mathematiker und Physiker Roger Penrose sogar derartig beschäftigt, dass er zu diesem Thema ein ganzes Buch mit dem Namen „Computerdenken" verfasste. (Ein weiteres Buch eines sehr intelligenten und gebildeten Menschen, nach dessen Genuss man genauso viel weiß wie vorher, nur eben verdeutlicht mit der Erkenntnis, dass der Autor ein sehr intelligenter und gebildeter Mann ist.) Offensichtlich kann man also das Programm in unserem Kopf doch nicht so ohne Weiteres (wenn auch nur theoretisch) auf ein Turing-Programm abbilden. Dass das nicht geht, hat jedoch offenbar weniger mit der grundsätzlichen Möglichkeit zu tun als vielmehr mit der Arbeitsweise eines parallelverarbeitenden neuronalen Netzwerks im Unterschied zum vorausgesetzten, sequenziellen Ablauf eines Turing-Programms. Wie wir weiter oben gesehen haben, ist es einem Parallelcomputer, und erst recht einem rückgekoppelten neuronalen Netzwerk, ziemlich egal, ob ein Programmpfad nicht mehr funktioniert, stehen bleibt, sich in einer Schleife fängt oder einfach gar nicht mehr da ist. Die Aufgabe des nicht funktionierenden Programmpfades würde im neuronalen Netzwerk zur gleichen Zeit von einem anderen, parallel laufenden Programmpfad übernommen. - Stellen wir uns unser Gehirn im Turing-übertragenen Sinn besser als eine unzählige Reihe von parallel arbeitenden Turing-Maschinen vor. – Und schon haben wir keine Probleme mehr mit dem Halteproblem.

Mit Turing-Maschinen kann man viele weitere interessante Dinge tun. Eines davon ist der sogenannte „Turing-Test". Beim Turing-Test kommuniziert man mit einem in einem abgeschlossenen Raum „sitzenden" Computer mittels Zetteln oder besser mittels einer Tastatur.

Bei dem Test gilt es nun über Eingaben auf der Tastatur und Ausgaben über einen Bildschirm (oder wieder Zetteln durch einen Schlitz) herauszufinden, ob es sich bei der Intelligenz in dem abgeschlossenen Raum um einen Menschen oder um einen Computer mit einem Programm handelt. Hält man den Computer für einen Menschen, dann ist es prinzipiell in dieser Konstellation irrelevant, ob es nun ein Computer oder ein Mensch ist, der antwortet. Die Resultate sind die gleichen, also menschlich oder gleich Mensch.

Es gibt diesen Wettbewerb tatsächlich. Der Gewinner, also die menschlichste Maschine, wird jährlich im Oktober in New York City im Rahmen des sogenannten Loebner-Wettbewerbs gekürt. Das Preisgeld für das Bestehen des Turing-Tests liegt bei 100.000 Dollar. Lustig ist, dass sich der bekannte Informatiker und Vordenker der Künstlichen Intelligenz, Marvin Minsk, bereit erklärte, 100.000 Dollar zu bezahlen (an irgend jemanden), damit der Wettbewerb aufhört stattzufinden. Bisher wurde allerdings noch kein Preisgeld über 2.000 Dollar ausbezahlt. Es ist bis heute nicht gelungen, menschliche Antworten maschinell zu perfektionieren.

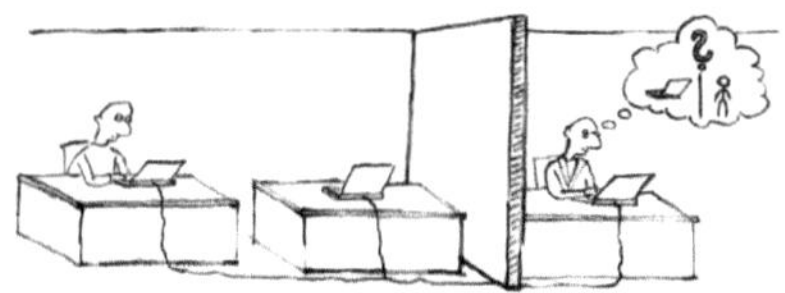

Die theoretischen Gedanken, die mit diesem Test verbunden sind, führen jedoch weiter. Denn was wäre, wenn ein Computer so menschliche Antworten liefern würde wie ein richtiger Mensch? Wo wäre denn dann der Unterschied zwischen Mensch und Maschine? Angenommen, es gelänge, einen Roboter zu bauen, der vollkommen so aussieht wie ein richtiger Mensch, sich genauso verhält, genauso reagiert und alles genauso tut, wie richtige Menschen es tun. Wir hätten natürlich zuerst einmal Probleme damit, ihn als Roboter zu identifizieren. Das würde aber auch gar keine Rolle spielen, denn er würde ja nichts anderes tun als ein Mensch. Wo wäre also folglich der Unterschied? – Die verwirrendste Antwort ist meiner Meinung nach die Folgende: „Der Roboter tut nur so, als wäre er ein Mensch, denn er hat keine Seele.“ – Nun, ob wir Menschen eine Seele haben, weiß ich persönlich nicht. Ich persönlich habe weder jemals die Seele von jemand anderem noch meine eigene Seele gesehen. Sicher ist aber, dass ich selbst so etwas wie ein Bewusstsein habe. Der Begriff der „Seele“ ist bei Diskussionen (bei denen auch noch andere Menschen außer Theologen anwesend sind) immer schwierig und führt meist zu wenig fruchtbaren Ergebnissen. - Einigen wir uns also bei unserem Roboterproblem auf die Frage nach dem Bewusstsein. – Hätte dieser so menschliche Roboter ein Bewusstsein? Würde er ein Bewusstsein brauchen, um wirklich menschlich zu sein? Und was wäre, wenn wir selbst durch irgendeinen Defekt in unserem Kopf unser Bewusstsein verlieren würden, uns aber nach draußen hin immer noch genauso verhalten würden wie bisher? Wären wir dann nicht auch Roboter? Hätte irgendjemand außer uns selbst einen Grund zu vermuten, dass wir kein Bewusstsein haben? Kann man Bewusstsein von außen erkennen? – Auf das Phänomen des Bewusstseins wollen wir weiter unten in diesem Kapitel nochmals zurückkommen.

Wenn wir schon bei solch verwirrenden Fragestellungen sind, möchte ich in dieser Richtung noch ein wenig weiter gehen. Stellen Sie sich doch einmal einen Geist ohne Körper vor!

Wir haben gesagt, dass es prinzipiell möglich wäre, das Programm in unserem Gehirn auch auf einem Computer, einer Maschine zur Datenverarbeitung, ablaufen zu lassen. Ein Computer besteht aus Hardware und Software. Hardware ist die Recheneinheit aus Materialien wie Silizium und Metall. Die Software ist das immaterielle Programm. Prinzipiell ist es irrelevant, auf welcher Hardware das Programm abläuft. Hauptsache ist, dass es läuft.

Die Frage ist jetzt, ob ein auf einer Computerhardware ablaufendes Programm, ebenso wie wir selbst, Bewusstsein erzeugen würde?

Nun, warum denn eigentlich nicht? Denn wenn die Eigenschaft „Bewusstsein“ keine von göttlichem Odem eingehauchte Eigenheit ist, dann muss sie doch auch Teil eines Programms sein. Hätte also nun ein mit unserem Programm laufender Computer Bewusstsein?

Wie wäre es denn, wenn wir an der Hardware etwas verändern? Denken wir uns doch einfach das Programm abgebildet in mehreren dicken Büchern, die an Personen in ganz Europa verteilt werden. Die Programmverarbeitung würde dann so stattfinden, dass die beteiligten Personen Regeln, die auf Seiten in den Büchern stehen, befolgen und Informationen entsprechend untereinander weitergeben. Wo wäre dann hier das Bewusstsein? Angenommen man würde im Rahmen eines Turing-Tests per Tastatur an den Europarechner Fragen formulieren und jemand würde die Antworten des Europarechners auf der anderen Seite wieder eintippen - wir würden denken, es wäre ein Mensch, der da antwortet und denkt. Wo ist also der prinzipielle Unterschied, und wo liegt die prinzipielle Grenze?

Ein letztes Highlight aus dieser Runde an Fragestellungen haben wir noch, und dann lassen wir es gut sein mit den doch eher spekulativen Gedankengängen: Stellen wir uns vor, wir wären auf dem Raumschiff Enterprise und Scotty würde uns auf die Planetenoberfläche beamen. Das Beamen funktioniert bekannterweise so, dass alle Eigenschaften der Atome unseres Körpers in den Beamautomaten eingelesen werden, die ursprünglichen Atome in Energie verwandelt werden, und auf der anderen Seite neue Atome mit exakt den Eigenschaften der alten Atome als exakte Kopie erzeugt werden. – Beamen wirft aber dummerweise schon aus bewusstseinsphilosophischer Sicht einige Probleme auf. Denn wo wäre denn beim Beamen unser Bewusstsein? Nach dem Beamvorgang wäre natürlich eine funktionsfähige Kopie von uns wieder genau so am Werk wie vor dem Beamen. Aber was wäre während des Beamens? Wäre da das Bewusstsein irgendwie in der Relaisstation gefangen?

Wir sehen, wir kommen mit Diskussionen dieser Art nicht wirklich weiter. Keinem Philosophen ist es bis jetzt gelungen, eine Antwort auf Fragen dieser Art zu liefern. Die Vermutung liegt nahe, dass etwas an der Interpretation des Phänomens „Bewusstsein“ falsch sein muss. Dazu aber später mehr.

Bevor wir uns als Nächstes damit befassen, wie man versucht, mit Hilfe von technischen Gerätschaften, bei Maschinen Intelligenz erzeugt, beschäftigen wir uns aber besser zuerst mit der Frage, was man überhaupt unter dem Begriff „Intelligenz“ versteht.

Intelligenz

Der Begriff „Intelligenz“ ist ein gutes Beispiel für ein inflationär gebrauchtes Sprachsymbol. Ähnlich wie die Begriffe „Gott“ oder das Paradebeispiel „Liebe“ wird Intelligenz in den unterschiedlichen Zusammenhängen verwendet, ohne dass groß darüber nachgedacht wird, was damit nun wirklich gemeint ist. „Intelligenz ist das, was wir hernehmen, wenn wir nicht wissen, was wir tun sollen.“ - soll einmal ein weiser Mann gesagt haben. Eine Definition wäre hilfreich, um die Bedeutung von Intelligenz abzugrenzen. Hilfreicher aber noch ist eine Theorie darüber, wie Intelligenz zustande kommt und wie sie funktioniert.

Die Fortschritte im Bereich der Forschung bezüglich künstlicher Intelligenz geben Aufschluss darüber, wie schwer zu fassen der eigentliche Gegenstand der Intelligenz ist. Was will man denn nun eigentlich simulieren oder nachbauen, wenn man versucht, eine intelligente Maschine zu erschaffen? Ist das bloße Verarbeiten von Informationen schon wert, als Intelligenz bezeichnet zu werden? Oder sprechen wir bei der Verwendung des Begriffes nicht viel mehr von menschlicher Intelligenz? Und wenn, was meinen wir denn nun eigentlich damit?

Wir können in der alltäglichen Umgangssprache von einem anderen Menschen sprechen und diesen Menschen als dumm oder als intelligent bezeichnen. Da wir offensichtlich mehr oder weniger schlüssig in der Lage sind, diese Begriffe so zu verwenden, dass wir sie zur Kommunikation mit anderen Menschen verwenden können, ist die Folgerung durchaus legitim zu behaupten, dass Menschen die Eigenschaften, welche menschliche Intelligenz ausmachen, erkennen können. Denn wäre dies nicht so, dann würden wir Menschen ja alle immer aneinander vorbeireden. (Genau genommen tun wir dies in unterschiedlicher Ausprägung sogar zu jeder Zeit beim Verwenden von Begriffen jeglicher Art. Es kommt daher wesentlich auf das Ausmaß des Aneinandervorbeiredens an.)

Um das Kind beim Namen zu nennen, möchte ich hier versuchen, eine allgemein benutzbare und einfache, eher phänomenologische Definition für Intelligenz zu liefern. Phänomenologisch aus dem Grund, weil sie sehr wenig über die tatsächliche, physikalische Verarbeitung von Informationen aussagt, ebenso kann sie nicht oder nur schwer verifiziert werden. Es handelt sich um ein Modell.

Wir stellen uns in unserem Gehirn eine Art abstrakte Tischplatte vor, in der es einzelne Vertiefungen gibt. In diese Vertiefungen kann unser Gehirn jegliche Form von Gedächtnisinhalten ablegen. Alle in den Vertiefungen der Tischplatte abgelegten Gedächtnisinhalte können dann gleichzeitig zur weiteren Verarbeitung verwendet werden. Die Tischplatte ist quasi das, was man als Arbeitsspeicher des Gehirns bezeichnen könnte. Neben der Tischplatte gibt es eine Recheneinheit, die die Inhalte in den Vertiefungen der Tischplatte für ihre Verrechnungen verwenden kann.
Soweit das einfache Modell des Aufbaus eines abstrakten, intelligenten Gehirns. Sehen wir uns nun die Resultate einer solchen Maschine an:

Zuerst wollen wir einen Blick darauf werfen, wodurch bestimmt ist, wie leistungsfähig unser modellhaftes Denksystem ist. Zum einen wird es von der Größe der Tischplatte und der Anzahl an Vertiefungen abhängen, zum anderen von der Rechenleistung der Recheneinheit. Hinzu kommt noch die Güte der gespeicherten Gedächtnisinhalte. Natürlich ist dies eine triviale Aussage, denn wir haben in unserem Modell ja nur diese drei Instanzen. Trotzdem führt sie, wie wir gleich sehen werden, zu interessanten Aussagen.
Je größer die Tischplatte ist, und je mehr (und je größere) Vertiefungen diese hat, desto mehr Gedächtnisinhalte können zur gleichzeitigen Verarbeitung herangezogen werden. Bei einer kleinen Tischplatte und wenigen (kleinen) Vertiefungen können entsprechend nur wenige Gedächtnisinhalte (Informationen) zur gleichzeitigen Verarbeitung verwendet werden. Was bedeutet das nun?
Wir bewegen uns in einer komplexen Welt mit einer schier unendlichen Anzahl von stets auf uns einströmenden Informationen. In diesem Strom von Informationen befinden sich Muster. Unser Gehirn besitzt die Fähigkeit, diese

Muster zu erkennen und einmal gelernte Muster wieder zu erkennen. Man spricht dann von Regelmäßigkeiten. Diese Regelmäßigkeiten lassen sich für Verhaltensstrategien benutzen, eben weil sie regelmäßig, sprich, entsprechend von Regeln wiederkehrend sind. Hat man die Regel verstanden, so kann man mit einer bestimmten Wahrscheinlichkeit voraussagen, was in der Welt um einen herum passieren wird. Um diese Aussagen über die Zukunft zu erhalten, müssen Muster analysiert werden. Weiter müssen Regeln miteinander kombiniert werden, um so neue Regeln und Zusammenhänge erkennen zu können. Dazu bedarf es einer komplexen Maschinerie an Verarbeitung.
Zum momentanen Zeitpunkt der Forschung wissen wir nicht, wie unser Gehirn im Detail seinen Output produziert. Die Arbeitsweise unseres Gehirns ist uns im Detail weitestgehend unbekannt. Da wir die Mechanismen im Inneren des Gehirns noch nicht verstehen, können wir auf Intelligenz nur durch den Output schließen. Je hochwertiger der Output, desto besser die ihn produzierende Maschinerie. Je hochwertiger der Output, und je „besser" dieser Output auf die entsprechenden Probleme „passt", desto intelligenter die ihn produzierende Maschinerie.

Immer wieder tauchte der Wunsch nach der Vergleichbarkeit menschlicher Intelligenz auf. Man möchte menschliche Intelligenz testen, um die Menschen in einem Schema einordnen und vergleichen zu können. Die einfachste Art, Dinge miteinander zu vergleichen, sind standardisierte Tests. Hier ist das der sogenannte „IQ-Test". Leider gibt es „den einen" IQ-Test aber überhaupt nicht. Sondern es gibt so viele unterschiedliche IQ-Tests, wie Sand am Meer. Alle Tests sind ähnlich aufgebaut, aber immer wieder unterschiedlich. Nun, selbstverständlich müssen alle Tests immer wieder mit neuen Fragen neu ausgedacht werden, ansonsten würde mit der Zeit die Intelligenz unter der Menschheit mit dem Bekanntheitsgrad der immergleichen Fragen drastisch zunehmen. Gemeint ist hier natürlich, dass auch die Zusammensetzung der Art der Fragen von Test zu Test abweicht. Trotzdem wurde die Forderung nach Standardisierung insofern erfüllt, dass es ein standardisiertes und vergleichbares Maß für die in diesen Tests getestete Intelligenz gibt, nämlich die erreichte Punktezahl. Je mehr Punkte man auf einer standardisierten Skala erhält, desto korrekter und schneller konnte man die entsprechenden Fragen im Test lösen. Die erreichte Punktezahl wird allgemein als der sogenannte „IQ", oder „Intelligenzquotient" bezeichnet.

In allen Tests kommen immer wieder ähnliche Fragen vor. Es gibt Fragen, bei denen man Zahlenreihen vervollständigen muss, oder man muss kleine Rechenrätsel lösen. Oft wird dabei die Zeit gestoppt. Dann gibt es Fragen, bei denen man aus einer Liste falsche Wörter erkennen, oder anhand von Vorgaben Wörter neu bilden muss. Es gibt Fragen zur räumlichen Vorstellungsfähigkeit, bei denen man sich überlegen muss, wo und wie auf einer gezeichneten Maschine ein Zahnrad fehlt oder wo in einer dreidimensionalen Zeichnung eines Gebäudes noch eine Hauswand eingefügt werden muss. Oft muss man sich auch irgendwelche Dinge merken und dann später korrekt wiedergeben. Es fällt auf, dass all diese Fragen sehr stark an Rätselbücher erinnern. Die Vermutung liegt nahe, dass es aber neben diesen getesteten Kategorien noch ein paar weitere Formen der Intelligenz gibt, als die, die man für Rätselbücher braucht.

Ganz allgemein und unverbindlich folgt jetzt eine Liste mit verschiedenen Teilbereichen dessen, was man als Kategorien der Intelligenz bezeichnen könnte:

1. ***sprachlich***
   Wie gut man sich ausdrücken kann und wie gut und wie schnell man versteht, was andere sagen. Dazu gehört auch die Fähigkeit, alle anderen Intelligenzformen auszudrücken.

2. ***logisch-mathematisch***
   Fähigkeit zum Abstrahieren, zum induktiven Folgern von vielen Einzelphänomenen auf allgemeine Regelmäßigkeiten. Zusammenhänge logisch analysieren.

3. ***assoziativ-kreativ***
   Alles und jedes miteinander in Bezug setzen und spontan etwas Neues ausdenken.

4. ***räumlich-bildlich***
   Zusammenhänge in Bildern und Räumen erkennen und manipulieren.

5. ***musikalisch-rhythmisch***
   Begabung zum Musizieren. Schnelles Verstehen von Strukturen in Musik.

6. ***kinästhetisch***
   Wie gut sich jemand bewegen kann. Exaktes Greifen, schnelles Erlernen von Bewegungsabläufen, Körperbewusstsein.

7. ***selbstreflektiv***
   Wie gut und klar jemand seine eigenen inneren Zustände, Konflikte und den eigenen Körper erkennen kann. Entwickeln eines realistischen Bildes von sich selbst.

8. ***fremdreflektiv***
   Die Fähigkeit, Absichten, Wünsche und Motive anderer Menschen zu verstehen und sich empathisch in andere hinein zu versetzen.

Diese herkömmlichen IQ-Tests waren daher immer schon sehr umstritten. Man war sich immer schon bewusst, dass ein Test auf einem Blatt Papier niemals das vollständige Spektrum der geistigen Fähigkeiten eines Menschen kategorisieren kann. Jedoch brauchte man eine Testmöglichkeit, ein Verfahren, das ein möglichst verlässliches und reproduzierbares Ergebnis liefert, nach dem man vergleichen kann. Zum Beispiel braucht man bei 1000 Bewerbern um eine Arbeitsstelle, von denen alle gleich gut geeignet zu sein scheinen, irgendein Kriterium, nach dem man die Bewerber vergleichen und einordnen kann. Ein Kriterium zum Auswählen von Bewerbern. Eine vergleichbare Zahl, die die geistigen Fähigkeiten repräsentiert, kommt da wie gelegen.

Was kann man also nun vom IQ halten? Sicher ist es so, dass jemand, der in einem Test mit Fragen besser abschneidet als alle anderen, auch irgendwo bessere geistig-intellektuelle Fähigkeiten hat. Wohl gemerkt, geistig-intellektuell. Getestet wurde nicht, wie gut dieser Mensch sich in andere Menschen hineinversetzen kann oder wie schnell er Bewegungen erlernt. Jemand mit einem hohen klassischen IQ ist mit Sicherheit sehr leistungsfähig, was Kopfrechnen und schnelles Durchblicken von Rätselaufgaben angeht. Interessant ist immer wieder die Tatsache (auch empirisch überprüft), dass der IQ eben so gar nichts darüber aussagt, wie erfolgreich diese Menschen im privaten und beruflichen Alltag sind. Positivaussagen sind also sehr problematisch. Wohl aber kann man die Negativaussage in der Art formulieren, dass ein dummer Mensch, der nicht mal bis drei zählen kann und auch sonst nichts auf die Reihe kriegt, auch keinen hohen IQ hat.

Über Eigenschaften wie allgemeines Interessiertsein und über Bildung und Wissen sagen Tests dieser Art natürlich nichts aus.

Passt also das Intelligenzmodell mit den Vertiefungen auf einer abstrakten Tischplatte noch? Je größer der Speicher, je besser die gespeicherten Argumente, je besser die verarbeitende Instanz, desto besser die Resultate und umso höher die Intelligenz?
Ich denke schon. Dieses Modell passt. Nur ist es leider keine wirklich gute Theorie. Denn gute Theorien lassen auch Voraussagen zu und liefern nicht nur Erklärungen für schon Bekanntes.

Kommen wir also nun, wie versprochen, zum Thema der künstlichen Intelligenz, also zu der Intelligenz (was auch immer das ist), wie sie Maschinen besitzen.

Künstliche Intelligenz

Künstlich ist Intelligenz immer dann, wenn sie nicht auf natürlichem Weg entstanden ist. Künstlich ist alles, was nicht durch die Natur selbst entstanden ist. Alles aus Menschenhand ist daher per Definition künstlich. Erzeugen wir Menschen eine Maschine, die „intelligent" ist, dann ist das per Definition eine Form von künstlicher Intelligenz.
An dieser Stelle bleibt nur noch zu definieren, wann man eine Maschine als intelligent bezeichnen kann. – Reicht es dazu aus, dass die Maschine lediglich auf eine bestimmte Art „funktioniert"? Ähnlich einem Fahrrad? – Sind Fahrräder schon intelligent? Oder ist es für unsere Definition schon ausreichend, wenn eine Konstruktion auf raffinierte Weise intelligent konstruiert ist? So ganz ohne Funktion? - Oder braucht es mehr, um von Intelligenz sprechen zu können? Wie sieht es mit einem Taschenrechner aus? Ein Taschenrechner kann sehr viel schneller und exakter Kopfrechnen, als wir Menschen es jemals könnten. Das wäre schon sehr intelligent. – Ist ein Taschenrechner intelligent? Oder verstehen wir unter künstlicher Intelligenz vielmehr die Eigenschaft einer Maschine, die anfängt, die Maschine „menschgleich" zu machen? Ähnlich dem Turing-Test, bei dem man irgendwann nicht mehr sagen kann, ob ein Mensch oder eine intelligente Maschine mit einem spricht.
Wie man es auch dreht und wendet, es läuft immer wieder auf den Schwachpunkt der fehlenden, exakten Definition hinaus. Wir haben keine einheitliche und universelle Definition von Intelligenz! Also bleibt uns nur die Beschreibung. Und genauso ist es auch im Teilgebiet der künstlichen Intelligenz.

Die „Künstliche Intelligenz", oder im Deutschen abgekürzt mit „KI" (oder im Englischen „AI" für „artificial intelligence") gilt als Teilgebiet der Informatik. Also ein Teilgebiet der Wissenschaft, welches sich mit der Verarbeitung von Daten beschäftigt. Die philosophischen Aspekte der KI gehören zu den weitestreichenden der gesamten Informatik und haben tiefe Auswirkungen auf die Neurowissenschaften. Und das natürlich aus dem Grund, weil die KI beispielsweise Fragestellungen im Bezug auf die Entstehung von Bewusstsein oder ethische Diskussionen über die Erhaltung von Leben aufwirft. – Würde man eine intelligente Maschine als lebendig bezeichnen, wenn sie „echtes" Bewusstsein hätte und sich reproduzieren könnte? – Und wenn man es anders herum betrachtet, wären dann Einzeller nicht auch vielmehr so etwas wie kleine aber komplexe biologische Maschinen? Wie wäre es mit embryonalen Stammzellen? Einzeller und auch kleine Zusammenschlüsse von Zellen, Zellhaufen, haben kein Bewusstsein, und doch bezeichnen wir sie als lebendig. Und weil sie für uns lebendig sind, haben wir das ethische Verlangen, sie zu schützen. Warum eigentlich, wo sie doch maschinengleich sind?

Grundsätzlich lässt sich die philosophische Forscherschaft auf dem Gebiet der „künstliche Intelligenz" in zwei Lager unterteilen. In das der schwachen KI und in das der starken KI.

Schwache KI: Man hält es für grundsätzlich unmöglich, dass Maschinen jemals mehr als nur simuliertes Bewusstsein mit wirklicher Erkenntnis und Freiheit besitzen können.

Starke KI: Es ist möglich, Maschinen können Bewusstsein und wirkliche Erkenntnis von Freiheit besitzen, und sie können uns Menschen in diesen Eigenschaften sogar übertreffen.

Die Argumentation der schwachen KI ist leicht: „Das geht nicht!" – Argumentationsstrategien gibt es natürlich schon, aber alle sind wenig philosophisch durchdacht und laufen auf das Gleiche hinaus. „Das geht nicht!"

Wohingegen es bei der starken KI schon ein wenig komplizierter wird. Die Argumentation folgt entsprechend der philosophischen Aufarbeitung der Zusammenhänge des Begriffs „Sinn". – Wie wir schon in einigen Andeutun-

gen in diesem Buch gesehen haben und wie wir noch weiter erfahren werden, ist der Sinn eine dem Menschen zutiefst wichtige Eigenschaft der Welt.
Es gibt nicht nur ein bisschen Sinn, sondern immer nur Sinn oder keinen Sinn. Danach handelt es sich bei Sinn immer um ein sogenanntes „emergentes Phänomen". Das heißt, um eine Eigenschaft, die auf einer nächsthöheren Ebene hinzukommt, ohne dass man sie auf der darunter liegenden Ebene hätte vermuten können.
Als ein weiteres Beispiel eines emergenten Phänomens sei das physikalische Phänomen der Temperatur genannt. Die Bewegung von Teilchen (wenn man nur diese sich bewegenden Teilchen für sich alleine betrachtet) würde niemals dazu veranlassen, auf so etwas wie Temperatur oder Wärme auf der nächsthöheren Ebene (viele Teilchen zusammen in einem System) zu schließen.
Ebenso ist es bei Bewusstsein oder Leben oder Intelligenz oder Sinn. Der passende Spruch dazu ist: „Die Summe ist mehr als ihre Teile." - Das bedeutet, dass die Philosophen der starken KI argumentieren, dass auch künstliche Intelligenz bei einer hinreichend komplexen Kombination von Fähigkeiten und Eigenschaften „hinzukommt". Fähigkeiten und Wissen kombinieren Sinn und erzeugen auf der nächsthöheren Ebene das emergente Phänomen der Intelligenz. – Vielleicht ja auch gleich Bewusstsein?
Interessant ist diese Betrachtungsweise, wenn man an die Fragestellungen des Leib-Seele-Problems denkt. Wie wir bereits gesehen haben, galten Leib und Seele lange Zeit als zwei unterschiedlichen Entitäten angehörig. Man konnte sich nie wirklich schlüssig erklären, wie es einem immateriellen Geist gelingt, Einfluss auf einen materiellen Körper zu nehmen. – Wäre aber „Geist" ein emergentes Phänomen der Summe der Eigenschaften von „Körper", so wäre schon vor langer Zeit jegliche Leib-Seele-Diskussion überflüssig gewesen. Es scheint so, als wären höhere geistige und somit menschliche Eigenschaften im Sinne einer Intelligenz nichts anderes als emergente Phänomene, welche sich aus hinreichender Komplexität des zugrunde liegenden informationsverarbeitenden Systems ergeben. Eventuell treten höhere geistige Eigenschaften bei hinreichender Komplexität sogar zwingend auf. (…)

Beispielsweise der Schachcomputer aus den achtziger Jahren, wie wir ihn in der Abbildung am Anfang dieses Abschnittes sehen, spielt Handlungsverläufe von Schachpartien weit effizienter durch, als wir dies als „normale“ Menschen je könnten. Aber letztendlich tut er auch nichts anderes, als wir selbst tun würden, wenn wir schneller denken könnten und ein besseres Gedächtnis hätten. – Schachcomputer sind zwar sehr effizient und schnell funktionierende Maschinen, aber menschliche Intelligenz besitzen sie nicht. Da sind wir uns alle einig.
Wie beim Turing-Test kann man sich fragen, ab wann man von menschlicher Intelligenz, von wahrer Erkenntnis und von Bewusstsein sprechen kann. Wie wäre es, wenn die antwortende Maschine beim Turing-Test so gut konstruiert wäre, dass wir nicht mehr herausfinden können, dass sie eine Maschine ist? Wenn wir das nicht mehr herausfinden können, dann müssen wir doch wohl oder übel auch davon ausgehen, dass sie tatsächlich ein Bewusstsein besitzt. – Woher wissen wir denn im Alltag, dass unser menschliches Gegenüber mit Bewusstsein ausgestattet ist und nicht nur wie eine Maschine nach Regeln funktioniert? – Wir wissen es nicht.
Und das bringt uns zu einem sehr spannenden Konflikt. Denn wenn wir ab einer gewissen maschinellen Entwicklungsstufe von außen nicht mehr sagen können, ob „echtes“ Bewusstsein vorhanden ist oder nicht, dann macht es auch keinen Sinn mehr zu behaupten, dass noch irgendein Unterschied zwischen echtem und künstlichem Bewusstsein bestehen würde.
Was ist denn Bewusstsein? Es ist nichts, das man anfassen könnte, das man beobachten oder sezieren könnte. Das einzig Greifbare ist die Aussage desjenigen, der anscheinend Bewusstsein besitzt. Daher muss es sich bei Bewusstsein um eine emergente Eigenschaft handeln.

Und wenn es schon keinen Sinn mehr macht, sich diese Frage danach zu stellen, was der Unterschied zwischen „echtem“ und „simuliertem“ Bewusstsein ist, dann macht es auch keinen Sinn, einer Maschine, die beim Turing-Test gewinnt, echtes Bewusstsein abzusprechen.

Wenn man sich darauf einlässt, in der gleichen Art der Betrachtung Dinge wie Gott, Seele, Schöpfung, den Heiligen Geist und dergleichen zu hinterfragen, dann gehen einem ab einer gewissen Stufe die Argumente aus.

Bewusstsein

Wissen Sie, wie Bewusstsein laut dem Duden definiert ist? Die Definition lautet so: „Bewusstsein ist die besondere Art des Erlebens, in der der Mensch seelische Vorgänge als gegenwärtig und in ihrer Zugehörigkeit zum eigenen Ich erfährt." Wir haben es also in dieser Definition den Begriffen „seelisch" und „eigenes Ich" zu tun. – Wenn man ehrlich ist, und genauer darüber nachdenkt, dann hilft einen diese Definition nicht wirklich weiter.
Über das Bewusstsein haben sich die Philosophen, die Hirnforscher, die Theologen und alle Menschen zusammen immer wieder den Kopf zerbrochen. Bewusstsein ist allem Anschein nach mehr eine Eigenschaft, nichts Greifbares, noch nicht einmal etwas tatsächlich Beschreibbares. Auch bei diesem Begriff kommen wir wieder zur Irreführung der Sprache. Denn wenn wir Menschen von Bewusstsein sprechen, dann haben wir alle das Gefühl, dass wir wissen, was gemeint ist. Aber wissen wir es wirklich? Ist Bewusstsein etwas so völlig Klares? Wissen wir, wovon wir sprechen? - Es bleibt, wie es ist, wir wissen einfach immer noch nicht, was Bewusstsein eigentlich ist.
Genauso wenig, wie wir wissen, wie eine Fledermaus die Farbe Rot sieht, genauso wenig können wir es uns vorstellen, kein Bewusstsein zu haben. Und eben genau aus dem Grund wissen wir auch nicht, was es ist. Wir kennen keine Existenz ohne ein Bewusstsein.

Ein großes Problem bei der Erforschung des Phänomens Bewusstsein ist die fehlende Klarheit darüber, was eigentlich erforscht werden soll. Da wir Bewusstsein nicht exakt definieren können, ist ebenso wenig klar, was eigentlich der Gegenstand der Forschung ist. Das wirft eine Reihe von weiteren Problemen auf. Denn woher soll man wissen, wann man eine brauchbare Theorie über die Funktion des Bewusstseins vor sich hat, wenn man überhaupt nicht weiß, was man eigentlich erforscht? Wie identifiziert man den Erfolg einer Theorie, wenn man vorher noch gar nicht beschreiben konnte, nach was man eigentlich sucht? Woher würde man wissen, daß man beim Forschen auf „das Bewusstsein" gestoßen ist?

Das Bewusstsein ist eine der merkwürdigsten und befremdlichsten Eigenschaften im Universum überhaupt. Wir kennen aus unserer Alltagserfahrung nichts Vergleichbares, kein auch nur verwandtes Phänomen und wir besitzen kein eindeutiges und aussagekräftiges Modell, mit dem wir das Wesen unseres Bewusstseins irgendwie erfassen könnten. Bewusstsein erscheint somit einzigartig und steht für viele jenseits wissenschaftlicher oder wenigstens jenseits aller rein naturwissenschaftlicher Erklärungsmöglichkeiten.

Bewusstsein könne nicht mit wissenschaftlichen Methoden erklärt werden, so eine These. Bewusstsein, so wird weiter argumentiert, ist ein notwendiges, subjektives Phänomen, nur dem Individuum, das es selbst besitzt, zugänglich. Wohingegen alles Physische, zum Beispiel die Hirnaktivität, von Natur aus objektiv und somit mehreren Individuen aus verschiedenen Blickwinkeln zugänglich ist.
Die Phänomene des Bewusstseins können als kaum ausschließlich mit rein physischen Phänomenen des Gehirns identisch sein, und die objektive Naturwissenschaft, die letztere untersucht, wird den prinzipiell subjektiven Charakter des Bewusstseins niemals erklären können.

Wissenschaft agiert immer aus der dritte-Person-Perspektive. Wohingegen unsere subjektive Wahrnehmung und Beurteilung immer eine erste-Person-Angelegenheit ist. Das prinzipielle Problem bei der Erforschung von Bewusstsein ist, dass man eine erste-Person-Angelegenheit zurückführen muss auf eine dritte-Person-Angelegenheit. Die wissenschaftliche Methodik kennt keine Subjektivität. Sie agiert außerhalb jeglicher Subjektivität. Nun scheint es aber so zu sein, dass es sich bei Bewusstsein um keine von außen identifizierbare, dritte-Person-Eigenschaft handelt, sondern immer um ein rein intrinsisches, also nur innerhalb des Individuums beobachtbares Phänomen. Ist dies tatsächlich der Fall, dann sind subjektive Empfindungen, wie etwa das Bewusstsein oder Empfindungen wie Freude oder Liebe, prinzipiell nicht durch eine dritte-Person-Perspektive beschreibbar und müssen immer einen weißen Fleck auf der Landkarte der wissenschaftlichen Erkenntnis darstellen.

Da wir nicht verstehen, was Bewusstsein eigentlich ist, bleibt uns, wie immer, wenn wir etwas nicht verstehen, nur die Möglichkeit, es zu beschreiben. Wenn wir keine Erklärung haben, dann bleibt immer nur die Beschreibung. Sehen wir uns an, welche beschreibenden Eigenschaften über die Jahre von Hirnforschern, Philosophen und Informatikern zusammen getragen wurden:

1. Bewusstsein ist mit Gedächtnis verbunden.

Offensichtlich benötigen wir Erinnerungen, um uns bewusst zu werden. Bewusstsein kann nicht ohne gespeicherte Erinnerungen entstehen. Die Gesamtheit des Systems zur Speicherung und zum Abrufen der Erinnerungen wird als Gedächtnis bezeichnet. Typischerweise ermöglicht das Bewusstsein wahrzunehmen, wie sich der eigene psychische und physische Zustand mit der Zeit verändert. Eine Wahrnehmung einer derartigen Veränderung erfordert die Fähigkeit der Speicherung von vergangenen und die Wahrnehmung von aktuellen Zuständen, welche dann wiederum gespeichert werden, um mit anderen Zuständen verglichen werden zu können. Bewusstsein erfordert also zumindest ein Kurzzeitgedächtnis.

2. Bewusstsein ist unabhängig von der sensorischen Wahrnehmung.

Man kann seine Augen und Ohren verschließen und auch sonst alle Sinneswahrnehmungen ausschalten, aber das Bewusstsein bleibt weiterhin bestehen. Man kann seine Tagträume schweifen lassen, und man kann in der eigenen Vorstellung komplexen Problemen nachgehen, alles ohne Informationen von den Sinnesorganen. Zweifellos wird das Bewusstsein verändert, wenn man jemanden über längere Zeit von sensorischen Eindrücken ausschließt. - Das haben Experimente (sensorische Deprivation) gezeigt. - Aber sicher hat sich auch gezeigt, dass diese Veränderung der Art des Bewusstseins nicht bedeutet, dass das Bewusstsein selbst verschwinden würde.

3. Bewusstsein beinhaltet steuerbare Aufmerksamkeit.

Man kann sich offenbar, bis zu einem gewissen Grad, darauf konzentrieren, was man beispielsweise gerade hört. Oder darauf, wie es in dem Raum, in dem man sich befindet, aussieht. Oder man kann sich bewusst machen, wie sich der linke Hemdärmel gerade auf der eigenen Haut anfühlt. All dies sind Wahrnehmungen, die man normalerweise, ohne dass man sich speziell auf sie konzentrieren würde, gar nicht mitbekommt. Offensichtlich ist eine Eigenschaft des Bewusstseins, dass man die eigene Aufmerksamkeit bewusst steuern kann. Das Gegenteil von bewusster Konzentration auf eine Sache, nämlich das willentliche Ausschalten von Aufmerksamkeit ist dagegen schon etwas schwieriger und erforderte bestimmte indirekte Techniken, wie sie etwa bei der Meditation angewendet werden.

4. Bewusstsein verschwindet im Tiefschlaf.

Tief zu schlafen ist sogar der üblichste Weg das Bewusstsein zu verlieren. Es wäre sehr interessant zu erfahren, wie das funktioniert und warum das passiert.

5. Bewusstsein taucht beim Träumen wieder auf.

Sicherlich ist die Form des Bewusstseins, das wir während des Träumens beim Schlafen wahrnehmen, nicht die Gleiche wie im Wachzustand. Dennoch ist es eine Form von Bewusstsein. Bis heute wissen wir nicht, was beim Träumen in unserem Gehirn passiert. Aus ähnlichem Grund wissen wir nicht, was der Grund, Sinn und Zweck von Träumen ist. Bis heute wissen wir nicht recht viel mehr, als dass sich die Wellen im EEG, wie bereits angesprochen, verändern, wenn wir träumen. Man kann sogar anhand des EEGs exakt den Zeitpunkt festmachen, wann ein Schlafender träumt. Was jedoch zu diesem Zeitpunkt exakt im Gehirn passiert, wissen wir nicht.

6. Bewusstsein umfasst die Inhalte mehrerer sensorischer Modalitäten einer einzigen gemeinsamen Erfahrung.

Dieser Punkt ist etwas schwieriger zu verstehen, jedoch stellt er eine der wesentlichsten Eigenschaften überhaupt dar.

Als Beispiel nehmen wir eine Katze, die an unserem Bein herumstreicht und dazu miaut. Der Gesamteindruck dieser Katze setzt sich für unser Gehirn aus vielen unterschiedlichen Einzeleindrücken zusammen. Zuerst nehmen die Augen die visuelle Komponente wahr, nämlich das Bild einer Katze, die unten bei unseren Füßen umherstreicht. Als Nächstes hören wir über unsere Ohren das Miauen. Außerdem liefern die Berührungsnervenzellen auf der Haut unserer Beine Information darüber, wie die Katze uns streift. Natürlich passiert in unserem Nervensystem noch eine Ganze Menge mehr, aber es geht uns hier prinzipiell darum, wie unser Gehirn es schafft, all diese Eindrücke als gleichzeitiges und einheitliches und zusammengehöriges Katzenerlebnis zu kombinieren. Wie schafft unser Gehirn das einheitliche Bewusstsein einer Katze aus Eindrücken von Augen, Ohren, und Haut?

Interessant erscheint diese Fähigkeit schon allein dadurch, wenn man sich klar macht, dass wir zum Zeitpunkt, an dem uns die Katze berührt, nicht nur Daten von der und über die Katze empfangen, sondern gleichzeitig allerhand andere Wahrnehmungen haben. Unser Gehirn erhält parallel zu den Katzeneindrücken zum Beispiel Informationen darüber, wie unsere Kleidung unsere Haut berührt, über den Druck des Bodens an unseren Fußsohlen, die Temperatur im Raum, das visuelle Bild des Raumes in dem sich noch alles Mögliche andere außer der Katze befindet. Wir sehen nicht nur die Katze, sondern unsere eigenen Füße, den Boden, auf dem wir stehen, vielleicht ein Tischbein, einen Teppich, was auch immer. Weiter hören wir den Kühlschrank, der irgendwo surrt und wir vernehmen das Gespräch unserer Verwandtschaft, die sich über das schlechte Wetter beschwert. All diese anderen Eigenschaften werden für den Prozess der Erzeugung des speziellen Bewusstseins über die Katze herausgefiltert. Es gelingt unserem Gehirn nur die Katzeneindrücke zu einem Bewusstsein der Katze zu kombinieren! Diese Eigenschaft ist so herausragend und so bemerkenswert, dass es bis heute noch nicht einmal im Ansatz gelungen ist, sie über Architekturen von Computerprogrammen abzubilden. Von der erforderlichen Rechenleistung einmal ganz abgesehen, und von der Eigenschaft von Bewusstsein nicht einmal zu sprechen.

Die Frage nach dem, wie Bewusstsein entsteht und die Frage danach, was denn Bewusstsein eigentlich ist, gehört zu den wohl schwierigsten Problemen, die die moderne Wissenschaft überhaupt kennt. Die Forschung ist bereits heute in der Lage, die kleinsten molekularen Vorgänge in Körper und Gehirn offen zu legen. Durch die Forschung und Technik sind wir in der Lage, Krankheiten zu bekämpfen, zum Mond zu fliegen oder Speicherchips mit ungeahnter Kapazität und Schnelligkeit zu bauen. Wir besitzen Maschinen, die uns ermöglichen, innerhalb eines Tages von München nach Peking zu fliegen, und unsere Zeit hat Erscheinungen mit wirtschaftlichen sowie kulturellen Auswirkungen wie etwa das Fernsehen oder das Internet hervor gebracht. Aber wie unser Bewusstsein funktioniert, davon haben wir keine Ahnung. Und daran wird sich wohl in der nächsten Zeit auch nichts ändern.
Wir wollen Bewusstsein durch Forschung verstehen. Nur wo soll man ansetzen? Wo kann man denn mit dem Forschen beginnen, wo man doch noch überhaupt keine Ahnung hat, wie Bewusstsein funktioniert, noch keine Ahnung hat, was Bewusstsein überhaupt ist?
Über die Techniken von EEG, PET und fMRT ist es möglich, dem Gehirn quasi bei der Arbeit zuzusehen. Man kann dem Probanden eine Aufgabe stellen und seinem Gehirn zusehen, was es tut, während der Proband diese Aufgabe löst. Genauso kann man natürlich dem Gehirn des Probanden zusehen, was es tut, wenn er sein Bewusstsein verliert wenn er schläft, oder ihm dabei zusehen, wenn er träumt. Leider unterscheiden sich diese Hirnscan-Bilder nicht signifikant genug von den Bildern von Gehirnen im Wachzustand, als dass man irgendeine physiologische Funktion, die damit gesichert als Grundfunktion von Bewusstsein stehen müsste, identifizieren könnte. Es scheint, dass Bewusstsein anders und komplexer funktioniert, als dass einfach irgendwelche Hirnareale aktiv sind, und es scheint, dass Bewusstsein „schneller" funktioniert, als es uns die Technik von Hirnscan-Methoden zu beobachten erlaubt.

Neben theoretischen Überlegungen und der empirischen Erforschung des Gehirns bleibt noch der Weg zu versuchen, das Gehirn mittels Simulationen anhand von Modellen zu verstehen. Mit Hilfe neuer und leistungsfähiger Computerhardware und modernen Softwarearchitekturen gelingt es, umfangreichste Simulationen zu starten. Man versucht das Gehirn nachzubauen, es nachzuprogrammieren. Durch die Erfolge auf dem Gebiet der künstlichen Intelligenz sind Wissenschaftler und Ingenieure bereits zu ganz erstaunlichen Erkenntnissen gekommen. Bewusstsein konnten sie allerdings bis zum heutigen Tag noch nicht erzeugen. Oder vielleicht doch?
Es gibt in der Künstliche-Intelligenz-Forschung eine Art Fähigkeitenliste für die Konstruktion einer Maschine, die bewusst-intelligentes Verhalten zeigen soll. Ein System, das Intelligenz zeigt und Bewusstsein hat, braucht danach folgende Fähigkeiten:

1. ***Ortssinn, Position im Raum***
   Es muss sich orientieren können.

2. ***Bewusstsein der Vergangenheit, Wiederholbarkeit***
   Die Maschine benötigt ein Gedächtnis.

3. ***Konzentrationsfähigkeit; Aufmerksamkeitssteuerung***
   Es muss die geistigen Ressourcen bündeln können.

4. ***Alternative Szenarien für die Zukunft denkbar***
   Es muss aus Erfahrungen in der Vergangenheit Szenarien für die Zukunft bilden können.

5. ***Szenarien durch emotionales Entscheiden auswählen***
   Es braucht einen sehr effektiven Weg, aus den unterschiedlichen Handlungsmöglichkeiten immer genau eine auszuwählen.

Nach den Erfahrungen in der Künstliche-Intelligenz-Forschung sind dies die maßgeblichen Fähigkeiten, die ein künstliches Individuum zum eigenständigen Handeln braucht. Wir erzeugen eine Maschine, die sich in der Welt zurechtfindet, und das mit allem was dazu gehört. Würde diese Maschine ab einem gewissen Grad an Intelligenz soziale Fähigkeiten entwickeln? Hätte sie etwas, das Gefühlen entsprechen würde? Diese Gefühle würden dann auf Silizium, anstatt auf Fleisch und Blut ablaufen. Hier erneut die Frage: Reicht hinreichende Komplexität aus, um höhere geistige Eigenschaften und Fähigkeiten hervorzubringen?

Ganz so aussichtslos, wie dies alles den Eindruck erweckt, ist die Frage nach der physiologischen Seite der Erzeugung von Bewusstsein auch wieder nicht. In der Tat hat man nämlich doch schon etwas gefunden. Und zwar deutet alles drauf hin, dass das Gehirn bei der Erzeugung von Bewusstsein weiter entfernte Regionen miteinander vernetzt und diese als Einheit arbeiten. Die Vernetzung verschiedener Regionen und der damit verbundenen Eigenschaften und Fähigkeiten scheint ein Mechanismus zur Erzeugung von Bewusstsein zu sein.
Ursprünglich stammt diese Theorie aus zweierlei Befunden. Zum einen aus der Sezession von Gehirnen, zum anderen aus hochauflösenden EEG-Scans. Seziert man ein Gehirn, so findet man neben all den unzähligen Nervenzellen in den einzelnen Hirnregionen auch Nervenzellen, die sehr lang sind. Sie reichen von der Großhirnrinde und auch anderen Bereichen weiter innen im Hirn zu einem Zentrum, das den klanghaften Namen „Claustrum" trägt. Das Claustrum empfängt also aus dem gesamten Gehirn Signale und ebenso sendet es Signale an das gesamte Gehirn. Lebt also Bewusstsein von der Fähigkeit, Hirnregionen zu vernetzen, dann ist das Claustrum der ideale Verdächtige, um diese physiologische Grundlage zu leisten.

Die zweite Entdeckung, die auf das Vernetzen als physiologische Grundlage für die abstrakte Erscheinung von Bewusstsein schließen lässt, ist die, dass im EEG sichtbar gemacht werden kann, dass Hirnregionen aus vielen Hirneinheiten, die sonst normalerweise wenig miteinander zu tun haben, ab und zu für kurze Zeit gleichzeitig mit derselben Frequenz aktiv sind. Hirnregionen schwingen also für kurze Zeit gemeinsam mit derselben Frequenz. Und es erscheint nahe liegend, dass diese einheitliche Schwingung die Bereiche auf irgendeine Art und Weise als Einheit verbindet.

Man kann sich jetzt selbstverständlich gezielt auf die Suche nach Indizien für dieses Modell, für die Zusammenschließung von Hirnregionen zum Erzeugen von Bewusstsein begeben. Und das hat man auch schon mit den ersten positiven Resultaten getan. Zum Beispiel kann man in feinen EEGs gezielt nach Aktivitäten suchen. Und dies zu bestimmten Zeitpunkten. Zum Beispiel bei einem schlafenden Probanden, der durch einen Wecker aufgeweckt wird. Oder bei einem Probanden, der durch Narkotika das Bewusstsein verliert. Ebenso ist es möglich durch das Einbringen von Elektroden im Gehirn die Aktivität von jenen langen Nervenzellen, die im Claustrum münden, zu messen.

Nach dem heutigen Stand des Wissens gibt es entsprechend diesen beiden Erkenntnissen zwei Meinungen darüber, wie die Vernetzung im Gehirn für die Erzeugung von Bewusstsein von Statten gehen könnte. Die eine ist die Claustrum-Theorie, bei der der wesentliche Aspekt die Vernetzung von Hirnregionen über eine zentrale Stelle ist, die andere geht von einer freien Vernetzung von Hirnregionen je nach Bewusstseinsstärke aus.
In der Theorie mit den quasi festen Verbindungen zu einer zentralen Stelle entspricht ein jedes Bewusstseins-Erlebnis, ob die Wahrnehmung einer Katze, Selbstbewusstsein oder Träumen, einem bestimmten Erregungsmuster des fixen Systems. Dieses Erregungsmuster ist repräsentativ für die bewusste Wahrnehmung. Die Stärke der Erregung ist nicht ausschlaggebend, wichtig ist, dass eben dieser eine Zustand herrscht.
In der Theorie, in der sich Regionen in bestimmten Frequenzen spontan und für kurze Zeit vernetzen, fehlt eine fixe und starre Verbindung über Nervenfasern. Durch die Stärke der Erregung und durch die Koordination über Schwingungen mit derselben Frequenz wird vermehrt Vernetzung erzeugt und diese erzeugt Bewusstsein. Die Stärke des Bewusstseins in diesen Verbänden entspricht dem, wie stark wir als Menschen etwas bewusst wahrnehmen. Zum Beispiel weckt uns ein leiser Wecker noch nicht, wohl aber ein sehr Lauter. Werden wir narkotisiert, dann verliert unser Gehirn an Vernetzung und das Bewusstsein schwindet. – Mit dem Modell einer starren Vernetzung kann man diese Eigenschaft schwer erklären.

Welche Eigenschaften könnte man also nun mit einer solchen Theorie von vernetzten Hirnregionen erklären?

1. Gesamtheit des Gedächtnisses

Zuerst einmal wäre da die Eigenschaft, dass durch die Vernetzung von theoretisch allen Regionen des Gehirns die Möglichkeit besteht, mit der Gesamtheit unseres Gedächtnisses zu denken, zu entscheiden und zu handeln. Dies entspricht offensichtlich dem, was wir täglich an unseren Mitmenschen und an uns selbst beobachten können. - Denn wir widersprechen uns ja offensichtlich nicht andauernd selbst! Wir reagieren nicht einfach nur auf die Einflüsse in unserer Umwelt, sondern wir bauen ein Selbstbewusstsein auf der Basis all unseres Wissens und all unserer Erfahrungen auf. Wir entwickeln ein Bild von uns selbst. Wir erzeugen eine weitestgehend konstante und verlässliche Persönlichkeit. Ohne diese Eigenschaft wäre soziales Zusammenleben so gut wie unmöglich. Denn, ohne dass wir Menschen mit der Gesamtheit unseres Gehirns denken, würden wir uns in komplexen Verhaltensweisen immer wieder selbst widersprechen. Vertrauen und Verlässlichkeit wären so nicht möglich, und die sind der Grundbaustein jeglicher sozialen Ordnung. (Wir werden etwas weiter unten im Abschnitt zur Sprache nochmals darauf zurückkommen.)
Sind Gehirnregionen für bewusste Wahrnehmungen vernetzt, und wäre diese Vernetzung nichts anderes als die physiologische Grundlage des Bewusstseins selbst, dann ist es kein Problem zu erklären, wie wir es machen, eine Katze als Einheit aus Geräuschen, Berührung der Haut und visuellen Eindrücken zu generieren.

2. Steuerung der Aufmerksamkeit

Wir können unsere Aufmerksamkeit steuern. Wir können uns auf etwas konzentrieren und uns etwas bewusst machen. Außerdem können wir über uns selbst in bewusster Weise nachdenken. – Auch diese Fähigkeit kann man über die Vernetzung von Hirnregionen erklären. Über die Stärke der Erregung von gemeinsamen Schwingungen und über die Zahl der beteiligten Hirnbereiche nehmen der Grad und die Stärke des Bewusstseins zu. Natürlich mit einem bestimmten Inhalt. Klingelt ein Wecker laut, dann fällt es uns schwer, uns gleichzeitig weiter mit unseren Gedanken zu beschäftigen. Ist es dagegen ruhig und wir konzentrieren uns beispielsweise auf die Erinnerungen an eine vergangene Unterhaltung mit einem Freund gestern Abend, so fällt es uns nicht auf, wie sich die Berührung des Hosenbeins auf unserem Unterschenkel anfühlt. Die Vernetzung der Hirnregionen hat dann als Inhalt die „gestrige Unterhaltung mit einem Freund".

3. Im Schlaf verschwindet das Bewusstsein

Wir haben gesagt, dass auf den fMRT-Bildern von Tiefschlafenden die Erregungsmuster nicht in solcher Weise signifikant verschieden von wachenden Probanden sind, als dass man über diesen Unterschied eine physiologische Grundlage von Bewusstsein vermuten könnte. Das heißt, Hirnregionen sind im wachen, sowie im schlafenden Zustand aktiv und im EEG passiert Ähnliches wie im Wachzustand. – Jedoch muss die Theorie der vernetzten Regionen hier nicht scheitern. Es könnte sein, dass beim Schlafen durchaus Bewusstsein entsteht, nur eben in einer anderen Form. Und es könnte sein, dass Vernetzungen statt finden, nur eben viel unkoordinierter als im Wachzustand. Die „Güte" der Vernetzung würde so der „Stärke" an Bewusstsein gleichzusetzen sein.

Noch einmal muss man darauf hinweisen, dass wir zum jetzigen Stand unseres Wissens schlichtweg noch keine Ahnung haben, wie diese Verbände von Hirnregionen und Nervenzellen das Phänomen Bewusstsein erzeugen. Wir suchen derzeit nur nach der neurologischen Grundlage, auf der es, was auch immer es ist, funktionieren könnte.

Zur grundsätzlichen Problematik ein Exkurs in die Geschichte: Im ersten Jahrhundert nach Christus lebte ein gewisser Claudius Ptolemäus in Alexandria. Ptolemäus bestritt, dass man für die Bewegung der Sterne und Planeten jemals eine wirklich wissenschaftliche Erklärung finden könne. Und zwar sei dies aus dem Grund nicht möglich, weil beide einfach viel zu weit entfernt von uns seien. Laut Ptolemäus könnten wir Menschen lediglich darauf bestrebt sein, das Bisschen an Bewegung zu beschreiben, das wir von hier aus

erkennen können. Die wirklich wirkende Physik der Himmelskörper könnte aus der Erdenperspektive niemals verstanden und beschrieben werden.
Sogar im 19ten Jahrhundert noch vertrat ein bekannter Mathematiker und Wissenschaftstheoretiker namens Auguste Compte die Meinung, dass wir, ebenfalls aufgrund der zu großen Entfernung, niemals genau über die chemischen Geschehnisse und die chemischen Zusammensetzungen der Sterne Auskunft erlangen könnten.
Beide Männer waren keine Dummköpfe. Ganz im Gegenteil. Ptolemäus war der größte Astronom des Mittelalters und Compte vehementer und gebildeter Verfechter der wissenschaftlichen Methodik.
Diese Beispiele sollten nur zeigen, dass sogar ein brillanter Geist zu der Schlussfolgerung kommen kann, dass sich etwas, das seine eigene Vorstellungskraft übersteigt, auch prinzipiell der wissenschaftlichen Erkenntnis entzieht.
Denken Sie als weiteres Beispiel an den 5-dimensionalen Raum. 5 Dimensionen sind für den menschlichen Geist nicht vorstellbar. 3 Dimensionen verstehen wir hingegen sehr gut. Für die Mathematik hingegen macht es rein rechnerisch so gut wie keinen Unterschied, ob man in 3, 5 oder 15 Dimensionen rechnet. Bis auf den Umstand, dass die Gleichungen zunehmend unübersichtlich werden, ändert sich nichts. Nur vorstellen können wir uns das, was wir berechnen, dann nicht mehr.

In den beiden historischen Beispielen von Ptolemäus und Compte sind die Argumentationen für den damaligen Stand des Wissens und für den Zeitgeist einleuchtend. Die Grundannahmen sind jedoch falsch. Die eigene beschränkte Vorstellungskraft ist ein schlechter Ratgeber, um zukünftige wissenschaftliche Erkenntnisse vorauszusehen. Die Tatsache, dass uns ein beschreibbares Problem mysteriös erscheint, ist eine Aussage über unsere derzeitige Situation und damit nicht mehr als eine bedauerliche Folge unseres momentanen Wissens und Denkens. Sie sagt überhaupt nichts über das Problem selbst aus. Sie liefert keine Aussagen, aus denen man irgendwelche Schlussfolgerungen ziehen könnte.
Vielleicht sollten wir uns heute von der verwirrenden Natur des Bewusstseins nicht zu sehr beeindrucken lassen. Die Tatsache, dass das menschliche Be-

wusstsein in wissenschaftlichen Aspekten momentan noch als einzigartiges und für immer unerreichbares Mysterium erscheint, könnte nur unsere eigene Unwissenheit und unsere gegenwärtige Konzeptionslosigkeit widerspiegeln. Die Befremdlichkeit des Bewusstseins ist kein Indiz für irgendeine besondere, metaphysische Eigenschaft.

Der um 1700 lebende deutsche Philosoph Gottfried Wilhelm Freiherr von Leibniz (siehe Kapitel 2) sagte einmal Folgendes: Würde man einen Forscher schrumpfen und ihn so klein machen, dass er in unser Gehirn eindringen könnte und die dort vorgehenden Geschehnisse direkt beobachten könne, er würde nirgends und an keiner Stelle etwas sehen können wie einen Gedanken, ein Gefühl oder gar das Bewusstsein selbst. Folglich, so Leibniz, müssen Gedanken, Gefühle und das Bewusstsein aus gänzlich anderem Stoff geschaffen sein als die für den verkleinerten Forscher beobachtbare Struktur des Gehirns und des menschlichen Körpers. Da sich diese Eigenschaften aber so der Beobachtung prinzipiell entziehen, können sie mit wissenschaftlichen Methoden niemals erforscht werden.

Nun, Leibniz hat hier in seiner Argumentation einen Fehler begangen. Selbstverständlich kann man Gedanken niemals „sehen". Aber denken Sie an einen Computer. Wir wissen sehr genau was im Inneren eines Computers vor sich geht. Wir wissen das, weil wir Menschen diesen Computer selbst konstruiert und ihn selbst zusammengebaut haben. Würde aber Leibniz' Miniforscher ins Innere dieses Computers vordringen, dann könnte er dort genauso wenig irgendwelche Tabellen oder digitalen Fotos oder gar das Internet finden. Leibniz' Vergleich hinkt also. Worin besteht der Fehler?

Leibniz ist der Argumentation gefolgt, der alle Dualisten immer wieder folgen. Physischer Stoff und vernetzte Information sind zwei unterschiedliche Dinge. Information und die Verarbeitung von Information braucht physische Hardware, um verarbeitet zu werden. Die Verarbeitung selbst kann man eventuell sogar noch sichtbar machen, jedoch ist es dann beliebig schwierig, aus der Verarbeitung selbst auf das Resultat der Verarbeitung zu schließen. Die Software hat nichts mit der Hardware zu tun, und die Inhalte haben ebenso wenig mit der Software zu tun.

Wenn wir mit unserer Nase etwas riechen, dann entstehen (vereinfacht nach dem vorher gezeigten Modell) vierdimensionale Riechvektoren. Diese Vektoren kann man natürlich physisch an keiner Stelle im Gehirn „finden“, oder sie irgendwie direkt „beobachten“. Doch gibt es sie aber in Form der Verarbeitung der im Gehirn umherschwirrenden Information. Sie sind abstrakt und niemals gegenständlich anwesend. Man kann sie in symbolischer Schreibweise auf ein Blatt Papier schreiben und man kann mit ihnen durchaus Berechnungen anstellen, welche dann die reale Welt beschreiben. Aber niemals kann man einen Riechvektor im inneren des zentralen Nervensystems direkt unter dem Mikroskop beobachten. Genauso steht es auch mit Gefühlen und Gedanken, und ebenso verhält es sich auch mit unserem Bewusstsein. Dass Bewusstsein da ist, ist eine Realität, deren Zutreffen wir unweigerlich „wissen“. Gegenständlich beobachten können wir die Existenz von Bewusstsein deswegen aber noch lange nicht. Und für die Existenz des Bewusstseins ist dies alles andere als eine zwingende Voraussetzung.
Erinnern wir uns an die Fledermaus, die die Farbe Rot sieht. Diese Fledermaus nimmt mit ihren Sinneszellen eine Farbe wahr, was zu irgendeiner Erregung, zu irgendeinem Erregungsmuster in ihrem Gehirn führt. Das alles miteinander bezeichnen wir als die Farbwahrnehmung der Fledermaus. Wir haben gesehen, dass diese Wahrnehmung ein sehr subjektives Erlebnis der Fledermaus ist. Niemand anders als diese eine Fledermaus kann diese Farbe in genau dieser Art und Weise wahrnehmen, denn kein anderes Lebewesen hat exakt das gleiche Gehirn. Ebenso können wir Menschen mit unseren Gehirnen niemals subjektiv dieselbe Empfindung haben, wie sie die Fledermaus hat. Denn wir Menschen haben ja prinzipiell andere Gehirne. Wahrnehmung, und auch sämtliche anderen verarbeitenden Phänomene im Gehirn, sind also etwas zutiefst Privates und Subjektives. Das bedeutet, dass niemand anderes die Farbempfindung der Fledermaus in der Art empfinden kann als nur die eine Fledermaus selbst. Wohl aber, und das ist der Punkt, auf den es ankommt, kann man die Erregungsmuster, die Bildpunkte der Farbe Rot und die kognitiven Verschaltungen im Gehirn physikalisch und mathematisch beschreiben! - Von außen hat man also durchaus theoretischen Zugang zu der Empfindung. Wohl gemerkt aber immer nur theoretisch-mathematisch. - Zur subjektivem Empfindung selbst hat man keinen Zugang, auch prinzipiell

nicht. Um Zugang dazu zu haben, müsste man exakt dasselbe Gehirn wie das empfindende Individuum haben, und man müsse exakt das Gleiche empfinden. Empfindung hat mit Beschreibung herzlich wenig zu tun.
Wenn man also über diese Argumentation nachdenkt, dann wird klar, dass der Unterschied zwischen subjektiver Wahrnehmung und physikalisch-mathematischer Beschreibung nur der des Blickwinkels des Betrachters ist. Wäre kein Betrachter anwesend, würden zwei unterschiedliche Systeme vollkommen ausreichend über die physikalisch-mathematische Entität beschrieben werden. Versucht man aber mit einem subjektiven System ein anderes subjektives System zu verstehen, dann erleben wir den irreführenden Aspekt eines Dualismus. Die subjektive Komponente im Gegensatz zu einer objektiven Komponente erzeugt einen Dualismus von körperlicher und geistiger Welt. Emotion, Gefühl und Bewusstsein sind subjektive Zustände, und dennoch funktionieren sie auf der physischen Grundlage des Gehirns, ganz genauso wie ein sensorischer Riechvektor auf der physischen Grundlage des Gehirns funktioniert und er doch im jeweiligen System subjektiv wahrgenommen wird. Emotion, Gefühl und das Phänomen Bewusstsein sind abstrakte und zutiefst subjektive Phänomene. Wohl, dass Bewusstsein sehr viel komplexer ist als ein vierdimensionaler Riechvektor, sind beide aber dennoch aus demselben Stoff und gehören derselben Entität an. Emotionen, Gefühl und Bewusstsein sind keine physikalischen Zustände an sich, sehr wahrscheinlich haben sie noch nicht einmal eine tatsächliche Entsprechung in der physikalischen Welt. Jedoch werden immer in der Gesamtheit unseres Denkapparates Prozesse ablaufen, die diese Phänomene hervorbringen.

Worauf läuft diese Betrachtung also hinaus? - Der O-Ton dieser ganzen Argumentation ist dieser: Man braucht keinen Dualismus! Der Dualismus ist eine überholte philosophische Theorie, die in der modernen Hirnforschung keinen Platz mehr hat. Die moderne Hirnforschung geht davon aus, dass bei genügend hoher Komplexität eines Systems zusätzliche subjektive Phänomene in Form von zusätzlichen Entitäten auftreten, also emergente Phänomene auftreten. So wie man durch Beobachten der elektrischen Spannungen in einer Computerhardware fast unmöglich auf die im Arbeitsspeicher abgelegten Bilder schließen kann, genauso wenig kann man durch Betrachtung der physischen Strukturen unseres Gehirns auf kognitive Phänomene wie Emotionen oder das Bewusstsein schließen. Dennoch gehören beide unzertrennlich zusammen.

Ich bin mir bewusst, dass diese Argumentation für den einen oder anderen Leser eine fast schon beleidigend triviale Erklärung zu sein scheint. Wie kommt man dazu zu behaupten, der Dualismus wäre überflüssig und das Problem gelöst? Ganze Generationen von Denkern haben sich schon mit dieser Problematik auseinander gesetzt und sind zu keiner Lösung gekommen. Und nun soll es so einfach sein? – Vor diesem Hintergrund möchte ich Ihnen ein Beispiel präsentieren: In der Bedienungsanleistung eines Mikrowellenherds habe ich einmal folgende Erklärung zu dessen Funktion gefunden:

„Das Magnetron verwandelt normale Elektrizität in Mikrowellen.... Wenn die Mikrowellen auf irgendeine Substanz treffen, die Feuchtigkeit enthält – besonders Essen, werden sie davon absorbiert. (....) Die Mikrowellen regen die Feuchtigkeitsmoleküle zur Vibration an, die so stark ist, dass Reibung entsteht. Diese Reibung wiederum erzeugt Hitze, und diese Hitze bringt das Essen zum Kochen."

Das mangelnde Verständnis wird in der zweiten Hälfte des letzten Satzes klar. Anstelle der Erklärung, dass die von den Mikrowellen angeregte Bewegung der Wassermoleküle bereits Hitze darstellt und die Erklärung damit zu beenden, fährt der Autor fort und diskutiert Hitze als wäre sie eine ontologisch distinkte Eigenschaft. Das führt zu einem Problem: Wie soll er die Hitze mit den anderen Vorgängen verbinden? Jetzt fällt der Verfasser in sein vorwissenschaftliches Allgemeinwissen zurück und führt eines der vielen Beispiele an, die Temperaturerhöhung verursachen können, nämlich Reibung! So leitet er dem unbedarften Leser, der nun den Eindruck hat, dass da zwei Moleküle aneinander reiben und so Hitze genau wie beim Händereiben erzeugen, völlig in die Irre. In dieser Verwirrung geht das eigentliche Wesen der Hitze, nämlich die verstärkte Bewegung der Moleküle selbst, völlig unter. Hitze wird nicht von Molekülbewegungen hervorgerufen. Hitze IST molekulare Bewegung.

Das Beispiel zeigt, wie unsere bekannten und gewohnten Konzepte selbst dann hartnäckig weiter bestehen bleiben, wenn eine etablierte wissenschaftliche Erklärung existiert. Um wie viel hartnäckiger werden sich althergebrachte und lange gewohnte Paradigmen halten, wenn die wissenschaftlichen Erklärungen selbst noch ausstehen? Wäre die Welt nicht in vielen Bereichen schon sehr viel einfacher und effektiver zu erklären, wenn wir uns nur trauen würden, neue, elegantere und einfachere Wege zu gehen?

Beim Suchen von Erklärungen sollte man sich stets fragen: „Wo liegen wir bei unseren jetzigen Annahmen falsch?", „Wie könnte man das alles einfacher erklären?" – Das Problem bei der Sache ist, dass wir natürlich vorher nicht wissen können, welche vorgefertigten Annahmen überflüssig oder unzweckmäßig sind. Denn wenn man etwas nicht weiß, dann ist man sich dieses Nichtwissens natürlich nicht bewusst. Und man wird, weil man durch die Unkenntnis des Nichtwissens auch noch nicht weiß, wo man suchen oder fragen soll, unter Umständen niemals erfahren, was man noch nicht weiß. Um sich bewusst sein zu können, dass man etwas nicht weiß, muss man zumindest einmal eine Frage stellen, auf die man keine Antwort weiß. Taucht diese Frage jedoch niemals auf, so hat man ein Problem, dessen man sich aber vielleicht niemals bewusst wird. - Man muss sich einer Lücke immer vorher bewusst sein, um sie füllen zu können. – Bei unserem Mikrowellenbeispiel wäre ein Erklärungsbedarf erst gar nicht entstanden, wenn sich der Autor der Lücke bewusst gewesen wäre, dass Reibung von Molekülen keine Wärme erzeugt, sondern dass Wärme molekulare Bewegung ist!

Wie wäre es einmal anzunehmen, dass wir vielleicht Phänomene wie das Bewusstsein bereits erklären könnten, es aber nicht tun, weil die Lösung anders aussieht, als das, was wir gewohnt sind? Weiter können wir uns vor dem Hintergrund des modernen Wissens fragen, wie es möglich ist, dass sich eine Vorstellung von getrenntem Geist und Körper überhaupt noch halten kann? – „Reibung ist molekulare Bewegung!"

Gleichzeitigkeit, Zeit und das Jetzt

Allein schon beim Vorgang des Lesens eines Textes, wie zum Beispiel in diesem Buch, zeigt sich eine sehr weit reichende Grenze der Selbstwahrnehmung. Wir haben nämlich das Gefühl, dass unser Blick einigermaßen gleichmäßig über die Zeilen gleitet. Dies entspricht allerdings nicht der Realität. In Wirklichkeit fixiert unser Blick immer etwa zwischen 3 und 6 Punkte pro Zeile (entsprechend abhängig von Schriftgrad, Länge der Textzeile, Lesbarkeit des Textes und Lesefähigkeiten des Lesers, et cetera...). Es handelt sich hier um eine zeitliche Illusion, im Gegensatz zu einer optischen Illusion. – Offensichtlich geschieht etwas in unserem Gehirn, das bei der Verarbeitung der 3 bis 6 Blicke pro Zeile die Illusion eines gleichmäßig gleitenden Blickes erzeugt.

Um zeitliche Vorgänge in unserem Gehirn genauer zu untersuchen, haben sich die Neurologen über die Jahre die unterschiedlichsten Experimente ausgedacht. Eines davon ist der sogenannte „Klick-Fusion-Test". Dabei werden dem Probanden über Kopfhörer auf beide Ohren Klicks vorgespielt. Eine Variante dieses Tests funktioniert dann so, dass man auf jedes Ohr des Probanden zwei nicht gleichzeitige Klicks kurz nacheinander spielt. Man variiert nun den zeitlichen Abstand der Klicks und registriert die Wahrnehmung der Probanden. Es passiert nun Folgendes: Zuerst einmal ist interessant, dass bis zu einem zeitlichen Abstand von circa 4 tausendstel Sekunden (0,004 Sekunden) immer nur ein Klick gehört wird. Dieses Ergebnis verwundert nicht sonderlich, denn es hat mit unserer Fähigkeit des räumlichen Hörens zu tun. Räumliches Hören, also zu wissen, aus welcher Richtung ein Geräusch kommt, funktioniert so, dass unser Nervensystem Laufzeitunterschiede von Schallwellen zwischen unseren beiden Ohren auswertet. Es ist also so, dass bei einem Geräusch rechts von unserem Kopf das rechte Ohr das Geräusch ein klein wenig früher hört als das linke Ohr. Aus dieser Zeitdifferenz kann unser Nervensystem berechnen wo, relativ zu uns, das Geräusch seinen Ursprung hat. – Und in der Tat ist es so, dass der Proband in unserem

Experiment zwar bis zu einer zeitlichen Schwelle von circa 4 tausendstel Sekunden nur einen einzigen Klick wahrnimmt, dieser aber nicht an einer Stelle zu bleiben scheint. Mit Variationen der Zeitabstände zwischen den beiden Klicks „wandert“ der Klick „im“ Kopf (zwischen den Kopfhörern) auf das Ohr zu, an dem der erste Klick ertönt.
Bei den circa 4 tausendstel Sekunden hat dieses Spiel seine Grenze erreicht. – Unser Nervensystem „weiß“, dass es sich um zwei getrennte akustische Ereignisse handeln muss, denn der Laufzeitunterschied zwischen beiden Ohren kann nicht mehr als 0,004 Sekunden betragen (größer ist unser Kopf einfach nicht). So hören wir ab dieser Schwelle zwei Klicks.
Auch wenn das Hören von nur einem Geräusch bei hinreichend kleinem Abstand eine zwingende Eigenart des räumlichen Hörens ist, so bleibt aus diesem Experiment doch die Aussage stehen, dass alles, was zeitlich näher zusammen liegt als 0,004 Sekunden, für unser Gehirn „gleichzeitig“ sein muss.

Man kann diese Experimente auch für unsere anderen Sinne, wie für das Sehen, das Tasten oder das Schmecken durchführen. (Selbstverständlich erhält man dann jedoch keine Richtungsillusion.) Vergleicht man das Ergebnis der Gleichzeitigkeit des Hörens mit dem Sehen, so stellt man fest, dass das Sehen eine sehr viel höhere Schwelle hat. Beim Sehen liegt die Gleichzeitigkeitsschwelle bei ca. 35 tausendstel Sekunden. – Das mag daran liegen, dass das Sehen ein technisch und informationstechnisch äußerst komplizierter und komplexer Vorgang ist. – Wir sehen also, dass Gleichzeitigkeit abhängig ist vom Sinn, mit dem wir unsere Welt wahrnehmen.
Natürlich ist Gleichzeitigkeit nicht nur auf einen einzigen Sinn beschränkt. Es gehört, wie bereits angesprochen, zu den großen noch schlecht erforschten Leistungen unseres Gehirns, Sinneseindrücke zu einem vollständigen Bild der Umwelt zu kombinieren.

Wir wollen nun unseren „Klick-Fusion-Test“ ein wenig modifizieren. Wir spielen nun den Probanden wieder zwei aufeinander folgende Klicks über Kopfhörer vor. Zuerst ein Klick auf dem rechten, dann auf dem linken Ohr. – Jetzt fragen wir aber nicht nur danach, ob die Probanden einen oder zwei Klicks gehört haben, sondern zusätzlich fragen wir, auf welchem Ohr der

erste Klick war. Man würde nun erwarten, dass, sobald der zeitliche Abstand groß genug ist, um zwei Klicks zu hören, man auch die Reihenfolge der beiden Klicks angeben kann. Das heißt, man würde erwarten, dass man beim Hören ab einem Abstand von größer 4 tausendstel Sekunden zwei Klicks hört und auch hört, welcher davon zuerst kommt. In Wirklichkeit ist es aber so, dass man als Proband zwar sicher sagen kann, ob es ein oder zwei Klicks waren (Zeitdifferenz größer 0,004 Sekunden), man aber erst ab einem zeitlichen Abstand größer 40 tausendstel Sekunden sagen kann, welcher Klick auf dem rechten und welcher auf dem linken Ohr war. Man braucht also für die Identifikation der Reihenfolge sehr viel mehr Zeit als für die Aufgabe, Einheit gegenüber Zweiheit zu unterscheiden.
Spannend wird es nun, wenn wir diesen Test mit verschiedenen Sinnen durchführen. Fragt man Probanden nach der Reihenfolge beim Tasten und im Vergleich dazu beim Sehen, so erhält man immer dieselbe Schwelle von 40 tausendstel Sekunden! Die Schwelle der Reihenfolge ist also bei allen Sinnen gleich, wohingegen sie für Gleichzeitigkeit bei allen Sinnen unterschiedlich ist! Wir können also ab einer gewissen Zeitdifferenz zwei Ereignisse als verschieden wahrnehmen, wir können aber nicht sagen, in welcher Reihenfolge die Ereignisse auftauchen. Erst ab einer hinreichend großen Zeitdifferenz gelingt das. Die Zeitdifferenz für Gleichzeitigkeit ist vom Sinnesorgan abhängig, die Zeitdifferenz für die Reihenfolge ist bei allen Sinnen gleich. Das bedeutet, die Verarbeitung der Reihenfolge scheint also eine der höheren Verarbeitungen unseren Gehirns zu sein.

Der Begriff der subjektiven Gleichzeitigkeit ist damit kompliziert geworden. Es kommt aber noch besser. - Schauen wir uns als Nächstes die zeitliche Abhängigkeit von Entscheidungen an. Dazu verwendet man beispielsweise ein Experiment, bei dem der Versuchsteilnehmer auf einem Bildschirm geometrische Figuren erkennen muss und entsprechend eine Taste mit der linken oder eine Taste mit der rechten Hand drücken muss.
Als erstes stellt man fest, dass eine Reaktion, bei der der Proband eine Wahl treffen muss, immer ein klein wenig länger dauert als eine Reaktion, bei der keine Wahl getroffen werden muss. Übung und der Versuchsaufbau spielen dabei eine Rolle, aber dennoch ergibt sich immer eine gut 0,1 Sekunden lang-

samere Reaktion bei Auswahlversuchen als bei Einfachreaktionsversuchen. – Anscheinend benötigt unser Gehirn für den Vorgang des Auswählens einen gehörigen Aufwand an Rechenleistung.
Interessant ist aber nun Folgendes: Trägt man die Häufigkeiten der Reaktionszeiten bei Entscheidungsprozessen in ein Diagramm ein, so erhält man zum Beispiel das folgende Bild:

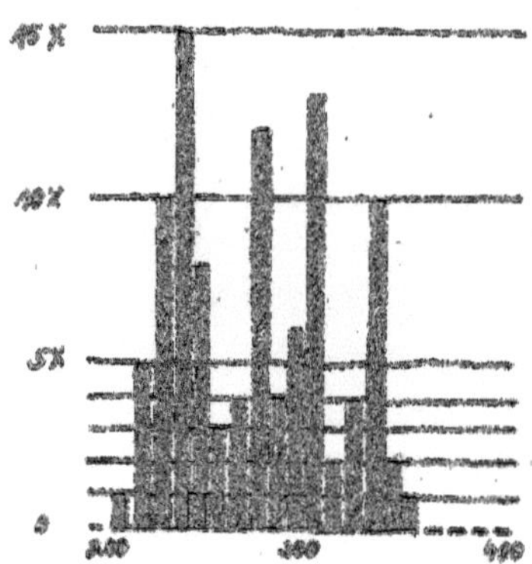

Man erkennt hohe Balken in relativ gleichmäßigen Zeitabständen! Der Abstand dieser hohen Balken beträgt zwischen 0,03 und 0,04 Sekunden. Und das ist immer so! Vollkommen egal, was es zu entscheiden gibt, unser Gehirn entscheidet entweder bei 0,03 Sekunden oder bei 0,06 Sekunden oder bei 0,09 Sekunden oder bei 0,12 Sekunden oder bei 0,15 Sekunden und so weiter. Anscheinend läuft in unserem Inneren eine Art Metronom für Entscheidungen ab! Unser Gehirn scheint für Entscheidungen eine Art inneren Takt, eine Eigenfrequenz zu besitzen. – Warum das so ist, weiß man bis heute nicht. Es gibt hierzu nur Vermutungen. Aber sehr wahrscheinlich sagt diese Art der Taktung viel über die grundsätzliche Funktion unseres Gehirns aus. Es scheint, als würde unser Gehirn mit seinen unzähligen und relativ wirr verlaufenden Nervenzellen eine jeweilige Einheit von Vorgängen herstellen, indem diese Vorgänge durch eine eigene Frequenz miteinander gekoppelt werden. – Wir haben dies bereits angesprochen. - Wie das genau funktioniert, kann man derzeit noch nicht gesichert sagen.

Man kann sich vor diesem physiologischen Hintergrund fragen, was das subjektive „Jetzt“ überhaupt bedeutet. Ohne Zweifel sind wir Menschen allesamt in der Lage, das Jetzt zu benennen. Wenn wir sagen: „Jetzt!“, dann weiß jeder, was gemeint ist. Den Begriff „Jetzt“ verstehen wir alle. Und allein diese Einigkeit reicht schon als Beweis vollkommen aus, dass wir Menschen zu einer zeitlichen Einordnung in der Lage sind. Es gibt niemanden, der das „Jetzt“ anders verstehen oder anders auffassen würde als der, der es ausspricht. Wir alle sind uns einig darüber was „Jetzt!“ bedeutet. Die neurologischen Grundlagen des Jetztempfindens müssen also bei allen Menschen identisch sein.
Alles deutet darauf hin, dass unser Gehirn eine gewisse Anzahl an Eindrücken zu einem Jetzt zusammenfasst und weiter in der Lage ist, diese Zusammenfassung klar von Vergangenheit (Gedächtnis) und Zukunft (Vorstellungen und Folgerungen) abzugrenzen. Allein diese kognitive Fähigkeit ist bemerkenswert! Unser Erleben ist im Jetzt, und es ist kein diffuser Konsens aus Vergangenem und Erdachtem. Das Jetzt ist in unserem Kopf klar gegen anderes abgegrenzt.

Gehen wir aber nun einen weiteren Schritt bei der Untersuchung der zeitlichen Abhängigkeiten unseres Bewusstseins. Wir können uns mit dem bereits vorliegenden Wissen fragen: Wie lange dauert Bewusstsein? – Nun, es dauert mit Sicherheit nicht kürzer als 4 tausendstel Sekunden. Aber wie lange kann es dauern?
Um dieser Frage nachzugehen, möchte ich auf einige Beobachtungen eingehen, die zeigen sollen, dass unsere Gegenwart eine Dauer von wenigen Sekunden hat. Des Weiteren soll gezeigt werden, dass das Jetzt auf einem Integrations-Mechanismus beruht, der aufeinander folgende Ereignisse zu Wahrnehmungsgestalten zusammenfasst.
Als erstes Beispiel möchte ich Sie bitten, sich ein Metronom, wie man es beim Klavierunterricht verwendet, vorzustellen. Jeder, der ein Metronom besitzt, kann dieses Experiment selbst durchführen. Wenn wir das Metronom auf 120 bpm (beats per minute) einstellen, dann hören wir jede halbe Sekunde einen Metronomschlag. Wir versuchen nun, in diese gleichmäßige Folge von Schlägen einen Takt „hineinzuhören“. Dazu verleihen wir beispielsweise jedem zweiten Metronomschlag eine „stärkeres subjektives Gewicht“ und wir erhal-

ten quasi einen 2/4-Takt. Geben wir jedem vierten Schlag ein „Gewicht", erhalten wir einen 4/4-Takt, und so weiter. Wir können relativ viele subjektive Gewichtungen vornehmen und erhalten dann auch ganz unterschiedliche Rhythmen. Dies hat allerdings eine Grenze. – Alle Schläge des Metronoms sind ja rein empirisch vollkommen gleich. Die Gewichtung findet subjektiv in unserem Gehirn statt. Bei der Gewichtung jedes fünften Schlages fällt es uns noch relativ leicht eine Art Takt zu „hören". Aber wie sieht es aus, wenn wir versuchen jeden 14-ten Schlag subjektiv zu gewichten? – Ab einer gewissen Grenze ist eine Taktempfindung überhaupt nicht mehr möglich!
Durch Versuche kann man mit einfachen Mitteln zeigen, dass unser Gehirn hier eine Schwelle von circa 3 Sekunden hat. Alles, das länger als 3 Sekunden dauert, kann durch unser Gehirn nicht mehr als Takt empfunden werden.
Mit diesem Befund ist vielleicht auch die Frage beantwortet, warum Metronome nur bis 40 bpm reichen. Langsamere Tempi entziehen sich zunehmend einer subjektiven Gruppenbildung und sind daher für musikalisches Erleben uninteressant.
Es gibt also eine zeitliche Obergrenze für die Integration von Eindrücken zu einer Gleichzeitigkeit. Und diese Obergrenze liegt bei circa 3 Sekunden.

Kommen wir nun zum zweiten Experiment: Das zweite Experiment kennen Sie schon vom Anfang dieses Kapitels. Es handelt sich um die sogenannte Kippfigur.

Die Kippfigur hat die Eigenschaft, dass sie auf zwei verschiedene Arten interpretiert werden kann. – Wer einmal den Eskimo und das Aztekengesicht gesehen hat, der kann sich ab diesem Zeitpunkt nicht mehr dagegen wehren, immer beides zu sehen.

Genau mit dieser Eigenart unseres Sehens wollen wir nun ein wenig experimentieren: Versuchen Sie also als Erstes, die Kippfigur beliebig oft und ganz unwillkürlich kippen zu lassen. Bleiben Sie dabei möglichst frei. Ihr Gehirn soll sich an das Bild des Eskimos und an das Aztekengesicht gewöhnen.

Als nächstes versuchen Sie, die Figur absichtlich möglich schnell kippen zu lassen. Sie werden beobachten, dass dies ab und zu ein wenig besser und ab und zu ein wenig schlechter klappt. Nun zum interessanten Teil:

Versuchen Sie nun, nachdem sich Ihr Gehirn ausreichend lange mit beiden Anblicken beschäftigt hat, jeweils einen Anblick möglichst lange zu „halten"! – Es wird Ihnen auffallen, dass man das Kippen nicht aufhalten kann. Egal wie sehr man sich konzentriert, die Figur kippt immer.

Was denken Sie, wie lange Sie beispielsweise den Eskimo halten können, bis er kippt? Sie erraten es: Es sind circa 3 Sekunden!

Offensichtlich ist es uns nicht möglich, die zeitliche Integration von Eindrücken für länger als 3 Sekunden aufrechtzuerhalten. – Das könnte bedeuten, dass das Jetzt aufgrund der Vorgänge in unserem Gehirn niemals länger dauern kann als circa 3 Sekunden!

Fassen wir also kurz zusammen: Wir gehen davon aus, dass das Jetzt-Gefühl eine subjektive Realität ist. Außerdem haben wir gesehen, dass aufeinander folgende Ereignisse bis zu einer Grenze von etwa drei Sekunden zu Einheiten zusammengefasst werden. Zusätzlich hat sich gezeigt, dass ein Bewusstseinsinhalt nur eine Überlebenschance von drei Sekunden hat, und dass es innerhalb dieser Zeit nur einen Bewusstseinsinhalt geben kann (Kippfigur). Das, was zusammengefasst wird, ist der momentane Bewusstseinsinhalt im subjektiven Jetzt. Das subjektive Jetzt (und damit das einzige Jetzt, das wir kennen!) hat somit eine maximale Dauer von drei Sekunden.

Wie wir erkennen, ist also die subjektive Gegenwart nichts Eigenständiges, sondern sie ist ein Attribut des Bewusstseinsinhalts. Wenn man so will, handelt es sich dabei um ein weiteres emergentes Phänomen.

Aber das ist noch nicht alles. Im jetzigen Stand unserer Überlegungen haben wir lediglich das „Jetzt" und die Ausdehnung des „Jetzt" untersucht. Wir wissen nun, wie unser Gehirn formal vorgeht, um das „Jetzt“ zu generieren, und wie die subjektive Empfindung von Vergangenem und Zukünftigem abgetrennt wird. „Jetzt“ ist „jetzt“, haben wir gesehen.

Was wir aber noch ausgelassen haben, sind zwei Dinge, die sehr eng miteinander korreliert sind. Die Beurteilung davon, wie lange etwas dauert, und das Gedächtnis. – Lassen Sie mich das kurz erklären: Um eine Aussage über die Dauer eines Zeitabschnittes machen zu können, benötigt man immer zwei Punkte auf der Zeitskala. (Genauso wie man für die Bestimmung einer Wegstrecke immer zwei Punkte auf dem Maßband braucht.) Ein Punkt kann zum Beispiel das Jetzt sein, der andere Zeitpunkt irgendeine im Gedächtnis gespeicherte Zeitmarke in der Vergangenheit. Hier wird klar, dass die Empfindung von Dauer immer ein Gedächtnis erfordert, ein Jetztempfinden alleine ist dazu nicht ausreichend.

Wir Menschen haben also dank unseres Gedächtnisses die Fähigkeit, Ereignisse zeitlich einzuordnen und weiter deren Dauer miteinander zu vergleichen. Ohne unser Gedächtnis, das uns Informationen bei Bedarf abrufbar bereitstellt, wäre das nicht möglich. Folglich erschließt sich die Tatsache, dass, hätten wir kein Gedächtnis, wir auch nicht fähig wären, den Verlauf der Zeit wahrzunehmen. Wir würden dann ausschließlich im Jetzt leben, ohne Bewusstsein über Vergangenes und ohne die Fähigkeit Zukünftiges aus Vergangenen zu erschließen. Wir würden ausschließlich auf Einflüsse reagieren. Das Gedächtnis ist es, das uns ermöglicht, in einer solch komplexen Welt zurecht zu kommen. Und, quasi als Nebeneffekt, erhalten wir so zusätzlich ein Bewusstsein über die Zeit.

Was hier fehlt, ist eine kurze philosophische Diskussion, warum Lebewesen überhaupt ein Gedächtnis brauchen. Wann braucht man ein Gedächtnis?

In einer kausalen Welt, in der der Bezug Actio-Reactio gilt, ist ein Gedächtnis insofern sinnvoll, dass man sich an die Actio-Reaktio-Bezüge erinnern kann, um sie im Alltag vorherzusagen. Wäre die Welt chaotisch, wäre auch ein Gedächtnis sinnlos.

Genauso sinnlos wäre ein Gedächtnis in einer völlig determinierten Welt, in der alles vorherbestimmt ist und in der alle Wege bereits gezeichnet sind. In solch einer Welt wär das Speichern von Vergangenem überflüssig.

Aber offensichtlich leben wir in der Welt, in der wir leben, und deshalb haben wir auch ein Gedächtnis, und mit diesem können wir Jetzt, Dauer, und dadurch Zeit erleben. Das Gedächtnis hilft also den höher entwickelten Lebewesen, sich in der kausalen Welt zurechtzufinden.

Bei einfachen Lebensformen, wie zum Beispiel Einzellern oder auch bei primitiven Insekten kann man ein Gedächtnis, wenn überhaupt, nur in sehr einfacher Ausprägung feststellen. Sicherlich existieren in diesen Lebewesen Programme, die sie in einer Actio-Reactio-Welt ausreichend gut zurecht kommen lassen, aber die Fähigkeit zu erinnern besteht so gut wie nicht. Einzeller und einfache Insekten können nicht lernen. – Sie können sich an Geschehenes nicht erinnern und haben somit keinen Zugang zur „Dauer". Folglich leben sie im Jetzt und sind sich über den Verlauf der Zeit nicht bewusst.

Wir haben bis zu dieser Stelle gesehen, dass unser Bewusstsein eine minimale und eine maximale Dauer aufweist. Als Nächstes schauen wir uns an, inwieweit wir selbst überhaupt an dem, was wir jetzt-bewusst wahrnehmen, beteiligt sind.

Dazu folgendes Experiment: In einem dunklen Raum sitzt ein Versuchsteilnehmer etwa fünf Meter von einer schwarzen Wand entfernt. Auf dieser Wand befinden sich zwei kleine Blitzlichter in einem Abstand von wenigen Zentimetern. Im Experiment blitzt zuerst die eine und dann, nachdem die erste Lampe erloschen ist, die andere kurz auf. Der zeitliche Abstand der beiden Lichtblitze wird variiert.

Der Proband sieht bei großem zeitlichen Abstand der Blitzlichter natürlich, wie zu erwarten, zwei Lichtblitze an zwei recht dicht beieinander liegenden Stellen auf der Wand.

Interessant wird es nun, wenn man den zeitlichen Abstand zwischen den Lichtblitzen reduziert. Es gibt eine bestimmte Schwelle (circa 0,1 Sekunden), bei der etwas Bemerkenswertes passiert: Der Versuchsteilnehmer sieht einen Lichtblitz, der sich von der einen Stelle zu der anderen bewegt! – Es wird also eine Bewegung assoziiert. Eine Bewegung, die in Wirklichkeit gar nicht existiert.

Wir kennen dieses Phänomen natürlich schon aus dem Kino und dem Fernsehen. Dort werden uns ja auch nur schnell aufeinander folgende Standbilder

gezeigt, worauf unser visuelles System daraus bewegte Bilder erzeugt. – Hier liegt aber etwas anderes vor. Zuerst einmal ist der zeitliche Abstand größer, zum anderen interessiert uns folgende Frage: Woher weiß unser Gehirn, dass noch ein zweiter Lichtblitz kommt?
Diese Frage ist von fundamentaler Bedeutung für unsere gesamte Wahrnehmung. Denn wenn zwei Ereignisse reichen, um einen fließenden Eindruck von etwas zu erhalten, um Bewegung wahrzunehmen, dann muss unser Wahrnehmungssystem vor jeglicher Interpretation immer erst warten, bis zumindest das zweite der beiden Ereignisse geschehen ist, um interpretieren zu können!
Wir haben den Eindruck, Bewegung zu sehen, und zwar im „Jetzt"! Wir sind uns nicht im Klaren, dass unser Gehirn erst abwartet, bis zwei oder mehr Ereignisse geschehen sind oder eventuell geschehen könnten, um diese erst dann zu interpretieren. Wir meinen, ab Eintritt des ersten Ereignisses, das Geschehene (zum Beispiel eine Bewegung) quasi live zu erleben. – Ein prinzipieller Trugschluss! Unser Gehirn gaukelt uns eine falsche Jetztwahrnehmung vor.

Ein anderes Experiment funktioniert wieder anhand des Hörens von Klicks. Jeder kann es selbst überprüfen: Es ist schlicht unmöglich, zwei exakt gleiche, aufeinander folgende Klicks mit einem zeitlichen Abstand von weniger als einer halben Sekunde nicht als Klick-Klack zu hören! – Woher weiß aber unser Gehirn beim ersten Klicken, dass ein zweiter Klick folgen wird?
Gut, man könnte argumentieren, dass das „Klack" erst beim zweiten Klicken erzeugt und so der erste Klick quasi „live" gehört wird. – Aber wie sieht die Sache bei drei Klicks aus ? – Wir hören dann nämlich stets Klick-Klack-Klick! – Zumindest muss es immer so sein, daß jegliche Wahrnehmung immer abhängig von vorangegangenen Wahrnehmungen interpretiert wird; und zwar zeitlich.

Eine andere Kategorie von Experimenten war es aber dann, die die Rolle des Bewusstseins ein für allemal als reinen Beobachter zu degradieren schien:
Die Aufgabenstellung an die Probanden war leicht: „Drücken Sie zu beliebigen Zeitpunkten den Knopf." – Und so taten es die Versuchspersonen. Die

Probanden drückten absolut willkürlich und zu vollkommen beliebigen Zeitpunkten auf den Knopf. Ihr Gehirn wurde dabei durch fMRT und EEG gescanned.

Man konnte so feststellen, dass der Handlung, also der Bewegung, stets Aktivität in einem Areal im oberen Teil des Gehirns vorausging. Dieses Areal benannte man sogar nach diesem Befund. Es trägt den Namen „prämotorischer Kortex", zu Deutsch in etwa „vormotorische Hirnstruktur" (siehe Abbildung). Bevor also eine absichtliche (also nicht von außen ausgelöste oder als Reaktion auf einen äußeren Reiz erlernte) Bewegung ausgeführt wird, ist immer der prämotorische Kortex aktiv. Die Bewegung selbst findet dann mit nur sehr geringem Zeitverzug mit einer Erregung im direkt daneben liegenden primären motorischen Kortex statt.

Man stellte also fest, dass bei willkürlichen und nicht bedingten Entscheidungen zu einer Bewegung immer erst vor Ausführen der Bewegung ein Areal im Gehirn aktiv ist. Offensichtlich wird in diesem Areal ein Teil der freien Entscheidung getroffen beziehungsweise hängt dieses Areal mit der Instanz der freien Entscheidung zusammen.

Spannend wird das Experiment durch eine kleine Erweiterung: Die Probanden sollten durch einen Lidschlag mit ihren Augen angeben, zu welchem Zeitpunkt sie subjektiv die Entscheidung zum Drücken des Knopfes getroffen hätten. Als interessantes Ergebnis konnte man feststellen, dass die subjektive Entscheidung immer nach der Aktivität im prämotorischen Kortex stattfindet! Es scheint also auf den ersten Blick so, als würde der prämotorische Kortex die freie Entscheidung erzeugen, und, wäre diese Erzeugung dann abgeschlossen, würde der Proband bewusst das subjektive Erleben der Entscheidung anzeigen.

Dies ist jedoch nicht der Fall, denn immer wenn Aktivität im prämotorischen Kortex auftrat, folgte auch die subjektive Empfindung, sich „jetzt" zu entscheiden, und es folgte immer ein Drücken des Knopfes! Die Aktivität im prämotorischen Kortex kann also nicht als Entscheidungsfindung gesehen werden, - der prämotorische Kortex selbst fällt die Entscheidung!

Ich wiederhole nochmals: Immer wenn der prämotorische Kortex Aktivität zeigte, folgte immer auch die subjektive Empfindung der freien Entscheidung im „jetzt" und es folgte immer ein Drücken des Knopfes! Der prämotorische

Kortex hilft also nicht beim Abwägen der Entscheidung, er trifft die Entscheidung! Und das zeitlich bevor der Proband es bewusst wahrnimmt! – Man muss daraus den Schluss ziehen, dass das Gehirn schon entschieden hat, den Knopf zu drücken, bevor der Proband die bewusste subjektive Empfindung hat, „jetzt" den Knopf drücken zu wollen! Der bewusste Willensakt "jetzt drücken" kommt erst nachdem der prämotorische Kortex schon „entschieden" hat. – Das Drücken des Knopfes wird folglich fälschlich als dem freien Willen entsprechend erlebt, denn das Gehirn hat schon vorab selbst entschieden! Die Entscheidung ist bereits mit der unbewussten Aktivität des prämotorischen Kortex gefallen.

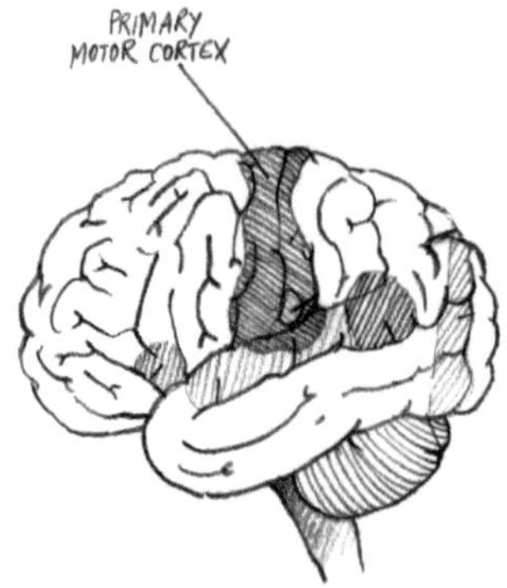

Die philosophischen Auswirkungen des springenden Lichtpunktes, des Klick-Klack-Phänomens und der Erforschung der Hirnaktivitäten bei willkürlichen Entscheidungen sind in ihrer ersten Deutlichkeit frappierend. – Offensichtlich ist unsere bewusste Wahrnehmung des Jetzt genauso nur eine Illusion, wie wir fälschlicherweise denken, dass das freie Entscheiden bewusst im Jetzt getroffen wird.

In Wirklichkeit deutet alles darauf hin, als warte unser Gehirn erst einmal ab, als sortiere es erst die erhaltenen Informationen, um sie uns als ein vorgekautes Bewusstsein fertig aufbereitet als ein „Jetzt" zu präsentieren. Ebenso scheint es mit für uns vermeintlich freien Entscheidungen vor sich zu gehen. Unser Gehirn fällt die Entscheidung, bevor wir selbst die bewusste Empfindung haben, uns im „jetzt" selbst frei zu entscheiden.

Ungern nehme ich dieser so verblüffenden Erkenntnis den Wind aus den Segeln. Aber wenn man sich frei davon macht, dass unsere Empfindung immer die einzig wahre Realität sei, dann wird ziemlich schnell klar, dass wir es an dieser Stelle überhaupt nicht mit einem Problem zu tun haben. - Denn irgendwo erscheint es doch einleuchtend, dass unser Gehirn in seinen unendlichen Weiten an neuronalen Verschaltungen Berechnungen vornimmt, von denen wir als bewusster Wahrnehmer überhaupt nichts mitbekommen. So sind wir uns zum Beispiel bei komplexen Bewegungsabläufen wie etwa dem Fahrradfahren nicht über jede einzelne Verschaltungsleistung bewusst. Wohl gelingt es uns aber mit dem Fahrrad zu fahren! - Warum sollte es bei der Wahrnehmung oder bei freien Entscheidungen anders sein? Es ist nur einleuchtend, dass in unserem Gehirn komplexe Ablaufe stattfinden, die für uns zu einer bewussten Empfindung führen, die selbst aber unbewusst bleiben. Wie kommen wir überhaupt auf die Idee, dass alles, was an der Wahrnehmung und alles, was an freien Entscheidungen beteiligt ist, selbst auch bewusst sein müsse?
So wird klar, dass es vielleicht befremdlich erscheint, dass unsere zeitliche Wahrnehmung und die Arbeitsweise des Gehirns zeitlich differieren, dass aber überhaupt kein Grund zur Sorge besteht.
Wie wir im Abschnitt zum Determinismus bereits gesehen haben, existiert wahre Freiheit immer nur als bedinge Freiheit. Und hier ist es nicht anders.

Sprache

Wir Menschen besitzen die unter den Lebewesen herausragende Fähigkeit, mit einer prinzipiell uneingeschränkten Detailliertheit miteinander zu kommunizieren. Wir tun dies mit Hilfe unserer Sprache. Kein anderes Lebewesen besitzt eine derartige Fähigkeit. Auch wenn Pflanzen miteinander über Botenstoffe „sprechen“ oder Delphine eine Hand voll Symbole zu einfachen „Sätzen“ kombinieren können, so sind wir Menschen doch die

einzigen, die ihr Repertoire an verbalen Symbolen universell einsetzen können.
Die Sprache ist eine Fähigkeit, die mit der Leistungsfähigkeit unseres Gehirns zu uns kam. Um derartig komplex kommunizieren zu können, braucht es mehr als nur einen Speicher, welcher Laute mit Symbolen und Grammatik kombiniert, sondern es kommt auf die Komplexität der Inhalte kommt an. Die Eigenschaft, die mit der sprachlichen Kommunikation einhergeht, ist die Fähigkeit der Sozialisation, der Interaktion zwischen Individuen. Wir Menschen sind soziale Wesen. Und der Großteil unseres Gehirns dient nicht in erster Linie dem Zweck des blanken Überlebens in der Wildnis, sondern vielmehr im ersten Sinne der sozialen Interaktion mit anderen Menschen. Wir verstehen uns selbst, wir verstehen andere, wir können uns in andere hineinversetzen. Wir sind also mit der Fähigkeit ausgestattet, über unser eigenes Denken und über das Denken anderer nachzudenken. Ein bemerkenswertes Talent. Diese Fähigkeit erst erlaubt es uns Menschen, uns als Gruppen von sehr hoher Leistungsfähigkeit in komplexen und wechselnden Situationen zu organisieren. Keine Organisation ist ohne Kommunikation möglich. Und keine Kommunikation ist möglich ohne eine Form von Sprache. Sprache ist also mitunter das wesentliche Merkmal der menschlichen Rasse.

Offensichtlich war die Fähigkeit zur sozialen Kommunikation von solch immensem Vorteil, dass sich durch die Mechanismen der Evolution die dazu notwendigen physischen Strukturen verstärkt ausgebildet haben. Soziale Fähigkeiten und die Sprache werden als der plausibelste Grund abgesehen, warum wir Menschen so große Gehirne besitzen. Denn große Gehirne und damit verbunden große Köpfe sind in der Wildnis alles andere als ungefährlich, und auf jeden Fall sind sie alles andere, als von direktem Vorteil für das Überleben. Nur die intellektuellen Fähigkeiten des Gehirns, welche mit einem großen Gehirn und dem daraus resultierenden großen Kopf einhergehen, bringen einen Vorteil. Denn schon bei der Geburt steigt mit der Größe des Kopfes das Risiko von Komplikationen. Zudem brauchen große Gehirne eine entsprechend lange Entwicklungszeit, bis das Individuum reif genug ist, um alleine in der Wildnis bestehen zu können. Wohingegen die Jungen von Fledermäusen oder Meerschweinchen schon nach wenigen Tagen oder Wochen

allein durchkommen, brauchen Menschenkinder den Schutz der Eltern über viele Jahre. Außerdem benötigen große Gehirne extrem viel Energie, welche erst einmal durch Nahrung aufgenommen werden muss. Man könnte wie im Biologieunterricht noch einige weitere Nachteile von großen Köpfen aufzählen, aber auf jeden Fall leuchtet ein, dass der Vorteil der Sozialisation schon sehr früh in der Wildnis von solch hohem Nutzen gewesen sein muss, dass er die vielen Nachteile eines großen Kopfes kompensieren konnte. Ansonsten würden wir Menschen heute nicht so aussehen, wie wir es gewohnt sind. Und wir wären vermutliche um ein gutes Stück dümmer.
Große Köpfe sind für das direkte Überleben gefährlich, aber offensichtlich überlebt eine ganze Rasse besser durch große Köpfe mit intelligenten Gehirnen.

Wir wollen uns nun ein paar Gedanken darüber machen, was Sprache grundsätzlich eigentlich ist und wie sie funktioniert.
Jede Sprache funktioniert so, dass abstrakte Symbole und die damit verbundenen Inhalte sequenziell codiert werden. Das hört sich wieder einmal nach wissenschaftlich besonders kluger Ausdrucksweise an, dabei ist es aber ganz einfach gemeint. Gemeint ist, dass Sprache nichts anderes ist, als dass Gedanken in einer bestimmten Weise codiert werden, und zwar erfolgt die Codierung dabei in einzelnen, zeitlich aufeinander folgenden Codesegmenten. – Man sagt ein Wort nach dem anderen. Dazu aber gleich noch mehr.
An dieser Stelle ist es wichtig, vorab zu definieren, was „Gedanken" in diesem Zusammenhang bedeuten soll. Einigen wir uns darauf, dass Gedanken nichts anderes als zerebrale Erregungsmuster sind. Empfindungen wie Emotionen oder Bewusstsein sind darin beinhaltet.
Dazu bedarf es prinzipiell schon einigen Rahmenbedingungen. Wir müssen uns ins Gedächtnis rufen, dass Gedanken als solche etwas schlichtweg nicht Greifbares sind. Man kann einen Gedanken weder aufschreiben, noch ist es, wie wir im Abschnitt mit den rotsehenden Fledermäusen gesehen haben, einem beliebigen anderem Individuum möglich, den exakt gleichen Gedanken zu haben.

Um also überhaupt kommunizieren zu können, braucht man sogenannte „Konventionen". Alle die Individuen, die miteinander kommunizieren, müssen sich im Groben darüber einig sein, was die verwendeten Wörter bedeuten. Es müssen allgemein bekannte und gültige Konventionen für die verwendeten Wörter bestehen.

Dabei hat man es in der Regel leicht, denn die Wörter repräsentieren ja mentale Zustände. Und da wir Menschen das Glück haben, dass wir alle untereinander ähnliche Gehirne (nicht gleiche Gehirne) besitzen, können Menschen untereinander nachvollziehen, was in den Gehirnen anderer Menschen vorgeht. Zieht zum Beispiel jemand seine Mundwinkel auf eine bestimmte Art nach unten, dann kennen wir diesen Ausdruck von uns selbst. Ordnen wir dieser Erscheinung dann noch den verbalen Ausdruck oder Ausspruch „schlecht gelaunt" zu, so können wir uns zumindest schon mal über schlecht gelaunte Leute unterhalten. Prinzipiell ist sprachliche Konvention also etwas sehr Einfaches. Interessanter werden sprachliche Konventionen jedoch bei abstrakten Wörtern wie zum Beispiel dem von mir persönlich so gern verwendeten Wort „eigentlich". „Eigentlich" ist ein sehr kompliziertes sprachliches Symbol. Viel komplizierter als etwa Farbsymbole wie „blau" oder „rot", oder Beschreibungen von Zuständen wie „kalt", „heiß" oder „hell" und „dunkel". Solche einfachen Wörter haben eine direkte Bedeutung, im Gegensatz zu einer abstrakten Bedeutung. (Wenn man einmal von allegorischen Bedeutungen absieht.) Am Beispiel von Kindern versteht ziemlich schnell, was komplizierte sprachliche Symbole und was einfache sprachliche Symbole sind. Man rufe sich ins Gedächtnis, wie Kinder sprechen lernen. – Denn eigentlich kann kein Kleinkind mit 2 Jahren das Wort „eigentlich" sicher verwenden. Dazu ist „eigentlich" eigentlich viel zu abstrakt. – Sie wissen, was ich meine. Interessant sind in diesem Bezug auch andere, oft inflationär gebrauchte, sprachliche Symbole. Nehmen wir wieder Wörter wie „Gott", oder „Liebe". Oder nehmen wir das politische Wort „links". Jeder verwendet solche Wörter zur Kommunikation und wagt sich damit sofort aufs konventionale Glatteis. Denn es handelt sich um sehr abstrakte Wörter mit zum Teil sehr persönlichem Charakter und damit großen individuellen Unterschieden in der Bedeutung. Viele Streitereien sind schon vom Zaun gebrochen, nur weil Menschen Wörter zum Argumentieren (und dann später zum Streiten) ver-

wendet haben, die für sie selbst eine andere (oft nicht klare) Bedeutung hatten, als sie es für die andere Streitpartei hatten.
Interessant wird es auch bei beliebig komplexen Symbolen wie zum Beispiel: Identifikationspotenz. Koalitionsrelevanz. Motivationsstruktur. Fluktuationsakzeleration. Oder Sachen wie „Ganzheitlich kontemplative Deutung der ekliptischen Parallaxe der heuristischen Betrachtung von Sein und Wirkung". Sprachliche Konventionen werden mit zunehmendem Schwierigkeitsgrad zunehmend sinnlos. Da ist ein Streit schon fast vorprogrammiert. In Spezialfällen kann es aber auch zu äußerst fruchtbar erscheinenden und für die Teilnehmer spannenden Gesprächsrunden kommen. Der philosophische Elfenbeinturm ist voll davon.

Sprachliche Konventionen können also bei zunehmender Komplexität eine Falle sein. Ich persönlich würde an dieser Stelle jedem gern den Rat geben, sich lieber in einer Sprache auszudrücken. – Ansonsten kann passieren, dass die anderen das, was man eigentlich sagen will, ganz anders oder gar nicht oder eben absolut verkehrt verstehen.

Beschäftigen wir uns aber nun wieder mit dem Sprechen an sich. Sind nun also einmal Wörter, sprachliche Symbole von Gedanken unter Konventionen definiert, so folgt die Kombination dieser Wörter hintereinander. „Hintereinander" heißt in der Fachsprache „sequenziell". Wir haben dieses Wort schon bei Computerprogrammen kennen gelernt. Sequenziell aus dem Grund, weil wir eben mit unserem Mund immer nur einen Laut zur gleichen Zeit erzeugen können. Also können wir auch immer nur ein Wort gleichzeitig erzeugen. Folglich sind Sätze zeitliche Aneinanderreihungen von Wörtern. Mit dem Bilden von Sätzen und der Verwendung von Regeln der Grammatik tun wir nichts anderes, als die einzelnen Wörter miteinander in Bezug zu setzen. Der Satz „Das Pferd steht unter dem Eimer." macht noch lange keinen Sinn, doch setzt es „Pferd" und „stehen" und „unter" und „Eimer" in einen Bezug zueinander. Ohne Grammatik würden diese Wörter nur einzeln und für sich irgendwie im Raum stehen, und wir könnten uns noch lange nicht unterhalten. Grammatik ist also eine andere essenzielle Konvention.

Sprache stellt auch in der Logik immer wieder Hürden auf, wo in Wirklichkeit gar keine sind. Sprachliche Symbole stammen aus der Alltagswelt. Und oft ist es in der Tat so, dass die uns gewohnte Alltagswelt anders funktioniert und anders beschaffen ist als die Welt der logischen und theoretischen Zusammenhänge und damit als die Welt der exakten Mathematik.
Dazu noch ein kleines Beispiel aus dem antiken Griechenland: Die Griechen waren ja allesamt Philosophen und liebten es, über die Welt und über die Dinge in der Welt und über die Dinge an sich nachzudenken. Ebenso beschäftigten sie sich mit Physik. Und so dachten sie eines Tages in einer Runde aus lauter physikbegeisterten Griechen wieder einmal über die Problematik der „Bewegung" nach. – Für ihre Unterhaltung benutzen sie die Sprache (Griechisch). Sie sagten Folgendes: „Ohne Zeit gäbe es keine vernünftige Basis für Bewegung! Denn man bewegt sich ja pro Zeit eine bestimmte Strecke weit. Ist die Bewegung immer gleich schnell, so bewegt man sich bei doppelter Zeit auch doppelt so weit. Und, entsprechend der Logik, bewegt man sich in der halben Zeit auch nur halb so weit. Halbiert man die Zeit erneut, und halbiert man sie weiter und immer weiter, so gelangt man irgendwann (in der Unendlichkeit) zu einem Punkt, an dem man sich überhaupt nicht mehr bewegt! Das wäre dann die Gegenwart. Die Gegenwart besteht ja immer nur aus einem Punkt in der Zeit, nämlich dem „Jetzt". Die Gegenwart besteht nur aus einem Zeitpunkt, einem Punkt in der Zeit, ohne zeitliche Ausdehnung, und daher bewegt man sich in der Gegenwart bei konstanter Geschwindigkeit nicht!" – Nochmal für nichtgriechische Philosophen: Die Gegenwart besteht aus einem Punkt in der Zeit und deswegen bewegen wir uns in der Gegenwart nicht. – Weiter in Griechisch: „Da die Zeit ja aus lauter Punkten besteht, und unsere Existenz immer zu einem Zeitpunkt in der Gegenwart statt findet, und stets dieser Punkt es ist, der sich durch die Zeit bewegt, deswegen kann es keine Bewegung geben! Allerdings scheint dies ein Widerspruch zu dem zu sein, was wir in der Welt um uns herum beobachten können. Denn in der Welt um uns herum gibt es durchaus Bewegung. Überall."
Erschrocken und verängstigt durch diesen logischen Schluss, an dem so kein argumentativer Fehler zu finden war und der so entschieden der alltäglichen Erfahrung widersprach, zogen sich die griechischen Philosophen allesamt in ihren Naos, in ihre religiöse Tempelstätte zurück, verbarrikadierten sich und

behaupteten, dass etwas mit der Welt nicht stimme. Ihre Verwirrung war so groß, dass sie behaupteten, dass die Welt gar nicht echt sei und dass man überhaupt nichts klar erkennen könnte.
In Wirklichkeit waren die damaligen Griechen einfach nur einer Unexaktheit der Sprache aufgesessen! - Worthülsen wie „Bewegung", oder „Punkt", oder „Zeitpunkt" haben in der Allgemeinsprache eine für den Philosophen eventuell unvorteilhafte Bedeutung. Oft tut man sich bei wissenschaftlichen Betrachtungen (und im Übrigen ebenso bei allen anderen Betrachtungen) leichter, wenn man vor einer argumentativen Betrachtung zuerst einmal die Begriffe klar definiert.
Die Physik versteht sich in Kombination mit der Mathematik dabei als Meister aller Konventionen und Kombinationen: Es gibt dabei Konventionen zu Einheiten wie „Meter" oder „Grad-Celsius" oder „Lux". Diese Einheiten sind fest definiert und überall gleich. Bedient man sich bei ihrer Kombination der Mathematik (die ja auch überall gleich ist), so erhält man eindeutige Ergebnisse, die im Grunde (fast) nicht fehlgedeutet werden können – auch wenn man sich oft nicht klar darüber wird, was bestimmte Aussagen wohl bedeuten mögen (siehe Quantenmechanik).
Das ist im Grunde alles, was man über Sprache im informationstheoretischen Sinn wissen muss.

Natürlich möchte ich aber an dieser Stelle nicht aufhören, sondern ich möchte noch ein paar mehr Zusammenhänge schildern, welche eng mit dem Phänomen der Sprache und der sprachlichen Funktionen in unserem Gehirn zusammen hängen.

Genauso wie ein Denkschema eine Art abstrakten Vektor darstellt (siehe weiter oben in diesem Kapitel), so stellen auch abstrakte Symbole der Sprache abstrakte Vektoren dar.
Jedes Wort hat eine bestimmte Bedeutung, die wir als Gedankenverknüpfung und damit als Erregungsmuster in unserem Gehirn erst einmal lernen müssen. Haben wir dieses Wort gelernt, so können wir es in der Kommunikation

verwenden. Je mehr Wörter wir kennen, desto präziser und besser können wir uns prinzipiell ausdrücken.

Es gibt nun eine Theorie innerhalb der Psychologie, die behauptet, dass nur das, was verbalisierbar ist (also in sprachliche Symbole gebracht werden kann) auch von einem Individuum bewusst erfasst werden kann. Oder anders: Nur das, was man prinzipiell beim Namen nennen kann, kann auch ins Bewusstsein treten. - Ich persönlich finde diese Theorie in ihrer Grundintention sehr interessant, leider ist sie aber falsch. Denn sie würde zum Beispiel implizieren, dass Kleinkinder kein Bewusstsein haben. Und diese Vorstellung widerstrebt mir. In der Tat ist es so, dass man auch in Versuchen überprüfen kann, dass Kleinkinder sich (auch wenn man sie nicht direkt mit Worten fragen kann) durchaus so verhalten, als hätten sie Bewusstsein. Die Vermutung liegt nahe, dass sie dementsprechend auch wirklich Bewusstsein besitzen. Auch wenn sie noch nicht darüber sprechen können.

Sprache ermöglicht es, direkt auf tiefe Gedächtnisinhalte und mentale Zustände zuzugreifen und sie auszudrücken, um sie anderen mitzuteilen. Dementsprechend hat der Empfänger, also der Zuhörer oder der Kommunikationspartner, die Möglichkeit, wiederum auf die tiefen Gedächtnisinhalte und mentalen Zustände des Senders zu schließen. Man kann sich also in den anderen „hineinversetzen".
Das „sich in andere hineinversetzen" wird zu Neudeutsch als die Fähigkeit zur Bildung einer „Theory of Mind" bezeichnet. (Wir haben dies weiter oben bereits angesprochen.) Früher sagte man dazu einmal „Empathie". Man meint damit die Fähigkeit, dass wir Menschen uns ein Bild einer anderen Persönlichkeit konstruieren können. Nach dem Motto: „Ich denke, dass er denkt, dass ich denke, dass er denkt......" sind wir mehr oder weniger gut in der Lage, mit unserem Gehirn zu konstruieren, was der andere gerade denkt, wie er sich fühlt und was er vorhat.
Dies gibt uns unter anderem auch die großartige Fähigkeit, die anderen zu täuschen! Das „Täuschen", böse ausgedrückt, das „Lügen", ist also eine Fähigkeit, die nur dann funktionieren kann, wenn ein Lebewesen sich in ein

anderes Lebewesen „hineinversetzen“ kann. Also dann, wenn es in der Lage ist, sich eine Theory of Mind des anderen zusammenzukonstruieren.

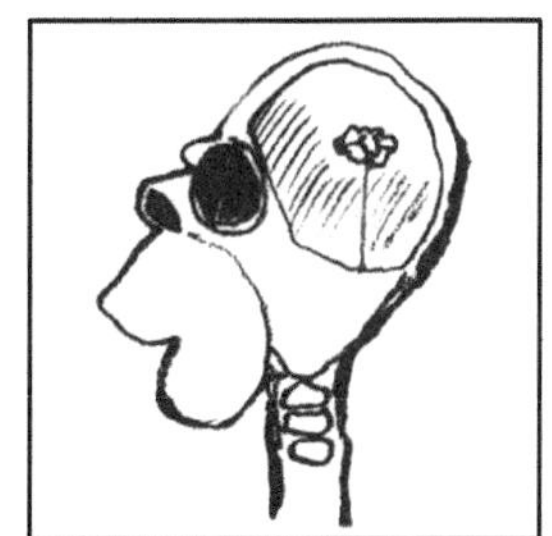

Aber warum funktioniert dieses Zusammenkonstruieren einer Theory of Mind denn überhaupt? Die Erklärung dazu ist ein wenig komplizierter. Es ist offensichtlich so, dass wir Menschen uns selbst nicht andauernd widersprechen. (Die Betonung liegt wohlgemerkt auf andauernd.) Damit ist gemeint, dass wir Menschen uns immer in der Art und Weise verhalten, wie es unserer Persönlichkeit „entspricht“.

Dass wir uns so verhalten, dass unser Verhalten unserer Persönlichkeit entspricht, erfordert von uns keine weitere große Anstrengung. - Und das allein ist schon ein hinreichender Grund, um behaupten zu können, dass wir Menschen immer mit der Gesamtheit unseres Gedächtnisses denken und agieren! Wir agieren niemals nur mit Teilbereichen unseres Gehirns. Denn würden wir das tun, so würden sich in jedem Teilbereich unterschiedliche Persönlichkeitsverhalten etablieren und sich so nach außen hin zeigen. Dies würde dazu führen, dass wir uns in unserem Verhalten widersprechen. Das geschieht aber offensichtlich nicht. Wir verhalten uns immer so, wie wir uns verhalten, und das ist so, wie es unserer Persönlichkeit entspricht. Dieses Verhalten ist zu einem hohen Grad konstant und verlässlich. Dieses Verhalten entsprechend unserer Persönlichkeit besteht zum einen aus unserer genetisch bedingten Mentalität und zum anderen aus all dem, was wir in unserem Leben erfahren haben, was uns widerfahren ist und dem, was wir in unserem Geist daraus gemacht haben.

Sicherlich kann nicht geleugnet werden, dass sich Menschen in unterschiedlichen Umgebungen und in unterschiedlichen Situationen auch zu einem gewissen Grade unterschiedlich verhalten. Zum Beispiel verhalten wir uns ein wenig anders, wenn wir in Gesellschaft unserer sehr vertrauten Familie sind als wir es tun, wenn wir am Arbeitsplatz, umgeben von Kollegen sind. Das jeweilig unterschiedliche Teilverhalten scheint vielleicht für sich auch eine widersprüchliche Persönlichkeit zu ergeben und es scheinen durchaus „Teilpersönlichkeiten" in uns zu existieren. - Aber genau das bestätigt die hier aufgestellte Theorie: Teilbereiche der Persönlichkeit eines Menschen, die wenig miteinander zu tun zu haben scheinen, erscheinen nur deshalb widersprüchlich, weil wir den Menschen nicht gut genug kennen. Als Beispiel stellen wir uns einen Mann vor, der im Büroalltag kühl und hart und dabei daheim ein so liebevoller und fürsorglicher Papa ist. – Bei genauerem Hinsehen stellen wir fest, dass es sich nur um Teilaspekte einer einzigen Person handelt. Jedoch können wir diese Teilbereiche nach genauerem Kennenlernen auch verstehen. Wir können dann die Teilaspekte einer einzelnen Person zum Verständnis der Persönlichkeit dieser Person zu einem Gesamtbild einer Persönlichkeit integrieren. Das ist die erweiterte Form der Theory of Mind. Eine Theory of Mind wäre nicht möglich, wenn wir nicht mit der Gesamtheit unseres Gedächtnisses agieren würden.

Gehen wir aber dennoch einmal vereinfachend davon aus, dass Wörter Gedankeninhalte bewusst zum Ausdruck bringen. Und gehen wir davon aus, dass die zusammen mit der dazugehörigen Kommunikation und der Fähigkeit, uns eine Theory of Mind des anderen zu bilden, ganz entscheidend zum Überleben unserer Art beigetragen hat.
Über die Sprache teilen wir Menschen uns mit. Und mit nichts anderem haben wir in solch intensiver und in solch effektiver Weise die Möglichkeit, Einblicke in die Persönlichkeit anderer Personen zu haben. Manchmal gelingt das Verständnis des anderen besser, manchmal gelingt es uns weniger gut. Es hat den Anschein, als ob das, wie gut es uns gelingt, entscheidend davon abhängt, wie ähnlich man selbst der entsprechenden Person ist. Das bedeutet implizit, dass wir uns leichter damit tun, das zu verstehen, was uns selbst am ähnlichsten ist. Wenn man es in dieser Art ausdrückt, dann ist diese Aussage schon fast trivial. Wir erinnern uns aber an die diesem Buch übergeordnete Thematik: Das, was wir schon kennen, prägt unser Verständnis, und wir neigen dazu, immer nur das zu sehen und das zu verstehen, was wir schon kennen.

Schauen wir uns doch deswegen einmal an, warum wir Menschen sprechen. Wir haben bereits besprochen, dass die so ausgefeilte Kommunikation uns

Menschen einen evolutionären Überlebensvorteil beschert. Das erklärt aber noch lange nicht, warum wir als einzelne Menschen so viel reden. Es könnte doch sein, dass Sprache und Kommunikation an sich Vorteile bringt, aber trotzdem keiner rechte Lust hat, etwas zu sagen. Wir brauchen also einen, in jedem Individuum wirkenden, sogenannten „Motivator".

Ein einfacher Motivator ist zum Beispiel das Verlangen, dass wir etwas wollen, das jemand anders besitzt. Mit Hilfe der Sprache können wir andere fragen, ob sie uns etwas geben, das wir haben wollen. Wir können uns so einen Gegenstand besorgen, Nahrung beschaffen oder um Hilfe bitten. - Aber im Alltag reden wir doch nicht nur, weil wir etwas wollen! Über den Tag gesehen reden wir vielleicht zu zwei Prozent dann, wenn wir von unserem Gesprächspartner etwas wollen. Und dann macht uns diese Unterhaltung in der Regel nicht besonders viel Spaß.

Nein, der wichtigste Motivator ist ein anderer. Und um diese Dynamik zu verstehen, müssen wir ein wenig weiter ausholen. Wir haben gesehen, dass Sprache die Fähigkeit hat, tiefe Gedächtnisinhalte und mentale Zustände auszudrücken. Daneben haben wir von der Theorie gehört, dass Sprache Dinge „bewusst" macht. Wenn wir nun beides miteinander kombinieren und mit einbeziehen, dass wir offensichtlich immer mit der Gesamtheit unseres Gehirns agieren, dann kommen wir zu dem nahe liegenden Schluss, dass das Verbalisieren die Integration und Strukturierung von Gedächtnisinhalten fördert. Das wäre dann die Funktion des weiter oben bereits angesprochenen Mitteilungsdranges.

Kennen Sie nicht alle den Mitteilungsdrang? Der Mitteilungsdrang stellt sich bei Frauen oft einfach nur so, ohne erkennbaren Grund und völlig spontan ein. Ab und zu ist er dann auch abhängig von der Stimmungslage. Bei Hochstimmung kann man sich ihm weniger gut entziehen als bei gemäßigter Stimmung. Weiter hegen wir alle einen umso stärkeren Mitteilungsdrang, je mehr Neues wir erlebt haben. Jeder, der von einer Reise in ein fremdes Land wieder nach Hause kommt, will den Freunden und der Familie daheim erzählen, wie es dort so war. – Damit beabsichtigt er mit Sicherheit nicht, etwas dafür zu bekommen! Hat man etwas erlebt, dann redet man einfach gern darüber. Man verspürt einen Mitteilungsdrang. Es fühlt sich gut an, wenn wir von unserem Urlaub erzählen. Stehen wir vor schwierigen Entscheidungen oder beschäftigt uns etwas, so verspüren ebenfalls wir den Drang, mit jemanden darüber zu sprechen. Wir wollen dann gar nichts von unserem Gesprächspartner, höchstens seine Anteilnahme. (Bei Frauen ist das Bedürfnis zur Anteilnahme stärker ausgeprägt als bei Männern.) Es geht also in erster Linie nicht darum, Hilfe oder irgendetwas anderes Greifbares zu bekommen. Es geht schlicht und einfach darum, über das, was einen beschäftigt, zu sprechen. Sprechen fühlt sich besonders dann gut an, wenn einen etwas beschäftigt.

Nun ist es, wie angesprochen, nahe liegend, die hohe zusammenhängende Strukturiertheit unseres Gedächtnisses und die daraus resultierende Möglichkeit zum Ausbilden einer Theory of Mind als evolutionären Vorteil zu werten. Verstehen wir die Menschen besser, so bilden wir effektivere soziale Gruppen.

Sprache mit ihrer Eigenart, Gedächtnisinhalte und mentale Zustände in Worte und Sätze zu strukturieren, hat anscheinend den Effekt, dass sie beim Verbalisieren, also beim Sprechen, die Gedächtnisinhalte ordnet, strukturiert und integriert.

– Wem von uns ist es noch nicht so ergangen, dass einem, nachdem man mit jemandem über ein Problem gesprochen hat, danach alles sehr viel klarer erscheint?

In der modernen Psychologie ist diese Ansicht schon seit einiger Zeit Lehrmeinung, auch wenn die Erklärungen dazu alles andere als derartig strukturiert sind. Wir haben bereits gesehen, daß in der Psychologie spätestens seit Freud bekannt ist, dass das Sprechen Gedächtnisinhalte strukturiert und ordnet. Und zwar strukturiert und ordnet es Inhalte in der Art, dass vorhandene Widersprüche und Spannungen in Gedanken und Gedächtnishinhalten abgebaut werden. Wer über sich, das Erlebte und über die eigene Sicht der Dinge spricht, kommt nicht umhin, darin etwaige Widersprüchlichkeiten zu entdecken. In der Regel werden solche Widersprüchlichkeiten (und oft auch handfeste Widersprüche) erst beim Verbalisieren bewusst „entdeckt". Durch das „Darübersprechen" können solche Widersprüchlichkeiten abgebaut werden. Dies führt in der Regel dazu, dass mentale Spannungen abgebaut werden. Man fühlt sich entsprechend der Theorie der Psychoanalyse immer dann bes-

ser, wenn man vergleichsweise weniger Widersprüche mit sich „herumtragen“ muss. Wir erinnern uns an den nach Freud seiner Zeit geprägten Englischen Ausdruck „Chimney Sweeping“, Dem „Kaminfegen“.
Wir reden also vor allem deswegen, weil es sich gut anfühlt oder weil uns etwas beschäftigt oder weil wir Frauen sind.

Natürlich könnte man in diesem Abschnitt noch über viele andere interessante Dinge im Bezug auf die menschliche Sprache zu sprechen kommen. Etwa das Phänomen des Sozialisierens, des Gruppenbildens und der Gruppendynamik als evolutionären Vorteil. Das Phänomen des sprachlichen Balzens beim Flirtgehabe finde ich persönlich als Thema auch besonders hinreißend. Weiter als bis hierher möchte ich im Rahmen dieses Buches aber nicht gehen.

Beschäftigen wir uns nun mit etwas, das mit Sprache eng verbunden ist. Mit der sogenannten „Kommunikationswissenschaft“.

Kommunikation

Die äußerst spannende Definition des Wortes Kommunikation lautet in meinem Lexikon: „aus dem Lateinischen; bedeutet - Prozess der Mitteilung.“ – Mehr steht da nicht.
Per Definition kann dieser Begriff also alles möglich bedeuten, und so etwas kann, wie wir gesehen haben, ziemlich gefährlich sein. Damit uns das in diesem Rahmen nicht passiert, wollen wir ein paar Beschränkungen vereinbaren. Wir wollen uns hier auf die Kommunikation zwischen Menschen einigen. Menschen kommunizieren untereinander natürlich über allerhand ganz verschiedene Techniken. Das sind zum Beispiel Worte, Mimiken, Gestiken, Bilder, Gerüche und was einem sonst noch alles so einfällt. Prinzipiell zählt zur Kommunikation alles, was auf irgendeine Art Information von einem Menschen zu einem anderen Menschen überträgt. Jeder Prozess der Mitteilung also.
Mir persönlich erschien der Aspekt der Zweckmäßigkeit immer wieder erheblichen Wert zu besitzen. Wichtig erschien erscheint es immer klar zu erfassen,

was da mitgeteilt wird. Sich über das Mitteilen von irgendetwas Irrelevantem zu unterhalten erschien mir persönlich immer relativ sinnlos. Wie schon weiter oben im Text erwähnt, kann man eine Unterscheidung zwischen Information und Wissen vornehmen. Wissen unterscheidet sich von Information dadurch, dass Wissen immer anwendbar ist. Information muss nicht zwingend anwendbar sein. Eine beliebige Kombination aus Nullen und Einsen ist sicherlich eine Art Information, aber anwendbar ist eine Null-Eins-Kombination damit noch lange nicht. Den Grad der Anwendbarkeit erlangt etwas ganz allgemein erst dann, wenn es in einem Kontext verstanden werden kann! - Und genau an dieser Stelle wird es interessant. Denn wenn ich zum Beispiel verbal mit einem anderen Menschen kommuniziere, dann bringt das nur etwas, wenn der andere Mensch das Gesagte in einen Kontext einordnen kann. Mit anderen Worten: „Wenn er versteht, was ich sage."

Die Psychologen haben eine eigene Wissenschaft daraus gemacht, wie Menschen Kommunikation betreiben. Diese Disziplin trägt natürlich den Namen „Kommunikationspsychologie" oder „Kommunikationstheorie". Diese Disziplin ist selbstverständlich besonders im modernen New-Age-Management-Kommerz sehr beliebt. Das wichtigste Werkzeug eines Managers ist ja bekanntlich die Kommunikation. Natürlich will ich an dieser Stelle nicht genau darauf eingehen, was es da alles Interessantes zu erklären gäbe, mir ist nur eine Sache wichtig, denn sie taucht immer und überall auf:

Kommunikation findet erst dann statt, wenn der Mensch, zu dem etwas gesagt wird, auch versteht, was zu ihm gesagt wird. - Vielen unserer Mitmenschen ist dieses Detail nicht bewusst.
Kommunikation besteht dabei immer aus einem Sender und einem Empfänger. Der Sender will irgendeine Botschaft mitteilen, und dies funktioniert natürlich erst dann, wenn der Empfänger diese Botschaft auch versteht. Natürlich kommt es dabei auf die Beschaffenheit von Empfänger und Sender und auf den etwaigen Inhalt der Botschaft, die Botschaft selbst, an. Spricht der eine Arabisch und der andere Chinesisch wird wahrscheinlich echte Kommunikation mit den Mitteln der Sprache ein wenig schwierig werden. Sender und Empfänger müssen also aufeinander abgestimmt sein. Das ist natürlich über-

all in der Technik genau das Gleiche. - Mit einem UKW-Radio kann ich zum Beispiel keine Fernsehsignale empfangen. Und natürlich kann ich mit einem Radio auch nicht fernsehen. - Bei der menschlichen Kommunikation sind die Probleme aber ein wenig subtiler.
Nehmen wir also vereinfachend an, es handelt sich um zwei Menschen mit gleicher Sprache. - Eben das, was wir jeden Tag erleben. - Wir können uns nun Gedanken darüber machen, wie effizient unter welchen Bedingungen Kommunikation stattfindet. Dabei stolpern wir zuerst einmal über das Wort Bildung. Sprechen zwei Menschen mit sehr unterschiedlichem Bildungsstand miteinander, dann kommt es oft vor, dass der eine den anderen nicht versteht. Fachwörter werden in der Regel nur von Fachleuten desselben Faches verstanden, wohingegen einfache Ausdrucksweisen und einfache Zusammenhänge beliebig verwendbar sind. Verdeutlichen kann man sich das Ganze an einem bekannten Politiker wie den geschiedenen Bayerischen Ministerpräsidenten und verkappten Monarchen Edmund Stoiber. Sprach Edmund Stoiber vor seiner Gefolgschaft aus einfach gestrickten Bauern in einem Bierzelt, so verstand er es, eine gänzlich andere Rhetorik anzuwenden als bei seinen Reden bei Fachtagungen zum Thema Wirtschaftsinitiative Standort Bayern und Kompetenz-Kompetenz. – Um das nochmals zu verdeutlichen: Kommunikation findet nur dann statt, wenn der Sender in seiner Botschaft und der Wahl seiner Rhetorik an den Empfänger angepasst ist.

Als nächstes wollen wir uns die kommunizierten Botschaften, also die Inhalte ansehen. Denn besonders entscheidend ist es, sich im persönlichen Alltag immer und immer wieder bewusst zu machen, was wir denn eigentlich sagen wollen! Es kommt immer darauf an, sich immer und immer wieder klar zu machen, was man eigentlich sagen will, bevor man es sagt! Ansonsten bringt auch noch so viel Gerede meist nichts.

Besonders wichtig sind bei der Kommunikation zwischen Menschen die verschiedenen, meist unbewussten Botschaften, die kommuniziert werden. In der Tat ist es unter Menschen nicht möglich, nur reines Wissen zu kommunizieren! Immer wirken in jeder einzelnen zwischenmenschlichen Kommunikation ganz unterschiedliche Botschaften mit. Diese Botschaften können innerhalb des Kommunikationsprozesses nicht voneinander getrennt werden. Die folgende Liste zeigt diese einzelnen, in jeder zwischenmenschlichen Kommunikation enthaltenden Botschaften.:

1. Sachbotschaft
2. Wie es mir geht
3. Wie ich zum Empfänger stehe.
4. Was ich vom Empfänger will

1. Sachbotschaft

Die Sachebene ist einfach: Kommuniziert wird nämlich genau das, was gesagt wird. „Es ist kalt.", „Ich will nach hause.", „Das Leben ist schön.", „Mein Hut der hat drei Ecken, drei Ecken hat mein Hut." – Über die Wertigkeit des jeweiligen Inhalts kann man natürlich streiten. – Die Sachebene ist rein sachlich. Mit Sachebene ist genau die Kommunikation gemeint, die übrig bleibt, wenn wir uns sämtliche Emotionen und sogar den Empfänger, wegdenken.

2. Wie es mir geht

In jeder gesendeten Botschaft wird immer unweigerlich eine sehr menschliche Botschaft über den Zustand des Senders mitgegeben. Das kann vieles bedeuten. Kennen sich zwei Menschen, kann der Empfänger verstehen, wie es dem Sender heute geht, wie seine momentane Verfassung, seine Stimmung ist. Kennen sich beide nicht, so wird der Empfänger den Sender in irgendeiner Art und Weise einschätzen. Beides beeinflusst natürlich die Art des Empfangs der Botschaft. Findet der Empfänger den Sender sympathisch wird er sich die Nachricht beispielsweise mehr zu Herzen nehmen als von einem für ihn unsympathischen Sender. Die Sachbotschaft wird also immer durch emotionale Aspekte beeinflusst. Das ist auch in den beiden anderen Botschaftsebenen der Fall.

3. Wie ich zum Empfänger stehe

In jeder Botschaft wird ebenso immer unwillkürlich oder zum Teil auch willkürlich mitgeteilt, wie die Position des Senders zum Empfänger ist. Hierarchie und Status sind hier wichtig. Wir teilen also immer durch unsere Wahl der Sprache, durch die Intonation und durch noch sehr viel mehr mit, wie unsere Position relativ zum Empfänger ist. Wichtig ist hierbei auch, dass dies gar nicht viel mit dem tatsächlichen Empfänger und seiner relativen Position im objektiven Sinn zu tun haben muss. Es hat einzig und allein damit zu tun, was der Sender denkt. In vielen Fällen wird ein einfühlsamer und gewissenhafter Sender weitgehend korrekt einschätzen können, wie er zu seinem Empfänger steht. - Oft aber auch nicht! Und selbstverständlich liegt der Sender bei seiner Einschätzung niemals vollkommen richtig. Und genau dessen muss man sich bei jeder Konversation bewusst sein.

4. Was ich vom Empfänger will

In jeder Kommunikation, in allem Gesagten und überhaupt in jedem Wort oder gewolltem Geräusch, das wir von uns geben, steckt so etwas wie ein Appell. Wir wollen etwas von unseren Empfänger. Wir wollen zum Beispiel, dass der Empfänger etwas tut, oder wir wollen etwas so Subtiles wie Anteilnahme. Oder wir haben zum Ziel unseren zwischenmenschlichen Status zu verändern. Oder aber wir wollen schlichtweg, dass der Empfänger uns versteht (psychologisch kann dies durchaus von Bedeutung sein). - Aber immer wollen wir etwas. Bei jeglicher zwischenmenschlicher Kommunikation will der Sender etwas vom Empfänger.

Dass dies so sein muss, kann man leicht dadurch verstehen, wenn man sich klar macht, dass Kommunikation, wie jegliche menschliche Aktion, eine Motivation, einen Antrieb braucht. Und Antrieb braucht (fast) immer auch einen Sinn. Folglich ist es zwingend, dass wir immer auch etwas von unseren Empfängern wollen. Was genau wir von unserem Empfänger wollen, ist uns in den wenigsten Fällen in seiner Gesamtheit bewusst. Aber wir dürfen nie vergessen, dass wir, wenn auch unbewusst, immer etwas von unseren Empfängern wollen. Man sollte dies niemals vergessen.

Ich habe mit diesem kurzen Ausflug in die Kommunikationstheorie bezwecken wollen, dass Sie als Leser ein paar Minuten über Kommunikation als solche und über die zwischenmenschliche Kommunikation im Besonderen nachdenken. Wie fast überall sonst machen sich die Menschen zu wenig Gedanken über Zusammenhänge und Dynamiken und darüber, was denn eigentlich passiert wenn Sie Alltägliches tun.

Bert Hellinger

Psychoanalyse und andere Wege der klassischen, klinischen Psychologie haben in ihrer Anwendung zur Hilfe von Menschen den großen Nachteil, dass diese Arten von Therapien immer sehr lange dauern. Oft begibt sich ein Patient über Jahre in die Hände eines Psychologen und am Schluss hat sich nichts Wesentliches geändert. Es muss doch einen effektiveren Weg geben.

Bert Hellinger glaubt, einen solchen zu kennen. Es ist ein esoterischer Weg, den man durchaus kritisieren kann und dessen zugrunde liegende Theorie man als Wissenschaftler eigentlich nicht glauben darf. Ein Weg, über den zum Beispiel ich persönlich zu Beginn geschmunzelt habe und ihn sogar als nur wieder eine weitere, lächerliche Bauernfängerei bezeichnet habe. – Mittlerweile zweifle ich aber ein wenig an meinem damaligen Standpunkt. Anscheinend funktioniert Hellingers Methode. (Zumindest scheint sie zu einem gewissen Teil zu funktionieren.) Wie effektiv sie jedoch ist, konnte ich persönlich nie nachprüfen, da ich selbst nur an wenigen Therapiesitzungen teilgenommen habe.

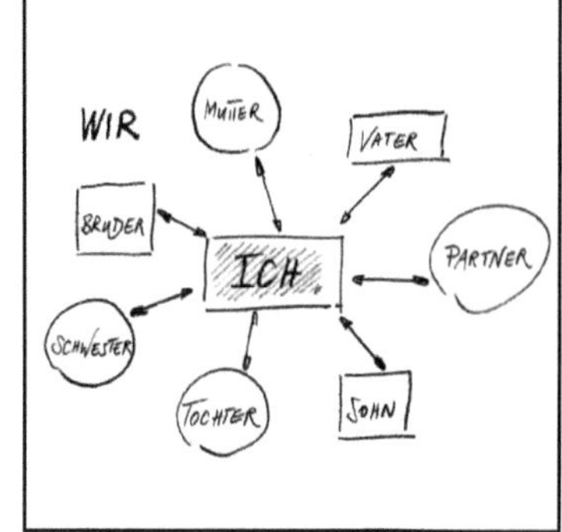

Aber es ist nicht nur Hellingers Methode zum Auflösen von Spannungen, die ich persönlich so interessant finde und die ich deshalb gern an Sie weitergeben möchte. Vielmehr sind es allgemeine Regeln des menschlichen Zusammenlebens, die Hellinger glaubt, durch seine Vorgehensweise in Sitzungen mit Patienten herausgefunden zu haben. Es scheint, als wäre er tief auf einen Grund der Menschlichkeit gestoßen, an dem sich die allgemeinen Menschenrechte, die Gesetze, nach denen wir Menschen miteinander umgehen müssen „damit es richtig ist" – Zitat Hellinger - zu finden sind. Beides, die Theorie seiner Therapie und seine ethischen Regeln, möchte ich im Folgenden kurz erläutern.

Vorher kurz zu seiner Person. Hellinger wurde 1925 in einem Ort namens Leimen (Baden) in Deutschland geboren. Er arbeitete viele Jahre er als Leiter einer südafrikanischen Missionsschule. Erst später entwickelte er auf der Basis der Familientheorie seine eigene Vorgehensweise, das sogenannte „Familienaufstellen". Er selbst versteht sich als „Praxisphilosoph" oder „Lebenslehrer", seine Arbeit als „Lebenshilfe". Hellinger durchlief niemals eine universitäre Ausbildung der Psychologie. Hellinger ist Pfarrer. Er studierte Philosophie und katholische Theologie und erhielt 1952 die Priesterweihe. Nach seiner Zeit in Afrika legte er seine Ordenszugehörigkeit nieder, ebenso sein Amt als Priester. Er heiratete zweimal.

Er schaffte es mit seiner Therapiemethode, die Anerkennung von Bayerischen Krankenkassen zu erlangen (im Rahmen des deutschen Heilpraktikergesetzes). Offensichtlich gestehen auch Politik, Medizin und die Versicherungen Hellingers Vorgehen eine gesicherte Wirksamkeit zu.

Kommen wir aber nun zur Familienaufstellung. Diese funktioniert so: Beliebige Personen (möglichst Männer für Männer und Frauen für Frauen) werden stellvertretend für Familienmitglieder (oder Mitglieder der Sippe) räumlich so angeordnet, dass sie einer gefühlsmäßigen Wahrnehmung der Familiensituation entsprechen.

Das heißt, der Patient stellt zum Beispiel seine Mutter in der Art an eine beliebige Stelle im Raum, wo er findet, dass seine Mutter „hingehört". Nacheinander stellt er dann alle Mitglieder seiner Familie (und auch manche Vorfahren) relativ zu den anderen Aufgestellten Personen an bestimmte Stellen, wo diese Personen „hingehören". So kann es zum Beispiel sein, dass seine Mutter direkt hinter ihm steht und ihm somit in den Nacken blickt. Sein Vater könnte nach einem derartigen Platzieren irgendwie schräg links vor ihm stehen und von ihm weg blicken. Seine Schwester könnte direkt neben ihm stehen, mit der gleichen Blickrichtung wie er selbst. Opa könnte irgendwo hinten an der Wand stehen und gar niemanden anschauen dürfen.
Wichtig ist, dass auch verstorbene Familienmitglieder und auch entsprechend totgeborene Kinder aufgestellt werden. Der Patient stellt also all die Repräsentanten seiner Familienmitglieder irgendwo in der Art auf, wie er findet, dass sie stehen „müssen". Es gibt dabei keine Regeln.
Um nachvollziehen zu können, wie das funktionieren soll, braucht man ein gewisses Verständnis für die menschliche Assoziationsfähigkeit.
Wir Menschen assoziieren. Zum Beispiel assoziieren wir Menschen Gefühle mit Geräuschen. - Das wäre dann zum Beispiel eine „klirrende Kälte". Auffällig ist, dass Kälte selten „brummend", oder „lodernd" ist! Wenn man einmal versucht rationell darüber nachzudenken, warum Kälte eigentlich klirrend sein soll und sich das dann richtiger anfühlt als eine brummende Kälte, dann kommt man sehr schnell zu der Erkenntnis, dass es dafür keine rationelle Erklärung gibt. Einzig der Vergleich zu „Gefrorenem" ist hier hilfreich. Aber was ist mit blau als Farbe, die für „Ruhe" und „Weite" steht?
Ein anderes eindrucksvolles Beispiel für die Assoziationsfähigkeit ist die Tatsache, dass, wenn wir über etwas nachdenken, wir immer nach links-unten blicken! Sie können das jederzeit an sich selbst und an ihren Mitmenschen überprüfen. (...)
Genau um solche assoziativen Zusammenhänge geht es bei Hellinger. Bedingt sind Assoziationen durch einen durch die Umwelt geprägten Anteil und, zum weit größeren Teil, durch etwas, das in unseren Gehirnen fest programmiert zu sein scheint. Assoziationen sind einfach da, warum das so ist, wissen wir nicht, und es braucht uns an dieser Stelle auch nicht weiter zu interessieren.

Bei Hellinger kommt es vor allem auf die räumlichen Assoziationen an. – Dazu ein Test, den Sie mit sich selbst durchführen können. Denken Sie nun bitte an das letzte Weihnachtsfest. Stellen Sie sich nun alles, was ihnen zu Ihrem letzten Weihnachtsfest vor ihrem geistigen Auge einfällt, auf einer Art zweidimensionalen Landkarte geschrieben vor. Stellen Sie sich vor, die Karte wäre so groß wie das Zimmer, in dem Sie sich befinden und würde den gesamten Boden bedecken. - Wo, an welchem Ort auf dieser Karte, würde sich das letzte Weihnachtsfest relativ zu der Position an der Sie stehen „richtig" anfühlen? Nun, bei mir persönlich „befindet" sich Weihnachten immer etwa direkt hinter mir, vielleicht einen halben Meter entfernt.
Leichter wird es, wenn man Menschen befragt, wo sie räumlich die Zukunft, und wo die Vergangenheit sehen. Die Assoziation zu Vergangenheit ist meist irgendwo „hinten" und die Zukunft ist meist „vorne". (Genau genommen ist sie bei den meisten Menschen schräg rechts oben-vorne.)

Hellinger arbeitet also mit der menschlichen Fähigkeit zum räumlichen Assoziieren. Nachdem die Personen im Raum aufgestellt sind und man hier und da noch den einen oder anderen Vater-Repräsentanten oder den verhassten Bruder-Repräsentanten verrückt und gedreht hat, stellt man sich hin und beobachtet die Szene ein wenig. Und dann fragt man die Leute, wie sie sich fühlen. Anschließend interpretiert man, was man gesehen und gehört hat. Der Patient entwickelt jetzt oft auf irgendeine Art ein katharsisches Erlebnis und ist daraufhin in häufigen Fällen zum Teil geheilt.

Bei diesem Katharsis-Erlebnis kann es vorkommen, dass die Patienten laut und unkontrolliert zu heulen beginnen, oder es kann passieren, dass sie zu schwitzen anfangen und etwas desorientiert sind. Was dabei passiert, scheint ein bisschen so zu sein, wie wenn man etwas über sich selbst herausfindet, das man noch nicht kennt und das einem immer oder über Jahre Probleme bereitet hat. Man erhält von einem Moment zum anderen eine andere Sicht der Dinge. - Wichtig ist natürlich immer die Grundannahme, dass wir Menschen alle im Grunde gesund sind und nur durch eben diese inneren Verspannungen und Abweichungen irgendeiner Art von unserem Glück fern gehalten werden. (Die ganze Religion und Pseudowissenschaft der Scientologysekte basiert auf dieser Grundannahme.) – Ich persönlich glaube, dass diese Annahme sehr viel mit der Wirklichkeit gemein hat.

Ich selber war bei einigen sehr unspektakulären Familienaufstellungen mit dabei. Passiert ist dort nicht viel. Mystisch war dabei gar nichts. Und mein Erkenntnisgewinn war eher bescheiden. Die therapierten Personen schienen das aber anders zu sehen. (...)

Anscheinend reicht es für einen positiven Krankheitsverlauf vollkommen aus, sich über die räumliche Assoziation bewusst zu machen, wie die Konstellationen innerhalb der eigenen Sippe liegen. Erfährt man dann noch, dass sich der Opa „abseits" und „alleingelassen" fühlt oder dass sich die Schwester nicht wohl fühlt, weil sie allen direkt ausgesetzt gegenüber steht, dann ermöglicht dies beim Patienten anscheinend Einsichten, die ohne Weiteres sonst nicht erreicht worden wären.
Und das ist ein ganz wichtiger Punkt beim Familienaufstellen. Die Repräsentanten sollen angeblich ziemlich genau das empfinden, was die Originalpersonen in ihrer Situation in der Sippe fühlen. Auch, so die wissenschaftlich nicht nachvollziehbare Seite, sollen die Stellvertreter Empfindungen und daher eine Art von Wissen über die Originalpersonen erfahren oder „fühlen", die diesen vorher selbst nicht bewusst sind. Das heißt, die Stellvertreter sind sich über mehr bewusst und empfinden intensiver und klarer als die in Tat und Wahrheit betroffenen Personen! Und das einzig und allein, weil sie bei einer Familienaufstellung zum Beispiel mit dem Gesicht hinter dem Rücken des Vater-Vertreters stehen müssen. - Ich selber kann einen derartigen Informationsgehalt einer Assoziation nicht nachvollziehen und habe derartige Phänomene auch selbst noch nicht erlebt. Dennoch wollte ich Ihnen die Überzeugungen von „gläubigen" Familienaufstellern nicht vorenthalten.

An dieser Stelle bietet es sich an zu erwähnen, dass es scheint, dass die Menschen im Allgemeinen durchaus dazu neigen, an esoterische und übernatürliche Phänomene zu glauben. Ich selbst habe in meinem ganzen Leben noch nichts Paranormales, Übernatürliches oder vollkommen Außergewöhnliches erlebt, das ich mit meiner Rationalität nicht hätte erklären können. Ich kann keine Aura sehen und meines Wissens und meines Verstandes zufolge kann es auch sonst keiner. – Was die Menschen glauben wollen, ist eine ganz andere Frage. - Ich habe erwachsene und mündige Bürger getroffen, die mir allen Ernstes erklärt haben, dass sie einen Geist gesehen und mit ihm gesprochen hätten. Anscheinend gibt es Leute, die allen Ernstes wirklich glauben, von einem UFO entführt worden zu sein. - Gefährlich an diesen Menschen erscheint mir vor allem die Tatsache, dass diese Personen ihre Geschichten tatsächlich selbst glauben! - Für mich zeigt dies nur eines: Es zeigt, dass der Schwachsinn, den das menschliche Gehirn zulässt, keine nennbaren Grenzen kennt.

Wir haben nun also ein paar Informationen über die Person Hellinger und darüber, was es bedeutet, eine Familie aufzustellen. Kommen wir jetzt zu den Dingen, die mich persönlich an Hellinger immer wirklich fasziniert haben. Hellinger hat durch seine Erkenntnisse in seinen Aufstellungen (wenn auch in oft sehr subjektiver Weise) Regeln des menschlichen Zusammenlebens formuliert. Er selber bezeichnet diese Regeln als „Ordnungen der Liebe". – Ein sehr schöner Titel, wie ich finde. Nachfolgend ein Auszug aus Hellingers Regelwerk.

Hellingers Ordnungen der Liebe

Der Begriff Ordnung hat für viele Menschen einen unangenehmen Beigeschmack. Er hört sich nach Arbeit an, nach dem lästigen Aufräumen aus der Kindheit und nach wenig Spaß. Jedoch hat Ordnung auch ihren gewissen Reiz. Ordnung erzeugt Klarheit und Einfachheit. Wären zum Beispiel die Buchstaben im Alphabet in wüstem und spaßigem Durcheinander, so würde sich niemand mehr zurechtfinden. Genauso brauchen wir Ordnung in allen Bereichen, in denen das Leben funktionieren soll. Menschen brauchen einen gewissen Grad an Ordnung in all ihren Lebensbereichen. Seien es nun die Sachen, die Arbeit, die Finanzen oder die persönlichen Beziehungen. Alles muss einer gewissen Klarheit, Einfachheit und durchschaubarer Struktur entsprechen. Dann, und nur dann ist es leicht, sich jederzeit aufs Neue einen schnellen Überblick über alle Konstellationen zu verschaffen. Des Weiteren hat Ordnung den Vorteil, dass man nicht immer abgelenkt wird. Unser Geist ist ein sensibles Konstrukt, das ständig gepflegt werden muss und mit Bedacht einzusetzen ist. Die andauernde Überlastung durch das immer wieder neue Orientieren im Chaos verschlingt Unmengen an Energie. Bei einem steigenden Grad an Geschwindigkeit und einer steigenden Anzahl der Dinge versinkt man ohne Ordnung im uneffektiven Durcheinander.

Hellinger spricht von einer naturgegebenen Ordnung der Liebe. Diese umfasst zuallererst so etwas wie ein Naturrecht. Neben diesem Naturrecht existiert noch der menschliche Wunsch entsprechend der gerade von mir beschriebenen Ordnung in Dingen und Beziehungen. Hellingers Naturrecht ist nicht empirisch nachvollzieh- oder überprüfbar. Es ist phänomenologisch. Das bedeutet, dass an dieser Stelle keine Erklärungsmodelle, keine Theorien und keine allgemeinen Hintergründe existieren. Hellinger behauptet, seine Erkenntnisse ausschließlich aus den Resultaten seiner Familienaufstellungen erhalten zu haben. Nachfolgend zwei Beispiele zu Hellingers Naturordnung:

Ein Mann bringt Kinder aus erster Ehe mit in die zweite Ehe mit einer Frau. Die jetzige Frau ist auf die Kinder aus erster Ehe eifersüchtig. Für den Mann werden laut der Ordnung die Kinder aber immer vor der Frau rangieren. Nur wenn sich die Frau mit ihrem zweiten Rang zufrieden gibt, kann die Ehe gut gehen. Denn ein Recht auf Eifersucht hat sie nicht.

Ein weiteres Beispiel für Ordnung ist der Zusammenhang von Schuld und Sühne und dem gerechte Ausgleich. Ein Mann kommt nach einiger Zeit der Überlegung zu dem Entschluss, dass er seine Hochzeitsreise mit seiner Frau absagen möchte, weil seine erkrankte Mutter jemanden braucht, der sie täglich zu einer Behandlung in eine Arztpraxis fahren muss. Jemand anders hätte diese Aufgabe sehr wohl auch übernehmen können, aber der Mann hat sich dazu bereit erklärt. Nach der abgesagten Hochzeitsreise ist die Stimmung zwischen den beiden frisch verheirateten wie zerstört. Keiner versteht den anderen. Der Mann hat sich auf das Einverständnis seiner Frau verlassen und die Frau hat ihm immer wieder bestätigt, dass sie es gut finden würde, dass er sich so selbstlos um seine Mutter kümmert. In einer Familienaufstellung kam heraus, dass die Sache keineswegs geklärt ist, und so wurde dem Mann vorgeschlagen, der Frau ein Geschenk zu machen, das genauso groß ist wie das Geschenk der damals abgesagten Hochzeitsreise gewesen wäre. Der Mann entgegnet strahlend, dass jetzt sein Problem gelöst sei.

Die Ordnung der Liebe ist nicht beliebig veränderbar, sondern sie ist als Tatsache vorhanden. In Familienaufstellungen kann sie immer wieder erfahren werden, indem Abweichungen darstellbar und auflösbar sind. – „Man bringt es in Ordnung." – Eine Aussage, deren Richtigkeit wir durchaus fühlen.

Natürlich können Hellingers Erkenntnisse nicht als Gesetze oder Ähnliches gelten. Niemals kann ihre Richtigkeit empirisch überprüft werden, um damit ein Verkünden als große Wahrheit zu rechtfertigen. Ich persönlich will aber Hellingers Ansichten mit in dieses Buch bringen, um Ihnen als Leser die Möglichkeit einer strikt konservativen Sicht einer Art Naturrechts zu vermitteln. Dies alles in einer phänomenologischen Weise und nicht über empirisch beweisbare Schlussfolgerungen entsprechend der wissenschaftlichen Methodik. Hellingers Aussagen sind es wert, dass man über sie nachdenkt. Das will ich damit erreichen.

Leiden ist leichter als Handeln

Ähnlich wie in der klassischen Psychologie gibt es auch bei Hellinger so etwas wie einen „sekundären Krankheitsgewinn". Das bedeutet, dass der Kranke durch seine Erkrankung einen Vorteil zieht. Der Vorteil ist in den meisten Fällen die emotionale Aufmerksamkeit und die Anteilnahme und Beachtung seiner Mitmenschen. Es kann jedoch auch der Vorteil durch eine finanzielle Unterstützung vom Staat oder die bloße Bequemlichkeit, das Mittagessen geliefert zu bekommen, sein.

Hellinger geht nun so weit, dass in den Leidenden etwas vorgeht, das in etwa bedeutet, dass durch den „Wegfall" von einem selbst (also vom Leidenden) die anderen gerettet würden. Paradoxerweise scheinen Menschen zu meinen, dass es ihnen selbst auf irgendeine Art besser geht, selbst wenn sie selbst tot sind. Die Menschen sind in einer Weise stolz auf ihr Leiden und alles in ihrem

Leben richtet sich auf dieses eigene Leid und die damit verbundene, vermeintliche Ungerechtigkeit hin aus. Das Leid wird zur fixen Idee und damit als einziger Lebensinhalt überhaupt wahrgenommen. Diese Menschen jammern dann die ganze Zeit, beklagen sich über ihre Situation und schildern, wie schlecht es ihnen geht. In Wirklichkeit jammern sie aber, weil sie gar nichts anderes mehr zu reden haben. Sie wollen gegen ihre Situation gar nicht ankämpfen, denn ohne dieses Leid und die vermeintliche Ungerechtigkeit hätten sie gar keinen Lebensinhalt mehr. Einen neuen Inhalt müssten sie sich dann erst einmal suchen. Das Schlimme ist des Weiteren, dass diese Leute sich über diese Zusammenhänge nicht bewusst sind. Sie glauben daran, dass die Welt ungerecht ist und es ihnen aufgrund dieser ungerechten Welt, in der sie zu leben verurteilt sind, schlecht geht.
Nach Hellinger sind diese Leute „systemisch verstrickt". Er meint damit, dass irgendwas in ihrer Familie einen ungesunden Zwang aufbaut (oder aufgebaut hat), der die Menschen nicht im Reinen mit sich selbst handeln und denken lässt. Diese Menschen sind verdammt und gefangen in ihrer Verstrickung. Löst man diese Verstrickung auf, so geht es dem immer klagenden Menschen schnell besser.

Die Familie und die Eltern

Die Familie ist das Wichtigste und Einflussreichste auf den Menschen überhaupt. Elternschaft ist etwas derartig Substanzielles, dass man sich laut Hellinger niemals gegen die eigenen Eltern stellen darf! - Eine solche Haltung erscheint in der heutigen Zeit als weitgehend erstaunlich, da wir doch gewohnt sind, unsere Eltern in der modernen Überzeugung fast für all unser Übel verantwortlich machen. Auch in der modernen Therapie verbündet sich der Therapeut oft mit dem Patienten gegen dessen Eltern und sagt: „Du musst dich von deinen Eltern loslösen." – Dies ist laut Hellinger an Absurdität nicht zu übertreffen. Denn laut Hellinger IST man ja seine Eltern. - Fast alles, das einen selbst ausmacht, stammt von den Eltern. Es ist schlicht unmöglich, sich von den Eltern zu befreien. Die Eltern leben in einem. In der modernen Zeit mag diese Ansicht mittelalterlich anmuten, doch ist sie von so großer Klarheit, wie man sie bei Erklärungen selten verspürt. Da die Eltern einen so immensen Teil des eigenen Selbst ausmachen, macht es überhaupt keinen Sinn, gegen

das oftmals auch Schlechte, das von den Eltern in einem fort lebt, zu kämpfen. Einen solchen Kampf kann man nicht gewinnen. Man kann ihn nicht gewinnen, weil man gegen sich selbst kämpfen würde. Denn man IST ja seine Eltern.
Die einzige Möglichkeit, mit dem von den Eltern stammenden Schlechten in einem selbst fertig zu werden, ist der, dieses Schlechte als gegeben anzunehmen und es weder zu leugnen, noch es zu verändern zu versuchen und nicht zu versuchen, dagegen zu kämpfen. Der einzige Ausweg besteht darin, das Schlechte anzunehmen und mit diesem schlechten ein Weiterleben in einer guten Art zu finden.– Signifikanter könnte sich der Unterschied zur Hellinger'schen Vorgehensweise zu der der freud'schen Psychoanalyse nicht zeigen. An dieser Stelle können Sie als Leser selbst urteilen: Was fühlt sich richtiger an? - Der wissenschaftlich theoretisierte Weg der Psychoanalyse oder der phänomenologische Weg nach Hellinger?

Da wir unsere Eltern „sind", haben wir selbstverständlich alles Gute und auch alles Schlechte von unseren Eltern in uns. Wir sind viel weniger das Produkt unserer Umgebung als das Kind unserer Eltern.
Haben die Eltern Zwänge in sich, die sie ein Leben lang mit sich herum tragen, so haben ihre Kinder diese Zwänge unweigerlich auch in sich. Alle Zwänge werden unweigerlich von den Eltern an ihre Kinder weiter gegeben. Eben genau darin bestehen aber auch die Möglichkeiten und die Chancen durch das, was wir in uns spüren, unsere Eltern zu verstehen. Denn unsere Eltern werden uns immer sehr ähnlich sein, wenn sie auch in den positiven und negativen Eigenschaften extremer sein werden, als wir es sind. Wir dagegen haben neue Eigenschaften, denn jeder von uns ist ein eigenständiges Individuum. Man muss aber zuerst die Eltern erkennen, um sich dann erst selbst erkennen zu können.
So müssen wir laut Hellinger immer nach den Eltern fragen, wenn wir etwas über einen Menschen herausfinden wollen; wenn wir einen Menschen verstehen wollen. Dort erfährt man mit großer Wahrscheinlichkeit das Wesentliche zum Verständnis dieser Person.

„Die Eltern geben und die Kinder nehmen.“ - Dieser Satz meint nicht nur beliebiges Geben und Nehmen, sondern er deutet auf das Geben von Leben hin. Die Kinder erhalten das Leben von ihren Eltern. Interessant ist beim Geben des Lebens der Umstand, dass das Leben ein Gut ist, das niemandem gehört! Die Eltern haben es ihrer Zeit von den eigenen Eltern erhalten und geben es, wenn man es so will, später an ihre eigenen Kinder weiter. Kinder sind ohne ihre Eltern hilflos und die Eltern müssen sich um die Kinder kümmern, damit diese überleben. Die Eltern geben hierbei und die Kinder nehmen. Geben und Nehmen gehören hier unzertrennlich zusammen und ergeben eine Einheit der Natur. Dieses Geben und Nehmen geht noch viele Jahre weiter, bis die Kinder letztendlich den Besitz der Eltern erben.
Dieser enorme Unterschied zwischen dem, was der eine gibt und dem, was der andere empfängt, kann niemals ausgeglichen werden! Dies sieht die Natur aber so vor. Es liegen keine Schuld und kein Ungleichgewicht vor. Lediglich zwei Ansprüche haben die Eltern, welche die Kinder erfüllen müssen. Die erste Pflicht der Kinder ist es, sich um die Eltern zu kümmern, wenn diese einmal hilfebedürftig sind oder wenn sie alt und krank oder schwach werden. Dann müssen die Kinder für ihre Eltern da sein. Die zweite Pflicht der Kinder besteht darin, mit dem, was sie von ihren Eltern bekommen haben, gut umzugehen und es in Ehre zu halten. Nach dem Tod der Eltern ein Erbe anzutreten bedeutet deshalb niemals das Geld zu nehmen und es zu verprassen. Jeder von uns spürt, dass das falsch wäre. Richtig ist die Möglichkeiten des Erbes zu nutzen, das Erbe zu erhalten und damit etwas Gutes, das die Eltern glücklich gemacht hätte, zu tun. Erfordert das Antreten eines Erbes eigene Fähigkeiten, wie etwa die Verwaltung von Besitztümern oder das Weiterführen eines Betriebes, so müssen die Kinder diese Fertigkeiten erwerben, um den Besitz in Ehre zu halten und die Ehre erhalten zu können. Das ist die Pflicht der Kinder. Wird diese nicht eingehalten, tragen die Kinder Schuld.

Eine weitere Spielart von Ordnung und Pflicht ist die Dynamik zwischen jüngeren und älteren Geschwistern. Ältere Geschwister mussten, als die jüngeren Geschwister geboren wurden, auf gewohnte Aufmerksamkeit der Eltern verzichten. Ebenso mussten sie sich um ihre jüngeren Geschwister kümmern. Diese Pflicht erlischt auch später niemals. Ältere Geschwister sind für ihre jüngeren Geschwister stärker verantwortlich als die jüngeren für die älteren. Ältere Geschwister geben also den jüngeren und haben dadurch eine Bevorzugung und ein Vorrecht bei Entscheidungen. Dies kann Beschlüsse in Erbschaftsfragen ebenso wie alltägliche Fragen betreffen.

Es ist ganz normal, dass man nicht mit allem, was von den Eltern kommt, einverstanden ist. Und das ist auch gut so. Oft stört uns, wie unsere Eltern bestimmte Dinge handhaben, und manchmal sind es bestimmte Eigenschaften der Persönlichkeit unserer Eltern, mit denen wir nicht klar kommen. Dies verleitet Menschen vor allem in jungen Jahren gern zum Wunsch: „Ich möchte niemals so werden wie meine Eltern." - Und ganz genau diese Abwehrhaltung ist es, die zur Folge hat, dass diese Menschen ganz genauso werden, wie die Eltern es waren. Hält man aktiv eine aggressive Abwehrhaltung gegen jemand aus der eigenen Sippe, so verbindet einen das nur noch stärker mit demjenigen! Man kann sich diesen Zusammenhang leicht so verdeutlichen, dass, wenn man sich über etwas ärgert, man gar nicht anders kann, als ständig genau an dieses Etwas zu denken.
Der einzige Weg liegt daher darin, das, was ist, anzunehmen. Um weiter zu kommen kann man nichts anderes tun, als es gut sein zu lassen und zu versuchen, mit der Situation zu leben, ohne sie zu leugnen, sie zu verschleiern oder gegen sie zu kämpfen.

Genauso ist es mit Schuld, Sühne und Rache. Diese sind mit die mächtigsten Antriebe unserer Psyche. Die Dynamik lebt von unserem Stolz. Stolz ist das, was uns zerstören kann. Stolz ist ein Festhalten des Geistes an der Ordnung. Wird diese verletzt, so ist es der Stolz, der uns innerlich auffressen und zerstören kann. Zu kämpfen, wo ein Kampf nicht hilft und nichts zum besseren wenden kann, verbindet einen nur noch stärker mit dem Unrecht. Wo vom anderen keine Einsicht kommt, bleibt keine Chance zur Klärung!
Menschen funktionieren unterschiedlich, und das ist schon immer so gewesen. Das ist der Grund, warum Kämpfe ausgetragen werden. Kämpfe entstehen auf Grund unterschiedlicher Sichtweisen. Geschieht Unrecht, so verbindet die Rache nur noch stärker mit dem geschehenen Unrecht. Rache kann auch den Rächer selbst zerstören. Ist einmal Unrecht geschehen, so kann dies

weder durch Rache noch durch Vergebung oder Einsicht ungeschehen gemacht werden. Schuld bleibt immer bestehen! Schuld vergeht niemals, und sie bleibt auch durch Vergebung unberührt. Laut Hellinger kann Vergebung nichts ungeschehen machen!
Richtig ist es zu sagen: „Was geschehen ist, ist geschehen. Es war nicht gut, aber es ist Teil meines Weges. Ich mache aus dem Rest meines Lebens etwas Gutes. Ich mache weiter." – Die christlichste Einstellung von allen.

„Der Wille der Eltern kommt vor den Wünschen der Kinder!" - Einzig dadurch, dass die Eltern die Eltern sind, müssen sie die Position weiter oben in der Hierarchie einnehmen. Fragen zum Besitz der Familie, Fragen zum Werdegang der Kinder, Fragen zur Partnerwahl und alle kleinen und alltäglichen Fragen müssen von den Eltern beantwortet werden und der Wille der Eltern zählt mehr als der Wille der Kinder. Kommt es zu Konflikten, etwa bei der Berufswahl der Kinder, so können (und müssen eventuell auch) die Kinder ihren eigenen Weg als eigenständige Menschen gehen.
Kommt es zum Streit, so müssen es die Kinder sein, die auf die Eltern zugehen. Alles andere erzeugt unauflösliche Spannungen, die sich von sich aus nicht wieder auflösen. Schon in der Bibel steht das Gebot, dass man Vater und Mutter ehren soll. Ehre bedeutet Respekt, und Respekt bedeutet den Willen, den Respektierten ernst zu nehmen. Im Zweifelsfalle ist es daher immer ratsam, den Willen der Eltern anzunehmen als dagegen zu kämpfen.

Auf der anderen Seite müssen die Eltern auch ihrer Position gerecht werden. Eine wichtige Regel nach Hellinger lautet: „Kinder brauchen starke Eltern!" - Es macht keinen Sinn, wenn die Mutter mit ihrem achtjährigen Sohn beratschlagend diskutiert, ob sie zusammen in die neue Wohnung ziehen sollten oder nicht. Und selbstverständlich haben auch die Kinder nichts bei der Partnerwahl bei zum Beispiel geschiedenen Eltern mitzureden. Sie dürfen noch nicht einmal gefragt werden. Auch Entscheidungen über materielle Dinge wie etwa den Kauf eines Autos sind Angelegenheiten, die Kinder nichts angehen. - All das würde den Kindern eine unhaltbare Position geben, mit der sie in ihrer Kindlichkeit überfordert wären!

Kinder brauchen starke Eltern, was allerdings nicht zu verwechseln ist mit „dominant". Kinder brauchen eine klare Führung, klare Regeln. Wenn die Eltern nicht wissen, was sie wollen, woher sollen es dann die Kinder wissen?

„Frühere Familien sind stärker als jüngere!" - Dazu ein Beispiel: Eine Frau lernt einen verheirateten Mann kennen. Dieser hat bereits mehrere Kinder. Der Mann ließ sich wegen der neuen Frau scheiden, zog zur ihr und heiratete sie. Die Kinder, seine Kinder, blieben bei der Mutter.
Und jetzt passierte es schnell, dass die Leidenschaft der neuen Beziehung bald aufgebraucht war. Schon nach drei Monaten stellte sich bei der Frau ein Gefühl ein, das sie so formulierte: „Guten Gewissens habe ich nicht geheiratet." Das Paar stritt sich dann fortwährend von morgens bis abends, angeblich wegen der unterschiedlichsten Kleinigkeiten.
Immer wenn eine Beziehung gar nicht mehr läuft, wenn sich die Partner nur noch streiten und sich eine Wand zwischen beiden aufbaut, dann liegen die Streitereien immer an etwas ganz anderem. In diesem Beispiel ist der Grund die Schuld, die die beiden im Bezug auf die erste Frau und die Kinder auf sich geladen haben. Wenn es der Frau jetzt überhaupt gelingen kann, mit dem Mann glücklich zu werden, dann nur indem sie der Schuld bewusst ins Auge blickt und die Bindung des Mannes an die erste Frau und die Kinder würdigt! Die Frau muss das, was vor ihr war, akzeptieren, respektieren und würdigen. In einer Familienaufstellung sah es zu dieser Situation immer so aus, als ob der Mann von der Frau wegliefe. Es ist nicht schwer vorzustellen, wo er hinlief.

An dieser Stelle möchte ich einwerfen, dass der Stoff, aus dem Liebesromane und schnulzige Hollywoodfilme gemacht sind, schlichtweg nichts mit der Realität zu tun hat. Auch wenn wir dies hin und wieder auch noch so gern glauben möchten. Happy Ends sehen in der Realität ganz anders aus als im Film und in unserer naiven Vorstellung. In diesen Geschichten auf der Leinwand ist es oft so, dass sich zwei verlieben und dass ihre Liebe sie vor all dem Leid in ihrer eigenen Welt „schützt". Durch ihre Liebe trifft sie die Welt um sie herum nicht mehr und sie sind zusammen glücklich. - Das, meine sehr verehrten Leser, ist absoluter Blödsinn, und ich ermahne immer auf keinen

Fall daran zu glauben! - Es gibt den anderen niemals ohne seine Herkunft! Und diese lässt sich nicht ausradieren! Kommen wir mit einem Menschen zusammen, dann sind wir nicht losgelöst von allem, sondern wir erwerben immer mit dem Partner dessen Situation und dessen Verstrickungen. Das zu leugnen erzeugt nichts Gutes und die Beziehung kann dann selten funktionieren. In einer Beziehung müssen wir über die Situation des anderen Bescheid wissen, sie weitgehend verstehen, sie akzeptieren und respektieren. Einen anderen Weg gibt es nicht.

Geben und Nehmen

Zwischen Geben und Nehmen muss ein Ausgleich herrschen. Beides muss sich, besonders in einer Beziehung, die Waage halten. Wer der Meinung ist, in einer Beziehung müsste man bedingungslos lieben und bedingungslos geben, liegt falsch. Gibt einer fortwährend mehr als der andere, so gerät der andere unter Druck, auch zu geben. Verhindert der Geber dies, weil er nichts annehmen will, ist die Beziehung gefährdet. Wer verweigert, dass man ihm gibt, will der Mächtigere sein, und auf Dauer verträgt dies keine Beziehung.

Nur zwischen Eltern und Kindern ist dies anders. Da Eltern in erster Linie geben und Kinder nehmen, können Kinder erst später ausgleichen, indem sie sich später, wenn die Eltern alt werden oder in Not geraten, um diese kümmern.

Schicksal

Es kommt vor, dass sich jemand durch Schicksalsumstände schuldig fühlt. - Dazu folgendes Beispiel: Ein drogensüchtiger Junge mit einer unvorteilhaften Lebensweise hat in seiner frühen Kindheit seine Mutter verloren. Er hat seine Mutter nur noch schwer in Erinnerung. Die Erinnerung selbst ist aber nach Hellingers Theorie nicht ausschlaggebend. Selbstverständlich ist er unschuldig am Tod der Mutter, doch fühlt er sich unbewusst trotzdem schuldig. Die unbewusste Dynamik bei ihm lautet: „Weil es für Dich so schrecklich war, liebe Mutter, geht es auch mit mir schlecht weiter. Es darf mir nicht gut gehen." - Nach Hellinger ist dies eine magische Form der Liebe. Das Kind glaubt, es könne durch eigenes Leid ein früheres Leid bezahlen.

Innerhalb einer Familienaufstellung kann es dem Kind gelingen, aus dieser Verstrickung herauszukommen. Das Kind muss dabei laut zu sich selbst und zu allen anderen sagen, dass es das Leben zu dem Preis, der bezahlt wurde, annimmt. Es sagt, dass es zum Andenken an die verstorbene Mutter etwas Gutes aus dem eigenen, verbleibenden Leben macht. „Ich bin nicht hier an der falschen Stelle und mich trifft keine Schuld. Jedoch nehme ich mein Glück, hier zu sein, an, und ich werde bleiben. Dafür übernehme ich die Verantwortung und lebe als guter Mensch um dem Geschehenen Anerkennung zu geben.“

Mann und Frau und die Beziehung

Anders als bei der Eltern-Kind-Beziehung müssen sich die Partner ebenbürtig sein. Ordnet sich einer der beiden dem anderen unter, oder ist der eine zu patriarchisch oder zu dominant, so wird die Beziehung scheitern. Scheitert sie nicht, so haben beide Partner keine Chance darauf, glücklich zu werden. Und die Betonung liegt auf „beide Partner“. Sagt etwa einer der beiden: „Ohne dich kann ich nicht leben, wenn du mich verlässt, dann tue ich mir was an.“ – So muss sich der andere von diesem Menschen trennen und die Beziehung beenden. Beziehungen funktionieren nur mit Respekt und Achtung. Damit folgt die Pflicht beider Partner, gewissenhaft darauf Acht zu geben, dass nicht einer über dem anderen steht.

Scheinbar im Widerspruch dazu steht Hellingers Auffassung, wenn er sagt: „Der Mann dient dem Weiblichen, und die Frau folgt dem Mann.“ Hellinger meint dies aber im vollkommen wörtlichen Sinn. So sagt er, dass es nur natürlich ist, wenn die Frau ihren Wohnsitz aufgibt und zum Mann zieht. Der Mann respektiert und achtet dies, indem er es ihr dort so einrichtet, dass sie sich wohl fühlt. Auch in profanen und alltäglichen Dingen gilt diese Regel. Männer stützen die Arme von Frauen und halten ihnen die Türe auf. Männer geben Acht auf ihre Frauen. Und dabei tun die Frauen alles nur Erdenkliche für ihre Männer. Es liegt in der Natur der Frauen zu geben, so wie die Mutter ihrem Kind gibt. – Sicherlich ist diese Auffassung sexistisch und nicht mehr besonders modern. Aber überlegen Sie, verehrter Leser, ob Sie Beispiele für eine andere Ordnung finden. Hellinger sagt: „Wenn einer ein Gegenbeispiel hat, so lasse ich mich gern belehren."

Laut Hellinger sind die früheren Partner im Leben wichtiger als die späteren. Das heißt nicht, dass spätere Beziehungen nicht intensiver und glücklicher und durchaus besser sein können als frühere. Es heißt nur, dass die intensive Zeit mit einem Partner in einer früheren Beziehung nicht einfach verschwindet, wenn die beiden Partner die Beziehung beenden. Die Bedeutung der früheren Beziehung besteht weiter. Und wer so etwas schon einmal erlebt hat, der weiß, dass bei einer zweiten Trennung der Schmerz und die Gefühle nicht so intensiv waren wie bei der ersten Trennung. Es ist eine Binsenweisheit, dass ein geschiedener oder getrennter Partner sich erst dann wieder erfolgsversprechend mit einem anderen Menschen verbinden kann, wenn die erste Beziehung innerlich „verarbeitet" wurde. Wohl niemand würde dem widersprechen. Viele meinen nun, der Faktor Zeit würde dieses „Verarbeiten" schon von selbst erledigen. Dies widerspricht aber Hellingers Erfahrung. Die Bindung an den früheren Partner muss voll geachtet werden, und die neuen Partner müssen wissen, dass sie den alten Partnern nachgeordnet sind. Dies gilt auch wenn die alte Beziehung Unglück und Leid gebracht hat. Auch gilt dies, wenn die neue Beziehung glücklich und für immer bestehend ist. Das, was gewesen ist, kann nicht ungeschehen gemacht werden. Das, was geschehen ist, muss immer respektiert und akzeptiert werden und darf nicht vergessen werden.

Schuld

Hellinger ist ein ausgebildeter Pfarrer. Und daher scheint es nur treffend, dass sein Verständnis von Schuld und Sühne und von Schuld und Rache sehr nahe an der christlichen Auffassung liegt. Jesus hat uns damals zum Beispiel beigebracht: „Wenn dich einer auf die rechte Wange schlägt, so halte ihm auch die andere hin." (Mt. 5,39). Uns allen kommt das immer merkwürdig vor. Man soll laut dieser Aussage nicht zurückschlagen, auch dann nicht, wenn man in seiner Ehre verletzt und ungerecht geschlagen wurde. Aber Hellinger (und Jesus) meint etwas anderes.

Denn Rache funktioniert nicht. Wer es schon einmal erlebt hat, dass er ungerechtfertigt Nachteil ausgelöst durch eine bestimmte Person erhalten hat, der weiß, dass man sich rächen kann, wo man nur will, dass man sich aber auch nach einer ausgeführten Rache niemals wirklich als Sieger und im Recht fühlt. Man kann nicht gewinnen, denn das Leid wurde ja schon erzeugt, es kann nicht wieder aufgehoben und ungeschehen gemacht werden. Ebenso wurde die Gleichstellung verletzt und auch sie wieder herzustellen kann nur paradox und ungesund enden. Wem Leid angetan wird, der kann sich am Schuldigen rächen und sich damit selbst auf diese Stufe stellen. Damit stehen beide eine Stufe „tiefer". Das ganze System leidet darunter. Und, im Extremfall, wer wird schon gern zum Mörder, nur weil ihm selbst jemand ermordet wurde? Was wäre mit dieser Art von Rache besser geworden?
Jesus hat das erkannt. Derjenige, der Leid erzeugt, weil er schwach ist, weil er selbst Probleme hat oder weil etwas in ihm und um ihn herum nicht stimmt, der wird das erkennen und der wird aus sich selbst heraus leiden, weil er erkennt, was er anrichtet. Menschen in der Umgebung werden dies beobachten und sehen, was geschieht. Und dabei erzeugt es mehr Respekt, über der Sache zu stehen und auch die andere Wange hinzuhalten, als sich aus blinder Wut sofort zu rächen.
Die Ehre durch Rache wieder herzustellen funktioniert nur bedingt. Es hilft, den Mitmenschen wieder in die Augen sehen zu können. Denn unter einer Ungerechtigkeit zu leiden erzeugt peinliche Gefühle. Aber man muss sich bewusst sein, dass jegliche Form der Rache nur noch stärker an das schlimme Geschehen und an den Schuldner binden.

Jeglicher Ungerechtigkeit ist schwer beizukommen. Aber es gibt einen Ausweg. Und der ist der gleiche wie für so viele Probleme. Denn auch nach den schlimmsten Geschehen sind wir immer noch hier. Wir sind auf der Erde, am Leben und können uns bewegen, können Handeln, und wir haben die Möglichkeit, den Tag und das Leben zu nutzen. Nach Hellinger kann man Geschehnissen sehr gut dadurch beikommen, indem man sie akzeptiert und respektiert und als geschehen hinnimmt. Und dann ist es entscheidend, aus dem Wissen darüber, dass man noch hier ist und die Möglichkeit hat, etwas Gutes aus dem noch verbleibenden Leben zu machen, Gewinn zu ziehen. Indem

man also seine eigenen Möglichkeiten und das Leben als solches nutzt, kann man jegliches Unheil, ohne es zu vergessen, hinter sich lassen und ein gutes Leben führen.
Hierzu noch ein drastisches Beispiel. Ein Mann fährt mit seinem Auto an einer Gruppe Menschen vorbei. Plötzlich stolpert einer in der Gruppe, fällt vor das Auto und stirbt. Der Mann wird vor Gericht freigesprochen, er weiß aber nicht, wie er nach diesem Erlebnis, nach dieser Schuld noch weiterleben kann. – Hellingers Weg ist es nun zu akzeptieren, was geschehen ist, und daraus die Pflicht abzuleiten im verbleibenden Leben Gutes zu tun und aus dem noch verbleibenden Leben etwas Gutes zu machen.
Hellinger wurde genauso wie jede bekannte und einflussreiche Person immer wieder kritisiert. Seine Vorgehensweise widerspricht in so vielen Punkten den einfachsten Regeln der klinischen Psychologie. Analytiker bezweifeln zutiefst, dass man an einem Nachmittag innerhalb einer einzigen Familienaufstellung nachhaltig Probleme lösen kann, die seit der Kindheit bestanden haben oder deren Wurzeln vielleicht sogar noch vor der Geburt liegen.
Katharsis-Erlebnisse sind sehr gefühlsstark. Und es ist und bleibt gefährlich, die Leute in solch einem Zustand allein zu lassen und ihnen nicht innerhalb einer engen Betreuung durch geschulte Personen weiter zur Seite zu stehen. Familienaufstellungen sehen keine solche Betreuung vor. In Leipzig ist es vor einigen Jahren zum Suizid einer Frau direkt nach einer Therapiesitzung gekommen. Hellinger musste sich daraufhin vor Gericht vertreten. Er wurde freigesprochen.

Ich persönlich habe mich im Rahmen dieses Buches entschieden, die Familienaufstellung und die nach Hellinger daraus resultierenden Regeln für das Zusammenleben mit in den Text aufzunehmen, weil ich dem Leser einmal einen ganz anderen Weg der Erkenntnis mitgeben möchte. Der wissenschaftliche Weg ist immer klar und immer gleich. Man untersucht, gleichzeitig bildet man Theorien darüber, wie die materielle Welt funktioniert, und versucht so nachfolgend zu erklären, was man beobachtet hat. Mit der Wissenschaft sollte, so die Wissenschaftstheorie, prinzipiell alles erklärbar sein. Ist etwas nicht erklärbar, dann liegt das daran, dass man die zugrunde liegenden Zusammenhänge noch nicht genau genug kennt.

Wir wollen uns an dieser Stelle kurz an den laplace'schen Dämon erinnern. - Zu Zeiten, als nur die klassische Mechanik bekannt war, war die Überzeugung nahe liegend, dass der laplace'sche Dämon alles in der Zukunft und auch in der Vergangenheit voraussagen könnte, ... wenn er nur die Zustände aller Teilchen exakt kennen würde. Eine ähnliche Überzeugung liegt der Wissenschaftstheorie als Ganzes Zugrunde. Eigentlich könnte man alles mit der Wissenschaftstheorie erklären, aber man kennt die tiefen Mechanismen noch nicht hinreichend genau.

Und genau zu dieser Überzeugung stehen die Lehren Hellingers im krassen Gegensatz. Danach gibt es auf der Welt eben auch noch andere Dinge. Dinge, die sich der wissenschaftlichen Methodik zu entziehen scheinen. Phänomenologische Dinge, die so sind wie sie sind. - Dieses Wissen zu ignorieren, nur weil es mit den Regeln der wissenschaftlichen Erkenntnisgewinnung nicht beschreibbar ist, erscheint allein am Beispiel Hellingers Erkenntnissen fatal.

Familienaufstellungen, die Ordnungen der Liebe und allerhand anderes, oft esoterisch Anmutendes scheinen zu funktionieren. Die Welt folgt Regeln und es ist eine Tatsache, dass es im Grunde vollkommen irrelevant ist, wie sie das macht. „Pragmatisch" und „phänomenologisch" sind die Begriffe, die hier angebracht sind. Es spielt keine Rolle, ob man das, was tatsächlich „da ist", was man im der Realität beobachten kann, irgendwann einmal auf eine physikalisch-materielle-informationsbasierende Grundlage in einem Theoriegerüst stellen kann. Es spielt keine Rolle, denn nur die Auswirkungen auf das reale Leben sind das, was zählt. Vielleicht muss man ja nicht immer alles verstehen. Vielleicht reicht es ja, wenn man weiß, wie man es benutzen muss. Vielleicht reicht es, wenn man es auf einer anderen Ebene, auf einer Ebene der reinen Menschlichkeit benutzt und es auf eine nichtwissenschaftliche Weise versteht.

Philosophie hat immer viel mit Psychologie zu tun. Das bedeutet auch, dass das, was in unserem Kopf abläuft, maßgeblich daran beteiligt ist, wie wir die Welt sehen. Und hier haben wir mit Hellingers Erkenntnissen so etwas wie eine Art Philosophie, die eben genau von dieser Psychologie abstammt. Sie ist damit ein ganz anderer Weg als die von mir so sehr propagierte Naturphilosophie, welche sehr wohl den Anspruch erhebt, ganz ohne subjektive und daher psychologische Einflüsse auszukommen.

Diese Art des mystisch-pragmatischen Herangehens an die Zusammenhänge in der Welt wollte ich Ihnen als Leser mitgeben. Denn es kommt anscheinend oft nur auf Ursache und Wirkung und nicht auf die Erklärungen an.

Die vier Entitäten der Beziehung

Gerade haben wir bei Hellinger gesehen, welchen wesentlichen Stellenwert die Familie einnimmt. Jeder von uns stammt aus einer Herkunftsfamilie, um sich später durch sein eigenes Wirken eine eigene Gegenwartsfamilie zu schaffen. Die Gegenwartsfamilie beginnt mit einer Beziehung, einer Partnerschaft und findet, je nachdem, ihren „Höhepunkt" in einem Zuhause mit eigenen Kindern und einem ganzen Leben in Gemeinsamkeit. Egal, wie weit eine Beziehung führt und egal, wie intensiv sie gelebt wird, ihr Stellenwert ist immer klar. Wir Menschen sind ganz einfach dazu geschaffen, einen Partner zu suchen, um dann mit diesem Menschen zusammen unser Leben zu leben. Wir sind programmiert, uns eine Gegenwartsfamilie aufzubauen. Jeder von uns weiß im tiefsten Inneren, dass nur diese Form zu leben sinnvoll sein kann. - Das moderne Singletum ist nichts anderes als ein kranker Auswuchs unserer Zeit. Es widerspricht unserer menschlichen Natur. Die sogenannten modernen Menschen meinen, sie würden sich selbst einen Vorteil verschaffen, indem sie sich Möglichkeiten offen halten. Jedoch übersehen sie, dass sie sich so die Chance auf ein erfülltes Leben in einer gesund gewachsenen Gegenwartsfamilie verbauen. Das, wie sie leben, ist eine falsche, anarchische Freiheit, welche nur mit späterer Verbitterung und Exzentrik enden kann.

Wir haben in unserem Gehirn fest programmierte Strukturen, die für nichts anderes da sind, als dafür, sich (im heterosexuellen Fall) mit dem anderen Geschlecht und darin vorkommenden möglichen Partnern zu beschäftigen.

Haben wir keinen Partner, so kann unser Geist nicht anders, als sich andauernd mit der Suche nach einem Partner zu beschäftigen. Das kurze Lächeln der jungen und hübschen Frau an der Tankstelle (die aber eigentlich gar nicht unser Typ ist) oder nur der Gedanke an eine Frau, die wir irgendwann einem irgendwo gesehen haben, kann da schon ausreichen, um unser Denken an eine vermeintliche Möglichkeit zu einer Partnerschaft zu fixieren. - Unser Gehirn ist dazu geschaffen in einer Beziehung zu leben.

Niemals sollte dieser Wunsch mit dem Trieb nach Sex verwechselt werden. Der Wunsch nach Zweisamkeit und das Verlangen von Sex haben sehr wenig miteinander zu tun. – Den meisten Menschen ist dieser Unterschied nicht bewusst. Diese Menschen meinen, sie würden sich nach Sex sehnen, was aber nicht der Wirklichkeit entspricht. Auch wenn sie es nicht zugeben wollen, in Wirklichkeit sind sie auf der Suche nach einer Gegenwartsfamilie, nicht nach Sex.
Moderne Singles kompensieren beispielsweise ihren Drang nach Nähe und Geborgenheit über das ständige Suchen nach neuen Partnern. Sie begehen den Fehler, ihre Situation mit modernem Lifestyle zu verwechseln. Was sie als Freiheit und als besondere Lebensweise wahrnehmen, ist in Wirklichkeit ein ruheloses Rennen, um die fehlende Geborgenheit zu kompensieren und um nicht allein sein zu müssen.

Wir sind zur Paarbeziehung programmiert. Diese Programmierung ist so wesentlich, dass wir uns schlecht fühlen, wenn der Wunsch nach einer Partnerschaft nicht erfüllt wird. Müssen wir allein sein, weil es uns nicht gelingt, eine Partnerschaft zu finden, so sind wir unausgeglichen, ruhelos und irgendwann verbittert.
Die Mächtigkeit dieser Struktur unseres Selbst erleben wir zum Beispiel auch, wenn wir verliebt sind. Offensichtlich ist diese systemische Gehirnstruktur so mächtig, dass sie bei starker Erregung das gesamte Denken blockiert. Wenn wir verliebt sind, dann sind wir hin und wieder zu nichts zu gebrauchen. - Noch eindrucksvoller sind die Erlebnisse bei Liebeskummer. Haben Sie schon einmal Liebeskummer erlebt? Sind Sie schon einmal enttäuscht worden? – Dann wissen Sie über die Macht dieser Programmierung Bescheid. Es ist sehr

eindrucksvoll, ihre volle Wirkung in Form von Liebeskummer durchzumachen.

Die Partnerschaft ist für uns Menschen wesentlich. Sie ist wesentlich, weil wir von Natur aus dazu programmiert sind. – Das ist die Kernaussage dieser letzten Abschnitte in diesem Kapitel. Es lohnt sich also ein klein wenig mehr, über Partnerschaften nachzudenken.
Nachfolgend sehen Sie eine Theorie in Listenform. Ich nenne sie die „vier Entitäten der Beziehung". Es ist, anders als Maslows Pyramide, keine Theorie in Pyramidenform. Keiner der Einzelpunkte ist wichtiger als irgendein anderer; jeder Einzelpunkt ist gleichbedeutend und keiner baut auf dem Vorhandensein eines anderen auf. Jeder Punkt funktioniert sehr eigenständig und relativ unabhängig von den anderen.

Hier also die vier Entitäten:
1. Sexuelles
2. Nähe zu einem Menschen
3. Gegenwartsfamilie
4. Das Leben, Selbstverwirklichung zu zweit

1. Sexuelles

Die Sexualität entspringt nach dem freud'schen Modell der Psychoanalyse der Instanz „Es". Sexualität ist primitiv, alt, mächtig, ungeschliffen, plump und substanziell. Sie fordert nach unmittelbarer Befriedigung und duldet keine Aufschiebung. „Sexuelles" ist zum Beispiel, wenn man mit seinem Blick auf den schönen Rundungen des anderen Geschlechts schier kleben bleibt und man dann primitiverweise nur noch einen Gedanken im Kopf hat. Sex kennt keine Moral. Sex ist nicht gleich Nähe oder Partnerschaft oder Selbstverwirklichung. Sex ist so wie Essen und Trinken oder wie das Bedürfnis nach Schlaf. Sex ist triebgesteuert.

2. Nähe zu einem Menschen

Wir Menschen brauchen die Nähe. Mit Nähe ist zum Beispiel die Wärme eines anderen Menschen gemeint. Es geht darum, jemanden zu spüren, zu berühren, zu schmecken zu riechen und nahe bei ihm zu sein. Es geht um die Geborgenheit, den Schutz, die Anteilnahme. - Schon Tiere haben Freude daran zu kuscheln. - Das Bedürfnis nach Nähe ist also ebenso etwas sehr tief Verwurzeltes und daher Wesentliches für uns Menschen. Bekommt ein Mensch keine Nähe, so wird es ihm nicht gut gehen. Wir Menschen brauchen Nähe. Nähe ist nicht gleich Sex. Und interessanterweise ist der Wunsch nach Sex relativ unabhängig vom Wunsch nach Nähe. Kuscheln ist nicht gleich Sex. Sex ist aggressiv, Nähe ist warm. Beide haben wenig miteinander zu tun. Wenn jemand genügend Sex hat, heißt das noch lange nicht, dass er auf der Kuschelebene befriedigt ist.

3. *Gegenwartsfamilie*

Wir stammen aus unserer Herkunftsfamilie (Eltern, Geschwister, Großeltern, ...) und schaffen uns mit unserem Partner und durch und mit unserem Partner eine Gegenwartsfamilie. Diesen Partner suchen wir uns bewusst und selbst eigenständig aus.

Jeder von uns Menschen hat das dringende Verlangen nach einer Gegenwartsfamilie. Ist dieses Bedürfnis nicht stark entwickelt, so stimmt etwas nicht. Kinder haben dieses Bedürfnis allerdings noch nicht, oder sie besitzen es nur in unterschwelliger Form.

Sex ist nicht gleich Gegenwartsfamilie. Sexualität hat mit der Suche nach Partnerschaft, mit dem Schaffen eines Nestes oder mit dem Wunsch nach der Sicherheit und nach der Geborgenheit einer eigenen Familie absolut nichts zu tun. Dieses Detail wird oft übersehen und verwechselt. Die Menschen blicken in die Runde und sind selbst der Meinung, sie würden aufgrund ihrer sexuellen Begierden nach dem anderen Geschlecht Ausschau halten. In Wirklichkeit suchen sie aber nach Sicherheit und nach einem Menschen, an den sie sich anlehnen können. Sie suchen nach einem Ort, an den sie gehen können. Sie suchen nach einem Zuhause, da sie insgeheim wissen, dass sie das Elternhaus für immer verlassen haben und nun nicht wissen, wo ein, wo aus. Diese Suche ist die Suche nach der Gegenwartsfamilie.

4. Das Leben, Selbstverwirklichung zu zweit
Dieser letzte Punkt kann als Folge und höhere Ebene von den drei vorangegangenen Punkten gesehen werden. Wohl gilt aber dennoch, dass dieser letzte Punkt ebenso als eigenständige Entität, losgelöst von den anderen Entitäten funktioniert. Es geht um das menschliche Zusammenleben.
Wir verstehen uns mit einem Menschen. Wir lieben ihn, wir haben die gleichen Wünsche, Sehnsüchte und Hoffnungen. Wir passen mit einem Menschen gut zusammen und ergänzen uns gegenseitig. Wir können uns selbst in dieser Beziehung verwirklichen. Wir müssen in dieser Beziehung keine Abstriche machen, sondern beide Partner gewinnen durch die Beziehung etwas hinzu. Beide können sich für sich und für sich selbst und eigenständig als Subjekt verwirklichen und beide verwirklichen sich in der Beziehung.

Abschließend gibt es zu sagen, dass, auch wenn die vier Entitäten durchaus unabhängig voneinander „funktionieren", man nur durch die Erfüllung aller vier zu einem wahrhaft glücklichen Leben in einer Beziehung.
„Wenn zwei Menschen in einer Beziehung sind und bei beiden alle vier Entitäten passen, dann sollten die beiden besser bald heiraten." (...)

Abschluss dieses Kapitels
Und so schließen wir das Kapitel über Psychologie und Neurologie an dieser Stelle ab. Wir kennen jetzt ein paar psychoanalytische Ansätze über das Unbewusste, und wir sind auf einige damit verbundene Krankheitsmodelle zu sprechen gekommen. Wir haben gesehen, wie man mit Hilfe neuronaler Netze auf sehr elegante Weise die enorme Leistungsfähigkeit unseres Gehirns erklären kann. Daneben haben wir noch ein bisschen Neurophilosophie und Esoterik betrieben.

Als Fortsetzung kommen wir nun quasi zur Kombination aus Esoterik und Philosophie. Zur Theologie. Aber natürlich interessiert uns nicht nur das, was im Lehrbuch steht. Viel wichtiger erscheint im Rahmen dieses Buches der Bezug zur Naturphilosophie. - Nochmals zur Erinnerung: Die Naturphilosophie ist die Philosophie, die Gültigkeit haben muss, wenn die bekannten Naturgesetze Gültigkeit haben.

6 Religion, Theologie und Naturphilosophie

„Ich habe immer kurios gefunden, dass die meisten Naturwissenschaftler zwar behaupten, sie hätten mit der Religion nichts im Sinn, diese ihr Denken aber mehr beherrscht als das eines Geistlichen.“, Kitty Ferguson - Physikerin.

Es wird Ihnen bisher schon aufgefallen sein, dass viele der Texte in diesem Buch im Grunde religiöser Abstammung sind. Wir haben alle erkannt, dass Glaube nicht zu verwechseln ist mit der Frömmigkeit, jeden Sonntag in die Kirche zu gehen und fleißig seine Gebete aufzusagen. Glaube ist etwas, gegen das wir Menschen uns nicht einmal wehren können. Genauso wenig, wie es uns gelingen kann, unsere Sexualität auszuschalten, kann es uns gelingen, unser Bedürfnis nach Sinn, nach Erklärungen und nach einer höheren Ordnung abzustellen. Der Grund dafür liegt, wie wir bereits gesehen haben, in der Konstruktion unseres Körpers, unseres Nervensystems, unseres Gehirns. Ebenso wie Mechanismen zur Steuerung unserer Sexualität nun einmal vorhanden sind, so sind auch interagierende Hirnstrukturen vorhanden, die eine Art Drang nach Erklärung und höherer Ordnung hervorbringen.
Wir Menschen sind in dieser Beziehung alle gleich. Egal, ob man Europäer, Amerikaner oder Asiaten betrachtet, egal, ob arm oder reich, dumm oder intelligent, überall findet man Religiosität. Eine religionsfreie Zone gibt es nicht. Überall und zu jeder Zeit wollten die Menschen Antworten auf die Fragen nach unserem Ursprung, unserem Schicksal und dem Sinn. So kamen die Menschen zu allen Zeiten zum Glauben an übergeordnete Mächte.

Kommen wir als nächstes zur allgemeinen Definition von Religion: Unter dem Begriff „Religion“ versteht man eine Fülle historischer Erscheinungen, denen allen ein spezifischer Bezug zwischen einer Art von Göttlichkeit auf der einen Seite und dem Menschen auf der anderen Seite zugrunde liegt. Das auf dieser Grundlage aufgebaute Konstrukt ist mehr oder weniger stark strukturiert und umfasst Regeln für den Einzelnen und für die Gesellschaft als Ganzes. Die Beziehungen zur Kultur sind dementsprechend vielfältig. Religionen schaffen es, auf der grundsätzlichen Einigkeit ihrer Mitglieder über Fragen nach Themen wie dem Gottesbild oder der Ethik eine stark bindende Gemeinschaft zu erzeugen. Durch die in dieser Gemeinschaft geltenden Regeln und Pflichten wird der Zusammenhalt weiter verstärkt. Auffällig sind in allen Religionen auftretende Rituale, die meist keinen direkten praktischen Nutzen haben.

Der Begriff „Theologie" trägt hingegen eine ganz andere Definition: Als „Theologie" bezeichnet man die systematische Auslegung und Erforschung einer Religion. Auf diese Erforschung und Auslegung wird der Anspruch gelegt, dass sie mit wissenschaftlichen Methoden vorgenommen werden. Inhalte, Grundlagen und der geschichtliche Ursprung von Glaubensaussagen sollen in der Theologie überprüft werden. Theologie ist somit die Wissenschaft des religiösen Glaubens.
Heute nur noch an Priesterseminaren gelehrt, umfasst die universitäre Theologie folgende Fächer: Bibelwissen, Kirchengeschichte, die Geschichte der Theologie selbst, religiöse Rechtskunde und Ethik, die Geschichte der Ethik und des Rechts, Dogmatik (Systematik der fundamentalen Überlieferungen), Kirchenrecht, Liturgiegeschichte und Liturgie (also über das Abhalten von Gottesdiensten) und zuguterletzt die Religionspädagogik (Katechetik).

Der dritte Begriff aus der Überschrift dieses Kapitels, die Naturphilosophie beschäftigt sich, wie bereits mehrfach angedeutet, ganz allgemein mit den empirisch überprüfbaren Prinzipien, nach denen Vorgänge in der Welt ablaufen. Dabei gilt die Annahme eines einheitlichen Prinzips, dem diese Vorgänge und die gesamte Welt gehorchen. Naturphilosophie ist diejenige Philosophie, die gültig sein muss, wenn die uns bekannten Naturgesetze richtig sind.
Dieses grundsätzliche Vorgehen und diese grundsätzliche Einstellung innerhalb der Naturphilosophie haben weitreichende Konsequenzen. Denn mit diesen Annahmen wird die Wissenschaftsphilosophie an sich beendet. Die Kritik an der wissenschaftlichen Methodik entfällt. Die Naturphilosophie prüft also nicht mehr weiter die Grundlagen, nach denen man die Natur un-

tersucht, sondern sie konstruiert die philosophischen Auswirkungen der wissenschaftlichen Resultate.
Diese Umkehr der philosophischen Herangehensweise ist gleichermaßen furchtbar wie gefährlich. Denn wie wir bereits gesehen haben, waren wissenschaftliche Errungenschaften nur vor einer oft veränderten, und fast immer ganzheitlichen Sicht der Welt möglich. Lassen wir diese Sicht der Welt allerdings so wie sie schon ist, und beschäftigen wir uns nur mit den Auswirkungen dessen, was wir schon wissen, so werden Umbrüche und Neuerungen schwerer möglich. Umbrüche haben dann mehr mit Zufall zu tun als mit wirklichem, zielgerichtetem Fortschritt.

Das Problem mit der wissenschaftlichen Methode ist seit jeher, dass man grundsätzlich nicht sagen kann, ob man die Natur "als solche" untersucht, oder ob man nur den Teil der Natur untersucht, zu dem man prinzipiellen Zugang hat. Im Experiment beobachtet man immer nur bestimmte Erscheinungen und nicht die Welt an sich. Weiter bleibt immer die Frage offen, ob die letzten Mechanismen tatsächlich einer mathematisch-logischen Konsistenz folgen.
Diese Argumentation kennen wir schon: Können wir Menschen prinzipiell die Gesamtheit der Welt erforschen und verstehen, aus der wir selbst entstanden sind?

Die Naturphilosophie erhebt laut Definition den Anspruch, auf einer höheren Abstraktionsstufe zu arbeiten. Naturphilosophie bedeutet eine Rückführung auf allgemeinste Prinzipien. Die allgemeinsten Prinzipien werden als Metaphysik bezeichnet. – Also die Physik über der Physik. – Leider muss man aber vielerorts eine solche philosophische Betrachtung ablehnen, da sie zu häufig weder verifizier-, noch falsifizierbaren und damit unter wissenschaftlichen Gesichtspunkten sinnlosen Behauptungen führt. Wie wir wissen: Dort, wo das Wissen aufhört, beginnt der Glaube.

Beim Lesen von theologischer Literatur fällt vor allem eines auf: Die Autoren verwenden allesamt eine sehr polemische Sprache. Neben undurchschaubar komplizierten Sätzen mit vielen unverständlichen und genauso sinnlosen

Fachbegriffen findet man lasche und unpräzise Aussagen. Theologische Literatur zu lesen ist oft langweilig und mühselig, sowie zum Öfteren vollkommen überflüssig.
Genauso wie beispielsweise jedes Genre der bildenden Kunst seinen eigenen Stil prägt, so fällt auch die wissenschaftliche Literatur von Wissenschaftsbereich zu Wissenschaftsbereich unterschiedlich aus. Die Physiker schreiben anders als die Informatiker. Die Biologen schreiben anders als die Psychologen. Aber, so versichere ich Ihnen, die Theologen schreiben noch einmal ganz anders. – Offensichtlich stellen die so schwer greifbaren Inhalte eine derartig große Versuchung dar, sich in Pseudointellektualismus zu verstricken, dass Texte oft zur totalen Unverständlichkeit verdrillt werden.

Bisher haben wir uns mit klassischer Philosophie, mit Physik als reine Naturwissenschaft, mit Psychologie und grundsätzlich mit vielen unterschiedlichen Ideen beschäftigt, die alle mitunter davon handeln, wie sich unsere Denkschemen verändern können. Neue, andere und vielleicht bessere Ideen für das Denken waren und sind das Ziel. Schauen wir uns nun die Religionen als wohl älteste Erscheinungen des menschlichen Strebens nach Erklärung und Sinnhaftigkeit an.

Was ist Gott?

Wer hat sich schon einmal Gedanken über diesen Begriff gemacht? Ganz ehrlich. Haben Sie schon einmal darüber nachgedacht, was das Wort, was der Begriff „Gott" eigentlich bedeutet? Könnten Sie „Gott" definieren? Wie würden Sie erklären, was Gott ist? – Allein daran sieht man schon, wie gefährlich es ist, über Transzendentes zu diskutieren. Selten weiß man dann in der Diskussion, worüber man eigentlich gerade diskutiert. Wie wir schon gesehen haben, ist dies oft der Fall, wenn die Diskussionspartner die verwendeten Begriffe nicht klar definiert haben. Aber wie würde man „Gott" definieren?

Zuerst einmal ist der Begriff per Definition im Lexikon ein Sammelwort für alles, das „die empirisch überprüfbare und direkt erfahrbare Welt übersteigt".

„Irgendwo muss es ja einen Gott geben, weil alles kann man ja sowieso nicht erklären" – Ist eine gängige Aussage. Diese Aussage beantwortet aber noch lange nicht, was Gott ist. Dem Unbekannten einen Namen zu geben, ist weder eine Beschreibung noch eine Erklärung.

Eine weitere Definitionsweise lautet so, daß diese Mächte, diese Kräfte, diese Götter, so der Gedanke der an Gott Gläubigen, indirekten oder direkten Einfluss (der aber natürlich niemals überprüfbar ist) auf die erfahrbare Welt. An einen Gott zu glauben heißt hier per Definition, die Existenz und die Wirksamkeit einer solchen Macht anzunehmen und das eigene Leben auf die Akzeptanz dieser Macht hin entsprechend auszurichten.

Wenn man über diesen Zusammenhang nachdenkt, dann gelangt man allein dadurch schon auf eine ganze Menge Erkenntnisse: Sicherlich trifft diese allgemeine Erklärung schon aufgrund ihrer Allgemeinheit zu. An Gott zu glauben bedeutet hier, das eigene Leben auf diesen Glauben hin auszurichten. So möchte ich Ihnen, insofern Sie Sich selbst als gläubig bezeichnen, die folgende Frage stellen: - Sind Sie laut dieser Definition wirklich gläubig? Richten Sie ihr Leben nach der Akzeptanz einer höheren Macht und deren Einfluss aus?
Und bitte beachten Sie, Glaube an sich hat im ersten Sinne wenig mit den Konventionen und den Regeln innerhalb einer Religionsvereinigung zu tun. Der Glaube ist immer etwas Persönliches. Jeder muss immer für sich seinen eigenen Glauben finden. Es geht in der Definition nur um die Annahme der Existenz und die eigene Ausrichtung nach dieser Akzeptanz. (...)

Der zurückgedrängte Gott

Wir haben schon im einführenden Kapitel gesehen, dass alles darauf hindeutet, dass Gott durch die wissenschaftliche Erkenntnis immer weiter zurückgedrängt wird. Wir erinnern uns an das Beispiel des Urvolkes, das in einem Tal lebt und für alles, was es sich nicht erklären kann, einen übergeordneten Gott heranzieht. Das Wetter, die Sonne, der Tod, die Natur, das Leben, alles war Gott und Gott kontrollierte alles direkt. Nach und nach erkannte dieses Urvolk, dass Gott eben nicht für alles direkt verantwortlich war. Man kam auch auf andere Erklärungen. In der modernen Zeit ist dieses Zurückdrängen weiter fortgeschritten. Und seltsamerweise nicht nur auf die Art, dass wir uns technisch viel mehr erklären können, dass das Mysterium kleiner geworden ist, sondern auch aus dem Grund, dass die Menschen an sich anders geworden sind.

Da ich persönlich dieses Thema immer besonders interessant fand (ich bin neben einem Klosterhof im katholischen Oberbayern aufgewachsen), frage ich noch heute die Menschen nach ihrem Glauben und nach ihren Gedanken zu einer Art Gott und zu einem Schöpfer. Ich habe über die Jahre so viele unausgegorene Aussagen gehört, dass sich der Theologe in mir nur kopfschüttelnd abwenden kann. - Von „Ich weiß nicht, warum ich das glaube. Das glauben doch alle?“ bis zu „Das ist halt so!“ habe ich alles gehört.
Menschen bestreiten ihr Leben mit einer Philosophie, die sie sich in einer halben Stunde ausgedacht haben. Aber irgendwann stehen sie da, wissen nicht mehr weiter, machen Fehler, und diese Fehler gehen dann auf Kosten von anderen Menschen. Meine Überzeugung ist seit jeher, dass man ein Verständnis der Welt braucht, um gut leben zu können. Dieses Verständnis erreicht man nur, indem man Dinge in Frage stellt und nach dem Warum fragt. - Natürlich muss dies nicht zwingend etwas mit Religiosität zu tun haben, aber doch ist es die religiöse Grundorientierung mit all ihren Regeln und Werten, die für so viele Menschen die persönliche und grundlegende Philosophie und damit die wichtigste Orientierungsmöglichkeit darstellt. Nur durch Orientierung an einem Fixpunkt kann man sich zurechtfinden und präzise und nachhaltige Entscheidungen treffen.

Das Zurückdrängen der Religion zusammen mit den religiösen und damit kulturellen Werten in der heutigen Zeit hat aber noch einen anderen Grund. - Die Menschen müssen weniger nachdenken, weil das Leben an sich bequemer und sicherer geworden ist.
Wann denken wir nach? - Wir denken nach, wenn wir in Krisen stecken, wenn es auf dem normalen Weg nicht mehr weiter geht und wenn wir herausgefordert werden und handeln müssen. Und bitte, wo besteht in der heu-

tigen Zeit noch eine wahre Verpflichtung zum Handeln? In einer Welt, die sich gar nicht werteloser entwickeln könnte. Neben Billigbekleidungsfirmen, allgegenwärtiger Prägung durch Werbebotschaften, dem profanen Konsum und neben dem schrecklichen Einfluss von Privatfernsehen. In einer Welt, in der wir alle so etwas wie Freizeitstress haben. In einer Welt, in der wir nur entscheiden, ob das, was wir jetzt machen, schon gut genug ist oder ob es da nicht vielleicht etwas noch Besseres gibt. Wahre Entscheidungen, wahre Stellungnahme und wahre Größe sind in dieser Welt nicht mehr erforderlich. Die Menschen haben ihre Kanten verloren.

Es scheint tatsächlich so, dass wir danach leben, um die uns zur Verfügung stehende Lebenszeit möglichst effektiv zu nutzen. Die 80 Jahre, die wir für uns haben, leben wir für den Urlaub, das Auto, das Häuschen im Grünen und für den Erfolg im Job. Leben heißt heute: Das Meiste rausholen! Der Tod wird zur absoluten Begrenzung der persönlichen Möglichkeiten. – So kommt es, dass heute so gut wie kein Mensch mehr die geistige Erfüllung, die Muse oder Kontemplation als Sinn seines Lebens auswählt.

Im alten Griechenland war dies beispielsweise üblich! Damals galt es als intensivste und menschlichste Lebenserfahrung, wenn man sich geistig verwirklichte. - Heute gilt dies als Zeitverschwendung!
Aber ohne Innehalten, ohne das sich Besinnen gibt es keinerlei bewusste Auseinandersetzung mit dem persönlichen Leben an sich. Das Treten eines Hamsters in seinem Rad bringt den Hamster auch nicht weiter, egal, wie sehr er sich anstrengt. Ebenso hilft es ihm nicht, wenn er die Streben seines kleinen Plastikrades in seinem Käfig auch noch so genau betrachtet und auskundschaftet.

Es kommt nicht darauf an, ob es der Gott eines Christen, eines Hindus oder eines Moslems ist. Es kommt auf die Besinnung des Einzelnen an. In einer Zeit, in der Besinnung als Lebenszeitvergeudung gesehen wird, wo hat da die Religion mit all ihren Werten noch Platz? Wenn man den ganzen Tag ausschließlich damit beschäftigt ist, für sich alleine das meiste aus dem Leben herauszubekommen, ist es da noch verwunderlich, dass die allgemeine Moral bald schon darunter leidet?

2 Parabeln zum menschlichen Glauben

Folgende beiden Geschichten sind mir über die Jahre unter gekommen:

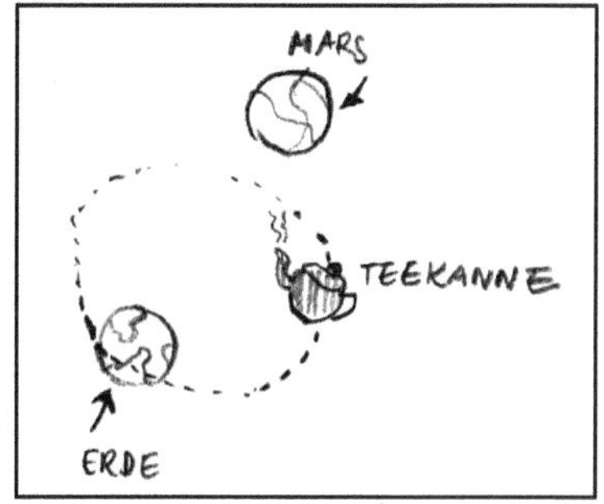

Man könnte behaupten dass zwischen der Erde und dem Mars eine porzellanere Teekanne kreist. Diese Teekanne wäre so klein, dass sie niemals mit auch nur irgendeinem auch noch so hochauflösenden Teleskop der Welt entdeckbar wäre.

Man könnte nun behaupten, dass, weil ja niemand beweisen kann, dass diese Teekanne existiert, auch niemand ihre Nichtexistenz beweisen könne. Man könnte also durchaus behaupten dass sie existiere. Niemand könne das Gegenteil beweisen.

Stellen wir uns aber nun vor, dass seit Jahrtausenden in Geschichten, in Schulen und Institutionen aus irgendeinem Grund die Existenz dieser Teekanne gelehrt wird. Dann würde, je nach der Zeit, jeder, der nicht an die Existenz der Teekanne glaubt, wahlweise zum Psychologen in Therapie oder zu einem Ketzergericht geschickt.

Und als Nächstes stellen wir uns zwei Freunde vor, die an eine wunderschöne Stelle in einem bis dahin unentdeckten Stück Urwald mit wunderschönen Blumen irgendwo auf der Welt gelangen. Der eine der beiden Freunde behauptet, dieses schöne Stück Land würde von einem Gärtner gepflegt, denn von alleine könne es nicht so perfekt geartet sein. Der andere Freund ist der Überzeugung, dass diese Schönheit von selbst entstanden sei und dass es keinen Gärtner gäbe. Die beiden streiten sich. Nach einiger Zeit einigen sie sich

darauf, dass man überprüfen müsse, ob es einen Gärtner gibt oder nicht. Die beiden stehen abwechselnd Wache und halten Ausschau nach jemandem, der kommt, um die vermeintliche Gartenanlage zu pflegen. Sie wachten mehrere Tage, ja Wochen, können aber niemanden entdecken. Es müsse einen Gärtner geben, so der eine der beiden Freunde. Also verfeinern die beiden ihre Untersuchungsmethoden und bauen Netze, einen elektrischen Stacheldraht und einen sensiblen Bewegungsmelder auf. Außerdem schicken sie ständig Wachhunde durch das Gelände. Sie sind sich einig, dass niemand unbemerkt die vermeintliche Gartenanlage betreten könne. Nun wachen sie wieder einige Wochen. Niemand macht sich bemerkbar. Die Bewegungsmelder schlagen ebenso wenig an wie die Hunde. Aber es müsse einen Gärtner geben, so der eine der beiden Freunde. Nur, so sagt er, müsse es eben eine Art Geist sein, jemand, der unbemerkt in diesen so stark gesicherten Garten eindringen kann, um ihn zu pflegen.
Und da bleibt die Frage, was der Unterschied wäre zwischen einem rein eingebildeten Gärtner und einem, den man niemals ausmachen oder entdecken kann?

Mystik

Als Mystik (griechisch: „Geheimlehre") wurden ursprünglich verschiedene Arten von Religionsströmungen verstanden, die eine religiöse Versenkung und Hingabe zu Gott zum Ziel hatten. Ziel des Mystikers ist die Vereinigung mit der Gottheit und der dazugehörigen Göttlichkeit. Dies zu erreichen wird versucht durch bestimmte Frömmigkeitsrituale wie Kontemplation (konzentriertes Nachdenken), Meditation, Askese oder rituelle und körperliche Handlungen. Der Mystiker sucht also nach einem Gott möglichst „nahen" Geisteszustand. Anders formuliert: Der Mystiker sucht nach einem spirituellen Geisteszustand.

Besonders interessant wird diese Vorliebe vor dem Hintergrund, dass ja offensichtlich alle Menschen durch den Aufbau ihrer Gehirne dazu tendieren, an eine höhere Macht zu glauben. Die Menschen scheinen den Glauben an eine sinnerzeugende Macht zu brauchen. Die Menschen neigen dazu (unabhängig von Intelligenz und Bildungsgrad) sich einer – irgendwo selbst ausgedachten – Macht unterzuordnen.
Auch in der heutigen Zeit ist es weit verbreitet, dass Menschen fromm in ihre Kirchen gehen, um dort zu beten. Das Beten erzeugt eine Kontemplation, die sie so vielleicht nicht oder nur äußerst selten verspüren. – Offensichtlich fühlt es sich für uns Menschen gut an, uns in Kontemplation und in Beschäftigung mit Transzendentem hinzugeben. Wir denken gern nach und versenken uns gern in unsere Gedanken.

In Hirnscan-Versuchen hat man herausgefunden, dass Menschen, die mystische, also gottnahe Erlebnisse haben, eine signifikante Änderung ihrer Hirnaktivitäten aufweisen. Man kann also empirisch zeigen, dass mystisches Empfinden die Abläufe in unserem Gehirn verändert. Diese Veränderung ist so massiv, dass man davon ausgehen kann, dass es sich um eine intensive Empfindung handelt. Und, wie alle intensiven Empfindungen (zum Beispiel Liebe, Hass, Hunger) muss auch diese besondere Macht über uns Menschen haben. – Wir Menschen haben also mystische Gehirne; oder zumindest Gehirne, die zur Mystik neigen.

So fördern alle Religionen dieser Welt die mystischen Empfindungen. Neben Regeln für das Zusammenleben, neben Lehren, Organisationen, Geschichten und vielem mehr schreibt jede Religion ziemlich genau vor, wie man Rituale ausführt, in welcher Weise man zu Beten hat und wie man sich in den Gedanken versenken soll. Die Vermutung liegt nahe, dass diese Parallele zwischen den Religionen auf der mystischen Tendenz unserer Gehirne beruht.

Interessant ist an dieser Stelle auch der Zusammenhang zur psychologischen Krankheitslehre. Betrachtet man zum Beispiel Zwangsneurotiker, so kann man feststellen, dass ihre Handlungen starke Ähnlichkeit mit religiösen Ritualen aufweisen. Bei beiden besteht eine Allmacht der Gedanken und der Symbolhandlungen.

Esoterik

Esoterik (vom griechischen Wort „esōterikós“ - „innerlich“) ist in der ursprünglichen Bedeutung des Begriffs eine für einen begrenzten „inneren“ Personenkreis bestimmte philosophische Lehre, im Gegensatz zur Exoterik, dem öffentlichem Wissen. Ursprünglich verstand man darunter den Hauptbestand des Lebenswerks von Aristoteles. Auch später wurde der Begriff im antiken Griechenland von anderen Schulen für die Lehren verwendet, die ausgewählte Schüler exklusiv erhalten durften. Folglich bezeichnete der Begriff eine elitäre Lehre.
Die ursprüngliche Bedeutung des Wortes wurde aber über die Jahrhunderte verändert. Mit Esoterik ist heute vielmehr das System eines mystischen, verworrenen, unklaren, geheimnisvollen und als absolut geltenden, höheren Wissens gemeint. Im Rahmen der „Esoterikwelle“ wird der Begriff seit den späten 1970er Jahren darüber hinaus in sehr freier Weise für ein breites Spektrum verschiedenartiger Lehren und Praktiken ganz unterschiedlichster Auffassungen von Vernunft gebraucht.

Menschen haben anscheinend ein bestimmtes Bedürfnis nach geheimnisvollen Kräften und Ordnungen. Auch wenn der Einzelne sicherlich in der realen Welt nicht allzu oft mit ihnen in Berührung kommt, so sind doch zum Beispiel zwei Drittel der Deutschen der Meinung, unheilbar Kranke sollten sich medizinischen Laien mit besonderen Heilkräften anvertrauen. Ebenfalls zwei Drittel glauben, dass Wasseradern und Erdstrahlen den Schlaf beeinträchtigen und dass sie mit Hilfe von Wünschelruten aufgespürt werden können. Die Hälfte der Bevölkerung glaubt, dass an der Astrologie „etwas dran“ sei, 20 Prozent plädieren tatsächlich für die Anerkennung „der Esoterik“ als Wissenschaft, etwa 10 Prozent versuchen sie selbst zu praktizieren (was auch immer das heißt). Nur 16 Prozent halten sie für Unsinn. 38 Prozent glauben an die Möglichkeit der Präkognition, 17 Prozent sind davon überzeugt, schon einmal gelebt zu haben, und 14 Prozent glauben an die Wirksamkeit magischer Rituale. Im Buchhandel macht die Sparte Esoterik 15 Prozent des gesamten Umsatzes aus. Der Umsatz der Esoterik-Szene in Deutschland insgesamt wird auf über 7 Milliarden Euro im Jahr geschätzt, wobei die Konsumenten zu rund 80 Prozent weiblich, die Produzenten hingegen vorwiegend männlich sind. Offensichtlich sind weibliche Gehirne anfälliger für Scharlatane und Schabernack, wobei dann aber Scharlatane und Schabernack vorwiegend männlicher Natur sind. Lustig ist außerdem, dass in Amerika mehr Leute vom Jedi-Glauben aus Star-Wars als von Jesus von Nazaret „angetan" sind.

Wie kann man sich aber nun erklären, dass in einer wissenschaftlich so aufgeklärten Zeit immer noch der Drang nach okkulten, parapsychischen und einfach nur geheimnisvollen und nicht gerade vernünftigen Erklärungen besteht? Warum gibt es so viele Menschen, die an Auren, an Shakren, an Handauflegen, an geheime Kräutertinkturen oder an Hexenzirkel glauben? Warum gibt es sowas heute noch? – Wir dachten doch, das Urvolk, das für alles Unerklärliche die höhere Macht benötigt, wäre verschwunden. Sollte es nicht viel überzeugender für die Leute sein, sich mit dem gesicherten Wissen der Welt zu beschäftigen? Dem Teil der Welt, zu dem man Zugang über die empirisch arbeitende und daher nachvollziehbar vernünftige Wissenschaft hat? Wieso beschäftigen sich die Menschen zuerst mit ungesicherten Dingen, wenn sie von den gesicherten Dingen noch keine Ahnung haben? Ich denke da zum Beispiel an eine duselige Hausfrau, die sich den ganzen Tag mit ihrem Horoskop beschäftigt, um sich dann mit ihren nicht minder duseligen Freundinnen (die auch alle wieder duselige Kinder mit sich herumzerren) über Aszendenten, Mondphasen und das große Haus des Jupiters zu unterhalten. Die selbe Frau setzt sich dann gegen den Bau eines Mobilfunk-Sendemasts irgendwo in ihrer Umgebung ein, „weil dieser ja strahlt". Davon, was Strahlung überhaupt ist und wie sie funktioniert, hat sie absolut keine Ahnung. Aber über das geheime Leben der Pflanzen oder die verschlüsselten Prophezeiungen der Wüste weiß sie alles. Auch Indianer und andere Urvölker findet sie gut. Ihre Regale sind voll pastellfarbener und leicht zu lesender Bücher. – Würde diese Frau ihr Hirn einschalten und anfangen, sich mit realen Zusammenhängen und nicht mit Schabernack zu beschäftigen, würden sich ihre Ansichten schnell verändern. Leider hat sie aber durch ihr eigenes Verschulden keinen Zugang zu Vernünftigem und gesichertem (reproduzierbarem) Wissen und so liest sie jene Bücher, die sie selbst bestätigen. Außerdem sammelt sie Steine, denn Steine haben „Kraft". Wenn man sie fragt, in welcher Weise die Steine ihr Leben verändern, dann weiß sie das auch nicht genau. - Steine sind Indizien für psychologische Auffälligkeit.

Ein an sich sehr einleuchtendes Argument aus den Reihen der Phänomenologen lautet in etwa so, dass die Wissenschaft nur einen Teil der Welt erfassen könne und daher unvollständig sein müsse. Der andere Teil sei durch die Wissenschaft (bedingt durch ihre Methoden) nicht erschließbar, doch existiere er aber. (Natürlich kann diese Existenz aber nicht bewiesen werden, denn sonst wäre sie ja empirisch erschließbar und dadurch wieder wissenschaftlich!) Dieser andere Teil, der ja für die esoterischen Frauen mit ihrem unstillbaren Verlangen nach Geheimnisvollem so viel interessanter als die wirkliche Welt ist, hat aber auch seine Gesetze, so die Esoteriker. Wie man diese Gesetze herausgefunden hat, kann selbstverständlich kein Esoteriker sagen, denn sie sind ja nicht empirisch erfahrbar. Dennoch werden sie aber formuliert, aufgeschrieben und machen jetzt 15 Prozent des deutschen Buchhandelsumsatzes aus! Die Leute lesen Dinge, die eine Welt, zu der man keinen direkten Zugang hat, auf irgendeine beliebige Art erklären. Die Vernunft ist ihnen relativ egal. Sie erfreuen sich darüber sich mit dem Ungewissen zu beschäftigen.

Nun, selbstverständlich gibt es Dinge, die sich der empirischen Wissenschaft entziehen. Dies kann begründet sein durch unzureichende technische Versuchsmethoden (zum Beispiel bei hohen Energien) oder durch prinzipielle physikalische Grenzen (zum Beispiel der Wellenlänge des Lichtes). Ebenso ist es aber auch durchaus möglich, dass die wissenschaftliche Methodik selbst Dinge in der Welt ausblendet. Wir denken an Hellinger oder zum Beispiel an Spontanheilungen in der Medizin. Spontanheilungen sind ein Paradebeispiel der Esoteriker, aber dennoch würde kein Wissenschaftler behaupten, dass dort irgendwelche „Geister" oder „Felder" am Werk sind. Hier passiert einfach irgendetwas, das sich unserem Verständnis noch entzieht. Zum einen tritt es zu selten ein, zum anderen konnten Mechanismen und Informations-

kanäle noch nicht hinreichend genau erforscht werden; deswegen können wir Spontanheilungen noch nicht erklären.
Oder denken wir beispielsweise an das bekannte Philosophie-Beispiel mit dem Staub hinter dem Schrank. Den Staub hinter dem Schrank kann ich nur vermuten. Solange ich den Schrank noch nicht verschoben habe, kann ich niemals mit absoluter Sicherheit sagen, ob überhaupt, und wenn, wie viel Staub dort hinter dem Schrank vorhanden ist. Die wissenschaftliche Theorie hat also systematische Lücken. Und so tappt man im Dunkeln. Aber das ist noch lange kein Grund, diejenigen Erklärungen als wahr anzusehen, die überhaupt keine sind.

Die unzureichenden und noch weißen Flecken auf der wissenschaftlichen Landkarte sind aber wohl nur zum Teil der Grund, warum es auch in der heutigen Zeit noch zu einem solch großen Interesse der Menschen an esoterischen Themen kommt.
Viel wahrscheinlicher scheint es, daß es die Komplexität der Wissenschaften ist. Wissenschaft ist kompliziert, befremdlich und schwierig und daher nicht jedermann gleich leicht zugänglich. Diese Tatsache führt dazu, dass die Menschen lieber Scharlatanerien nachgehen, als sich die Mühe zu machen, sich wirkliches Wissen anzueignen. – Wer schon eine Erklärung hat, der braucht keine mehr. Und wer schon an Horoskope und magische Geheimkräfte glaubt und diese für eine Erklärung hält, der braucht keine vernünftige Wissenschaftlichkeit mehr.
Wieso an einen, wie eine komplexe Maschine arbeitenden Geist glauben, wo sich doch die ganze Sache mit der von Gott gegebenen und unsterblichen Seele viel einfacher erklären lässt und sich nebenbei auch noch wärmer und schöner und weniger befremdlich anfühlt?

„Du gleichst dem Geist, den du begreifst", sagte schon Goethe. – Wir tendieren dazu, nur das zu erkennen, was wir schon kennen. Sind wir selbst einfach, wird auch die ganze Welt um uns herum einfach sein. Sind wir kompliziert, so werden wir selbst in einer komplizierten Welt leben. Fragt sich nur, wer von beiden die Welt kontrolliert? Der Einfache oder der Komplizierte?

Der Mensch hat sein Bedürfnis nach einer sakralisierten Welt. Wenn es die Wissenschaft ist, die dazu führt, dass Natur und Wirklichkeit zunehmend rational begriffen und somit „entzaubert" werden, dann kann man die Esoterik als die Gegenreaktion zu dieser befremdlichen Entzauberung verstehen. Die Entzauberung selbst ist es, die so vielen Menschen beängstigend und gleichermaßen befremdlich erscheint. Der Kosmos wird „entseelt"; dort, wo früher einmal Platz für einen personifizierten Sinn war, ist jetzt die kalte und rationale Stille der mathematischen Naturgesetze. Jemand, der zutiefst von der Existenz einer höheren Macht überzeugt ist, jemand, der mit der mystischen Seite seines Gehirns Gott vielleicht sogar schon „erfahren" hat, dem muss es als ein Sakrileg erscheinen, Gott mit Hilfe der Wissenschaft in der modernen Welt immer weiter zurück zu drängen und so eine neue und unpersönliche Sinngebung zu postulieren.

Wir dürfen niemals vergessen, dass Wissenschaft, Technik und modernes Denken die Welt für das Individuum in keinster Weise einfacher gemacht haben. Vielleicht haben die Neuerungen das Leben an sich bequemer und vielleicht sogar gesünder gemacht, aber einfacher ist es nicht geworden.

Und genauso steht es auch mit dem persönlichen Glauben. So sind althergebrachte Religionen nicht mehr zeitgemäß und ihre dogmatischen Aussagen heute schwer haltbar. Die wissenschaftlichen Aussagen sind dagegen befremdlich, und so suchen die Menschen nach neuen, nach zusätzlichen und nach alten, scheinbar vergessenen Erklärungen.

Der heutige Mensch ist desorientiert, verliert seine Selbstsicherheit und erwartet nun Antworten über sich selbst und über die Welt von anderer Stelle.

Religion in unserer Zeit

Merkwürdigerweise sind Gemeinschaften immer dann am stabilsten, wenn ihre Aufnahmebedingungen und auch ihre Zugehörigkeitsbedingungen hart sind. Dies scheint ein ganz fundamentales Prinzip von sozialen Organisationen zu sein. So gibt es in jeder Gruppe Rangordnungen, die nicht nur durch verbale oder körperliche Kämpfe, sondern auch durch rituelle Handlungen bestimmt sind. Etablierte Gruppen verlangen von ihren Bewerbern für den

Eintritt in die Gemeinschaft relativ sinnlose Aktionen wie etwa Mutproben oder ein Sich-Lächerlich-Machen. Auch wird der weitergehende Zusammenhalt innerhalb Gruppen ganz maßgeblich durch bestimmte Regeln und Rituale, an die sich alle Angehörigen der Gruppe halten müssen, gefördert. Gruppen lassen sich allgemein so definieren, dass ihre Mitglieder ein gewisses Zusammengehörigkeitsbewusstsein und ein Gefühl der Abgrenzung gegenüber Dritten besitzen. Ihr gemeinsames Handeln ist anhand gemeinsamer Ziele und Interessen ausgerichtet. Innerhalb einer jeden Gruppe herrschen also besondere Dynamiken, die den Erhalt und die Stabilität der Gruppe fördern.

Interessant ist, dass es überhaupt Gruppen gibt. Der Mensch wäre ebenso als reines Individuum denkbar, das zusammen mit anderen Individuen Aufgaben löst. Offensichtlich hat sich aber durch die evolutionäre Geschichte und durch die allgemeinen Vorteile der Sozialisation eine Art Streben hin zur Gruppe in den Bedürfnissen des Menschen eingenistet. Und so entspricht es nun der Natur, dass Menschen nach einem Miteinander suchen. Alles andere ist nicht natürlich. Jedes andere Verhalten ist nicht natürlich und kann als psychologische Abweichung betrachtet werden.

So kann man argumentieren, dass es wohl die konservativ-kategorische und harte Strukturiertheit des bei uns so verbreiteten Christentums war, die maßgeblich zu seiner Stabilität und zur weiten Verbreitung desselben beigetragen hat.
Man kann sich an dieser Stelle erneut die Frage stellen, was denn nun als erstes da war. Waren zuerst die harten Regeln innerhalb des Christentums vorhanden oder kamen diese Regeln erst innerhalb der Zeit mit dem Christentum auf? Tatsache ist, dass wir weltweit keine großen Gemeinschaften ohne strikte Regeln ausmachen können. Wahrscheinlich kamen die Regeln zusammen mit den Gemeinschaften. Gemeinschaften ohne harte Regeln sind dann, zumindest in ihrer wesentlichen Form, wieder von der Bildfläche verschwunden.

Vor diesem Hintergrund ist nun nachvollziehbar, warum auch die Kirche immer konservativ und hart argumentiert. Denn alles andere würde zu einer Schwächung der Gruppe führen. Eine Gruppe mit weichen und harmlosen Regeln, in der jeder tun kann, was er gerne tut, ist keine Gruppe mehr. Ihr Zusammenhalt zerbricht, löst sich auf und die Gruppe verliert ihre Macht. Die Religionsgemeinschaften versuchen das zu verhindern.
Und so wird auch klar, was die Zukunft der christlichen Vereinigungen in der heutigen Zeit sein wird. Denn da harte und konservative Regeln in der modernen und aufgeklärten Welt nicht mehr überzeugend und funktionstüchtig sind, werden der Zusammenhalt und die Stabilität der Kirche schwinden. Konservative und harte Regeln funktionieren nicht mehr, wenn sie der momentanen Zeit nicht mehr angemessen sind. Am Schluss wird nur noch ein dünner Schatten von wenigen Überzeugten übrig sein, welcher versucht, das Relikt Kirche in seiner sozialen und kulturellen Funktion am Leben zu erhalten.
Aussterben werden diese Organisationen allerdings nie. Der Grund dafür ist allerdings ein anderer: Die Kirchen haben es verstanden, sich über die Jahrhunderte in kapitalistischer Weise zu bereichern. Und so ist ihr Weiterbestehen gesichert. Denn dort, wo das Geld ist, ist immer auch Anhängerschaft und damit Macht.

Unsere Kultur war seit ihrem Bestehen geprägt von der religiösen und mystischen Neigung der Menschen. Und speziell in unseren Breiten in Europa ist es das Christentum, das 2000 Jahre maßgeblich an der Orientierung innerhalb unserer Gesellschaft beteiligt war. Egal, ob man persönlich die überlieferten Lehren und Gesetze gut oder schlecht findet, die Religion ist eine der ganz wesentlichen Grundlagen unserer Gesellschaft, unserer Werte, unserer Kultur und der Identität jeden Einzelnen von uns.
Um zu verstehen, wer wir sind, müssen wir verstehen, woher wir kommen. Wir müssen unsere Geschichte kennen. Und neben der soziologischen Geschichte gibt es auch eine Geschichte der geistigen Einstellungen, der mystischen Identitätsfindung, der ideellen Kulturlandschaft, wie sie maßgeblich durch die religiösen Überzeugungen in einer Region bestimmt sind.

Viele Menschen heutzutage sind der Meinung, dass das Thema Religion sie als Nicht-Gläubige nichts mehr angehen würde. Sie meinen, es wäre für ihr tägliches Leben egal, was Religionsvereinigungen an Grundsätzen von sich geben. Und sie irren sich.
Denn genauso, wie die Religionen in der Vergangenheit unsere Kultur mitbestimmt haben, so tun sie es noch heute, wenn auch nicht mehr in der Dominanz von früher. Auch wenn die Zahl der konservativ Gläubigen schwindet, so sind es doch immer noch ausreichend viele, um die propagierten Regeln, Einstellungen und Werte überallhin in die Gesellschaft fortzutragen. Genauso, wie intellektuelle Strömungen immer von kleinen elitären Gruppen ausgehen, um dann doch Verbreitung überall zu finden, so geschieht es auch in der Verbreitung der kulturellen Beeinflussung der Kirchen. Die Religionsgemeinschaften sind heutzutage präsent, wenngleich ihr Einfluss auch schwinden mag.

Gott in unserem Kopf

Wie wir bereits im Kapitel über Neurologie gesehen haben, wird Gott, egal ob es ihn wirklich gibt, immer auf irgendeine Art und Weise vom physischen Teil von uns (Und welchen Teil würde es ansonsten noch geben?) wahrgenommen.
Ebenso haben wir gesehen, dass wir Menschen mystisch veranlagte Gehirne haben. Unser Geist drängt nach Erklärungen, nach Sinn. Und unser Geist scheint auch nach dem Zustand zu streben, der sich am realsten anfühlt.
Wir haben gesehen, dass Sinn und Bedeutung nicht einfach eine Eigenschaft des Universums selbst sind, sondern dass beide als private und individuelle Erlebnisse jedes einzelnen Menschen angesehen werden müssen. Eine universelle Sinnhaftigkeit gibt es nicht, wir Menschen sind bedeutungsproduzierende Wesen. Und da der Sinn und die Bedeutungen, die Interpretationen und Erklärungen von den Menschen erdacht werden, ist nur nachvollziehbar, dass sie allesamt auch menschliche Züge haben. So kann man den menschlichen Drang, sich einen personifizierten Gott vorzustellen, verstehen.

Und wenn man nun weiter denkt als nur an einen einzelnen Menschen mit seiner einzelnen und ganz individuellen Interpretation, dann erschließt sich das religiöse Verlangen der Menschen hin zu religiösen Gemeinschaften. Denn auch wenn jeder einzelne Angehörige einer Gruppe seine eigene private Überzeugung, seinen eigenen privaten Sinn erdenkt, so werden die einzelnen privaten Gedanken sich innerhalb der gesamten Menschheit relativ ähnlich sein. Der Grund dafür ist, wie wir es bereits an anderen Stellen gesehen haben, dass die Menschen untereinander ähnliche Gehirne haben. Mein Gehirn ist im Aufbau dem meines Nachbarn ziemlich ähnlich. Folglich kann ich mich mit ihm unterhalten und ihm meine Probleme, meine Ideen und meine Beweggründe und Gedanken mitteilen. Wir sprechen dieselbe Sprache. Wir verstehen uns, weil unsere Gehirne ähnlich sind. Und genau durch diesen Zusammenhang folgt auch, dass die religiösen Überzeugungen aller Menschen in ihren Grundzügen ähnlich sind. Die Menschen besitzen ähnliche Gehirne und tendieren deshalb zu ähnlichen mystischen Interpretationen. Die Weltreligionen sind ähnlich, da wir Menschen allesamt auch ähnliche Gehirne haben. Diese Ähnlichkeit ist das, was die Menschen verbindet. Und gleiche Eigenschaften der Individuen sind die Grundvoraussetzung für die Bildung von Gruppen welche Individuen zu Gemeinschaften machen.

Gottesbeweise

Ein Gottesbeweis ist der Versuch, die Existenz von Gott mit Hilfe von empirischen Beobachtungen oder logischen Schlüssen zu beweisen oder zumindest Hinweise dafür zu finden. Gottesbeweise beziehen sich nicht notwendig auf einen

bestimmten Gott in einer bestimmten Religion, es geht um den Beweis etwas eigentlich Unbeweisbaren im Allgemeinen. Es wird eine sogenannte natürliche Religion bewiesen, die ohne irgendwelche Offenbarungselemente auskommen muss.

Grundgedanke aller Gottesbeweise ist die Auffassung, dass die Existenz Gottes nach den Regeln der Vernunft einsichtig sei. Liegt eine schlüssige Beweiskette auf dem Tisch, so kann man jedem Ungläubigen „beweisen", dass es einen Gott gibt und dass es nur vernünftig ist, an ihn zu glauben. Der Wunsch nach Bekehrung von Heiden war also maßgeblich, denn es hat sich in der Geschichte immer wieder gezeigt, dass sich durch politische Machtausübung selten Religiösitäten erzwingen lassen.
In der vorchristlichen Antike und im christlichen Mittelalter spielten Gottesbeweise für das Leben der Gläubigen zusätzlich noch eine andere Rolle. Die Existenz von Göttern, oder eines Gottes, stand damals meist nicht in Frage. Eine Diskussion und eine Beweisführung waren vor einem solchen Hintergrund überflüssig. Die theoretischen Überlegungen sollten bestehende Dogmen stützen und sie schützen. Gottesbeweise entsprachen den allgemeinen Forschungs- und Erklärungswunsch. Die Naivität der Menschen ist hier zwingend.

Das Dogma schlechthin unter den religiösen Menschen lautet: „Man soll an Gott glauben, weil Gott das so gesagt hat!" – Das klingt natürlich für einen mehr oder weniger Außenstehenden absolut lächerlich, aber denken Sie an das Beispiel mit der im Weltraum kreisenden Teekanne! Wir Menschen neigen allesamt dazu, uns Lehrmeinungen zu fügen. Unser Drang zu hinterfragen, Autoritäten zu hinterfragen, überliefertes und gewohntes Wissen zu hinterfragen, ist begrenzt. In der Tat ist die dogmatische Aussage „Weil es so ist!" eine der mächtigsten Erklärungen überhaupt.

Die Religionen allesamt bilden eine Art axiomatisches System. In einem solchen System definiert man, wie im einführenden Kapitel beschrieben, Axiome als unterste und gegeben angesehene Wahrheiten. Man baut dann, entsprechend den Regeln des logischen Schlussfolgerns, ein System an Zusammenhängen, Erklärungen und Voraussagen darauf auf. Durch Anwendung der Logik kann man ein widerspruchsfreies und konsistentes, also ein schlüssig zusammenhängendes System aus Axiomen ableiten.
Das Problem bei theologischen Systemen ist der Ursprung der Axiome. „Weil Gott das so gesagt hat!" impliziert ja schon die Existenz und die Allmächtig-

keit dieses Gottes. Die Frage danach woher Gott kommt oder warum er das gesagt hat, bleibt unbeantwortet. Seine Existenz ist daraus folglich nicht beweisbar. Axiome dieser Art sind Dogmen. Dogmen entziehen sich der empirischen Überprüfbarkeit.
Bei wissenschaftlichen Systemen sieht das anders aus. 1 + 1 = 2 kann jederzeit empirisch überprüft werden. Ebenso kann man jederzeit überprüfen, dass Steine nach unten fallen. – „Das ist so und wird auch immer so bleiben", kann sehr vernünftig und ziemlich gewiss behauptet werden. – Axiome der wissenschaftlichen Methodik kann man überprüfen. Dogmen, also die Axiome des religiös organisierten Glaubens, kann man nicht überprüfen. Man kann nur an sie glauben. Paradox werden dabei die Diskussionen innerhalb der Theologie, welche sich in wissenschaftlicher Weise mit Glaubensfragen auseinandersetzt.

Kommen wir aber nun zu den Gottesbeweisen an sich.

Der kausale Gottesbeweis

Der kausale Gottesbeweis funktioniert so, dass man behauptet, dass man zwingend annehmen müsse, dass allem, was im Universum existiert, eine Ursache zu Grunde liegt. Ursache und Wirkung können nicht bis in alle Ewigkeit in die Vergangenheit fortgesetzt werden. Existenz ist also von etwas, von einer ersten Ursache, abhängig.
Diese Idee kennen wir schon aus den Kapiteln 3 und aus Kapitel 4: Aristoteles nannte es den „unbewegten Beweger". Viele mittelalterliche Denker, unter ihnen auch Thomas von Aquin, waren der Meinung Argumente dafür liefern zu können, dass es sich bei diesem „unbewegten Beweger" um Gott selbst handelt.

Selbstverständlich bedeutet eine erste Ursache (wenn es sie überhaupt gegeben hat) noch lange nicht zwingend, dass sie dem ersten Eingreifen eines Gottes entspricht. Zwingend wäre nur eine erste Ursache als erste Ursache. Mit Gott muss das nicht zwingend etwas zu tun haben. Die Erklärung, wo also in

der Argumentation des kausalen Gottesbeweises der Beweis für einen Gott steckt, ist uns auch ein Thomas von Aquin schuldig geblieben.
Man kann natürlich ebenfalls nicht beweisen, dass die kausale Kette irgendwann abbricht. Genauso gut könnte sie bis in alle Ewigkeiten der Vergangenheit fortgesetzt sein und es hätte so niemals eine erste Ursache stattgefunden. - Und wer sagt überhaupt, dass Gott selbst keine Ursache hat?

Der ontologische Gottesbeweis

Ontologie ist der Teilbereich der Philosophie, der sich mit dem „Sein" an sich beschäftigt. Mit Existenz also. Ontologie kommt vom griechischen Wort für das "Seiende" („on" – „sein" und „logos" – „Lehre / Wort").
Die Existenz Gottes wird hier zuallererst einmal vollkommen vorausgesetzt. Gott wird dann also als der- oder dasjenige bezeichnet, was das größte Denkbare überhaupt ist – also worüber hinaus nichts Vollkommeneres gedacht werden kann. Die ontologische Argumentation besagt nun, dass noch vollkommener als ein gedachtes Wesen nur ein wirklich existierendes Wesen sein könne. Existenz ist vollkommener als Nichtexistenz, so die Verfechter dieser Art von Gottesbeweis. Und weil Gott das Vollkommenste ist, was es überhaupt gibt, ist damit seine Existenz zwingend. Das vollkommene Wesen "Gott" müsse also per Definition existieren.

Und man merkt schon, dass es mit dieser Ontologie vielleicht nicht so weit her sein kann. Was mich persönlich immer fasziniert, ist, dass angesehene und erwachsene Menschen sich mit solchen fundamentlosen Gedankengängen beschäftigen. - „Gibt es denn keine besseren Ideen?" Stellen Sie sich doch einmal vor, sie müssten einem solchen Ontologen mit Argumenten begegnen und versuchen, ihn von seiner Meinung abzubringen. Sie würden irgendwann relativ chancenlos aufgeben oder in einem Themawechsel Hilfe finden. Kant, Descartes, Hegel, Ayer, Anselm hätten sich ihrer Seriosität wegen besser mit etwas anderem beschäftigen sollen. Das Stichwort ist: Elfenbeinturm.

Der Kontingenzbeweis

Dass etwas existiert, ist nicht zwingend notwendig. Das Zufällige (Kontingente) verdankt seine Existenz etwas anderem. Dieses andere kann nicht aus demselben „Stoff" gemacht sein, es muss eine andere Form von „Sein" haben. Diese Abhängigkeitskette lässt sich nur dann überhaupt stabil erklären, wenn es ein aus sich heraus Seiendes gibt, von dem alles kontingent Seiende abhängig ist! Dieses absolut Seiende, oder anders ausgedrückt, das Absolute selbst, heißt Gott.

Natürlich setzt diese Argumentation die wiederum nicht beweisbare Grundannahme voraus, dass Existenz Kausalität fordert. Wir gelangen also wieder in die Nähe des kausalen Gottesbeweises. Trotzdem folgt dieser Beweis einer durchgängigen und bestechenden Logik.

Der teleologische Gottesbeweis

Gott muss sich die Welt ausgedacht haben, weil sie zielgerichtet auf Ordnung, Schönheit und Zweckmäßigkeit ist. Diese zweckhafte Ordnung ist nur damit erklärbar, dass ein Gott existiert, der die Welt, so wie sie ist, eingerichtet und vorausgeplant hat.

Es bleibt die Frage offen, ob die Welt wirklich so schön und zweckmäßig ist. Und falls sie zweckmäßig ist, muss sie dann auch einen Sinn in Form einer sinngebenden, übergeordneten Instanz haben? - Der Evolutionstheorie zufolge ist die (lebendige) Welt ja auch so, wie sie ist, allerdings ohne Ziel- und Zweckausrichtung und nur durch die Dynamik der stetigen Auslese!

Der kosmologische Beweis

Das Universum muss irgendwie eine Ursache außerhalb seiner selbst haben. Dies wäre ein guter Platz für einen Gott, egal, wie dieser auch aussehen möge.

Es geht dabei unter anderem wieder um die grandiose Unwahrscheinlichkeit der in unserem Universum vorliegenden Feinabstimmung der Naturkonstanten. Wären diese nur um eine Kleinigkeit anders eingestellt, als sie es sind, würde Leben, wie wir es kennen, nicht existieren. Es ist schon nahe liegend, bei dieser Tatsache an einen Schöpfer zu denken. - Jedoch haben wir in diesem Buch bereits das anthropische Prinzip kennen gelernt. Danach muss das Universum, in dem wir leben, so sein, wie es ist, weil es uns in jedem anderen Universum gar nicht geben würde. Das anthropische Prinzip wird aber oft als nicht-theologisch verstanden, da es „zirkulär" sei.

Soweit wollen wir es an dieser Stelle belassen. Bevor wir zu den großen Weltreligionen kommen, hier noch drei schöne Zitate:

Michail A. Bakunin 1871 in "Gott und der Staat":
„Wenn Gott existiert, ist der Mensch ein Sklave; der Mensch kann und soll aber frei sein: Folglich existiert Gott nicht."

Albert Einstein sagte 1929 in einem Interview:
„Wir befinden uns in der Lage eines kleinen Kindes, das in eine riesige Bibliothek eintritt, die mit vielen Büchern in verschiedenen Sprachen angefüllt ist. Das Kind weiß, dass jemand die Bücher geschrieben hat. Es weiß aber nicht, wie das geschah. Es versteht die Sprachen nicht, in der sie geschrieben wurden. Das Kind erahnt dunkel eine mysteriöse Ordnung in der Zusammenstellung der Bücher, weiß aber nicht, was es ist. Das ist nach meiner Meinung die Einstellung auch des intelligentesten Menschen gegenüber Gott. Wir sehen ein Universum, das wunderbar zusammengesetzt ist und bestimmten Gesetzen gehorcht, aber diese Gesetze verstehen wir nur andeutungsweise. Unser begrenzter Verstand kann die mysteriösen Kräfte, welche die Konstellationen bewegen, nicht fassen." (Zitiert nach D. Brian: Einstein – a life, Wiley 1996, S. 186)

Said Nursi 1952 in "Worte":
„Es gibt kein Dorf ohne einen Bürgermeister, keine Nadel ohne ihren Meister; sie kann nicht ohne einen Besitzer sein. Es gibt keinen Buchstaben ohne seinen Schreiber; das weißt du. Wie wäre es also möglich, dass dieses so wohlgeord-

nete Land ohne einen Herrscher wäre? Woher sollte all der Reichtum an kunst- und wertvollen Gütern kommen, so, als käme jede Stunde ein Zug aus dem Unsichtbaren?"

Westliche und fernöstliche Religion

Der große Unterschied zwischen der Religion in unseren europäischen Breiten und der Religion im fernen Osten ist dieser: Unsere Religion schreibt uns auf Strafe vor, was wir zu tun haben, die fernöstlichen Religionen sagen, was man tun muss, damit man sich selber findet.

Das Christentum ist eine sogenannte Offenbarungsreligion. Wir haben die 10 Gebote und diese wurden von Gott geschrieben. Sie sind zu befolgen. Wer sie nicht befolgt, kommt in die Hölle und nicht in den Himmel. Die Hölle ist schlecht und der Himmel ist gut. Außerdem haben wir die Erbsünde und sind auf ewig verdammt zu leiden und uns als Sünder zu unterwerfen. Jesus Christus trägt die Schuld der Welt, und wir müssen ihm folgen. Weil Gott der Allmächtige, der Himmel und nicht die Erde ist, weil der Himmel das Perfekte und das letzte Ziel und die endgültige Lösung für darstellt, versuchen wir in allem, was wir tun, dieses Heilige zu erreichen. In eigener Sache zu entscheiden ist unehrwürdig. Der Grundsatz der Offenbarungsreligion führt immer zum Letztendlichen, zum Unumgänglichen. Die Offenbarungsreligion ist auf vollendete Perfektion hin ausgerichtet. Alles andere als die Erlösung und das Perfekte und das Reine und das Gute und das Wahre und das Schöne ist nicht gut genug. Es wäre nichts anderes als ein Zwischenschritt und kann daher nicht als gut und nicht als ausreichend bewertet werden. Gut genug ist nichts, nur das Letztendliche. Wir in der christlichen Kulturlandschaft streben nach Perfektion und vollendeter Komposition und nach Unbeflecktheit, nach Sündenfreiheit und nach… weiß der Geier noch, nach was allem.

Diese Art der Religion ist, angewandt in ihrer vollen Konsequenz, eine Patentlösung zum Unglücklichsein. Schauen Sie sich um. Wo leben wir? Umgeben von Menschen, die immer weiter hastig und umtriebig nach immer mehr streben. Umgeben von Menschen, die sich schämen wenn es ihnen gut geht. Umgeben von Menschen, die nach einer Rechtfertigung suchen, wenn sie sich einmal ein paar Tage Urlaub gönnen. Umgeben von Menschen die niemals den Tag genießen können, sondern die sich schlecht und sündig fühlen, wenn sie sich nicht fromm und fleißig anstrengen für ihre Aufgabe, der sie sich immer pflichtbewusst unterordnen. Die Offenbarungsreligion hat uns eingeredet, dass man sich rechtfertigen muss, bevor es einem gut gehen kann. Sie hat uns gelehrt, dass wir eine Pflicht haben, immer erst zu leiden und uns selbst zu kasteien. In unseren Breiten müssen wir leiden und gleichzeitig müssen wir stetig weiter machen und dürfen nicht innehalten oder resignieren. Das Leid gehört zum Leben und das Leiden ist das Leben. Und genau darum machen wir weiter.

Warum denn eigentlich? Was ist falsch daran, sich gut zu fühlen? Was ist verkehrt an Tagträumerei und der dekadenten Hingabe zu Spaß und Lust? Wer würde behaupten, dass das eine richtiger sein kann als das andere? Und was wären die Argumente?

Der Gegensatz hierzu ist Asien. In Asien wird das anders gemacht. (Kleinere Randerscheinungen entsprechend ausgenommen.) Asien lebt eine pragmatische Religion. Dort gibt es Götter für Geschäftsmänner und Götter für das Geld. Es gibt Götter für das Glück im Spiel und daneben gibt es beispielsweise genauso Götter für Fruchtbarkeit im Falle, wenn sich eine junge Familie Kinder wünscht. Man geht dort in einen Tempel und spielt mit Holzklötzchen und zieht dann ein Zettel, auf dem das Horoskop steht. Tempel sind dort so etwas wie eine traditionsreiche Art der Kirmes. Voller tiefgründiger Kultur allerdings. Aber nicht gemacht, um in ehrfürchtiger Andacht die Rolle des untergeordneten Büßers einzunehmen, sondern gemacht, um ein Teil der hohen Macht selbst zu sein.
Ein Tempel in Asien ist bunt und schön, eine gotische Kathedrale hierzulande hingegen macht unseren Kindern Angst. Das eine lädt ein, das andere schüchtert ein. Genau am Vergleich dieser beiden Bauwerke kann man verstehen, wie genau unsere Religion funktioniert und warum sie schon vor sehr langer

Zeit angefangen hat, in der sich verändernden Zeit nicht mehr zu funktionieren.

Ein anderer sehr treffender Vergleich ist das Paradigma der stetigen Verbesserung. In Japan gibt es beispielsweise ein Vorgehen, das als „Kaizen" bezeichnet wird. Kaizen ist ein festgeschriebenes Vorgehen, das in industriellen Unternehmen zu einer stetigen Verbesserung führen soll. In Europa hat sich dieses Vorgehen in den letzten Jahren durchaus ebenso etabliert, jedoch wurde die Lehre der genauen Umsetzung aus Asien importiert. In Asien gibt es also den kulturellen Anspruch nach stetiger Verbesserung als eine Art Lebensauffassung.

Passend erscheint an dieser Stelle das Beispiel der chinesischen Schattenboxer. Schattenboxen ist etwas, dessen Reiz die absolute Perfektion ist. Man versucht diese zu erreichen, indem man über sehr lange Zeit immer und immer wieder übt. Schattenboxer üben über Jahre und Jahrzehnte. Der große Unterschied zur westlichen Auffassung besteht nun darin, dass man nicht versucht, einen bestimmten Stand an Können zu erreichen, um dann zu etwas Neuem weiterzugehen, sondern man versucht in einer einzigen Sache die absolute Präzision zu erreichen. Wichtig ist hierbei, dass nicht das Können selbst im Mittelpunkt steht, sondern vielmehr die stetige Verbesserung! Es ist nicht das Ziel selbst, sondern die Bewegung auf das Ziel hin, das zählt. Interessant erscheint dies ebenso, wenn man sich bewusst macht, dass es nach westlicher Auffassung irgendwann ziemlich langweilig wird, über Jahre immer und immer wieder dasselbe zu machen. Den Schattenboxern geht es jedoch nicht um die Tätigkeit selbst, sondern es geht ihnen um die stetige Verbesserung und um die absolute Perfektion. - Wahre Meisterschaft erreicht man nur über jahrelanges Üben.

Bei uns im Christlichen Europa ist die entsprechende Auffassung eine andere. Meisterliches Können und kontinuierliche Verbesserung gibt es bei uns auch, aber der Antrieb ist ein anderer. Der Antrieb heißt bei uns „Perfektionismus". Perfektionismus ist ein Resultat der Offenbarungsreligion. Man strebt auf die Vollendung zu, das Himmelreich immer im Visier. Der Weg ist eigentlich nur der Weg zum Ziel und nicht das Ziel selbst. Auf dem Weg Freude zu empfinden ist Sünde. Selbstaufopferung und Frömmigkeit sind Tugend. Der Christ lebt, um zu leiden, und deswegen macht er weiter.

Natürlich kann man im Rahmen eines Buches, wie es vor Ihnen liegt, das religiöse Geschehen insgesamt und jenes innerhalb der großen Weltreligionen nur am Rande anschneiden und die Zusammenhänge und Tatsachen lediglich oberflächlich erwähnen. Verzeihen Sie mir, wenn Sie bei einer der drei folgenden Passagen das Gefühl haben, dass etwas vergessen oder unzureichend gewürdigt wird. Es geht mir an dieser Stelle um einen kurzen Einblick in die organisierte Religiosität. Die Betrachtung dieser Erscheinungen scheint mir nach den im Alltag so häufigen Erwähnungen nur notwendig.

Das Christentum

Das Christentum ist mit 2,1 Milliarden Anhängern die größte Religion der Erde. Die dunklen Regionen in der Karte zeigen die Verbreitung.

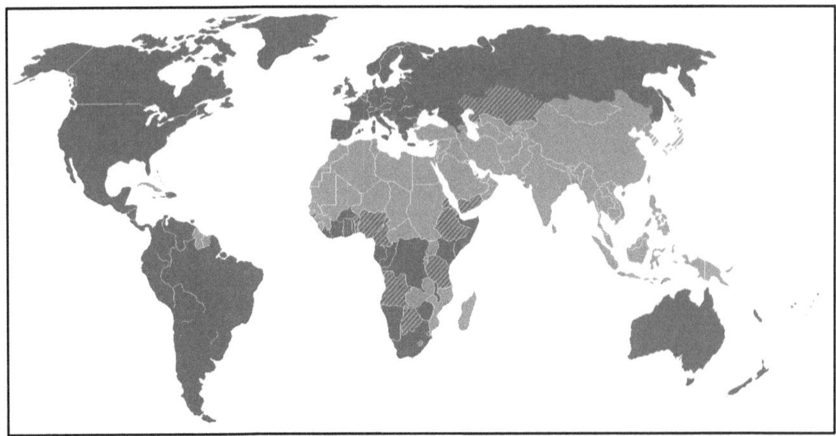

Natürlich weiß jeder Christ, was Christentum ist. Zumindest glaubt jeder Christ irgendwo zu wissen, was das Christentum ist. In der Tat gehen die

Vorstellungen da ja auseinander. So bietet es sich an, nochmals ein paar Absätze lang über ein paar Details des Christentums nachzudenken.
Wissen Sie zum Beispiel, warum Jesus als der König der Juden bezeichnet wird? Können Sie erklären, was denn nun eigentlich der Unterschied zwischen Judentum und Christentum ist? Wenn Jesus der König der Juden ist, sind dann alle Christen Juden? Haben Sie schon einmal darüber nachgedacht, warum das Christentum zu solch großer Macht und solch großer Bekanntheit gelangte? Reicht es als Erklärung hierfür aus zu behaupten, dass der Gott des Christentums der richtige Gott ist? - Und behauptet das nicht jeder Gläubige auf der ganzen Welt von seinem eigenen Gott? - Oder ist das Christentum so weit verbreitet, weil es an sich vielleicht eine so gute Idee ist, so gut, dass alle Leute, die davon hörten, sofort von dieser Idee begeistert sind. Wohlgemerkt, vor dem Christentum gab es noch gar keine Christen, weil es ja auch noch keinen Christus gab.

Nun, selbstverständlich gibt es hierzu noch sehr viel mehr Fragen. Doch alles, was ich mit diesen Sticheleien erreichen möchte, ist, dass jeder von uns eben alle Dinge, die ihm tagtäglich immer als so klar und gegeben erscheinen, zu jeder Zeit hinterfragen sollte.

Ich persönlich halte viel von dem Ausspruch: „Wenn jemand etwas nicht erklären kann, dann weiß er es nicht."
Selbstverständlich ist diese Aussage nicht vollkommen korrekt, denn natürlich gibt es so etwas wie unbewusstes Wissen und unbewusstes Können. – Wir können zum Beispiel Fahrradfahren, ohne uns dabei immer genau über alle im Gedächtnis gespeicherten Bewegungsabläufe und gelernten Zusammenhänge bewusst zu sein. Doch sind diese Fähigkeiten und dieses Wissen ohne Zweifel vorhanden, auch wenn wir beides nicht sprachlich erklären können.
Dennoch sollte man, entsprechend diesem Beispiel, auch bei jeder Kurve mit dem Fahrrad immer wieder aufs Neue fragen, ob man alles richtig macht und ob man nicht vielleicht dummerweise etwas Unvorteilhaftes aus purer Gewohntheit immer wieder tut.

Nun kurz zu den anfangs gestellten Fragen über das Christentum: Das Judentum hört im Groben da auf, wo das alte Testament endet. Dann kommt das Neue Testament und das handelt von Jesus. Christentum heißt Christentum, weil es auf den Lehren, die aus dem Leben von Christus, dem Messias, entstanden ist, aufbaut. Der Christus, den wir unter dem weltlichen Namen Jesus kennen, war der Sohn Gottes auf Erden, er war der Erlöser. Der menschliche Sohn Gottes ist das zentrale Symbol des Christentums.
Die Bibel umfasst das Alte sowie das Neue Testament. Das Alte Testament berichtet alles, was vor Christi Geburt war, wohingegen das neue Testament alles von Christi Leben und danach erzählt.
Interessant finde ich das Detail, dass unglaublich viele Christen die mir tagtäglich begegnen nicht wissen, dass der zentrale Inhalt ihres Glaubens die Aussagen aus dem Leben Jesu sind! – Sie wissen das nicht! – Irritierend ist es weiter, dass sich eine sehr große Zahl von Menschen als durchaus gläubige Christen bezeichnet, jedoch gleichzeitig wörtlich von sich gibt, dass sie ja vieles aus der Bibel glauben würden, das mit „dem Jesus" aber eher nicht! Nochmal: Die Leute bezeichnen sich als Christen und sagen gleichzeitig, dass sie das zentrale Element des Christentums als falsch erachten! - Wo kommen wir da hin, frage ich mich. Die Leute plappern und wissen gar nicht, wovon sie reden. (…)

Der Grund der großen und mächtigen Verbreitung des Christentums hat zum einen damit zu tun, dass das Christentum sehr aggressiv verbreitet wurde, zum anderen, und das ist viel wesentlicher, dass seine Lehre und seine Verbreitung einer zentralen Organisation folgte. Hinzu kommt offensichtlich die Tatsache, dass die Aussagen des Christentums in der Tat vielen Leuten als einleuchtende religiöse Idee erschienen sein müssen. Denn, so ehrlich müssen wir sein, irgendein abwegiger Blödsinn lässt sich auch mit Gewalt und guter Organisation nicht von England bis nach Afrika durchsetzen.
Wesentlich ist bei jeglicher gesellschaftlicher Durchdringung immer die zentrale und einheitliche Verwaltung. Das Christentum wurde von Rom in Italien aus verwaltet und mit Hilfe eines hierarchischen Systems organisiert verbreitet. Die beiden großen Weltreligionen, der Islam und das Christentum (um

nur die beiden mit Abstand größten zu nennen) haben beide eine zentrale Verwaltung. Dadurch wurde erreicht (und wird immer noch erreicht) dass die Lehren in einer festgeschriebenen und unverwaschenen Reinheit im gesamten Einflussbereich vorgetragen werden. Jede Splittergruppe wird bekannt und es wird diskutiert, wie mit ihr umzugehen ist. Entweder distanziert man sich oder die Splittergruppe wird vernichtet. Der eigentliche Glaube und die eigentliche Lehre bleiben gesichert unverändert. Solch eine Stabilität ist einzig und allein durch eine zentrale Verwaltung möglich. – Auch im Kontext der modernen Weltordnung und dem heute stetigen Streben nach umfassenden Individualismus jedes Einzelnen sollte man über diese Dynamik nachdenken.

Das Christentum entstand aus dem Judentum. Mit dem auch schon im Judentum gelebten Glauben an nur einen Gott ging man auch im Christentum von der Annahme aus, ein auserwähltes Volk und damit etwas Besonderes zu sein. Die Absichten und Regeln dieses einen Gottes zu befolgen, muss aus dieser Sichtweise das einzig richtige sein. In der Geschichte des Christentums wurde dieser Universalitätsanspruch mit einer nie da gewesenen Vehemenz im Denken vertreten und in der Wirklichkeit umgesetzt. Letztlich konnten ebenso wenig noch andere Philosophien akzeptiert werden. Mit steigender Machtausbreitung dieser Religion fand daher eine Abkehr von antiken Wissensbeständen statt. Die antike Bibliothekslandschaft dünnte aus. Bücher der Antike wurden im privaten wie im öffentlichen, nun von Klöstern beherrschten Bildungsbereich als zunehmend irrelevant angesehen. Gezielte Büchervernichtungen schufen zudem eine wachsende Distanz vom antiken Bildungsgut.

Auch hier ist es wie an zahlreichen anderen Orten in der Geschichte so gewesen, dass eine mächtige Überzeugung Überhand gewann und andere Überzeugungen verdrängte. Geht diese Verdrängung so weit, dass Geistesgut vernichtet wird, und hält diese Vernichtung und diese Verdrängung über mehrere Generationen an, so sind die neuen Überzeugungen für lange Zeit in den Köpfen der einzelnen Menschen als kulturelle Heimat eingebrannt. Die ganze Welt dieses Kulturkreises hat sich dann verändert. Durch das verloren gegan-

gene Wissen von früher wurde sogar die jeweilige Geschichte umgeschrieben. – Geht Wissen verloren, und so verändert sich die Geschichte!
Erst eine Lockerung in der Neuzeit, ausgelöst durch die neuen Denkansätze der modernen Wissenschaften, führte Abhilfe aus den dogmatischen Kulturlandschaften der Frühzeit. Die Menschen standen auf, erfanden das Leben neu, fingen an Dinge zu hinterfragen und schufen so die Grundlage für eine sich immer schneller entwickelnde Zeit. Das war die Zeit der Renaissance und damit das Ende des Mittelalters.

Die Überlieferungen der Jünger Jesu werden als Evangelien bezeichnet. Nicht jeder der Apostel (Petrus, Andreas, Jakobus der Ältere, Johannes, Philippus, Bartholomäus, Thomas, Matthäus, Jakobus der Jüngere, Judas Thaddäus, Simon, Judas, Matthias) schrieb die Worte Jesu und dessen Wirken auf. So gibt es nur Texte von Matthäus, Markus, Lukas und Johannes. Diese Texte kennen wir heute.
Das Johannesevangelium ist für die philosophisch-historischen Belange ein besonders interessantes Evangelium, denn es wurde auf Griechisch formuliert! Es beginnt mit einem Rückgriff auf das „Wort" als den Beginn aller Dinge. „Im Anfang war das Wort, und das Wort war bei Gott und Gott war das Wort", heißt es am Anfang des Johannesevangeliums.
Das konnte als Rückgriff auf die Schöpfungsgeschichte des Alten Testaments verstanden werden, in der Gott mit der Kraft seines Wortes die Welt schuf, jedoch konnte es genau so gut als Öffnung gegenüber der griechischen Philosophie verstanden werden, in der „Logos" nicht nur „Wort", sondern auch „Vernunft" bedeutet. - „Am Anfang war die Vernunft". Und damit könnte gemeint sein, dass am Anfang die grundlegenden Gesetze der Welt standen und dass aufbauend auf diesen Gesetzen alles entstanden ist. Die Vernunft selbst ist dabei selbstverständlich von Gott geschaffen. - Sprache hängt im Griechischen sehr eng mit Vernunft zusammen.

Wie jede Religion hält auch das Christentum die letztendliche Wahrheit in Händen. Papst Benedikt XVI behauptete sogar im September 2007 in Österreich, dass „Die Resignation der Wahrheit gegenüber" der Kern der Krise

Europas sei. Er meinte damit, dass der Zweifel an der offenbarten Wahrheit des Christentums der Kern des Übels in unserer Gesellschaft sei.
Modern ist diese Auffassung nicht. Aber schon immer war es so, dass Offenbarung ein „Totschlagargument" war. Leider kann damit jeder Glaube, aber auch jeglicher Unsinn begründet werden.

An diesem Punkt ist ein Witz recht passend: Ein frommer Jude trifft darin einen Skeptiker. Der Fromme: „Wie kannst du es wagen, an den Worten eines Rabbis zu zweifeln, dem Gott selbst sich jeden Freitag offenbart?" – Darauf der Skeptiker: „Woher weißt du, dass sich Gott ihm jeden Freitag offenbart?" - „Er hat es mir selbst erzählt?" – „Vielleicht hat er gelogen!" Darauf der Fromme: „Wird denn ein Mensch lügen, dem Gott sich offenbart?"

Die Vorstellung einer Offenbarung ist ein Erbe aus der Altsteinzeit. Damals machten die Schamanen die Erfahrung, mit Hilfe von Drogen, durch Tanz und Musik „außer sich" sein zu können; eine Erfahrung, die heute die Kids bereits in einem jeden Rockkonzert machen können. Was man dabei erlebt, ist nichts anderes als die natürliche Funktionsweise des Gehirns. Die Schamanen aber meinten (wie heute noch die fundamentalistischen Gläubigen) in der Ekstase dem Göttlichen besonders nahe zu sein, und dabei genau zu erfahren, was der göttliche Wille ist. „Gott möchte, dass ich Präsident werde", verkündete zum Beispiel George W. Bush vor seiner Wahl! Und selbstverständlich war es dementsprechend auch Gottes Wille, in den Irak einzumarschieren. Sowie es Gottes beziehungsweise Allahs Wille war, dass Osama Bin Laden die USA angreifen musste.

„Der Weg der Menschen sich vom dogmatisch offenbarten Glauben und seinen Lehren wegzubewegen ist steinig und hart." - So wagte es vor gut 300 Jahren Galileo Galilei, das damals für mehr als 2000 Jahre gültige Weltbild anzuzweifeln. Anders als seine Zeitgenossen frage er sich nicht, was die Lehrmeinungen waren und wie sie zu verstehen seien. Galileo beobachtete stattdessen die Natur. Er führte wissenschaftliche Untersuchungen durch und analysierte die Ergebnisse. Die herrschenden Meinungen waren ihm dabei relativ nebensächlich. Galileo sah durch sein Fernrohr Gebirge und Krater auf dem Mond, Unebenheiten, und er sah sogar auf der Sonne Flecken. „Das Universum ist also nicht vollkommen", so seine Worte. Und weiter berechnete er Bahnen von Planeten und Monden und kam so zur Bestätigung der Theorien von Nikolaus Kopernikus. Kopernikus hatte schon früher laut ausgesprochen, dass eben nicht die Erde der Mittelpunkt allen Seins und damit der Mittelpunkt des Universums sein könne, was ein krasser Widerspruch der Offenbarungen der Kirche war. Die katholische Kirche konnte solche Sakrilege nicht aushalten und verurteile Galileo 1633 als Ketzer und widerrief seine Lehren. (In der Tat ist es heute erst gut 15 Jahre her, dass Galileo wieder rehabilitiert wurde und seine Aussagen nun auch von der Kirche offiziell anerkannt sind.)

Für Wissenschaftler (und ich hoffe doch auch für den Leser dieses Buches) ist es selbstverständlich, alle Behauptungen und sich selbst immer und wieder in Frage zu stellen. Und dazu gehört auch der Glaube. Es gehört genauso mit dazu, auch den eigenen Glauben jederzeit immer wieder neu zu hinterfragen und neu zu bedenken. Wo würden wir hinkommen, wenn wir unseren Glauben nicht immer wieder in Frage stellen würden? Nun, dafür gibt es einen Namen: „Aberglaube".

Leider scheint sich die Erkenntnis, dass es möglich ist, mit Hilfe von Experimenten und logischen Folgerungen Aberglauben zu identifizieren, noch nicht bis nach Rom herumgesprochen zu haben. Schlimm ist es des Weiteren, dass es den Anschein hat, als würde in der heutigen Zeit das Extreme, und nicht das Vernünftige Gehör finden. So beachten wir im Alltag zum Beispiel mehr die Fundamentalisten, als wir die Vernünftigen beobachten!
Um bei diesem Beispiel zu bleiben: Was sind denn eigentlich Fundamentalisten? - Fundamentalisten sind jene, die fraglos glauben! Sie halten kompromisslos an ihren Überzeugungen fest. - Es bleibt die Frage, wie ein Mensch beschaffen sein muss, um fraglos glauben zu können. Kinder können zum Beispiel fraglos glauben. Kinder bis zum Alter von ungefähr zwei Jahren. (...)
Nehmen wir die Evolutionstheorie nach Darwin aus dem einleitenden Kapitel. Das Leben, wie wir es heute kennen, entstand aus Zufällen und aus Anpassung an die Natur. Für die heutige Kirche und ihr derzeitiges unfehlbares Oberhaupt Papst Benedikt XVI ist diese Vorstellung anscheinend unerträg-

lich. So sprach er bei seiner Amtseinführung: „Wir sind nicht das zufällige und sinnlose Produkt der Evolution. Jeder von uns ist die Frucht eines Gedankens Gottes."
Fundamentalisten nehmen die Schöpfungsgeschichte wörtlich. Und, so absurd es auch erscheint, sie finden auch in der heutigen Zeit immer noch Gehör. So schlug die hessische Kultusministerin, eine gelernte evangelische Religionslehrerin, in diesem Jahr vor, eine auf die Bibel bezogene „Schöpfungslehre" in den Biologieunterricht einzubauen. Nun, warum denn nicht auch gleich die Märchen der Gebrüder Grimm? Hier würden sich auch in einzigartigen Bildern menschliche Erfahrungen bis zurück in die Steinzeit beschrieben finden lassen.

Unser Gehirn funktioniert aber nun mal so, wie es funktioniert. Und anscheinend sind unsere Gehirne anfällig auf dogmatische Beeinflussungen wie die der Religionen. Einige Gehirne mehr, andere weniger. Einige Menschen haben es gelernt, auf fruchtbare Weise die Welt in Frage zu stellen, andere nicht. Und die, bei denen diese Entwicklung nicht ganz so gut geklappt hat, bei denen ist, wie man es so schön sagt, „Hopfen und Malz" verloren.
Es gibt da dieses schöne Sprichwort: „Erklären Sie einmal einem Blöden, dass er blöd ist." Der Witz ist, dass man es ihm nicht erklären kann. Denn würde er die Erklärung verstehen, könnte er sie prinzipiell verstehen, dann wäre er ja gar nicht so blöd. Das ist das anthropische Prinzip der Dummheit. Fundamentalisten müssen solche Leute sein. Sie müssen nicht generell dumm sein, aber sie sind, was bestimmte mentale Bereiche angeht, eben geistig sehr unflexibel. Denn wer schon eine Erklärung hat, der braucht keine mehr. Eine Eigenart, die sich uns allen oft in den Weg stellt. Und welcher Fundamentalist seine Wahrheit schon kennt, mit dem ist eine Diskussion zwecklos. Es ist sinnlos, mit einem radikal Gläubigen zu diskutieren, und genauso wenig fruchtbar wäre es, zu versuchen, den Papst in einem Streitgespräch von der Nichtexistenz Gottes zu überzeugen.
Jedoch müssen wir uns immer vor Augen halten, dass wir alle, jeder von uns, ebenfalls einen Teil Fundamentalismus in uns haben. Schon der Dichter Ephraim Lessing stellte fest: „Der Aberglaub', in dem wir aufwachsen, verliert, auch wenn wir ihn erkennen, darum doch seine Macht nicht über uns." Und

so kommt es, dass Menschen gläubig bleiben, auch wenn sie Gott weder gesehen noch erfahren haben. So bleiben Fundamentalisten Fundamentalisten, auch wenn sie Doktortitel in Naturwissenschaften haben. – Der Grund dafür, dass so etwas möglich ist, ist, dass unserem menschlichen Gehirn Widersprüche gänzlich egal sind!
Was lehrt uns aber die Kirche? Passend zum katholischen Glauben gibt es hierzu beispielsweise den strikt formulierten Katechismus in Buchform in jeder Buchhandlung zu kaufen. Ihn zu lesen ist auf jeden Fall die Zeit wert. Schauen Sie sich die folgenden Auszüge an, und stellen Sie fest, dass die grundlegenden Auffassungen und Regeln des Katholizismus eben gar nicht unpraktisch oder dumm oder zu wenig zeitgemäß sind:

Gebot der Liebe (Mt. 22, 37, 39): „Du sollst Deinen Nächsten lieben wie Dich selbst." – Lebe lieber miteinander als alleine.

Die goldene Regel (Mt. 7, 12): „Alles, was ihr von anderen erwartet, das tut auch ihnen." – Wir kennen das zum Beispiel auch als den „kategorischen Imperativ". Und der erschien mit Kant erst um 1750.

Daneben gibt es bestimmte Grundsätze in Listenform, die da wären:

Die drei göttlichen Tugenden:
1. Glaube
2. Hoffnung
3. Liebe

Die vier Kardinaltugenden:
1. Klugheit
2. Gerechtigkeit
3. Tapferkeit
4. Mäßigung

Die sieben Gaben des heiligen Geistes:
1. Weisheit
2. Einsicht
3. Rat
4. Stärke
5. Erkenntnis
6. Frömmigkeit
7. Gottesfurcht

Die zwölf Früchte des Heiligen Geistes:

1. Liebe	7. Langmut
2. Freude	8. Sanftmut
3. Friede	9. Treue
4. Geduld	10. Bescheidenheit
5. Freundlichkeit	11. Enthaltsamkeit
6. Güte	12. Keuschheit

Also, keine schlechte Sache, so eine katholische Religion. Bis auf Gabe Nummer 6 und 7 vielleicht. Auch die Früchte 11 und 12 sind heute eventuell ein wenig unpassend.

Kommen wir als Nächstes zur Kritik. Was stört denn eigentlich so viele Menschen an dem, wie die Kirche heute ist? - Die Kardinaltugenden können es wohl nicht sein. Die Forderung nach Nächstenliebe wohl auch nicht. Und ebenso wenig wird man sich durch die Männer in den schwarzen Kutten gestört fühlen, denn die tun ja wohl wirklich keinem weh. Was ist es dann?
Ich habe mir selbst die Mühe gemacht zu recherchieren und zu versuchen, herauszufinden, welches die härtesten Kritikpunkte an der katholischen Kirche zur jetzigen Zeit sind. Dabei hat sich über die Jahre Folgendes ergeben. Kritikpunkte meiner Gesprächspartner sind:

1. Die kriminelle Machenschaften von kirchlichen Organisationen selbst.
2. Die allgemeine Auffassung, dass die Lehren und die Organisationen sowie ihre Anhänger entsprechend der heutigen Zeit weltfremd sind.
3. Die Aussage „An Jesus kann man sowieso nicht glauben." steht im Raum. Die dogmatischen Glaubensgrundsätze sind anscheinend heute wenig überzeugend.
4. Der letzte Punkt ist der Ärger über die materielle Seite der christlichen Organisationen. Keiner sieht ein, warum die Kirche so viel Geld einfordert.

Unter dem Strich ergibt sich, dass die moderne Kirche hierzulande zwar an sich als eine feine Angelegenheit angesehen wird, sie jedoch in ihren Detailfunktionen das eigentliche Ziel absolut verfehlt. Die Menschen finden das Christentum gut, aber mit dem, wie es von den Organisationen umgesetzt wird, können nur noch wenige etwas anfangen. Hier sollten die Oberhäupter der Organisationen schnell einschreiten und handeln.

Ich bin mir bewusst, dass hier einiges durcheinander gerät. Christliche Organisationen, auch wenn sie derselben Dachorganisation angehören, sind von Unterorganisation zu Unterorganisation, von Vereinigung zu Vereinigun und von Land zu Land unterschiedlich. Die einzelnen Glaubensrichtungen des Christentums sind verschieden und den konservativen Anhängern ist es nicht recht, wenn man sie zusammen mit anderen über einen Kamm schert. Das Christentum besteht aus mehreren, zum Teil recht unterschiedlichen Religionsgruppen, die jedoch alle den substanziell gleichen Grundsätzen folgen. In den Auffassungen unterscheiden sie sich. Wir alle kennen die in Europa geschehenen Auseinandersetzungen zwischen Katholiken und Protestanten. Jedoch, so versichere ich Ihnen, sind die Probleme der Glaubensorganisationen in der heutigen Zeit nicht spezifisch, sondern sie finden sich generell bei allen Religionsgemeinschaften.

Bevor wir zum Islam kommen, soll das Judentum als weitere Religion nicht unerwähnt bleiben. Das Judentum gilt offiziell als eigenständige Weltreligion, wenngleich ihm nur circa 13,5 Millionen Menschen angehören. Dies hat historische Gründe. Nicht nur, dass Christentum und Islam sich vielfach auf die Überlieferungen des Judentums berufen, das Judentum war auch hinsichtlich seiner Verbreitung die erste Weltreligion.

Das Judentum findet seine Entstehung circa 2000 Jahre vor Christi Geburt. Nach den fünf Büchern Mose beginnt die Geschichte des Jüdischen Volkes mit dem Bund, den der Prophet Abraham mit Gott schließt (oder umgekehrt). Abraham gilt so als der Begründer des jüdischen Monotheismus. Damals lebende Juden leiden in der Sklaverei des babylonischen Pharao und werden

schließlich von seinem Sohn Moses nach Ägypten geführt und so befreit. Nach einer Offenbarung erhält Moses die 12 Gebote.
Das Judentum folgt dem Alten Testament bis zur Geburt Jesu. Die Auffassungen ab der Erscheinung eines Messias sind nicht Bestandteil der Jüdischen Überzeugungen. Die Grundzüge des Jüdischen Glaubens sind im Gegensatz zum Christentum nicht allgemein definiert und somit nicht dogmatisch. Dies gilt auch für die Existenz Gottes selbst. Das Judentum kennt keinen Katechismus. So entstanden im Laufe der Geschichte eine Reihe grundlegender Glaubensprinzipien, deren Einhaltung mehr oder weniger erwartet wird.

Das Judentum war über die Jahrtausende häufig religiösen, ideologischen sowie politischen Anfeindungen ausgesetzt. Als Grund dafür wird allgemein die unterschiedliche Lebensauffassung von Juden sowie der starke Zusammenhalt innerhalb der jüdischen Gemeinschaft nach außen hin gesehen.
Im Jahre 1934 wurden 17 Millionen jüdische Menschen auf der Welt gezählt. Sechs Millionen davon, mehr als ein Drittel, fielen dem Holocaust zum Opfer. Dies beschleunigte nach dem Zusammenbruch des Dritten Reichs die Umsetzung der zionistischen Bestrebungen und führte 1948 zur Gründung und internationalen Anerkennung des Staates Israel als jüdische Heimstätte. Massive Probleme gibt es bis heute.

Der Islam

Der Islam ist mit circa 1,3 Milliarden Anhängern die zweitgrößte Religion der Welt. Seine Anhänger bezeichnen sich im deutschsprachigen Raum als Muslime oder Moslems. Auf der Landkarte kann man seine weltweite Verbreitung erkennen.

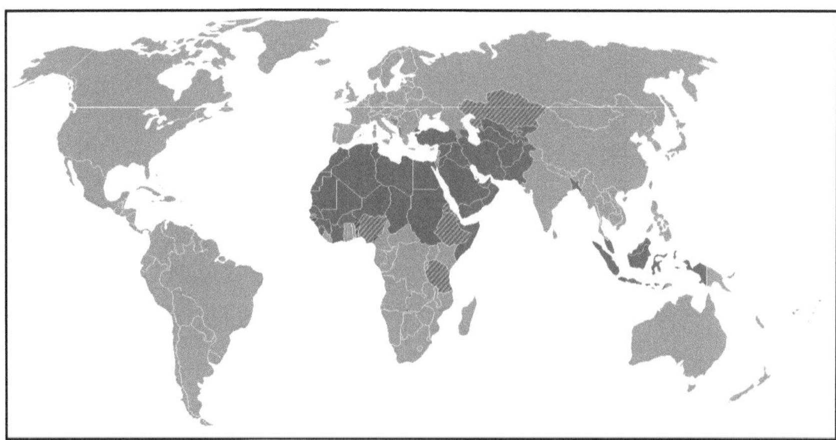

Das arabische Wort für „Gott“, „Gottheit“ ist „Allah“. - „Es gibt keinen Gott außer (dem einzigen, allmächtigen) Gott“. Das Wort Allah gilt in den arabischsprachigen Ländern sowohl den Christen als auch den Muslimen als das Wort für "Gott". In anderen Sprachräumen wird "Allah" teilweise als "Gott der Muslime" betrachtet - eine Ansicht, die von den Muslimen selbst nicht geteilt wird, da für sie jegliche Form eines Gottes dem Universums übergeordnet und somit auch von jeglicher religiösen, oder sonstigen menschlichen Gruppierung unabhängig, beziehungsweise für alle Menschen gleich ist.
Der Islam ist nicht allein eine Religion, sondern zugleich ein in sich geschlossenes rechtlich-politisches Wertesystem. Eine Trennung von Religion und Staat ist deshalb nach islamischem Verständnis nicht vorgesehen. Der Koran ist dementsprechend das zentrale Schriftstück von Kultur, Staat und Religion der islamischen Welt.

Der Prophet Mohammed (zu Deutsch „der Vielgelobte“) wurde um das Jahr 571 als Sohn eines Händlers im heutigen Saudi-Arabien geboren. Nach der

Überlieferung erschienen ihm im Alter von etwa 40 Jahren erstmals einige Visionen. In diesen Visionen begegnete er häufig dem Erzengel Gabriel, der ihm im Verlauf seines weiteren Lebens über Jahre hinweg die Verse der göttlichen Offenbarung diktierte. Mohammeds Offenbarungen wurden bereits zu Lebzeiten von den Kalifen (den regierenden Oberhäuptern) gesammelt. Diese Sammlung der Offenbarungen Mohammeds ist der Koran.
Die von Mohammed verkündete Botschaft eines kompromisslosen Monotheismus fand im polytheistischen Mekka jener Zeit wenige Anhänger. So befand sich die junge muslimische Gemeinde unter dem Druck und war letztendlich auf Wirken ihrer Gegner gezwungen, Mekka zu verlassen. Das Jahr, in dem die Auswanderung Mohammeds (im September 622) von Mekka nach Medina statt fand, ist Beginn der islamischen Zeitrechnung.

Im Islam gibt es sechs Glaubensartikel. Der Islamist glaubt an:

- Den einzigen Gott namens Allah.
- Die Engel Allahs.
- Seine Offenbarung durch die heilige Bücher wie die Tora, den Koran und andere.
- Seine Propheten; darunter Adam, Abraham, Moses, Jesus und Mohammed.
- Den Tag des jüngsten Gerichts und das Leben nach dem Tod: Der Mensch werde eines Tages für seine Taten zur Verantwortung gezogen und mit dem Höllenfeuer bestraft beziehungsweise mit dem Paradies belohnt.
- Die göttliche Vorsehung.

Man sieht also, dass Christentum und Islam in ihren Grundzügen nicht wirklich weit so auseinander liegen, wie man immer glauben möchte. Auch dass im Islam Jesus, Moses und der Erzengel Gabriel auftauchen, dürfte hierzulande vielen unbekannt sein.

Der Islam ist eine ausgeprägt monotheistische Religion. Sogar die im Christentum gelehrte Vorstellung der Dreifaltigkeit (Gott gleichzeitig als Vater, Sohn und als der heilige Geist) wird ausdrücklich abgelehnt, ebenso jede Personifizierung oder gar bildliche Darstellung Gottes. Die Menschen können über Gott nur wissen, was er ihnen selbst in seiner Gnade offenbart hat.

Die „Scharia" ist das islamische Recht, ein Religionsrecht also. Es umfasst alle Bereiche des Lebens und ordnet es nach göttlichen, unveränderbaren Regeln. Die konkrete Anwendung geschieht durch sogenannte „Fatwas", die so etwas sind wie religiöse Gutachten oder Lehrentscheidung, die von Religionsgelehrten (den „Muftis" – sie heißen wirklich so) aufgrund der Interpretation des Korans nach traditionellen Regeln getroffen werden.
Es gibt Fatwas aus allen Bereichen des Lebens. Ehe-, Kauf-, Vertrags- und Strafrecht; sowie die Beziehungen zu der nichtmuslimischen Welt werden geregelt. Die Scharia ist nach ihrem Selbstverständnis universal gültig und muss nach islamischem Verständnis weltweit durchgesetzt werden. Bestimmte Regeln zur Glaubensausübung, wie Gebet und Wallfahrt, sind jedoch nur für Muslime gültig. Dafür hat die islamische Rechtsprechung ein besonderes Fremdenrecht und ein Recht für Minderheiten entwickelt. Ein Großteil der Scharia muss nach dem Grundsatz von allen Muslimen, auch mit Gewalt, durchgesetzt werden.

Fernöstliche Religionen

In Asien gibt es mehrere Religionen, die allesamt einen signifikanten Unterschied zu unserer westlichen Auffassung bieten: Die asiatischen Religionen dienen der praktischen Selbstverwirklichung des Menschen, wohingegen die westlichen Religionen dogmatisch oktroyieren, wie man leben soll.

Im Rahmen dieses Abschnittes wollen wir uns stellvertretend zwei der in Asien am weitesten verbreiteten Religionen anschauen, den Hinduismus und den Buddhismus.

Derzeit gibt es weltweit circa 900 Millionen Hindus und circa 450 Millionen Buddhisten. Auf der Karte sieht man die zusammengefasste Verbreitung von Hinduismus und Buddhismus.

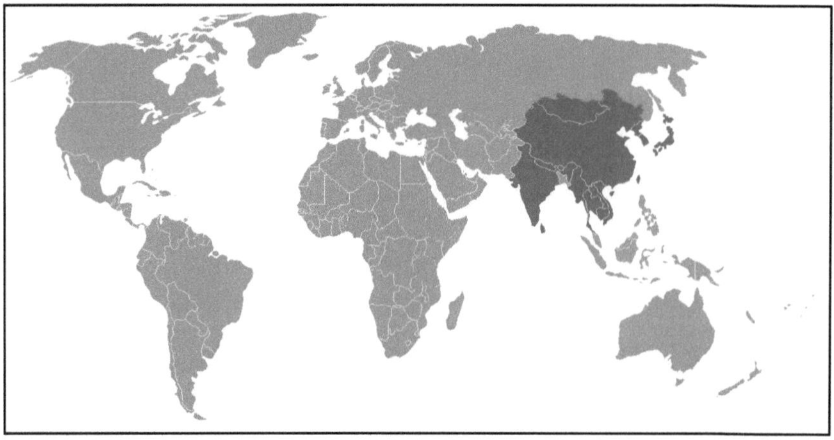

Hindus, sowie Buddhisten verstehen ihre Religion selbst auch als Lebensart. Sie fühlen sich, im Gegensatz zu Angehörigen westlicher Religionen, nicht zwangsläufig nur der, ihrer Religion folgenden Kultur verbunden. Der Grund dafür ist die Vielzahl der einzelnen Glaubensrichtungen im asiatischen Raum. Eine starre Isolierung und Abgrenzung der einzelnen Richtungen findet dort nur in sehr geringem Maße statt.

Kommen wir zuerst zum Hinduismus. Die ältesten heiligen Schriften des Hinduismus sind die sogenannten „Veden". Diese werden im Allgemeinen von allen Hindus anerkannt. Wo die Veden im Detail ihren Ursprung haben, kann niemand so genau beantworten. Sie sind sehr alt und stammen aus unterschiedlichen Quellen. So gibt es eine älteste „Schicht" innerhalb der Veden aus den Jahren um circa 1200 bis 900 vor Christus namens „Die vier Samhitas" (Hymnen). Daneben existieren die Brahmanas (Ritualtexte) aus der Zeit von circa 800 bis 600 vor Christus. Ebenso gibt es noch einige weitere Überlieferungen.

Aus der Entstehungsgeschichte (zum Teil aus Splittergruppen anderer Religionen) ergibt sich der Zustand, dass kein gemeinsames für alle Hindus gleichermaßen gültiges Glaubensbekenntnis existiert. Nur einzelne Richtungen gehen auf einen bestimmten Begründer zurück. Der Hinduismus ist daher eine Mischung aus unzähligen Kulten, Riten, Lehren und Praktiken. Die Lehren über spirituelle Belange und sogar die Gottesvorstellungen sind in den einzelnen Strömungen sehr verschieden, selbst die Ansichten über Leben, Tod und Erlösung stimmen nicht überein. Die meisten Gläubigen gehen jedoch davon aus, dass Leben und Tod ein sich ständig wiederholender Kreislauf sind, sie glauben an die Reinkarnation. Für den persönlichen Glauben haben religiöse Lehrer (sogenannte „Gurus") oft einen großen Stellenwert. Trotz aller Unterschiede können Hindus der verschiedenen Richtungen weitgehend gemeinsam feiern und beten, wenn auch ihre Theologie und Philosophie nicht übereinstimmt. „Einheit in der Vielfalt" ist eine oft verwendete Redewendung zur Selbstdefinition im modernen Hinduismus.

Soweit es um religiöse Vorstellungen geht, ist der Hinduismus weitgehend liberal. Jedoch gibt es strikte Regelungen welche soziale und rituelle Aspekte bis heute in drastischer Auswirkung betreffen.

Eine für westlich geprägte Bürger unmöglich anmutende Auffassung ist das sogenannte „Kastenwesen". Das Kastenwesen im eigentlichen Sinne ist insbesondere in Indien, auf Sri Lanka, in Nepal, auf Bali und bei den kurdischen Jesiden verbreitet.

Es gibt grundsätzlich vier Kasten, die die unterschiedlichen sozialen Rollen des einzelnen in der Gesellschaft und in der religiösen Ordnung angeben. Der Einzelne verbleibt sein Leben lang in der Kaste, in die er geboren wurde. Die oberste Kaste setzt sich zusammen aus den privilegierten Intellektuellen und den Priestern, die unterste Kaste sind die Tagelöhner. Darunter noch, also gewissermaßen außerhalb des Kastensystems, sind die sogenannten „Unberührbaren". Unberührbare sind die Bettler. Bettlern ist jeglicher Sozialstatus untersagt, sie sind auf Almosen angewiesen und übernehmen die absolut niedrigsten Tätigkeiten. Hindu ist derjenige, der in eine der vier Kasten hineingeboren wird. Kastenlose sind von daher per Definition keine Hindus.

Interessant ist in diesen Kulturräumen, dass die einzelnen Angehörigen der Kasten sich ihrer Rolle in dieser Ordnung fügen. Allgemein wird die persönliche Rolle akzeptiert. So ist der Unberührbare unberührbar und wartet auf seine Wiedergeburt in eine andere Kaste. Er leidet sein Leben lang an seiner schlechten sozialen Situation und fällt nicht in Gedanken an Ungerechtigkeit. Einzig ein tugendhaftes Leben führt nach dem Tod zur Wiedergeburt in einer höheren Kaste. Eine Lebensweise, die für westliche Überzeugungen schwer vorstellbar ist.

Heute sind diese strikten Kulturregeln zwar noch vorhanden, werden aber von Region zu Region zunehmend aufgeweicht. In den Städten ist heute vielerorts noch derjenige Hindu, der Hindu sein will. Auch hat man im größeren Stil damit begonnen, Nicht-Hindus durch Zeremonien in den religiösen Kreis aufzunehmen.

Nun zum Buddhismus. Die Buddhisten berufen sich auf die Lehren des Siddhartha Gautama, der gemäß der Überlieferung 563 vor Christi Geburt geboren wurde. Das Wort „Buddha" bedeutet wörtlich übersetzt „Erwachter", oft wird dies etwas unklar mit „Erleuchteter" übersetzt. Gemeint ist damit nach der buddhistischen Lehre eine fundamentale und befreiende Einsicht in die Grundbedingungen allen Lebens, aus der sich die Überwindung des leidhaften Daseins ergibt. Die buddhistische Praxis ist es nun, den Lehren Buddhas zu folgen um so zu „erwachen". Während der Buddhismus zu den Weltreligionen gezählt wird, gibt es insbesondere im Westen Buddhisten, die sich als solche nicht für Anhänger einer

Religion halten. Sie betrachten den Buddhismus als Weisheitslehre und Philosophie, die mit unterschiedlichen religiösen Bekenntnissen oder weltanschaulichen Überzeugungen vereinbar sei.
Der Überlieferung zufolge erlangte Siddhartha Gautama im Alter von 35 Jahren durch das Erlebnis des „Erwachens" eine Aufeinanderfolge von Erkenntnissen, die es ihm ermöglichten, die buddhistische Lehre zu formulieren. Im Alter von 29 Jahren wurde ihm bewusst, dass Reichtum und Luxus nicht die Grundlage für Glück sind. Er erkannte, dass Leid wie Altern, Krankheit, Tod und Schmerz untrennbar mit dem Leben verbunden ist, und suchte fortan nach Möglichkeiten, um die wahre Natur menschlichen Glücks zu finden. Nach Erreichen seiner Erkenntnis begann er mit deren Verbreitung, gewann die ersten Schüler und gründete die buddhistische Gemeinde. Bis zu seinem Tod im Alter von 80 Jahren, mit dem bei ihm nach buddhistischer Vorstellung das endgültige „Nirwana" eintrat, wanderte er lehrend durch Nordindien. Er stellte klar, dass er die Lehre nicht aufgrund göttlicher Offenbarung erhalten, sondern vielmehr durch eigene Kontemplation „erkannt" habe. Diese Erkenntnis sei jedem durch die von ihm vorgeschlagene Methodik zugänglich, welche jedoch nicht dogmatisch befolgen werden müsse. Im Gegenteil warnte er selbst vor blindem Autoritätsglauben und unterstrich die eigene Verantwortung.

Das Wort „Karma" bedeutet im Hinduismus sowie im Buddhismus soviel wie „die Tat, oder das Wirken" und bezeichnet damit die Folgen und Wirkungen von Handlungen und Gedanken auf den Akteur selbst. Jede Tat und jeder Gedanke entspricht dem Prinzip von Ursache und Wirkung. Karma bezieht sich auf alles Tun und Handeln sowie die nichtmateriellen Ebenen des Denkens und Fühlens. All das erzeugt entweder gutes oder schlechtes Karma, oder kann auch entsprechend neutral sein. Gutes wie schlechtes Karma erzeugt die Folge der Wiedergeburten. Höchstes Ziel ist es, diesem Kreislauf zu entkommen, indem kein Karma mehr erzeugt wird. Im Buddhismus wird dies als Eingang ins Nirwana bezeichnet. Nach den Lehren ist jedes Lebewesen einem endlosen Kreislauf von Geburt und Wiedergeburt unterworfen. Ziel ist es, durch „gutes" und tugendhaftes Verhalten, durch Meditation und durch das Streben nach Weisheit aus diesem Kreislauf herauszutreten um den

Zustand des Nirwana zu erreichen. Der Unterschied zum Hinduismus besteht darin, dass im Buddhismus kein Kastenwesen vorkommt. Ebenfalls sprechen Hindus nicht vom Nirwana.

Hinduismus und Buddhismus sind Mehrgötterglauben. Anders als im Christentum oder im Islam (wo nur an den einen und den wahren und den guten und den richtigen Gott geglaubt wird) ist es in ganz Asien üblich, an die unterschiedlichsten Götter zu glauben. Oft sind darunter auch sehr pragmatische Götter, wie zum Beispiel ein Gott für das Geld (an den man beten kann, wenn man gerne mehr Geld hätte) oder ein Gott für die Liebe (an den man beten kann, wenn man gern eine tolle Freundin hätte). Anstatt Kirchen gibt es in Asien Tempel. Der asiatische Tempel repräsentiert den Kosmos schlechthin. Im Tempel "berühren" sich die Welt der Götter und die Welt der Menschen. Im Gegensatz zu den westlichen Geboten ist der Tempelbesuch jedoch nicht obligatorisch. Es gibt fromme Gläubige, die nie oder selten in einen Tempel gehen. Wo man in Europa seine Demut im Gebet kundtut, spricht man in Asien durchaus pragmatische Wünsche aus.

Da es sich beim Hinduismus und beim Buddhismus um in sich selbst so unterschiedliche religiöse Traditionen handelt, gibt es auch keine zentrale Institution, die Autorität für alle hätte. Hier liegt der zentrale Unterschied zum Islam oder zum Christentum. Im Islam sowie im Christentum wird zentral definiert, organisiert und verteilt, was wie und in welcher Form gelehrt und umgesetzt werden soll.

Auffällig am Buddhismus ist seine Toleranz. Im Vergleich zu unseren westlichen Kulturverständnis scheint es so etwas wie eine Sünde schlichtweg nicht zu geben. Anders als wir im Westen es gewohnt sind, ist diese Religion nicht geprägt vom immerwährenden Schuldgefühl. In buddhistischen Ländern gibt es etwas derartig grundsätzlich Verurteilenswertes nicht. Keiner macht einem dort irgendwelche Vorwürfe, niemand will einem eine Lektion erteilen. - Darum fühlt man sich in diesen Ländern so wohl, und darum suchen dort so viele junge Reisende aus dem Westen die Freiheit. Der Buddhismus lässt einen in Frieden. Er verlangt nichts, fordert nichts und schreibt nichts vor. Des weiteren fehlt dem Buddhismus der Eroberungsdrang. Er kennt keinen missionarischen Eifer, er will nicht bekehren. Der Buddhismus lässt einen sein, wie man will. Er schreibt zwar vor, nichts Böses zu tun, aber keiner muss sich daran halten. Der Umgang mit der Schuld ist ausschließlich die Sache der Täter. Ihre nächste Reinkarnation ist dann eben weniger gut. Keiner ist bestrebt hier und jetzt Gerechtigkeit zu üben. Die allgemeine Gerechtigkeit geht einen nichts an. Deshalb ist auch Nächstenliebe keine moralische Pflicht. Im Gegenteil: Wer den Armen hilft, der hindert sie daran, sich vom schlechten Karma zu befreien. Wer sich um einen Aussätzigen kümmert, verhindert dessen Erlösung und das Ertragen von Leid und damit dessen günstigere Wiedergeburt. Wenn das Haus des Nachbarn in Brand gerät, so hat das bestimmt mit seinem früheren Leben zu tun. In der Natur herrscht keine Gerechtigkeit und dort wird auch keine Rechenschaft gefordert. Warum also sollte sie also bei den Menschen herrschen, die doch ebenfalls ein Teil der Natur sind?

Wenn man den Buddhismus ernst nimmt und ihn in seinen letzten Konsequenzen umsetzt, dann fordert er im Grunde das Gegenteil von bürgerlicher Gesellschaft und Fortschritts. Wenn alles vergänglich ist, wenn man dem Gesetz von Ursache und Wirkung nicht entrinnen kann und wenn der einzige Weg zur Erlösung darin besteht, Gleichmut gegenüber dem Leben zu erlangen, dann ist alles unbedeutend, alles sinnlos und alles müsste zum Stillstand gebracht werden. Der Buddhismus führt zu einer äußerst pessimistischen und gleichzeitig gelassenen Sicht der Dinge.

Wie sähe eine Gesellschaft aus, deren Mitglieder diese Gedanken konsequent weiterführen? Eine wahrhaft buddhistische Gesellschaft wäre unbeweglich und untätig. In der Praxis hat es eine solche Gesellschaft jedoch nie gegeben. Alle Gesellschaften mit dieser Religion haben weiterexistiert dank einer höchst toleranten Formel: Das Meditieren wurde an den Mönchen überlassen und die Leute sammelten Verdienste an und machten Schenkungen, mit denen sie die Klöster unterstützten. Die gewöhnlichen Sterblichen lebten weiter so gut sie konnten, während die Mönche ihnen all jene Tugenden vor Augen führten, die sie selbst noch nicht erworben hatten. Auf diese Weise herrschte ein Gleichgewicht, die Gesellschaft fuhr fort zu existieren und ließ den Pessimismus der reinen Lehre außer acht.

Gemeinsamkeiten der Weltreligionen

Man sollte sich den guten Vorsatz nehmen und versuchen, sich davon zu verabschieden zu denken, dass hier einer mehr Recht hat als der andere. – Wie wir gesehen haben, sind die großen Weltreligionen (und überhaupt alle Religionen) ziemlich ähnlich. Es gibt einen Gott, und dieser Gott gibt irgendwie den Sinn. Weiter soll man innerhalb jeder Religion gut miteinander umgehen und lieb zueinander sein. Die „Kinderfragen“ stellen sich bei allen Menschen auf allen Kontinenten gleichermaßen: Wo kommen wir her? Wo gehen wir hin? Was passiert mit uns wenn wir tot sind? Hat das alles einen Sinn? – Alle Menschen auf dieser Welt funktionieren ähnlich. Und daher haben auch alle Religionen signifikante Ähnlichkeiten. Mehr gibt es dazu groben Zügen nicht zu sagen.

Weil wir Menschen im Grunde alle gleich sind (oder zumindest ähnlich), gibt es auch keine Religion, die in ihren Grundzügen moralisch Schlechtes unterstützen würde. Es ist schlichtweg nicht möglich, Schlechtes als gut und Gutes als schlecht ineinander zu verkehren. So etwas kann es nicht geben, weil es der Natur des Menschen widersprechen würde.

Die kulturellen Erscheinungen sind freilich vielfältig, so vielfältig, wie die Welt nun mal ist. Und falls irgendwo wenig sinnvolle Splittergruppen innerhalb einer an sich sinnvollen Sache auftauchen, so ist dies doch für die Sache an sich bedeutungslos.
Wie könnte jemand behaupten, dass er die reine und die einzige Wahrheit gefunden hätte, wo doch sowieso alle Menschen ähnlich sind und die letzten Fragen uns aus Prinzip verschlossen bleiben?

So etwas zu behaupten hat einen Namen. Man nennt es „Fanatismus“. Fanatismus braucht keinen Gott, er braucht keine Zusammenhänge und er braucht keine Überzeugungen aus Logik. Fanatismus braucht einzig und allein kranke Gehirne.

Verabschieden Sie sich bitte auch ebenfalls von der heute üblichen und faszinierenden Meinung, dass es sich bei Fanatikern um „normale“ Menschen handelt. Wir hören von Attentätern, die intelligent sind und ein normales und unauffälliges Leben führen, bis sie dann eines Tages Flugzeuge zum Abstürzen bringen oder Menschen mit Bomben töten. Diese Menschen sind nicht „normal“, und sie waren es auch nie! Fanatiker sind in ihrer unvernünftigen Denkweise gefangen und finden in verkehrten Argumenten Antrieb und Rechtfertigung für ihre Verbrechen. Gesunde Persönlichkeiten tun so etwas nicht.

Machen wir uns an dieser Stelle eines bewusst: Intelligenz hat mit Vernunft herzlich wenig zu tun!

Jede einzelne Religion führt eine gewisse Arroganz gegen andere Religionen mit sich. Je stärker diese Arroganz ausgeprägt ist, desto stärker auch die Tendenz zu Fundamentalismus. Mit Vernunft und logischem Denken hat dies wenig zu tun.

Ein Verständnis der anderen Religionen ist in der heutigen Zeit wichtiger denn je. Wenn wir etwas Verstehen, es nachvollziehen können, wenn wir die Zusammenhänge von etwas kennen, dann fällt es uns leichter, dieses zu akzeptieren und zu respektieren. Dieser Respekt und diese Akzeptanz sind der Schlüssel zu einem harmonischen Gefüge für ein zukünftiges Zusammenleben. Denn in der modernen Welt der Globalisierung ist nicht nur das Zusammenleben mit Migranten im eigenen Land, sondern auch das Zurechtkommen mit anderen Kulturen im privaten wie im geschäftlichen Bereich zunehmend wichtig.

Innerhalb des Christentum, des Islam sowie der fernöstlichen Religionen muss das menschliche Elend nicht als überwindbare Randerscheinung der Menschheit angesehen werden, sondern vielmehr als Symptom einer tiefer greifenden Störung. Diese tiefer greifende Störung bedarf auch einer tiefer greifenden Therapie. Ein Hinwenden zu Gott und ein Folgen des Göttlichen ist nach dem religiösen Verständnis der Weg aus dem Elend.

Augustinus - Liebe und tu, was du willst

Der große Kirchenvater Augustinus lebte um das Jahr 400 nach Christus in Afrika, Deutschland und in Italien. Seine Philosophie enthält von Platon stammende, jedoch im christlichen Sinn modifizierte Elemente. Hierzu gehören insbesondere die Zweiteilung der Wirklichkeit zwischen der höheren Welt des Seins, die nur dem Denken zugänglich ist, und der niederen Welt des Werdens, die den Sinnen zugänglich ist. Nach Augustinus war der Ausdruck dieser Dualität die dem Menschen innewohnende Spannung zwischen dem Leib und der Seele. Augustinus bezeichnete dies schon zu seiner Zeit als „Dualismus".

Augustinus war einer der einflussreichsten Theologen und Philosophen in der christlichen Spätantike und hat mit seinen Lehren die geistige Kultur des Abendlands, und damit auch das Abendland selbst, stark geprägt. Auch die theologischen Schriften des heutigen Papstes, Benedikt XVI., sind wesentlich von seiner Lehre durchdrungen.

Augustinus lebte als Sohn einer Beamtenfamilie ein Leben, in dem es ihm an nichts fehlte. Er war nicht christlich erzogen und wurde erst spät getauft. (das Christentum war damals noch eine relativ neue und noch nicht sehr verbreitete Religion.) Seine religiöse Bekehrung fand er in einem mystischen Erlebnis mit einer Kinderstimme, die ihm laut Überlieferung gesagt haben soll, er solle besser lesen und nicht „fressen und saufen". Ab diesem Erlebnis widmete sich Augustinus vollständig zum einen den kontemplativen Tätigkeiten im Sinne seiner neuen Religion, und zum anderen der Bildung, sowie der Bekehrung seiner Mitmenschen. Er wanderte nach Mailand und nach Rom und schaffte es, eine eigene Universität zu gründen.

Man weiß nicht wirklich genau, warum das Leben dieses Mannes so einflussreich war. Die Kirche versteckt dies natürlich hinter der Argumentation, dass

seine Lehren etwas Besonderes gewesen waren und es noch sind. Aber natürlich müssen auch Lehren effektiv verbreitet werden. (Sogar Jesus legte sich 12 Jünger zu, die nichts anderes taten als los zu ziehen, um in allen Sprachen das von ihm Gesagte weiterzutragen.) – Offenbar gelang es Augustinus mit dem Erschaffen seiner universitären Organisation, viele Geister mitzureißen und seine Überzeugungen in Form einer Lehre effektiv unter die Bürgerschaften zu bringen. Das genau ist dann der Grund, warum er zu so hohem Ansehen in der Kirche gefunden hat. Augustinus selbst war eine der Personen aus den Anfängen, die die Kirchengemeinde der Christen groß und stark gemacht haben. „Ihm sei Dank", so die Kirche.
Zur Philosophie von Augustinus gibt es nun ein paar Dinge, die man im Sinne der Allgemeinbildung wissen sollte. Zuallererst kommt der bekannte Ausspruch:

„Liebe, und tu, was du willst."

Aber wie immer ist auch in diesem Fall diese einzelne bekannte Aussage nur ein Teil von einem ganzen Schaffenswerk einer Person. So wie zum Beispiel ein bekannter und im Radio oft gespielter Musiktitel nur ein Teil eines künstlerischen Werdegangs eines Musikers oder einer Band ist, so ist auch dieser Satz nur ein kleiner Teil eines ganzen strukturierten Systems einer philosophisch-theologischen Weltauffassung. Ebenso, wie es schade ist, nur einzelne Songs herauszupicken, ist es auch verkehrt, nur einzelne Aussagen ohne den Kontext zu betrachten. Damit beraubt man sie ihrem Verständnis.

„Liebe, und tu, was du willst" ist eine ganz besonders schöne Aussage. Wenn sie nicht die schönste Aussage in der westlichen Religion überhaupt ist. In der Tat hatte diese Aussage für sich allein, ohne den Kontext, einen sehr mächtigen Einfluss überall auf der Welt. Sie ist sehr bekannt.
Wie wir weiter oben gehört haben, ist die christliche Religion mit ihrer Ausrichtung entsprechend einer Offenbarung ein stetiges Diktat der Kirche über ihre Anhänger. Augustinus hat dies, zumindest in Form einer subtil-pragmatischen Art und Weise, durchbrochen.
Mit seinem Satz „Liebe, und tu, was du willst" behauptet er, dass, wer die wahre Liebe in sich trägt, vollkommen frei und unbekümmert das tun könne,

was er gerade wolle. Denn, so Augustinus, es könne nichts passieren, Sünden könnten gar nicht begangen werden, denn die Liebe, die wahre Liebe, lasse den Einzelnen sowieso nur das tun, was im Sinne Gottes geboten ist. Die Einhaltung der Gebote Gottes erfolgt also quasi über ein Hintertürchen. Denn man fängt durch die wahre Liebe an, sich an die Gebote zu halten, eben weil man gar nicht mehr auf den Gedanken kommt, sich einmal nicht daran halten zu wollen. Dies führt zu einer ganz interessante Form von Gesetzestreue. Bürger, welche einer bestimmten Charakterideologie entsprechen, müssen sich nicht ständig vor dem Gesetz in Acht nehmen, sondern können ganz unbekümmert leben, eben weil sie aufgrund ihrer Persönlichkeit die herrschenden Gesetze sowieso nicht übertreten wollen und auch nicht würden. Das bedeutet, dass ein solcher Mensch frei ist. Ein solcher Mensch obliegt natürlich demselben Diktat wie alle anderen Bürger, aber doch würde er sich nicht in seiner Freiheit eingeschränkt fühlen. Er würde nur genau so sein, wie er ist, und daher genau das tun, und auch nur das wollen, was ihm sowieso entspricht. Ebenso wie wir Menschen zum Beispiel auch unsere Unfähigkeit zu fliegen oder uns unsichtbar machen zu können nicht als Beraubung unserer Freiheit ansehen, würde auch ein Mensch, der nur ein Streben im Sinne der Liebe hegt, die 10 Gebote nicht als Einbuße empfinden. - Gute Menschen brauchen keine Gesetze, so die Theorie.

Was Augustinus somit geschafft hat, war es, die harte Offenbarungsreligion, welche aufbaut auf so kategorischen Regeln (mit früher harten gesellschaftlichen Strafen) und konservativer Wertetreue und Wertepflicht, zu vereinen mit einem leicht zu ertragenden und wunderschön anmutenden Freiheitsbegriff und einer universellen Aufforderung zur Selbstverwirklichung. Seine Ideen waren es, die den Menschen im christlichen Kulturraum eine Philosophie gaben, die nicht auf Strafe, sondern auf der Person und ihrer individuellen Selbsterkenntnis und Selbstverwirklichung aufbaute.

Kein Wunder, dass seine Lehren und seine Schule und sein Name so groß und so bekannt wurden. In der Tat war es „Liebe, und tu, was du willst", das ihm solch großen Ruhm durch solch große, hervorgerufene Veränderungen einbrachte.

Um das Thema abzurunden, möchte ich Ihnen noch ein paar andere Details Augustinus' Philosophie zeigen.

Interessant ist zu Beginn, dass Augustinus wie (fast) alle anderen Philosophen wieder einmal mit den Begriffen der Wahrheit und des Zweifels angefangen hat. Schauen wir uns hierzu einige Zitate an:

„Wird jemand darüber zweifeln, dass er lebt, sich erinnert, Einsichten hat, will, denkt, weiß und urteilt? [...] Mag einer auch sonst zweifeln, über das, was er will, über diese Zweifel selbst kann er nicht zweifeln" (De trinitate X, 10)

Damit wollte Augustinus sagen, dass man weiß, dass es einen Gott gibt, weil man zweifelt und an diesem Zweifeln nicht zweifeln kann.

Weiter waren für ihn unerschütterliche und empirisch überprüfbare Grundlagen wichtig. Augustinus war Theologe. Ihm war klar, dass man keine Systeme aufbauen kann, wenn die Grundmauern dieser Systeme nicht als wahr und unangreifbar gesichert werden können. Und was wäre sicherer als die Erkenntnisse der Mathematik? Die Mathematik existiert ohne die materielle Welt und kann allein durch Logik gesichert werden. In der materiellen Welt kann nichts mit Sicherheit überprüft werden. Das war Augustinus klar.

„Suche nicht draußen! Kehre in dich selbst zurück! Im Innern des Menschen wohnt die Wahrheit. [...] Der Verstand schafft die Wahrheit nicht, sondern findet sie vor." (De vera religione 39, 72f.)

Der Verstand des Menschen schafft die Wahrheit also nicht, sondern er findet sie. Er entdeckt sie. Und das schafft er nur durch die Werkzeuge der logischen Erkenntnis.

Augustinus pflegte weiter eine Art erkenntnistheoretischen Apriorismus. Also die Sichtweise, dass alles, was ist, schon vorher so und in dieser Weise geplant war, und dass wir tendieren, dieses Geplante auch zu sehen. Wie bei Platon tendieren wir also immer zuerst dazu, die Idee zu sehen. Und oft sehen wir dadurch auch nicht das, was in Tat und Wahrheit anwesend ist. Urbilder haben auch in Augustinus' Philosophie den höchsten Status. Diese Urbilder sind in uns selbst gespeichert, und wir erkennen sie deshalb in unserer Umwelt. Die Wahrheit findet sich also nicht außerhalb des Menschen, sondern in seinem Inneren (siehe vorangehendes Zitat).

Weiter beschäftigt sich Augustinus mit philosophischen Themen, die so gar nicht zu den Kernpunkten des Christentums gehören. Augustinus war in mancher Hinsicht mehr Philosoph als Kirchenvater. So beschäftigt er sich zum Beispiel sogar mit dem Wesen der Zeit und formuliert Aussagen dazu:

„Was also ist die Zeit? Wenn niemand mich danach fragt, weiß ich's, will ich's aber einem Fragenden erklären, weiß ich's nicht."

Augustinus ist sich also über die Schwierigkeit, die Zeit zu erklären, bewusst. Ebenso folgerte er, ähnlich den alten Griechen, dass Vergangenheit, Gegenwart und Zukunft nicht existieren (...):

„Wie kann man sagen, dass die vergangenen und zukünftigen Zeiten sind, da doch die vergangene schon nicht mehr und die zukünftige noch nicht ist? Die gegenwärtige aber, wenn sie immer gegenwärtig wäre und nicht in Vergangenheit überginge, wäre nicht mehr Zeit, sondern Ewigkeit. Vielmehr ist die Vergangenheit eine Erinnerung in der Gegenwart, und die Zukunft eine Erwartung in der Gegenwart, während die Gegenwart selbst ein aus der Zukunft in die Vergangenheit, an unserem Geiste vorüberziehender Moment ist. Wir messen die Zeit anhand eines Eindrucks, den die vorübergehenden Dinge in unserem Geiste hervorbringen und der bleibt, wenn sie vorübergegangen sind, ihn, den gegenwärtigen, messen wir, nicht was vorübergegangen ist und ihn hervorgebracht hat."

Das augustinische Zeitverständnis ist demnach eine rein subjektive Auffassung der Zeit, da wir die vergangene Zeit als Eindruck nur in unserem Geiste messen können. Wir vergleichen also in subjektiver Weise verschiedene erlebte Zeiträume miteinander und gelangen dadurch immer zu subjektiven Aussagen. So kommt uns zum Beispiel eine bestimmte, etwa mit einer Uhr gemessene Zeitspanne niemals exakt gleich lang vor. Zukünftige Dinge können wir nicht messen, da wir noch nichts über sie aussagen können. Erst wenn sie an uns vorüberziehen und wir dadurch einen Eindruck gewonnen haben, können wir für uns entscheiden, ob jener Eindruck länger oder kürzer war. Dieses Verständnis steht im krassen Gegensatz zu der platonischen objektiven Zeitauffassung, in der die Zeit die Bewegung von Himmelskörpern ist, so ist zum Beispiel die Vollendung eines Tages die Bewegung von Sonnenaufgang bis Sonnenuntergang.

„...wenn sich ein Körper bewegt, [und wir messen], wie lange er sich bewegt, und zwar vom Anfang bis zum Ende seiner Bewegung, [...] denn ein Körper bewegt sich nur in der Zeit."

Augustinus argumentiert, dass sich Körper zwar in der Zeit bewegen würden, diese die Zeit selbst jedoch nicht darstellen würden. Denn auch wenn sich ein Körper nicht bewegt, sind wir doch in der Lage, seinen Stillstand zu messen und etwas über die Dauer seines Stillstandes auszusagen. Genau deshalb, so Augustinus, kann Bewegung nicht gleich Zeit sein.
Ob uns diese beschreibende Definition der Zeit um so viel weiter bringt, ist fraglich. Interessant ist an dieser Stelle allemal, dass einer der großen Kirchenväter nicht einzig gläubiger Theologe war, sondern insgeheim Naturphilosoph.

Nach den Formulierungen zur Zeit folgen in seinen Schriften noch sehr geistige Aussagen in der Form und Umfang einer kleinen Bibliothek entsprechend.

So wären da nicht weniger als 15 Bücher über die Trinität - über die Einheit des Vaters, des Sohnes und des heiligen Geistes. Diese Bücher sind voller Allegorien, und weit ausschweifenden und philosophisch-religiös weit hergeholten Argumentationen: Auch Gottes Liebe braucht ein Gegenüber, also funktioniert die Liebe Gottes nur im Gegenüber von Vater und Sohn. Und diese brauchen schließlich, um wirklich zu funktionieren, noch den heiligen Geist. – So in etwa kurz gefasst Augustinus' Resultat zur Trinität.

Weiter beschrieb Augustinus die alten dogmatischen Aussagen zur Prädestination, also zur Vorherbestimmtheit des Menschen. Der Mensch sei entweder zum ewigen Leben oder zur Verdammung vorherbestimmt. Gedacht sei außerdem die Errichtung eines Gottesstaates, in dem der Mensch nach seinem Tode und nach dem Jüngsten Gericht Zuflucht findet. Es gibt die Hölle und den Himmel. - Also nicht besonders spannend.
Die unzähligen weiteren Theorien und Formulierungen wollen wir in diesem Rahmen weglassen.

Wichtig und zum Allgemeinwissen zählend sind „Liebe, und tu, was du willst." und die Tatsache, dass Augustinus in einer detaillierten wissenschaftlichen Vorgehensweise theologischer Philosoph und Naturphilosoph war.

Leben

Nach einigem Hin und Her habe ich mich entschieden, die Absätze über den Begriff „Leben" mit in das Kapitel zur Theologie und Naturphilosophie zu stellen. Die Definition von Leben (welche man auch immer benutzen mag) ist eine wissenschaftliche. Aber das, worum es uns Menschen eigentlich geht, ist nicht wissenschaftlich. Wissenschaft beschreibt das, was da

ist und wie es funktioniert. Sie beschreibt das, was man zu erwarten hat und sie liefert Erklärungen für das Warum. Aber wenn wir über die Erscheinung des Lebens reden, dann passt die wissenschaftliche Herangehensweise nicht, oder sie ist zumindest nicht ausreichend. Denn vielmehr geht es uns um eine ganz andere, sehr tiefe menschliche Frage. Eine Frage, ähnlich den Fragen, wie sie uns unsere Kinder stellen. Ähnlich dem - „Papa, woher kommen wir?" - suchen wir Menschen nach den letzten Antworten.
Leben ist für uns ein zutiefst menschliches und emotionales Phänomen. Wir wollen unterscheiden zwischen lebendig und tot, unterscheiden zwischen dem, was uns ähnlich, und dem was uns gänzlich ganz verschieden ist. Nur wir Menschen machen den Unterschied zwischen toter und lebendiger Materie. Tiere sind dazu nicht in der Lage, auch wenn sie selber noch so lebendig sind. So geht es uns nur zweitrangig darum, wissenschaftlich herauszufinden, ob es Leben auf anderen Planeten im Universum gibt. Im eigentlichen Sinn wollen wir doch wissen, ob es da draußen etwas gibt, das so ist wie wir!

Weil „Leben" ein für uns Menschen so stark emotional geprägter Begriff ist, er aber dennoch so gern in wissenschaftlich-exakter Weise verwendet wird, tritt auch hier erneut ein systematisches Problem auf. Die Unexaktheit der alltäglichen Sprache sorgt für Verwirrung. Wie wir es in ähnlichen Fällen schon öfter in diesem Buch gesehen haben, ist auch der Begriff „Leben" mit einer allgemeinen Unklarheit belegt. Jeder glaubt zu wissen, was man unter Leben versteht, und so redet man aneinander vorbei. In der Tat gibt es nämlich noch nicht einmal eine einzige klare und vernünftige und umfassende Definition!
Stellen Sie sich vor, Sie würden bei der NASA arbeiten und wären mit der Aufgabe betraut, im Weltall nach fremdem Leben zu suchen. Wonach würden Sie Ausschau halten? Wie sieht Leben denn eigentlich aus? Woran erkennt man es? Und was bedeutet eigentlich „nicht lebendig"?

Wann spricht man von Leben? Wenn Organismen Zellen mit eigenen Zellmembranen haben? Oder wenn Stoffwechsel vorliegt? Man könnte anders vorgehen und die Fähigkeit zur Reproduktion als Anzeichen für Leben aufführen. - Aber auch komplexere Kristallphänomene bei Mineralien auf Oberflächen haben diese Eigenschaft. - Oder ist es die Fähigkeit zur Selbstorganisation auf Zellebene? Und was sind denn nun eigentlich Zellen? Wie sieht es mit einfachsten Viren aus? Viren sind DNA-Stücke in einer Proteinhülle. Sie brauchen anderen Zellen, um sich fortzupflanzen. Sind Viren lebendig? Oder wie sieht es mit merkwürdig anmutenden Einzellern in Plankton aus? Diese obskuren Konstrukte erinnern eher an UFOs als an irgendetwas Lebendiges? Muss Leben zwangsläufig materieller Natur sein? Wie sieht es mit einem intelligenten und sich selbst reproduzierenden Computerprogramm aus, das ständig lernt und das getötet wird, wenn man den Computer ausschaltet und stirbt, wenn man das kleine rot-weiße Kreuz oben rechts im Fenster mit der Maus anklickt? Manche Experten versteifen sich auf die schlichte „Fähigkeit zu kommunizieren". Oft erscheint dies passend, denn wäre Leben nicht auch Leben, wenn es nicht auf Basis von Kohlenstoff, sondern eventuell auf Basis von, nun, was auch immer, Methan oder purer Energie stattfinden würden? Hauptsache, es würde kommunizieren. Man könnte auch den Fluss von Information, Energie und Materie als Leben bezeichnen. Bei genauerem Hinsehen wäre das allerdings dann genauso wenig notwendig wie hinreichend als die Kriterien irgendeiner anderen Definition.

Was übrig bleibt, ist die Frage eines jeden NASA-Mitarbeiters, wonach er denn nun eigentlich suchen soll, wenn wir doch noch nicht einmal eine vernünftige Definition liefern können.
Dass diese Frage von weitreichender Wichtigkeit ist, zeigt sich aber auch an anderen Stellen wo sich Fragen auftun. Was würde eine fehlende Definition für entstehendes Leben bei einem Embryo bedeuten? Oder für einen Schwangerschaftsabbruch? Für Stammzellenforschung? Und was würde in diesem Kontext der Hirntod eines Unfallopfers bedeuten?

Man kann die aktuelle Diskussion mit der Situation vor gut 250 Jahren vergleichen, als man versuchte, eine Definition für Wasser zu liefern. Man hatte beim Definieren von „Wasser" die gleichen Probleme, wie wir sie heute beim Definieren von „Leben" haben. Man konnte damals noch nichts Vernünftiges definieren, also hatte man keine andere Wahl, als das was man ohnehin schon als „Wasser" bezeichnete möglichst genau zu beschreiben und zu versuchen,

es von anderen Dingen abzugrenzen. So ist Wasser klar und flüssig. Obwohl Öl das auch ist. Schmutziges Wasser ist aber nicht zwingend klar und doch ist es Wasser. Wasser unterhält Leben. Viele Nährstoffe tun das allerdings auch. Außerdem ist Wasser mit Keimen lebensfeindlich und doch Wasser. Man kann ja die Keime nicht einmal sehen. - Bevor man also die Atom- und Molekulartheorien kannte, hatte man keine Möglichkeit, Wasser anders zu beschreiben als seine Eigenschaften aufzulisten. Ist flüssig, dringt in Holz ein, fließt nach unten, ist meist klar, kann aber auch getrübt durch Verunreinigungen sein. Salz löst sich darin. Es gefriert bei einer gewissen Temperatur. - Man konnte also noch keine gute Definition liefern, weil die atomaren Grundlagen des Verständnisses noch nicht bekannt waren.
Vielleicht ist es mit dem Phänomen des Lebens genauso. Vielleicht sind wir mit unserer Wissenschaft immer noch nicht weit genug, um eine ganzheitliche Beschreibung von Leben zu liefern.

Um aber nicht ganz aufgeben zu müssen, gehen heutige Forscher einen anderen Weg. Sie suchen danach, wie Leben, wie wir es kennen, begonnen haben könnte. Dazu stellen Sie, quasi im Reagenzglas, die Erde so nach, wie sie zu früheren Zeiten gewesen sein könnte. Auch erste Erfolge waren bereits zu beobachten. So erzeugten Forscher bei bestimmten Bedingungen von Drücken und Temperaturen und bei Anwesenheit von bestimmten Stoffen Moleküle, die der heutigen RNA sehr ähnlich sind. Diese quasi-RNA-Schnipsel wiesen sogar schon eine gewisse molekulare Reorganisationsfähigkeit und damit eine Art von Informationsverbreitung auf. – So könnte Leben begonnen haben.
Sehr wahrscheinlich erscheint also der Beginn von Leben alles andere als zeitlich mit einem einzigen zufälligen Ereignis scharf begrenzt, sondern als lange fließender Übergang zu immer komplexeren Geschehnissen, die sich mit der Zeit an all die uns bekannten Eigenschaften von Leben anglichen. Vorstellbar wäre eine Art von Molekül auf Mineralienbasis, das sich über eine Oberfläche von Steinen ausbreitet und dann durch weitere Geschehnisse komplexere Moleküleigenschaften hervorbringt. Evolution würde bedeuten, dass sich die Moleküleigenschaften als Vorteil für den Fortbestand des ersten sich ausbreitenden Moleküls erweisen. Diese fortlaufende Kette würde überleben und

vielleicht würde sich dann ein Geschehnis höherer Komplexität und dann Lebewesen entwickeln. – Oder war der sich ausbreitende Molekülteppich dann schon eine Art Leben?

Recht sicher kann man sich aber merkwürdigerweise sein, dass das Leben, wie wir es heute beobachten können, auf nur einen einzigen Stamm zurückgeht! Denn es wären ja viele anderen Variationen von Leben denkbar. So sind heute zum Beispiel alle bekannten DNA-Stränge rechtsdrehend. – Sie könnten genauso gut linksdrehend sein. Das sind sie aber nicht. Außerdem verwenden alle auf der Erde lebenden Lebewesen ein Repertoire von 20 immer wieder gleichen Aminosäuren. Warum sind das nicht mehr oder weniger? Und warum scheint eigentlich alles Leben Wasser zu brauchen? - Offensichtlich, weil alle Lebewesen dieselben Urahnen haben.
Wenn man das Ganze auf die Spitze treiben will, kann man sich fragen, warum sich niemals Leben auf Siliziumbasis gebildet hat. Silizium eignet sich, ähnlich wie Kohlenstoff (auf dessen Basis das uns bekannte Leben aufbaut) zum Aufbau großer Ketten und Ringe, Moleküle. Auf Siliziumbasis entstandenes Leben wäre durchaus möglich.

Das alles mutet schon sehr dubios an. Und wie immer tritt dort, wo die Menschheit nur ein Defizit an Erklärungen parat hat, die Religion auf den Plan. Für alle Religionen ist vollkommen klar, dass Leben von Gott erdacht, gewünscht und erschaffen wurde. – Deshalb auch die immense Feinabstimmung und deshalb auch nur diese eine, uns bekannte Form von Leben.
Und weil das noch nicht reicht, und das Ganze auch nach diesem gewollten, schöpferischen Design noch beängstigend befremdlich anmutet, weil wir uns doch für so wichtig halten, muss Gott auch noch für die Erklärung einer „Seele" herhalten. Sie Seele kommt von Gott und kehrt zu ihm zurück, wenn wir sterben. Natürlich ist die Seele unsterblich. Alles Leben hat eine Seele, so die Auffassung der Gläubigen.
Wissenschaftlich ist an dieser Erklärung natürlich nichts, aber sie bringt uns eindrucksvoll zu unserer nächsten Kinderfrage: „Papa, wo gehen wir eigentlich hin, wenn wir tot sind?"

Tod

„...und ich glaube an die Wiederauferstehung von den Toten und an das ewige Leben. Amen." So lautet es rituell im katholischen Glaubensbekenntnis. Sie haben von der Turing-Maschine gelesen. Sie haben gehört, was für Theorien es über das Wesen und die Beschaffenheit unseres Geistes gibt. Sie haben gelesen, wie befremdlich ein theoretisches Konstrukt eines Maschinenbewusstseins sein könnte. Und Sie haben erfahren, dass wissenschaftlich gesehen alles darauf hindeutet, dass die Seele eine pure Erfindung der Menschen und des menschlichen Gehirns ist. Es deutet alles darauf hin, dass Bewusstsein und das Selbst nichts weiter als eine hinzukommende subjektive Eigenart sind, die sich bei hinreichender Komplexität aus einem bestimmten Aufbau ergibt. Sie haben gelesen, was es mit dem unbewegten Beweger und dem freien Willen auf sich hat.

Ich persönlich möchte behaupten, dass vor all diesen Erkenntnissen dem christlichen Glauben ein wenig der Boden unter den Füßen weggenommen wurde. Ist es in Anbetracht dieser Zusammenhänge noch möglich dem katholischen Glaubensbekenntnis von oben Folge leisten? Kann man ihm noch in seiner unbegrenzten und wörtlich zu nehmenden Aussage zustimmen? Kann man vor diesem Hintergrund an eine Seele oder an das ewige Leben glauben? Und wenn man dies nicht mehr kann, was oder wem folgt man dann?

Was würde passieren, wenn das Bewusstsein, alles Subjektive und das Selbst einzig eine Eigenschaft unseres komplexen Gehirns wären? – Wenn daran absolut nichts „Göttliches" wäre? Was würde passieren, wenn das Gehirn durch den Tod einfach aufhören würde, seinen Dienst zu tun, und nach dem „Leben" einfach gar nichts mehr kommt? Was, wenn es gar keine Seele gäbe? Was wäre, wenn alles irgendwann ein Ende hätte und es danach einfach zu ende ist?

Liegt es denn vor den in diesem Buch besprochenen Hintergründen nicht auf der Hand, dass alles aufhört zu existieren, wenn es nicht mehr da ist? Warum fällt es uns denn so schwer zu glauben, dass etwas nicht mehr da ist, wenn es nicht mehr da ist? Wenn Sie Ihren Computer ausschalten dann rechnet er nicht mehr. Wenn Holz durch Feuer zu Asche verbrannt ist, dann ist das Holz nicht mehr da. - Mehr passiert da nicht! Warum fällt es uns so schwer, das

Letztendliche und Offensichtliche als logische Konsequenz zu akzeptieren? Warum sind wir der Meinung, dass alles nur dann seine Richtigkeit hat, wenn da noch mehr passiert? Wozu dieser Wunsch? Weil wir Menschen die Beständigkeit, die Konstanz lieben? Nur weil wir Menschen gern glauben würden, dass das Leben der Menschen, die wir lieben, auch nach ihrem Tod weiter geht? Und wenn es nun ganz einfach nicht so ist? - Wer haucht den Menschen ihren göttlichen Odem ein? Und wer einem Computer die Software und die Funktion?

Wozu all die widersprüchlichen Diskussionen über Seele und Gott, wenn sich doch keines von beiden jemals beweisen lässt und die Erklärungen plötzlich stimmig werden wenn, man beide, die Seele und den Gott, ganz einfach weg lässt? Machen Sie sich das bewusst: Die Erklärungen wären stimmig, wenn wir Gott und die Seele einfach weglassen würden!

Und dieser Argumentation folgend muss man sich auch fragen, warum man an solch merkwürdige Ideen wie eine Wiederauferstehung und ein Leben nach dem Tod glauben sollte. Der ausgeschaltete Staubsauger lebt ja auch nicht im heiligen Staubsaugerhimmel weiter und wartet auf seine Wiederauferstehung als Tischlampe und dann als Motorrad oder als Dosenöffner, um letztendlich ins Staubsaugernirwana einzugehen. - Und warum drehen widerstreben uns solche als Sakrileg anmutenden Aussagen der Blasphemie? Weil Staubsauger, Computer und Tischlampen nicht lebendig sind? Aber was ist denn nun Leben? Haben wir nicht eingesehen, dass wir keine Ahnung haben, was Leben eigentlich ist?

„Ideen“ wie eine Seele, das ewige Leben, die Wiederauferstehung und dergleichen sind nur deshalb so weit verbreitet, weil die Menschen eine so unendlich große Angst vor dem Tod haben. Diese Angst lässt uns dazu neigen, Dinge zu glauben, die ganz einfach irrational und unvernünftig sind. Doch können wir Menschen hier nicht anders, wir sind programmiert, große Angst vor dem Tod zu haben. Wir Menschen müssen ja Angst vor dem Tod haben, denn die Angst vor dem Tod ist evolutionstechnisch durchaus sinnvoll, zweckmäßig und wesentlich und daher Bestandteil unserer genetischen Determinierung. Denn selbstständig denkende Lebewesen, die keine Angst vor dem Sterben haben, werden wohl schneller aussterben als solche die sich vor dem Tod fürchten. Also ist es ganz normal und logisch und verständlich, davor Angst zu haben. Und so denken wir uns einen netten Ausweg aus und glauben an eine Seele, die unsterblich in irgendeiner Weise weiter leben soll. Und diese Seele geht zu Gott oder irgendwo anders hin, und es wird ihr immer gut gehen, und deswegen brauchen wir keine Angst vor dem Tod zu haben. So erscheint der Tod weniger Furcht einflößend und dieses das Sterben nach Bedeutung können wir nicht verhindern. Dem toten Opa geht es aber jetzt gut da, wo er nun ist. Im Himmel.

Ob es nun einen Gott oder eine Seele oder ein Leben nach dem Tod gibt, sei dahingestellt. Wir haben alle verstanden, dass es sich um eine reine Glaubenssache handelt, denn Gott, Seele und Leben nach dem Tod sind weder beweisbar noch widerlegbar. Fehlende Beweisbarkeit zusammen mit fehlender Widerlegbarkeit sind die bestimmenden Indizien für Glauben.
Wir sehen ein, dass unsere Gehirne nun einmal so gestrickt sind, dass sie bestimmte Dinge gern hören, gern glauben und bestimmte Dinge gern als wahr annehmen wollen. Machen Sie sich dies bewusst und lösen Sie sich davon, Dinge als wahr und als gegeben zu betrachten, die anders stimmiger, schlüssiger und einfacher wären. Denken Sie an die Macht der Denkschemen und der Paradigmen. Und stellen Sie gewohntes Gemeingut in Frage. Jeden Tag.

Glaube an eine mathematisch logische Konsistenz

Was glaubt man eigentlich, wenn man an keinen personifizierten Gott oder noch nicht einmal an eine höhere Macht glaubt? - Ganz einfach, man glaubt an genau dasselbe, nur eben nennt man es anders. Glauben ist etwas Psychologisches, dem wir einen Namen und eine Erklärung geben. Die spezielle, persönliche Tendenz, welche wir glauben, ist durch unser psychologisch-neurologisches Selbst festgelegt. Die Erklärung suchen wir uns hierzu passend erst später aus. Wir glauben also so, wie wir glauben, dies jedoch zuerst ohne eine Erklärung zu haben. Erst wenn wir nach einer Erklärung suchen, so finden wir eine, die dem entspricht, was wir ohnehin schon längst für richtig halten. (Siehe dazu den Abschnitt „Der Leopard der die Antilope reißt" in Kapitel 1.)

Stellen Sie sich einmal mehr vor, was in dem Moment in Ihrem Kopf passiert, wenn Sie an einen Gott glauben und diese spezielle mystische Überzeugung haben. (Natürlich vorausgesetzt, Sie glauben an einen Gott.) Nehmen wir also an, wir könnten das, was bei Glaubensempfindungen in unserem Gehirn vorgeht, beim Namen nennen.

Das, was da in unserem Kopf passiert, und ich bin mir sicher, wir können uns nach allem, was Sie in diesem Buch gelesen haben, darüber einig sein, hat recht wenig mit einem tatsächlichen Gott zu tun. Gott als real zu erfahren zählt als schlagkräftiger Beweis für seine tatsächliche Existenz herzlich wenig. Das, was da im Gehirn passiert, ist lediglich die gedankliche Repräsentanz eines Gottes. Und diese ist prinzipiell vollkommen unabhängig davon, ob ein Gott tatsächlich existiert oder nicht.

Wenn wir also in irgendeiner Form festhalten, was an neurologischer Repräsentation in unserem Gehirn bei einer Gottempfindung vor sich geht, dann haben wir eine bestimmte Form der Beschreibung einer Gottesempfindung. Der Gedanke ist nun der, dass es für unser individuelles Empfinden vollkommen gleichgültig ist, ob eine Empfindung eine in der Außenwelt reale Entsprechung hat oder ob die Empfindung nur in unserem Kopf existiert. Führt sie zu keinen Konflikten, so ist beides für unsere Wahrnehmung gleichermaßen real.

Der nächste Schritt der Argumentation ist die Erklärung dieser Empfindung: Man kann zum einen versuchen, eine Empfindung mit Hilfe einer Entsprechung in der realen Welt zu erklären („Mir ist heiß." – weil es heiß ist.) oder intrinsisch („Ich bin aufgeregt." – wegen einem bevorstehenden Bühnenauftritt.). Gehen wir diese Argumentation weiter, so sehen wir, dass wir Menschen dazu tendieren, für jeden inneren Zustand irgendeine Art von Erklärung zu formulieren. Und so kommt es, dass wir eine ganz bestimmte Art von Empfindung als „Gott" bezeichnen. – Was wäre aber nun, wenn wir die gedankliche Repräsentanz selbst als Erklärung für diese Empfindung formulieren würden? – Unsere Erklärung müsste dann lauten: „Ich empfinde Gott, weil diese und jene Mechanismen in meinem Gehirn in dieser und jener Weise ablaufen."

Diese Art der Erklärung wäre lediglich eine andere Art dafür, das, was geschieht, zu beschreiben. Sicherlich hätte sie nichts mit psychologischem Glauben zu tun, wohl würde sie aber den Glauben selbst beschreiben. – Und ist es nicht das, was der Ausspruch „Ich glaube!" in Wahrheit selbst ausdrückt?

Wir umschreiben also nicht, sondern wir beschreiben das, was tatsächlich passiert. Und das, was tatsächlich passiert, ist die Empfindung selbst. Nochmals: Indem wir beschreiben, was bei der Gottesempfindung passiert, beschreiben wir die psychologische Wahrnehmung des Gottes selbst! – Wir haben gesehen, dass es für uns als Individuum prinzipiell keinen Unterschied macht, ob es tatsächlich einen Gott gibt oder nicht. Beides würde für uns nur durch ein Hirnerregungsmuster „erfahren" werden. Beschreiben wir also dieses Erregungsmuster, so beschreiben wir die psychologische Komponente von Gott! Und diese unterscheidet sich auf unserer subjektiven Ebene aus Prinzip nicht von einem realen Gott, wenn es einen gibt!

Wir sehen also ein, dass bei privaten, psychologischen Empfindungen die Erklärung relativ wenig mit dem zu tun haben muss, was tatsächlich geschieht. Jede persönliche Erklärung hat mehr oder weniger die gleiche Berechtigung.

Doch wie sieht es aus, wenn wir wissenschaftlich vorgehen? - Ziehen wir alles Esoterische, alles Theologische und alles Mystische ab, so bleiben die Konstruktion unseres Gehirns und die Konstruktion der Welt, in der wir leben. Alles ist dann rein physikalisch ohne Seele und Sinn. Die Welt des Materialismus ist kalt und seelenlos.

Unser Gehirn ist, wie es ist, und bildet unsere persönliche Subjektivität. Es bildet uns, es macht uns aus. Und die Welt um uns herum funktioniert in ihren physikalischen Gesetzen nun einmal so, wie die Welt um uns herum physikalisch funktioniert. Aber immer wird alles in gleicher, in konstanter Weise den Gesetzen der Physik folgen. Es sind Gesetze wie Ursache und Wirkung, die dazu führen, dass eins plus eins gleich zwei ergibt und dass alles so bleibt, wie es ist, wenn man nichts verändert. Kausalität und Mathematik und die Grundgesetze der Physik sind offensichtlich gültig und wir haben keinen Anhaltspunkt, um etwas anderes zu behaupten. Und wir können glauben, dass das, was Gültigkeit besitzt, auch immer so bleiben wird. Dass es so ist, können wir ebenso wenig beweisen wie die Existenz einer kleinen Teekanne aus Porzellan, die irgendwo im Weltall kreist, aber der Glauben daran erscheint vernünftig, da wir noch niemals etwas anderes beobachtet haben. Wir können jeden Tag sehen, dass die Natur sich an ihre Gesetze zu halten scheint. Und deswegen gehen wir davon aus, dass sie das auch in Zukunft tun wird.

Und so glaube ich persönlich an keine Person, an kein Gefühl, an keine Seele oder keine esoterische Lehre aus dem Mittelalter. Ich glaube genau dasselbe, an das jeder glaubt, weil ich ein Gehirn besitze, das dem jedes einzelnen Menschen ähnlich ist. Nur eben nenne ich es anders. Ich versuche die Erklärung zu benennen, den Glauben als Erklärung auszudrücken. Das, was ich als Glauben und als Gott bezeichne, ist derselbe Glaube und derselbe Gott wie die eines jeden Menschen, nur ohne das ganze sonst übliche Drum-Herum an menschlichen Erklärungen.

Ich glaube an eine mathematisch-logische Konsistenz. An eine mathematisch-logische Konsistenz, die ganz einfach besteht, weil sie schon immer bestanden hat. Warum sie besteht, kann ich nicht sagen, weil man es prinzipiell nicht sagen kann. Die Welt ist so, wie sie ist, und irgendwo muss man anfangen ihre Grundbausteine akzeptieren und aufhören sie zu hinterfragen, denn da, wo das Folgern und das Schließen und die Kausalität aufhören, kann man nur noch akzeptieren, dort kann man nur noch glauben.

Die Vorstellung, dass eine höhere und personifizierte Macht das alles nach einem bestimmten, vorab vollendeten Bild erschaffen hat, erscheint mir unglaubhaft. Wieso sollte ein Schöpfer gerade menschliche Eigenschaften haben? Eine solche Annahme erscheint vor der Kausalität der Welt als naiv.
Nur Menschen mit einer subjektiven Sichtweise, mit der Fähigkeit Bedeutungen zu produzieren, können auf die Idee kommen, dass etwas Umfassendes wie eine umfassende Ordnung menschlich sein müsse.

Die Welt besteht so, wie sie besteht. Und das ist als Erklärung schon vollkommen ausreichend. Es ist so, wie es ist, und es ist gut so, wie es ist. Dies zu akzeptieren, fällt uns Menschen schwer, aber es erscheint von bestechender Vernunft, wenn man sich vergegenwärtigt, dass die Erklärungen und der Sinn von den Menschen mit ihren menschlichen Gehirnen geschaffen werden. Wenn ich an keinen personifizierten Gott, also an keinen Gott mit menschlichen Eigenschaften und menschlichen Zügen glaube, dann glaube ich unweigerlich an eine bestimmte Art einer mathematisch-logischen Konsistenz.
Die Natur folgt ihren eigenen Gesetzen. Die axiomatische Grundannahme ist, dass diese Gesetze der Natur mathematisch-logisch-konsistent sind. Und das ist alles an Erklärung, das wir brauchen. Die Logik liefert ein widerspruchsfreies axiomatisches System.

Was bei einem solchen Glauben passiert, ist nicht, dass Gott als ein solcher eliminiert wird, denn die Empfindung bleibt ja auf der psychologischen Ebene die gleiche. Einzig die Erklärung ist eine andere. Die Erklärung selbst ist nicht gleichzusetzen mit der Eliminierung eines Gottes, sondern stellt eine anders geartete Formulierung desselben dar.
Ebenso steht es um die weiteren Auswirkungen des Glaubens. Bedeutungen und Auswirkungen von Themen wie Ethik, Moral, Ordnungen, Freiheit und Sinn bleiben hier gleich, nur Gott an sich ist erklärt durch eine Erklärung, die Gott erklärt.
Alle jeweiligen Schlussfolgerungen entsprechen einander. Der Unterschied besteht darin, dass man den personifizierten Gott dann nicht mehr braucht, wobei man aber nicht anders denkt oder anders handelt oder anders funktio-

nieren würde als jemand, der wie gehabt an einen personifizierten Gott glaubt.

Wie sieht es aber nun mit der mathematisch-logischen Konsistenz an sich aus? Gilt diese wirklich unumgänglich und ist sie vollkommen gesichert? – Die Antwort ist leider nein! – Sicherlich wurde noch kein Widerspruch in ihrer Konsistenz gefunden, wohl aber Kritik.
So ist es 1931 einem österreichischem Mathematiker namens Kurt Gödel gelungen, zu beweisen, dass man in jedem mathematischen System, das komplex genug ist, Multiplikation und Addition ganzer Zahlen zu ermöglichen, Behauptungen aufstellen kann (und diese auch als wahr erkennen kann), die sich innerhalb dieses Systems mathematisch weder beweisen noch widerlegen lassen.
Nun ist die universelle mathematisch-logische Konsistenz nichts anderes als ein umfangreiches mathematisches System. Die gödel'sche Erkenntnis besagt, dass sich die Mathematik niemals zu einem sauberen und geschlossenen Paket zusammenschnüren lässt. Es bleiben immer offene Lücken, die durch bloße Annahmen gefüllt werden müssen. Ein mathematisches System kann demnach nicht mehr sein als aufeinander aufbauende, logische Ableitungen und Verknüpfungen und so ein großes Netzwerk der Selbst-Konsistenz. Ein solches System kann die letzten, fundamentalen Bausteine der Natur nicht treffen.
Bauen zum Beispiel logische Konstrukte aufeinander auf, so ist dieser baumartige Aufbau ähnlich einem Computerprogramm. Es gab einmal eine Zeit, in der man dachte, mit Computerprogrammen könne prinzipiell jede mathematische Operation berechnet werden. Heute weiß man aber, dass es in der Mathematik Funktionen gibt, die sich nicht mit einem Computer nachvollziehen lassen. Es handelt sich also um eine prinzipielle Einschränkung.

Durch Überlegungen wie jenen von Kurt Gödel kommt die Mathematik selbst in Bedrängnis. Wo man sich nicht sicher ist, da kann nur der Glaube folgen. Das Einzige, das wirklich sicher ist, ist, dass es nichts wirklich Sicheres gibt.

Und wenn wir mit unseren Überlegungen nicht mehr weiter kommen, so formulieren wir einfach, dass Gott der himmlische Erfinder der mathematischen Wahrheit ist. Er würde dann den Gleichungen den Odem eingeben und ihnen ein Universum bescheren, welches sie beschreiben können.

Wir können uns fragen, wer die mathematisch-logische Konsistenz erschaffen hat. Nur könnte man leider genauso gut fragen, wer denn eigentlich Gott erschaffen hat! Und ebenso könnten wir weiter fragen wer den Gott erschaffen, der diesen Gott erschaffen hat? – Man erkennt die zunehmende Sinnlosigkeit solcher Fragen. Glaubensprobleme stehen außerhalb von Sinn.

Vielleicht liegt das Problem ja darin, dass wir Menschen grundsätzlich nicht mit ausreichender Vorstellungs- und Denkfähigkeit ausgestattet sind, um mit Problemen dieser Art umgehen zu können. Und wenn das die Wahrheit ist, dann gibt es ein Wissen, das wir uns niemals aneignen können, sofern Gott es uns selbst nicht offenbart.

Eine andere quasiwissenschaftliche Idee ist es, mit Hilfe der mathematisch-logischen Konsistenz den Schöpfer selbst zu eliminieren. In der Tat sind Gesetze denkbar, die zu einem Zustand führen, bei dem es sehr viel wahrscheinlicher ist, dass etwas existiert, als dass nichts existiert. (Zum Beispiel die sogenannte „Vakuumenergie" in der Quantenmechanik. – In Experimenten kann man sehr wohl zeigen, dass auch leerer Raum sehr wohl Energie enthält.) Es wären also auch Gesetze, Situationen und Zusammenhänge denkbar, die etwas so Zwingendes an sich haben, dass sie sich quasi selbst ins Leben gerufen hätten, dass sie schon immer irgendwie bestanden haben müssen. Diese Gesetze würden dann diktieren, dass das Universum selbst, mit all seinen Eigenschaften auf diese eine und auf keine andere Weise entstanden sein müsste. Denn jede andere Möglichkeit hätte zu mathematisch-logischer Inkonsistenz geführt. Wenn dies der Fall ist, dann wäre das Universum mit all seinen Eigenschaften in sich selbst begrenzt, und ebenso wäre der Zusammenhang, der die Existenz des Universums voraussetzt, das Universum selbst. Die Existenz der mathematisch-logischen Konsistenz sowie die Existenz des Universums

wären dasselbe, weil die mathematisch-logische Konsistenz zwingend zur Existenz des Universums führen würde!
Genau diese fundamentalen Gesetze sind es, nach denen die Forscher der großen vereinheitlichten Theorie suchen.

Phänomenologisches

Bei der Wissenschaftstheorie haben wir gesehen, dass es maßgeblich darauf ankommt, dass ein bestimmtes Ergebnis wiederholbar ist. Im Experiment nimmt man eine Naturbefragung vor und erhält ein Ergebnis. Bei hinreichend gleichen Bedingungen sollte man mehr oder weniger gleiche Ergebnisse erhalten. Und dieses immer wieder gleiche Verhalten der Natur gilt natürlich nicht nur für hinreichend ähnliche Experimente – es gilt offensichtlich immer. Wenn wir einen Stein fallen lassen, so wissen wir aus unserer Erfahrung, dass dieser nach unten fällt. Und wir wissen, dass es nachts dunkler ist als am Tag und dass sich die Kaffeetasse in Bewegung versetzt, wenn wir sie mit der Hand hocheben um aus ihr Kaffee zu trinken.

Unsere Gewissheit, dass sich die Welt in dieser und keiner anderen Weise verhält, hat für uns sehr viel weniger mit wissenschaftlich-physikalischem Verständnis zu tun als vielmehr mit bloßer Erfahrung. Wir haben hunderttausend Mal erlebt, dass Dinge nach unten fallen, wenn wir sie los lassen, und die Sonne ist an tausenden Tagen tausende Male aufgegangen. Und unsere Erfahrung sagt uns, dass sie es auch morgen und übermorgen wieder tun wird. Und ebenso gehen wir fest davon aus, dass auch heute Nachmittag noch alle Steine nach unten fallen werden, und daß man auf morgen noch aus Kaffeetassen Kaffee trinken können wird.
Ob sich die Welt auch in Zukunft wirklich so verhält, können wir natürlich nicht beweisen. Und das ist der springende Punkt: Wir können es nicht beweisen! Wir können nicht beweisen, dass etwas, das schon hunderttausend Mal in einer bestimmten Art und Weise passiert ist, auch die nächsten hun-

derttausend Male in derselben gewohnten Weise passiert. Aber wir gehen fest davon aus. Nun, selbstverständlich gehen wir davon aus, denn wir müssen davon ausgehen, denn wir würden sonst in unserer Welt nicht zurecht kommen? (Ebenso sieht man an dieser Stelle sehr schnell ein, dass es recht lächerlich ist, die Konstanz des Naturverhaltens in Frage zu stellen.)

Die Lösungen der Wellefunktion in der Quantenmechanik würden es sogar durchaus zulassen, dass Steine sich plötzlich nach oben bewegen, anstatt irgendwie ruhig liegen zu bleiben. Nur kann man eben auch zeigen, dass dieser Vorfall so derartig unwahrscheinlich ist, dass er praktisch überhaupt niemals vorkommen wird. Trotzdem könnte es innerhalb unseres bekannten Theoriegefüges jederzeit passieren. Und wir hingegen, wir in unserer subjektiven Sicht der Welt können nicht jeden Moment Berechnungen über quantenmechanische Wahrscheinlichkeiten und über Ausgänge von Experimenten anstellen. Wir verlassen uns darauf, dass sich die Welt auch weiterhin so verhält, wie wir es von ihr gewohnt sind. So sind wir Menschen nun einmal programmiert, und diese Programmierung funktioniert ganz gut in der Welt, in der wir leben. Diese Programmierung ermöglicht uns, uns in unserer Welt zurecht zu finden. Folglich kann man die Aussage machen, dass die Welt scheinbar durchaus für uns subjektive Wesen vorhersagbar ist!

Die Welt hat sich (davon gehen wir zumindest aus) schon seit sehr langer Zeit in der Weise verhalten, wie wir es gewohnt sind. Lange schon, bevor der Mensch da war und irgendwann anfing, Wissenschaft zu betreiben. Aber erst mit der Wissenschaft versucht der Mensch, eine Erklärung zu erhalten, warum sich die Welt in der gewohnten Art und Weise verhält. Die Menschheit entwickelte ein logisches Arbeits- und Verständnissystem, mit dem sie die Welt immer und immer detaillierter erklären konnte. Dieses System nennt sich Wissenschaft und die Arbeitsweise wird als wissenschaftliche Methodik bezeichnet.

Nun ist es mit Systemen immer so eine Sache. Ein System ist immer eine mehr oder weniger in sich abgeschlossene Entität. Und in der Tat ist es so, dass auch innerhalb des uns bekannten naturwissenschaftlichen Systems wieder

einmal nicht beweisbar und wieder einmal nicht ableitbar und wieder einmal nicht verstehbar ist, was nicht in das derzeit bestehende System passt.
Offensichtlich haben wir es mit einer Welt zu tun, die einer gewissen mathematisch-logischen Konsistenz folgt. Aber was ist, wenn diese zugrunde liegende Erklärung nicht vollständig ist? Was würde es bedeuten, wenn uns diese Erklärung aus Prinzip blind machen würde für Dinge in der Welt, die einfach da sind, die wir nur nicht einordnen können? Dinge, die mit der derzeitigen Wissenschaft nicht erklärbar sind?
In einer Weise klingt das sehr stark nach Esoterik und Mystik. Und natürlich ist dieses Argument ja auch das schlagende Argument der Esoteriker. Die Esoteriker sagen, dass Esoterik funktioniere, dass die Welt esoterisch sei und dass Esoterik entsprechend der Unvollständigkeit des naturwissenschaftlichen Systems nicht im Widerspruch zur wissenschaftlichen Erkenntnis- und Erklärungsmethodik stehen müsse, sondern die Wissenschaft nur in irgendeiner Art und Weise erweitert werden müsse.
Nun, Wissenschaft beruht auf der Wiederholbarkeit von Ergebnissen. Esoterische Ergebnisse lassen sich nicht hundertprozentig wiederholen. Deswegen passt auch die wissenschaftliche Methodik hier nicht. Also handelt es sich um keine Wissenschaft.
Die Aussage, dass etwas außerhalb der derzeitigen Wissenschaft existieren könnte, wird dadurch aber nicht berührt. Denn „außerhalb der Wissenschaft" muss nicht zwangsläufig „wissenschaftslos" oder „unlogisch" oder „esoterisch" bedeuten.
Genaue Beispiele gibt er hierzu nicht. Allenfalls äußerst diskussionswürdige wie zum Beispiel Tischchenrücken, die Beschreibung der Energie von Bäumen oder die Theorien zu Auswirkungen von Wasseradern. Die Argumentationen zu diesen Scharlatanerien würden in diesem Rahmen nur langweilen und deswegen habe ich mich entschlossen, sie ganz einfach wegzulassen. Einzig ist mir wichtig, auf das abgeschlossene System der Wissenschaft und den damit verbundenen Konsequenzen hinzuweisen.

Phänomenologisch bedeutet nun Folgendes: Etwas in der Natur passiert offensichtlich immer wieder gleich, aber wir haben dazu keine wissenschaftli-

che Erklärung. Das kann bedeuten, dass wir eben noch keine physikalisch-logische Erklärung haben (höchstens eine Vermutung) oder dass es sich um ein Phänomen handelt, das wir mit der derzeitigen Wissenschaft noch gar nicht erfassen können. Dass wir das Phänomen nicht fassen, sondern nur wiederholen können, macht jedoch für den alltäglichen und praktischen Gebrauch keinen allzu großen Unterschied. Genaugenommen macht es für unseren persönlichen Alltag überhaupt keinen Unterschied, ob wir eine wissenschaftliche Erklärung haben oder nicht.
„Hauptsache, es funktioniert. Warum, ist doch egal!" - Wer als Computerbenutzer kennt diesen Spruch nicht? Und so handelt es sich zum Beispiel bei den weit verbreiteten Betriebssystemen um ganzheitlich phänomenologische Dinge. Wir wissen unsere zu benutzen, wir hoffen auf Reproduzierbarkeit, aber warum sich das System so verhält, wie es sich verhält, wissen wir nicht. (Oft weiß das niemand.)

Ebenso sind sehr viele, wenn nicht fast alle komplexeren Systeme für uns als Einzelne nicht mehr als phänomenologische Erscheinungen. Oder wissen Sie etwa bis ins kleinste logisch-physikalische Detail, was passiert, wenn Sie morgens den Schlüssel rumdrehen und Ihr Auto anlassen? Das Herumdrehen des Schlüssels hat sehr wenig mit Wissenschaftlichkeit zu tun. Das Starten des Autos mittels eines Schlüssels ist also phänomenologisch. Irgendwo wird sich hier wahrscheinlich schon eine wissenschaftliche Systematik hinter der Funktion des Schlüssels verbergen (das Auto ist ja schließlich eine Maschine), aber ob das nun wirklich so ist, ist morgens um 7:30 Uhr auf dem Weg zur Arbeit ziemliche Nebensache.

Phänomenologisch bedeutet also, dass immer etwas passiert, wenn wir etwas anderes tun, ohne dass wir eine wissenschaftliche Erklärung dafür haben oder eine dafür brauchen.

Der Vollständigkeit halber muss ich noch einiges hinzufügen. Das Wort „phänomenologisch" hat die eben besprochene Bedeutung und noch eine andere. Denn es gibt in der Philosophie eine Strömung, die als Phänomenologie bezeichnet wird. Und die handelt selbstverständlich von weit mehr als von Dingen, die immer passieren, wenn andere Dinge passiert sind. Wichtige Vertreter der Phänomenologie sind etwa Edmund Husserl (1859 .. 1938), Maurice Merleau-Ponty (1908 .. 1961) und Max Scheler (1874 .. 1928). In der Phänomenologie versucht man sich aller vorschnellen Weltdeutung zu enthalten und versucht möglichst vorurteilfrei das zu analysieren, was dem Bewusstsein erscheint. Das große Ziel war so wieder einmal, die Geisteswissenschaft Philosophie als exakte und reine Wissenschaft zu betreiben. - Mir persönlich ist nie wirklich klar geworden wie die Phänomenologen sich das im Detail vorgestellt haben. Betrieben haben sie aber ihre Phänomenologie so erfolgreich, dass sie heute noch bis auf Weiteres unvergessen in den Büchern stehen.

Und so kommen wir zum Abschluss dieses Kapitels.

Abschluss dieses Kapitels

Das Kapitel zur Theologie ist kürzer als die anderen Kapitel. Dennoch handelt es sich hier im Grunde um ein theologisches Buch! Reine Glaubenssachen (und das ist es ja, was die Theologie analysiert) sind das, was noch übrig bleibt, wenn wir empirisch Gesichertes abziehen. – Und das, was noch übrig bleibt, ist immer noch eine ganze Menge.

Anscheinend reicht unsere Möglichkeit, die Welt in wissenschaftlicher Weise, in gesicherter Weise zu erkennen, nicht weit genug. Es bleibt erneut die Frage offen, ob wir prinzipiell in der Lage sind, die Welt, aus der wir entstanden sind, bis ins kleinste Detail zu erkennen und zu verstehen. – Allein schon aus der Tatsache, dass diese Frage noch offen ist, folgert sich unweigerlich, dass wir von einer vollständigen Erklärung von allem auch prinzipiell noch ein unabschätzbar großes Stück entfernt sind.

Alles, was uns also bleibt, ist der Glaube. Wenn wir eine Erklärung suchen und keine empirisch gesicherte Erklärung finden können, so wird unser Verständnis der Welt unweigerlich auf das Glauben hinaus laufen. Der Glaube beginnt dort, wo das Wissen endet.

Jedoch gibt es prinzipiell zwei Arten von nicht empirisch Gesichertem: Das Phänomenologische und den religiösen Glauben.
Beim Phänomenologischen gibt es immer Ursachen, auf die kausal Wirkungen folgen (oder man denkt das zumindest). Warum das eine folgend auf das andere passiert, wissen wir nicht, aber wir sind der Meinung, einen fest existierenden Zusammenhang auszumachen. – Wir haben gesehen, dass man oft keine Erklärung braucht, um sich in der Welt zurecht zu finden. Tiere existieren in unserer Welt gänzlich ohne eine Erklärung zu haben. Wir Menschen streben nach Erklärungen, aber wir brauchen sie nicht wirklich. Der Glaube, dass man für alles eine Erklärung haben müsse, ist ein Irrglaube und eine rein menschliche Eigenschaft.

Ganz anders der religiöse Glaube. Der religiöse Glaube erschafft Erklärungen, ersinnt Bedeutungen und generiert Regeln, ohne eine empirische Grundlage zu haben. Einzig aus dem menschlichen Bestreben, für alles eine Erklärung zu haben, entsteht ein theologisches System dort, wo die Wissenschaftlichkeit aufhört (und des Öfteren auch dort, wo die Wissenschaftlichkeit noch nicht aufgehört hat).
Wir müssen also ganz klar unterscheiden zwischen Systemen, die auf empirisch Gesichertem aufbauen (Wissenschaft), solchen, die uns nur dabei helfen, uns in der Welt zurecht zu finden (Phänomenologie) und solchen, die nur unser Bedürfnis nach Erklärungen befriedigen, ohne dabei auf empirisch Gesichertes zurück zu greifen (Religion).

Wenn man glaubt, dann sollte man sich zumindest im Klaren darüber sein, wie der eigene Glaube einzuordnen ist!

7 Abschließendes Kapitel

Das abschließende Kapitel kann man als nochmaliges Resümee der Auswirkungen von „zu wenig" praktischer Philosophie in der heutigen Zeit sehen. Es geht um unsere Kultur; darum, was an der modernen Kultur unvorteilhaft ist und darum, was der Philosoph eventuell besser machen würde. Selbstverständlich geht es daneben in diesem letzten Kapitel noch um ein paar von mir ganz persönliche Aufrufe. Ich möchte ein paar meiner ganz eigenen Denkansätze ansprechen und auf meine eigene Ideologie und meine eigne Utopie eingehen. Ich bin jedoch kein Idealist wie er im Buche steht.
In diesem Kapitel geht es darum, was man als Individuum in der Gesellschaft tun kann und tun sollte. Alles kritisch zu sehen und immer in der philosophisch-wissenschaftlichen Weise nach dem Warum zu fragen, ist der Kernpunkt, aber das allein reicht natürlich nicht aus.

Kulturpessimismus

Unter Kultur fasst man laut Definition generell alles zusammen, was der Mensch als gesellschaftliches Wesen, beziehungsweise die Menschen aller Völker zu den verschiedensten Zeiten und in unterschiedlichster Art und Weise produktiv bearbeitet oder gestalterisch hervorgebracht haben. In diesem Sinne ist die Kultur das Ergebnis des intelligenten Gesellschaftswesens Mensch auf der Suche nach den jeweils adäquaten Lösungen seines gesellschaftlichen Seins. Speziell versteht man unter Kultur jedoch auch die Erscheinungen in gesellschaftlichen Systemen aus den Bereichen Kunst, Philosophie, Theologie, Wissenschaft und Technik.

Sprechen wir also von der Kultur der Neuzeit, oder ganz allgemein von der jetzigen Kulturlandschaft, so meinen wir die derzeitig beobachtbaren Erscheinungen in Lebensgefühl, Lebensablauf, Identitätsgefühl, die herrschenden Strömungen in Kunst, Philosophie und Theologie sowie die Errungenschaften aus Wissenschaft und Technik und ihr Wirken auf die Menschen in ihrer Gesamtheit und auch den Menschen als Einzelnen.

Man darf niemals übersehen, dass Werte, Normen und Ideale, genauso wie allgemeine Ansichten über Sittlichkeit, Anstand und Ethik, von Kulturkreis zu Kulturkreis unterschiedlich sind. Im Mittelalter fanden die Männer zum Beispiel dicke Frauen schön. Heute ist das anders. Dicke Frauen will heute keiner mehr.

Eindrucksvoll sichtbar ist dieser kulturbedingte Unterschied am Beispiel des rechts in der Abbildung zu sehenden Raketen-Jungen aus Asien. Dieser Junge ist eine Comicfigur und unter anderem Namen in Asien sehr beliebt. Die Geschichte im Comic geht so, dass dieser Junge einen schweren Unfall hat und eigentlich dabei gestorben ist. Mit Hilfe der modernen Technik kann er aber ins Leben zurück gebracht werden. Damit sein Körper wieder funktioniert, bauen die Wissenschaftler und Ärzte allerhand Roboterbauteile in den Jungen ein. Er ist ab dann ein sogenannter Cyborg, also ein Quasi-Mensch, der zum großen Teil aus technischen Bauteilen besteht. Am Ende kann er mit den in seinen Körper eingebauten Raketendüsen fliegen und in der Fernsehserie erlebt er damit allerhand Abenteuer. In Asien ist der Raketen-Junge vor allem bei Kindern sehr beliebt. In Europa (das die Serie freilich nie erreicht) wäre er ein Monster!

Wir beobachten Veränderungen innerhalb der Kultur im Vergleich zu früher. Und so können wir unsere Wertungen und unsere Gedanken über den kulturellen Wandel zum Besten geben. So leben wir, die wir in privilegierten Gesellschaften leben (in der es Bücher wie dieses zu kaufen gibt) in einer modernen Umwelt, wie es sie noch nie gegeben hat. Wir haben Mobiltelefone, Privatfernsehen, Internet und jeden Komfort, der das Leben bequem macht.

Trotz aller Bequemlichkeit und trotz allen Fortschritts kranken moderne Gesellschaften. Unsere Jugend ist gelangweilt, das billige Essen im Überfluss macht uns fett und krank, die körperlich bequemen Bürojobs machen uns gebrechlich und seelisch unausgeglichen. Und die allgegenwärtige Kommunikation bringt uns um unsere Ruhe und um unsere Gelassenheit und lässt uns Stress leiden und schließlich an einem Herzinfarkt sterben.

So formuliert man den Pessimismus über die gegenwärtigen Tendenzen und bezeichnet das Ganze als „Kulturpessimismus". Kulturpessimismus ist allerdings nichts Neues und es gab ihn laut Überlieferungen schon im antiken Griechenland. Der Gegenpol zum Fortschrittsgedanken ist den Menschen offensichtlich niemals fremd gewesen. Alles Neue wird zuerst einmal skeptisch begutachtet und lieber links liegen gelassen, als dass man deshalb gleich das ganze Leben neu gestalten möge. Der Mensch ist das Gewohnheitstier.

Mit den folgenden Textpassagen möge der Leser anfangen, was er will. Das Ziel dieses Buches soll es aber sein, Dinge in Frage zu stellen, um das Denken zu fördern und um es zu verbessern. Mit Kulturpessimismus als negative Kritik funktioniert dies in der Regel grandios.

Der französische Philosoph Jean-Jacques Rousseau (1712 - 1778) forderte: „Zurück zur Natur!" – Und meinte damit, er wolle jeglichen wissenschaftlich-technischen und sogar jeden kulturellen Fortschritt ablehnen. Für ihn war das wahre und gute Leben das tiergleiche Leben im extremsten Einklang mit der Natur. Der Mensch sei von Natur aus gut und werde erst durch die Kultur, Vernunft und Gesellschaft verdorben. Rousseau war also extremer Kulturpessimist und fand in seiner Zeit Anhänger die zu seiner Bekanntheit beitrugen. Die besseren gesellschaftlichen Kreise dieser Zeit waren geprägt durch kulturellen Verfall, ohne Kraft und Widerstandsfähigkeit, auf unpraktischen Luxus und dekadente Lüste fixiert. Ebenso, wie es zu allen Zeiten des Wohlstands der Fall war.

So sind es auch in der heutigen Zeit die Werte, die verloren gehen. In der westlichen Welt herrscht der Kapitalismus. Religiöse Grundregeln und die damit verbundenen Werte verwaschen zunehmend. Die Fremdbestimmung und die damit schleichende Gehirnwäsche durch die Medien sind allgegenwärtig. Was wir haben, ist eine neue Gesellschaft, in der vieles möglich ist, weil Orientierung und Zusammenhänge immer schwerer erkennbar sind. Die Rollenverteilungen werden unklar, und ein Mehr an Möglichkeiten führt nicht unbedingt zu mehr Freiheit und mehr Selbstbestimmung. Desillusionierung ist das passendere Wort. Das, was wir allgemein als Globalisierung bezeichnen, ist allgegenwärtig. Im internationalen Raum herrschen keine sozialen Gesetze. So gelten die großen und mächtigen Konzerne erneut als die kapitalistischen Sklaventreiber der Arbeiterschaft der Billiglohnländer. Organisationen einzelner Länder können hier nicht eingreifen. Die Märkte und die Konzerne regieren, nicht die Personen. Nicht die Vernunft. Der Kapitalmarkt führt zu immer mehr Anhäufung des Reichtums bei den Reichen und zu immer weiter fortschreitender Verarmung der Arbeiterschaft.

Und warum bleiben die Menschen immer länger allein? Warum werden immer mehr Ehen geschieden. Warum will sich niemand mehr aufeinander verlassen? Warum soll die Welt zu jeder Zeit offen stehen für alles?
Eine Position zu stärken bedeutet nicht, sich immer alle Wege offen zu halten! Eine Position stark zu machen funktioniert nur, indem man sich entscheidet! Man entscheidet sich für etwas Bestimmtes und arbeitet dann an diesem Einen. Am deutlichsten zeigt sich dieser Zusammenhang im modernen Singletum. So wird man vorbeisteuern am Geborgenheit gebenden Familienleben, wenn man sich nicht irgendwann für einen bestimmten Partner entscheidet. Das Warten „ob vielleicht noch etwas Besseres kommt" wird mit fortschreitender Zeit zunehmend sinnlos. Wer etwas erreichen will, muss etwas tun. Und dieses Etwas muss er richtig tun. Und nicht vieles gleichzeitig und oberflächlich, nur um vermeintliche Möglichkeiten offen zu halten.

In der Generation Golf, geboren zwischen 1965 und 1975, geschah es mitunter das erste mal, dass Frauen nahezu haargenau dieselben Möglichkeiten hatten wie Männer. Sie verstanden, dass die von ihren Eltern vorgelebte Rolle der braven Hausfrau nicht mehr zeitgemäß für sie war. Sie durchliefen eine gute Ausbildung und fingen an, in guten Jobs zu arbeiten. Sie verließen das Elternhaus und konnten sich durch ihre eigene Kraft und nur durch ihr eigenes Wirken ein gutes Leben in Sicherheit leisten. Sie konnten auf eigenen Beinen stehen. Und sie waren nicht nur ein Einzelfall, sondern im Prinzip war es jede Frau ab der Generation Golf, die diese Position innehatte. Aber wohin jetzt mit all dieser neuen Freiheit? Wohin jetzt mit all diesen Möglichkeiten? – sicherlich wird niemand widersprechen, wenn behauptet wird, dass die Entwicklung weg von nur Küche und Kindern eine gute Entwicklung war. Aber einfacher gemacht hat sie nichts! Diese Frauen können auf eigenen Beinen stehen; diese Frauen brauchen keinen Ehemann mehr, der sie finanziert und ihnen Sicherheit gibt. Diese Frauen sind alleine stark.

Was aber dann kommt, ist die Macht der Natur. Und die macht hier Probleme. Denn tief in uns Menschen sitzt der Wünsch, das zu erfüllen, was die Natur uns mitgegeben hat. Wie wir schon gesagt haben, machen ein Pudel und neue Schuhe nicht glücklich. Sie sind nicht die Erfüllung. Tief in uns sitzt die Programmierung, dass wir Menschen Kinder haben möchten. Wir Menschen sind dazu da, um Kinder in die Welt zu setzen. Und da das eine der wichtigen Programmierungen ist, erzeugt sie bei der Generation Golf viel Durcheinander. – Vor einigen Jahren war es noch so, dass der Mann in die Arbeit ging, um das Geld nach Hause zu bringen. Die Frau blieb daheim bei den Kindern. Beide fanden diese Rollenaufteilung vollkommen in Ordnung. Für beide war es bis vor einigen Jahren von vorneherein klar, dass diese Aufteilung die einzig Denkbare ist. Jetzt ist das anders. Die Frauen haben plötzlich die Möglichkeit, auf eigenen Beinen zu stehen. Die Frauen haben auch die Möglichkeit (und immer öfter passiert das auch) mehr Geld pro Monat zu verdienen, als ihre Männer es tun. Diese Frauen brauchen zum guten Leben keinen Mann mehr. Der selbst geschaffene Standard ist hoch. Die Folge ist, dass diese Frauen anspruchsvoller und wählerischer als die Frauen von früher geworden sind. Und da man sich ja alles selbst leisten kann und man nicht froh über alles sein muss, was da kommt, ist es selbstverständlich auch sehr leicht, sich wieder zu trennen. Die Dankbarkeit und die Verlässlichkeit sind gemindert.

Und Effekte dieser Art treffen nicht nur auf die modernen Frauen zu. Auch die Männer von heute finden sich in veränderten und jetzt komplexeren Rollen wieder. Selbstverständlich muss ein moderner Mann gleichermaßen männlich-machohaft wie stark und souverän wie einfühlsam und fürsorglich sein. Moderne Männer müssen neben der Arbeit auch das Kochen und die Brutpflege beherrschen. Und wenn die Frau mal nicht mag, dann erledigt eben der Mann das Staubsaugen. Stress pur also. Und keine klare Rollenverteilung soweit das Auge reicht. Mein Opa würde sich im Grab umdrehen.

Unter dem Strich bleiben, egal ob Mann oder Frau, Wesen, die ganz alleine bestens durchs Leben kommen können. Und die Gewissheit, es auch alleine

gut zu haben, führt dazu, dass man wählerischer wird. Zusätzlich wird man kritischer. Denn man kann sich die Kritik leisten, denkt man zumindest. Denn passt das mit dem Partner nicht mehr so gut, dann kann man ohne Probleme wieder allein weiter machen.
Und in der Tat geschieht das immer häufiger. Es wurden noch nie so viele Ehen geschieden wie heutzutage. Es gab noch nie so viele Singles wie in der jetzigen Zeit. Die Menschen trennen sich und leben dann allein. Und die Menschen bleiben allein, weil sie zu hohe Ansprüche haben.
Dem modernen Menschen in unseren reichen Gesellschaften geht es so gut wie noch nie zuvor. Und trotzdem schaffen wir es in Summe in immer unglücklicheren Familienverhältnissen zu leben.

Und doch wollen wir unseren neu erworbenen Luxus und das damit verbundene Leben nicht mehr gehen lassen. Niemand will ernsthaft „zurück zur Natur". Zumindest nicht, wenn es mehr ist als nur eine Allegorie. Die Devise heißt: „Weitermachen auf Teufel komm raus!" Und so leben wir immer mehr in einer verzerrten Perversion des bequemen Fortschritts, in einer Zeit ungeahnter Möglichkeiten der persönlichen Entfaltung.

Mit den Worten „Das alles führt zu einer falschen anarchischen Freiheit", drückte es Papst Benedikt der Sechzehnte aus. - Nicht alles, was modern ist und neu und der schicken Mode entspricht, bringt uns weiter. Nur die vernünftige und wertebewusste Kombination aus alt und neu ist etwas wert. Die sinnvolle Kombination von Bewährtem und Neuem. Alles, was neu ist, muss nicht auf Kosten des Alten gehen, und alles, was alt ist, muss deswegen noch lange nicht veraltet oder gar schlecht sein. Im Gegenteil, fast alles, das althergebracht ist, kann zumindest von sich behaupten, dass es sich bewährt hat. Das bedeutet noch lange nicht, dass es jetzt noch passend funktionieren muss, aber sicherlich ist es doch wertvoller als etwas, das nur durch sein Neusein als etwas Besonderes anmutet. Eine Mode läuft immer Gefahr, wieder als kurzer Hip von der Bildfläche zu verschwinden. Althergebrachtes ist dagegen einfach da.

Wie oft haben wir das schon gehört: „Kind oder Karriere?“ – Soll man auf all die tolle Karriere verzichten und lieber arm bleiben und liebevoll Kinder in diese Welt setzen? Oder soll man doch an der Globalisierung teilnehmen? Soll man mitwirken in der schnellen Welt, an den Notebooks, an den Handys und an den schicken Business-Kostümchen und den Nadelstreifenanzügen, und sollte man denn nicht wenigstens versuchen, so richtig Kohle heim zu bringen? Soll man statt Kinder zu haben und ein langweiliges Familienleben zu führen nicht lieber das Geld rauspulvern in teuren Urlauben auf Fernreisen, in schicken Restaurants, in Form teurer Kleidung und einem großen Auto? Was ist es denn, was wirklich wichtig ist im Leben?

Aber fangen wir doch mal gleich noch eine Stufe weiter unten an. Karriere – was ist das denn eigentlich? Ist Karriere wirklich ein verantwortungsvoller Job, bei dem man in Anzug und Krawatte den ganzen Tag total gestresst irgendwelche wichtigen Dinge am Handy bespricht? Bedeutet Karriere andauernd mit dem Flugzeug unterwegs zu sein und ständig in teuren Restaurants mit sehr wichtigen Leuten bei Geschäftsessen zu sitzen? Wenn das die Definition für Karriere ist, dann ist Karriere etwas Krankes. Wer will sie denn dann? Nein, Erfolg kann so nicht aussehen. Erfolg muss etwas Tieferes, etwas Wesentlicheres, etwas Reineres sein.
Eine einheitliche Definition für Erfolg gibt es nicht, aber sicherlich hat es sehr viel mehr mit Karriere zu tun, Zeit zu haben, um sich um die Menschen, die man liebt, zu kümmern. Solche Dinge sind viel wichtiger und viel mehr wert als allein in einem Flugzeug zu irgendeinem unpersönlichen Geschäftstermin zu fliegen. Karriere bedeutet vielmehr, eben keinen Anzug tragen zu müssen. Erfolg bedeutet, nur arbeiten zu müssen, wann man will. Karriere heißt, sich selbst frei verwirklichen zu können und dabei immer noch alle Sicherheit zu haben, die man selbst und die die eigene Familie benötigt. Alles andere ist purer Luxus. Luxus ist nicht falsch, aber wen hat es schon wirklich glücklich gemacht, ein total überteuertes Auto zu kaufen? Ich denke, ein Kind zur Welt zu bringen, liegt da in punkto „Glück“ weit, weit vorne.

Und genau darum geht es. - Wir leben in dieser verwirrenden Zeit. Wir verwechseln Dinge und wir verwechseln Zusammenhänge und wir bringen Bedeutungen durcheinander. Wir verwechseln sie, weil wir uns an bestimmte Dinge gewöhnt haben. Wir verwechseln zum Beispiel die Inhalte aus dem Programm von privaten Fernsehsendern mit der Wirklichkeit. Wir verwechseln echte Werte mit den konsumorientierten Botschaften des Kommerz. Wir streben jeden Tag so sehr nach den Erwerb von Geld, dass wir aus den Augen verlieren, worum es eigentlich wirklich geht. - Sich etwas kaufen zu können, soll Erfüllung bedeuten? Wer zum Teufel ist eigentlich auf eine derartig bescheuerte Idee gekommen? Alles zu haben, was man braucht, ist vollkommen ausreichend. Aber dabei muss man sich auch die Frage stellen, was von all dem man denn wirklich braucht: Was braucht man wirklich? Und würde sich irgendwas ändern, wenn man mehr hätte? Erinnern wir uns an die Bedürfnispyramide aus Kapitel 3. In dieser Pyramide finden wir keine teuren Sportwagen. Sportwagen, teure Restaurants und hundert Paar Schuhe sind keine Grundbedürfnisse. Und daher machen sie uns auch nicht glücklich. Und glückselig machen uns derartige Dinge sowieso nicht.

Familie, Kinder, Sicherheit und Selbsterfüllung, Ehrlichkeit und Ordnung in der Zwischenmenschlichkeit, - das sind die Zutaten, die ein ausgeglichenes und glückliches Leben ermöglichen. Streben ist gut, aber nur solange es ein gesundes Streben ist. Zwang und Zwanghaftigkeit sind immer falsch.

Und in was für einer kranken Welt leben wir, wenn wir unsere Kinder in Tagesstätten abgeben müssen, um das Geld in der Arbeit zu verdienen, um uns die Kinder (und die Tagesstätten) leisten zu können? Welche bescheuerten Politiker glauben denn wirklich, dass so etwas in irgendeiner Weise mit Fortschritt zu tun hat?

Die Frage nach „Kind oder Karriere" ist eine der schwierigsten überhaupt. Denn worum geht es denn eigentlich? – Stellen Sie sich die fürsorgliche Mutter vor, die darunter leidet, nicht mehr arbeiten zu können. Würde sich etwas an ihrer Stimmung ändern, wenn sie mit PC und Telefon von zu Hause aus arbeiten könnte? Sie wäre immer noch daheim und würde niemanden persönlich treffen, trotzdem könnte sie eine Menge Geld verdienen. Wäre das in ihrem Sinne? Vielleicht geht es ja nicht um das Geld. Vielleicht geht es ja im Leben niemals um das Geld? Geht es vielleicht doch mehr um das Treffen von Menschen, das Sehen von anderen Orten, um die Eindrücke, das Gefühl, „jemand zu sein", um die persönliche Selbstbestätigung? Geht es nicht vielmehr immer darum, Mensch zu sein?

Einer der größten Philosophen der Neuzeit, meine Oma, hat einmal gesagt: „Wir leben im Plem-Plem-Land!" – Meiner Oma war nie bewusst wie viel Weisheit in diesem Ausspruch steckt.

Durchaus ist es ja so, dass die Menschheit einer stetigen Verdummung unterliegt. Die gut ausgebildeten Menschen verwenden viel Zeit auf das Erreichen ihrer eigenen, natürlich hochgesteckten Ziele. Schule, Studium und Karriere brauchen Zeit. Und in dieser Zeit ist man sich selbst am wichtigsten. Der Wunsch nach Kindern wird nach hinten gestellt. Bei den einfacheren Menschen ist das nicht so. Die haben (wenn überhaupt) kleinere Ziele und im Normalfall auch gleichzeitig mehr Zeit. (Außerdem haben sie weniger Geld, was die Freizeitmöglichkeiten auch einschränkt und so ebenfalls zu mehr Zeit in der Freizeit führt.) Also kommen einfachere Menschen schneller auf die Idee, Kinder zu bekommen. – Natürlich steht es außer Frage, dass es auch recht intelligente Menschen gibt die zum teil auch in sehr jungem Alter schon anfangen zahlreiche Kinder in die Welt zu setzen. Ebenso sind selbstverständlich nicht alle Kinderlosen gleichzeitig intelligent! Dennoch unterliegt die Gesellschaft durch diese Zusammenhang einer stetigen Verdummung.

Weiter hat die Verdummung damit zu tun, dass sich Bildung und Intellektualität vertikal vererben. Die Kinder Intellektueller werden wahrscheinlich auch wieder Intellektuelle werden. Wobei zu beachten ist, dass Intelligenz und Intellektualität zwei vollständig verschiedene Dinge sind! Intelligenz vererbt sich im Gegensatz zu Intellektualität im Prinzip ungerichtet bis zufällig bis gar nicht! Wohingegen Kinder von Intellektuellen auch wiederum zur Intellektualität erzogen werden. Diese Kinder beobachten ihre Eltern beim Lesen, beim „sich-intellektuell-unterhalten" und beim intellektuellen Theaterbesuch. Für die Kinder ist diese Welt normal, und so werden sie später auch in dieser für sie gewohnten und normalen Welt weiterleben. Das bedeutet nicht, dass sie Intelligenz erwerben, höchstens erwerben sie angelernte und aufgesetzte Intellektualität. So witzlos dieser Zusammenhang aber auch ist, so wahr ist die Tatsache, dass die Kinder der ungebildet-naiv-Dummen zu einer hohen

Wahrscheinlichkeit wieder ungebildet-naiv-dumm und die Kinder von intelligent-Intellektuellen wieder intellektuell werden. Die Dummen bekommen aber aufgrund der schon genannten Dynamiken mehr Kinder und dadurch verblödet die Menschheit mit allen damit verbundenen Auswirkungen.

Entgegenwirken kann dabei im Großen und Ganzen nur der Staat mit seiner staatlichen Bildung. Aber genau hier ist das Problem. Oder sind Sie etwa der Meinung, dass unser Bildungssystem nicht ein wenig am Sinn vorbei schießt. Themaverfehlung Bildungssystem. Das, was dort gelehrt wird, ist meist genauso dämlich wie der Unterricht selbst dämlich ist. Und gelehrt wird nicht selten von ebenso zweifelhaften Personen.

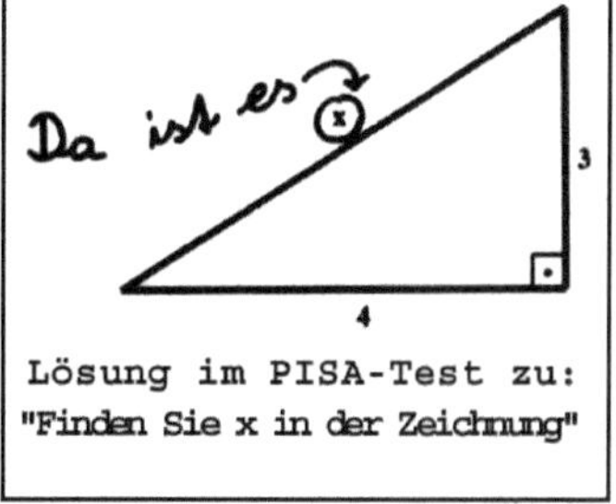

Lösung im PISA-Test zu: "Finden Sie x in der Zeichnung"

Um all unseren Schülern eine „gute" Bildung zu ermöglichen, machen wir die Schulen leichter, anstatt sie dem anzupassen, was die jetzigen Schüler in der realen Welt später brauchen. Diskussionen über die neuen Überforderungen der Schüler durch zu viel Zeitaufwand und Lernstoff nehmen sich davon nicht aus. Vielleicht sind die Schüler, die mit diesem Leistungspensum nicht zurechtkommen, ja ganz einfach auf der falschen Schule.

Das Bewertungssystem in unseren Bildungsinstitutionen ist inflationär. Jeder kann eine gute Schule besuchen und jeder kann gute Noten schreiben. Und wenn das jeder kann, dann sind die guten Noten nichts mehr wert.

Das Ziel des Staates ist es, seine Bürger möglichst gut auszubilden. Nun, auch ein, wie gerade angesprochen, inflationäres Bildungssystem schafft mehr Wissen in der Gesellschaft. Denn auch wenn gute Noten inflationär sind, unter dem Strich wird von der Gesamtheit der Schüler mehr gelernt. Aber ist das wirklich so? Schauen Sie sich die Abbildung zum Pisa-Test an!

Das universitäre Studium macht von dieser Entwicklung auch nicht Halt. Das Aufkommen von Studiengängen wie „Gebäudemanagement" oder „Fitnessökonomie" lassen eine veramerikanisierte Verblödung, die alles andere als auf virtuoses Können fokussiert ist, vermuten. Wenn es unser Anspruch ist,

Hausmeister und Fitnesstrainer in die universitäre Elite aufzunehmen, dann erklärt sich von selbst, dass wir in unseren Firmen lieber Vertrieb und seichtes BWLer „Money-Making" haben wollen als echte Innovation, Forschung und Entwicklung. Wahre Werte werden nicht durch Verkaufen, durch Telefon und Faxgeräte oder durch Bankgeschäfte geschaffen. Wahre Werte geschehen da, wo etwas entsteht, wo Wissen und Können in der wirklichen Welt zum Einsatz kommen. Das Entstehen ist das Wesentliche, nicht das „Herumschieben". Das zu verkaufen, was andere können, mag vielleicht den Einzelnen reich machen, eine große Gemeinschaft bringt es aber auf Dauer nicht weiter.

Wie uns das Fernsehen dumm gemacht hat

Irgendwann war es dann so, dass es das Fernsehen gab. Es war so um das Jahr 1960 herum, als die Fernsehgeräte breiten Einzug in die Haushalte hielten. Damit wurde das Fernsehen zum Massenmedium.

Um das Programm finanzieren zu können, wurde, ganz nach deutscher Vorliebe, eine Institution gegründet. Diese sogenannte „GEZ" – die Gebühreneinzugszentrale - war dafür verantwortlich, von jedem Deutschen, der ein Radio oder einen Fernseher besitzt, Geld zu kassieren. Dieses Geld verwendete man dann, um zum Beispiel die ARD mit Sendematerial zu versorgen. Ebenso gehen die ganzen öffentlich rechtlichen Sender wie der NDR oder der BR oder das RBB, oder wie sie alle heißen, auf die Geschichte der GEZ und deren Entscheider zurück. An sich war alles zusammen keine so schlechte Sache. Auch wenn sich jeder, den zum Beispiel ich persönlich kenne, immer und immer wieder darüber aufregt, dass man für den Mist, der im Fernsehen läuft, auch noch Geld bezahlen muss. Die ursprünglich tolle Sache ist nämlich die, dass diese Anstalten mit dem festen Geld und der Eingeschworenheit auf den deutschen Staat eine gewisse Integrität im Bezug auf Ihre Programmauswahl betreiben mussten. Man könnte diese Integrität auch als „Bildungsmission" bezeichnen.

Es gibt sogar heute noch ein „Überwachungskomitee", das aufpasst, dass in den öffentlich rechtlichen Sendern nicht absoluter Schrott ohne jegliche Bildungsinhalte gezeigt wird. Das Ganze führt zu dem Problem, welches Bildung und Überwachung immer unweigerlich mit sich bringen. Bildung und Kontrolle sind langweilig. Viel spannender waren schon immer purer Spaß und niveaulose Unterhaltung.
Und das genau war die neue Mission des Privatfernsehens in Deutschland, welches 1984 nach einigen Gesetzesänderungen an den Start ging. Natürlich hatte sich die neue Welle der privaten Fernsehsender nicht absichtlich der Niveaulosigkeit verschrieben, sondern natürlich der kapitalistischen Dynamik des Geldes. Privatfernsehen ist nicht wie das öffentlich rechtliche Fernsehen dazu da, um die Menschen zu informieren und zu unterhalten. Privatfernsehen ist dazu da, möglichst viel Geld zu verdienen. Geld verdient man immer, indem man möglichst viel Geld einnimmt und dabei gleichzeitig möglichst wenig Geld ausgibt. (Wenn ich es mir recht überlege, dann sollte man unsere derzeitigen Topmanager in den Deutschen Großkonzernen mal fragen, ob sie diesen trivialen Lehrsatz schon einmal gehört haben. – Geld verdient man, indem man möglichst viel Geld einnimmt und dabei gleichzeitig möglichst wenig Geld ausgibt. – Nachhaltigkeit ist natürlich etwas anderes.) Beim Fernsehen bedeutet Geld einzunehmen zuerst einmal, dass man hohe Zuschauerzahlen hat. Hat man hohe Zuschauerzahlen, so bekommt man für die im eigenen Programm geschaltete Werbung mehr Geld als man für weniger Zuschauer bekommen würde. Natürlich kann man auch versuchen, durch ein Mehr an Werbung die fehlenden Zuschauerzahlen auszugleichen. Dabei ergibt sich jedoch irgendwann ein zunehmend sinnloser Umkehreffekt. Denn wenn irgendwann bloß noch Werbung läuft, schaltet auch irgendwann gar keiner mehr ein. Folglich geht es beim Privatfernsehen in erster Linie um hohe Zuschauerzahlen. Und weil intellektuelle Bildung im durchdachten Konzept der öffentlich rechtlichen Sender als so langweilig empfunden wird, setzt das Privatfernsehen auf alles, was einfach nur Einschaltquoten bringt. Vollkommen egal, was das ist. Vollkommen egal. So setzt das Privatfernsehen auf primitive Reize, auf Hingucker. Da wären Blitzeffekte, Sex, Gewalt und schnelle Bildwechsel. Seit es Privatfernsehen gibt, haben wir uns daran gewöhnt, wie sich Frauen in engen Kölner Fernsehstudios live ausziehen, sich

erwachsene Menschen in einer nie da gewesenen Niveaulosigkeit beleidigen und wie sich junge Ehepaare über ihre sexuellen Praktiken und Vorlieben verbreiten. Und obwohl jetzt 24 Stunden am Tag gesendet wird, hat das Fernsehen anscheinend Zeit verloren. Wir haben uns gewöhnt an schnelle Schnitte, hastige und einfache Dialoge und wenig sorgfältig herausgearbeitete Geschichten und Figuren.

Dass es mit der Fernsehlandschaft so weit gekommen ist, liegt an einer Art sich selbst fortsetzenden Spirale. Anfangs fand man heraus, dass sich mit Blitzeffekten, Sex und Gewalt Einschaltquoten erzielen lassen. Weiter wusste man, dass alles Gezeigte eine stetige Variation zusammen mit einer fortgesetzten Steigerung aufweisen muss, denn nur wer ständig etwas Neues liefert, etwas, das das Alte alt aussehen lässt, kann sicher gehen, dass die Leute es bemerken und erneut hinschauen und einschalten. So dauerte es auch nicht lange, bis sich die Leute an den neuen Stoff gewöhnt hatten und er zum normalen Alltag gehörte. Wir erinnern uns an die damalige Einführung des Begriffes „sich outen", wie anstößig das doch war. Jetzt ist die Zeit eine andere und wer „sich outet" wird schon lange nicht mehr schief angeschaut.

Es ergaben sich also zwei Veränderungen. Zum einen fand eine Veränderung in der Programmwahl des Fernsehens statt, zum anderen unterlag die Gesellschaft selbst einer Veränderung. Das Fernsehen passte sich daraufhin in einem kontinuierlichen Prozess der sich verändernden Gesellschaft an, und so kam es in der sich selbst fortsetzenden Spirale zu einer dramatischen Entwicklung. Was in der Gesellschaft passierte, und was dort immer noch passiert, halte ich persönlich für den gravierendsten Rückschritt der modernen Welt. Die Welt, in der wir profitorientiertes Privatfernsehen konsumieren, unterliegt einer stetigen Verdummung. Oder wer würde schon behaupten, dass man von Blitzeffekten, Sex und Gewalt im Fernsehen etwas lernen könne? Wer würde behaupten, dass man Werte, Ideologien und Lebensweisheit oder Orientierung und Frieden aus Sendungen schöpfen kann, die sich Programmmacher einzig mit der Zielsetzung ausgedacht haben, damit sie auf die primitiven Reize der Menschen abzielen? Diese Programme wurden nicht mit dem Zweck erschaffen, um die Menschen reifer werden zu lassen, sondern einzig und allein, damit sie hinschauen und einschalten.

Wussten die Kinder vor dem Fernsehen, was „cool" war? Saßen die Kinder damals auch schon daheim in ihren Zimmern, unternahmen nichts, spielten nicht mehr draußen in der Natur, nur weil sie das plötzlich nicht mehr „cool" fanden?
Damals gab es noch keine Hip-Hop-Rapper im Fernsehen, und man konnte sich nicht kleiden und sich geben wie ein Rapper, eben weil man ja gar nicht wusste, was ein Hip-Hop-Rapper ist. Damals machte man das, was Spaß machte. Es war leicht, sich für etwas zu entscheiden, zu sagen „ich mag dieses und jenes". Damals durfte man sich noch für etwas begeistern. Heute geht das nicht mehr. Heute ist es schwieriger, Stellung zu beziehen und Persönliches Preis zu geben, denn das wäre nicht cool. Cool zu sein bedeutet unantastbar und unbeteiligt zu sein. Jemand, der cool ist, gibt keine Auskunft darüber, was er wirklich gern mag, höchstens darüber, was er denkt, was cool sein würde. Also machen die jungen Menschen heute lieber gar nichts mehr, aus Angst etwas anderes könnte nicht cool sein. - Man ist eben einfach nur cool. Und coole Leute gehen nicht zum Wandern, sie unternehmen nichts miteinander, sie sind nicht einmal mehr gern bei ihren Familien daheim. Coole junge Leute sitzen daheim vor dem Computer und vor dem Fernseher und haben nichts nötig.
Dabei handelt es sich um eine durchweg paradoxe Angelegenheit, denn um nichts nötig zu haben, brauchen diese Menschen andere Menschen! Denn sich nur hinzusetzen und cool zu sein würde nicht funktionieren, wenn da nicht die anderen wären, mit denen man sich vergleichen kann. Cool zu sein bedeutet cooler zu sein als andere. Man braucht die anderen, um ihnen zu zeigen, dass man sie nicht nötig hat. Wären sie allerdings gar nicht da, würde die ganze Sache nicht funktionieren.

Früher haben sich die Leute über das identifiziert, was schön war, darüber, was sich gut angefühlt hat und was Spaß macht, jetzt geht es darum cool zu sein. Es hat sich ein anderer absurder Zusammenhang ergeben. Man könnte ihn als „falschen Individualismus" bezeichnen.
Früher hat man sich über eine Gruppe identifiziert, heute versucht man, sich durch den Abstand zu definieren. Früher war man jemand, eben weil man einer Gruppe angehörte. Man bezog aus der Zugehörigkeit zu einer Gruppe

seine Stärke. Im Zeitalter der Coolness hingegen ist das anders, jetzt beziehen die Leute ihre persönliche Besonderheit dadurch, dass sie versuchen mit aller Gewalt anders zu sein als alle anderen. Sie versuchen hier und da ein bisschen ausgeflippter, verwegener, bekiffter, wohlhabender, zickiger, oder einfach nur cooler und anders zu sein. Man versucht, durch die Abgrenzung von den anderen jemand Besonderes zu sein. Man bezieht die Stärke daraus, dass man anders ist, nicht dadurch, dass man so ist wie die, die so sind wie man selbst. - Ein falscher Individualismus. - Diese Dynamiken führen tatsächlich in allen Altersstufen zu einer paradoxen Vereinsamung. Denn um den eigenen Individualismus funktionsfähig zu halten braucht man, so merkwürdig es auch klingt, den Kontakt zu den anderen. Individuell zu sein bedeutet individuell zu sein vor den anderen und im Bezug zu den anderen. Trifft man jedoch keine anderen, im Bezug zu denen man sich abzeichnen könnte, so ist es nicht möglich, dem eigenen Drang nach Individualismus genüge zu tun. Der moderne Mensch tendiert dazu, sich ständig mit Menschen zu umgeben, die er jedoch nicht als seinen Ruhepol als Gruppe sieht, sondern gegen die er eine Art Bestätigungskampf führt. Er lebt unter dem auffälligen Zwang, sich als anders oder als besser sehen zu wollen. Paradoxerweise braucht er dazu die anderen, um sich gegen diese anderen zu distanzieren. So erlebt man Menschen, die nicht alleine sein können, immer auf Achse sein müssen, immer in ständigen Kontakt mit anderen Menschen stehen müssen und dennoch die Menschen um sie herum nicht gern haben und sie achten, sondern bei Kontakt immer blasiert und arrogant und distanziert sind. Man fragt sich, weshalb sie nicht einfach allein zu hausen bleiben, wo sie doch keine wahre Unterhaltung mit anderen Menschen suchen und die Menschen, die sie treffen, ja offensichtlich gar nicht mögen. Die Erklärung hierzu ist, dass sie die anderen Menschen brauchen, um sich von ihnen abzuheben. Sich abzuheben von etwas funktioniert natürlich nur dann, wenn auch etwas zum sich Abheben vorhanden ist. Die sozialen Kontakte sind also im Vergleich zu früher nicht weniger geworden, aber ihre Qualität und ihre Zielsetzung haben sich gänzlich gewandelt. Soziale Kontakte sind nur noch Mittel zum Zweck und nicht der Zweck selbst.

Wo bringt uns all das hin? Schon jetzt sitzen die Generationen, die in Zukunft unser Land regieren, oder zumindest erhalten sollen, was wir heute schaffen, allein daheim vor dem Computer und dem Fernseher und sind gelangweilt. In einer Zeit, in der in den westlichen Ländern alles möglich ist, jeder alle Chancen hat, und in der es niemandem an etwas fehlt, fällt den Jungen nichts anderes ein als allein daheim zu sitzen. Das Resultat aus all den heutigen Möglichkeiten ist nicht etwa Stress, sondern Desorientierung und Langeweile. In den letzten Jahren stiegen unter Jugendlichen der Drogenkonsum, der Vandalismus und die Zahl derer, die die Schule abgebrochen haben. Und Diese Entwicklung wird weiter gehen.
Und bei allem war das Privatfernsehen alles andere als unschuldig. Natürlich war es nicht das Fernsehen allein, aber cool hat es uns alle schon gemacht. Zumindest wissen wir jetzt, was „cool" überhaupt bedeutet.

Vielleicht wird es in den kommenden Jahren eine Art Umkehr geben. Nicht von allen Menschen, aber hoffentlich doch von einigen. Vielleicht kommen mehr und mehr junge Menschen dahinter, was ihnen wirklich Spaß macht, was schön ist und was für wunderbare Dinge uns diese Welt bieten kann.
Aber dieser Wandel wird mit Sicherheit nicht von der soziologischen Bildungsmission von Musiksendern ausgehen.

Stetige Beschleunigung

Es geht um die ständig zunehmende Hektik und den andauernd steigenden Stress in der heutigen Zeit. Schauen wir uns doch als Nächstes an, was es mit der stetigen Beschleunigung von Transport und Kommunikation und ihren Auswirkungen auf sich hat. Schnellere Fahr- und Flugzeuge lassen uns immer weitere Strecken in kürzerer Zeit zu immer geringeren Kosten überwinden. Je mehr Dinge (Personen, Waren oder Daten) sich aber gleichzeitig fortbewegen wollen, desto geringer ist jedoch als erste Folge ihre gesamte Durchschnittsgeschwindigkeit. Der Grund ist, dass es durch Überlastung der Infrastruktur zu Staus kommt. Technologisch kann man dieses Phänomen in einigen Bereichen sehr gut, in anderen Bereichen eher schlecht bis überhaupt nicht beseitigen.

Das Internet wird beispielsweise von immer mehr Teilnehmern mit immer noch größeren Datenmengen genutzt. Trotzdem wird die Durchschnittsgeschwindigkeit von Datenaustauschen stetig erhöht, denn seine Struktur wird immer weiter in ausreichendem Maße ausgebaut. Anders sieht es zum Beispiel bei der Verfügbarkeit des Straßensystems aus. Offensichtlich ist die Kosten-Nutzen-Struktur beim Internet eine gänzlich andere als die des Straßensystems. Auf dem Straßensystem kommt es zu Staus und das Internet wird ständig schneller.
Was wir als Globalisierung bezeichnen, ist, wenn man so will, ein schrumpfen des Raumes durch die steigende Geschwindigkeit. Früher hat es Wochen gedauert, um mit einem Schiff von Europa nach Amerika zu gelangen, heute genügen wenige Stunden Reisezeit mit einem Flugzeug. Aber viel mehr noch wurden die Schwierigkeiten von Entfernungen durch neue Kommunikationsmöglichkeiten geschmälert und so haben wir heute das Fax, das Telefon, die Emails und vieles mehr. Alle diese zielgerichteten Kommunikationsmedien (normales Fernsehen ist dagegen zum Beispiel nicht zielgerichtet) geschehen quasi ohne Zeitverzögerung. Es spielt also aus Sicht des Zeitaspekts keine Rolle mehr, ob ein Kommunikationsteilnehmer im benachbarten Ort oder auf der anderen Seite der Welt sitzt. Durch die Verfügbarkeit von Geschwindigkeit sind die Entfernungen geschrumpft. Die Welt ist also zusammengerückt und kleiner geworden.

Eine Folge dieser, wenn man es so ausdrücken will, „Verkleinerung des Raumes", führt unweigerlich zur Ausbildung von räumlich weit verzweigter Vernetzung. Früher kannte man die Leute im Ort und machte mit ihnen Geschäfte, heute dagegen macht man in der Regel Geschäfte mit global vernetzten Strukturen. – Wer nicht selbst Emails mit Asien austauscht, tätigt beispielsweise zumindest Bankgeschäfte mit der Hausbank, die als Refinanzierungsstruktur globale Investitionen getätigt hat. Und selbst der Supermarkt um die Ecke, in dem wir unsere Kekse und unseren Joghurt kaufen, ist zu einem großen Teil fremdfinanziert, und das über Banken. Die Vernetzung ist also allgegenwärtig. – Das ist die Globalisierung, und natürlich noch sehr viel mehr.

Es sind aber nicht nur die Kommunikation und der Transport, die sich beschleunigen. Es sind auch die kulturellen Grundzüge selbst, die zu mehr Geschwindigkeit tendieren. Vielleicht ist der stetige Trend nach mehr Abwechslung ja bedingt durch die Auswirkungen der Kommunikation und der Vernetzung, die ja selbst auch nach immer steigender Geschwindigkeit fordert, vielleicht ist es das Fernsehen, das versucht mit immer noch mehr Effekthascherei und immer noch schnelleren Bildwechseln immer noch mehr dümmliche Inhalte in immer noch kürzerer Zeit auf unsere Bildschirme zu bringen, vielleicht ist es aber auch nur eine Art Mode.
Sicher ist jedoch, dass Beziehungen immer kürzer halten, dass Menschen öfter als früher ihren Wohnsitz wechseln, dass sie sich immer öfter neue Dinge kaufen. Kleidermoden wechseln schneller, Designvorstellungen halten nur noch ein paar Jahre und Menschen bleiben in der Regel nur ein paar Jahre in derselben Arbeitsstelle. Leute bleiben keine vier Wochen mehr an einem Ort im Urlaub, das wäre zu langweilig. Stattdessen geht der Trend zu Kurztrips und daheim auf der bequemen Bank im Park bleibt niemand mehr lange sitzen, man könnte ja etwas verpassen.
Außerdem ist irgendetwas geschehen, das uns im fragwürdigen Glauben lässt, immer zu wenig Zeit zu haben. Und, in der Tat, die Zeit ist knapper geworden. Wir haben weniger Zeit. Deswegen streben wir selbst und deswegen strebt alles danach, dieser Zeitknappheit durch Beschleunigung beizukommen. Wir erleben Zeit immer mehr als Mangelware. Das ist angesichts des technischen Zeitgewinns durch immer mehr Möglichkeiten des effektiven Arbeitens und des Zeitsparens eine paradoxe Situation. Das Gefühl bei allem, was wir tun, immer ein wenig spät dran zu sein wird zur modernen Grundbefindlichkeit. Es ist ein Phänomen, das sich mit wachsendem Wohlstand unaufhaltsam zu vermehren scheint.

Aber wie kann sich die Zeit verknappen, wenn wir doch immer schneller und effektiver arbeiten und kommunizieren können? Das beste Beispiel liefert uns die Erfindung des Emailverkehrs. Nehmen wir an, es dauert im Vergleich zum Briefeschreiben nur halb so lange, eine Email zu verfassen und sie zu versenden. Bei gleicher Anzahl von Korrespondenzen halbiert sich damit die Zeit, die wir für ihre Erledigung täglich einsetzen. Eigentlich müssten wir

schneller mit unseren Emails fertig sein, als wir mit dem Briefeabarbeiten fertig gewesen wären. Anscheinend ist dies aber nicht der Fall, denn dummerweise haben alle unsere Korrespondenzen ebenfalls Emailprogramme im Einsatz. Wir sind nicht die Einzigen, die schneller geworden sind. Also führt diese Effektivitätssteigerung zum Ausbilden einer globalisierten Vernetzung, die zu immer mehr Korrespondenzen in immer kürzerer Zeit führt. Die eingesparte Zeit führt also nicht zu mehr Freizeit, sondern die höhere Effektivität erzeugt mehr Geschwindigkeit an sich. Das Mehr an Geschwindigkeit führt zu mehr Arbeitsaufkommen an jeder Stelle, was in dieser Art mit einer langsameren Kommunikationsart niemals möglich gewesen wäre. Gehen wir also davon aus, dass sich unsere Korrespondenzen nicht verdoppeln, sondern vervierfachen, so sitzen wir als Resultat doppelt so lange an unseren Emails, obwohl wir sie in der halben Zeit im Vergleich zu unserer früheren Briefpost beantworten können.
Alles, was wir also tun können, ist, unsere eigene Geschwindigkeit weiter zu erhöhen. Und das in dem Maß, wie es unsere Kommunikationspartner auch tun. Da die Konkurrenz nicht schläft, wird uns allen keine andere Wahl bleiben, als in der Spirale der ständigen Beschleunigung bestmöglich mitzuwirken.

Selig sind die, die Zeit haben. Die Anderen laufen auf ihren Kollaps zu.

Gelassenheit und die Entschleunigung

Und was bringt uns denn die ganze Hektik? All diese Geschwindigkeit? Wer glaubt denn noch, dass das Leben besser geworden ist, nur weil uns all diese technischen Spielereien die Möglichkeit gegeben haben, immer mehr Dinge in immer kürzerer Zeit zu erledigen? Wir können heute so viele Dinge von nahezu jedem Ort aus und zu jeder Zeit, 24 Stunden lang, erledigen. – Aber wer denkt denn, dass ihn sein ach so wichtiger Status weiter gebracht hat und wer glaubt wirk-

lich daran, dass derjenige zu beneiden ist, der so wichtig ist, dass dauernd sein Telefon klingelt, weil Leute etwas von ihm wollen?
Der wahre Gewinner ist derjenige der durch nachhaltige und clevere Entscheidungen Dinge bewegt, ohne dabei viel Hektik zu erzeugen. Menschen, die reden, um des Redens willen, und Menschen die Handeln und rennen, weil sie nie gelernt haben, ruhig zu sein und zu überlegen, bevor sie etwas tun, sind die Verlierer. Was macht es denn für einen Sinn, aktiv zu sein, wenn man sich vorher nicht gewissenhaft überlegt hat, was man eigentlich erreichen will?
Aber diese Frage geht noch ein Stückchen weiter: Was bringt es denn eigentlich, wenn man dauernd etwas Zusätzliches erreicht? Was ist denn so falsch an dem, was man jetzt schon hat, an dem, wo man jetzt schon ist, an dem, der man jetzt schon ist? Muss man denn immer irgendwo hin? Ist es denn da, wo wir sind, nicht gut genug? Reicht denn das, wo wir sind, nicht schon vollkommen aus? Wer von uns muss sich denn wirklich beklagen?

Es gibt dafür ein Wort: „Zivilisationsprobleme“. Auch wenn dieses Wort heutzutage ein wenig abgedroschen erscheint, so sollte es einem doch zu denken geben. Krankheiten wie Diabetes, Herzinfarkte oder Lungenkrebs kommen vorrangig daher, weil es uns zu gut geht. Schauen wir uns doch unsere fetten und dummen Kinder an, die den ganzen Tag vor dem Fernseher oder ihrer Playstation sitzen und denen nichts anderes mehr einfällt, als cool zu sein.
Wir haben vergessen, was es heißt, in der Natur zu sein, Zeit mit den Menschen, die wir lieben, zusammen zu verbringen und zu genießen, was wir sind. Wir verwechseln Aktivität mit Effektivität und wir rennen weil wir nicht wissen wohin! Irgendwas veranlasst uns dazu, uns nicht wohl zu fühlen. Und weil wir nicht wissen, was es ist, weil wir es nicht verstehen, deshalb versuchen wir dieses Gefühl zu beseitigen, es zu ersticken durch Fortbewegung. Dabei macht genau die Steigerung, genau die zunehmende Geschwindigkeit, das Problem nur noch schlimmer. Denn genau sie ist das Problem.

Vielen weisen Leuten sind diese Zusammenhänge schon aufgefallen. Sie schreiben sie in Bücher mit esoterischen wie mit theologischen Titeln. Und ich schreibe sie auch in mein Buch.
An einer Wand in meinem Arbeitszimmer hängt mit großen Lettern ein Schild auf dem steht: „Gelassenheit". Immer, wenn ich es sehe, muss ich ein wenig grinsen. - Aus Zynismus. Ich bin ein zynischer Mensch, und zwar ein überzeugter. Ich bin sogar der Meinung, dass einzig der Zynismus das ist, was in der heutigen Zeit noch wirklich Spaß macht, in der heutigen Zeit, in der sich in unseren Breiten alles und wirklich alles um wirklich unwichtige Dinge dreht. - Für die wichtigen, für die wirklich wichtigen Dinge bleibt nämlich eigentlich gar keine Zeit mehr.
Wer die Freizeit nicht dazu benutzt, sich auszuruhen, sich zu besinnen, seine Gedanken zu filtern, dann die gesammelte Ruhe zusammen mit den Menschen, die er liebt, in der Natur verbringt, ist schlichtweg ein Idiot.
Aber was tun die Menschen? - Sie treffen sich in ihrer Freizeit in lauten und hellen Einkaufszentren, gehen dort hin, wo alle hingehen, nicht um sich zu entspannen, sondern um immer weiter sinnlosen und wertlosen und billigen Input in ihre orientierungslosen Köpfe hinein zu bekommen. Die Leute denken, sie müssten jede Minute Freizeit möglichst mit irgendetwas füllen, und wenn einmal ein kleines bisschen mehr Zeit übrig bleibt, dann muss man auch diese wenige Zeit noch mit möglichst vielen Dingen füllen. In jedem anderen Fall hätte man das Gefühl etwas zu verpassen.

Ich selbst denke täglich über mein eigenes Grinsen beim Blick auf das "Gelassenheit"-Schild in meinem Arbeitszimmer nach. Warum finde ich das eigentlich so zynisch? Wieso finde ich es nicht langweilig? Nun, offensichtlich weil ich im Moment alles andere als gelassen bin. Und ist es denn in der heutigen Zeit überhaupt noch schick, gelassen zu sein? Ist es in unseren Breiten nicht viel eher angebracht zu jammern und zu leiden und den anderen vorzuheulen, wie ungerecht alles überall ist? - Unsere Probleme sind alle hausgemacht. - Würde es uns alle gar nicht geben, wären auch keine Probleme mehr da. - Wir denken, wir müssten immer fit und gut drauf und erfolgreich und schön sein. Aber wen bitte interessiert das?

Mit dem Alter kommt die Weisheit. – Daran glaube ich nicht. Wer mich fragt, der erhält die Antwort, dass mit dem Alter nichts kommt als vielleicht das Alter selbst. Weiser und vernünftiger werden die wenigsten. Aber eines stellt sich mit dem Alter ein, und das ist die Ruhe und die Gelassenheit. Es stellt sich die Fähigkeit ein, sich nicht mehr aufregen, oder zu Neudeutsch, sich „stressen" zu lassen. Und sich nicht „stressen" zu lassen, sondern immer Herr der Lage zu bleiben und die Kontrolle zu bewahren, das ist ein wahrhaftiger Fortschritt. Es ist eine Tugend, die ganze Geschwindigkeit und all die Hektik und den ganzen Stress einfach links liegen zu lassen und in Ruhe zu überlegen, was zu tun ist, um dieses dann mit voller Energie auch zu tun. Das ist die Gelassenheit, und ich bin ein Fan von ihr.

Ein anderes Wort, das aus dem Land kommt in dem die Gelassenheit erfunden wurde lautet „Entschleunigung". Das Wort „Entschleunigung" stammt aus der Schweiz. Entschleunigung bedeutet also, die Dinge langsamer und mit weniger Stress und Hektik zu tun, und dabei gewissenhafter zu sein. Logisch, denn durch Vermeidung von Stress und Hektik ist es leichter, sich zu konzentrieren. Entschleunigung bedeutet auch, die nicht so wichtigen Dinge einfach weg zu lassen und sich auf das Wesentliche zu konzentrieren. Das fängt damit an, statt Fast Food mittags etwas Vernünftiges zu essen („Slow-Food", siehe die Abbildung mit der Schnecke - das Symbol der Slow-Food-Bewegung), und endet damit, eben einfach einmal einen Auftrag abzulehnen, einen privaten Termin sein zu lassen, oder, wenn der Körper das fordert, einem ganzen Tag daheim auf der Couch zu bleiben und nichts zu tun. Die Devise lautet: „Auch mal nein sagen und sich gern haben lassen." - Woher stammt denn die Idee, dass wir immer und zu jeder Zeit so schrecklich aktiv sein müssen? Müssen wir das? Rentiert sich das unter dem Strich für uns wirklich?

Kontemplation, Meditation und die Hingabe zur Muse sind so verkehrt gar nicht. Diese Wörter bedeuten beten, in sich gehen und nachdenken und sich den eigenen Fähigkeiten künstlerisch und spielerisch hingeben. Irgendwann einmal hat ein einfacher Mann in seiner Bauernschläue gesagt: „In der Ruhe liegt die Kraft." oder „Wenn es viel wird, dann gehe langsamer." oder „Konzentriere dich auf das Wesentliche." - Es liegt viel Weisheit in diesen alten und abgedroschenen Phrasen.

Der Ruhepol des Einzelnen kann nur das Selbstwertgefühl sein. Etwas anderes wird es nicht geben. - Wem die persönliche Stärke fehlt, an sich und die eigenen Überzeugungen zu glauben, der kann nicht ruhig sitzen bleiben. Wer sich selbst nicht sicher ist, bei dem, was er tut, der wird den immerfort währenden Drang zu Aktivismus haben, der muss sich bewegen, auch wenn er gar nicht weiß, wohin. Ich bezeichne dieses Verhalten als „Rennen". – „Sie rennen, weil sie nicht wissen, wo ein, wo aus."
Das Rennen ist keine gesunde Aktivität, sie folgt keinem höheren Ziel, sie ist nicht ruhig und klar mit einer ganzheitlichen Idee durchdacht. Rennen ist blind, schnell, und ungerichtet. Wer rennt, der rennt um des Rennens Willen. Die Richtung und das Ziel sind zweitrangig, er rennt nur, damit er nicht still sitzen muss, weil er nicht still sitzen kann. Operativer Aktivismus. - Und so sind sie eines Tages ausgebrannt und deprimiert und hilflos. Zweck, Ziel und Überzeugung fehlen, weil über so lange Zeit die Gedanken gefehlt haben und jetzt keine Ideen mehr übrig sind.
Manchmal bringt es mehr, sich einfach einmal einen Nachmittag hinzusetzen und die Klappe zu halten, als immer und immerzu zu reden und zu versuchen, das zu bekommen, von dem man gar nicht genau weiß, was es ist oder wozu es gut sein soll.

Natürlich sind dies meine persönlichen Eindrücke. Diese hektische Welt ist die Welt, in der ich selber lebe. Sicher bin ich mir durchaus bewusst, dass es viele Menschen gibt, die eben nicht in dieser Welt leben. Millionen sind arbeitslos oder faul oder interesselos oder empfinden kein Streben oder keine Muse irgendetwas tun zu wollen. Für diese Menschen ist es vollkommen OK, den ganzen Tag mit irgendwelchen sinnlosen Dingen zu füllen. Genauso, wie es einem kleinen Hamster offensichtlich Spaß macht, in seinem Laufrädchen mit seinen kleinen Beinen putzig herumzustrampeln, macht das Leben diesen Menschen auf irgendeine Art Spaß. Oder, was mir sehr viel wahrscheinlicher erscheint, diese Menschen denken erst gar nicht darüber nach. Sie denken über solche Dinge gar nicht erst nach. Sie machen ihr ganzes Leben lang Dinge, über die sie nicht nachgedacht haben. Sie entscheiden nach der Richtlinie: „Weil man das eben so macht." Entscheider sind also irgendwo das Elternhaus, das zuallererst geprägt hat, und dann das Umfeld. Diese Menschen selbst wissen nicht, warum sie tun, was sie tun, es interessiert sie eben einfach nicht. Dass alles auch ganz anders sein könnte, ist ihnen nicht bewusst. Für diese Menschen gelten diese Regeln nicht, und sie leben in einem Paralleluniversum. Ich persönlich bezeichne diese Menschen immer als Ameisen. Ameisen denken auch nicht darüber nach, was sie tun, sie tun es eben einfach, ohne Hirn. Und es scheint in der Tat so, als funktioniere so die ganze Welt. Aber wer will schon Teil der großen dummen Welt sein und dabei nicht riskieren, irgendwo doch etwas Besonderes zu sein? Wir sind doch alle anders, oder? Sie, lieber Leser sind doch wohl auch anders, oder?

Falscher Individualismus

In der Zeit, in der wir leben, hat jeder von uns schier unzählige Möglichkeiten, sein Leben zu leben und sich persönlich zu entfalten. Jeder von uns unterliegt jeden Tag abertausenden Einflüssen und Beeinflussungen. Fernsehen (insbesondere das Privatfernsehen) und andere schnelle Medien wie das Radio oder andere durchdringende Medien wie das Internet bringen uns in marketingtechnischer Perfektion eine immense Vielfalt an Möglichkeiten so nahe wie nie zuvor. Uns wird zu jeder Minute vorgeführt, was es alles gibt und was man alles tun kann.

Diese mit Einflüssen und Beeinflussungen überfüllte Welt führt zu dem ständigen Drang des Einzelnen, sich individuell entfalten zu müssen. Sicher ist Individualität eine dem Menschen zutiefst innewohnende Eigenschaft, aber fraglich ist das gesunde Maß der Ausprägung. Ganz genau so, wie wir Menschen bei genügend hohem Angebot an kalorienreicher Nahrung dazu tendieren, uns fett und krank zu fressen, so tendieren wir bei einem Überangebot an Individualismus genauso dazu, entsprechend überindividuell zu werden. Die Auswirkungen dessen sind oft fatal. Wir vereinsamen, wir suchen unsere Stärke über die Unterschiede zur Gruppe, und wir erhalten eine verzerrte

Wahrnehmung von der Welt und von uns selbst. Identität ist für junge Menschen in der heutigen Zeit das große Problem, und es kommt zu merkwürdigen Erscheinungen. Bei einem Überangebot an Möglichkeiten und Einflüssen kommt es bei unserer Jugend nicht etwa zu blindem Aktivismus und selbstproduziertem Stress, sondern es kommt zu Langeweile! Die jungen Menschen sitzen lieber in der sicheren Abgeschiedenheit des heimischen Wohnzimmers und beschäftigen sich mit der Computerspielekonsole oder „chatten" mit ebenso langweiligen Halbwüchsigen in „Foren", im Internet, in ihren Kinderzimmern, als dass sie die unzähligen Möglichkeiten der heutigen Zeit nutzen. – Wir bringen so eine ganze Generation von grandiosen Langweilern oder vollkommen Irren hervor. (Die normalen Ausnahmen natürlich nicht mitgerechnet.)

Es gibt Theorien, dass wir durch das hohe Angebot an Einflüssen und Informationen zu einer ständig neurotischer werdenden Gesellschaft mutieren. Der Mechanismus ist der, dass jeder für sich persönlich aus einem großen Angebot andauernd auswählen muss was ihm individuellerweise am besten entspricht. Die Auswahl ist zu groß, als dass man sich schnell entscheiden könnte. So wie der junge Mensch seine Identität finden muss, so müssen wir, die wir in dieser modernen Zeit leben, uns täglich dem ganzen Wust an Einflüssen stellen und ständig für uns selbst entscheiden, wie wir sein wollen. – Dadurch, dass wir immer und immer wieder gesagt bekommen, dass es da noch ganz andere Möglichkeiten der persönlichen Identität geben würde, wird implizit das, wie wir sind, in Frage gestellt. – So wie man einer Frau besser nicht sagt, dass sie doch mal den braunen anstatt immer nur der blauen Rock anziehen soll, reagiert ein kleiner Teil in unserem Gehirn bei der ständig wirkenden Beeinflussung entsprechend. – „Wie du bist, ist kritikwürdig und vielleicht falsch!" – So denkt ein Teil unseres Unterbewussten. Eine solche Selbstbetrachtung führt zu einer stetigen „Entwertung". Die zahlreichen Einflüsse unserer Umwelt geben uns Grund zur Selbstkritik. Selbstkritik hat immer einen verunsichernden Charakter und eine schwächende Wir-

kung. Jede Entwertung, die stark genug ist, führt zu neurotischen Symptomen. Die Neurotik der Neuzeit kommt von der medialen Welt, so die Theorie. Wie erinnern uns an den New Yorker Großstadtneurotiker Woody Allen.

Kennen Sie das Buch „Die unerträgliche Leichtigkeit des Seins“ von Milan Kundera aus dem Jahr 1984? Es ist eine Geschichte über verworrene Liebschaften, Frauen und den Kalten Krieg vor dem speziellen Hintergrund des Prager Frühlings. Jedoch unter dem Strich kommt immer wieder die komplexe Paradoxie hervor, dass es unerträglich scheint, wenn man frei, absolut frei sein kann. Wenn man das Leben als leicht sehen kann, ungezwungen, dann kann dieses Leben gleichermaßen unerträglich sein. – Es ist eine literarische und äußerst gelungene, poetische Allegorie, jedoch durchaus passend in philosophischer Hinsicht. Die freie Wahl kann auch zum Fluch werden, wenn wir zu viel davon haben.

In unserer Zeit sind wir umgeben von einer ständigen Vielfalt von allem. Ob es nun 50 Privatsender im Fernsehen sind, 20 verschiedene Sorten Frühstücksflocken im Supermarkt oder die Möglichkeit, zwischen zig Varianten an Sonderausstattung beim Kauf eines neuen Automobils zu wählen. Offensichtlich trägt diese Vielfalt, in Kombination mit anderen kulturellen Erscheinungen der jüngsten Zeit, dazu bei, dass die Mechanismen zur Stabilisierung des Selbstwertgefühls des Einzelnen einer Veränderung unterliegen. Vor sich selbst wertvoll zu sein erreicht man nur noch über andere Wege, als man es früher tat.

Früher war man Teil von etwas, jetzt versucht man gerade eben dadurch, dass man nicht Teil von etwas ist, etwas Besonderes zu sein. Die Abgrenzung ist also wichtiger als das Dazugehören. Allmählich stattgefunden hat die Veränderung in der Dynamik des Selbstwertgefühls durch den steigenden Kommerz, die allumfassende Durchdringung der Massenmedien und, wie schon gesagt, durch die Einführung des Privatfernsehens. Was früher einfach so war, wie es war, wurde jetzt entweder neu kennen gelernt oder anders bewertet. Sehr findige Köpfe in Marketingabteilungen von sehr pfiffigen, kommerzorientierten Firmen fingen an, Trends zu streuen, welche sich ausbreiteten, Anklang fanden und ihre Botschaften und Stimmungen weiter gaben und zum weit reichenden Ausblühen von Veränderung führten. Der Kommerz prägt in einer nie da gewesenen Fülle, Durchdringung und Mächtigkeit unsere Welt. Es sind die Massenmedien, die so vieles so schnell verändern. Und der krankhafte Drang zum Individualismus findet sich in so vielem. Extreme Kleidermoden oder die unterschiedlichsten, quasi-individuellen Wahlmöglichkeiten beim Kauf eines neuen Mobiltelefons. All dies ist aber so individuell gar nicht, sondern nur eine Art vorgegebene und industrielle Retortenindividualisierung. Sie baut selten auf wirklichen Überlegungen auf, sondern die Menschen suchen sich aus in den immer gleichen Geschäften die Massenware aus, von der sie meinen, sie würde sie individuell machen. In Wirklichkeit tappen sie wie alle anderen auch nur dem Zeitgeist des modernen Massenmarketing hinterher.

Die hier dargestellten Dynamiken wirken in jedem von uns. Sie sind Tatsachen, wenn auch nicht immer in drastischer Ausprägung. Jedoch, auch wenn sie nur in abgeschwächter Weise wirken, so macht ihr Vorhandensein sie nicht weniger bedenklich. Und so möchte ich an dieser Stelle jeden einzelnen Leser dazu anhalten, sich selbst in seinen Handlungen, Einstellungen und im Denken zu beobachten. Wo liegt der Einfluss der Medien? Und was von dem, was ich denke, stammt aus der „echten" Welt? Wo tendiere ich zur Gruppe? Und wo tendiere ich zum Individualismus? Ist dieser Individualismus ein guter, oder ein falscher?

Kann man diesem kranken Phänomen unserer Zeit entgegenwirken? Kann man etwas tun? - Die Antwort muss umfangreich und schwierig ausfallen. Und niemals kann man sich sicher sein, den richtigen Ausweg gefunden zu haben. Heutzutage ist es wichtiger denn je, unserer Jugend eine Perspektive zu geben, ihnen die Möglichkeit zu geben, für sich einen persönlichen Sinn zu erkennen. Die Orientierungslosigkeit ist das Übel, das es zu bekämpfen gilt. - Jeder braucht eine Aufgabe, jeder braucht die Chance, etwas gut zu machen und in etwas Erfolge feiern zu können. Die Person muss gestärkt und in Sicherheit bewahrt werden. Werte werden wichtiger denn je, denn Werte verbinden.

Globaler Zynismus

Es ist ja schon faszinierend wie viel Buchmaterial es zu Themen wie Motivation, Führung, Management, Selbstmanagement, Selbstführung, Selbstmotivation und dergleichen gibt. Einer, der in Deutschland bekannten Online-Buchversender bringt es im Bereich Business auf mehr als 45.000 Bücher. Sicher ist die Dunkelziffer noch ein gutes Stück höher.

Ich finde diese Business-Bücher ja immer sehr interessant. Allein schon der Stil ist toll. Diese Bücher sind nämlich so gut wie alle gleich. Wissen (nicht Information) ist reduziert auf ganz klare und einfache Kochrezepte. Und zwar ist es so komprimiert und so einfach aufbereitet, dass es sogar ein Depp verstehen würde. Ich habe viele tolle Weisheiten aus diesen Büchern übernommen. Und oft bietet ein Anlass auch für mich ab und zu die Möglichkeit, wieder einen der schlauen Sprüche los zu lassen.

Gegen Ende dieses Buches möchte ich nun noch eine kleine Weisheit über Fremdmotivation, Einstellung und Zynismus erzählen. Ich war einmal auf einer recht witzigen Aufführung eines Motivationstrainers. Seinen Namen weiß ich leider nicht mehr, und auch das, was er sagte, war nicht wirklich neu. Eindrucksvoll fand ich seine Fähigkeit ohne Zettel oder irgendwelche Unterlagen, nur mit seinem Headset-Mikrofon, fast vier Stunden lang einen ganzen Saal mit gut vierhundert Leuten zu unterhalten. Das muss ihm erst einmal einer nachmachen. Ich denke mir, dass man von einem Mann mit derartig ausgeprägten rhetorischen Fähigkeiten durchaus etwas lernen kann. Ich selbst besitze nicht die Fähigkeit, mich ohne irgendwas hinzustellen und es zu schaffen, dass mir 400 Leute ganze 4 Stunden zuhören.

In seiner 4 Stunden Performance sagte er natürlich alles Mögliche und auch vieles Unwichtige. Und daneben brachte er einen Punkt vor, der mir in diesem Zusammenhang besonders im Gedächtnis geblieben ist. Denn ich denke, dass hierbei ein großer Irrglaube vorliegt. Viele Menschen denken in diesem Punkt falsch, und meiner Meinung nach lag auch der Motivationstrainer völlig falsch. Es geht um Zynismus.

Der Motivationstrainer sagte, dass man von seiner inneren Einstellung her immer voll und ganz bei der Sache sein müsse. Man müsse immer positiv und mit Begeisterung über das, was man tut, denken. (Natürlich sagte er irgendwas in dieser Richtung. Er ist ja schließlich ein Motivationstrainer.) Er sagte, man könne entweder mit hängendem Kopf an eine Sache herangehen und sie dementsprechend irgendwie lustlos machen oder man könne mit geschwellter Brust und einem Lächeln im Gesicht dabei sein und auch andere Leute mitreißen. Durchaus sei es nämlich so, sagte er, dass auch zu schlechten Zeiten und in schlechten Branchen es immer wieder Personen und Firma gäbe, die genau dort, wo alle anderen jammerten, ihre großen Erfolge hätten. „Wie machen sie das?", frage uns der Motivationstrainer.
Und der Motivationstrainer ist hierzu der Meinung, dass diese Leute eben alle jene Typen sind, die jeden Tag voll und ganz in ihrer Sache aufblühen, alles andere um sich herum vergessen, und mit vollem Einsatz ihre Dinge tun und ihren Geschäften nachgehen. Deswegen sind sie erfolgreich.
Der Motivationstrainer sprach dann über das Gegenteil: Wenn nun also jemand nicht mit dieser absoluten Passion an die Sache heran geht, wenn er demotiviert ist, den Kopf hängen lässt und ständig der Meinung ist, dass das, was er macht, sowieso nie was Gescheites wird, dann, so der Motivationstrainer, könne dieser jemand auch nicht erfolgreich sein.

Ich bin da anderer Meinung. Denn wie wir im Kapitel zur klassischen Philosophie im Abschnitt „Sinnfindung" gesehen haben, münden viele der Fragen nach der grundlegenden Bedeutung in einer Art globalem Zynismus. Und sind es nicht Bedeutung und Sinn, die uns motivieren? Der globale Zynismus ist also quasi omnipotent.
Wenn jemand etwas für eine schlechte Idee hält, dann wird diese Einstellung doch meist auch damit einher gehen, dass er keinen rechten Sinn in dieser Idee sieht. Und entsprechend unserem menschlichen Verlangen nach Sinn sollte das, was wir tun, schon irgendwo Sinn machen. Erkennen wir keinen Sinn, dann fällt es uns schwer, uns zu motivieren. Es macht uns dann keinen Spaß. Münden aber all unsere philosophischen Fragen nach Sinn entsprechend logischer Folgerungen in einem globalen Zynismus, so muss es doch entsprechend schwer fallen (beziehungsweise der Logik entsprechend un-

möglich sein), eine Passion für eine spezielle Beschäftigung oder für ein Ziel zu entwickeln. Wer keinen Sinn erkennt, der wird auch keine Passion entwickeln, und das hört sich dann ganz nach dem Mann mit den hängenden Schultern und dem Daumen nach unten an. Es hört sich nach jemand an, der keine rechte Lust für seine Dinge entwickeln kann. Vor dem Hintergrund des globalen Zynismus müsste man diesem Mann aber irgendwo Recht geben. Ist dieser logische Schluss korrekt, dann sind philosophisches Denken und die damit verbundene Erkenntnis der universellen Sinnlosigkeit schlecht für die Motivation. – Wir haben es aber offensichtlich in unserer Welt nicht nur mit lethargisch-desillusionierten Philosophen zu tun. Offensichtlich kommt die menschliche Motivation (und der Sinn) auch noch von einer anderen Stelle.
Es scheint vielmehr so, dass menschliche Motivation doch recht wenig mit philosophischem Sinn zu tun hat. Oder doch? Jedenfalls nicht mit einem rein philosophisch-vernünftigen Sinn. Der Sinn muss „menschlicher" Natur sein. Er muss von Menschen in der Funktion als bedeutungsproduzierende Wesen stammen. Denn wir Menschen sind ja bekanntlich in der Lage, Sinn zu produzieren. Wir haben das in Kapitel 3 gesehen. Ebenfalls haben wir im Beispiel mit „dem Leopard, der die Antilope reißt" gesehen, dass Menschen sind, wie Menschen eben so sind. Und manche Menschen sind von motivierter Natur, andere eben nicht. Das kommt ganz auf den Typ an. Es kommt also auf den Typ an, ob jemand die Fähigkeit besitzt, einen Sinn in dem, was er tut, zu erzeugen oder nicht. Es kommt also auf die individuellen Veranlagungen zusammen mit den individuellen, intellektuellen Fähigkeiten des Einzelnen an.
Auch wenn der globale Sinn im rein logisch-Philosophischen immer fraglich bleiben wird, so erschaffen wir Menschen jede Sekunde ein kleines Stück an Sinn und Überzeugung für das, was wir tun. Und die Betonung liegt hierbei darin, dass wir Sinn für das erzeugen, was wir tun. In den allermeisten Fällten tun wir nämlich nicht das, worin wir Sinn erkennen, sondern in der Tat erkennen wir Sinn in dem, was wir ohnehin schon tun.

Wir erkennen, dass, je tiefer wir in diese durch den Motivationstrainer ausgelöste Argumentation einsteigen, desto deutlicher sich abzeichnet, dass die Sache mit dem Daumen nach oben oder dem Daumen nach unten keine so wirklich leichte Angelegenheit ist. Die Frage ist, ob die Grundeinstellung eines einzelnen Menschen überhaupt aktiv verändert werden kann. Wäre das nicht der Fall, dann sollten sich Motivationstrainer besser um einen anderen Job kümmern. Und was hilft uns der Motivationstrainer, wenn er uns sagt, dass es gut für uns wäre, mit dem Daumen noch oben jeden Tag motiviert zur Arbeit zu gehen, wenn wir aber überhaupt nicht so recht wissen, wie wir den Daumen erst mal dorthin bekommen?

Soviel dazu. Und nun zu meiner Überzeugung, dass Motivation nur die eine Seite, jedoch Verstand, Vernunft, Fähigkeiten und Möglichkeiten die andere Seite sind.

Man kann nämlich die ganze Sache mit der positiven oder negativen Grundeinstellung, dem Erkennen von Sinn und der Motivation an sich auch (fast) gänzlich außen vor lassen. Man kann mit der Bürde des globalen Zynismus leben und trotzdem ein zufriedenes und erfolgreiches Leben leben. Der globale Zynismus als solcher kann also auch eine Chance sein.
Der Trick ist folgender: Man betrachtet das gesamte Leben wie ein einziges großes Spiel. Denn nur das kann es sein. Das muss es sein, wenn man logisch auf der Tatsache aufbaut, dass alles relativ ist. Wenn nur wir Menschen die Bedeutungen produzieren und am Ende aller Tage sowieso alles egal ist, dann kann das Leben nicht mehr als ein Spiel sein. Und wenn schon das Leben ein Spiel ist, wie kann dann der Job kein Spiel sein? (Die Motivationstrainer lassen grüßen.)

Kennen Sie Hermann Hesses Buch „Das Glasperlenspiel"? Darin geht es um eine Zukunftsutopie, in der die intellektuelle Elite zurückgezogen lebt und es auf der Welt nichts „Neues" mehr zu tun gibt. Man spielt nur noch mit dem Vorhandenen. Man lebt quasi den intellektuellen Zynismus. In der fiktiven Stadt „Kastalien" wird ab und zu das „Glasperlenspiel" gespielt. (Das Glasperlenspiel ist in Hesses Roman eine Persiflage an das selbstzweckhafte, eitle und unkreative Hantieren des Elfenbeinturmes.) Das Spiel an sich wird im Roman nicht näher erklärt, sicher ist allerdings, dass es sehr komplex ist. Es zu spielen erfordert einen wahren Meister. Und um es gut zu spielen, benötigt

man neben den entsprechenden intellektuellen Fähigkeiten auch eine herausragende Persönlichkeit sowie lebenslanges Training.
Der Erfolg in diesem Spiel ist selbstverständlich ebenfalls wieder genauso zynisch zu deuten wie das Spiel an sich. Trotzdem spielt man weiter. Trotzdem, auch wenn man keinen Sinn ausmachen kann. Spiele brauchen keinen Sinn. Man spielt mit dem Bewusstsein, dass am Ende aller Tage sowieso alles wieder vollkommen gleichgültig und egal sein wird. So wie es der Welt an sich vollkommen gleichgültig und egal ist, ob gespielt wird oder nicht. 1946, drei Jahre nach Erscheinen des Glasperlenspiels, wurde Hesse der Nobelpreis für Literatur verliehen.

Der Welt ist es gleichgültig, ob es auf ihr überhaupt Lebewesen gibt. Ihr ist egal, ob es Bewohner gibt, kleine Wesen mit Gehirnen, die Bedeutungen produzieren können. Und so ist sämtliche Motivation einfach nur Motivation als solche. Manche Menschen spielen gern, eben weil sie gern spielen. Aber vor dem Hintergrund des globalen Zynismus wird es niemals etwas anderes geben als ein ständig andauerndes Spielen der bedeutungsproduzierenden Wesen.
Und so relativiert sich die Idee des Motivationstrainers. Egal, ob Daumen nach oben oder Daumen nach unten, gewinnen werden die guten Spieler, nicht die gut gelaunten. Die wahren Spieler, diejenigen, die Freude daran haben, sich in ihrer Spielumgebung virtuos und perfekt zu bewegen. Sie brauchen keinen Sinn. Sie spielen, weil sie Spaß und Freude am Spielen haben. Diese sind die wahren Gewinner. Reine zweckgerichtete Motivation reicht dazu nicht aus.

„Und sie verstand nichts und verstand doch alles."

Zuerst ein Zitat von Robert Schneider, einem österreichischen Schriftsteller, der in den letzten Jahren ganz beachtliche Bekanntheit erlangt hat: „Und sie verstand nichts und verstand doch alles." - Was es mit diesem Zitat auf sich hat, sehen wir gleich.

Die Welt der Wissenschaft kann uns vieles der oft so unverständlich anmutenden Welt einleuchtend erklären. Wir müssen vor nichts zurückschrecken. Wir müssen keine Angst davor haben, etwas nicht zu verstehen. Mit der wissenschaftlichen Methodik ist es möglich, komplexe Sachverhalte und Zusammenhänge in Teilbereiche zu zerlegen und getrennt voneinander, in Teilen geringerer Komplexität, zu begreifen. Ich denke, ich konnte in diesem Buch zeigen, dass die Welt der geistigen Elite so geistig und elitär gar nicht ist. Der Elfenbeinturm ist oft sinnlos und oft nur ein künstliches Konstrukt des Egos der Bewohner. Denn auch die Bewohner des Elfenbeinturms haben, genauso wie jeder von uns ein kleines Egomännchen in sich wohnen. Und dieses kleine Ego braucht etwas, damit es sich aufblasen kann, damit es sich wohl fühlen kann. Kleine Egos wollen große Egos werden. Und so weben sich die Intellektuellen einen Kokon der Intellektualität um sich herum, um immer als höchst intellektuell und als etwas Besonderes da zu stehen. So wie jeder von uns ein wenig den Drang verspürt, sich aufzublasen und gut da zu stehen. Aber die Welt ist nun einmal nur so kompliziert, wie sie ist. Nicht mehr und nicht weniger. Sie ist nicht mehr oder weniger kompliziert als sie tatsächlich ist. Wir Menschen können Plappern und Labern, wo immer und über was auch immer wir wollen, aber mehr Wissen oder ein Fortkommen oder einen Fortschritt erzeugen wir damit in der Regel nur im absoluten Ausnahmefall.

Es gibt ein kleines philosophisches Gedankenexperiment, das von einer gewissen Mary handelt. Mary ist die perfekte Physikerin, Biologin, Neurologin und Philosophin. Marys Spezialgebiet ist die Erforschung des visuellen Sehens des menschlichen Auges. Mary weiß alles über das Sehen. Sie weiß, wie das Sehen auf der physikalischen Ebene funktioniert, sie kennt die neurologischen Grundlagen, und außerdem versteht sie die Biochemie in beliebiger Tiefe. Da Mary auch Philosophin ist, kennt sie absolut alle Theorien über kognitive Wahrnehmung und das Sehen im Allgemeinen und im Speziellen. Kein Mensch weiß mehr über das Sehen als Mary.
Aber Mary ist von Geburt an farbenblind! Sie hat noch niemals in ihrem Leben irgendetwas Buntes gesehen. Die interessante Frage ist nun folgende: „Wenn Mary eines Tages die Fähigkeit zum Farbensehen zurückerhält, er-

fährt sie dann etwas Neues?" – Mit diesem Beispiel wird deutlich, dass es mehr gibt als eine rein physikalisch beschreibbare Realität.

Es gibt unterschiedliche Formen von Wissen. Im Groben sind es das intellektuelle Wissen und das pragmatische Wissen. Intellektuelles Wissen ist dabei nicht mehr wert, weil es intellektuell ist. Wissen und Fähigkeit sind gleich Wissen und Fähigkeit. Es gibt da keine Art von Wissen und Fähigkeit, die einer anderen Art von Wissen und Fähigkeit überlegen wäre. Alles basiert auf den gleichen Grundvoraussetzungen unseres Gehirns. In jeder „Disziplin", ganz gleich, ob rein körperlich, pragmatisch oder theoretisch, ist es möglich, wahre Meisterschaft zu erlangen. In der westlichen Welt ist es leider Tradition, sämtliches Wissen und Können außer dem Intellektuellen als profan abzustempeln und ihm nicht die gebührende Ehre zu erweisen.
Betrachten wir den Menschen in seiner Umgebung. Denn auch wenn der Mensch noch so viel weiß, in noch so einer schönen Umgebung lebt, er bleibt doch immer das, was er ist, ein Mensch. Der Dalai Lama beispielsweise wiederholt sich in seinen Büchern und Reden immer wieder mit der Aussage bezüglich seines Zweifels am Fortschritt der westlichen Welt. Er fragt sich, wie es sein kann, dass die Menschen, die in reichen Regionen der Welt ein so komfortables Leben leben, immer gleichzeitig so unglücklich aussehen. In der Tat ist es anscheinend so, dass es in reichen Ländern mehr unglückliche Menschen als in armen Ländern gibt. Wie kommt das?
Kommen wir zurück zum Zitat am Anfang dieses Absatzes. - „Sie verstand nichts und verstand doch alles." - Im Text von Robert Schneider beschreibt dieser Satz die naive und emotionale Empfindung eines Menschen. Anscheinend ist es so, dass wir Menschen oft eine Situation zu deuten wissen, ohne Worte dafür zu finden. Das einfachste Beispiel für eine solche Situation ist die Empfindung von Liebe. Man kann die Liebe nicht verstehen, und man kann sie auch nicht ausdrücken. Sie ist ein tiefes, subjektives und persönliches Gefühl, ein Zustand, für den man keine Worte hat. Wir blicken auf den Menschen, den wir lieben, und wir „wissen" ganz einfach dass wir ihn lieben. Man versteht nichts und dabei versteht man doch alles. Eine Frau blickt ins Gesicht eines Mannes, sie deutet die Situation, deutet den Blick des Mannes, und dann versteht sie alles, ohne es aussprechen zu können. Sie fühlt, was

gemeint ist, sie fühlt das Richtige. Sie versteht, ohne zu verstehen. Diese Fähigkeit hat recht wenig mit der logisch-kombinatorischen-symbollastigen Wissenschaft zu tun. Es ist etwas anderes, etwas Menschliches. Die Frau weiß intuitiv was gemeint ist. Intuition braucht keine Worte.

Worauf ich also hierbei hinaus will, ist, dass es neben der wissenschaftlichen Erkenntnis noch eine andere Art des Verstehens, eine andere Art der Einsicht gibt. Wissenschaft beruht auf Theorien, Gesetzen, auf der Kausalität und auf den Prinzipien der Logik. All das kann man auf ein Blatt Papier schreiben. Man kann es kombinieren und verstehen und auswerten, und so ist es möglich, schließlich zu einem Ergebnis zu kommen. Intuition ist im Prinzip nichts wesentlich anderes, einzig, dass diese Prozesse von unserem Gehirn quasi schon früher geleistet wurden oder eben, dass sie unbewusst geleistet werden. Intuition ist eher ein Gefühl, keine logische Schlussfolgerung.

Bleiben wir aber bei den Grenzen der wissenschaftlichen Methodik im Bezug auf unsere subjektive Menschlichkeit. Integrieren Sie doch einmal in Symbolschreibweise Ihre Wünsche, Sehnsüchte und Hoffnungen! Versuchen Sie doch einmal eine Kausalitätsbeziehung in quantitativer Formel über die Liebe zu Ihrem Partner aufzustellen. Oder denken Sie doch mal über die Quantität Ihrer Überzeugung von Muse und Unmut für die nächsten Jahre nach. Wie müsste es vor sich gehen, wenn wir mit den Mitteln der Logik eine psychische Erkrankung wie eine depressive Verstimmung einfühlend verstehen wollten? Und was bringt uns die spezielle Relativitätstheorie in Formelschreibweise, wenn unser kleiner zweijähriger Nachwuchs schreit, weil er Hunger hat? – Wir sehen, es gibt noch eine andere Art von produktiv-effektivem Verständnis, zu dem unser Gehirn fähig ist. - Es gibt Dinge, die kann man schlichtweg nicht auf ein Blatt Papier schreiben. Es gibt Dinge, zu denen passt die wissenschaftliche Methodik ganz einfach nicht.

Nur ist das Problem, dass wir in einer sehr techniklastigen und damit in einer sehr wissenschaftslastig orientierten Welt leben. Wir leben umgeben von penibelster Organisation in einer Welt, in der alles logisch-kausal und nach Regeln aufgebaut zu sein scheint.

Und dabei sind es doch die einfachen Dinge, die uns leben lassen. Weil es immer die einfachen Dinge sind, die uns wirklich leben lassen. Oder wer ist der Meinung, dass Emails und Privatfernsehen oder komplexe, hierarchische Organisationsstrukturen uns alle miteinander wirklich weiter gebracht haben? Alles geht schneller und alles wird hektischer und mit unserem Mobiltelefon mit Internet sind wir immer erreichbar, in komplexen, hierarchischen Organisationen steigt der Druck auf den Einzelnen stetig an. Auch wenn das Internet und das Mobiltelefon und der ganze Kram mit Computern, Organisationen, Industrialisierung und die ganze Welt des Multimedia anfänglich wie ein Fortschritt aussehen, in Wirklichkeit sind andauernder Stress, Überfluss and Druck und Reizen und schlichtweg Krankheit und Desillusionierung die Folge.
Um es evolutionstheoretisch auszudrücken: Wir Menschen leben nicht artgerecht. Wir leben zum Beispiel in Häusern und müssen nie nach draußen gehen. Ist dies im Sinne der Natur? Und wo führt uns die moderne Kultur sonst noch hin? Wenn sich das Töchterchen mit versnobter Sprache den ganzen Tag damit beschäftigt, was sie für neue Schuhe kaufen möchte und wie sie ihren kleinen Pudel neu einkleiden soll, so hat das mit Naturrecht und Überleben und dem, was glücklich macht, noch etwas zu tun? - Ungefähr so viel wie der gestrige Benzinpreis mit der letzten Sonnenfinsternis.

Verwechseln wir also niemals die Dinge, um die es wirklich geht, mit den Dingen, die wir meinen, dass sie wichtig wären, nur weil wir nicht umhin kommen, uns mit dieser dubiosen Welt beschäftigen zu müssen. Wir wollen nicht den Fehler begehen, uns ernsthaft mit in jeder Hinsicht vollkommen irrelevanten Dingen zu beschäftigen und so das Einkleiden eines Pudels als tatsächlich wichtig zu erachten. Ich persönlich halte solche Arten der Verfehlung für die moderne Sünde des dekadenten Menschseins. Wäre man etwa glücklicher, wenn der Pudel heute Abend zum Essen ein anderes Kostüm tragen würde? Wohl eher nicht.

Worauf will ich also hinaus? Ich will mit meiner Erklärung auf die Dinge hinaus, die zutiefst menschlich sind, die wir Menschen ins uns tragen, weil sie alt

sind, weil sie schon immer da waren. Ich will auf menschliche Bedürfnisse hinaus, die rein sind, die die Wurzel für alles sind, das uns ausmacht.
Es gibt in uns Dynamiken, die die Kraft erzeugen, uns täglich aufstehen zu lassen und uns die Motivation geben, unseren Tag bestreiten zu können. Die Motivation kommt nicht von Geld, von den neuen Schuhen, vom neuen Mobiltelefon oder vom neuen Auto und nicht etwa davon, dass wir denken, wir müssten uns mit unseren Freundinnen in einem Shoppingcenter treffen. Die Motivation, die uns das tun lässt, was wir tun, kommt von tief innen, von der Stelle in unserem Selbst, die dazu gedacht ist, uns Antrieb zu geben. All die Erkenntnisse der Motivationspsychologie beschreiben nichts anderes als die Mechanismen, nach denen diese Instanz unseres Gehirns, diese Instanz unserer Persönlichkeit funktioniert.
Es geht darum, die tiefsten und reinsten und ehrlichsten und menschlichsten Motivatoren zu erkennen. Leben wir im Einklang mit unseren tiefen und reinen Wünschen, und erkennen wir dagegen die maskierten Wünsche als solche, dann, und erst dann haben wir die Chance, wirklich glücklich und ausgeglichen zu werden. Die Idee ist, dass Pudel und neue Schuhe nicht glücklich machen, aber dass Befriedigung einer reineren Form von Motivation dies durchaus ermöglicht.

Sehen wir uns das am Beispiel des Geldes an. Wenn man jemanden fragt, warum er in die Arbeit geht, dann mag er sagen: „Des Geldes wegen." – Und das scheint auch seine Überzeugung zu sein. Irgendwo entspricht es auch einer vernünftigen Erklärung in der komplexen und befremdlichen Welt, in der wir leben. Aber niemand geht wirklich wegen des Geldes in die Arbeit. Nein, denn in Wirklichkeit geht man vielleicht in die Arbeit, weil man das Geld, das man für diese Arbeit bekommt, notwendigerweise braucht. Man braucht es vielleicht dazu, um die eigene Wohnung bezahlen zu können. Vielleicht braucht man das Geld, um Essen kaufen zu können für sich selbst, für die eigene Frau und natürlich für die eigenen Kinder. Denn die Kinder fragen nicht nach Geld, Geld ist den Kindern vollkommen gleichgültig. Kinder brauchen Nahrung und Fürsorge. Ein Kind braucht kein Geld. Nahrung und Fürsorge sind schon alles, was ein Kind braucht. Und das ist schon die reinste

Form von Bedürfnis. - Von Kindern können wir in dieser Beziehung viel lernen. Kinder leben in einer einfachen und reinen Welt.
Einer Mutter, die sich um ihr Kind kümmert, ist relativ egal, warum sie das tut. Sie kümmert sich um ihr Kind, und das ist schon Grund genug. Nehmen wir an, das Kind verletzt sich, und die Mutter hört einen kurzen Aufschrei. Das folgende Zucken der Mutter ist außerhalb jeglicher Erklärung. Es bedarf keiner Erklärung. Es muss nicht verstanden werden. Das Zucken ist ganz einfach da, weil es schon immer da war. Mütter vor hunderttausend Jahren haben auch schon in der gleichen Art gezuckt wie die Mutter mit ihrem verletzten Kind es heute tut. Daran hat sich nichts geändert. Das Zucken der Mutter ist unmaskiert und echt.

Es sind Dinge wie die eigene Familie, Eltern, Kinder, Freundschaften, Natur, es sind Wald, Wiesen und Berge, das Meer und wunderschöne Gegenstände, die einen zum Nachdenken anregen. Es sind Gefühle wie Liebe, Gelassenheit, Freiheit, Zugehörigkeit und Dankbarkeit, die die Menschheit funktionieren lassen.
Man kann sich mit Freunden an einen Tisch setzen oder zu zweit auf der Hausbank sitzen und dem Sonnenuntergang zusehen, um dabei den lieben Gott einen guten Mann sein zu lassen. Das sind die echten Dinge. Und am wichtigsten waren immer Menschen. Menschen brauchen andere Menschen, um sich wohl zu fühlen, und die Kommunikation heißt dabei Liebe. Wer das verstanden hat, ist auf dem besten Weg, ehrlich, echt, überzeugt, motiviert und glücklich zu werden. Je näher das, was wir tun, bei unseren tiefen Motivatoren ist, desto glücklicher sind wir bei dem, was wir tun.

„Liebe, und tu', was du willst", hat schon der heilige Augustinus gesagt.

Konservativismus und Progressivität

Woher wissen wir eigentlich, wer wird sind? Woher wissen wir, wo wir hingehören? Wie gelingt es uns, auf die Frage „Wer bist du?" zu antworten? –

Und wenn wir die Antworten auf diese Fragen geben, wo ist der Ursprung der Inhalte dieser Antworten?
Es ist immer unsere persönliche Geschichte, es sind die Erinnerungen, die Erlebnisse, die Gedanken, und es sind die Veranlagungen, die uns zu dem machen, was wir sind. Es sind die Fragen, die wir uns selbst gestellt haben, und es sind die Antworten, auf die wir gekommen sind. Es ist unser persönlicher Weg, der uns ausmacht.
Aber in wie weit unterscheidet sich unser persönlicher Weg vom Weg der anderen Menschen? - Der Lebensweg eines Eskimos in der Antarktis wird sich vermutlich vom unsrigen deutlicher unterscheiden als der unseres zwei Jahre älteren Bruders, oder der unseres Nachbarn.
Auch wenn die Menschen allesamt ihren persönlichen Weg gehen, so ist dieser doch stark davon geprägt, in welcher Umgebung dieser stattfindet.

Menschen erkennen nur das, was sie schon kennen. Es ist uns so gut wie unmöglich, etwas zu beschreiben, ohne in irgendeiner Weise eine Verknüpfung zu irgendetwas anderem, das wir früher schon einmal gesehen oder erlebt haben, herzustellen. Etwas, das man nicht kennt und das man mit nichts Bekanntem vergleichen kann, ist schwer vorzustellen. Wenn ein von Geburt an Blinder das Augenlicht zurückerhält, weiß dieser Mensch nicht sofort, wie man sieht. Es ist uns fast nicht möglich, über den uns bekannten Schatten hinauszuspringen.
Dieses Erlebte oder Gesehene stammt aus der Umwelt. Es stammt aus unserer unmittelbar erfahrbaren Umwelt. Jegliche Umwelt, die wir selbst nicht wahrnehmen, ist für uns in diesem Sinne nicht relevant.

Und genau nach diesem Prinzip funktioniert die regionale Kultur. Die Kinder wachsen auf und erleben das, was in ihrem direkten Umfeld passiert. Sie lernen die Sprache, die die Menschen in ihrer Umgebung sprechen, sie lernen, die Dinge so zu tun, wie sie die Leute in ihrer Umgebung tun, und sie übernehmen gleichermaßen Sichtweisen, Werte, Denkschemen und Paradigmen aus ihrem Umfeld. Ganz gleich ob sie später diese übernommenen Sicht- und Denkweisen für gut oder schlecht befinden, ob sie sie weiter beibehalten oder aufgeben, zuerst einmal sind sie vorhanden, sie werden unwillkürlich übernommen. Und auch wenn der spätere Mensch sich distanziert, wenn er nach einer neuen und eigenen Identität sucht, wenn er bewertet, was er unwillkürlich übernommen hat, wenn er hinterfragt und kritisiert, was er gewohnt ist, so wird er doch niemals vermeiden können, der zu sein, der er als Kind geworden ist. Und das genau ist seine Heimat!

Die Kultur, die einen Menschen als Kind umgeben hat, wird immer seine Heimat sein. Ob dieser Mensch seine Heimat nun gern hat oder nicht, es wird immer seine Heimat bleiben, und daran kann er nicht das Geringste ändern. Ebenso wenig, wie man sich seine eigene Familie aussuchen kann, genauso wenig kann man sich seine Heimat aussuchen. Man selbst gehört unwillkürlich zur Heimat, genauso wie man unwillkürlich zur eigenen Familie gehört.

Ohne einen kulturellen Hintergrund, ohne eine kulturelle Identität, ohne ein kulturelles Zugehörigkeitsgefühl, - ohne eine Heimat - weiß kein Mensch, wer er ist. Erst über einen Fixpunkt, über eine fest stehende und nicht verrückende Position, kann man seine eigene Situation beurteilen und identifizieren. Identifikation ist immer nur über einen Vergleich zu etwas Starrem und Feststehendem möglich. Gleich, ob das, womit man sich in Bezug setzt, gut oder schlecht ist, sich in Bezug zu setzen funktioniert nur dann, wenn man überhaupt einen Bezug hat. Etwas auf nichts zu beziehen, um damit die Position auszumachen, funktioniert nicht.

Das Wort „konservativ" bedeutet, dass man am Althergebrachten festhält. Man hält an dem fest, was die eigene Heimat an Werten über lange Zeit zusammengehalten hat. Konservativismus bezeichnet den Wunsch zu bewahren, zu erhalten, dem bisher Üblichen treu zu bleiben.

Das Wort „progressiv" bedeutet hingegen: fortschreitend, sich entwickelnd, fortschrittlich. Im übertragenen Sinn also auch „modern".

An einem kalten Tag im Herbst des Jahres 2007 hieß es, es wäre ein schwarzer Tag für alle Kabarettisten. Das hieß es, als unser großer Bayerischer Ministerpräsident Edmund Stoiber ein für allemal die Bühne der rhetorisch-politischen Bühne Bayerns in der Welt verließ. Von Stoiber stammte der Ausspruch: „Mit Laptop und Lederhos'n." Und das fanden wir alle nur allzu treffend. Und das ist, trotz all der tragischen Komik, an dieser Stelle in der Tat mein persönlicher, voller Ernst. Wenn Stoiber eine unglaubliche Fähigkeit hatte, dann war es die, die Massen in Bayerischen Bierzelten davon zu überzeugen, dass „wir Bayern wir sind", und dass alles so eingestanden bleiben müsse, wie es ist, weil das gut so ist, und die anderen die anderen bleiben müssen. Der Erfolg gibt uns Bayern, und gab damit dem Edmund Stoiber Recht. - Und wer Recht hat, der darf weiterreden und dem soll mit gebührendem Respekt zugehört werden, sagte der Herr Stoiber. Stoiber verstand es, die Milchbauern gleichermaßen wie die obersten Politiker im In- und Ausland mit seiner, später nicht mehr ganz so präzisen, Rhetorik zu begeistern. Er sprach von Bayerischen Werten, von Kultur, von Familie, von Tradition und von der modernen Technologielandschaft und der Vorreiterrolle in der Welt. Und, meine sehr verehrten Leser, sehr verehrte Damen und, „äh", Herren, da hatte er Recht, der Herr Stoiber. Auch wenn man später oft über witzige Reden lachen musste.

Anscheinend ist es nämlich in der Tat so, dass man nicht einfach nur modern und progressiv und vor allem erfolgreich sein kann, einzig indem man sich loslöst von allem, was da ist und von allem, was da war. Man erreicht nicht einzig wirklichen Fortschritt, indem man sich abspricht vom Althergebrachten und von dem, was schon über lange Zeit Gültigkeit hat. Anscheinend braucht man in der Tat doch eine Zugehörigkeit, eine kantige Überzeugung, eine Ideologie mit Werten, wie sie auch die anderen verstehen, eine tief verwurzelte und unverrückbare Einstellung zu sich selbst und zur ganzen Welt da draußen. Man braucht das, um man selbst zu sein, um Identität zu haben und um Beständigkeit und Vertrauen zu schaffen und um Beides zu erhalten.

Veränderung funktioniert nur dann, wenn sie relativ erfolgt. Veränderung muss sich aktiv lösen von etwas. Jedoch funktioniert sie niemals ohne Kultur, ohne eine feste Identität. Alles, was ohne Kultur und ohne fixe Punkte zur Referenz passiert, ist nichts weiter als eine Mode, ein Trend und eine flüchtige Erscheinung. Wenn es mehr wird, dann kann es vielleicht noch so etwas wie eine Subkultur werden, aber niemals wird es ein Gerüst sein, auf dem man Lehren, Gesetze und ganze Staaten gründen kann. Dazu bedarf es mehr.

Und das hat dieser Mann, dieser Edmund Stoiber erkannt, und er hat es laut ausgesprochen. Um sich dann aber doch wenig später damit der Parodie und der Lächerlichkeit Preis zu geben. Das, obwohl die Aussagen vollkommen anständig und richtig waren. Progressivität steht in keinem Widerspruch zum Konservatismus, in keinstem!

Wir können Mikrochips bauen, können Windkraftwerke in die ganze Welt exportieren und über unsere Multimedia-Taschentelefone rund um die Uhr und auf der ganzen Welt erreichbar sein, und wir können uns bewegen in unterschiedlichen Kulturkreisen in allen Ländern der Welt. Aber damit wir das können, müssen wir wissen, wo wir herkommen und wo wir hingehören. Und erst wenn wir sichergestellt haben, dass wir das nicht vergessen, erst wenn wir uns bewusst bekennen und stolz sind auf das, wer und auf das, was wir sind, erst dann können wir nach außen und gegenüber unseren Mitmenschen eine Position einnehmen, in der man uns vertrauen kann. Vertrauen ist wesentlich.

Haben wir keine Identität, dann sind wir schwach und wir können dann nichts anderes tun als uns zu drehen wie ein Fähnchen im Wind. Uns bleibt nichts anderes übrig, als nur das nachzuplappern, was die anderen gesagt haben. Was wir aussprechen, wird Mode sein und nicht Ernsthaftigkeit und selten die Basis für Vertrauen. Und man wird uns nie wieder erkennen, wenn wir einmal kurz weggegangen sind.

Die Leute in Italien sind anders als die Leute in Finnland, und diese Leute sind anders als die in Kasachstan und die sind anders als die in Südafrika. Und das ist gut so. Denn wir wollen keine Supermodernität, in der jeder alles tun und lassen kann, wozu er gerade Lust hat. Wir wollen Identität. Wir wollen Vertrauen. Denn Identität und Vertrauen sind es, die uns stark machen.

Identität und Zugehörigkeit geben uns den Rückhalt, geben uns die Sicherheit das tun zu können, was wir tun wollen, und um das zu tun, was wir tun können.

Und wir hierzulande können so vieles. Wir haben die weltbesten Ärzte, die besten Ingenieure, die höchstentwickelte Infrastruktur und die größte Dichte an breiter Bildung in der Masse sowie die beste Bildung bei der höchsten intellektuellen Elite. Nur eines haben wir verloren: Unseren Hunger. Wir hungern nicht mehr und wir sind faul geworden, weil wir schon alles haben. Und erst wenn es uns wieder an zu vielem fehlt, dann werden wir wieder anfangen, Hunger zu haben. Wir werden uns auf unsere Kultur, auf unsere Wurzeln und unsere Heimat besinnen und wieder damit anfangen, uns selbst ernst zu nehmen.

Wir haben den Nährboden einer gesunden und fruchtbaren Kulturlandschaft, und das ist die wichtigste Voraussetzung für eine durch Wohlstand gesicherte Existenz überhaupt.

Erfolg

Eine einheitliche Definition von Erfolg gibt es nicht! Es gibt sie ganz einfach nicht. Punkt aus und Ende. Auch wenn noch so viel New-Age-Literatur von „den Erfolgreichen" spricht, dann wissen die Autoren doch nicht, wovon sie reden. Denn Erfolg sieht für jeden Menschen anders aus. Erfolg bedeutet für jeden etwas anderes. Deswegen sollten wir auch nicht allzu viel Zeit darauf verwenden, erfolgreich sein zu wollen, als vielmehr zu versuchen, heraus zu finden, wie unser persönlicher Erfolg denn aussehen soll! Wir müssen wissen was Erfolg für uns ganz persönlich bedeutet, bevor wir anfangen können erfolgreich sein zu wollen. Denn wenn wir nicht wissen, in welche Richtung wir gehen wollen, dann werden wir vermutlich niemals ankommen.

So bleibt die Frage, worum es im Leben eigentlich geht.

Es ist immer wieder beeindruckend, wie jeder (!!) auf die folgende Frage reagiert: „Was würdest du dir wünschen, wenn du drei Wünsche frei hättest?" – Die Menschen kommen meist nicht einmal bis zum zweiten Wunsch. - Besonders leicht haben es beim Antworten die naiven Denker. Die Naiven, die sich irgendetwas Materielles wie zum Beispiel ein Auto oder einfach nur Geld oder etwas dergleichen wünschen. Je nachdenklicher und je selbstanalytischer die Menschen veranlagt sind, desto schwerer fällt ihnen die Antwort. Unabhängigkeit? Die perfekte Beziehung? Geld im Überfluss, um frei zu sein? Oder doch gleich Freiheit selbst? Gesundheit? Glück? Wissen? Allmacht? Das ewige Leben? – Wie kann es sein, dass wir Menschen tagtäglich unser Leben bestreiten, ohne zu wissen, was wir eigentlich wirklich wollen? Worum geht es wirklich? Wo liegt unser eigenes, persönliches Ziel, und wo liegt das persönliche „universelle Ziel"? Wieso haben wir so große Probleme, die Frage nach dem, was wir wollen, tief greifend zu beantworten? Wie wir bereits im Abschnitt zum „globalen Zynismus" gesehen haben, läuft jegliche Frage nach universellem Sinn der Logik entsprechend ins Sinnlose. Unser Verstand ist für Fragen dieser Art schlecht konstruiert. Das hat seinen Grund. Und tatsächlich: Brauchen wir für unseren Alltag wirklich absolute Klarheit über den universellen Sinn der menschlichen Existenz? Brauchen wir Klarheit über das, was jeder Mensch als höchstes Ziel tun sollte? Müssen wir wirklich genau und hoch präzise bestimmen, was unser persönliches Ziel, unsere persönliche Definition von Erfolg ist?

Nun, ich meine, wir sollten zumindest wissen, worum es geht, und darauf schauen, dass wir in unserem Leben nicht auf der Stelle oder im Kreis traben. Aber genauso bin ich der Meinung, dass es psychologisch kategorisch und auch der Logik entsprechend außerhalb unseres Ermessens liegt, diese Fragen ein für allemal und „richtig" zu beantworten. Es liegt prinzipiell außerhalb unseres Ermessens. Für unseren Alltag brauchen wir keine eindeutigen Antworten zu den letzten Fragen. Und vielleicht ist es aus dem Grund, weil man die Antworten nicht braucht, so, dass unser Gehirn dazu auch nicht konstruiert ist. Den Rest erledigt der prinzipielle Widerspruch zwischen indivi-

duellem Sinn und dem Fehlen eines „kosmologischen“ Sinns. Und weil man ja offensichtlich sowieso immer nur Probleme hat, die Antworten klar zu formulieren, kann man sie auch gleich weg lassen. Der Leopard, der die Antilope reißt, braucht keine Antworten nach Sinn, nach Erfolg, nach den höchsten und den besten Zielen. Dieser Leopard ist ganz einfach ein Leopard, und weil er ein Leopard ist, reißt er Antilopen. Und wenn man einmal annimmt, dass wir Menschen auch zu einem gewissen Teil Tier sind und unsere Antriebe schon vorher feststehen und dass die Erklärungen erst später nachfolgend kommen, dann kann man die transzendente Erklärungsnot ziemlich einleuchtend verstehen.
Weil wir Leoparden sind, deshalb funktionieren wir auch so gut im Jetzt. Wir brauchen keinen Master-Plan für Über-Über-Über-Übermorgen. Wir sind, bedingt durch die Natur, so konstruiert, dass wir im Jetzt leben. So konstruiert, dass wir im Jetzt leben, fühlen, riechen, schmecken, genießen, leiden, uns entscheiden und uns ärgern können. Genauso, wie ein Leopard im Jetzt lebt. Zukunftsdenkerei ist Philosophie und sollte auch als solche gesehen werden. Strategien sind wichtig und für das Erreichen von Sicherheit und sozialem Status, aber sie sind nicht der Weisheit letzter Schluss. Unsere Fähigkeit zu Planen und Strategien zu entwickeln erhebt uns in ihrer Finesse weit über alle Tiere. Allwissend macht sie uns aber deswegen noch lange nicht. Und sie macht auch nicht glücklich. Denn Pläne, Strategien alleine haben noch niemanden glücklich gemacht. Denn es ist das Jetzt, das uns glücklich macht. Und es geht um Glück im Leben. Und um nichts anderes.

„Lebe im Jetzt!“ – sagten schon die alten Griechen. Und der antike, griechische Philosoph Epiket sagte sogar: „Verlange nicht, dass alles so geschieht, wie Du es wünschest, sondern wolle, dass alles so geschieht, wie es geschieht, und Du wirst ruhigen Gemütes sein.“ – Er meinte damit, man solle sich darauf beschränken, das, was schon ist, anzunehmen. Man solle aufhören, immer zu versuchen, alles immer nach dem eigenen Plan verändern zu wollen. - Die Welt ist so verkehrt gar nicht. Und meist ist sie für das eigene Glück vollkommen ausreichend.

Wenn ich vorher gesagt habe, dass es keine einheitliche Definition für Erfolg gibt, dann war damit gemeint, dass die Definitionen untereinander nicht einheitlich sind. Aber es gibt selbstverständlich Definitionen wie Sand am Meer. Innerhalb der Psychologie, vor allem innerhalb behavioristischer Strömungen, ist Erfolg definiert als das Maß des Erreichens von Zielen. – Der Affe will also die Banane (Ziel) und holt sie sich mit einem Stöckchen (Erfolg). So einfach ist das in der Psychologie. – Interessant wird es, wenn man die Definition umdreht und so implizit folgert, dass, wenn man keine Ziele hat, man auch per Definition nicht erfolgreich sein kann! Der Affe, der keine Banane will (kein Ziel), wird nicht versuchen; diese zu bekommen (kein Erfolg). Weiter hängt das Erfolgserlebnis vor allem von der Übereinstimmung des Erreichens mit den selbst gesetzten Erwartungen ab. Apfel statt Banane ist vielleicht eher deprimierend. Und wiederum bedeutet das implizit, dass man immer auch Anspruch an sich selbst hat. Die Ziele machen wir mit uns selbst aus, und dann zeigt sich in wie weit wir diese erreichen. Der Affe will eine Banane und keinen Apfel. Bekommt er keine Banane, so empfindet er keinen Erfolg. Wir machen also mit uns selbst aus; was für uns Erfolg bedeutet und was nicht. Wir, jeder Einzelne von uns, erfinden unseren eigenen Anspruch. Und so kommt es zu merkwürdigen aber uns allen gut bekannten Effekten: Manche selbst gemachte Millionäre sind mit Selbstzweifeln deprimiert, wohingegen manche Vereinsmeier sich wie Helden fühlen, wenn sie auf dem Dorffest den Grill bedienen. Jeder für sich hat also seine eigene Schwelle, die er jeweils überschreiten muss, um überhaupt ein Erfolgserlebnis zu verspüren.
Die Frage nach den drei Wünschen lässt sich nicht strukturiert beantworten. Aber man kann sehr wohl strukturiert über Dinge dieser Art nachdenken. Also denken Sie doch einmal kurz über den folgenden Satz nach:

„Wie du am Ende Deines Lebenslaufs wünschst, gelebt zu haben, so kannst du schon jetzt leben."

Worum geht es für Sie wirklich? Wie würden Sie Ihr Leben gern leben? Wo wären Sie gern? Und wie wäre es dort? Und was würden Sie dort tun? – Und dann denken Sie darüber nach, was Sie von dem, was Sie sich wünschen, jetzt

schon haben. Und dann denken sie darüber nach, was Sie von dem, was Sie sich wünschen, jetzt durchaus schon haben könnten, wenn Sie es sich nur konsequent organisieren würden.
Ich denke, ich liege richtig in der Annahme, wenn Sie vor Ihrem inneren Auge nicht eine Motoryacht oder ein schnelles italienisches Auto mit der dazugehörigen Villa gesehen haben. Sondern vielleicht haben Sie genau den Job gesehen, der Ihnen Spaß machen würde. Oder Sie sahen ein Land, in dem Sie gerne leben würden. Vielleicht hatten Sie vor Ihrem inneren Auge auch ein ganz anderes Leben für sich selbst gesehen. - Was davon könnten Sie jetzt schon verwirklichen? Was davon könnten Sie schon jetzt haben, wenn Sie es wirklich drauf anlegen würden?
Für die meisten Dinge muss man nicht erst Jahre warten. Das Allermeiste kann man schon jetzt haben. Für die wirklich wichtigen Dinge braucht man selten viel Geld oder Macht oder Unabhängigkeit. Man muss es nur tun! Man muss aufstehen und es sich nehmen. Und daran scheitern so viele Menschen. Die Menschen scheitern daran aufzustehen, um das zu tun, was sie wirklich wollen. Ihr Ego reicht nicht aus, um aufzustehen. Sie könnten es schon heute haben, aber irgendeine Art Schwäche hindert sie daran.

Jedoch ist es mit den Zielen so eine Sache. Ich spreche mich immer vehement gegen das strikte Verfolgen von Zielen aus. Ziele sollten lediglich die persönliche Richtung vorgeben, und nicht mehr. Ein Ziel an sich ist relativ sinnlos, solange der Weg, auf den man dafür gehen muss, das Ziel nicht wert ist. Der Weg ist die Rechtfertigung, und Ziel definiert nur die Richtung.
Das Leben ist nicht lebenswert, wenn man immer nur dem Morgen hinterher rennt. Wer die Augen nur auf den Horizont fixiert hält, der vergisst zu schätzen, wo er gerade ist. Das Jetzt ist es, das es zu genießen wert ist. Was bringt uns das Morgen, wo wir doch im Heute leben? Was bringt es uns, morgen glücklich zu sein, wenn wir im Jetzt unglücklich sind?

Jeder von uns braucht Visionen, Ziele und große Vorsätze, die uns Motivation geben, das zu tun, was wir für uns persönlich als das Beste erachten. Aber das ist nur die Motivation, und es stellt immer nur die grobe Richtung dar, in die

die Reise gehen wird. Den nächsten Schritt müssen wir jedes Mal aufs Neue im Jetzt planen. Der jeweils nächste Schritt findet immer im Jetzt statt.
Was bringt es, mit aller Gewalt ein Ziel erreichen zu wollen, und sich bei der Umsetzung bis ins Unglück zu erschöpfen? All das ist zu kurzfristig gedacht. Uns bleibt nur eine Möglichkeit. Wir müssen unsere Richtung definieren und uns im Jetzt genau auf unsere derzeitige Position konzentrieren. Das Denken ist im Jetzt gefragt, nicht die Vision alleine. Und wenn wir im Jetzt denken, dann ist es uns möglich, den jeweils besten nächsten Schritt zu gehen. Und wenn wir im Einklang mit unseren Visionen leben, dann wird es immer so sein, dass uns dieser nächste Schritt ein Stückchen weiter in Richtung unserer Vision bringen wird. Der nächste Schritt ist also das Wichtige! Es ist immer der nächste Schritt, der wichtig ist. Die Vision selbst ist nur insofern wichtig, als dass sie uns die Richtung unserer einzelnen Schritte vorgibt. Wohin wir aber die einzelnen Schritte setzen, das müssen wir immer im Jetzt entscheiden. Wenn wir gewissenhaft unsere Schritte gehen, dann ist es möglich auf einen gelungenen und glücklichen Weg zurück zu blicken. Ziel ist nicht der Horizont, sondern Ziel ist es, zurück blicken zu können und nichts zu bereuen. So ist es möglich, im Jetzt zu leben und gleichzeitig täglich an der Verwirklichung der Ziele zu arbeiten. Jeden Tag gibt man im Jetzt eine kleine Menge an Energie aus, um näher an die Vision zu kommen. Man lebt eine stetige und pausenlose Verwirklichung. Immer nur durch Planen und Beschreiten des jeweils nächsten Schrittes.

Vertrauen

Ganz zum Schluss möchte ich noch ein wenig über einen ganz wesentlichen Grundpfeiler aller zwischenmenschlicher Interaktion schreiben. Und zwar geht es um Vertrauen. Immer war es mir ein Rätsel, warum es in der Literatur im Newage so wenig Material über Vertrauen gibt, wo die Regale doch voll stehen mit Büchern über Themen wie Motivation, Führung, Selbstmotivation, Work-Life-Balance, Verhandlungstechniken, Gedächtnistraining und dergleichen. - Im Grunde gibt es überhaupt keine Literatur über Vertrauen. Indem ich das Thema Vertrauen kurz anspreche, möchte ich zumindest das Bewusstsein für diesen so wichtigen Mechanismus der Zwischenmenschlichkeit ein wenig anheben.

Vertrauen ist ein ganz wesentlicher Grundpfeiler aller menschlichen Zusammenarbeit. Die Voraussetzung für Vertrauen ist Beständigkeit. Glaubwürdig zu sein, jemandem zu vertrauen bedeutet, ihn für würdig zu erachtet und ihm zu glauben, sich auf ihn zu verlassen. Man glaubt an die Beständigkeit und gibt damit ein klein wenig der eigenen Sicherheit auf. Diese Sicherheit überträgt man an den Vertrauten. Vertrauen bedeutet, sich auf jemanden verlassen zu können. Man erwartet dann, dass sich jemand auch in Zukunft in der gewohnten Art und Weise verhalten wird. Wir sprechen nur dann von Vertrauen, wenn wir davon ausgehen, dass jemand (oder etwas) sich morgen wieder genauso verhält wie heute. Man baut dabei auf Beständigkeit. Man vertraut nur auf das, was sich in derselben Art und Weise in der Erfahrung immer wieder bestätigt hat.

In der Tat ist es so, dass wir Menschen eine Art Grundvertrauen besitzen. Wir Menschen neigen dazu, anderen Menschen zu vertrauen. In Versuchen aus der Spieltheorie kann man sehr gut zeigen, dass Menschen anderen Menschen in der Regel zuerst Vertrauen schenken. Wird dieses Vertrauen dann bestätigt, neigen wir Menschen dazu, diesem quasi neu gefundenen Freund, auch weiterhin zu vertrauen.

Die Theorie eines uns angeborenen Grundvertrauens impliziert die Idee einer angeborenen Grundehrlichkeit. Jegliches Vertrauen wurde enttäuscht werden, und damit schnell wieder verloren gehen, wenn unser Gegenüber nicht in der Regel eine gewisse Ehrlichkeit mitbringen würde. Vertrauen funktioniert nur in Kombination mit Ehrlichkeit. Vertrauen und Ehrlichkeit sind zusammen folglich zwei der wichtigsten Grundeigenschaften des Menschen.

In gewisser Weise lassen sich beide Dispositionen durch die Evolutionstheorie herleiten und erklären. Menschen sind in der Gruppe überlebensstärker, und Gruppen funktionieren am besten, wenn ihre Gruppenangehörige soziale Fähigkeiten besitzen. Vertrauen und Ehrlichkeit sind die Grundvoraussetzungen aller Sozialität. Folglich sind Vertrauen und Ehrlichkeit essenziell für soziale Gruppen. So sind es das Vertrauen und die Ehrlichkeit, die unsere Gesellschaft zusammen halten.

In Erklärungsnot kommt man in dieser Theorie, wenn man über das Thema Enttäuschung nachdenkt. Wieso enttäuschen Menschen andere Menschen? Wieso täuschen Menschen andere Menschen? Wieso lügen die Menschen? Und wieso neigen immer mehr Menschen dazu, nicht zu vertrauen? Wieso werden immer mehr Menschen in ihrem Grundvertrauen enttäuscht?
Wenn Vertrauen das ist, was unsere Gesellschaft zusammen hält, dann bedeutet ein Verlust an Vertrauen ein stetiges Fortschreiten des Verlustes von Zusammenhalt. – Und das ist es, was tatsächlich im Moment vor sich geht. Die moderne Zeit mit ihrer modernen Lebensauffassung mindert den Zusammenhalt der Menschen untereinander. Offensichtlich wurde unser Vertrauen schon oft enttäuscht.
Vertrauen funktioniert nur dort, wo anfängliches Vertrauen noch nicht enttäuscht wurde. Die stetig enttäuschten Menschen werden egoistischer, egozentrischer, neurotischer und individueller. Die Menschen in der Umwelt treten vor dem persönlichen Vorteil der Enttäuschten in eine Nebenrolle. Die anderen sind nicht wichtig, wichtig ist man nur noch selbst. Mit solch einer Einstellung wird man egoistisch und man handelt egoistisch. Und wer egoistisch handelt, der enttäuscht das Grundvertrauen der anderen. So setzt es sich fort.

Das Problem liegt aber nicht zuletzt nur an der Lebenseinstellung und der Auffassung der Einzelnen, das Problem liegt ebenso in der komplex organisierten Welt, in der wir leben.
Die Menschen als Personen sind in der diffizilen Wirtschaftswelt immer weniger greifbar. Wir machen keine Geschäfte mehr mit den Warenhändlern, Handwerkern oder Angestellten im Ort oder aus der Gegend. Wir sprechen mit großen Firmen über Callcenter oder kommunizieren mit ihnen über das Internet. Der kleine Lebensmittelladen an der Ecke stammt aus einer Zeit, die längst zu Ende ist. Wir haben uns daran gewöhnt in der Konzernfiliale mit ständig wechselndem Mindestlohnpersonal unsere Lebensmittel einzukaufen. - Werte und Grundeinstellungen sind hier nicht mehr zu finden. Höchstens

noch ein bisschen New-Age-Unternehmenskultur. Vertrauen zu fassen ist schwer, denn die Konzerne handeln so, wie die Konzerne handeln – in kapitalistischen Dimensionen. Dabei zählt der Mensch nur als der „Bringer der Zahlen". Wer würde schon so verrückt sein, um auf die Menschlichkeit des Kapitalismus zu vertrauen? Wo es keine Menschen und keine Werte gibt, da kann es auch kein Vertrauen geben.
Fühlen Sie sich nicht auch ein bisschen merkwürdig bei dem Gedanken, wenn Sie von einer einheimischen Firma ein Produkt kaufen, auf dem dann steht „Made in China"? Wie kann ich der einheimischen Firma weiterhin vertrauen, wenn sie das, was sie mir verkauft, überhaupt nicht selbst hergestellt hat? Wie fühlt man sich, wenn man einen Freund um einen Gefallen bittet und dieser dann vom Freund des Freundes des Freundes erledigt wird? Man kennt diesen Menschen dann wahrscheinlich überhaupt nicht. - Und wie könnte man so jemandem dann vertrauen? Der kapitalistische Ausverkauf ist das Gegenteil von konservativem Wertebewusstsein, denn nur das, was man selbst gemacht hat, kennt und weiß man.

Machen wir uns bewusst, dass es die Eigenschaft des Vertrauens ist, die uns zusammen stark macht.

Abschluss dieses Kapitels

„Erst kommen die Gedanken, und die Welt wird folgen." - Haben Sie schon einmal Acht gegeben, wie es vor sich geht, wenn in Ihrem Kopf eine Entscheidung entsteht, wie sie reift, und wie es dann letztendlich zu einer Aktion kommt? - Am Anfang ist dabei immer irgendein Zustand, welcher eventuell, aus welchem Grund auch immer, verbesserungswürdig, oder mindestens veränderungswürdig erscheint. Dann kommt immer von irgendwo anders her oder von irgendwo aus den Tiefen des eigenen Unterbewussten ein Funke, eine Idee. Diese Idee stiftet uns an, und sie breitet sich daraufhin folgend in unserem Denken aus. Es folgen unzählige kleine Ideen, unzählige Vorstellungen und Gedankenfragmente, die dann alle zusammen ein weniger später ein ganzes Bild ergeben. Dieses ganze Bild handelt davon, wie alles aussehen könnte, wenn es fertig ist. Irgendwann empfindet man das so entstandene Bild dann vielleicht sogar als so überzeugend, dass man es selbst für vernünftig erachtet, persönliche Energie zum Umbau der Welt entsprechend dieses Bildes auf sich zu nehmen. Das Bild erscheint uns dann vorteilhafter als alle anderen Bilder, die uns in den Sinn kommen. Und erst dann, erst dann können eine Entscheidung und eine Aktion folgen. Erst dann ist die Motivation ausreichend.

Ein solches Bild der Zukunft nennt man „Vision“. Visionen haben alle ein paar Dinge gemeinsam, sie sind immer subjektiv und sie handeln immer von einem persönlichen, ganz individuellen Bild einer Wunschvorstellung über die Zukunft.

Weiter beeinflusst die Vision, wie bereits angesprochen, immer das Handeln des Einzelnen im Jetzt. Aus seinen Visionen, aus seinen eigenen Zukunftsbildern, leitet der Einzelne im Allgemeinen Strategien, momentane Entscheidungen und intuitive Handlungen ab. Die Vision ist also gewissermaßen die Richtung, in die sich der Einzelne bewegen will. Wir entwickeln uns nur dann willentlich in eine Richtung, wenn wir eine Vision haben. Visionen sind für zielgerichtetes Handeln wesentlich.

Visionen existieren nicht von Beginn an, sondern sie wachsen und gedeihen immer erst aufbauend auf Wissen und auf Denken. Visionen sind das Resultat von intelligenter Nutzung von Wissen. Das Denken geschieht stets im Jetzt, und so waren interessanterweise die großen Visionäre, ungeachtet ihrer oft übertriebenen Zukunftsvorstellungen, immer Realisten im Jetzt.

Von Walt Disney stammt die Aussage: „Wenn du es dir vorstellen kannst, dann kannst du es auch machen.“ Das bedeutet, dass man ermutigt sein sollte, an die eigene Verwirklichung zu glauben. Walt Disney meinte, dass einzig der Wille uns dabei einschränke. Er war überzeugt davon, dass, je detaillierter die Vorstellung davon, wie die Zukunft aussehen solle, desto wahrscheinlicher die tatsächliche Umsetzung.

Jedoch war das noch nicht alles, was Disney damit gemeint hat. Ebenso bedeutete diese Aussage für ihn, dass es besser ist, es nicht zu tun, bevor man nicht genau weiß, was es werden soll. – Solange Vorstellungen unklar sind, sollte man besser lieber nichts tun. - Disney war ein sehr weiser Mann.

Lassen Sie mich Ihnen an dieser Stelle noch einen Tipp geben: Versuchen Sie niemals die Welt zu verändern, wenn Sie vorher nicht genau wissen, wo Sie hingehören. Wer nicht weiß, wo sein Zuhause ist, und wer nicht weiß, woher die persönliche Sicherheit und Geborgenheit kommen, welche ihm Kraft geben, die Welt verändern zu wollen, der riskiert an jedem Tag, alles zu verlieren. Wenn Sie die Frage danach, wo Sie hingehören, nicht exakt, kurz und präzise beantworten können, dann versuchen Sie niemals die Welt zu verändern. Es würde Sie sehr unglücklich machen.

8 Schluss

Ich habe versucht, in diesem Buch mitzuteilen, wie man an die Fragen der Welt in wissenschaftlicher Weise herangehen kann, wie man in anderen Wegen denkt. Vielleicht ist das in diesem Buch Beschriebene nicht viel mehr als mein ganz persönlicher Weg, aber welchen anderen Weg könnte ich als Autor dem Leser schildern? – Das, wovon wir überzeugt sind, ist immer der persönliche Weg. Und so wurde sämtliche Literatur ebenso von Menschen mit ihren persönlichen Sichtweisen und Überzeugungen geschrieben. Ich habe versucht mitzuteilen, wie man in anderer als der gewohnten Weise an die Probleme in der persönlichen Welt herangehen kann. Ich habe versucht, Denkansätze aus den unterschiedlichsten Bereichen zu liefern, anzuregen, auch mal den komplizierten und den anstrengenden Weg der Wissenschaftlichkeit zu gehen. Hin und wieder bietet es sich an, auch mal den schwierigen Weg zu wählen und die tieferen Fragen zu stellen, und nicht nur alles immer als gegeben hinzunehmen. Ich hoffe, es ist mir zumindest ein wenig gelungen, die Welt ein kleines bisschen zu entzaubern, sie ein wenig zu entmystifizieren und sie weniger befremdlich zu machen. Was ich versucht habe zu zeigen war, dass vieles kein Hexenwerk ist, sondern dass man mit ein wenig Gewissenhaftigkeit durchaus verstehen kann, was sonst den Anschein hat, dass es nur „die Wissenschaftler", oder „die Akademiker" zu können und zu wissen vermögen. Das, was „die" können und wissen, ist in Wirklichkeit so schwer gar nicht. Es scheitert meist immer am ersten Zugang dazu, der so vielen Menschen fehlt. Denn so viele Geheimnisse gibt es in Wirklichkeit gar nicht. Es gibt sie nicht, weil sie in Wirklichkeit doch recht einfach und allgemein zugänglich sind. Und alles, was allgemein zugänglich und verständlich ist, kann kein Geheimnis sein. Jedoch muss man, um Zugang zu erlangen, immer den anstrengenden Weg gehen und sich die Fragen stellen und hinnehmen, dass manche Dinge in der Welt nun einmal so kompliziert sind, wie sie nun einmal sind. - Von alleine ist noch kein Mensch schlauer geworden. Genauso, wie der beste Lehrer dem Schüler niemals auch nur irgendetwas beibringen wird, solange dieser nicht selbst mit dem Lernen anfängt.

Niemals aufhören Fragen zu stellen und niemals aufhören alles in Frage zu stellen! Einmal mehr soll gesagt sein, dass die Fragen wichtiger sind als die Antworten. Wenn ich nicht weiß, dass ich selbst irgendwo eine Lücke habe, dann werde ich diese Lücke auch niemals schließen können.

Wir Menschen zusammen in unserer Einheit als Menschheit wissen enorm viel, und doch wissen wir immer noch sehr wenig. In jedem kleinsten Teilbereich des Wissens gibt es immer noch Lücken. Dort sind immer noch Fragen offen. Und es sind immer noch so viele offene Fragen, die überhaupt nicht gestellt wurden. Auf all diese Fragen gibt es heute noch keine Antworten. Unser Wissen reicht aus, um in den Weltraum zu fliegen, über die Kontinente hinweg in Echtzeit zu kommunizieren und um komplizierte Krankheiten zu heilen, aber immer noch gibt es an jeder Stelle Fragen, die man sinnvoll stellen kann und zu denen es noch keine Antwort gibt. An jeder Stelle kann man noch forschen, noch entwickeln und noch wachsen. Wir sind noch lange nicht am Ende, und die Geschichte von morgen ist noch ungeschrieben. Es kann sich niemand vorstellen, was noch alles kommen wird.

Die Welt verbessern

Sind wir denn nicht alle im tiefsten Herzen Utopisten? Streben wir denn nicht alle immer nach dem Mehr, nach vorne und nach dem Vollendeten und nach dem Besseren? Sind das Streben und das Interesse denn nicht die tiefste menschliche Eigenschaft überhaupt? Fühlen wir uns denn nicht alle verpflichtet, der Welt als Ganzes zu helfen? Alles soll doch immer noch besser werden, so meinen wir. – Die Menschheit wird niemals aufhören, sich zu entwickeln. Der Mensch wird niemals ruhen, eben weil er Mensch ist.

Leider bleibt dem Einzelnen bei diesem Streben keine besonders große Wahl, denn wir Menschen sind determiniert nach genau derjenigen Utopie zu streben, die wir persönlich für die beste halten. Utopien sind immer die Utopien der Einzelnen! – Denn Recht haben doch immer nur wir selber, oder? Wie sollte man auch der Meinung sein, dass man selbst besser anderer Meinung sein sollte? Wie sollte man wissentlich von etwas überzeugt sein, von dem man doch weiß, dass es für einen persönlich als das Falsche erscheint? Das wäre dann ein Paradoxon und Paradoxa halten sich bekanntlich nie besonders lange. – Zu versuchen, eine Utopie zu verwirklichen ist also immer ein Aufdrängen der persönlichen Meinung auf andere. Utopien sind vielleicht genau deshalb zum Scheitern verurteilt.

Wenn man das Streben des einzelnen Individuums aus psychologischer Sicht betrachtet, dann wird schnell klar, dass wir Menschen gar nicht anders können, als die eigenen Ideen und den eigenen Glauben für das Beste zu halten und zu versuchen, die anderen mit den eigenen Überzeugungen einzunehmen. Etwas, wovon wir selbst überzeugt sind, müssen wir der Logik nach auch für richtig halten. Das bedeutet, dass alles, was unserer Überzeugung widerspricht, per se falsch sein muss. Folglich spielt es keine Rolle, ob wir viel wissen oder wenig, ob wir dumm oder intelligent sind, erfolgreich oder gescheitert; psychologisch können wir nicht anders, als unsere persönliche und subjektive Überzeugung für die richtige zu halten. Und wenn das Streben eine zutiefst menschliche und angeborene Eigenschaft ist, dann werden wir auch niemals anders können, als zu versuchen, unsere eigenen Überzeugungen zu verwirklichen. Jeder Einzelne von uns versucht die Welt in seinem Sinne zu verändern.

Und so geht es auch mir als Autor dieses Buches. Sicher bin ich mir darüber bewusst, dass man all das Material, all die Meinungen und selbstverständlich auch die Kernaussage in diesem Buch nicht genauso auffassen muss, wie ich es tue, aber selbstverständlich hoffe ich es natürlich. Und ich habe natürlich keine andere Wahl als genau diese, meine Meinungen zu vertreten. Diese Meinungen sind meine eigenen, und der Logik entsprechend kann ich nur diese vertreten.

Meine Erfahrung hat gezeigt, dass Intelligenz und Bildung herzlich wenig mit Vernunft zu tun haben. Gebildete und intelligente Menschen verhalten sich meiner Erfahrung nach kein bisschen vernünftiger als alle anderen Menschen. – Wir erinnern uns an den Leoparden, der die Antilope reißt. Die Menschen tun das, was die Menschen tun, erst dann folgen die Erklärungen. Und genau aus diesem Grund glaube ich in diesem Zusammenhang an keine Utopie. Ich persönlich glaube nicht daran, dass die Menschen sich irgendwann ändern und reifer werden für eine andere Auffassung des Lebens an sich. Ich persönlich glaube weder an das Gute, noch glaube ich an das Schlechte im Menschen. Ich glaube einzig und allein daran, dass der Mensch so ist, wie der Mensch eben ist. Und das ist weder gut noch schlecht. Der Mensch ist so, wie er ist, und das seit langer Zeit. Evolutionäre Schritte werden wir alle in unserer kurzen Lebenszeit nicht erleben. Und so wird sich vielleicht die Gesellschaft entwickeln, aber ob die Menschen dabei besser werden, steht auf einem anderen Blatt. Es erscheint mir zumindest als sehr unwahrscheinlich, dass die Menschen sich ändern werden.

Ende

Und ganz zum Abschluss möchte ich Ihnen noch einen Satz mitgeben, der mich mein ganzes Leben lang begleitet hat und der mich hoffentlich noch für den Rest meines Lebens motivieren wird. Er lautet so:

„Ich bin der Meinung, dass jeder Mensch die heilige Pflicht hat, seine Möglichkeiten und seine Fähigkeiten zu nutzen."

Unter den Möglichkeiten versteht man alles, was man selbst an Wegen offen hat. Damit sind alle Möglichkeiten gemeint, die sich erschließen, weil man als der geboren wurde, als der man nun einmal geboren wurde. Die Möglichkeiten ändern sich allerdings mit der Zeit. Zuerst ist da vielleicht das Elternhaus mit seinen Verbindungen, seiner finanziellen Unterstützung und Absicherung, später sind da das selbst Geschaffene, die eigenen Verbindungen und das selbst erschaffene Kapital.

Fähigkeiten sind zum Beispiel Talente wie Intelligenz, körperliche Leistungsfähigkeit oder soziale Kompetenzen.
Diese Möglichkeiten und Fähigkeiten nicht zu nutzen ist, so meine Meinung, eine große Sünde.

Wir stellen uns einen Maler vor, der unbeschreiblich schöne Bilder malen kann. Das Problem bei diesem Maler ist aber, dass er faul ist und dass er aus diesem Grund nicht malt. Er malt nicht, weil er das Malen als anstrengend empfindet. Seine herausragenden Fähigkeiten bleiben ungenutzt, unerschlossen, weil er faul ist. Er hat die Fähigkeit, wunderschöne Bilder zu malen, und er tut es nicht. Das, meine sehr verehrten Leser, das ist eine Sünde!

Und der Lehrer gab zur Antwort: „Nicht am Wissen liegt es, wenn einer auf dem Wege stehen bleibt und nicht mehr weiter will. Denn er sucht Sicherheit, wo Mut verlangt wird, und Freiheit, wo das Richtige ihm keine Wahl mehr lässt. Und so dreht er sich im Kreis." (Bert Hellinger)

Und das sollte unser aller Motivation sein, das und natürlich noch sehr viel mehr.

Vielen Dank fürs Lesen.

Christoph Schweiger,
Donnerstag, 31. Januar 2009

Anhang

Literaturverzeichnis

1 EINLEITUNG

-

2 EINFÜHRENDES KAPITEL

Jay F. Rosenberg: Philosophieren. Ein Handbuch für Anfänger, Klostermann, ISBN 3-465-01718-8

Saul Kripke: Naming and Necessity, Blackwell Publishing, ISBN 0631128018

Annemarie Pieper, Urs Thurnherr: Was sollen Philosophen lesen? Schmidt, ISBN 3-503-03079-4

Glunk: Das große Lexikon der Symbole, Gondrom, ISBN 3-8112-1264-8

Stegmüller: Erfahrung, Festsetzung, Hypothese und Einfachheit in der wissenschaftlichen Begriffs- und Theorienbildung, Springer, ISBN 3-540-05019-1

Susan Blackmore: Die Macht der Meme, Spektrum Akademischer Verlag, ISBN 3-8274-1002-9

Richard Dawkins: Das egoistische Gen, Spektrum Akademischer Verlag, ISBN 3-86025-213-5

Gerhard Schurz: Einführung in die Wissenschaftstheorie, Wissenschaftliche Buchgesellschaft, 2006

Martin Carrier: Wissenschaftstheorie zur Einführung Junius, ISBN 3-8850-6617-3

Strelecky, Das Café am Rande der Welt, dtv, ISBN 3-423-20969-4

B. Lauth, J. Sareiter: Wissenschaftliche Erkenntnis: Eine ideengeschichtliche Einführung in die Wissenschaftstheorie, 2. Auflage, Mentis, ISBN 3897855550

Hadot: Philosophie als Lebensform, Fischer, ISBN 3-596-15517-7

Johann A. Schülein, Simon Reitze: Wissenschaftstheorie für Einsteiger, 2. Auflage, WUV Facultas, ISBN 3-8252-2351-5

James Ladyman: Understanding philosophy of science. Routledge, ISBN 0-415-22157-9

Samir Okasha: Philosophy of Science: A Very Short Introduction, Oxford University Press

Hans Poser: Wissenschaftstheorie: Eine philosophische Einführung, Reclam, ISBN 3-15-018125-9

Dürrenmatt: Die Physiker, Arche, ISBN 3-7160-1150-9

Laszlo: Wissenschaft und Wirklichkeit, Insel, ISBN 3-458-33270-7

David Papineau: The philosophy of science, Oxford University Press

Alan F. Chalmers: Wege der Wissenschaft: Einführung in die Wissenschaftstheorie

Helmut Seiffert: Einführung in die Wissenschaftstheorie, Beck, ISBN 3-406-34622-7

Henderson: Das Evangelium des Fliegenden Spaghettimonsters, Manhattan, ISBN 978-3-442-54628-2

Neal Stephenson: Quicksilver, Goldmann, ISBN 3-442-54568-4

Gerhard Vollmer: Die Erkenntnis der Natur. Beiträge zur modernen Naturphilosophie, ISBN 3-7776-1249-9

Nicole C. Karafyllis: Biologisch, Natürlich, Nachhaltig. Philosophische Aspekte des Naturzugangs im 21. Jahrhundert, Francke, ISBN 3-7720-2624-9

Gernot Böhme und Gregor Schiemann: Phänomenologie der Natur, Suhrkamp, ISBN 3-518-28925-X

Uwe Meixner (Hrsg.): Schwerpunkt: Geschichte der Naturphilosophie, Mentis, ISBN 3-89785-156-3

Michael Drieschner: Moderne Naturphilosophie. Eine Einführung, Mentis, ISBN 3-89785-260-8

Michael Esfeld: Einführung in die Naturphilosophie, WBG, ISBN 3-534-15461-4

Hans-Dieter Mutschler: Naturphilosophie, Kohlhammer, ISBN 3-17-016814-2

Andreas Bartels: Grundprobleme der modernen Naturphilosophie, UTB, ISBN 3-8252-1951-8

Stefan Heiland: Naturverstaendnis. 190 S., Verl.: Wissenschaftliche Buchgesellschaft, 1992, ISBN 3534801385

Gerhard Trommer: Natur im Kopf. 349 S., Deutscher Studienverlag, 2001, ISBN 3892712190

Max Weber: Wissenschaft als Beruf, ISBN 3150093880

Helmut Seiffert: Einführung in die Wissenschaftstheorie. München (Beck). 4 Bände; div. Auflagen.

Ludwik Fleck: Entstehung und Entwicklung einer wissenschaftlichen Tatsache, Suhrkamp, ISBN 3518279122

Mario Bunge: Scientific Research Bd. I + II. Springer-Verlag, 1967

Helmut Seiffert, Gerard Radnitzky (Hrsg.): Handlexikon zur Wissenschaftstheorie, dtv, ISBN 3-423-04586-8.

Hans Poser: Wissenschaftstheorie. Eine philosophische Einführung, Reclam, ISBN 3150181259

Alan F. Chalmers: Wege der Wissenschaft. Einführung in die Wissenschaftstheorie, ISBN 3540674772

Gerhard Schurz: Einführung in die Wissenschaftstheorie, WBG, ISBN 3534154622.

Martin Carrier: Wissenschaftstheorie zur Einführung, Junius Verlag, ISBN 3885066173

Wolfgang Balzer: Die Wissenschaft und ihre Methoden. Grundbegriffe der Wissenschaftstheorie, Alber, ISBN 3495478531

Der Fischer Weltalmanach, Fischer, ISBN 3-596-72908-1

Naturphilosophie, Sammelband, Alber, ISBN 3-495-480006-4

Schneider: Erkenntnistheorie im 20. Jahrhundert, Reclam, ISBN 3-15-009702-9

3 KLASSISCHE PHILOSOPHIE

Thomas Nagel: Was bedeutet das alles? Eine ganz kurze Einführung in die Philosophie, Reclam, ISBN 3-15-008637-X

Reinhard Brandt: Philosophie. Eine Einführung, Reclam, ISBN 3-15-018137-2

Arno Anzenbacher: Einführung in die Philosophie. 10. Auflage Herder, ISBN 3-451-27851-0

Baumgartner: Kants „Kritik der reinen Vernunft“, Alber Kolleg Philosophie, ISBN 3-495-47638-5

Gaarder, Sofies Welt, dtv, ISBN 3-423-12555-1

Vollmer: Was können wir wissen?, Hirzel

Heidegger: Was ist Metaphysik?, Vittorio Klostermann

Politische Philosophen, Sammelband, Bayerische Landeszentrale für politische Bildung

Richard David Precht, Wer bin ich und wenn ja, wie viele?, Goldmann

Rafael Ferber: Philosophische Grundbegriffe, 2 Bände, Beck, ISBN 3-406-45654-5

Wittgenstein: Tractatus logico-philosophicus, Surkamp, ISBN 3-518-10012-2

Spierling: Kleine Geschichte der Philosophie, Piper, ISBN 3-492-20983-1

Lenk: Einführung in die Erkenntnistheorie, UTB, ISBN 3-8252-2005-2

Horkheimer, Adorno: Dialektik der Aufklärung, Fischer, ISBN 3-596-50519-4

Weischedel, Wilhelm: Die philosophische Hintertreppe. 34 große Philosophen im Alltag und Denken, Nymphenburger, ISBN 3-485-00863-X

Anton Hügli, Poul Lübcke (Hrsg.): Philosophielexikon. Personen und Begriffe der abendländischen Philosophie von der Antike bis zur Gegenwart, Rowohlt, ISBN 3-499-55453-4

Luciano de Crescenzo, Also sprach Bellavista, Diogenes, ISBN 3-257-21670-X

Georgi Schischkoff: Philosophisches Wörterbuch, Kröner, ISBN 3-520-01322-3

Jürgen Mittelstraß (Hrsg.): Enzyklopädie Philosophie und Wissenschaftstheorie. Grundwerk in acht Bänden, ISBN 3-476-02108-4

Hans Jörg Sandkühler (Hrsg.): Enzyklopädie Philosophie, Meiner, ISBN 3-7873-1452-0

Edward Craig (Hrsg.): The Routledge Encyclopedia of Philosophy, 10 Bände, Routeledge

Joachim Ritter, Karlfried Gründer (Hrsg.): Historisches Wörterbuch der Philosophie, Schwabe

Franco Volpi, Julian Nida-Rümelin: Lexikon der philosophischen Werke, Kröner, ISBN 3-520-48601-6

Franco Volpi: Großes Werklexikon der Philosophie, Kröner, ISBN 3-520-83901-6

Norbert Retlich: Literatur für das Philosophiestudium, Metzler, ISBN 3-476-10308-0

Platon: Phaidon

Hegenbart: Wörterbuch der Philosophie, ISBN 3-8112-1125-0

Denkanstösse 99, Piper, ISBN 3-492-22656-6

Karl Popper, John Carew Eccles: Das Ich und sein Gehirn, Piper, ISBN 3-492-21096-1

Gottfried Wilhelm Leibniz: Monadologie, 1714

Ludwig Wittgenstein: Philosophische Untersuchungen, 1954

Maslow, Abraham H.: Motivation und Persönlichkeit, Rowohlt, ISBN 3499173956

Jean-Paul Sartre: Das Sein und das Nichts, RoRoRo, ISBN 3-499-13316-4

Immanuel Kant: Kritik der reinen Vernunft, Meiner, ISBN 3-78-73-1085-7

Aristoteles: Lehre vom Schluss oder erste Analytik, Meiner, ISBN 3-7873-1092-4

Willard Van Orman Quine: Grundzüge der Logik, Suhrkamp, ISBN 3-518-27665-4

Einführung in den Konstruktivismus, Piper, Sammelband, ISBN 3-492-21165-8

Alfred Tarski: Einführung in die mathematische Logik, Vandenhoeck & Ruprecht, ISBN 3-525-40540-5

Artstoteles: Metaphysik, RoRoRo, ISBN 3-499-55544-1

Thomas Schirren, Thomas Zinsmaier (Hrsg.): Die Sophisten. Ausgewählte Texte, Reclam, ISBN 3-15-018264-6

Thomas Buchheim: Die Sophistik als Anvantgarde normalen Lebens, Meiner, ISBN 3-7873-0687-0

Manfred Fuhrmann: Die antike Rhetorik. Eine Einführung, Artemis und Winkler, ISBN 3-7608-1304-6

Peter Kunzmann, Franz-Peter Burkhard, Franz Wiedmann: dtv-Atlas zur Philosophie. Tafeln und Texte, Deutscher Taschenbuchverlag, ISBN 3-423-03229-4

Zimmer: Das Philosophenportal, dtv, ISBN 3-423-34118-1

Nitzsche: Also sprach Zaratustra, Insel, ISBN 3-458-31845-3

Jean Orieux: Das Leben des Voltaire, Insel-Verlag, 1994, ISBN 3-458-33351-7

Georg Holmsten: Voltaire. 14. Auflage, Rowohlt, ISBN 3-499-50173-2

Alfred J. Ayer: Voltaire, eine intellektuelle Biographie, Athenäum-Verlag, ISBN 3-610-09223-8

Georg Brandes: Voltaire, Erich Reiss, 1923

David Berlinski: Apfel der Erkenntnis. Europäische Verlagsanstalt, ISBN 3-434-50522-9

Maslow, Abraham H.: Motivation und Persönlichkeit, Rowohlt, ISBN 3499173956

Roger Scruton: Kant, Panorama-Verlag, ISBN 3-926642-43-2

Otfried Höffe: Immanuel Kant, Beck, ISBN 3-406-45977-3

Jean Grondin: Kant zur Einführung, Junius, ISBN 3-88506-363-8

Wilfried Neumaier: Antike Rhythmustheorien, historische Form und aktuelle Substanz, 1989

Terrell Carver: Engels - A very short introduction. Oxford University Press, 2003

Hans Peter Bleuel: Friedrich Engels - Bürger und Revolutionär. Eine zeitgerechte Biographie eines großen Deutschen, Scherz

Helmut Hirsch: Friedrich Engels in Selbstzeugnissen und Bilddokumenten, RoRoRo-Taschenbuch

Oswald Spengler: Der Untergang des Abendlandes (1918/1923), Beck, 1963

Max Horkheimer, T. W. Adorno: Dialektik der Aufklärung, Fischer

Adam Smith: Der Wohlstand der Nationen, ISBN 3-8252-2655-7

Karl Marx: Das Kapital. Kritik der politische Ökonomie, 1867

F. Nietzsche: Also sprach Zarathustra, Fischer, ISBN 3-458-31845-3

4 PHYSIK

Egbert Brieskorn: Lineare Algebra und analytische Geometrie, Vieweg-Verlag, ISBN 3-528-08561-4

Paul Davies: Superstrings, dtv, ISBN 3-423-30035-3

Howard Anton: Lineare Algebra, Spektrum Akademischer Verlag, ISBN 3-86025-137-6

John Gribbin: Auf der Suche nach Schrödingers Katze, Piper, ISBN 3-492-21353-7

Kitty Ferguson: Gottes Freiheit und die Gesetze der Schöpfung, ECON, ISBN 3-430-12667-3

Peter Bieri: Das Handwerk der Freiheit, Hanser

Honderich: Wie frei sind wir?, Reclam, ISBN 3-15-009356-2

Paul Davies: Die Unsterblichkeit der Zeit, Scherz, ISBN 9-502-19743-3

Segrè: Die grossen Physiker und ihre Entdeckungen, Pieper, ISBN 3-492-03950-2

Barner, Flohr: Analysis 1, de Gruyter Lehrbuch, ISBN 3-11013-225-7

Gell-Mann: das Quark und der Jaguar, Piper, ISBN 3-492-22296-X

Albrecht Beutelspacher: Lineare Algebra, Vieweg-Verlag, ISBN 3-528-46508-5

Daniel Dennett: Elbow Room: The Varieties of Free Will Worth Wanting, Bradford Books-MIT Press, ISBN 0262540428

Boslough: Jenseits des Ereignishorizonts, Rowohlt

Charles Sanders Peirce: On the algebra of Logic. A contribution to the philosophy of notation, The American Journal of Mathematics 7, 1885

Alfred North Whitehead; Bertrand Russell: Principia Mathematica, Cambridge

Forster: Analysis, Vieweg, ISBN 3-528-47224-3

Alex Rosenberg: Philosophy of science: a contemporary introduction, Routledge, 2005

Reinhold Zwickler: Ist Kosmos ohne Gott erklärbar? - Ursprung und Grenzen der Physik, ISBN 3898464113

Kories, Schmidt-Walter: Taschenbuch der Elektrotechnik, Harri Deutsch, ISBN 3-8171-1626-8

Feynman: QED, Piper, ISBN 3-492-21562-9

Richard Mestwerdt, Werner Schulte: Grundstock des Wissens Physik, ECO, ISBN 3-934519-50-4

Ludwig Bergmann, Clemens Schaefer, Thomas Dorfmüller, Wilhelm T. Hering, Klaus Stierstadt: Lehrbuch der Experimentalphysik, de Gruyter, ISBN 3-110-12870-5

Feynman: „Kümmert Sie, was andere Leute denken?", Piper, ISBN 3-492-22166-1

Feynman: Vom Wesen physikalischer Gesetze, Piper, ISBN 3-492-21748-6

Sheldrake, McKeena, Abraham: Denken am Rande des Undenkbaren, Pieper, ISBN 3-492-22004-5

Quantenphilosophie, Spektrum Akademischer Verlag, Sonderausgabe, ISBN 3-48025-366-2

Paul Drude: Die Theorie in der Physik. Antrittsvorlesung gehalten am 5. December 1894 an der Universität Leipzig

Károly Simonyi: Kulturgeschichte der Physik. Urania-Verlag, 1990

Lew Dawidowitsch Landau, Jewgeni Michailowitsch Lifschitz: Lehrbuch der theoretischen Physik in 10 Bänden, Akademie-Verlag Berlin

Beyvers, Krusch: Kleines 1x1 der Relativitätstheorie, BOD, ISBN 978-3-8334-6291-7

Feynman: „Sie belieben wohl zu scherzen, Mr. Feynman!", Piper, ISBN 3-492-21347-2

Bührke: E=mc2, dtv, ISBN 3-423-33041-4

Richard Feynman, Robert Leighton, Matthew Sands: Vorlesungen über Physik, Oldenbourg, ISBN 3-486-25857-5

Stöcker: Taschenbuch der Physik, Harri Deutsch, ISBN 3-8171-1556-3

Ch. Gerthsen, D. Meschede: Gerthsen Physik, Springer-Verlag, ISBN 3-540-25421-8

W. Demtröder: Experimentalphysik, Springer, ISBN 3-540-26034-X

Paul A. Tipler, Gene Mosca: Physik für Wissenschaftler und Ingenieure, Spektrum Akademischer Verlag, ISBN 3-827-41164-5

Bronstein, Semendajajew, Musiol, Mühlig: Taschenbuch der Mathematik, Harri Deutsch, ISBN 3-8171-2004-0

Richard Samuel Westfall: Never at Rest: a Biography of Isaac Newton, ISBN 0-521-23143-4

Johannes Wickert: Isaac Newton, RoRoRo, ISBN 3-499-50548-7

Harro Heuser: Der Physiker Gottes: Isaac Newton oder die Revolution des Denkens, Herder, ISBN 3-451-05591-0

Richard L. Gregory: Alchemy of matter and of mind, Nature 342, 471-473, 1989

Isaac Newton: Mathematische Prinzipien der Naturlehre, ISBN 3-8102-0939-2

James Gleick: Isaac Newton. The biography of choice, Random House, ISBN 1-4000-3295-4

Max Jammer: Das Problem des Raumes. Die Entwicklung der Raumtheorien, Wissenschaftliche Buchgesellschaft, 1960

Egbert Brieskorn: Lineare Algebra und analytische Geometrie, Bd.2, Vieweg-Verlag, ISBN 3-528-08562-2.

Siegfried Bosch: Lineare Algebra, Springer-Lehrbuch, ISBN 3-540-29884-3.

Günter Gramlich: Anwendungen der Linearen Algebra, Fachbuchverlag Leipzig im Carl Hanser Verlag, ISBN 3-446-22655-9.

Klaus Jänich: Lineare Algebra, Springer-Lehrbuch, ISBN 3-540-66888-8.

Harro Heuser: Der Physiker Gottes: Isaac Newton oder die Revolution des Denkens, Herder, ISBN 3-451-05591-0.

Richard Samuel Westfall: Never at Rest: a Biography of Isaac Newton, Cambridge, ISBN 0-521-23143-4

Johannes Wickert: Isaac Newton. RoRoRo, Reinbek 1995, ISBN 3-499-50548-7.

Max Jammer: Das Problem des Raumes. Die Entwicklung der Raumtheorien, Wissenschaftliche Buchgesellschaft, 1960

Isaac Newton: Mathematische Prinzipien der Naturlehre, Oppenheim, ISBN 3-8102-0939-2

Dobbs, Betty J. T.: The Janus faces of genius. The role of alchemy in Newton´s thought. Cambridge University Press, 1991.

Golinski, Jan: Das geheime Leben eines Alchemisten. In: Newtons Werk. Die Begründung der modernen Naturwissenschaft. Hrsg. Fauvel, John et. al., Basel, Boston, Berlin, 1993.

White, Michael: Isaac Newton. The last sorcerer. Reading, 1999.

Brandon Carter: Large Number Coincidences and the Anthropic Principle in Cosmology. Malcolm Sim Longair ed., Confrontation of Cosmological Theories with Observational Data. Dordrecht, D.Reidel, 1974

Reinhard Breuer: Das anthropische Prinzip. Der Mensch im Fadenkreuz der Naturgesetze, Nymphenburger Verlag, ISBN 3485081310

John D. Barrow, Frank Tipler: The Anthropic Cosmological Principle, Oxford University Press, ISBN 0192821474

Nick Bostrom: Anthropic Bias Observation Selection Effects in Science and Philosophie Routledge, ISBN 0415938589

Bernulf Kanitscheider: Anthropic Arguments - are they really explanations? Cambridge Univ. Press

Rüdiger Vaas: Ist uns das All auf den Leib geschneidert? bild der wissenschaft Nr. 8, S. 34–42 (2006)

Claude Cohen-Tannoudji: Quantenmechanik, ISBN 3-11-016458-2

A.S. Dawydow: Quantenmechanik, ISBN 3-527-40257-8

Richard Feynman: „Feynman Vorlesungen über Physik, Bd. 3, Quantenmechanik“, ISBN 3-486-25134-1

Eugen Fick: Einführung in die Grundlagen der Quantentheorie, ISBN 3-89104-472-0

Torsten Fließbach: Quantenmechanik, ISBN 3-8274-0996-9

Wolfgang Nolting: „Grundkurs Theoretische Physik 5/1 (Quantenmechanik – Grundlagen)“, ISBN 3-540-40071-0, 5/2 (Quantenmechanik – Methoden und Anwendungen)“, ISBN 3-540-40072-9

Tony Hey und Patrick Walters: Das Quantenuniversum, ISBN 3-8274-0315-4

Anton Zeilinger: Einsteins Schleier, Die neue Welt der Quantenphysik, Goldmann, ISBN 3-442-15302-6

Silvia Arroyo Camejo: Skurrile Quantenwelt, Springer, ISBN 3-540-29720-0

Gert-Ludwig Ingold: "Quantentheorie", C.H.Beck, ISBN 3-406-47986-3

Adolf J. Schwab: Begriffswelt der Feldtheorie. Springer-Verlag Berlin 2002, ISBN 3-540-42018-5

U. Krey, A. Owen: Basic Theoretical Physics – A Concise Overwiew, Springer-Verlag Berlin 2007, ISBN 978-3-540-36804-5

Hawking: Eine kurze Geschichte der Zeit, RoRoRo, ISBN 3-499-60555-4

Hawking: Einsteins Traum. Expeditionen an die Grenzen der Raumzeit, RoRoRo, ISBN 3-499-60132-X

Hawking: Das Universum in der Nussschale. dtv, ISBN 3-423-33090-2

Hawking: Der geheime Schlüssel zum Universum, cbj-Verlag, ISBN 978-3-570-13284-5

G.D. Starkman, D.J. Schwarz: Missklänge im Universum, Spektrum der Wissenschaft 12/05, S. 30ff

Warren Weaver, Claude Elwood Shannon: The Mathematical Theory of Communication, University of Illinois Press

Lambrecht, Astrid: Das Vakuum kommt zu Kräften: Der Casimir-Effekt in: Physik in unserer Zeit, 36 (2), S. 85-91

C. Hertlein, L. Helden, A. Gambassi, S. Dietrich & C. Bechinger: Direct measurement of critical Casimir forces. Nature 451, 172-175 (10 January 2008)

Erwin Schrödinger: Quantisierung als Eigenwertproblem. In: Annalen der Physik. Band 79, 1926, S. 361, 489, 734, und Band 81, 1926, S. 109

M. Alonso/E.L. Finn: Quantenphysik und Statistische Physik, Oldenbourg

Werner Heisenberg: Gesammelte Werke, Herausgegeben von Walter Blum, Hans-Peter Dürr und Helmut Rechenberg, Piper Verlag, 1994.

Werner Heisenberg: Der Teil und das Ganze, Piper Verlag, ISBN 3492222978

Werner Heisenberg: Physikalische Prinzipien der Quantentheorie, Hirzel Verlag, 1930

Helmut Fink: Interpretation verschränkter Zustände: Die Quantenwelt – unbestimmt und nichtlokal? Physik in unserer Zeit 35(4), S. 168–173, 2004

Anton Zeilinger: Einsteins Schleier – Die neue Welt der Quantenphysik, ISBN 3-442-15302-6

Anton Zeilinger: Einsteins Spuk – Teleportation und weitere Mysterien der Quantenphysik, ISBN 3-570-00691-3

Herbert W. Franke: Das P-Prinzip. Naturgesetze im Rechnenden Raum, Insel Verlag, ISBN 3-458-16656-4

Mainzer, Klaus: Enzyklopädie Philosophie und Wissenschaftstheorie, 2005

Ted Honderich: Wie frei sind wir? Das Determinismus-Problem, Reclam, ISBN 3-15-009356-2

Ulrich Pothast (Hrsg.): Seminar: Freies Handeln und Determinismus, Suhrkamp, ISBN 3-518-27857-6

Ulrich Steinvorth: Freiheitstheorien in der Philosophie der Neuzeit, WBG, ISBN 3-534-02403-6

5 PSYCHOLOGIE UND NEUROLOGIE

David Chalmers: The conscious Mind, Oxford University Press, ISBN 0195117891

Siefert: Ich, Campus, ISBN 3-593-37676-9

Karl König: Einführung in die psychoanalytische Krankheitslehre, Vandenhoeck und Ruprecht, ISBN 3-525-45788-X

Bettegay: Psychoanalytische Neurosenlehre, Fischer, ISBN 3-596-12233-3

Ulich, Mayring: Psychologie der Emotionen, Kohlhammer, ISBN 3-17-010608-2

Mentzos: Psychose und Konflikt, Vandenhoeck und Rupprecht, ISBN 3-525-45750-2

Newberg, D'Aguili, Rause: Der gesachte Gott, Pieper, ISBN 3-492-04427-1

Thomas Metzinger: Grundkurs Philosophie des Geistes. Band 1: Bewusstsein, Mentis-Verlag, ISBN 3-897-85551-8

L. Ron Hubbard: Dianetik, ISBN 79-7336-607-2

Michael Treberian: Augustinus – Liebe und tu, was du willst, Insel, ISBN 3-458-34082-3

Curt Bondy: Einführund in die Psychologie, Ullstein, ISBN 3-548-34726-6

Thomas Metzinger: Beeing No One, The MIT Press, ISBN 0-262-13417-9

Edelman, Das Licht des Geistes, Walter, ISBN 3-530-42182-0

Brüntrup: Das Leib-Seele-Problem, Kohlhammer, ISBN 3-17-014005-1

Freitag: Kraftzentrale Unterbewusstsein, Goldmann, ISBN 9-783442-119776

David Chalmers: philosophy of mind - classical and contemporary readings (Hrsg.), Oxford University Press, ISBN 019514581X

Max Bennett, Peter Hacker: Philosophical Foundations of Neuroscience, Blackwell Pub, ISBN 140510838X

Kelder: Die fünf Tibeter, Scherz, ISBN 3-502-25035-9

Mary, Nordhold: Selbsttherapie, Kreuz, ISBN 3-7831-1395-4

Roberts: Gespräche mit Seth, Goldmann, ISBN 3-442-21581-1

Churchland, Die Seelenmaschine, Spektrum Akademischer Verlag, ISBN 3-8274-1020-7

Melanie Klein, Frühstadien des Ödipuskomplexes, Fischer, ISBN 3-596-10969-8

Köhler: Freuds Psychoanalyse. Eine Einführung, Kohlhammer, ISBN 3-17-013-728-4

Kaufmann, Smarr: Simulierte Welten, Spektrum Akademischer Verlag, ISBN 3-86025-103-1

Carlos Castaneda: Die Kraft der Stille, Fischer, ISBN 3-596-10926-4

Carlos Castaneda: Die Kunst des Träumens, Fischer, ISBN 3-596-141-66-6

Carlos Castaneda: Das Wirken der Unendlichkeit, Fischer, ISBN 3-596-14740-9

Harald Welzer: Das kommunikative Gedächtnis, Beck, ISBN 3-406-49336-X

Symington: Narzissmus, Psychosozial-Verlag, ISBN 3-932133-82-X

Maaz: Der Lilith Komplex, Beck, ISBN 3-406-49335-1

Hilary Putnam: The Threefold Cord: Mind, Body, and World, John Dewey, Columbia University Press, ISBN 0-231-10286-0

Heinz-Dieter Heckmann, Sven Walter (Hrsg.): Qualia

Pierre Daco: Psychologie für Jedermann, Weltbild, ISBN 3-89350-680-2

Schwarz, Schweppe: Praxisbuch NLP, Südwest, ISBN 3-517-06238-3

C.G. Jung: Archetypen, dtv, ISBN 3-423-35175-6

Computer Kurzweil Band 1 und Band 2, Spektrum Akademischer Verlag, Sonderausgabe, ISBN 3-46025-030-2 / ISBN 3-922508-50-2

Daniel Dennett: The intentional stance, MIT Press, ISBN 0-262-54053-3

Bert Hellinger: Ordnungen der Liebe, Knaur, ISBN 3-426-77563-8

Schraml: Einführng in die Entwicklungspsychologie für Pädagogen und Sozialpädagogen, Klett-Cotta, ISBN 3-608-95937-8

Simon Haykin: Neural Networks: A Comprehensive Foundation, ISBN 0-13-273350-1

Dietrich Dörner, Herbert Selg (Hrsg.): Psychologie - Eine Einführung in ihre Grundlagen und Anwendungsfelder, 2. Auflage, Kohlhammer, ISBN 3-17-012266-5

Jerry Fodor: Psychosemantics. The problem of meaning in the philosophy of mind, MIT Press, ISBN 0-262-06106-6

John Searle: Intentionalität. Eine Abhandlung zur Philosophie des Geistes. Nachdr. Suhrkamp, ISBN 3-518-28556-4

Gerhard Roth: Das Gehirn und seine Wirklichkeit. Kognitive Neurobiologie und ihre philosophischen Konsequenzen, Suhrkamp, ISBN 3-518-58183-X

Alan Turing: Computing machinery and intelligence, 1950

John Searle: Minds, Brains and Programs, The Behavioral and Brain Sciences, 1980

Thorwald Dethlefsen: Schicksal als Chance, Bertelsmann

Colin Goldner: Die Psycho-Szene, Alibri Verlag, ISBN 3-932710-25-8

Schäfer: Was die Seele krank macht und was sie heilt, Knaur, ISBN 3-426-87029-0

Pöppel: Grenzen des Bewusstseins, Insel, ISBN 3-458-16878-8

Brackmann: Jenseits der Norm – Hochbegabt und hoch sensibel? Klett Cotta, ISBN 3-608-89002-5

Sprenger: Im Kern getroffen, Kösel, ISBN 3-466-30700-7

Struck: Systemische Psychologie, Spektrum Akademischer Verlag, ISBN 978-3-8274-1710-7

Ekman: Gefühle lesen, Spektrum Akademischer Verlag, ISBN 978-8274-1858-6

Fine: Wissen Sie, was Ihr Gehirn denkt? Spektrum Akademischer Verlag, ISBN 978-3-8274-1832-6

Dietrich Dörner, Herbert Selg (Hrsg.): Psychologie - Eine Einführung in ihre Grundlagen und Anwendungsfelder, Kohlhammer, ISBN 3-17-012266-5

Norbert Groeben: Handeln, Tun, Verhalten als Einheiten einer verstehend-erklärenden Psychologie. Wissenschaftstheoretischer Überblick und Programmablaufentwurf zur Integration von Hermeneutik und Empirismus, Francke, ISBN 3772017932

Norbert Groeben (Hrsg.): Zur Programmatik einer sozialwissenschaftlichen Psychologie, Aschendorff, 1999

Joachim Grabowski, Elke van der Meer (Hrsg.): Hilgards Einführung in die Psychologie, Von Rita L. Atkinson, Richard C. Atkinson, Edward E. Smith u. a., Spektrum Lehrbuch, ISBN 3-8274-0489-4

Wolfgang Metzger: Psychologie - Die Entwicklung ihrer Grundannahmen seit Einführung des Experiments, Krammer

Jochen Müsseler, Wolfgang Prinz (Hrsg.): Allgemeine Psychologie, ISBN 3-8274-1128-9

Myers, David G. Psychologie, Springer, ISBN 3-540-21358-9

Kurt Pawlik (Hrsg.): Handbuch Psychologie. Wissenschaft - Anwendung – Berufsfelder, Springer, ISBN 3-540-22178-6

Philip Zimbardo: Psychologie, Pearson, ISBN 3-827-37056-6

Lyle E. Bourne, Bruce R. Ekstrand: Einführung in die Psychologie, Dietmar Klotz, ISBN 3-88074-500-5

Görz, Rollinger, Schneeberger (Hrsg.): Handbuch der Künstlichen Intelligenz, Oldenbourg, ISBN 3-486-27212-8

Stuart Russell, Peter Norvig: Artificial Intelligence: A Modern Approach, Prentice Hall

Stuart Russell, Peter Norvig: Künstliche Intelligenz: Ein moderner Ansatz, Pearson Studium, ISBN 3-8273-7089-2

Lämmel, Uwe; Cleve, Jürgen: Lehr- und Übungsbuch Künstliche Intelligenz, Carl Hanser Verlag, ISBN 3-446-22574-9

Karl Steinbuch: Automat und Mensch,1971

Dietrich Dörner: Bauplan für eine Seele, Rowohlt, ISBN 3-499-61193-7

Roger Penrose: Computerdenken – Des Kaisers neue Kleider oder die Debatte um künstliche Intelligenz, Bewusstsein und die Gesetze der Natur, Heidelberg 1991

Ray Kurzweil: The Age of Spiritual Machines, B&T, ISBN 978-0140282023

Roger Penrose: Schatten des Geistes. Wege zu einer neuen Physik des Bewusstseins, 1995

Howard Gardner: Dem Denken auf der Spur (KI als Teil der interdisziplinären Kognitionswissenschaft), ISBN 3-608-93099-X

Jörg Auf dem Hövel: Abenteuer Künstliche Intelligenz. Auf der Suche nach dem Geist in der Maschine, ISBN 3-9807330-4-1

Marvin Minsky: Mentopolis, ISBN 3-608-93117-1

Douglas R. Hofstadter: Gödel, Escher, Bach, ein Endloses Geflochtenes Band, dtv, ISBN 3-423-30017-5

Rolf Pfeifer, Christian Scheier, Alex Riegler: Understanding Intelligence, Bradford Books, ISBN 0-262-66125-X

Michael Kary, Martin Mahner: How Would You Know if You Synthesized a Thinking Thing?, Minds and Machines 12, 2002, 61–86.

Rodney Brooks: Menschmaschinen. Wie uns die Zukunftstechnologien neu erschaffen Fischer, ISBN 978-3596158775

Klaus Mainzer: Künstliche Intelligenz. Grundlagen intelligenter Systeme, 2003

Joseph Weizenbaum: Die Macht der Computer und die Ohnmacht der Vernunft, Suhrkamp, ISBN 3-518-27874-6

Norbert Groeben: Handeln, Tun, Verhalten als Einheiten einer verstehend-erklärenden Psychologie, Francke, ISBN 3-7720-1793-2

Norbert Groeben (Hrsg.): Zur Programmatik einer sozialwissenschaftlichen Psychologie, Aschendorff, 1999

Joachim Grabowski, Elke van der Meer (Hrsg.): Hilgards Einführung in die Psychologie. Von Rita L. Atkinson, Richard C. Atkinson, Edward E. Smith u. a. Spektrum Lehrbuch, ISBN 3-8274-0489-4.

Wolfgang Metzger: Psychologie - Die Entwicklung ihrer Grundannahmen seit Einführung des Experiments, Krammer

Jochen Müsseler, Wolfgang Prinz (Hrsg.): Allgemeine Psychologie, ISBN 3-8274-1128-9.

Myers, David G. Psychologie, Springer, ISBN 3-540-21358-9

Kurt Pawlik (Hrsg.): Handbuch Psychologie. Wissenschaft - Anwendung – Berufsfelder, Springer, ISBN 3-540-22178-6.

Lyle E. Bourne, Bruce R. Ekstrand: Einführung in die Psychologie, Dietmar Klotz, ISBN 3-88074-500-5

C. W. Eurich: Was sieht eine Katze? [Neural coding and reconstruction], Spektrum der Wissenschaft , 3/2003

Andreas Zell: Simulation neuronaler Netze, ISBN 3-486-24350-0.

Simeon Knieling: Einführung in die Modellierung künstlich neuronaler Netzwerke, WiKu-Verlag, ISBN 978-3-86553-192-6.

Raúl Rojas: Theorie der Neuronalen Netze, ISBN 3-540-56353-9.

A. Lucas: Schätzung und Spezifikation ökonometrischer neuronaler Netze, ISBN 3-89936-183-0

Teuvo Kohonen: Self Organizing Maps, ISBN 3-540-67921-9

B. Lenze: Einführung in die Mathematik neuronaler Netze, ISBN 3-89722-021-0

H. Rehkugler, H.G. Zimmermann: Neuronale Netze in der Ökonomie, ISBN 3-800-61871-0

Helge Ritter, Thomas Martinetz, Klaus Schulten: Neural Computation and Self-Organizing Maps: An Introduction, Addison Wesley, ISBN 0201554429

John A. Hertz, Richard G. Palmer, Anders Krogh: Introduction to the Theory of Neural Computation, Westview Press, ISBN 0201515601

Hans Berger: Über das Elektrenkephalogramm des Menschen in: Arch f Psychiatr 87: 527-570, 1929

Cornelius Borck: Hirnströme: Eine Kulturgeschichte der Elektroenzephalographie, ISBN 3-89244-893-0

Mary Brazier: A history of the electrical activity of the brain; the first half-century, Macmillan, 1961

Pravdich-Neminsky: Ein Versuch der Registrierung der elektrischen Gehirnerscheinungen, Zbl Physiol 27: 951–960, 1913.

Stephan Zschocke: Klinische Elektroenzephalographie, Springer

Dominik Zumsteg, Hansjörg Hungerbühler, Heinz-Gregor Wieser: Atlas of Adult Electroencephalography, Hippocampus-Verlag, ISBN 3936817154

Ansgar Beckermann: Analytische Einführung in die Philosophie des Geistes, De Gruyter, ISBN 3-11-017065-5

Jaegwon Kim: Philosophie des Geistes, Springer, ISBN 3-211-83043-X

Carsten Könneker (Hg.): Wer erklärt den Menschen? Hirnforscher, Psychologen und Philosophen im Dialog, Fischer, ISBN 3-596-17331-0

Sammelband mit Beiträgen u.a. von Frank Jackson, Daniel Dennett, Joseph Levine, David Chalmers, Fred Dretske: Das Leib-Seele-Problem, Mentis, ISBN 3897855526

Michael Pauen: Grundprobleme der Philosophie des Geistes. Eine Einführung, Fischer, ISBN 3-596-14568-6.

Arno Ros: Materie und Geist: Eine philosophische Untersuchung, Mentis-Verlag, ISBN 3-89785-397-3

Jürgen Schröder: Einführung in die Philosophie des Geistes, Suhrkamp, ISBN 3518292714

John Searle: Geist. Eine Einführung, Suhrkamp, ISBN 3518584723

Dieter Sturma: Philosophie des Geistes, Reclam, ISBN 3-379-20122-7

Alan Turing: "Computing Machinery and Intelligence", Mind, vol. LIX, no. 236, October 1950, pp. 433–460

Donald Davidson Turings Test In: Donald Davidson: Probleme der Rationalität, Suhrkamp, ISBN 3-518-58471-5

Burkart, Roland: Kommunikationswissenschaft, ISBN 3-205-98185-5

Krallmann, Dieter; Ziemann, Andreas: Grundkurs Kommunikationswissenschaft, ISBN 3-8252-2249-7

Maletzke, Gerhard: Kommunikationswissenschaft im Überblick : Grundlagen, Probleme, Perspektiven, Westdeutscher Verlag

Merten, Klaus: Einführung in die Kommunikationswissenschaft, Lit Verlag

Tsvasman Leon(Hrsg.): Das große Lexikon Medien und Kommunikation. Kompendium interdisziplinärer Konzepte, ISBN 3-89913-515-6

F. Herrmann, P. Schmälzle: A simple explanation of a well-known collision experiment, Am. J. Phys. 49, 761 (1981)

Johannes Brachtendorf: Die Struktur des menschlichen Geistes nach Augustin. Seelenreflexion und Erkenntnis Gottes in „De trinitate". Meiner, Hamburg 2000.

Odd Reiersol, Svein Skeid: The ICD Diagnoses of Fetishism and Sadomasochism, in Journal of Homosexuality, Harrigton Park Press, Vol.50, No.2/3, 2006, S.243-262

Peggy J. Kleinplatz, Charles Moser: Sadomasochism - Powerful Pleasures, Haworth Press, ISBN 978-1-56023-640-5

Otto Harman: Psychische Störungen LSD

American Psychiatric Association (2000), Diagnostic and Statistical Manual of Mental disorders, 4th Edition Text Revision

John B. Watson: Psychology as the Behaviorist Views It. In: Psychological Review 20 (1913), S. 158-177

Burrhus Frederic Skinner: Wissenschaft und menschliches Verhalten. Science and Human Behavior, Kindler, ISBN 3-463-00562-X

Burrhus Frederic Skinner: Jenseits von Freiheit und Würde, Rowohlt, ISBN 3-498-06101-1

Burrhus Frederic Skinner: Was ist Behaviorismus?, Rowohlt, ISBN 3-498-06124-0

Klaus-Jürgen Bruder: Psychologie ohne Bewusstsein. Die Geburt der behavioristischen Sozialtechnologie, Suhrkamp, ISBN 3-518-28015-5

William O'Donohue: Handbook of Behaviorism, Academic Press, ISBN 0125241909.

John A. Mills: Control: A History of Behavioral Psychology, New York University Press, ISBN 0814756123

Sigmund Freud: Die Abwehr-Neuropsychosen, Versuch einer psychologischen Theorie, 1894, aus: Gesammelte Werke, Band I

Sigmund Freud: Die Verdrängung, 1946, aus: Gesammelte Werke, Band X

Anna Freud: Das Ich und seine Abwehrmechanismen, Kindler, München 1964

Karl König: Abwehrmechanismen. Vanderhoeck und Ruprecht

Phebe Cramer: Protecting the Self – Defense Mechanisms in Action. Guilford Press, ISBN 978-1-59385-298-6

R. L. Atkinson, E. E. Atkinson, D. J. Bem, E. Göttingen, R. Hildegard: Introduction to psychology. HBJ, Fort Worth 1990, S. 554–607

Sigmund Freud: Vorlesungen zur Einführung in die Psychoanalyse, ISBN 3-596-10432-7

Sigmund Freud: Das Ich und das Es, ISBN 3-596-10442-4

Lutz und Anette Müller (Hrsg.): Wörterbuch der Analytischen Psychologie, Walter, ISBN 3-530-42166-9

Jens Asendorpf: Psychologie der Persönlichkeit, Springer, ISBN 978-3-540-00728-9

Deirdre Bair: Jung. A Biography, Little Brown and Co., ISBN 3-8135-0242-2

Micha Brumlik: C. G. Jung zur Einführung, Junius, ISBN 3-88506-397-2

A. Carotenuto (Hrsg.): Tagebuch einer heimlichen Symmetrie. Sabina Spielrein zwischen Jung und Freud, Kore, 1986

Susanne Heine, Grundlagen der Religionspsychologie. Modelle und Methoden, Vandenhoeck und Ruprecht, ISBN 978-3-8252-2528-5

Jolande Jacobi: Die Psychologie von C.G. Jung, Fischer, ISBN 3-596-26365-4

Wolfgang Roth: Einführung in die Psychologie C. G. Jungs Düsseldorf, Walter, ISBN 3-530-42171-5

Heinz Gess: Vom Faschismus zum Neuen Denken. C. G. Jungs Theorie im Wandel der Zeit, 1994, ISBN 978-3-924245-33-7

Tilman Evers: Mythos und Emanzipation: eine kritische Annäherung an C.G.Jung, Junius, ISBN 3-88506-161-9

Paul J. Stern: C. G. Jung - Prophet des Unbewussten - Eine Biographie, Piper, ISBN 3-492-10896-2

Gerhard Wehr: C. G. Jung, Rowohlt

C. G. Jung: Der Mensch und seine Symbole, Walter, ISBN 3-530-56501-6

C. G. Jung: Erinnerungen, Träume, Gedanken, Walter, ISBN 3-530-40734-8

Beck, A. T., Rush, A. J., Shaw, B. F., Emery, G: Kognitive Therapie der Depression, Beltz

Hautzinger, Martin: Kognitive Verhaltenstherapie bei Depressionen, Beltz

Hoffmann, Nicolas; Hofmann, Birgit: Verhaltenstherapie bei Depressionen, ISBN 978-3-936142-25-9

Lasar, M.; Trenckmann, U. (Hrsg.), Depressionen – Neue Befunde aus Klinik und Wissenschaft, ISBN 978-3-934252-41-7

Mentzos, Stavros: Depression und Manie. Psychodynamik und Therapie affektiver Störungen, Vandenhoeck & Ruprecht

Wolfersdorf, Manfred; Heindl, Andrea: Chronische Depression – Grundlagen, Erfahrungen und Empfehlungen, ISBN 978-3-89967-064-6

Bauer, Michael; Berghöfer, Anne; Adli, Mazda (Hrsg.). Akute und therapieresistente Depressionen Pharmakotherapie – Psychotherapie – Innovationen (2., vollst. überarb., erw. Aufl., 2005). Berlin: Springer.

Ovid: Metamorphosen, 1980

Renger, Almut-Barbara (Hg.): Mythos Narziß, Reclam, Leipzig, 1999

Friedrich Wieseler: Narkissos. Eine kunstmythologische Abhandlung nebst einem Anhang üder die Narcissen und ihre Beziehung im Leben, Mythos und Cultus der Griechen, 1856

Henrik Walter: Neurophilosophie der Willensfreiheit. Von libertarischen Illusionen zum Konzept natürlicher Autonomie, Schöningh, ISBN 3-506-73241-2

Pauen Michael: Illusion Freiheit? Mögliche und unmögliche Konsequenzen der Hirnforschung, Fischer, ISBN 3-10-061910-2

Geyer, Christian, Hirnforschung und Willensfreiheit. Zur Deutung der neuesten Experimente, Suhrkamp, 2004

Egbert Scheunemann: Determinismus der Naturgesetze und Willensfreiheit, 2007

Josef Pieper: Das Viergespann – Klugheit, Gerechtigkeit, Tapferkeit, Maß, ISBN 3466401712

Karl Bühler: Sprachtheorie, Fischer, 1934

David Crystal: Die Cambridge Enzyklopädie der Sprache, Campus Verlag, ISBN 3880599548

Donald Davidson: „Seeing Through Language“ in "Truth, Language, and History." Oxford University Press, ISBN 0-19-823756-1

Harald Haarmann: Kleines Lexikon der Sprachen. Von Albanisch bis Zulu, Beck, ISBN 3406475582

Wilhelm von Humboldt: Grundzüge des allgemeinen Sprachtypus, Philo, ISBN 3-8257-0068-2

Uwe Jürgens: Die Evolution der Sprache. Biologie in unserer Zeit 36(6), S. 362 - 368 (2006), ISSN 0045-205X

Volker Ladenthin: Hg. v. Goethe über Sprache, Eitorf 1999

John Lyons: Die Sprache, Beck, ISBN 3406094007

Helmut Martinetz: Sprache und Sprechen, die Brückenbauer auf der Bühne des Alltags, ISBN 3-8258-9496-7

Guenther Witzany: Natur der Sprache - Sprache der Natur, Königshausen & Neumann, ISBN 3-88479-827-8

Steven Pinker: Words and Rules: The Ingredients of Language, ISBN 3827402972

Dietrich Dörner, Herbert Selg (Hrsg.): Psychologie – Eine Einführung in ihre Grundlagen und Anwendungsfelder, Kohlhammer, ISBN 3-17-012266-5 orbert Groeben: Handeln, Tun, Verhalten als Einheiten einer verstehend-erklärenden Psychologie, ISBN 3-7720-1793-2

Norbert Groeben (Hrsg.): Zur Programmatik einer sozialwissenschaftlichen Psychologie, Aschendorff, 1999

Wolfgang Metzger: Psychologie – Die Entwicklung ihrer Grundannahmen seit Einführung des Experiments, 1941

Jochen Müsseler (Hrsg.): Allgemeine Psychologie, Spektrum, ISBN 3-8274-1780-5

C. G. Jung: Die Psychologie der Übertragung, dtv, ISBN 3.423.35178.0

Myers, David G.: Psychologie, Springer, ISBN 3-540-21358-9

Kurt Pawlik (Hrsg.): Handbuch Psychologie. Wissenschaft – Anwendung – Berufsfelder, Springer, ISBN 3-540-22178-6

Lyle E. Bourne, Bruce R. Ekstrand: Einführung in die Psychologie, Klotz, ISBN 3-88074-500-5

M. Amelang, D. Bartussek: Differentielle Psychologie und Persönlichkeitsforschung. Kohlhammer, ISBN 3-17-016641-7

E. Aronson, et al.: Sozialpsychologie. Pearson, ISBN 3-8273-7084-1

Niels Birbaumer, R. F. Schmidt: Biologische Psychologie, Springer, ISBN 3-540-25460-9

J. Bortz: Statistik für Human- und Sozialwissenschaftler, Springer, ISBN 3-540-21271-X

G. C. Davison, J. M. Neale: Klinische Psychologie, PVU, ISBN 3-621-27458-8

G. Felser: Werbe- und Konsumentenpsychologie, Spektrum Akademischer Verlag, ISBN 3-7910-1944-9

K. D. Kubinger: Psychologische Diagnostik – Theorie und Praxis psychologischen Diagnostizierens, Hogrefe, ISBN 3-8017-1693-7

G. Lienert, U. Raatz: Testaufbau und Testanalyse, PVU, ISBN 3-621-27424-3

R. Oerter, L. Montada: Entwicklungspsychologie, PVU, ISBN 3-621-27479-0

L. Pervin: Persönlichkeitstheorien, UTB, ISBN 3-8252-8035-7

H. Schuler: Lehrbuch Organisationspsychologie, Huber, ISBN 3-456-84019-5

C. Wickens, S. Gordon: An Introduction to Human Factors Engineering, Prentice Hall, ISBN 0-321-01229-1

Dörner, Klaus: Zur Sozialgeschichte und Wissenschaftssoziologie der Psychiatrie, Fischer, ISBN 3-436-02101-6

Hoffmann, S.O. u. a.: Neurosenlehre, Psychotherapeutische und Psychosomatische Medizin, Schattauer, ISBN 3-7945-1960-4

Horkheimer, Max und Theodor Wiesengrund Adorno: Dialektik der Aufklärung, 1972

Martin Bohus: Borderline-Störung, Hogrefe-Verlag, ISBN 3801710963

Thomas Bronisch, Martin Bohus, Matthias Dose, Luise Reddemann, Christine Unckel: Krisenintervention bei Persönlichkeitsstörungen, Klett Cotta, ISBN 3-608-89007-6

Judith Herman: Die Narben der Gewalt, Junfermann, ISBN 3-87387-525-X

Michaela Huber: Trauma und die Folgen, Junfermann, ISBN 3-87387-510-1

Otto F. Kernberg, Birger Dulz, Ulrich Sachsse: Handbuch der Borderline-Persönlichkeitsstörungen, Schattauer, ISBN 3-7945-1850-0

Jerold J. Kreisman, Hal Straus: Zerrissen zwischen Extremen, Kösel, ISBN 978-3-466-30696-1

Jerold J. Kreisman, Hal Straus: Ich hasse dich, verlaß' mich nicht. Die schwarzweiße Welt der Borderline-Persönlichkeit, Kösel, ISBN 3466303265

Marsha M. Linehan: Dialektisch. Behaviorale Therapie der Borderline-Persönlichkeitsstörung, CIP-Medien, ISBN 3980307484

Christa Rohde-Dachser: Das Borderline-Syndrom, Huber, ISBN 3456835000

Georg Ruppelt (Hg): Der große summende Gott – Geschichten von Denkmaschinen, Computern und künstlicher Intelligenz, ISBN 3-8271-8807-5

Hubert L. Dreyfus: Was Computer nicht können. Die Grenzen künstlicher Intelligenz, ISBN 3-610-04723-2

Hans Moravec: Computer übernehmen die Macht. Vom Siegeszug der künstlichen Intelligenz, Hoffmann und Campe, ISBN 978-3455085754

Bernd Vowinkel: Maschinen mit Bewusstsein – Wohin führt die künstliche Intelligenz?, Wiley-VCH, ISBN 978-3527406302

Klaus Taschwer, Benedikt Föger: Konrad Lorenz. Biographie, ISBN 3-552-05282-8

Hanna-Maria Zippelius: Die vermessene Theorie. Eine kritische Auseinandersetzung mit der Instinkttheorie von Konrad Lorenz und verhaltenskundlicher Forschungspraxis, Vieweg, ISBN 3-528-06458-7

6 RELIGION, THEOLOGIE UND NATURPHILOSOPHIE

Capitain, Merill (Hrsg.): Mind and Religion, 1967

Fernau: Der Gottesbeweis, Ulltein, ISBN 3-548-24249-9

Die Bibel

Wouter J. Hanegraaff in collaboration with Antoine Faivre, Roelof van den Broek and Jean-Pierre Brach (Ed.): Dictionary of Gnosis & Western Esotericism. Vol. 1/ 2., ISBN 9004141871

Marcus Hammerschmitt: Instant Nirwana, Alibri, ISBN 386569005X

Claudia Barth: Über alles in der Welt - Esoterik und Leitkultur, Alibri, ISBN 3932710363

Tipler: Psychik der Unsterblichkeit, dtv, USBN 3-423-33019-4

Helmut Werner: Lexikon der Esoterik, Fourier, ISBN 3925037578

Hans-Dieter Leuenberger: Das ist Esoterik, ISBN 3762607222

Tompkins, Bird: Das geheime Leben der Pflanzen, Fischer, ISBN 3-596-21977-9

Gewagte Denkwege – Wissenschaftler im Gespräch mit dem Dalai Lama, Piper

Chang: Mahamudra-Fibel, ISBN 3-900-290-10-5

Bildlexikon der Kunst, Symbole und Allegorien, Parthas, ISBN 3-936324-00-X

Marc Roberts: Das neue Lexikon der Esoterik, Goldmann, ISBN 3442126657

Martin Lambeck: Irrt die Physik? Über alternative Medizin und Esoterik, Beck, ISBN 3406494692

Antoine Faivre: Esoterik im Überblick - Geheime Geschichte des abendländischen Denkens, Herder, ISBN 3-451-04961-9

Thomas Körbel: Hermeneutik der Esoterik. Eine Phänomenologie des Kartenspiels Tarot als Beitrag zum Verständnis von Parareligiosität, ISBN 3825853780

Hugo Stamm: Achtung Esoterik. Zwischen Spiritualität und Verführung, Pendo-Verlag, ISBN 3858423882

Jörg Wichmann: Die Renaissance der Esoterik. Eine kritische Orientierung, Kreuz-Verlag, ISBN 3783110149

Georg Feuerstein: Heilige Narren - Über die Weisheit ungewöhnlicher Lehrer, ISBN 381050632X

Margit und Rüdiger Dahlke: Die spirituelle Herausforderung. Eine Einführung in die zeitgenössische Esoterik, Heyne, ISBN 3453069382

Jutta Ditfurth: Entspannt in die Barbarei. Esoterik, (Öko-)Faschismus und Biozentrismus, Konkret Literatur Verlag, ISBN 3-89458-148-4

Verena Reichle: Die Grundgedanken des Buddhismus, Fischer, ISBN 3-596-12146-9

Hans W. Schumann: Handbuch Buddhismus: Die zentralen Lehren – Ursprung und Gegenwart, Diederichs, ISBN 3-7205-2153-2

Hans W. Schumann: Der historische Buddha – Leben und Lehre des Gotama, Diederichs, ISBN 3-89631-439-4

Gerhard Szczesny: Die eine Botschaft und die vielen Irrwege, Königshausen und Neumann, ISBN 3-8260-2707-8

Johann Wolfgang Goethe: Faust – Der Tragödie erster Teil, Reclam, ISBN 3-15-000001-7

Volker Zotz: Geschichte der buddhistischen Philosophie, Rowohlt, ISBN 3-499-55537-9

Volker Zotz: Auf den glückseligen Inseln. Buddhismus in der deutschen Kultur, ISBN 3-89620-151-4

F.A.Z.-Hörbuch: Auf Siddhartas Spuren – Reisen zu den heiligen Stätten des Buddhismus, ISBN 3-89843-952-6

Der Buddhismus, Fachpublikation GeoEpoche Nr. 26, Hamburg (Gruner + Jahr), Mai 2007

Heinz Bechert, R. Gombrich: Der Buddhismus: Geschichte und Gegenwart, Beck, ISBN 3-406-42138-5

Edward Conze: Der Buddhismus: Wesen und Entwicklung, Kohlhammer, ISBN 3-17-013505-8
Helwig Schmidt-Glintzer: Die Reden des Buddha, dtv, ISBN 3-423-34242-0

W. Rahula: Was der Buddha lehrt, Origo-Verlag, ISBN 3-282-00038-3

Hansjörg Pfister: Philosophische Einführung in den frühen Buddhismus, Verlag Reith & Pfister, ISBN 3-9805629-9-9

Chenu: Thomas von Aquin, RoRoRo, ISBN 9-499-50045-0

Papst Benedict der 16. (Razinger): Katechismus der Katholischen Kirche, Pattloch, ISBN 9-629-02139-5

Boyer: Und Mensch schuf Gott, Klett-Cotta, ISBN 3-608-94032-4

Terzani: Fliegen ohne Flügel – Eine Reise zu Asiens Mysterien, Spiegel Buchverlag, Goldmann, ISBN 978-3-442-12952-2

Josef Schmidt: Philosophische Theologie, Kohlhammer, ISBN 3-17-017958-6

Friedo Ricken (Hrsg.): Klassische Gottesbeweise in der Sicht der gegenwärtigen Logik und Wissenschaftstheorie, ISBN 3-17-014416-2

William Lane Craig: Die Existenz Gottes und der Ursprung des Universums, Brockhaus, ISBN 3-417-20443-7

Sri Aurobindo: Bhagavadgita, Hinder und Deelmann

James Redfield: Die Prophezeiungen von Celestine, Heyne, ISBN 3-453-18931-0

Dieter Henrich: Der Ontologische Gottesbeweis: sein Problem und seine Geschichte in der Neuzeit, 1967

Graham Oppy: Ontological Arguments and Belief in God, Cambridge University Press, ISBN 0-521-48120-1

John Leslie Mackie: Das Wunder des Theismus. Argumente für und gegen die Existenz Gottes, Reclam, ISBN 3-15-008075-4

Helmuth von Glasenapp: Der Hinduismus – Religion u. Gesellschaft im heutigen Indien, 1922

Jan Gonda: Die Religionen Indiens I, Veda und älterer Hinduismus, Kohlhammer Verlag, 1978

Jan Gonda: "Die Religionen Indiens II, Der jüngere Hinduismus", Kohlhammer Verlag, Stuttgart, 1963

Vanamali Gunturu: Hinduismus, Diederichs, ISBN 3-7205-2344-6

Wilfried Huchzermeyer: Die heiligen Schriften Indiens – Geschichte der Sanskrit-Literatur, Edition Sawitri, ISBN 3-931172-22-8

Kim Knott: Der Hinduismus – Eine kurze Einführung, Reclam, ISBN 3-15-018078-3

Axel Michaels: Der Hinduismus: Geschichte und Gegenwart, Beck, 1998

Hans Wolfgang Schumann: Die großen Götter Indiens. Grundzüge von Hinduismus und Buddhismus, Diederichs, ISBN 3-89631-429-7

Heinrich Zimmer: Philosophie und Religion Indiens, Suhrkamp, ISBN 3-518-27626-3

Heinrich Zimmer: Indische Mythen und Symbole, Diederichs, ISBN 3-424-00693-9

Peter Brown: Augustinus von Hippo. Eine Biographie, dtv, 2000

Kurt Flasch: Augustin. Einführung in sein Denken, Reclam, 2003

Kurt Flasch / D. de Courcelle (Hrsg.): Augustinus in der Neuzeit. Brepols, Turnhout, 1998

Kurt Flasch: Was ist Zeit? Augustinus von Hippo. Das XI. Buch der Confessiones, ISBN 978-3-465-03374-5

Therese Fuhrer: Augustinus, ISBN 3-534-15768-0

Christoph Horn: Augustinus, Beck, 1995

Elger, Ralf: Islam, Fischer, ISBN 3-596-15368-9

Elger, Ralf (Hg.): Kleines Islam-Lexikon, Beck, ISBN 3-406-47556-6

Endreß, Gerhard: Der Islam: Eine Einführung in seine Geschichte, Beck, ISBN 3-406-42884-3

Hartmann, Richard: Die Religion des Islam, ISBN 3-534-80132-6

Kirchenamt der Evangelischen Kirche in Deutschland (Hg.): Was jeder vom Islam wissen muss; Gütersloh: Gütersloher Verlagshaus, ISBN 3-579-00786-6

Ruthven, Malise: Der Islam: Eine kurze Einführung, Reclam, ISBN 3-15-018057-0

Schaefer, Udo: Glaubenswelt Islam: Eine Einführung, ISBN 3-487-10159-9

Spuler-Stegemann, Ursula: Die 101 wichtigsten Fragen zum Islam, Beck, ISBN 978-3-406-51111-0

Gerhard Wehr: Gnosis, Gral und Rosenkreuz. Esoterisches Christentum von der Antike bis heute, Anaconda, ISBN 978-3-86647-093-4

Jüdische Kultur und Geschichte, Hrsg. v. Brandenburgische Landeszentrale für politische Bildung

Nachum T. Gidal: Die Juden in Deutschland von der Römerzeit bis zur Weimarer Republik, Bertelsmann, ISBN 3-89508-540-5

Manfred Hutter - Die Weltreligionen, Beck, 2005

Hans Küng - Das Judentum, Piper, 1999

Gustav Mensching: Volksreligion und Weltreligion, 1938

Monika und Udo Tworuschka: Religionen der Welt. Grundlagen, Entwicklung und Bedeutung in der Gegenwart, ISBN 3-572-00805-0

Soami Divyanand: Vedamrit - Die Botschaft der Veden

Wilfried Huchzermeyer: Die heiligen Schriften Indiens - Geschichte der Sanskrit-Literatur, Edition Sawitri, ISBN 3-931172-22-8

Sri Aurobindo: Das Geheimnis des Veda, Hinder + Deelmann, ISBN 3-873481-65-0

7 ABSCHLIEßENDES KAPITEL

Frank Jackson: What Mary didn't know. in: Journal of Philosophy. 1986, S.291-295

Jean-Paul Thommen: Managementorientierte Betriebswirtschaftslehre

Albert Schweitzer: Kultur und Ethik, ISBN 3406392504

Thoreau: Walden, Diogenes, ISBN 3-257-20019-6

Robert Schneider: Schlafes Bruder, Reclam, ISBN 3-150-20743-6
Robert Schneider: Die Unberührten, Knaus, ISBN 3-813-50161-2

Wenzel: Der letzte Kampf der Vernunft gegen die Unvernunft und die Macht der Triebe, Frieling, ISBN 3-89009-085-0

Antoine De Saint-Exupéry: Der kleine Prinz, Karl Rauch, ISBN 3-79200-025-3

Daniel C. Dennett: Spielarten des Geistes, Goldmann, ISBN 3-442-15111-2

Machiavelli: Der Fürst, Insel, ISBN 3-458-33837-3

Buchnan: Warum die Reichen reicher werden und ihr Nachbar so aussieht wie sie, Campus, ISBN 3-593-38456-6

Bernd Markert: Was kostet ein Pfund Ehrlichkeit?

Huxley: Schöne neue Welt, Fischer, ISBN 3-596-20026-1

Illies: Generation Golf, Fischer, ISBN 3-596-15065-5

Schwanitz: Bildung, Goldmann, ISBN 3-442-15147-3

Edmund Remys: Hermann Hesse's Das Glasperlenspiel: A Concealed Defense of the Mother World

Münkler: Politisches Denken im 20. Jahrhundert, Piper, ISBN 3-492-21978-X

Albert Camus: Der Mythos von Sisyphos, RoRoRo, ISBN 3-499-22198-5

Reinisch: Die Köpfe sind das Kapital, Redline, ISBN 3-636-01543-3

Sick: Der Dativ ist dem Genitiv sein Tod, KiWi, ISBN 3-462-03448-0

Schirrmacher: Das Methusalem Komplott, Heyne, ISBN 3-453-60009-6

Sloterdijk: Die Verachtung der Massen, Surkamp, ISBN 3-518-06597-1

Hammelmann, Huber, Kissner, Kordt, Neuburger, Reimann: Allgemeinbildung, ISBN 3-8174-5987-4

Mohr: Bestellungen beim Universum, Omega, ISBN 3-930243-13-X

Bode, Lehmann, Redeker: Volkswirtschaftslehre, BOD, ISBN 978-3-8370-2757-0

Bas Kast: Die Liebe, Fischer, ISBN 3-596-16198-3

Sunzi: Die Kunst des Krieges, Knaur, ISBN 3-426-87058-4

Milan Kundera: Die unerträgliche Leichtigkeit des Seins, Fischer Taschenbuchverlag, ISBN 3596259924

Werner Riedel und Lothar Wiese: Milan Kundera, Die unerträgliche Leichtigkeit des Seins: Interpretation, Oldenbourg, ISBN 3-486-88674-6

Umberto Eco: Die Bibliothek, ISBN 3-446-14926-0

Hans Freyer, Die Theorie des gegenwärtigen Zeitalters, DVA, 1956

Christian Schütz: Das Grundgesetz vom Niedergang, Hanser, 1989

Panajotis Kondylis: Der Niedergang der bürgerlichen Denk- und Lebensform, VCH, 1991

Werner Sombart: Der moderne Kapitalismus, ISBN 3428014200.

Max Weber: Die protestantische Ethik und der Geist des Kapitalismus, ISBN 3899964284

Joseph Schumpeter: Kapitalismus, Sozialismus und Demokratie, ISBN 3-8252-0172-4

Friedrich Hayek: Die Verfassung der Freiheit, ISBN 3161458443

Milton Friedman: Kapitalismus und Freiheit, ISBN 3821839600

Reinhard Bachmann, Akbar Zaheer (eds.): Handbook of Trust Research, Edward Elgar, ISBN 1843767546

Hans H. Bauer, Marcus M. Neumann, Anja Schüle: Konsumentenvertrauen - Konzepte und Anwendungen für ein nachhaltiges Kundenbindungsmanagement, ISBN 3-8006-3317-5

Joachim Dettmann, Michael Holewa: Vertrauen oder das Wunder der Loyalität, transfer-project, ISBN 3-937684-03-4

Lundin, Paul, Christensen, Fish!, Mosaik, ISBN 3-442-16375-7

Martin Endress: Vertrauen, Transcript, ISBN 3933127785

Heiner Fuhrmann: Vertrauen im Electronic Commerce, ISBN 378907571X

Francis Fukuyama: Trust. Human Nature and the Reconstitution of Social Order, Free Press, ISBN 0684825252

Martin Hartmann, Claus Offe: Vertrauen. Die Grundlage des sozialen Zusammenhalts, Campus, ISBN 3593367351

Gertrud Höhler: Warum Vertrauen siegt, 2003

Niklas Luhmann: Vertrauen. Ein Mechanismus der Reduktion sozialer Komplexität, UTB, ISBN 3825221857

Guido Möllering: Trust: Reason, Routine, Reflexivity. Elsevier, Oxford 2006, ISBN 0080448550

Robert D. Putnam: Bowling Alone. The Collapse and Revival of American Community. Simon and Schuster, New York 2000, ISBN 0-74320304-6

Hermann Hesse: Das Glasperlenspiel Suhrkamp, Frankfurt ISBN 351841335X

8 SCHLUSS

-